北京师范大学刑事法律科学研究院
中　国　刑　法　学　研　究　会　组织编写

中国刑法学研究会推荐教材

总主编 赵秉志

外国刑法学总论
（大陆法系）

（第三版）

主　编　马克昌　卢建平
副主编　王志祥
撰稿人　（以撰写章节先后为序）
马克昌　莫洪宪　陈家林　吴振兴
王安异　何荣功　王俊平　王志祥
朱本欣　郭理蓉　卢建平

中国人民大学出版社
·北京·

编审委员会

作者简介

马克昌 武汉大学法学院资深教授、博士生导师，武汉大学刑事法研究中心名誉主任。兼任武汉大学学术委员会顾问、中国法学会名誉理事、中国法学会刑法学研究会名誉会长、中国法学会董必武法律思想研究会副会长、最高人民法院特邀咨询员（已故）。

卢建平 北京师范大学法学院教授、法学博士、博士生导师。兼任中国刑法学研究会副会长、中国犯罪学研究会副会长、最高人民法院刑事审判第三庭副庭长（挂职），以及国际刑法学协会执行委员、副秘书长暨中国分会副主席。

莫洪宪 武汉大学法学院教授、法学博士、博士生导师，武汉大学刑事法研究中心主任、国家安全研究所所长。兼任中国刑法学研究会副会长、中国犯罪学研究会副会长、中国青少年犯罪学研究会常务理事、董必武法学思想研究会常务理事、武汉市法学会副会长、武汉市政协社会法制委员会副主任，以及湖北省高级人民法院、湖北省人民检察院、武汉市中级人民法院、武汉市人民检察院专家咨询委员会委员，湖北省第十一届人大常委会立法顾问组顾问。

吴振兴 武汉大学法学院教授、法学博士、博士生导师。兼任湖北省人民检察院专家咨询委员会委员。曾任吉林大学法学院副院长、刑法专业博士生导师组组长，以及中国法学会刑法学研究会副会长。

王志祥 北京师范大学刑事法律科学研究院外国刑法与比较刑法研究所所长、教授、法学博士、博士生导师。兼任中国法学会立法学研究会理事、中国行为法学会法律风险防控委员会常务理事。

陈家林 武汉大学法学院教授、法学博士、博士生导师，兼任中国犯罪学研究会副秘书长。

王俊平 河南科技大学法学院教授、法学博士。

何荣功 武汉大学法学院教授、法学博士、博士生导师。

王安异 中南财经政法大学法学院教授、法学博士、硕士生导师。

郭理蓉 北京师范大学刑事法律科学研究院副教授、法学博士、硕士生导师。

朱本欣 北京交通大学法学院副教授、法学博士、硕士生导师。

作者简介

总　序

通过法律和法治实现正义、维护秩序、保障自由，已经成为全人类的共识。依法治国是人类社会，也是我国迄今能够选择的最佳治国方略。2020年11月，中央全面依法治国工作会议首次提出习近平法治思想。这是顺应实现中华民族伟大复兴时代要求应运而生的重大理论创新成果，是马克思主义法治理论中国化最新成果，是习近平新时代中国特色社会主义思想的重要组成部分，是全面依法治国的根本遵循和行动指南。习近平法治思想内涵丰富、论述深刻、逻辑严密、系统完备，从历史和现实相贯通、国际和国内相关联、理论和实际相结合上深刻回答了新时代为什么实行全面依法治国、怎样实行全面依法治国等一系列重大问题。同时，习近平总书记还对当前和今后一个时期推进全面依法治国要重点抓好的工作提出了11个方面的要求，从而为全面依法治国明确标定了航向。

进言之，在全面依法治国、建设社会主义法治国家的事业中，刑事法治建设是重要的领域之一。刑事法治建设所具有的这种地位，是由刑事法所保护法益之广泛性与重要性、所采用的违法制裁手段之严厉性和所剥夺权利之至关重要所共同构筑而成的。“法律不理会琐碎之事。”[①] 相对于民事法而言，刑事法无疑更有力地诠释了这一法律格言。当看到刑事司法实践中，那些被判处死刑的人从死亡的恐惧、绝望和痛苦中重获新生，或者就此走上生命的终点，恐怕没有任何其他部门法学者敢言其所研究的法律较之刑事法所保护的权益或者剥夺的权利更加重要。刑事法所关涉的问题如此重要，以致在一些国家，刑事法的重大问题被直接规定在宪法当中。

在梳理刑事法“家族”的主要成员——刑法与其他部门法的关系时，也能感受到刑事法在整个法律体系中的重要性。当各个部门法所调整的社会关系或者保护的权益遭到严重的破坏或者侵犯，以致其他法律制裁手段已经明显力量不足时，它们的一致选择都是从刑法这里得到最后的保护。正如卢梭所言：“刑法在根本上与其说是一种特别法，还不如说是其他一切法律的制裁

① 张明楷：《刑法格言的展开》，102页，北京，法律出版社，1999。

力量。"[①] 显然，刑法与生俱来的"众法之保障法"的地位，也是其他部门法所无法相提并论的。基于刑事法所具有的特殊地位和作用，人们对从事刑事法治工作者也提出了更高的要求："施行刑罚的人，必须本身已意识到一种更高的使命。'一种没有替天行道意念的人类力量，不足以挥起行刑的刀剑'。"[②]

显然，无论在过去、现在，还是在未来相当长的时间内，刑事法作为并且仍将作为仅次于宪法的重要的基本法律群矗立于现代法制之林，刑事法治的现代化对于当代中国社会主义法治现代化建设至关重要。相应地，为刑事法治发展起着建言献策作用的刑事法学事业的重要性也不言而喻。

中国有着悠久的刑事法制发展史，也形成了丰富的刑事法传统文化，其中不乏真知灼见。自 1979 年首部刑法和刑事诉讼法颁布后，新中国终于高扬起法治建设与发展的风帆，中国刑事法学也步入发展的春天。从那时到现在，中国刑事法学从复苏到全面繁荣，已经走过四十多年的路程。刑事法学这一极具思辨色彩、蕴含深刻哲理、富有实用价值的研究领域，以其无穷的魅力吸引了众多有志于促进中国法治现代化的学者关注的目光，并使其为之付出了宝贵的精力。在几代刑法学者的不断努力下，中国刑事法学的发展由小到大、由弱到强、由局部到整体、由偏重注释到注释与思辨并重，迄今已经初步完成学科体系的构建和研究方法的转型。在此基础上，富有远见的刑事法学人提出了"刑事一体化"的刑事法学发展方向。刑事法实践本就是一项刑事实体法与刑事程序法并行，刑事立案、刑事侦查、刑事起诉、刑事审判与刑罚执行继起，犯罪预防、犯罪惩治与罪犯矫正并重的法律实践活动。在此过程中，刑法、刑事诉讼法、犯罪预防法、刑事执行法等刑事法律被同时或者先后运用，互相配合、互为补充，共同编织成一张严密的刑事法网，以实现一个共同的目标——预防和控制犯罪。"刑事一体化"的刑事法学发展思路和发展方向，可谓最符合刑事法实践需要，最有助于理论与实践的统一和结合，因而得到了刑事法学界的广泛认同。

"虽有佳肴，弗食不知其旨也；虽有至道，弗学不知其善也。"尽管刑事一体化的刑事法学发展方向得到了刑事法学人的广泛认同，然而，刑事一体化的精髓何在？如何整合刑事法学各分支学科的资源，以开展刑事一体化研究？如何在具体的刑事法研究中贯彻刑事一体化的精神，使刑事一体化的构想变为现实？如何在刑事一体化的进程中更充分地实现各刑事法分支学科的价值，而不是在此进程中迷失自我？这一系列问题目前都没有得到妥善解决。这在一定程度上阻碍了刑事一体化目标的实现，削弱了刑事一体化命题的价值。而实践的需要和为刑事法治服务的使命，又在催促我们更加努力推动刑事一体化的进程。

在我们看来，刑事一体化的实现建立在两个基础之上：一是刑事法分支学科的全面成熟；二是各刑事法分支学科相互协作，形成合力，共同应对和解决刑事法治发展中面临的问题。应当说，上述第一个基础在我国目前已经基本奠定，以刑法学、刑事诉讼法学为龙头，以犯罪学、刑事政策学/刑事执行法学为两翼的刑事法学体系，目前已经基本成型，并且在每一个法学分支学科中，都已经有一批才思敏捷、学识渊博、治学严谨、成果丰硕的学术中坚力量支撑起整个学科，并致力于不断推动本学科研究水平的提高。而受不同刑事法分支学科的具体内容之间存在巨大差异的制约，各分支学科在相互协作、形成合力、共同应对和解决刑事法治发展中面临的问题方面还做得很不够。因此，刑事一体化的上述第

① ［法］卢梭著，何兆武译：《社会契约论》，63 页，北京，商务印书馆，1962。

② ［德］拉德布鲁赫著，米健、朱林译：《法学导论》，87 页，北京，中国大百科全书出版社，1997。

二个基础，目前还远未形成。当务之急，乃是建立起一种体制和机制，帮助不同刑事法分支学科之间的交流与合作，并产出一批这方面的高质量的学术成果，以促进刑事一体化第二个基础的形成。

北京师范大学刑事法律科学研究院（以下简称为刑科院）正是基于这一刑事法治发展的现实需要应运而生。刑科院作为北京师范大学重点建设的专门从事刑事法学研究的，中国刑事法学领域首家且目前唯一的具有独立性、建制性、综合性的新型学术研究机构与研究生培养单位，自 2005 年 8 月成立以来，主动把自身发展置于学校发展和国家刑事法治建设的大格局中，以北京师范大学深厚的学术积淀、悠久的历史传统和浓郁的文化氛围为依托，沿着刑事一体化的发展方向，积极探索，努力进取，逐步全面发展相关学术领域，稳步朝着建成全国领先、国际知名的刑事法学研究机构、高层次人才培养单位以及国家刑事立法和司法决策咨询服务基地的目标迈进。目前，刑科院已经设置了覆盖刑事法所有分支学科的 9 个研究所，并引进了一批刑事法学领域的优秀人才负责各研究所学术事业的发展，从机构设置到人才配备为践行“刑事一体化”奠定了基础。

教材编撰无疑是学科建设的重要环节。为了贯彻“刑事一体化”之思路，推动“刑事一体化”的进程，刑科院显然有必要编撰一套内容充实、新颖、学术性较强的，介于理论著作与传统教科书之间的教科书性著作。有鉴于此，刑科院在机构设置和人才引进工作初步完成后，便开始全面规划刑事法系列教材的建设。刑科院在刑事法教材编撰方面有其优势，突出表现在刑科院的主要成员均担任过刑事法教材的主编工作，对于教材的编写颇有经验和心得。特别是刑法学方面，刑科院的主要成员主持了晚近三十余年来几乎各种类型的全国刑法学统编教材中多数教材的编写工作。考虑到在刑科院下属常设性研究所已先后成立并且引进了一批刑事法各个领域国内知名的专家学者后，编撰一套刑事法系列教材的组织机构条件和人员条件均已具备，我们遂于 2007 年年初决定推出“现代刑事法学系列教材”。

中国人民大学出版社是新中国最早成立的中央级大学出版社。该社立足于高等教育，以为教学和科研提供优质服务为己任，是我国人文社会科学，特别是文科教材出版中心。近年来，中国人民大学出版社出版了一大批具有文化积累、文化传播价值的优秀法律图书，其中，法学系列教材的出版成绩显著，有目共睹。在刑科院成立后，中国人民大学出版社的领导和法学编辑聪敏睿智地看到了建设社会主义法治国家进程中刑事法系列教材的市场潜力，并基于对刑科院学术团队的充分信任，与刑科院积极协商，决定结合刑科院在刑事法领域的整体学术优势和中国人民大学出版社的法学出版力量，双方合作编著出版这套“现代刑事法学系列教材”。

之所以将这套系列教材冠名为“现代刑事法学系列教材”，是因为这套教材以现代刑事法治理念为指导，注重吸收当代刑事法学发展的最新研究成果，并且不再像以往的刑事法教材那样只关注刑法和刑事诉讼法两个方面，而是本着“刑事一体化”之精神，覆盖大部分刑事法学学科。具体而言，该系列教材拟包括：《刑法总论》《刑法各论》《国际刑法学》《外国刑法学（英美法系）》《外国刑法学总论（大陆法系）》《外国刑法学各论》《犯罪学》《刑事政策学》《刑事执行法学》《刑事诉讼法学》《刑事证据法学》《刑法总则案例分析》《刑法分则案例分析》《中国区际刑法学》《被害人学》《国际刑事诉讼法学》《犯罪心理学》《中国刑法史学》《外国刑法思想史》《比较刑法学》《刑事立法学》《经济刑法学》《台港澳刑法学》等。同时，该系列教材还将根据学科发展的新情况，不断予以充实、完善。

北师大刑科院是中国刑法学研究会会长和秘书处所在单位。多年以来，中国刑法学研究会依托北师大刑科院开展其学术活动并鼎力支持北师大刑科院的学术事业，双方形成了良好的协作关系，为我国刑法学研究和刑事法治事业的发展作出了积极的贡献。为了保证此套系列教材的质量，并借此提升刑科院的整体实力，刑科院与中国刑法学研究会再次开展合作，以刑科院的学术骨干力量为基础，并邀请了部分在我国刑法学、刑事诉讼法学界有较大影响的学科带头人和学术骨干参与，共同组织编撰这套刑事法学系列教材。刑科院为此成立了专门的编审委员会，并聘请了老一辈著名刑事法学家担任学术顾问，由本人担任总主编，由全国刑事法学界知名专家学者组成学术委员会。学术委员会负责该系列教材的审稿、鉴定工作。为了保证教材内容的新颖性和学术性，我们在编撰这套系列教材时，在体系结构和内容上将全面、充分吸收、反映近年来我国刑事法学研究的新进展和新成果，准确地反映和论述立法、立法解释及司法解释的内容，运用案例和举例，适当反映司法实务的经验和情况。

这套系列教材甫一推出，即受到学界的广泛关注与重视，并为中国人民大学、北京师范大学、吉林大学、中国政法大学、西南政法大学等诸多高校所选用。截至目前，该套教材中已出版12种，而且有多种教材已历经数版修订。例如，由宋英辉教授主编的《刑事诉讼法》已修订6版，由张远煌教授主编的《犯罪学》已修订4版，由我本人主编的《刑法总论》《刑法各论》亦已修订3版。本套教材已成为我国迄今为止最全面、最系统、最新颖的刑事法学系列教材之一。正是基于其较为突出的学术影响，本套教材曾于2008年在整体上被评为北京市教育教学成果奖（高等教育）二等奖。其中，《犯罪学》等教材还入选“十二五”普通高等教育本科国家级规划教材。

鉴于该套系列教材的推出已有时日，为了继续发挥其学术影响，持续助力“刑事一体化”之构建，经与中国人民大学出版社协商，我们拟整体性推进这套教材的修订，并借此促成后续相关教材的出版。我们期待，在刑科院及我国刑事法理论和实务界的有关专家学者们的共同努力下，在中国人民大学出版社的鼎力支持下，“现代刑事法学系列教材”将成为我国刑事法领域最权威的精品教材。

北京师范大学刑事法律科学研究院教授
中国刑法学研究会会长赵秉志教授　　赵秉志教授
“现代刑事法学系列教材”总主编

2007年5月拟就
2016年6月第一次修订
2021年1月第二次修订

第三版修订说明

本教材的第三版修订工作由卢建平教授和王志祥教授负责。在保持本教材第二版的体例基本上不变的前提下，第三版主要围绕以下几个方面进行了修订：一是结合死刑立法和司法的最新进展，对教材中死刑部分的内容进行了修订；二是对教材部分章节的体例进行了适度的调整，从而使各章节的体例尽量保持统一；三是结合我国晚近翻译出版的德日刑法的文献，适时地更新了教材中部分引用的内容。

本教材的修订工作得到了广大读者和中国人民大学出版社的大力支持。在此，谨致由衷的谢意。

卢建平

2021年1月10日

编写说明

《外国刑法学总论（大陆法系）》系“现代刑事法学系列教材”之一。本书由主编拟出提纲，交各撰稿人撰写。初稿写出后，分别由主编、副主编对各自负责的稿件统稿，最后由主编定稿。主编在定稿过程中得到陈家林副教授的大力协助。在编写中，我们要求引用资料要注明出处，以便读者核对；同时要求内容要有所更新，注意引用最新出版的图书资料。在行文中，对德国学者的译名，以《德语姓名译名手册》（修订本）为依据。对德文著作的中文译本，德国作者的译名与上述手册译名不同的，在注释中仍用中文翻译者的译名。另外，为满足读者扩展阅读需要，特在本书最后列出了“推荐参考论著”与“主要参考法典”。

本书撰写分工如下（以撰写章节先后为序）：

马克昌：第一章～第三章；

莫洪宪：第四章、第五章第一节～第四节；

陈家林：第五章第五节、第六节；

吴振兴：第六章；

王安异：第七章；

何荣功：第八章；

王俊平：第九章；

王志祥：第十章；

朱本欣：第十一章、第十二章；

郭理蓉：第十三章、第十四章；

卢建平：第十五章。

全书由多人撰写，作者风格不一，致章节之间风格有所不同，主编在定稿时尽力协调，期望缩小差别。但由于水平所限，疏漏欠妥之处，恐难避免，诚盼读者不吝指正。

马克昌

2009 年 1 月 15 日

目　录

第一编　绪　论

第二编　犯罪论

第三编　刑罚和保安处分

第一编

绪论

第一章
刑法与刑法学概述

内容导读

本章重点论述刑法的概念、性质和种类以及刑法的规范和机能。刑法是规定什么行为是犯罪与对犯罪如何科处刑事制裁的法律。刑法是独立的部门法之一，但应承认它具有补充性或辅助性。根据不同的标准或从不同的角度，可以将刑法分为不同的种类，其中权威刑法与自由刑法的分类对于了解刑法的特点具有重要的意义。根据其对象为一般国民或法官，刑法规范有行为规范与裁判规范的区分。刑法的机能随着历史的变化而变化。关于现代刑法的机能，通常认为有规制的机能、保护的机能与保障的机能，如何协调保护机能与保障机能的关系是刑法学的重要课题。

第一节　刑法的概念、性质和种类

一、刑法的概念

(一) 刑法概念的界定

长期以来，由于犯罪与刑罚被认为是刑法的基本范畴，所以，一般认为刑法是规定犯罪与刑罚的法律。但在刑法学上对刑法概念的界定仍有各种各样的表述。例如，日本学者板仓宏说："所谓刑法，可以说是规定在什么场合犯罪成立这一处罚的前提条件与对犯罪科处什么刑罚这一处罚的内容的法。"① 简言之，刑法是规定刑罚处罚的前提条件与处罚的内容的法律，或者说，刑法是规定犯罪成立的条件与对犯罪判处什么刑罚的法。德国学者克劳斯·罗克辛指出："刑法是由一些条文组成的，这些条文规范着作为刑罚或者保安处分所

① ［日］板仓宏：《新订刑法总论》，1页，东京，劲草书房，1994。

威胁的行为的条件或者后果。”① 条件是指构成犯罪行为的要件，后果是指遭受刑罚处罚或者保安处分处罚。因为德国刑法典除了规定刑罚外，还规定了保安处分，所以，罗克辛也将保安处分列入对刑法概念的界定之中，并且认为“一个条文会由于一种违反规定受到刑罚或者保安处分的惩罚而属于刑法”②。意大利学者杜里奥·帕多瓦尼认为：“任何法律规范只要规定了刑事制裁，都可以变为刑法规范。正是由于这个原因，所有与适用刑罚有关的法律规定……通通都具有刑法的性质。”③ 意大利刑法典既规定了刑罚，也规定了保安处分，但帕多瓦尼在界定刑法时，虽用“刑事制裁”加以概括，但强调指出刑罚，而未提及保安处分。这说明，在他看来，在“刑法”的概念中保安处分可以包括在内。我们认为，上述德、意两位学者在界定刑法的概念时，均未提及“犯罪”一词，这似乎不够完善。参酌以上观点，可以对刑法的概念作如下界定：刑法是规定什么行为是犯罪与对犯罪如何科处刑事制裁的法律。

（二）刑法的称谓

关于刑法的称谓，虽然在很多国家都称刑法，例如日本、德国、意大利、俄国（日文称为“刑法”，德文称为“strafrecht”，意大利文称为“diritte penale”，俄文称为“YroлoBHoe ЛpaBoы”）等，但在某些国家称谓也有所不同，例如，在英国、美国多用犯罪法（criminal law）一词，虽然有时也用刑法（penal law）一词，但通常只用于规定刑罚的法律的场合；在法国，刑法（droit penal）与犯罪法（droit criminel）几乎被对半使用。由于当代世界上不少国家在刑法典中不仅规定了刑罚，而且规定了保安处分，因而对“刑法”一词的妥当性也有学者提出批评。例如，罗克辛说：“笼统地使用‘刑法’这个名称实际上是不正确的，准确地说，人们本来应当称之为‘刑法和保安处分法’。”④ 对此，也有学者提出不同意见，例如，耶赛克等说：“在除刑罚外还有保安处分时期，虽然‘刑法’的表述，严格地讲不再代表上文所说的整个法领域，但对普通刑法的传统的表述还是无可非议的，因为，处于首要位置的是作为社会控制手段的刑罚，而保安处分更多的是具有补充性的功能。”⑤

关于“刑法”的称谓，有称刑法与犯罪法的不同，这是由于各国文化传统不同所致，实质上并无差别，自应尊重各国传统。至于当前对普通刑法应否改称“刑法和保安处分法”，我们赞成耶赛克等的观点。现在许多国家将规定刑罚与保安处分的法典仍然称为刑法，这除了耶赛克等说明的理由外，是由于“刑法”一词简单明了，并且有历史渊源的缘故。

二、刑法的性质

（一）作为公法的刑法

在法的体系中，通常分为公法与私法。私法是规定私人间的对等关系的法（如民法、商法等），公法是规定国家或者公共团体行使权力的法。近代以来，刑罚权为国家所独占，一般公民只有作为被害人（或证人）或者犯罪人（或被告人）才与刑法有关系。由于刑法

①② ［德］克劳斯·罗克辛：《德国刑法学总论》，第1卷，王世洲译，3页，北京，法律出版社，2005。

③ ［意］杜里奥·帕多瓦尼：《意大利刑法学原理》，注评版，陈忠林译，2页，北京，中国人民大学出版社，2004。

④ ［德］克劳斯·罗克辛：《德国刑法学总论》，第1卷，王世洲译，4页，北京，法律出版社，2005。

⑤ ［德］耶赛克、魏根特：《德国刑法教科书》（总论），徐久生译，13页，北京，中国法制出版社，2001。

是规定国家刑罚权这种公权力的行使的，所以刑法是公法。

（二）作为实体法的刑法

在法的体系中，还有实体法与程序法之分。刑法与刑事诉讼法具有密切联系。刑法是规定犯罪与刑罚之要件的法，刑事诉讼法是关于发现、确认实施犯罪行为的人并对该人科处刑事制裁的程序法。刑法规定的犯罪与刑罚只有依据刑事诉讼法才能实现。刑事诉讼法是程序法；与作为程序法的刑事诉讼法相对应，刑法属于实体法。[①]

（三）刑法的独立性、从属性、补充性

刑法的独立性与被称为“刑法的从属性”或者“刑法的补充性”（也称“刑法的辅助性”）的思想相对应。所谓“刑法的从属性”或者“刑法的补充性”，是指刑法从属于民法、商法、行政法等其他法的领域，只有在这些法的制裁不足以应对的场合，刑法才能被适用的思想。与此相对应，所谓刑法的独立性，是指刑法不论其概念构成还是机能，均不从属于刑法以外的其他法的领域而有独立性的思想。

对刑法中一些问题的分析往往离不开其他法的领域，例如盗窃中的“他人的财物”的概念的规定，以民法上所有权的概念为前提，妨害水利罪的成立以水利权的存在为前提，这都可以说从属于刑法以外的法的领域。但刑法中的许多问题甚至重点问题，例如关于财物的概念，并不需要照搬民法上的定义，“占有”的概念与民法上的占有权也不相同；再如被害人的承诺、责任、错误、正当防卫、紧急避险等都从私法的概念中解放出来，确立了刑法的独立性。在这个意义上，应当说刑法的独立性是今日刑法的特色，显示其进化的方向。[②]

总之，刑法具有独立性，它是独立的部门法之一。不过，对于一些危害社会的行为，只有在采用民事制裁或者行政制裁不足以保护法益免受侵害时，才需要采用刑事制裁。在这个意义上，应当承认刑法有其补充性或者辅助性。

三、刑法的种类

刑法可以根据不同的标准或者从不同的角度分为不同的种类。至于如何区分，学者之间的意见多有分歧。例如，德国学者耶赛克等在其《德国刑法教科书》（总论）“序论”第三节中“刑法的三个主要领域”标题下，谈到广义的刑法有三个支柱，即实体刑法、刑事诉讼法、刑罚执行法（行刑法）；日本学者川端博在其《刑法总论讲义》第一编第一章第一节中“刑法的意义”标题下，谈到实质意义的刑法与形式意义的刑法、普通刑法与特别刑法；日本学者木村亀二在其《刑法总论》第一编第一章第一节中“刑法的种类”标题下，以关于刑罚的对象、刑法的目的、任务等的指导理念为标准，谈到情操刑法、权威刑法与自由刑法，以及侵害刑法或结果刑法与意思刑法或危险刑法、行为刑法与行为人刑法，以成为刑罚对象的犯罪的性质为基础，谈到行政刑法与司法刑法或犯罪刑法、国际刑法与国内刑法。耶赛克等所谓的“刑法的三个支柱”，实际上涉及实体刑法与程序刑法。关于这种区分，笔者在“作为实体法的刑法”标题下已经加以说明。木村亀二对刑法种类的论述相

---

① 参见［日］山中敬一：《刑法总论》，2版，10～11页，东京，成文堂，2008；［日］浅田和茂：《刑法总论》，6～7页，东京，成文堂，2005。

② 参见［日］木村亀二：《刑法总论》，增补版，71～72页，东京，有斐阁，1978。

当详细，值得参考。国际刑法属于刑法的特别种类，对此刑法学者在刑法种类的论述中大多未予涉及，这里不准备论述。至于川端博对刑法的论述，不少学者如山中敬一、浅田和茂、大塚仁等持相同观点，我们也认为是妥当的，因而拟将刑法分为以下几种：

(一) 形式意义的刑法与实质意义的刑法

形式意义的刑法，有的学者称之为狭义的刑法，是指“所谓现行的刑法典”①，例如德国刑法典、法国刑法典。对于形式意义的刑法，有些国家称之为“刑法”，例如《日本刑法》《越南社会主义共和国刑法》，实际上它们也是刑法典。刑法典一般分为总则与分则两部分，总则规定犯罪的一般成立要件及其法的效果，分则规定各个犯罪的要件与效果（刑罚）。至于实质意义的刑法，有的学者称之为广义的刑法，是指“规定犯罪与刑罚的一切法规，即意味着与刑法典相对应的实质意义的刑法，也包含特别刑罚法规”②。换言之，实质意义的刑法，除包含刑法典外，还包含未列入刑法典的一切刑罚法规。

(二) 普通刑法与特别刑法

普通刑法，也称一般刑法。“实质意义的刑法中，刑法典的场合称一般刑法（或者普通刑法），其以外称特别刑法（广义）。特别刑法（广义）包含特别刑法（狭义）与行政刑法、其他刑法（商法的‘罚则’等）……”③ 这里所说的特别刑法，是指狭义的特别刑法，是为了规定犯罪与刑罚而制定的刑法典以外的法律，例如日本的《关于处罚暴力行为等的法律》《关于防止及处分盗犯等的法律》，韩国的《关于特定犯罪加重处罚等的法律》《轻犯罪处罚法》等。特别刑法（狭义）处罚的对象是具有自然犯性质的犯罪行为，这些犯罪行为本应规定在刑法典之中，由于立法的便宜等理由而在单行法中加以规定。

(三) 司法刑法与行政刑法

司法刑法是指普通刑法和特别刑法（狭义）。司法刑法中的犯罪称为刑事犯或自然犯。刑事犯或自然犯的特色在于其行为本身的反社会性、反伦理性。行政刑法是与司法刑法相对而言的，它是对行政违法行为规定刑法上的刑罚的法律，例如日本的《国家公务员法》中的“罚则”（第109～111条）、《所得税法》中的“罚则”（第238～242条）。行政刑法中的犯罪，称为行政犯或法定犯。行政犯或法定犯的特色在于其行为本身不是反社会、反伦理的，而是根据法律的禁止或命令而被认定为犯罪。日本学者山中敬一对两者的区别作了专门说明：所谓自然犯、刑事犯，是指超越时代、空间，被任何时代、任何社会普遍认为是犯罪的行为（它本身的恶）。与此相对应，所谓法定犯、行政犯意味着为了行政的取缔因为技术上被禁止而被认为是犯罪的行为（被禁止之故的恶）。这样的见解，即自然犯、刑事犯违反伦理、道义，法定犯、行政犯在伦理上、道义上是“无色”的违反行为，是两类犯罪的区别标准的通说。除此之外，还有学者（M. E. 迈尔）认为，根据侵害的规范的性质相区别，行政犯只是违反法律规范，而刑事犯违反法律规范的同时也违反文化规范。另有学者（福田平）认为，违反基本的生活秩序的行为是刑事犯，违反派生的生活秩序的行为是行政犯。④ 需要指出的是，刑事犯与行政犯的区别是相对的、不断变动的，司法刑法与行政刑法的区别也是相对的、不断变动的，在考察它们的区别时绝不能脱离当时的具体情况。

---

① ［日］大野真义、墨谷葵：《要说刑法总论》，改订版，6页，东京，嵯峨野书院，1990。

② ［日］大野真义、墨谷葵：《要说刑法总论》，改订版，1页，东京，嵯峨野书院，1990。

③ ［日］浅田和茂：《刑法总论》，4页，东京，成文堂，2005。

④ 参见［日］山中敬一：《刑法总论》，2版，12页，东京，成文堂，2008。

(四) 权威刑法与自由刑法

权威刑法立于全体主义之上，认为刑法的根本任务是保护国家或全体的权力，极端限制个人自由，使刑罚严酷化，特别强调死刑的重要性。与此相反，自由刑法，以自由主义为原则，以法律限制国家的刑罚权，使之成为个人自由的保障。在自由刑法中，刑罚的内容在于基于对犯人的改善、教育，而使犯人再社会化，所以自由刑法又称为“社会的自由刑法”或“社会刑法”。权威刑法与自由刑法的区别，在德国法西斯政权下被强调，纳粹刑法学者以强调权威刑法而著名。① 权威刑法在历史上是存在的，自由刑法正为现代西方学者所强调，因此，权威刑法与自由刑法的区分仍有参考价值。

(五) 行为刑法与行为人刑法

日本学者木村龟二认为，“所谓行为刑法，指像从来的刑法那样，规定作为构成要件的内容的行为，对之规定刑罚的效果的刑法”；与此相反，“行为人刑法，指规定的不是行为而是行为人，对行为人给予刑罚的效果的刑法”②。德国学者克劳斯·罗克辛指出：“人们理解的行为刑法（Tatstrafrecht）概念，是一种法定的规则。根据这个规则，刑事可罚性是与在行为构成方面加以限定的单一行为（或者可能情况下的多个行为）相联系的，同时，惩罚仅仅表现为对单个行为的反应，而不是表现为对行为人整体生活导向的反应，更不是表现为对一种行为人所期待的未来危险的反应。行为人刑法（Täterstrafrecht）则相反，刑罚是与行为人的人格性（Persänlichkeit）相联系的，同时，刑罚是由行为人对社会的危害及其程度决定的。‘行为人不是因为实施了一个行为而有罪，而是因为他是一个这样的人’而成为法定责难（Tadel）的对象。”③ 现行各国刑法绝大多数都是行为刑法，但也存在着行为人刑法，例如意大利刑法典第 108 条中的“倾向犯”，就属于关于行为人刑法的规定。德国学者认为，德国刑法典第 56 条关于缓刑的规定是行为人刑法的最好的例子，保安处分则是行为人刑法思想产生的结果。

第二节 刑法的规范与机能

一、刑法规范的理论构造

在论述刑法机能之前不可不阐述刑法规范。刑法规范寓于刑法的条文之中。以杀人罪为例，如日本刑法第 199 条规定：“杀人者处死刑、无期或者三年以上惩役。”“杀人者”这样的前半部分是法律要件，“处死刑、无期或者三年以上惩役”这样的后半部分是法律效果。需要注意，这一条文预定了不同的两个规范：第一是“无正当理由不得杀人”的禁令（禁止、命令），第二是对违反禁令而杀人者法院应当判处死刑、无期或者 3 年以上惩役的

① 参见［日］木村龟二：《刑法总论》，增补版，73、74 页，东京，有斐阁，1978。

② ［日］木村龟二：《刑法总论》，增补版，73、74 页，东京，有斐阁，1978。

③ ［德］克劳斯·罗克辛：《德国刑法学总论》，第 1 卷，王世洲译，105～108 页，北京，法律出版社，2005。

命令。第一个规范以一般国民为对象，以“无正当理由不得杀人”这样的禁止规范或者命令规范为其内容。在对一般国民命令或者禁止一定行为的意义上，这称为行为规范。第二个规范以法官为对象，命令对杀人者判处死刑、无期或者3年以上惩役，不得科处此外的刑种、刑量。在对法官的裁判命令、禁止的意义上，这称为裁判规范。这样，以一般国民为对象的行为规范与以法官为对象的裁判规范合起来，便成为刑法规范。行为规范有评价规范与决定规范两方面。所谓评价规范，是指使人们清楚某种行为从刑法的见地看是无价值的规范；所谓决定规范，是指决定各个行为者根据刑法的禁令实施行为的意思的规范。这样的规范论不仅是对规范的构造的分析，而且在通过规范进行社会生活管理的意义上，可以与刑法机能论相联结。①

二、刑法机能的历史演化

刑法总是历史的、社会的产物。社会发生变化，刑法也跟着发生变化。刑法的机能与刑法的性质密切联系。刑法的性质发生变化，刑法的机能也会相应地发生变化。这一现象为历史所证明。

在欧洲古代，由于“专制政治与基督教会的影响，排除私刑色彩的刑法产生出权力使用的倾向。刑罚方面死刑和矿山强制劳动成为苛酷的焦点，加以刑法的适用基于身份而不相同等，刑法成为富于恣意性之物。归纳言之，罗马时代的前半期被认为是由古代法的传统支配着，不久向专制的刑法转变，逐渐一方面转向公的——国家的刑法，一方面过渡到中世纪刑法”②。

在中世纪的德国，“刑罚权的分割导致刑法的非常大的分裂，但同时也导致专制和对于中世纪而言所特有的刑事司法严厉。当时刑法的典型特征是，对严重的犯罪适用残忍的身体刑和生命刑，对轻微的犯罪适用杖刑、打烙印和耻辱柱”③。

“从历史上看，刑法主要是国家统治的工具（暴力装置），可以说分别为法官裁判的指南，或对国民（或反体制的人）威吓的武器……

“明治维新之后，宪法制定之前，假刑律、新律纲领、改定律例之类的‘刑法’相继制定出来，刑罚权就是国家权力的象征，显示着刑法是为了维护体制的基本法。即使在现代，刑法仍显示国家的权威（死刑制度等），发生的对极端社会事件处理方法之例，不胜枚举（公害罪法、沙林法等）。

“然而近代刑法在国民主权下，规定犯罪与刑罚是国民自身，根据自由主义原理，由于确立犯罪与刑罚必须事先预告的原则（罪刑法定主义），刑法的机能也谋求180°的转变。认为刑法作为必要的恶，应当谦抑地加以规定，现行刑法也立于这样的传统之上。”④

由此可见，我们现在讲刑法的机能，不是随便任何一种刑法的机能，而是以罪刑法定主义为基本原则重视保护个人权利的现代刑法的机能。

---

① 参见［日］立石二六：《刑法总论》，7～8页，东京，成文堂，1999；［日］大谷实：《刑法讲义总论》，4版，3～4页，东京，成文堂，1994。

② ［日］大谷实：《刑法讲义总论》，4版，15页，东京，成文堂，1994。

③ ［德］耶赛克、魏根特：《德国刑法教科书》（总论），徐久生译，114页，北京，中国法制出版社，2001。

④ ［日］浅田和茂：《刑法总论》，8～9页，东京，成文堂，2005。

三、现代刑法的机能

关于现代刑法机能的内容，在学者之间意见也有分歧，但比较起来，在日本，主张三机能（即规制的机能、保护的机能、保障的机能）的学者较多，如木村龟二、大塚仁、前田雅英、山中敬一、浅田和茂、立石二六等均是三机能的主张者。大野真义对此还特别予以说明："刑法的本质的机能，从法的理念看缘于刑法的目的之关联性。作为法的理念以今日被承认的正义、公共福祉与法的安定性三个命题为前提，与此相对应的刑法的目的是刑罚、法益保护与个人自由的保障。而作为反映这些目的的，在刑法方面有规制的机能、保护的机能与保障的机能三个固有的机能。"① 以下对这三个机能分别加以论述。

（一）规制机能

"所谓规制机能，是指以一定的行为类型的犯罪，明示对该行为的规范的评价，以不实施这样的行为规制人的行动的机能。"简言之，"规制的机能是由于刑法预告对违反者科处一定的制裁事先限制人的行为的机能"②。规制机能也称为行为规制机能。如前所述，行为规范有评价规范与决定规范两方面。与此相对应，行为规制机能也有评价机能与决定机能两方面：一方面，以一定的行为为犯罪，由于对该行为规定一定的刑罚，向国民显示该行为在法律上不被允许的机能，称为评价机能。另一方面，以将特定的人应当不实施该犯罪的意思决定命令国民为其内容，称为决定机能。基于刑法的规制机能，让国民预先知道怎样的行为受处罚以及科处什么样的刑罚，可以规制人们不实施犯罪行为。③

（二）保护机能

"所谓保护机能，是通过惩罚犯罪，保护该犯罪侵犯的一定的利益（侵害法益—保护法益），也称为法益保护机能。"④ 所谓法益，是指由法律所保护的利益。就刑法分则中的犯罪类型而言，其保护的法益分为个人法益、社会法益、国家法益三类。个人法益有生命、身体、自由、财产等，社会法益有公众的生命、身体、财产和对文书的社会信赖等，国家法益有国家的存在、国家的作用、刑事司法作用等。应被保护的法益，根据法律及其解释来确定。刑法既保护法益避免犯罪的侵害，也保护法益免受犯罪侵害的威胁。法益的侵害被认为是犯罪是原则（侵害犯），法益侵害的危险也被认为是犯罪（危险犯）是例外。⑤

可是，保护法益并不是刑法固有的任务。在其他法律领域，在各自的法律形式下也对法益予以保护。例如，占有财物的状态直接由民法保护。刑法由于以刑罚为手段，防止法益侵害的方法比较而言要严厉、彻底。为此，利用刑罚的法益保护，限于用其他法律手段或法律以外的社会控制手段已不能够获得保护成效的场合。⑥ 这里着重说明了在保护法益上刑法的补充性。

---

① ［日］大野真义、墨谷葵：《要说刑法总论》，改订版，6～7页，东京，嵯峨野书院，1990。
② ［日］山中敬一：《刑法总论》，2版，16页，东京，成文堂，2008。
③ 参见［日］大谷实：《刑法讲义总论》，4版，7～8页，东京，成文堂，1994。
④ ［日］浅田和茂：《刑法总论》，9页，东京，成文堂，2005。
⑤ 参见［日］山中敬一：《刑法总论》，2版，16～17页，东京，成文堂，2008。
⑥ 参见［日］大野真义、墨谷葵编著：《要说刑法总论》，改订版，8～9页，东京，嵯峨野书院，1990。

（三）保障机能

“所谓保障机能，是由于预先明示什么是犯罪，对怎样的犯罪科处怎样的刑罚而保障国民行动自由的机能，也称为自由保障机能。”① 因为刑法规定只有存在符合要件的违法有责行为即犯罪，才能适用作为法律效果的刑罚，所以，没有犯罪存在就不允许发动刑罚权，这就意味着限制国家刑罚权的发动。由此可见，第一，意味着保障国民如果没有实施犯罪就不受国家刑罚权干涉的自由；第二，意味着保障犯罪的人不被科处作为法律效果所规定的刑罚之外的刑罚的自由。在这个意义上，刑法一方面是“善良国民的大宪章”，另一方面是“犯人的大宪章”。所以，李斯特只说刑法是“犯罪人的大宪章”，这种说法是不确切的。还应指出，作为“犯罪人的大宪章”的刑法保障机能不仅在裁判中存在，在刑罚的执行中也存在。换言之，刑法应保障犯罪人不受作为法律效果所规定的特定刑罚之外刑罚的宣告，也保障其不受该特定刑罚之外的刑罚的执行。在这个意义上，也可以说刑法具有“受刑人的大宪章”的机能。②

“强调保护机能，会导致立法与解释中处罚范围的扩大，与此相反，强调保障机能，则要求处罚范围的限定与严格的解释。罪刑法定主义认为，即使是侵害社会的行为，在刑法中预先没有规定就不能处罚，这可以说是宣告相对于保护机能的保障机能的优势地位。”③ 不过，由于这两个机能的对立贯穿于整个刑法学之中，所以，如何协调两者的关系仍然被认为是刑法学的重要课题。

第三节　刑法学

一、狭义的刑法学

狭义刑法学，是指刑法解释学。刑法解释学即通常所说的刑法学。“刑法解释学是根据对刑法规范的意义的解释以体系的认识为任务的学问，其对象是现行的刑法规范，其方法是解释。”④ 或者说，“刑法学在狭义上是进行刑罚法规的体系的认识，按照一定的基本原理，明确被处罚行为的界限的学问。在这个意义上的刑法学，是刑法解释学。通常称刑法学时，在这个意义上理解。所谓刑法解释学，是指根据对刑法规范的意义的解释体系上认识的学问”⑤。

刑法学的中心课题是明确犯罪是否成立的解释论上的归结。担当这一任务的刑法解释进行之际，应当知道有“体系的思考”与“问题的思考”两种观点。所谓体系的思考，是将犯罪成立要件整理于没有理论矛盾的“一个体系”中，适用这一体系导致该犯罪是否成立的结论。所谓问题的思考，是禁止过度体系的思考，对具体的个别的案件作出结论。这

① ［日］浅田和茂：《刑法总论》，9 页，东京，成文堂，2005。

② 参见［日］木村龟二：《刑法总论》，增补版，86～87 页，东京，有斐阁，1978。

③ ［日］浅田和茂：《刑法总论》，13 页，东京，成文堂，2005。

④ ［日］木村龟二：《刑法总论》，增补版，13 页，东京，有斐阁，1978。

⑤ ［日］山中敬一：《刑法总论》，2 版，14～15 页，东京，成文堂，2008。

两种观点虽然各有理由，但给个别解释论的水平不能不带来重要的差别。因为凡是学问，体系化是不可或缺的，因而，以体系的思考是，一方面要避免落到“为体系而体系”，使理论陷于困境的弊害；另一方面要根据有理论整合性的犯罪论体系，注意展开得出妥当结论的刑法解释学。①

“刑法解释学与刑法典的规定大致分为总则与分则相对应，在做学问上分为刑法总论与刑法各论。刑法总论以包含于刑法典总则编的规定为中心，考察关于犯罪的成立要件与对之作为法律效果的刑罚适用的一般原则；刑法各论是考察刑法典分则规定的各种犯罪类型的意义与对它的法定刑的关系的学问领域。”②

二、广义的刑法学

广义的刑法学，是指刑事法学或称全刑法学。日本学者山中敬一指出：广义上的刑法学，不仅包含刑法解释学，也包含刑法哲学、刑法史学、比较刑法学、犯罪学、刑事政策学，并且往往用以包含刑事诉讼法或行刑法。关于犯罪与刑罚的所有学问领域，总称为“刑事法学”或“全刑法学”。根据科学方法论的观点分类，可以分为：（1）关于事实的经验的知识或关于现象间法则关系的学问的经验科学（犯罪学、刑法史学）；（2）关于为了解决一定的实践问题的合理的、有效果的对策及其效果的体系的认识的政策学（刑事政策学）；（3）明确规范的意义的法解释学（刑法解释学）。③

但川端博教授在狭义的刑法学外，另将刑法学分为广义的刑法学与最广义的刑法学，认为刑法学“广义上进而意味着包含刑法理论（刑法哲学）、刑法史及比较刑法学在内的关于刑法的学问。刑法理论考察犯罪与刑罚的哲学的基础，刑法史根据历史学的方法考察刑法的历史的发展，比较刑法学是比较考察各国间的刑法的学问。最广义的刑法学被理解为包含除这些之外的刑事学（犯罪学及刑事政策学）的学问”④。

我们认为，广义的刑法学或者说最广义的刑法学都只是学者的主张，实际上其中所包括的各个部分并没有按照一定的体系形成一个统一体，亦即没有形成一个学科。正如德国著名学者耶赛克所说：“为了克服专业的片面性，实现各部分的有机统一，是冯·李斯特所追求的伟大目标，他将之称为‘整体刑法学’。由于各专业的任务和方法的不同，在这一领域并没有出现一个统一的学科，但它促进了各学科的相互了解和专业上的合作。”⑤

【问题与思考】

1. 刑法有哪些特性？刑法可以分为哪些种类？
2. 刑法的机能是否是一成不变的？现代刑法的机能包括哪些内容？
3. 什么是狭义的刑法学？什么是广义的刑法学？

---

① 参见［日］立石二六：《刑法总论》，4页，东京，成文堂，1999。

② ［日］川端博：《刑法总论讲义》，4页，东京，成文堂，1995。

③ 参见［日］山中敬一：《刑法总论》，2版，15页，东京，成文堂，2008。

④ ［日］川端博：《刑法总论讲义》，3页，东京，成文堂，1995。

⑤ ［德］耶赛克、魏根特：《德国刑法教科书》（总论），徐久生译，53页，北京，中国法制出版社，2001。

第二章
近代刑法理论

内容导读

本章重点论述刑事古典学派（前期古典学派）、近代学派、后期古典学派的刑法思想和刑法学派之争。前期古典学派的刑法思想是以初期的资本主义社会的个人主义和自由主义为基础的思想，其代表人物贝卡里亚、费尔巴哈被认为是近代刑法学的奠基人。近代学派包括刑事人类学派和刑事社会学派，均以基于自然科学方法的实证主义理论为基础，因而也称实证学派。其代表人物龙布罗梭、菲利、加罗法洛以人类学方法研究犯罪。李斯特在犯罪的原因上强调社会的原因。后期古典学派的刑法思想以国家主义与自由主义混合的思辨的哲学为指导思想，其代表人物宾丁、比克迈尔、贝林等为建立近代刑法学体系作出了重要贡献。刑法学派之争是历史的产物。随着历史的发展，最终导致学派之争的扬弃。

第一节　启蒙主义的刑法思想

一、概述

近代以前的中世纪，在基督教神权支配下的封建专制制度的刑法与刑法思想的特色是法与道德不可分的结合、罪刑擅断主义、以死刑或身体刑为中心的刑罚的苛酷性、基于身份的处罚待遇的不平等，因此，可以说，中世纪的刑法是不合理的、擅断的、威吓的、身份的，是受宗教思想支配的。

16 世纪以来，由于自然科学的发展，人们从教会拘束下解放出来，重视人性的新倾向得以产生。而且，到了 17、18 世纪，人道主义与自由主义思想得到发展和普及，启蒙思想家对当时的教会权威采取怀疑和反对的态度，对具有上述特色的中世纪刑法给予了严厉的批判。他们从追求刑法这一国家的制度之合理的基础出发，主张刑法并非由于神意，而是根据社会契约成立的国家所具有的合理制度。刑罚的意义不是报应，而是以犯罪预防为目的；另外，认为国家的权力也不是绝对的，是有合理的限制的，对恣意的刑罚限制国家的权力是必要的。这一时期的刑法思想与中世纪的刑法思想完全不同，它以平等主义、合理主义、理性主义、世俗主义为特征。然而，在启蒙思想中，也可以看到初期的启蒙即启蒙绝对主义的刑罚思想与自由主义启蒙的刑法思想存在显著的差异。[①]

关于主要启蒙思想家究竟有哪些人，学者之间意见并不一致。这里依照日本学者川端博的观点加以论述。

二、主要启蒙思想家的刑法思想

著名的启蒙思想家主要有荷兰的格劳秀斯，英国的霍布斯、洛克，德国的普芬道夫、莱布尼兹、托马修斯、沃尔夫，法国的孟德斯鸠、伏尔泰、卢梭等，他们各自提出了自己的刑法思想。

被称为自然法之父的格劳秀斯（Hugo Grotius，1583—1645）在其著作《战争与和平法》（1625年）中展开了脱离教会、以人的理性为基础的刑法思想。他认为法来源于自然，来源于人的理性，人性是自然法之母，自然法是正当的理性法则。符合理性法则要求的行为是正当行为；反之，就是罪恶的行为。在刑罚方面，他虽然采取报应刑论的立场，认为“刑罚是因能动的恶被科处的被动之恶”，刑罚的本质是报应，但认为刑罚的目的在于犯人的改善和犯罪的预防。他说：“惩罚的目的就是使一个罪犯变成一个好人。”

霍布斯（Thomas Hobbes，1588—1679）认为，法律可以分为两大类，刑法属于成文法，犯罪只能由行为构成，应该否定思想可以构成犯罪的观点。他基于在自然状态下进行着“万人对万人之战”，人们出于自我保存的本能，根据自由意志建立国家，为了自己得到保护提供各人自由的社会契约说论及刑罚，认为刑罚是统治者对破坏国家法律的行为人所施加的一种痛苦，刑罚的目的不是报应，而是对第三者的威吓，并且是对犯人的改善。

洛克（John Locke，1632—1704）将刑罚权的基础归之于社会契约，把为了社会全体的幸福而各人提供的自由总体作为刑罚权的根据。他主张罪刑法定，认为国家只有根据法律才能确定一个公民是否构成犯罪，以及是否要受到刑罚和受到什么刑罚。他主张罪刑相适应，反对残酷的刑罚，认为非到万不得已，不得动用重刑，尤其是死刑。

普芬道夫（Samuel Pufendorf，1632—1694）继承格劳秀斯的刑法思想，认为刑罚的合理性在于对国家的有用性。莱布尼兹（Gottfried Wihelm Leibniz，1646—1716）、托马修斯（Christian Thomasius，1655—1728）说明法与道德的区别。沃尔夫（Christian Wolff，1679—1754）从功利主义的立场论述由刑罚产生的威吓。

在《论法的精神》中，孟德斯鸠（Charles de Secondat，Baron de Montesquieu，1689—1755）根据三权分立论，即立法、行政与司法三种权力互相分立的见地，认为法院应当机械地适用立法机关制定的法律，这为罪刑法定主义奠定了一个理论基础；对刑罚，他重视基于威吓的犯罪预防，同时论及刑罚的宽和化，主张刑罚的轻重应当协调，罪与刑之间应

① 参见［日］立石二六：《刑法总论》，17页，东京，成文堂，1999；［日］川端博：《刑法总论讲义》，26页，东京，成文堂，1995；［日］山中敬一：《刑法总论》，2版，22页，东京，成文堂，2008。

有适当的比例。伏尔泰（Voltaire，1694—1778）在刑罚的有用性上求其合理性，强调犯罪预防的必要性。

卢梭（Jean-Jacques Rousseau，1712—1778）以社会契约论为基础，认为犯罪是破坏社会契约的，犯人作为国家的反叛者失去法律保护，应该把他当作公约的破坏者而流放出境，或者当作一个公共敌人处以死刑。他强调通过教育预防犯罪，反对频繁使用刑罚，反对严厉的刑罚，主张对公民进行教育，使公民自觉守法。以这些启蒙思想为基础、作为近代刑法学出发点的古典学派刑法理论诞生了。①

第二节　前期古典学派的刑法思想

一、概述

“刑法学中，将启蒙时期的刑法理论和以报应刑论为基础的刑法理论，合并称为古典学派。”② 关于古典学派是否可分为前期古典学派与后期古典学派，学者之间意见有所不同：日本学者团藤重光、木村龟二、大塚仁、西原春夫、板仓宏等未作区分，而平野龙一、佐伯千仞、中山研一、山中敬一、浅田和茂等均加以区分，关于名称和代表人物也有不同意见。考虑到“以费尔巴哈为中心的启蒙时期的刑法理论和以宾丁为中心的主张报应的刑法理论之间具有相当大的差别”③，本书采用后者的观点，将古典学派分为前期与后期分别加以论述。

古典学派又称旧派，前期古典学派又称前期旧派或径称古典学派，其刑法理论是资本主义上升时期的刑法理论。日本平野龙一教授认为，前期古典学派的刑法理论是“以初期资本主义社会的个人主义和自由主义为基础的理论”，它否定中世纪的非合理主义，而从以理性为基础的合理主义出发。代表人物有贝卡里亚、费尔巴哈、康德和黑格尔。

二、主要代表人物的刑法思想

（一）贝卡里亚的刑法思想

“意大利的贝卡里亚（Cesare Bonesana Beccaria，1738—1794）反对当时专制支配下的无秩序的刑事裁判与残虐的刑罚制度，而公开刊发《论犯罪与刑罚》，非难基于由拷问造成的虚伪的自白，主张罪刑法定、罪刑均衡、以关于刑罚的一般预防与特别预防为目的的相对主义，被称为‘近代刑法学的始祖’。”④ 关于罪刑法定，他主张“只有法律才能为犯罪规定刑罚。只有根据社会契约而联合起来的整个社会的立法者才拥有这一权威”⑤。关于罪刑

①② 参见［日］川端博：《刑法总论讲义》，26～29 页，东京，成文堂，1995。

③ ［日］大谷实：《刑法总论》，新版 2 版，黎宏译，18 页，北京，中国人民大学出版社，2008。

④ ［日］川端博：《刑法总论讲义》，28 页，东京，成文堂，1995。

⑤ ［意］贝卡里亚：《论犯罪与刑罚》，黄风译，17 页，北京，中国方正出版社，2004。

均衡，他主张“需要刑罚与犯罪相对称”，认为犯罪行为有一个从高到低顺序排列的阶梯，“那么也很需要有一个相应的、由最强到最弱的刑罚阶梯”[①]。关于刑罚的目的，他主张“刑罚的目的仅仅在于：阻止罪犯再重新侵害公民，并规诫其他人不要重蹈覆辙”[②]。这清楚地表明，在罪与刑的关系上，他主张相对主义。

（二）费尔巴哈的刑法思想

费尔巴哈（Anselm Litter von Feuerbach，1775—1833）受启蒙思潮的影响，展开其精致的刑法理论。他被称为“近代刑法学之父”。他主张严格区别法与宗教、道德，认为犯罪是对法的违反，是对权利的侵害（权利侵害说），客观的行为是处罚的对象（客观主义）。他从人有追求快乐、避免不快的本性出发，主张为了抑制犯罪，有必要使人们知道因犯罪被科处刑罚产生的不快大于因犯罪而得到的快感，即由于预告刑罚，给一般人的心理以强制，使犯罪的实行犹豫不决（心理强制说）；由于向一般人预告刑罚，预防犯罪于未然，在这一点上表明立于一般预防的立场（一般预防论）；由于预先决定刑罚，使裁判官的恣意丧失，这一点就是他所提倡的罪刑法定主义。表明这一主义的“无法则无犯罪、无法则无刑罚”的有名文句，即由费尔巴哈率先提出。[③]

（三）康德的刑法思想

康德（Immanuel Kant，1724—1804）提倡纯粹实践理性，以作为理性存在者的人为思考的基石，从正义是服从无上命令出发，认为对侵害正义的犯罪，根据理性的命令，应当科处刑罚，或者说对犯人科处刑罚是正义的当然要求。他在其《道德形而上学》（1797年）第一部“法论”中，展开了他的法哲学思想。在该书中，他严格区别合法性与道德性，认为根据普遍法则不法行为是对自由的妨害，为了抑制不法行为，法必须具有强制力。这是刑罚权的根据。然而，人是目的，绝不要看作是为了什么的手段，从而，刑罚是因为该人犯了罪的理由才被科处（绝对主义），不是为了促进犯人改恶从善的手段而被科处。这样，报应是刑罚的根据，均等的原理是科刑的原理。同害报复之法（以眼还眼、以牙还牙）是康德的刑罚论的特色。这是绝对的报应论，或者说等量报应论。康德的刑罚论可以说具有人权保障的要素与严罚主义的要素两个方面。[④]

（四）黑格尔的刑法思想

黑格尔（Georg Wilhelm Friedrich Hegel，1770—1831）在康德之后使德国观念论哲学达到其顶峰。他舍弃康德所承认的社会契约论，而以辩证法的思考方法展示了从客观的精神的抽象的法到道德、人伦的辩证法的发展，也展示了从人伦、家庭到市民社会、国家的辩证法的发展，被康德分离的法与道德再次被统合。他认为，理性的是现实的，现实的是理性的，非理性的不过是假象，被否定的理性的、现实的东西必须恢复。在他看来，犯罪是客观的法的否定，刑罚是否定之否定，是对否定法的犯罪的再否定而“恢复”法。刑罚不只是为了使犯人痛苦而科处，而且是为了作为理性者被尊敬而科处。再者，刑罚不是单纯的报复，应该具有“与侵害的价值相应的相等性”（绝对主义、报应刑论）。黑格尔虽然

① ［意］贝卡里亚：《论犯罪与刑罚》，黄风译，28页，北京，中国方正出版社，2004。

② ［意］贝卡里亚：《论犯罪与刑罚》，黄风译，10页，北京，中国方正出版社，2004。

③ 参见［日］植松正：《刑法概论Ⅰ总论》，11页，东京，劲草书房，1974；［日］川端博：《刑法总论讲义》，29页，东京，成文堂，1995。

④ 参见［日］山中敬一：《刑法总论》，2版，26页，东京，成文堂，2008；［日］川端博：《刑法总论讲义》，28～29页，东京，成文堂，1995。

在以绝对的报应观念为基本这一点上与康德立于共同的基础，但在否定同害报复、主张等价的报应及统一康德严格区别的法与道德这两点上具有显著不同。由于从作为理性的存在把握人，黑格尔肯定意志的自由。他不赞同费尔巴哈的心理强制说，认为“如果以威吓为刑罚的根据，就好像对着狗举起杖来，这不是对人的尊严和自由予以应有的重视，而是像狗一样对待他”[①]。黑格尔的见解被黑格尔学派的刑法学者克斯特林（Reinhold Köstlin，1813—1856）、哈尔沙纳（Hugo Hälschner，1817—1889）、贝尔纳（Albert Friedrich Berner，1818—1907）等所继承，进而为科勒（Josef Kohler，1849—1919）所继承。[②]

第三节　近代学派的刑法思想

一、概述

近代学派或称新派，由意大利的刑事人类学派与德国的刑事社会学派组成。近代学派的诞生源于19世纪后半叶资本主义的发达。例如，在德国，产业化突进，社会变动兴起，失业、贫困等社会问题发生。这招致了犯罪的激增，特别是累犯、常习犯和少年犯罪的激增。一方面，原有的国家观动摇了，代替自由主义国家的福利国家、预防国家被认为是国家的理想。以自由主义的国家观为基础的，认为犯罪是人的自由意志与理性而产生的古典学派的刑法理论不能应对这样的犯罪的激增。另一方面，自然科学与技术显著发达，以物理学或生物学为样板，也在社会科学中探究社会现象或社会进化的法则性（社会进化论）。犯罪不是基于人的自由意志实施的，而被理解为由素质与环境决定的因果法则的现象。这样，为了预防犯罪，科学地查明犯罪原因与科学的犯罪预防对策是有效的。刑罚也成为基于科学的知识而追求预防犯罪的目的。[③] 不论刑事人类学派还是刑事社会学派，都是以基于自然科学方法的实证主义理论为基础的，所以也称实证学派。

二、刑事人类学派的刑法思想

刑事人类学派因主张以人类学方法研究犯罪而得名。其由意大利学者龙布罗梭所首创，所以又称龙布罗梭学派；代表人物还有意大利的菲利和加罗法洛，因为他们都是意大利人，所以又称意大利学派。

（一）龙布罗梭的刑法思想

龙布罗梭（Cesare Lombroso，1836—1909）用实证的方法观察、分析犯罪现象，用人类学的方法研究犯罪人，1876年刊行《犯罪人》一书。他主张生来犯罪人说，认为犯罪人

---

① ［德］黑格尔：《法哲学原理》，范扬、张企泰译，102页，北京，商务印书馆，1961。

② 参见［日］川端博：《刑法总论讲义》，29页，东京，成文堂，1995；［日］立石二六：《刑法总论》，19页，东京，成文堂，1999。

③ 参见［日］山中敬一：《刑法总论》，2版，28页，东京，成文堂，2008。

有一定的身体的、精神的特征，具有这些特征的人是生来犯罪人，生来犯罪人实施犯罪是自然现象、必然现象。他用隔世遗传对这种现象进行说明。其后，根据意大利精神医生查尔斯·戈林（Charles Goring，1870—1919）的研究，这种“科学的”说明的命题被证明是无根据的，但采用这样的实证方法仍有意义。① 实际上，龙氏本人后来也改变了这样的看法，认为犯罪不仅仅是因犯罪人的体质而发生，气候、文化、经济状况等都是犯罪发生的原因或诱因。

他主张对不同的犯罪人采取不同的处遇方法，根据他们是生来犯罪人、偶发犯罪人还是激情犯罪人，分别给予不同的处遇。对于生来犯罪人，必须将之与社会隔离，以便排除侵害。

（二）菲利的刑法思想

菲利（Enrico Ferri，1856—1929）师事龙布罗梭，但他修正了龙布罗梭仅仅从人类学的要素说明犯罪原因的思想，提倡犯罪的三原因论，认为犯罪的原因有三，即人类学的要素、物理的要素和政治、经济及其他的社会的要素。在此基础上，他提出犯罪饱和法则（一定的环境产生犯罪的不变量），认为上述三要素达到一定的饱和状态犯罪就会发生；革命等异常事件使犯罪激增，异常事件结束即恢复以前的水准。他主张决定论，认为人的意思是不自由的，是由素质与环境所决定的，犯罪行为是由素质与环境所产生的，“与犯罪人的自由意志毫无关系”。他从意思决定论的立场展开社会的责任论，将应受社会防卫处分的地位称为责任；根据社会防卫论的观点，为了防卫社会，必须对具有危险性格者加以防卫处分。他提倡刑罚个别化，主张“在确定刑罚的效果之前，必须首先区分不同类型的犯罪”，然后分别给予不同的处分。具体言之，他将犯罪人分为如下类型并给予相应的处分：生来犯罪人（隔离），精神犯罪人（病院收容），改善不能的常习犯罪人（隔离），改善可能的常习犯罪人（训练），偶发犯罪人（训练、治疗或损害赔偿），激情犯罪人（损害赔偿）。他的刑法思想体现在他起草的1921年意大利刑法草案（菲利草案）中，这一草案引入基于行为人的“危险性”的“社会防卫处分”，是彻底的近代学派思想的具体化。②

（三）加罗法洛的刑法思想

加罗法洛（Raffaele Garofalo，1851—1934）系龙布罗梭的学生。他在继承龙布罗梭的立场的同时，从事心理学的研究，并将这种研究与法律学相结合。他提出自然犯罪的观念，把伤害怜悯和正直两种感情之一的行为称为自然犯罪。他将自然犯与法定犯相区别，认为法定犯“之所以犯罪，主要在于违反了法律，行为人不表现为任何道德低下”③。他将犯罪人分为四类：“（1）谋杀犯；（2）暴力犯；（3）缺乏正直感的犯罪；（4）色情犯。”④ 他认为所有罪犯都应归入以上四类的某一类。他反对道义责任论，认为“道义责任的原理只能导致刑事遏制的目的失败”⑤。他强调特殊预防，但也承认一般预防，认为“对罪犯必须施以损害仅仅是因为罪犯自身所引起的危险。特殊预防应是刑罚的直接目的。一般预防是刑罚的偶然效果……”⑥

---

① 参见［日］山中敬一：《刑法总论》，2版，28～29页，东京，成文堂，2008。

② 参见［日］山中敬一：《刑法总论》，2版，29页，东京，成文堂，2008；［日］浅田和茂：《刑法总论》，22页，东京，成文堂，2005。

③④ ［意］加罗法洛：《犯罪学》，耿伟、王新译，266页，北京，中国大百科全书出版社，1996。

⑤ ［意］加罗法洛：《犯罪学》，耿伟、王新译，246页，北京，中国大百科全书出版社，1996。

⑥ ［意］加罗法洛：《犯罪学》，耿伟、王新译，126页，北京，中国大百科全书出版社，1996。

三、刑事社会学派的刑法思想

（一）概说

德国刑法学家李斯特（Franz von Liszt，1851—1919）虽然与意大利学派的学者同属于近代学派，但对意大利学派的理论倾向作了不少修改。例如，在犯罪的原因上，他不赞成菲利的犯罪三原因论，而提倡犯罪二原因论，将社会的原因置于个人的原因之前，强调社会的原因，因而他所主持的学派被称为刑事社会学派。代表作有1881年的《德国刑法教科书》、1882年的《刑法的目的观念》。1889年他与荷兰的哈迈尔（G. A. van Hamel）、比利时的普林斯（Adolf Prins，1845—1919）一起共同创设国际刑事学协会，宣传他们的主张，以致他们的主张（短期自由刑的废止、缓刑与假释的扩大、保安处分的引入等）在欧洲发展成为具有规模的运动，使他作为推广近代学派刑法学于世界的近代学派统帅的声名远播全球。

（二）李斯特的刑法思想

李斯特受达尔文（Charles Robert Darwin，1809—1882）的进化论与耶林（Rudolph von Jhering，1818—1892）的目的合理主义的影响，对刑罚的认识由盲目的报应刑向有意识的目的刑转化，而提倡目的刑，主张刑罚的目的在于法益的保护与社会的防卫，认为“作为目的刑的刑罚在刑种和刑度上均应适合犯罪人的特点，这样才能防卫其将来继续实施犯罪行为”。据此，他强调刑罚个别化：根据社会学的观点将行为人分为若干类型，适应不同的行为人类型给予不同的处遇。具体言之，对机会犯人要威吓，对改善可能的状态犯人要教育，对改善不能的状态犯人要长期或终身隔离，这些被认为是合目的的手段。然而，必须注意李斯特认识到刑事政策的限度，曾提出过“最好的社会政策就是最好的刑事政策”的名言；另外，“刑法是刑事政策不能逾越的障碍”的话，表明李斯特的法治国家的刑法观。李斯特强烈地认识到在刑法中法治国家的、自由主义的要求，认为刑法是“犯罪人的大宪章”，强调对个人自由的保障机能。这些观点也反映在他的犯罪论中。李斯特的犯罪论是客观主义的，认为犯罪的本质与其说是行为人的意思的危险，不如说是法益侵害。这样，刑罚论中的目的主义与犯罪论中的客观主义的二元论便是李斯特的刑法思想的明显特征。

（三）李斯特刑法思想的发展

李斯特之后，就近代学派的理论而言，有了犯罪征表说与教育刑论的新发展。犯罪征表说为李斯特的门下特萨（Ottokar Tesar，1881—1965）和科尔曼（Horst Kollmann）所提倡，认为犯罪行为是犯罪人的反社会性格的征表，犯罪人的社会危险性已表现于犯罪行为时，应当适用刑法上的社会防卫处分。教育刑论由曾是李斯特学生的利普曼（Moritz Liepmann，1869—1928）和意大利的兰札（Vincenzo Lanza，？—1929）等所主张，例如，认为刑罚必须坚持对受刑人和全国公民进行教育（利普曼），又如说“刑罚是教育，不如此就没有其存在的理由”（兰札）。[①]

---

① 参见［日］大塚仁：《刑法中的新旧两派的理论》，18～21页，东京，日本评论社，1967；［日］山中敬一：《刑法总论》，2版，29～30页，东京，成文堂，2008。

第四节　后期古典学派的刑法思想

一、概述

在认为“国家是最高的道义体”的黑格尔的国家哲学中，国家的权威、道义的优越性被推到前面，恢复由犯罪动摇的国家之权威的是刑罚。这一黑格尔刑罚思想，19 世纪 40 年代以来，由信奉黑格尔哲学的刑法学者加以推广。

19 世纪后半叶，在资本主义发达的同时，产业的发达也带来资本家与劳动阶级的对立，平等的市民社会秩序解体，都市化急速进展，牧歌的共同体崩坏，贫困或犯罪等社会问题不断发生。在这样混沌与分裂的时代，比起个人的理性，宁愿追求超越个人的民族精神。民族精神由来于民族的历史。国家是由民族构成的，个人由于属于这个国家与民族而可能享有自由。在这样的时代精神下展开的国家主义与自由主义混合的思辨的哲学的刑法思想，是后期旧派的刑法思想。[①] 后期旧派即后期古典学派，代表人物有宾丁、比克迈尔、贝林、M. E. 迈尔等。

二、主要代表人物的刑法思想

(一) 宾丁的刑法思想

宾丁（Karl Binding，1841—1920）提倡绝对的刑法理论，是那个时代主张绝对的报应刑论的古典学派的代表。他脱离康德、黑格尔的形而上学的刑法学，向往作为实定法的刑法学，采用从实定刑法的规范构造分析出发的新的实证主义方法建立他的著名的刑法“规范说”。他严格区别规范与刑罚法规：刑罚法规是指刑法规定的例如“窃取他人财物的，处……”这样的条文，规范是指从条文中引导出的行为的禁止或命令。他将犯罪的本质求之于这种对规范的违反，认为犯罪是对规范的反抗、违反，在存在这样的规范违反的场合，根据刑罚法规发生刑罚权。就犯人而言，其行为属于规范的世界，其人属于刑罚的权力的世界；而且，因为刑罚是对否定规范的犯罪的再否定而维持着法的权威，所以刑罚权的内容必须与犯罪的分量立于恒常的关系。如果犯罪对法秩序的损害大，那么犯人因刑罚遭受的痛苦也必须大（法律报应主义、客观主义）。他的刑罚论虽然是绝对的报应刑论，但并没有否定作为次要目的的特别预防。

宾丁的刑法思想是在法律的权威与规范的命令之上建立根据的，刑罚的正当化也求之于刑罚法规本身。在他看来，所谓刑罚是“在法的威严下使犯罪的人服从”之物，是使服从于“法这样的常胜权力”之物。

---

① 参见［日］山中敬一：《刑法总论》，2 版，25～26 页，东京，成文堂，2008。

宾丁的见解，在法律的报应这一点上与康德的见解相近，在国家主义这一点上与黑格尔的见解相近，在通过实定法的分析其见解方面有新意。他由于罕见的理论思索而被日本著名刑法学家团藤重光评价为“在构筑刑法学的理论体系方面有重要的功绩”①。

（二）比克迈尔的刑法思想

比克迈尔（Karl Birkmeyer，1847—1920）是李斯特的论敌，维护旧派理论的刑法学派之争的代表。他以意思自由论为基调论及犯罪人的责任。他主张人的意思是自由的，意思能够决定不犯罪却实施犯罪，所以对之加以道义的非难（道义的责任论）。再者，他主张作为道义非难表现的刑罚是对犯罪的报应，不是对将来的犯罪预防。在他看来，刑罚在发生史上从复仇而起，是被醇化了的复仇，其报应的本质在各国被永远保持着，并已经成为法的信念不可动摇（报应刑论）。根据这样的立场，他对李斯特将监狱变成医院的主张进行批判。由于主张道义责任论与报应的正义，他排斥相对主义与功利主义，从否认不定期刑到反对微罪不处罚和缓刑。②

（三）贝林的刑法思想

贝林（Ernst Beling，1866—1932）一方面基本上继承了宾丁的规范说，一方面认为犯罪是对国家的规范意思的违反，是对法秩序的不服从，该违反行为由于符合各本条的构成要件而构成犯罪，从而展开了其构成要件论。他把构成要件作为客观的、记述的内容来把握，在与作为规范的价值观念相区别的同时，认为构成要件是犯罪成立的基本要素，是价值中立的，与违法、责任没有关系。一种行为要构成犯罪，首先符合构成要件是必要的。罪刑法定主义与犯罪论是结合在一起的，构成要件就是犯罪类型。可是，他在晚年放弃了将构成要件与犯罪类型同一看待的立场，主张犯罪类型由主观的、客观的诸要素构成，但将那些诸要素整理成一个犯罪类型的指导形象即构成要件。他还提倡以相对的自由意思论为前提的刑事责任，认为刑罚虽然是对有责行为的报应，但也不能不关注社会秩序的维持。③

（四）M. E. 迈尔的刑法思想

M. E. 迈尔（Max Ernst Mayer，1875—1923）一方面继承贝林的理论，另一方面又予以大量修正，从而创立了以构成要件的观念为中心的强有力的理论体系。即他承认作为要件之内容的规范的要素，同时暗示存在着主观的违法要素，并由于认为构成要件是违法性的认识根据而使构成要件与违法性的关系明确起来，进而论述了具备构成要件符合性、违法性、有责性三要件应成立犯罪的意思。他还提示存在于法规范背后的文化规范，着重于实质的正义，并主张分配主义，即刑罚通过立法者、法官、刑务官与各任职的国家机关，与罪刑法定、量刑、执行相适应。④

---

① 转引自［日］山中敬一：《刑法总论》，2 版，27 页，东京，成文堂，2008；［日］川端博：《刑法总论讲义》，29～30 页，东京，成文堂，1995。

② 参见［日］大塚仁：《刑法中新旧两派的理论》，26 页，东京，日本评论社，1957；［日］浅田和茂：《刑法总论》，24 页，东京，成文堂，2005；［日］中山研一：《刑法总论》，29 页，东京，成文堂，1982。

③ 参见［日］浅田和茂：《刑法总论》，23～24 页，东京，成文堂，2005；［日］大塚仁：《刑法中新旧两派的理论》，10 页，东京，日本评论社，1957。

④ 参见［日］大塚仁：《刑法中新旧两派的理论》，10 页，东京，日本评论社，1957。

第五节 刑法学派之争

一、刑法学派之争的起因

(一) 社会、经济的变化

19世纪中叶欧洲大陆特别是德国发生了社会的、经济的变化。在19世纪中叶，由于自然科学的发达与技术的进步，产业革命得以兴起，德国由农业国家转变为工业国家，从19世纪70年代资本主义制度经过自由竞争阶段，进入垄断主义、帝国主义阶段，其结果是近代大工业城市的发达，工厂劳动者的激增，工人阶级与资本家阶级对立、抗争的激化，贫穷的大众化，失业群的泛滥，家庭的破坏，帝国主义的战争等现象的产生，在犯罪现象之中显示的结论是累犯特别是常习犯与少年犯罪的激增。不过，1871年新刑法典因为对作为新犯罪现象的累犯、常习犯或少年犯罪没有给予任何考虑，而在新犯罪现象前痛感无能为力。从此，对以前的刑法思想即古典的刑法理论的批判之声油然而生。这成为学派之争的实际的原因。

(二) 犯罪学的发达

犯罪学的发达在19世纪30年代由凯特莱（Quetelet，1796—1874）首先从统计学领域开始。他在其著作中阐明犯罪的社会原因，由此对认为从来犯罪主要由自由意思所产生的古典的刑法理论给予冲击。继续至19世纪70年代，意大利学派抬头，首先由犯罪人类学派的创立者龙布罗梭强调犯罪之人类学的、遗传生物学的原因，阐明犯罪是自然的、必然的现象及犯人的重要性。接着菲利在其著作中强调犯罪之社会的、物理的原因，进而加罗法洛在其著作中强调“犯人的危险性”是犯罪的中心的要素。由于这些思想，犯罪的中心被强调不是行为而是成为行为者的犯人，与犯罪斗争的中心被认为在于犯人的危险性、反社会的性格，与犯罪中心主义的古典刑法理论相反，主张研究犯人的必要，强调根据犯人的分类，犯罪对策必须予以个别化。特别是菲利把自己的立场称为实证学派，主张犯罪及其对策之实证的、自然科学的研究的必要性，对主要以解释论研究法的规范的古典刑法理论展开严厉的批判。而李斯特批判地继承了从凯特莱到意大利学派的思想，在德国综合地展开研究。① 他提出犯罪原因的二元论（社会因素与个人因素）和刑罚论中的目的刑论，同古典学派进行了长期的论争。

二、刑法学派之争的要点

如上所述，古典学派与近代学派的基本观点是严重对立的，特别是李斯特主张目的刑论以来，两学派间之争表面化，至李斯特与比克迈尔的论争达到了顶点。同一学派内部的学者中其主张虽然可以看到细微的差别，但根本上可以概括为两个学派的对立。

---

① 参见［日］木村龟二：《刑法总论》，增补版，30～31页，东京，有斐阁，1978。

古典学派根据启蒙主义的合理主义思想的见地，以存在自由意思为前提（非决定论），承认以基于犯人的自由意思决定实际实施了的“行为”这种客观的行为为处罚的对象（行为主义、现实主义、客观主义），将行为人主观的犯罪“意思”作为“道义的”责任之基础对待（意思责任论、道义的责任论），刑罚是作为与行为相均衡的报应而科处犯人的害恶（报应刑论），认为这样的刑罚有助于威吓一般人预防犯罪（一般预防主义）。古典学派否定不需要与行为均衡的不定期刑，认为基于关于违法行为的责任回顾的刑罚与以犯人的危险性为前提的保安处分具有本质的不同（二元主义）。古典学派所预想的犯罪人是按照自己的理性能完全规制自己行动的自由人，而且可以说是作为抽象的、一般的存在者的人（抽象的理性人）。

与此相反，近代学派根据实证科学的见地，否定存在自由意思（决定论），处罚的对象不是素质与环境宿命地决定的行为，而是行为人的社会危险性或者反社会性。它被认为是行为征表理论（行为人主义、主观主义、征表主义），认为行为人以其反社会的“性格”为基础负社会的责任（性格责任论、社会的责任论），刑罚以矫正、改善行为人的反社会性或者危险性而再社会化的教育为目的（目的刑论、教育刑论），认为刑罚因改善行为人而预防犯罪、防卫社会，不是以一般的威吓为目的（特别预防主义）。近代学派认为应当承认有利于行为人改善的不定期刑，认为作为对行为人改善的手段，刑罚和保安处分是相同的（一元主义）。近代学派把犯罪人理解为在素质与环境支配下必然地、不得不陷于犯罪的宿命的、决定的存在，并把犯罪人区分为各种类型（具体的宿命人）。①

综上所述，两派争论的要点，可以概括为以下几个方面的对立：（1）非决定论与决定论；（2）客观主义与主观主义；（3）道义的责任论与社会的责任论；（4）报应刑论与目的刑论；（5）一般预防主义与特别预防主义；（6）刑罚和保安处分的二元主义与刑罚和保安处分的一元主义；（7）抽象的理性人之犯罪人观与具体的宿命人之犯罪人观。

三、刑法学派之争的扬弃

在德国，古典学派和近代学派的理论各有所长，也各有所短，两派的争论至李斯特与比克迈尔达到顶峰，1919年、1920年两人相继去世后争论趋于终止，并且扬弃两派立场的探索得以进行。希佩尔（R. V. Hippel，1866—1951）提出统合说，主张在报应的范围内承认一般预防、特别预防；M. E. 迈尔提出分配说（分配主义），主张在立法阶段——报应、在司法阶段——法的确认、在行刑阶段——目的刑成为各自的指导理念，试图进行新旧两派的综合或妥协。

在日本，明治时代中叶以后，在欧洲特别是德国刑法学的影响下，古典学派和近代学派被传入，从大正时期到昭和初期，两学派间展开激烈的争论。近代学派胜本勘三郎（1866—1922）、牧野英一（1878—1970）、宫本英脩（1882—1944）、木村龟二（1897—1972）等诸博士大力提倡犯罪征表说、社会的责任论与教育刑论等理论，古典学派大场茂马（1869—1920）、小野清一郎（1891—1986）、泷川幸辰（1891—1962）等诸博士对上述论点展开了严厉批判，但也有像泉二新熊博士（1876—1947）那样立于折中立场的论者。

① 参见［日］川端博：《刑法总论讲义》，32～33页，东京，成文堂，1995；［日］大塚仁：《刑法中新旧两派的理论》，35～36页，东京，日本评论社，1957。

第二次世界大战后，扬弃两派对立的倾向增强起来。例如，木村博士积极采用目的行为论、构成要件理论，重视与客观主义的综合；团藤重光博士（1913—　）立于古典学派的立场，同时展开主体的行为人的人格责任论，考虑与近代学派的性格责任论的综合。还有佐伯千仞博士（1907—2006）以责任主义为前提，倾向特别预防论，并且倾向以保障人权的客观主义限制主观主义，重视两学派的统一。其结果是多数学说基本上接受了古典学派的立场之后，也采纳近代学派的主张。①

第六节　第二次世界大战后的刑法思想

一、概述

第二次世界大战于1945年9月以法西斯阵营的失败而告终。纳粹德国投降后，1945年11月至1946年10月在德国的纽伦堡国际法庭对法西斯战犯进行了审判并给予了严厉惩罚。与此相关联，对人权的保障引起普遍的关注，基于人权与人道主义的自然法思想逐步复活。1949年5月《德意志联邦共和国基本法》被通过并施行，其中规定了罪刑法定原则。这样，在刑法理论中，罪刑法定主义学说重新确立起来，纳粹刑法中的类推制度自然受到唾弃。但由于存在着"冷战"的情况，对纳粹刑法的反省不能不是一个过程。

日本战败后由美国占领，1946年11月公布、1947年5月施行新宪法，新宪法中规定了国民在法律上均属平等和罪刑法定原则，与此相适应，刑法作了部分修正，废除了对皇室的犯罪；在学说上罪刑法定主义重新受到重视，刑法学者根据自由主义、民主主义观点展开再构筑刑法学的活动。不过，由于美国占领政策的转换和日、美安全保障体制的建立，日本刑法学的改进也不能不受影响。②

第二次世界大战后，大陆法系的刑法理论大体上是在这种背景下发展的。在刑法理论上影响比较大的，是目的行为论和新社会防卫论。

二、目的行为论

目的行为论为德国学者韦尔策尔（Hans Welzel，1904—1977）所提出。这一理论虽然在第二次世界大战前已经展开，但在战后才为很多国家的学者所重视。它认为人的行为是"目的的现象，而非单纯的因果的现象"。行为的目的性是指："人以关于因果法则的知识为基础，在一定范围内预见自己的活动可能发生结果，并依此设置种种目标，有计划地指导达成此目标的活动。"③ 它还在构成要件阶段区别故意与过失，并认为违法是关系行为者的

① 参见［日］浅田和茂：《刑法总论》，24～25页，东京，成文堂，2005；［日］川端博：《刑法总论讲义》，33～34页，东京，成文堂，1995。

② 参见［日］浅田和茂：《刑法总论》，32页，东京，成文堂，2005。

③ ［德］韦尔策尔：《目的行为论序说——刑法的新状况》，［日］福田平、大塚仁译，1页，东京，有斐阁，1979。转引自马克昌主编：《近代西方刑法学说史略》，368页，北京，中国检察出版社，2004。

人的违法，其本质是行为无价值，并将故意与过失由责任移到构成要件，在责任论中处理责任能力、违法性意识的可能性、期待可能性的问题。

日本学者认为，新旧过失犯论、不作为犯论、行为无价值论与结果无价值论、误想防卫、违法性意识的可能性等，这些第二次世界大战后刑法学中的主要论争都是适应目的行为论提起的问题而被展开的，这样说一点也不夸张。① 由此可见，在第二次世界大战后，目的行为论在刑法理论上具有不可低估的影响。

三、新社会防卫论

新社会防卫论的代表人物是法国著名法学家安塞尔（Marc Ancel，1902—1990）。他将社会防卫运动的基本观点归纳为三点：“（一）社会防卫论首先对现有的与犯罪作斗争的制度进行批判性的研究，甚至提出质疑。”“（二）社会防卫论始终主张联合所有的人文科学以对犯罪现象进行多学科的研究。”“（三）自然，社会防卫论希望利用它对现行制度的科学批判及它与人文科学的合作这两点，并遵照以下两个互为补充的指导思想建立起一个崭新的刑事政策体系：一方面，坚决反对传统的报复性惩罚制度，由此，社会防卫运动自一开始就是一场反刑法或起码是非刑法（即刑法以外）的运动。另一方面，立志坚决保护权利，保卫人类，提高人类价值。这也就是人们所说的社会防卫运动的人道主义。”②

安塞尔的重要著作《新社会防卫论》以“人道主义的刑事政策运动”为副标题，这正是该学说的中心内容。它认为犯罪人有复归社会的权利，社会有使犯罪人复归社会的义务。为此，安塞尔提出：考虑犯罪人的人格的同时修改制裁体系。其反对古典刑法的立场，也反对实证学派的重要观点，但并不否定意志自由和责任的观念。正像日本学者中山研一指出的那样：“新社会防卫论以人道主义的再社会化为中心口号，在符合其刑事政策目的的范围内，维持古典的刑法的体系及其基本原则。”③

【问题与思考】

1. 试述前期古典学派主要代表人物的刑法思想。
2. 试述近代学派主要代表人物的刑法思想。
3. 试述后期古典学派主要代表人物的刑法思想。
4. 刑法学派之争主要表现在哪些方面？结局如何？

---

① 参见［日］浅田和茂：《刑法总论》，33页，东京，成文堂，2005。

② ［法］安塞尔：《社会防卫思想》（译名为《新刑法理论》），卢建平译，30～31页，香港，香港天地图书有限公司，1990。

③ ［日］中山研一：《刑法总论》，34页，东京，成文堂，1982。

第三章 刑法的基本原则

内容导读

本章重点论述罪刑法定主义，兼及谦抑主义、责任主义。罪刑法定主义，是指在科处刑罚前，什么行为被认为是犯罪，对该行为科处什么刑罚，必须事先由法律明示的原则。罪刑法定主义是刑法最重要的基本原则。自由主义和人权思想被认为是现代罪刑法定主义的思想基础。罪刑法定主义的内容，除传统的四个派生原则外，当代学者又增加的有：明确性原则、实体的适当原则和禁止不利判例变更的溯及。谦抑主义，是指刑法的发动不应以所有的违法行为为对象，刑罚限于不得不必要的场合才应适用的原则。刑法的补充性、片断性和宽容性是谦抑主义的内容。责任主义（广义的责任主义）包括归责的责任主义（狭义的责任主义）和量刑的责任主义。根据责任主义，应排除结果责任和团体责任。

第一节 刑法的基本原则概述

一、刑法的基本原则的称谓

就刑法的基本原则而言，日本刑法学者如中山研一、川端博、浅田和茂与韩国学者金日秀等均称之为刑法的基本原则，对此并没有不同意见。但俄国刑法学者如 H. Φ. 库兹涅佐娃等则称之为“刑事立法的原则”，认为“刑事立法的原则——这就是立法、执法机关和公民在与犯罪作斗争方面必须遵循的基本原则”①。从此定义中可以看出，这也就是刑法的

① ［俄］H. Φ. 库兹涅佐娃、И. M. 佳日科娃主编：《俄罗斯刑法教程》（总论）（上卷・犯罪论），黄道秀译，67 页，北京，中国法制出版社，2002。

基本原则。德国刑法学者耶赛克等在其著作《德国刑法教科书》（总论）中将“刑法的基本原则”称为“刑事政策的基本原则”。该书指出：刑事政策探讨的问题是，刑法如何制定，如何描述犯罪构成要件特征，如何确定在刑法上适用的制裁措施等。[①] 由此可见，这里的“刑事政策的基本原则”实际上也就是“刑法的基本原则”。

二、刑法的基本原则的内容

关于刑法的基本原则包括哪些内容，学者们的见解颇不一致。俄国学者根据俄罗斯联邦刑法典第3条至第7条的规定，认为刑事立法的原则包括法制原则、公民在法律面前一律平等的原则、罪过原则、公正原则和人道原则。德国学者耶赛克等认为，刑事政策的基本原则主要是罪责原则、法治国家原则和人道主义原则。但也有学者如克劳斯·罗克辛仅提法治原则。韩国学者金日秀认为，刑法的基本原则有罪刑法定原则、责任原则、比例性原则、行为刑法的原则。日本有些学者对此看法比较接近，如中山研一认为刑法的基本原则有罪刑法定主义、行为主义、责任主义；浅田和茂在上述三原则的基础上增加了“三个原则的关系与谦抑主义”；川端博则以“谦抑主义”取代了中山教授所说的“行为主义”，认为刑法的基本原则是罪刑法定主义、谦抑主义和责任主义；而不少学者如团藤重光、大塚仁、西原春夫、前田雅英、大野真义、山中敬一等，均仅仅提出罪刑法定主义予以论述而不提及其他原则，意大利学者杜里奥·帕多瓦尼的观点与此相同。我们认为，俄国刑法中的法制原则、罪过原则，德国学者提出的法治国家原则、罪责原则，实际上都是对罪刑法定主义（原则）、责任主义（原则）的不同表述。人道主义虽然有其特定的含义，但其基本内容可以为谦抑主义所包含；且人道主义作为原则由于不仅涉及刑法，因而不像谦抑主义那样是刑法所遵循的原则。比例性原则只是限制保安处分的原则。现代刑法虽以行为刑法为基本内容，但在某些方面也不能不考虑行为人刑法的要求。至于公民在法律面前一律平等的原则、公正原则，并不只是刑法的原则。基于上述认识，本书采用日本学者川端博的见地予以论述，只是为了避免与“责任论”这一章的内容相重复，这里对责任主义仅扼要地阐述。

第二节 罪刑法定主义

一、罪刑法定主义的意义和沿革

所谓罪刑法定主义，是指在科处刑罚前，什么行为被认为是犯罪，对该行为科处什么刑罚，必须事先由法律明示的原则。罪刑法定主义是刑法上最重要的基本原则。这一原则，不是来源于罗马法，而是由德国学者费尔巴哈1810年在他的刑法教科书中揭示的。他在该

---

① 参见［德］耶赛克、魏根特：《德国刑法教科书》（总论），徐久生译，28～29页，北京，中国法制出版社，2001。

教科书里提出了“无法律则无刑罚，无犯罪则无刑罚，无法定的刑罚则无犯罪”（Nulla poena sine lege，Nulla poena sine crimine，Nullum crimen sine poena legali）这一基于拉丁语的命题的原则。特别是“无法律则无刑罚”的提法，今日作为罪刑法定主义的标语式表现被广泛应用。在使这一原则于刑法学上最初明确化的意义上，费尔巴哈被赞誉为“近代刑法学之父”。这显示出该原则是在近代自由主义思想中诞生的。[①]

罪刑法定主义是依法管理的法治国家思想的刑法表现。在近代国家以前的旧体制的政治原理中，什么样的行为是犯罪，对该犯罪科处什么样的刑罚，每次都委之于国家机关的任意，这是罪刑擅断主义。罪刑法定主义是与罪刑擅断主义相对立的。刑法作为行为规范，为了成为国民应当遵守的准则，国民不受突然袭击，必须在行为之前预先明示犯罪与刑罚的内容，据此保障国民的预测可能性，保障行动的自由。罪刑法定主义依靠自由主义来保证。另外，罪刑法定主义是法律主义，这就意味着犯罪与刑罚必须根据在国会中制定的法律加以规定。由于国会的决议是通过作为国民代表者的国会议员反映国民的意思的，据此也可以说罪刑法定主义是扎根于民主主义的。不论作为制度还是作为渊源，自由主义与民主主义都是罪刑法定主义的思想基础。[②]

罪刑法定主义最早的渊源何在？虽然学者间对此有不同的意见，但通说认为，罪刑法定主义思想的历史渊源可以追溯到远在13世纪英国确立的大宪章（1215年6月15日）第39条。该条规定：“任何自由民，如果没有基于同一身份者的合法裁判并且根据国家的法律，就不受逮捕、监禁、没收财产、剥夺法律保护、流放国外，或使用其他方法的侵害……”这一规定排除国王专断的恣意，保障人民在刑事司法中的人身自由，即禁止不根据“国之法律”适用刑罚与刑事上一切强制处分，不外乎系法律主义的原则，进而系罪刑法定主义的要求。

大宪章之后，罪刑法定主义思想相继为英国的《权利请愿书》（The Petition of Right，1628年）和《权利法案》（The Bill of Rights，1689年）所确认，随后在18世纪美国独立运动中一再显现。1774年的费城宣言、1776年的弗吉尼亚权利法案都表明了同样的思想。1776年6月12日的权利典章第8条规定“任何人除根据国法和陪审员的判决以外，不得剥夺其自由”即是例证。同时，由来于大宪章第39条的“国之法律”的“合法程序”思想，在美国宪法修正案第5条“任何人未经法律正当程序，不得剥夺其生命、自由或财产”的规定中得以体现，直至今日。

罪刑法定主义被认为是近代法治主义的刑法表现之一，对其中的理由首先可以举出作为法国革命成果产生的1789年8月26日的《人权宣言》第8条。这即是说“除非根据在犯罪前制定公布且依法施行的法律，不得处罚任何人”的规定，成为这一原则的根基。然而，法国的《人权宣言》是在启蒙思想家主张的三权分立和社会契约论影响下，以北美诸州的权利典章，特别是弗吉尼亚权利典章为蓝本起草的，并且那些权利典章，不论哪一个都是援用大宪章第39条而被宣告的。从这个意义上说，法国的《人权宣言》其思想也是在中世纪英国的大宪章中寻求其渊源的。

1789年《人权宣言》第8条的原则在1795年法兰西共和国宪法中加以体现。刑法上这

---

① 参见［日］山中敬一：《刑法总论》，2版，63页，东京，成文堂，2008；［日］大野真义、墨谷葵编著：《要说刑法总论》，改订版，12页，东京，嵯峨野书院，1990。

② 参见［日］山中敬一：《刑法总论》，2版，64页，东京，成文堂，2008。

一原则作为罪刑法定主义加以规定的，最初系1810年法国刑法典第4条。该条规定："不论违警罪、轻罪或重罪，均不得以实施犯罪前法律未规定之刑罚处罚之。"此后，该条规定相继为其他国家（如德国、意大利等）的刑法典所仿效。明治13年（1880年），日本旧刑法继承了法国刑法典规定的这一原则，于第2条规定："法律无正条者，无论何种行为，均不得罚之。"日本学者认为，作为直接宣告罪刑法定主义的最初规定很有意义。

不过，也有些国家的刑法当时并未采用罪刑法定主义。如1922年、1926年苏俄刑法典第10条、第16条基于建国不久的情况，均规定了类推制度；1935年纳粹德国刑法典修正第2条规定了词义含混不清的类推，以加强法西斯统治。但第二次世界大战后，1949年《德意志联邦共和国基本法》取消了类推制度，1975年联邦德国刑法典第1条明文规定了罪刑法定主义。1960年苏俄刑法典第3条规定了罪刑法定原则，由此取代了原来的类推。日本现行刑法虽未规定罪刑法定主义，但1946年的日本国宪法第31条与第39条第1款都作了规定，它当然也是日本刑法的基本原则。这些情况显示了第二次世界大战后罪刑法定主义的不断发展。

同时，罪刑法定主义在国际法上也不断得到承认。1948年12月10日联合国大会通过的《世界人权宣言》第11条第2款明文对罪刑法定主义作了规定："任何人实行时根据国内法或者国际法不构成犯罪的作为、不作为，不认为犯罪，不得科处比该犯罪实行时应适用的刑罚为重的刑罚。"随后，1966年12月16日联合国大会通过的《公民权利和政治权利国际公约》第15条第1款也作了类似规定。①

由上述可见，罪刑法定主义是现代各国刑法的基本原则，并且得到国际社会的认同，成为当代刑法发展的不可逆转的趋势。

二、罪刑法定主义的思想基础

（一）罪刑法定主义产生的思想基础

"罪刑法定主义的成立，历史上以孟德斯鸠所强调的作为国法思想的'三权分立论'与作为刑事政策思想的费尔巴哈的'心理强制说'为基础。"②

1. 三权分立论。在封建社会的体制下，刑事审判实行的是罪刑擅断主义，认定犯罪与判处刑罚均由国王或代表国家的法官任意决定，个人自由严重遭受侵害。因而在市民国家中，以最大限度地保障个人自由为原则，特别强调三权分立。也就是将立法、司法、行政的机能各个分属于个别国家机关，以防止由于权力集中侵害个人自由。由于裁判根据立法机关制定的法律进行，可以避免法官的专断，个人自由得以保护，从而对刑事审判来说，犯罪与刑罚自然有必要事先由法律加以规定。可以说，在这里主要关心的是在制度上预防法官的恣意。

2. 心理强制说。心理强制说由被称为"近代刑法之父"的费尔巴哈所提倡，根据该说的观点罪刑法定主义得以产生。据他看来，本来人是考虑追求快乐、避免不快才行动的；如果犯罪与刑罚事先由法律加以规定，人比较因不实施犯罪所产生的小的不快与实施犯罪

---

① 参见［日］大野真义、墨谷葵编著：《要说刑法总论》，改订版，14～16页，东京，嵯峨野书院，1990；［日］大谷实：《刑法总论》，黎宏译，38～40页，北京，法律出版社，2003。

② ［日］川端博：《刑法总论讲义》，43页，东京，成文堂，1995。

被科处刑罚的大的不快，为了避免大的不快，就会选择不实施犯罪。毕竟刑罚已被法律规定，人为了不实施犯罪，在心理上就要加以强制。这是罪刑法定主义以心理强制说为基础的理由。可是，到19世纪后半叶，对犯罪及犯罪人进行的实证研究表明，在犯罪实行时的兴奋状态下，基于理性的心理强制是否可能，不免产生疑问，故费尔巴哈提倡的心理强制说就成为褪色的存在而失去说服力；但罪刑法定主义作为重要的法律原则仍然继续保持其生命力。①

（二）现代罪刑法定主义的思想基础

1. 自由主义。如前所述，罪刑法定主义是自由主义思想产生的法律原则。然而，近时有人试图根据种种观点赋予这一原则以理论上的基础，但应当认为，不论在沿革上还是在原理上以自由主义为基础，均是妥当的。行为前在被实定化的法律中明确规定犯罪与刑罚，保证行为人对法的效果预测的可能性，最大限度地保障行动的自由，这是罪刑法定主义的精髓所在。实行罪刑法定主义，就要求具有以根据“形式”测量法律适用的公正的制度。②

2. 人权思想。“罪刑法定主义，作为近代法治主义的一环，是法律主义的原则的产物。然而，假如将这一原则的存在理由仅仅理解为以成文的法规事先规定犯罪与刑罚这种形式的意义，那么，只要以成文的法规规定犯罪与刑罚的关系，规定什么是犯罪与科处什么样的刑罚就可以了。如果是那样的话，罪刑法定主义就失去了以自由主义为基调的近代刑法之大原则的意义。支配这一原则的，是通过人类长远的历史，追求确立国民的自由与权利而主张的人权思想。”③

三、罪刑法定主义的内容

（一）概说

罪刑法定主义的内容，也称为罪刑法定主义的派生原则。关于罪刑法定主义有哪些派生原则，学者之间的意见并不完全一致。德国学者罗克辛在“法治原则的四项作用”这一标题下提出了四项原则，即传统的四项派生原则。意大利学者帕瓦多尼认为有三项原则：狭义的法制原则、明确性和确定性原则、不得溯及既往原则。韩国学者金日秀虽然提出传统的四项基本原则，但论述的是其中三项（禁止不确定刑法的原则除外），另加“法律明确性的要求”和“所谓适正性原则”。日本学者之间的意见也有分歧，但立石二六认为，罪刑法定主义有七项派生原则，并分为传统的派生四原则和传统的派生四原则以外的内容分别论述，内容全面，条理清晰，比较可取。因而本书依此分类，并参考有关论著予以说明。

（二）传统的派生四原则

1. 排斥习惯刑法。德国学者罗克辛称之为“禁止作为刑罚根据和使刑罚严厉的习惯法（书面的罪刑法定）”，并扼要予以说明：“在其他法律领域中，除了法律法（Gesetzesrecht）之外，还承认（没有写出来的）习惯法作为独立的法律渊源（Rechtsquelle）。然而，刑事可罚性不能通过习惯法来建立或者加重，这种法律上的规定当然能够得出这个结论：刑事可

① 参见［日］川端博：《刑法总论讲义》，43～44页，东京，成文堂，1995；［日］大野真义、墨谷葵编著：《要说刑法总论》，改订版，13页，东京，嵯峨野书院，1990。

② 参见［日］川端博：《刑法总论讲义》，44～45页，东京，成文堂，1995。

③ ［日］大野真义、墨谷葵编著：《要说刑法总论》，改订版，14页，东京，嵯峨野书院，1990。

罚性只允许在法律上加以规定。”①

“排斥习惯刑法”系立石二六等学者的表述。我们认为，这一表述简明、确切，因而本书加以采用（以下派生原则均依立石教授的表述，不再一一说明），但内容的论述则参考不同学者的著作。

罪刑法定主义的第一要求是用法律预告、明示犯罪与刑罚的关系。这种场合的法律，系指根据代表国民的国会的决议所制定的法，从而意味着是制定法。也就是说，刑罚法规的法源必须是成文的制定法。原因是，若习惯法成为使国民的生命、身体、财产等法益受重大影响的刑罚的根据的法律，法的安定性就完全没有指望。日本宪法根据这一旨趣，除在第 31 条宣告法定程序保障外，在第 73 条第 6 项但书中规定“政令中法律特别授权者外，不得制定刑罚”，由此明示刑法的法源作为原则是成文的制定法规。而且，根据这一宪法的规定以及刑事诉讼法第 335 条的规定，在刑事裁判中，“进行有罪的宣告……必须指明法令的适用”。

将习惯法从刑法的渊源中排除，系明示犯罪与刑罚关系的刑罚法规的法源，完全禁止委之于习惯法。但对于刑法的解释来说，关于明确犯罪成立要件方面并不意味着要求排除成文的规定以外的一切要素。事实是，在确定实定法上犯罪的成立要件的场合，即使要明确构成要件的意义，根据习惯及其他不成文法加以确定的要素不一定少。例如，关于日本刑法第 123 条“妨害水利罪”中的所谓水利，在不少场合系根据当地习惯法上认可的水利权来确定的。刑法第 175 条中猥亵的概念，也是根据当时的社会通念确定其意义内容，这已为众所周知。再者，关于不作为犯中的构成要件符合性，行为人是否处于负有应当防止结果发生的作为义务的保证人地位成为问题。这种作为义务的范围除在法规上明白规定的以外，也必须根据习惯、条理②判断是否成立。刑法第 218 条“遗弃罪”中保护责任的根据即其适例。③

2. 刑罚法规不溯及原则。对此，罗克辛称之为“禁止溯及既往效力（事先的罪刑法定）”，并扼要加以说明：一个行为，在实施时不是应受刑事惩罚，但是通过溯及既往却可以被置于刑罚之下；一个根据刑法可以处罚的行为通过溯及既往也可以引入更重的刑罚种类；或者在同一种刑罚威胁的范围中从重处罚的程度增加。这三种溯及既往的形式都是宪法所不能允许的。因为刑事可罚性（其种类或程度）在行为之前并没有法律加以宣布和加以明确。④

在日本学者看来，“无法律则无刑罚”原则，系以在行为之前法律存在为前提而成立的，从而行为后制定的法规禁止溯及适用。日本宪法第 39 条在其前段揭示了禁止溯及处罚的原则，宣告“任何人其实行时是合法的行为……不得追究刑事上的责任”。这意味着只要刑法未规定为犯罪，实施任何行为，均不成为处罚的对象。

这一刑罚法规不溯及原则，不仅禁止实行时是合法的行为，以刑事事后法将它认为违法的场合，而且禁止实行时是违法的行为，以事后法加重其刑罚，使其效力溯及。日本宪法第 39 条解释为特别关于这样的场合，条文上不明确。由于法律的变更刑罚加重时，或者

---

① ［德］克劳斯·罗克辛：《德国刑法学总论》，第 1 卷，王世洲译，79 页，北京，法律出版社，2005。

② 条理“就是事物的规律或人世间的道理”（［日］大谷实：《刑法讲义总论》，新版 2 版，黎宏译，50 页，北京，中国人民大学出版社，2008）。

③ 参见［日］大野真义、墨谷葵：《要说刑法总论》，改订版，18～19 页，东京，嵯峨野书院，1990。

④ 参见［德］克劳斯·罗克辛：《德国刑法学总论》，第 1 卷，王世洲译，80 页，北京，法律出版社，2005。

刑罚对行为人不利时，禁止重的事后法的溯及，从第 39 条规定的精神看，可以说是妥当的解释。与此相反，日本刑法第 6 条规定："因犯罪后的法律致刑罚有变更时，适用处罚较轻的法律"，由此承认较轻刑罚的事后法的溯及。因为向有利于被告人方向的溯及不违反罪刑法定主义的旨趣。[①] 由此可见，刑罚法规不溯及既往，不是绝对的：如果是有利于被告人的法律，不论表现于刑罚处罚上，还是表现于构成要件上，抑或是表现于其他方面，都有溯及既往的效力。

3. 禁止绝对的不确定刑。对此，罗克辛称之为"禁止不确定的刑法和刑罚（确定的罪刑法定）"，并加以说明，这里仅摘引其有关刑罚的意见："……完全不确定的刑罚是不允许的。例如，如果第 303 条是这么写的：'违法损坏或者毁灭他人物品的人，应处以刑罚'，那么就是违反宪法和没有意义的，因为，在这里应当适用哪一种刑罚以及可以适用多么严厉的刑罚，在法律上仍然是不确定的。"[②]

日本学者认为，罪刑法定主义，按照字面的意思，不仅要求犯罪的法定，而且要求刑罚的法定，亦即刑罚以对每个犯罪特定、明确、法定为必要。在日本现行宪法及刑法中，关于绝对的不确定刑的否定，虽没有发现直接的规定，但根据要求罪刑均衡与法的安定性的罪刑法定主义的旨趣，认为不能被允许。

绝对的不确定刑是就法定刑与宣告刑两者而言的。在绝对的不确定法定刑的场合，与某一犯罪相对应的法定刑的种类和程度完全委之于法官的裁量；在绝对的不确定宣告刑的场合，不确定刑期，其最终结果不是根据受刑人的更生努力，而是委之于行政官厅的判断。本来，罪刑法定主义尽可能缩小法官自由裁量的范围，要求统一规格地进行量刑，但如果严格贯彻这样的要求，在量刑上就欠缺具体的妥当性。在这个意义上，按照教育刑主义的立场，重视犯罪人的教育、改善方面，根据受刑人的改正努力，判断复归社会时期的方法，被认为是比较合理的。然而，就其反面而言，若采用这样的方法，犯罪与刑罚的关系就产生失去均衡的结果，刑期的判断也难保没有反映法官或者行政官厅的恣意，刑法的保障机能也就完全没有意义。

因此，今日在刑事政策的考虑下，作为一个妥协点，相对的不确定刑被广泛适用。日本刑法上，在限定的范围内承认刑种的选择（例如，死刑与自由刑——第 199、240 条等，自由刑与财产刑——第 204、208 条），关于自由刑与财产刑法定最大限度（最长期、最大额）与最小限度（最短期、最小额），法官在法定的范围内量定宣告刑。此即相对不确定的法定刑。又如，少年法第 52 条规定："对少年应判处长期 3 年以上有期惩役或监禁时，在其刑的范围内确定长期与短期而宣告之。"在此即采用相对的不确定的宣告刑。日本改正刑法草案第 59 条规定："对常习累犯，可以宣告不定期刑"。此亦采用相对的不确定宣告刑。[③] 这就是说，绝对的不确定刑固然不可取，绝对的确定刑也有问题，只有相对的确定刑才既便于实现刑罚个别化，又有利于保障人权。

4. 禁止类推解释。对此，罗克辛称之为"禁止类推（严格的罪刑法定）"。他写道：类推是通过类似性推论的方法，将一个法律规则转而适用于一个在法律中没有规定的其他案

---

① 参见［日］大野真义、墨谷葵编著：《要说刑法总论》，改订版，21～22 页，东京，嵯峨野书院，1990。

② ［德］克劳斯·罗克辛：《德国刑法学总论》，第 1 卷，王世洲译，80 页，北京，法律出版社，2005。

③ 参见［日］大野真义、墨谷葵编著：《要说刑法总论》，改订版，22～23 页，东京，嵯峨野书院，1990；［日］川端博：《刑法总论讲义》，50 页，东京，成文堂，1995。

件的做法。人们根据要转适用的法规则是来源于一个单独条文，还是来源于几个条文引导出来的法思想，把类推区分为法律条文类推和法类推。任何一种在其他法律领域中被认为很平常的作为获得法律手段的类推用法，只要是发挥对行为人不利的作用的，那么在刑法中，出于保护行为人的目的，都要为德国基本法第103条第2款所禁止。①

在日本有些学者看来，应当成为刑罚根据的刑法解释必须是严格的。根据法的安定性，罪刑法定主义的原则要求对刑法予以严格解释或者缩小解释，从而解释刑法时，无论类推解释还是扩张解释都不应随便允许。

通说认为，根据罪刑法定主义的见地，允许扩张解释，但不允许类推解释。所谓扩张解释，系指比日常语言（自然语言）具有的标准的意义要广泛的解释，超过该意义的范围时是类推解释。扩张解释没有破坏“预测可能性”的原理，因而并不违反罪刑法定主义。可是，类推解释与此不同。所谓类推解释，是指关于某一事项成文法上没有直接明示的表述时，根据与之类似的其他事项的规定进行推理、判断，适用于没有明示规定的事项的解释方法。类推解释由于超出了法律条文意义的范围，对本来刑法没有预定的事实也适用该法规，给行为人带来追究超出行为人预测可能性范围之责任的结果，不符合以法律条文明确规定禁止行为的罪刑法定主义的要求。根据刑法严格解释的原则，在刑法中类推解释作为原则不能被允许。

意大利学者杜里奥·帕多瓦尼在其著作中指出：“由于扩张解释和类推很难区分，有些国家（主要是拉美国家）干脆连扩张解释与类推一样纳入禁止之列。”②

然而，法律的文句是反映制定当时的情况而加以表述的，可是社会却一日不停地发展、变化。从而，法律的文字未能完全反映社会的实际也是事实。在日本旧刑法中，当时由于电的出现，关于盗窃罪的客体是否包含电，在日本大审院曾经予以讨论，这是很著名的事例。

罪刑法定主义的原则只根据“无法律则无刑罚”的形式的要求不能完全被满足。毋宁说，其本质在于由这一原则产生的历史的、思想的意义。它不外乎系对刑事被告人的人权保护的要求。在这个意义上，不允许对被告人不利的类推。例如，根据日本刑法第134条的规定，行为主体限定为医师、药剂师、药材商、助产士、律师、辩护人、公证人、担任宗教或祈祷职务者或者曾任此等职务者的泄露秘密罪，对不具有医师资格的助手或护士予以类推适用的场合，就是对被告人不利的类推。反之，对被告人有利的类推，根据罪刑法定主义的旨趣，被允许则是正确的。例如，关于紧急避险，从宽解释（日本）刑法第37条规定的关于“自己或者他人的生命、身体、自由或财产”的明文上之要件，对贞操或名誉的危险也类推适用之。这因为是在犯罪不成立方向上的类推，就允许适用。③

（三）传统的派生四原则以外的内容

1. 明确性原则。刑罚法规必须具体并且明确地规定犯罪与刑罚的内容。如果该刑罚法规的内容过于广泛且不明确，以致含混不清，不能客观地理解其内容的，该法规本身违反（日本）宪法第31条的正当程序，认为是违宪的原则，称为明确性原则。它表现为“无明

---

① 参见［德］克劳斯·罗克辛：《德国刑法学总论》，第1卷，王世洲译，79页，北京，法律出版社，2005。

② ［意］杜里奥·帕多瓦尼：《意大利刑法学原理》，注评版，陈忠林译，31页，北京，中国人民大学出版社，2004。

③ 日本学者关于禁止类推解释的论述，参见［日］大野真义、墨谷葵编著：《要说刑法总论》，改订版，20～21页，东京，嵯峨野书院，1990；［日］川端博：《刑法总论讲义》，53页，东京，成文堂，1995。

确的法律则无犯罪与刑罚”。即使形式上犯罪与刑罚为法律所规定，但其内容过于广泛、多义以致含混不清时，罪刑法定主义的意图给国民以预测可能性的机能不能实现，即侵害国民的行动自由，并导致允许侦查机关和法院恣意地解释与运用法律，威胁三权分立。明确性原则有以下机能：对国民事前正当告知什么是犯罪的机能；对侦查机关和法院禁止恣意运用法规的机能。

这一明确性原则是由美国的“由于不明确而无效的理论”（void for vagueness doctorine）发展而来的理论。即使在德国，基本法也承认明确性原则。①

在日本，刑罚法规的明确性要求结合（日本）宪法第 31 条予以论述，这虽然是最近的事，但以法规的不明确性为理由主张违宪而争论的事例，近年正在突然增多。日本最高法院对于这种案件的解决，虽然作为前提肯定明确性的要求，但还没有以宪法第 31 条为根据宣告法规无效的实例。下级法院虽然也极力避免以不明确为理由判决法规无效，但有正面承认明确性的判例。例如，有关公安条例规定的文句不明确性引起争论，法院承认明确性的要求，宣告该公安条例违反宪法第 31 条，这就是所谓“德岛市公安条例事件”的下级审判决。虽然这一判决没有得到最高法院的支持，但通过这一事件，日本最高法院比起从前也逐渐具体宣示明确性的判断基准，这是值得注意的。日本最高法院据此写道：“某一刑罚法规因为暧昧不明确，是否应认为违反宪法第 31 条，在具有通常判断能力的一般人的理解上，根据是否能理解为在具体情况下使该行为应否适用该条款的判断成为可能的基准来决定。”

日本最高法院指出的基准是，寻求根据一般人的理解，能够判断刑罚法规的命令、禁止的内容。简言之，所谓判断构成要件的明确性的基准，以成为刑罚法规的当事人的国民中具有判断能力的平均人，根据法律的文句如何，能够理解应被处罚的行为的程度为必要。从而，不能满足这一要件的法律条文是不明确的，被认为违反日本宪法第 31 条而无效。②

2. 实体的适当原则。（1）实体的适当原则的意义。实体的适当原则，也称适当处罚的原则或刑罚法规适当的原则，是美国法中实体的适当程序（substantive due process）理论发展的产物。这一原则在（日本）宪法中被规定为适当程序条款（第 31 条），不仅要求刑事程序的适当，而且以刑事立法的实体的内容的合理性为宪法上的要求。刑事立法的实体的内容没有作为刑罚法规的合理性时，即为违反宪法。在这一理论的基底上，有“刑罚的内容的适当，划清刑事制裁的界限”的观念。罪刑法定主义在这里不是形式上将犯罪与刑罚事先由法律加以规定就可以了，而是宪法上或刑事政策上要求对适当内容的犯罪规定适当的刑罚，这不只是形式的原理，而且是实质的原理。在这个意义上，实体的适当原则，超越解释论，是进行涉及政策论的判断。在这样的意义上，实体的适当原则可以说是使罪刑法定主义实质化的新的派生原则。③

（2）实体的适当原则的内容。实体的适当原则具有广泛的内容，学者的意见也不尽一致。这里根据团藤重光教授的著作，提出如下两点：第一，在设置刑罚规定时，需要充分地、明显地认识实质的处罚之必要与根据。充分弄清什么是保护法益，可以明确地说有必要用刑罚保护它时，才应当说允许设置刑罚法规。在这里，设置刑罚规定成为限制基本的

---

① 参见［日］山中敬一：《刑法总论》，2 版，80 页，东京，成文堂，2008。

② 参见［日］大野真义、墨谷葵编著：《要说刑法总论》，改订版，24～25 页，东京，嵯峨野书院，1990。

③ 参见［日］山中敬一：《刑法总论》，2 版，85 页，东京，成文堂，2008。

人权之结果时，这种情况必须予以特别注意。第二，为了罪刑的法定是适当的，要求罪刑的均衡。残酷的刑罚无论如何绝对不允许，即使是非残酷的刑罚，对犯罪规定不相当之刑，应当说也是违反适当程序条款的。对各个犯罪定型，从社会伦理上看，必须规定与之相应的法定刑。

罪刑的均衡不仅在立法时承认，而且在裁判时也必须承认，对适应各个案件中犯罪的具体情况要量定与之相应的刑罚。“刑罚个别化”应当具有这样的意义。近代学派的学者根据犯人的社会危险性或社会适应性论及刑罚的个别化，并且据此主张法定刑范围的扩张，进而主张取消刑期，这不论哪一方面都是违反罪刑均衡原则的。①

3. 禁止不利判例变更的溯及。作为司法机关的法院或法官对特定的诉讼案件适用、解释法所作的判决，叫作判例。它是司法机关所作的“公的法解释”，这一点上与学说有决定性的区别。在确定先例拘束性原则的英美法系国家，承认判例的法源性，在那里作为不成文法的判例法成为重要的法的形式；但是，在采取成文法主义、制定法主义的大陆法系国家，情况颇不相同，在那里否定判例的法源性的观点居于支配地位，属于大陆法系的日本也是如此。

的确，因为判例没有形式的拘束力而不承认其“直接的”法源性，然而，对判例实现规范的机能的事实谁也不能否定。毕竟如果国家的司法机关对一定的案件下了一定的法的判决，国民对同种的案件预测、期待同样的判决而规制自己的行动，以至于判例具有作为行为规范的意义。②

关于某一案件，判例特别是日本最高法院的判例确立的稳定状态存在时，即使立于不承认判例的法源性的立场，也有必要考虑行为人的预测可能性问题。在美国，对被告人不利变更判例的场合，对将来的案件适用，对该被告人不适用“不溯及的变更”的原则在判例上得以确立。在日本，考虑其宪法第 39 条、第 6 条的旨趣，有的学者提出这样的见解：“变更判例上的旧解释，将从前认为合法的行为解释为违法，将认为应当符合较轻构成要件的行为解释为应当符合重的，且使行为人承担其效果，也是不允许的。”在日本，在最高法院的判例变更直接涉及对这个案件被告人的不利变更时，因为它成为侵害行为人预测可能性的结果，所以改变是必要的。在变更最高法院确立的判例时，应当考虑确立对被告人适用旧判例的制度。③

第三节 谦抑主义

一、概述

“所谓‘谦抑’，系谦让、抑制之意。”谦抑主义“可以说是对必罚主义的否定，是对于

---

① 参见［日］团藤重光：《刑法纲要总论》，改订版，49～51 页，东京，创文社，1979。

② 参见［日］川端博：《刑法总论讲义》，50～51 页，东京，成文堂，1995。

③ 参见［日］立石二六：《刑法总论》，35～36 页，东京，成文堂，1999。

涉主义的排斥。它自然而然是对恣意与苛酷的共同否定。所谓谦抑，的确不外乎过大的干涉与必罚，进而恣意与苛酷的反题”①。这是日本学者小暮得雄对“谦抑”一词所作的解释，从其否定性的解释可以了解谦抑主义的含义。

川端博教授认为，“所谓谦抑主义，指刑法的发动不应以所有的违法行为为对象，刑罚限于不得不必要的场合才应适用的原则”。“为什么谦抑主义作为刑法的根本原则在现代也应当被承认呢？之所以认为刑法即使为了保护生活利益也不应当直接发动，是因为刑罚是基于物理的强制力剥夺人的自由、财产，它本身不是可喜的，而是不得已的手段。刑罚的执行，由于作为其反作用不能不伴有较多的弊害，从而采取其他社会统治手段够用时，就必须委之于该种手段。总之，刑法发动应当限于采取伦理的制裁或民事的损害赔偿、按照行政程序的制裁等刑法以外的社会统治手段不充分之时。在这个意义上，刑法是为了保护生活利益的‘最后的手段’。这样，谦抑主义被认为是刑法的根本原则。”②

二、谦抑主义的沿革

刑法的谦抑主义这一原则为宫本英脩博士所特别强调。然而，作为源流，本来作为“法官不拘泥小事”（Minima non curat praetor）的思想是在罗马法中表达的，进而在近世英国思想家边沁与密尔的刑罚理论中清楚地表现出来。

杰里米·边沁认为，法的目的就是增进社会公共的全体的利益，然而刑罚同时是一个害恶。从功利的观点看，第一，刑罚为了被承认，只有排除比刑罚大的害恶成为可能的场合才应当适用。根据这一观点，没有应当防止的害恶时，就不要适用刑罚。某一行为对公共全体的利益无害时，刑罚不要适用。第二，即使科处那样的刑罚，于防止害恶没有作用时不要适用。第三，由于适用刑罚的害恶比由于犯罪的害恶还大时，毕竟伴有过度耗费的场合，不要适用刑罚。进而第四，用其他的手段可能防止该不法的场合，不应当适用刑罚。

约翰·斯图尔特·密尔（John Stuart Mill，1806—1873）也认为只有在给社会全体成员以某些害恶时，只有作为社会全体方面的自己防卫才能承认刑罚。并且若在该场合用刑罚以外的方法例如出于舆论的批判而抑制，那么，对可能的害恶，刑罚应以避免为前提而进行讨论。这一刑罚谦抑主义的基本观点是立法的指导原理之一。然而，在解释、运用已经存在的法规的场合，在法规的严格性与必须适用现实的法规的现象之间产生不吻合，法规的形式的适用成为严酷的刑罚权的行使、自由的限制的状况下，以其改正为解释、运用上的原理，它也是应有的机能。③ 简言之，在密尔看来，谦抑主义不仅是刑法立法的指导原理，而且是刑事司法解释的原理。

在日本，从沿革上探讨“谦抑主义”这一用语系由来于大正末年宫本英脩博士所著的教科书《刑法学纲要》。宫本博士对于“谦抑主义”比较详细的论述如下：“刑法以规范的责任主义为前提，应以特别预防主义为特色理解之。原来犯罪是社会的必然的现象，不可能根绝。如欲强根绝之，即使以一般方策为之，或以刑罚施之，或者即使其目的基于人类爱的理想，认为在于一方面保护社会的安全，一方面谋取犯罪人的改善，却随意侵害个人

---

① ［日］平场安治等编：《团藤重光博士古稀祝贺论文集》，第2卷，4～5页，东京，有斐阁，1984。

② ［日］川端博：《刑法总论讲义》，55～56页，东京，成文堂，1995。

③ 参见［日］藤木英雄：《可罚的违法性》，41～42页，东京，学阳书房，1975。

的利益，以至于妨害社会文化的发达。故刑罚有限度行之。此系刑罚本身谦抑，不以一切违法行为为处罚的原因，仅限制种类与范围，所以专以适于科处的特殊的反规范的性情为征表的违法行为为处罚的原因。予谓刑法之如斯态度名为刑法的谦抑主义。”①

谦抑主义或者与此类似的观点不少。在现今诸家中，最忠实地继承宫本英脩博士学说的论者，可以举出佐伯千仞教授。佐伯教授在“刑法不能采取那种认为对所有的违法行为都以刑罚对待的狂妄的态度”的意义上，理解谦抑主义：（1）心身欠发达时，（2）违法或有责性轻微，置之不问也无妨害或不适于质的刑罚时，（3）传统的社会感情或国家政策上的必要，刑法上的处罚要求需要让步时等，揭示其理由。在违法性、责任两领域，“谦抑主义”显示优秀的成果。②

三、欧陆诸国学者评说谦抑主义

（一）德国学者关于谦抑主义的评说

克劳斯·罗克辛在其著作中谈及“法益保护的辅助性”时，阐述的即为谦抑主义。他说：“法益保护不会仅仅通过刑法得到实现，而必须通过全部法律制度的手段才能发挥作用。在全部手段中，刑法甚至只是应当最后予以考虑的保护手段，也就是说，只有在解决社会问题的手段——例如民事起诉、警察或者工商管理规定、非刑事惩罚，等等——不起作用的情况下，它才能允许被使用。人们因此称刑罚是‘社会政策的最后手段’，并且将其任务定义为辅助性的法益保护。因为刑法仅仅保护法益的一个部分，同时，刑法对这个部分的保护也并不总是一般性的，而经常（如在财产上）仅仅是对个人的攻击行为才提供保护，所以，在这个范围内，人们也谈论刑法所具有的‘零碎’性质。”③

（二）法国学者关于谦抑主义的评说

卡斯东·斯特法尼等在其著作中在谈到“刑法是实在法的一个分支”时，论述了刑法的最后手段性，这也是谦抑主义的一个内容。他们说：“刑事法律在现代生活中侵占越来越多的地位是一种令人担心的事情。‘刑事膨胀’是一种令人遗憾的现象。因此，在确保在任何一个领域里已经确定的规则得到遵守后，立法者借助于刑法的帮助是正常的，但是，只能在显然有必要的情况下才这样做，而不能将其作为一种可以免除其他手段的简便方法加以使用。借助刑事制裁是一种‘最后手段’，在此之前应当试行更为合适的‘技术性制裁’。”④

（三）意大利学者关于谦抑主义的评说

杜里奥·帕多瓦尼在其著作中论述了“刑法的独立性、分散性和辅助性”，分散性和辅助性都是谦抑主义的内容。他写道：“鉴于很多国家（特别是意大利）的法律制度中，都存在立法者滥用立法权的现象，最新的刑事政策倾向于认为，为了能理性防止在刑法方面滥用立法权，必须对实际上是否有必要规定刑事制裁进行评估，或者说必须坚持人们所说的

---

① ［日］宫本英脩：《刑法学粹》，65～66页。转引自［日］川端博：《刑法总论讲义》，55～56页，东京，成文堂，1995。

② 参见［日］平场安治等编：《团藤重光博士古稀祝贺论文集》，第2卷，3页，东京，有斐阁，1984。

③ ［德］克劳斯·罗克辛：《德国刑法学总论》，第1卷，王世洲译，23页，北京，法律出版社，2005。

④ ［法］卡斯东·斯特法尼等：《法国刑法总论精义》，罗结珍译，34页，北京，中国政法大学出版社，1998。

‘（刑法）辅助性原则’（这项原则的内容为，不在不用刑事措施就不足以有效地处罚和预防某种行为时，就不允许对该行为规定刑事制裁）。

“刑法调整范围的广泛性，决定了刑法规范的分散性。刑法的这一特点表现在：首先，刑法的内容并不涵盖所有的违法行为。其次，不道德的行为与违反刑法的行为之间不一定存在内在的必然联系。再次，在多数情况下，刑法规范的制裁对象，并不是所有侵害刑法保护法益的行为，而只是以某些特定方式侵犯该法益的行为。”①

四、谦抑主义的内容

关于刑法谦抑主义的内容，日本学者一般认为有三个方面，即刑法的补充性、片断性和宽容性。“从谦抑主义可推导出‘刑法的补充性’、‘刑法的片断性’与‘刑法的宽容性’。即像李斯特所说的那样‘最好的社会政策是最好的刑事政策’，仅仅以刑法为手段不可能抑制犯罪，并且因为刑罚是剥夺人的自由、财产等极苛酷的制裁，应当限于为了防止犯罪的‘最后的手段’（刑法的补充性）。基于刑法的规制不应当波及生活领域的各个方面，对维持社会秩序来说应当限于必要的最小限度的领域（刑法的片断性）。再者，犯罪即使是现行的，在衡量法益保护之后，只要不能认为是迫不得已的情况，就应当重视宽容精神而慎重处罚（刑法的宽容性）。这样，谦抑主义是以刑法的补充性、片断性和宽容性为内容，成为刑法的立法和解释的原理。”②

第四节　责任主义

一、概述

所谓责任主义，狭义上是指行为人的行为只有以责任能力与故意或过失为条件，才可能非难行为人，追究该行为人责任的原则（狭义责任主义）。而且，其被称为“归责的责任主义”，以“无责任则无刑罚”的标语表现出来。进而有“刑罚必须与责任之量成比例”的原则，这被称为“量刑的责任主义”。归责的责任主义与量刑的责任主义合在一起称广义的责任主义。量刑的责任主义像日本改正刑法草案第 48 条所说的“刑罚必须适应犯人的责任量定”那样，责任成为量刑的基准。有的学者将责任分为消极的责任主义与积极的责任主义：消极的责任主义即认为责任应当承担限制刑罚的机能的观点；积极的责任主义即认为责任应当承担给刑罚以根据的观点（有责任则有刑罚）（平野龙一）。然而，因为责任应当有给刑罚以根据，同时给以限制的机能，所以这种将责任分为两种的观点是不妥当的（大谷实）。③

---

① ［意］杜里奥·帕多瓦尼：《意大利刑法学原理》，注评版，陈忠林译，5 页，北京，中国人民大学出版社，2004。

② ［日］川端博：《刑法总论讲义》，56～57 页，东京，成文堂，1995。

③ 参见［日］川端博：《刑法总论讲义》，57 页，东京，成文堂，1995。

二、结果责任与团体责任的排除

（一）结果责任的排除

结果责任的排除，反过来说，是主观责任的要求。在罗马法中，虽然犯罪中的意思的要素已经被认识，但在古代日耳曼“行为人杀人”，仍实行不管有无犯意都处罚的“结果刑法”。经过法兰克时代，在教会忏悔下，意思的要素慢慢被认识，并将民事责任与刑事责任进行区别。在被认为继受罗马法的最大成果的加洛林纳刑事法典中，主观的责任的观点确立了。

可是，在其前后，在教会法之下，作为结果责任的代名词所用的违法肇因者（versari in re illicita）原则（“有可恶事态的人，由他的行为产生的一切事端均归他负责”的原则，曾用于僧侣的资格剥夺）正在通用。又由于间接故意的理论，对由其行为通常应当产生的结果承认故意责任。“责任主义”的自觉未必充分。

（二）团体主义的排除

团体责任的排除，反过来说，是要求个人责任。在日耳曼古代氏族之间实行的血的复仇，或中世纪的没收财产是团体责任的一种。中国及日本的律令制中，连坐（关于官吏的公罪，一起从事公务的同一官府内的官吏共同处罚）与缘坐（处罚犯人的家族或家人）是团体责任的典型。

克服这样的结果责任、团体责任，反映出确立责任主义的，仍然是近代刑法。由于认为没有责任能力及故意、过失的行为不罚，因而（与罪刑法定主义并行）国家刑罚权的制约与市民自由的保护才被考虑。其后，与规范的责任论的展开同时，量刑中的责任主义自觉担负任务，“刑罚不能超过责任的程度”的原则才可能被主张。①

三、责任主义的贯彻

责任主义虽然是近代刑法的根本原则，但就怎样贯彻责任主义而言则有一些争议的论点。所谓责任主义虽然以最小限度有故意或过失为必要，然而因为欠缺责任能力或期待可能性也没有责任，所以可以说完全具备这些要素是责任定义的内容（平野龙一）。因此，作为责任主义的例外都与这些有关。

接着，川端博教授论述了如下问题：（1）关于结果的加重犯的重结果是否要有过失？（2）关于共同处罚行为人与业主或法人的两罚规定，业主或法人是否要有过失？（3）作为责任或责任故意的要件是否要有违法性认识及其可能性？（4）“原因自由行为”同“行为与责任能力同时存在的原则”是否存在矛盾？（5）量刑基准。作为量刑基准的责任主义，意味着刑罚必须与责任的轻重成比例来决定。不过，责任主义虽然具有限制刑罚的机能，但是量刑并不仅仅以此来决定，进而行为人的性格与犯罪的动机等也考虑在内。（6）客观的处罚条件。所谓客观的处罚条件，系指成立了犯罪而它不存在就不能处罚的要件。因为它是与行为的犯罪性（构成要件符合性、违法性及责任）完全无关而处罚的客观的条件，所以它如果客观地存在，就不宜成为主观的故意的对象，被认为是责任主义的例外。例如，

① 参见［日］浅田和茂：《刑法总论》，45～46页，东京，成文堂，2005。

事前受贿罪的受贿者成了公务员（日本刑法第197条第2款）、破产诈骗罪中的破产宣告的确定（日本破产法第374条）等都是适例。①

上述问题，后面都会谈到，为了避免重复，这里只是提及或略加说明。

【问题与思考】

1. 什么是罪刑法定主义？其思想基础是什么？
2. 罪刑法定主义有哪些派生原则？
3. 什么是谦抑主义？谦抑主义有哪些内容？
4. 什么是责任主义？怎样贯彻责任主义？

① 参见［日］川端博：《刑法总论讲义》，58～63页，东京，成文堂，1995。

第二编

犯罪论

第四章 犯罪概说

内容导读

本章重点阐述"犯罪"的含义；明确犯罪的实质定义、形式定义和综合定义；介绍大陆法系刑法理论中关于犯罪的本质学说——权利侵害说、法益侵害说、义务违反说、社会伦理规范违反说、综合说，德、日刑法理论中的犯罪成立要件，根据不同标准进行的犯罪分类，犯罪论体系的概念、体系特征以及发展演变。

第一节 犯罪的概念和本质

犯罪作为一种特殊的社会现象有着深厚的文化、历史渊源，它伴随着人类历史的产生、发展和演进，并受到各种政治、经济和文化诸因素的影响，由此形成不同的犯罪理论。对于不同犯罪理论的阐释有助于我们厘清犯罪的本质特征。

一、"犯罪"的含义

"无行为，则无刑罚"的法谚告诉我们：犯罪是行为。因此，我们所探究的"犯罪"仅限于以行为的样态呈现于外的社会现象。虽然犯罪是一种特殊的社会现象，但是，从语言学的角度，大家习惯于使用"犯罪"这个词语加以表述。由此可见，"犯罪"一词有着深厚、广泛的"涵摄性"，能够适应不同时期、不同学科的表述需要。

在不同的学科语境中，"犯罪"的含义存在差异。首先，作为刑事政策学、犯罪学研究的犯罪，是指"广为侵害社会共同生活秩序的人的行为"①。从此意义上讲，无责任能力人

① ［日］大塚仁：《刑法概说》（总论），冯军译，89页，北京，中国人民大学出版社，2003。

的行为以及其他法律上不认为是犯罪的危害社会的行为也是犯罪。因为，“刑事政策的主要课题是通过防止犯罪来维持社会秩序……并非以防止法律上的犯罪自身为目的，因此，应当从维持社会秩序及治安的实质性方面来把握在刑事政策上成为问题的犯罪，即：将从维持社会秩序的目的出发，为防止其发生而必须被采取某种强制性措施的反社会行为作为刑事政策上的犯罪，这被称为实质意义上的犯罪（实质犯）”①。由此可见，该层面的犯罪是一种自然现象。其次，从社会文化的角度分析，“犯罪是背离社会文化的，也可以说是社会变迁过程中文化冲突、文化失调的一种直接反应，或者说是与社会主流文化相对应、相对立的社会亚文化的反应”②。此时，犯罪是一种社会现象。最后，刑法学中的犯罪是规范意义上的犯罪概念，它能体现刑法规范对严重危害社会行为的否定性评价，作为刑法规范否定性评价的客观表象是：该行为是否应当被科处刑罚？所以，刑法学范畴中的犯罪是指应当被科处刑罚的行为。在此，犯罪是一种法律现象。

在刑法学范畴内，“犯罪”的含义也不尽相同，这主要体现在刑法总论中“犯罪”与刑法分论中“犯罪”的差异。刑法分论中“犯罪”一词往往被用于杀人、盗窃、放火这样一类的各种犯罪类型，这可以称为个别类型的概念的犯罪；刑法总论中的“犯罪”是所有各个犯罪类型的最高的普遍的概念，这叫作一般概念的犯罪。

区分和明确犯罪的不同含义有两个重要作用：“第一，明确犯罪的界限，有助于将犯罪与非犯罪的类似现象在形式逻辑方面加以区别；第二，给犯罪的认定以统一的原理，将超出法感情的体系的意义给予处罚、不处罚以根据，扮演防止刑事司法任意或凭感情认定犯罪的角色。”③

二、犯罪的定义

犯罪的定义可以分为以下几种：第一种是根据危害社会现象界定的实质定义，即直接回答为什么（根据什么）属于犯罪范畴的问题。这种定义被称为实质的定义。第二种是形式定义，根据其形式主义的因素确定犯罪定义。此外，还有犯罪的第三种定义，它同时兼有实质的和形式的因素（特征）。④

1. 犯罪的形式定义，即从犯罪的法律特征（刑事违法性）上给犯罪下定义。例如，在刑事立法方面，刑法典中最早出现的形式化的犯罪定义是1810年法国刑法典第1条的规定：“法律以违警刑所处罚之犯罪，称违警罪。法律以惩治刑处罚之犯罪，称轻罪。法律以身体刑或名誉刑处罚之犯罪，称重罪。”随后，大陆法系国家刑法典纷纷效仿此种定义模式。1871年德国刑法典第1条规定：“（一）重罪，指处死刑、重惩役或超过5年城堡监禁的行为。（二）轻罪，指处5年以下城堡监禁、轻惩役、超过150马克罚金（法律如未规定罚金的一定数额时，或任何数额罚金）的行为。（三）违警罪，指处拘留或150马克以下罚金的行为。”此外，大陆法系国家的刑法学者也主张犯罪的形式定义，例如德国刑法学家李斯特指出：“犯罪是符合犯罪构成的、违法的和有责的行为。”⑤ 有的日本学者从犯罪的法律

---

① ［日］大谷实：《刑事政策学》，黎宏译，23页，北京，法律出版社，2000。
② 许发民：《刑法的社会文化分析》，158页，武汉，武汉大学出版社，2004。
③ ［日］西原春夫：《刑法总论》（上卷）改订版，74页，东京，成文堂，1995。
④ 参见［苏］H. A. 别利亚耶夫等主编：《苏维埃刑法总论》，马改秀等译，北京，群众出版社，1987。
⑤ ［德］李斯特：《德国刑法教科书》，徐久生译，169页，北京，法律出版社，2000。

后果上界定犯罪的形式概念："所谓犯罪，形式上说，是由法律事前预告处罚，如果实行将被科处刑罚的行为。"①

2. 犯罪的实质定义，即不强调犯罪的法律特征，而试图揭示犯罪现象的本质所在，说明某种行为之所以被刑法规定为犯罪的正当根据和理由。"十月革命"胜利后，苏联刑法采用犯罪的实质定义方式，例如，1919 年苏俄刑法指导原则第 6 条规定："犯罪是危害某种社会关系制度的作为或不作为……"此后，1926 年苏俄刑法典规定："目的在于反对苏维埃制度或者破坏工农政权在向共产主义过渡时期所建立的法律秩序的一切作为或不作为，都认为是危害社会的行为。对于形式上虽然符合本法分则任何条文所规定的要件，但因为显著轻微，并且缺乏损害结果，而失去危害社会的性质的行为，不认为是犯罪行为。"

3. 犯罪的综合定义，即从实质上和法律特征上给犯罪下定义。1960 年苏俄刑法典第 7 条规定："凡本法典分则所规定的侵害苏维埃的社会制度和国家制度，侵害社会主义经济体制和社会主义所有制，侵害公民人身权、政治权、劳动权、财产权以及其他权利的危害社会行为（作为或者不作为），以及本法典分则所规定的其他各种侵害社会主义法律秩序的危害社会行为，都认为是犯罪。"这是典型的形式与实质相统一的犯罪概念的规定。此外，根据综合方法的差异，犯罪的综合定义又可复分为融合式定义、并列式定义。例如，现行俄罗斯联邦刑法典第 14 条规定的"本法典以刑罚相威胁所禁止的有罪过地实施的危害社会的行为，被认为是犯罪"，就是融合式的犯罪综合定义。"所谓犯罪，一般而言，从形式的观点可以说是符合构成要件的违法而且有责的行为；从实质的观点可以说是反社会的行为或者社会侵害性行为。"② 这种定义方式则是并列式的犯罪综合定义。

我们认为，无论是犯罪的形式定义还是实质定义，都只是从一个方面揭示犯罪的概念，不免失之片面性。就并列式的犯罪的综合定义而言，两种观点各自独立，平行存在，没有形成统一的定义，让人感到不足。就融合式的犯罪的综合定义而言，两方面的观点互相融合成为一体，既避免了片面性，又形成完善的定义，值得称道。

三、犯罪的本质

关于什么是犯罪的本质，在大陆法系刑法理论中存在以下争论。

1. 权利侵害说

该说将犯罪的本质解释为对权利的侵害，是 19 世纪初期刑法学家费尔巴哈在启蒙主义的人权思想基础之上提出的。他认为：第一，天赋人权，任何人都享有权利，国家为了保障个人的权利而享有的权能也是一种权利；权利不仅界定了个人与国家之间的关系，也划定了个人之间的关系；社会由权利联合起来，侵害权利的行为便是对社会有害的；由个人出让权利组成国家，国家只能处罚危害社会的行为，危害社会的行为表现为侵害权利的行为，所以，犯罪的本质是侵害权利。第二，法律与伦理具有严格区别，内心的恶意不是法律规制的对象，只有侵害权利的外部行为才是法律规制的对象。第三，将犯罪限定为侵害权利的行为，有利于限制国家权力的恣意，确保刑法的安定性，从而保障市民的自由。③ 但

① ［日］立石二六：《刑法总论》，45 页，东京，成文堂，1999。

② ［日］大塚仁：《犯罪的基本问题》，冯军译，1 页，北京，中国政法大学出版社，1993。

③ 参见［日］木村龟二编：《刑法学入门》，48 页以下，东京，有斐阁，1957。转引自张明楷：《法益初论》，269 页，北京，中国政法大学出版社，2000。

是，从法实证主义的观点考察，在刑法规定中还包含部分难以明确说是权利侵害的犯罪，因而权利侵害说最终为法益侵害说所替代。

2. 法益侵害说

针对权利侵害说的缺陷，毕尔巴模（Birmbaum）主张，犯罪的本质是对国家所保护的利益造成的侵害或侵害的危险。此后，法益侵害说得到了宾丁和李斯特的继承与发展。法益是指法律所保护的利益，包括个人法益、社会法益和国家法益。法益侵害说立足于个人主义及自由主义的观点，认为国家是以人为基础而存在的，人的存在本身即目的，刑法则是保障人生存的手段。日本学者大谷实认为："在维持将对个人的尊重作为价值本原的现代社会的秩序时，最重要的就是保护以个人的生活利益为中心的法益，国家也是从这一立场出发来形成法秩序的，因此，犯罪的本质，首先必须是侵害或威胁法秩序所保护的利益即法益的行为（侵害、威胁法益行为）。在此意义上，法益侵害说是基本妥当的。"①

3. 义务违反说

该说认为，犯罪的本质不是对法益的侵害或侵害的危险，而是对义务的违反。"进入20世纪之后，转变法益概念的方向，出现了霍尼希（Richard Honig）将法益解释为各个刑罚法规中所承认的立法目的的见解，以及施温格（Erich Schwinge）等把法益解释为刑法中的解释和概念构成的指标的立场，进而在纳粹时代的德意志，沙夫施泰因（Friedrich Schaffstein，1905— ）等展开了与法益侵害相比，应该把义务的违反（Pflichtverletzung）视为犯罪的本质的主张。"② 由于德国纳粹政权的迅速崩溃，这一学说尚未完全成熟就为人们所抛弃。义务违反说本身也存在着严重的缺陷："义务违反的观念，乍见把握了所有犯罪共通的性质，但是，它过于模糊，与法益侵害的观点相比，缺乏具体性，不能充分发挥认识各个罪的具体性质的机能。"③

4. 社会伦理规范违反说

该说认为，犯罪的本质在于对社会伦理规范、伦理秩序的违反。德国刑法学者宾丁、日本刑法学者小野清一郎等持该观点。小野清一郎认为："刑法只是将严重侵犯个人之间的伦理规范，而国家又不能放任的重大反道义行为作为犯罪予以处罚。"④ 但是，在当今价值多元化的社会中，将伦理本身作为刑法的保护对象，用刑法来强制推广某一种伦理价值，无异于权威主义的表现，与民主法治思想相违背。

5. 综合说

具体而言，综合说包括两种情况：一种是法益侵害说与义务违反说相综合的综合说，即犯罪的本质首先是对法益的侵害或侵害的危险，其次是对义务的违反。因为"关于犯罪的本质，基本上要根据法益侵害说，并且考虑到各个罪中法益侵害的样态来认识，但是，对以行为主体一定的义务违反为中心要素的犯罪，为了补充法益侵害说，有必要并用义务违反说。而且，那些只有考虑到行为人的义务违反方面才能正确把握其性质的犯罪，可以称其为义务犯"⑤。另一种是法益侵害说与社会伦理规范违反说相综合的综合说，即犯罪首先是对法益的侵害或侵害的危险，其次是对社会伦理规范的违反。"这里所谓的社会秩序，

---

① ［日］大谷实：《刑法总论》，黎宏译，69页，北京，法律出版社，2003。

② ［日］大塚仁：《刑法概说》（总论），冯军译，91页，北京，中国人民大学出版社，2003。

③ ［日］大塚仁：《犯罪论的基本问题》，冯军译，7页，北京，中国政法大学出版社，1993。

④ 转引自［日］中山研一：《刑法的基本思想》，姜伟、毕英达译，47页，北京，国际文化出版公司，1988。

⑤ ［日］大塚仁：《犯罪论的基本问题》，冯军译，7页，北京，中国政法大学出版社，1993。

虽然是指构成社会的个人或团体等各种势力或各种要素之间的协调关系，但是，社会秩序，是以各个生活领域中所形成的一般妥当的社会伦理规范为基础而得以维持的……即便实施了侵害法益的行为，只要不和这种社会伦理规范相抵触，就不仅不会侵害社会秩序，而且也不会唤起社会的处罚情感，即便对其放任不管也不用担心会扰乱社会秩序。这种社会伦理规范，是以人们的智慧为基础，作为社会中的人的生活方式而历史地形成的，并成为社会秩序的基础。总而言之，犯罪的本质就是违反社会伦理规范的法益侵害行为，违法性、责任甚至刑罚，都必须以这种社会伦理规范为基础。”该观点“力图将犯罪的本质理解为违反社会伦理规范的侵害法益的行为，并根据这种见解，消除法益侵害说和社会伦理规范违反说之间的对立”①。

第二节　犯罪的成立要件和分类

一、犯罪的成立要件

所谓犯罪的成立要件，即犯罪的构成要素，是指某一行为成立刑法上所规定的犯罪所必须具备的要素。

（一）德、日刑法理论中的犯罪成立要件

对此，有以下几种学说。

1. 二要件说

该说认为，犯罪的成立要件有二，具体观点不一，在德国有区分犯罪的客观的要素与犯罪的主观的要素的见解，例如比克迈尔认为分为犯罪的“客观的构成要件”与“主观的构成要件”，H. 迈尔（Hdllmuth Mayer）认为分为“客观的不法”与“主观的归责可能性”②。

2. 三要件说

该说认为，犯罪成立的要件有三。具体而言，在成立要件的内容上，不同的学者的观点又存在差异。通说观点认为，犯罪成立的三要件包括：构成要件符合性、违法性和有责性。贝林、迈耶、小野清一郎、团藤重光、大塚仁等学者持此说。此外，以德国学者梅茨格尔为代表的三要件说认为，犯罪成立的要件包括：行为、不法和责任。

3. 四要件说

日本当代有些学者综合贝林的三要件说与梅茨格尔的三要件说，认为犯罪的成立要件有四，即行为、构成要件、违法与责任。内藤谦、中山研一、大谷实等即持此说。由三要件说可知，“刑法上的犯罪是违法有责的行为，是符合刑法所规定的构成要件的行为，因此，成立犯罪，首先要有人的行为，其次，该行为必须是符合构成要件的违法、有责的行为。换句话说，成立犯罪，必须满足行为、构成要件符合性、违法性、责任（有责性）的

① ［日］大谷实：《刑法总论》，黎宏译，69、70页，北京，法律出版社，2003。

② ［日］立石二六：《刑法总论》，51页，东京，成文堂，1999。

各种要件”[①]。

4. 五要件说

该说认为，犯罪成立的要件包括行为与构成要件符合性、违法性、有责性和可罚性（客观的处罚条件）五个方面。德国学者克劳斯·罗克辛持此说。他的体系方案中包括的五个要件为“行为、行为构成、不法、责任、其他刑事可罚性条件”[②]。

（二）法国刑法理论中的犯罪成立要件

法国刑法理论认为，虽然任何一种犯罪都有自己的特征，但是，所有的犯罪又都有共同的构成。这种共同的构成是指：法律对其实际受到禁止的行为作出明确定义，并且指明，成立这种罪名是否必须要有“行为人‘有意’（故意）实施其行为”，或者仅需“行为人有不谨慎或疏忽大意”。由此可见，法国刑法理论中犯罪的构成要件有：“法有规定”（法定）（élément légal）、“事实要件”（élément matériel）与“心理要件”[③]（élément moral）。所谓“法有规定”，是指刑法对其实际受到禁止的作为或不作为作出明确规定；所谓“事实要件”，是指将行为人的故意或过失明显化的外部行为（作为或不作为）；所谓“心理要件”，是指行为人的故意或过失。在法国的犯罪构成理论中，事实要件与心理要件及责任承担要件相对应，是与“物质的”“事实的”“具体的”东西相联系，以区别于“道德的”“精神的”“心理的”的东西。

（三）苏联刑法理论中的犯罪成立要件

苏联刑法学者一般认为，刑法中的犯罪要件包括社会危害性、刑事违法性、罪过性和应受惩罚性四个方面。

1. 社会危害性。犯罪是危害社会的行为，这并不是说每一个危害社会的行为都是犯罪，但每一个犯罪都必须具有社会危害性这一要件。社会危害性的性质是某种犯罪的社会属性，可以根据受到侵犯的社会关系的重要性来判断，也可以根据犯罪行为的方式来判断。

2. 刑事违法性。行为的刑事违法性是犯罪的另一个必要条件，只有刑事法律规定的危害社会的行为才是犯罪。这里所说的刑事违法性，是指触犯刑律，而不是违反其他法律。只要行为违反了刑事法律，而不问是否违反了其他法律或道德规范，即被认为是犯罪。

3. 罪过性。犯罪是有罪过的行为。社会危害性和刑事违法性是犯罪的客观要件。为了确认某种行为是犯罪，该行为还必须具备主观要件，即行为人有罪过，这是指行为人基于故意或过失实施行为。行为的罪过性同样是犯罪的一个必备条件。

4. 应受惩罚性。应受惩罚性是犯罪的必然结果，因而它是犯罪的一个要件。应受惩罚性应理解为根据刑事法律规定的一种刑罚威胁，而不是对实施具体犯罪的一种刑罚的实际运用。[④]

二、犯罪的分类

对于犯罪可以根据不同的标准进行分类。例如，以构成要件的诸要素为标准，根据行

① ［日］大谷实：《刑法总论》，黎宏译，66页，北京，法律出版社，2003。

② ［德］克劳斯·罗克辛：《德国刑法学总论》，第1卷，王世洲译，目录，5页，北京，法律出版社，2005。

③ ［法］卡斯东·斯特法尼等：《法国刑法总论精义》，罗结珍译，212页，北京，中国政法大学出版社，1998。

④ 参见［苏］H. A. 别利亚耶夫等主编：《苏维埃刑法总论》，马改秀等译，62～67页，北京，群众出版社，1987。

为的主体，可以分为身份犯、非身份犯；根据行为的形态及其意义，可以区分为实质犯、形式犯、结果犯、举动犯、侵害犯、危险犯、结合犯、结果加重犯等；根据基本的构成要件与被修正的构成要件之间的联系，可以区分为既遂犯、未遂犯、单独犯、共犯；以行为人指向犯罪的心理、态度等为标准，可以区分为故意犯和过失犯。[①] 但是，一般来讲，国外刑法理论根据不同标准，将刑法中的犯罪主要划分为以下几种。

1. 重罪、轻罪和违警罪。根据犯罪法定刑的种类、程度，犯罪可以划分为重罪、轻罪和违警罪。1994 年法国刑法典第 111—1 条规定："刑事犯罪，依其严重程度，分为重罪、轻罪和违警罪。"这种区分方法发端于古代德国刑法的"德式古重罪（causae）"和"德式古轻罪（minores）"的分类，后来，这种区分方法影响了 1791 年的法国刑法典（1810 年生效）。此后，19 世纪的德国刑事立法又从法国刑法典中借鉴了这一分类方式。[②] 但是，2002 年修订的德国刑法典第 12 条把犯罪区分为重罪和轻罪："重罪指：最低刑为 1 年或 1 年以上自由刑的违法行为。轻罪指：最高刑为 1 年以下自由刑或科处罚金刑的违法行为。"此外，1870 年的日本刑法对刑事犯罪也采用了重罪、轻罪和违警罪的划分方法，但现行日本刑法废除了这一分类。

2. 亲告罪和非亲告罪。亲告罪（Antragsverbrechen），是指追诉需要告诉权人的告诉的犯罪。不是亲告罪的一般犯罪为非亲告罪。关于承认亲告罪的理由，有些情况下是在犯罪性质上尊重被告人的名誉，有些情况下是在相对比较轻微的犯罪的场合顾及被害人的意思。[③] 日本刑法第 180 条规定，强制猥亵罪、强奸罪、准强制猥亵和准强奸罪，告诉的才能提起公诉。此外日本刑法第 232 条规定，对第 34 章规定的针对名誉的犯罪没有告诉的，也不能提起公诉。

3. 政治犯和普通犯、混合犯。侵害国家政治秩序的犯罪称为政治犯（国事犯）（Politisches Delikt；délit politique）。日本刑法中的内乱罪即属其例。关于政治犯，裁判总是应当公开的（日本宪法第 82 条），而且，一般不承认国家间的犯罪人引渡。与政治犯相对，一般的犯罪称为普通犯（常事犯）（délit de droit commun）。政治犯和普通犯结合在一起的犯罪称为混合犯（délit connexe）。此外，与政治犯相关联，存在确信犯（Überzeugungsverbrechen）的观念，它是由德国刑法学家拉德布鲁赫（Gustav Radbruch，1878—1949）所提倡的，意指基于道德、宗教或者政治的确信所实施的犯罪。因为确信犯不少情况下出于利他的、进步的动机，有主张想给予犯人以特别的处遇。[④] 但是，又有学者认为，除政治犯外，对确信犯没有必要给予特别的处遇。

4. 自然犯·刑事犯和法定犯·行政犯。关于自然犯与法定犯的区别，有种种见解。一般这样予以区别：所谓自然犯，是无须法律规定其本身即有罪恶性的犯罪（例如，杀人）；所谓法定犯，是被认为其本身无罪恶性，由法律所规定的犯罪（例如，违反道路交通法的通行区分等）。

违反基于达成行政目的的命令、禁止而被处罚的行为叫行政犯。行政犯的概念与法定犯的概念被认为大体是相同的，刑事犯与行政犯的区别被认为同自然犯与法定犯的区别大

---

① 参见［日］大塚仁：《刑法概说》（总论），冯军译，92 页，北京，中国人民大学出版社，2003。

② 参见［德］克劳斯·罗克辛：《德国刑法学总论》，第 1 卷，王世洲译，171、172 页，北京，法律出版社，2005。

③ 参见［日］大塚仁：《刑法概说》（总论），冯军译，93 页，北京，中国人民大学出版社，2003。

④ 参见［日］大塚仁：《刑法概说》（总论），冯军译，93～94 页，北京，中国人民大学出版社，2003。

体相同。

可是，这样的区别即使理念上是可能的，在具体区分上仍是困难的。因此，两者的区别一方面被认为是相对的，另一方面仍然以两者的区别为前提，因为是法定犯（行政犯），法人处罚被承认，就故意的成立而言违法性意识是必要的。持这样见解的人不少。

小野清一郎、福田平认为，违反基本生活秩序的，是自然犯（刑事犯），违反派生的生活秩序的是法定犯（行政犯），但什么是基本生活秩序并不明确。

自然犯（刑事犯）与法定犯（行政犯）的区别虽然受到质疑，但通说仍然承认两者的区别。①

第三节　犯罪论体系

一、犯罪论体系的概念

所谓犯罪论，是指以刑法总则的规定为基础，探讨犯罪成立的一般要件的理论。犯罪论的目的在于，通过明确犯罪的成立要件，控制裁判官以及涉及搜查、追诉活动的警官、检察官的判断，进而保证刑法得以正确适用。② 就构建犯罪论的方法而言，德国学者耶赛克指出要注意以下三点：一是，犯罪论必须从法律中推导或至少与法律相一致；二是，犯罪论必须与刑法的目的和方法相一致；三是，犯罪论必须具备明确、简洁以及构成要素的可证明性，并与以定式化的程序进行刑事追诉的情况相一致。③ 虽然犯罪论是以刑法总则为基础构建的，但是，犯罪论与刑法总则不能等同。那么，它们之间是什么关系？刑法总则规定了所有犯罪的共通事项（共通项），其中最为重要的规定是有关违法阻却、责任阻却等限定犯罪成立的共通项，以及有关未遂、共犯等扩张犯罪成立的共通项。犯罪论体系正是以这些规定为基础而展开的。然而，刑法总则另外还设有刑法的适用范围，刑罚种类、罪数，以及刑罚的加重与减轻等有关刑罚的适用的规定。④

所谓犯罪论的体系，是指基于一定的原理和方法（价值取向），将犯罪成立的要素加以系统化，使其能够达到一定的目的而形成的知识理论体系。日本学者大谷实认为：犯罪是由行为、构成要件、违法性以及责任这四个方面的要素所组成的，将这些犯罪要素按照一定的原理进行系统化之后的东西，就是犯罪论的体系。那么，一个良好的犯罪论体系的特征是什么？“所谓体系，就是按照一定原理所组织起来的有关知识的统一体，在刑法学上，以刑法的目的、机能为基准，将对于实现该机能来说相互协调的知识进行统一化、组织化，

---

① 参见［日］板仓宏：《新订刑法总论》，70～72页，东京，劲草书房，1998。

② 参见［日］西田典之：《日本刑法总论》，刘明祥、王昭武译，46～47页，北京，中国人民大学出版社，2007。

③ 参见［德］耶赛克、魏根特：《德国刑法教科书》（总论），徐久生译，243～245页，北京，中国法制出版社，2001。

④ 参见［日］西田典之：《日本刑法总论》，刘明祥、王昭武译，44～45页，北京，中国人民大学出版社，2007。

这就是体系构成的任务。因此，犯罪论的体系就是服务于一定目的的体系，即目的论的体系，所以，第一，它必须有利于明确划分成为犯罪的行为和不成为犯罪的行为之间的界限；第二，为认定犯罪提供统一的原理，并有利于防止在刑事司法中注入个人情感和任意性。”① 由此可见，统一性是犯罪论体系的显著特征之一。此外，犯罪论体系的第二个显著特征就是“包括性”：“为了大体上能说是体系，必须包含其对象的所有领域。对所有对象，必须基于统一的原理，能够没有矛盾的说明。”②

二、犯罪论体系的历史演变

近代犯罪论体系的发展演变已有百年历史，行为、构成要件、违法性和责任作为构建犯罪成立的基本范畴得到普遍认同，但是，关于这几个犯罪要素在犯罪论体系中的关系、地位如何，存在较大争论。基于此，在犯罪论体系的发展过程中形成了各具特色的不同学说。一般而言，犯罪论体系的发展经历了古典犯罪论、新古典犯罪论、目的主义犯罪论这一过程。

（一）古典犯罪论的犯罪论体系

古典犯罪论由李斯特、贝林和宾丁所首倡，在20世纪初的德国刑法理论中占据支配地位。古典犯罪论者以实证主义为理论基础，“将思想性的学术工作置于自然科学的精确性理想下。根据这个埋想，刑法（犯罪）体系要被引导到可以计量的、从经验上可以证明的现实的构成部分上去。这种标准，要么只能是客观的外部世界的要素，要么只能是主观的内心在心理上的过程，因此，从这样的观点出发，由相互分离的客观因素和主观因素作为组成刑法（犯罪）体系的两个部分，是很合适的”③。所以，在构建犯罪论体系时，将犯罪要素严格区分为客观因素和主观因素两个具有独立意义的部分，客观因素包括行为、构成要件符合性和违法性，主观因素仅指有责性。

李斯特和贝林从纯粹自然主义的角度认为，行为是身体运动和外部世界的改变，两者之间由等价论的（条件说）因果关系联系起来。据此，行为的客观方面和主观方面被严格地区分开来。客观的行为要素（纯粹自然的行为）存在于构成要件符合性和违法性之中，而主观的行为要素存在于责任的判断阶段。在此，构成要件被理解为纯粹的外在客观事件，不包含任何价值评判。对客观行为的法律评价，即违法性判断，也是根据纯客观的行为是否违法来进行的。至于行为的主观方面的要素，古典学派的犯罪论者将其归属于犯罪论体系的最后阶段，即责任判断。行为的主观要素包括行为人在行为时内心所具有的精神状态和心理过程，其中，精神状态，即责任能力，被视为有责性的先决条件；主观上的故意和过失则是罪责形式或罪责种类。

（二）新古典犯罪论的犯罪论体系

新古典犯罪论体系一方面继承了古典学派体系的基本框架，另一方面则批判了其自然实证主义方法论的缺陷，把康德主义的价值哲学引入犯罪论体系的设计之中，根据刑法自身的目的和价值观重新理解、评价古典犯罪论体系，因而被称为新古典学派犯罪论体系。

---

① ［日］大谷实：《刑法总论》，黎宏译，70～71页，北京，法律出版社，2003。

② ［日］川端博：《刑法总论讲义》，88页，东京，成文堂，1995。

③ ［德］克劳斯·罗克辛：《德国刑法学总论》，第1卷，王世洲译，123页，北京，法律出版社，2005。

与古典学派的犯罪论相比，新古典学派犯罪论体系的最大特点在于，把新康德主义的认识论引入刑法方法论之中。该认识方法论除自然科学的观察和描述方法外，又提出了自己的精神学的理解和评价方法，进而将目的、价值视为刑法的本质。

新古典犯罪论体系与古典学派的最根本冲突是关于行为的理解。由于古典学派的行为概念是自然主义的、价值无涉的东西，它几乎不能与和价值有关的刑法体系相适应，因而针对自然主义的因果行为理论，新古典学派提出了社会行为论，即“行为不是在存在论的水平上，是在社会的价值评价的水平上来把握这一点有特征”①。行为不仅是客观的，而且包含社会学因素，体现一定的价值色彩。例如，对构成要件中“阻碍强制执行”、“猥亵”、“卑劣”以及盗窃罪之“非法占有目的”等，就需要具体分析、判断，“阻碍强制执行”之判断离不开规范因素，“猥亵”“卑劣”之判断离不开价值标准，否则就难以界定。正是由于构成要件有价值评判，因而必然介入主观因素，如判断盗窃罪之“非法占有目的”等，非纯粹客观所能解释，因此，构成要件不再是纯客观的，还应当包含主观要素和规范要素。这样，行为要素中就必然包含行为目的等主观的和规范性的内容，进而，主观的构成要件要素和规范的构成要件要素也就必然存在。

新古典学派通过对行为概念的重新诠释，不仅发现了构成要件中的主观要素，而且对违法性和有责性的内容也产生了重大影响。在违法性方面，新古典学派提出了实质的违法性论，认为违法性的本质在于对利益的侵害，所以，符合构成要件的行为如果不具有对利益的侵害就不可能是违法的。在责任问题上，新古典学派采取规范责任论：“如果行为人因其行为而被非难，那么，使他有罪责的是一个被禁止的态度……故意犯罪在无责任能力情况下罪责非难消失，因为不能要求精神病患者具备与法律相适应的意志构成。在紧急避险情况下，尽管行为人具备责任能力和故意，责任非难可予以否定，因为在当时以其他方法不可能避免生命危险的情况下，法秩序并不要求英雄行为。在过失犯罪情况下，罪责非难不是行为人缺少对结果的认识的否定，而是针对行为人所表现出来的履行其注意义务时的不注意。”②

（三）目的主义犯罪论体系

目的主义的犯罪论体系是以韦尔策尔的目的行为论为基础，经过对新古典学派犯罪论体系修正而成的。目的主义犯罪论认为，人的行为不单纯是由意志支配的因果过程，而是有目的的活动，是人的有预定目的并根据预定目的选择手段加以实现的举止，能够在一定程度上预见其因果行为的后果，并能够有计划地向既定目标前进。由此，韦尔策尔得出如下结论：主观构成要件和客观构成要件是不可能完全拆开的，客观构成要件决定于主观的运作规律，至少与主观的运作规律有关，而“目的性的决定”（intentionale Detemination）是罪责真正的责难对象。他认为，人的行为是具有目的性的活动，即人可以依据自己对自然因果规律的认识，有计划地运用自然规律实现自己的目的，因此，目的性是行为的本质特征。

根据目的性是行为的本质特征，韦尔策尔认为，行为的目的与故意等其他主观性不法要素属于构成要件的内容。这导致犯罪论体系的结构发生根本的变化，例如，第一，违法性认识必须从故意中分离出来，属于责任的核心要素，构成要件中的故意是对具体事实的

① ［日］浅田和茂：《刑法总论》，105页，东京，成文堂，2005。

② ［德］耶赛克、魏根特：《德国刑法教科书》（总论），徐久生译，256页，北京，中国法制出版社，2001。

认识；第二，提出了人的不法概念，违法就是与行为人有关的人的行为的违法，据此使得违法性的本质从法益侵害的结果无价值转向人的违法行为无价值；第三，基于违法性认识与故意相分离，区分构成要件的错误与禁止的错误，构成要件的错误可以排除故意，禁止的错误不能排除故意，但是在不可避免的情况下可以排除责任。

三、各种犯罪论体系概说

围绕如何构成犯罪论体系，种种学说被主张着。在这个问题上，认为怎样的要素是构成要素，应当以怎样的顺序认定这些要素，可以说有关于这些问题的见解的对立。因此，需要将犯罪论体系分类，检讨其特征。[①] 一般来说，关于犯罪论体系有二元说、三元说和四元说。

（一）二元说

1. 将犯罪区分为客观要素与主观要素的二元说。这种犯罪论体系由德国学者比克迈尔首创，后来对日本刑法学者也产生了较大影响。在德国，比克迈尔将犯罪要件划分为“主观的构成要件”与“客观的构成要件”；H. 迈尔区分为“客观的不法”与“主观的不法”。日本学者大场茂马博士将犯罪成立要件区分为犯罪的客观要素和主观要素：主观要素包括“行为是人”、“行为者有负担责任的能力”和“该行为应该由行为人负责”；客观要素包括“行为存在”“该行为是违法的”“该行为在刑法上有作为犯罪科以处罚的规定”。这些要素还可以分为中心要素和附加要素，作为中介要素的责任则负责将这两个要素结合起来。[②] 另外，把犯罪构成区分为“犯罪客体”“犯罪客观方面”“犯罪主体”“犯罪主观方面”的社会主义国家刑法，以及由表示外部性行为的“actus”和表示责任的“mens rea”两个要素构成犯罪概念的英美刑法学的犯罪论，也是属于二元说的体系。

在渊源上，法国的犯罪构成理论与德、日等国的犯罪构成理论并无不同，只是到了19世纪后，在概念和称呼上出现分歧。德国学者沿袭Tatbestand即构成要件之意，对构成要件理论加以大力发展，独特的阶层性犯罪论体系得以形成，并为日本所继承。法国并没有对构成要件理论加以大力改造，而是保留古典学派时的犯罪论体系，逐渐加以完善，从而形成不同于德、日等国的平面式犯罪论体系。

2. 将犯罪区分为行为与行为人的二元说。该种学说认为，在犯罪概念的基本构成要素上，除了行为外还包括行为人。德国学者拉德布鲁赫、坎托罗维奇（Kantorowicz）、米特迈尔（Mittermaier）等持该学说。坎托罗维奇把可罚性行为定义为：有责任的人实施的、符合构成要件的、不合法的行为。在此基础上，把可罚性行为划分为“客观的行为面”和“主观的行为人面”。客观的行为面包括行为、构成要件符合性、缺乏违法阻却事由；主观的行为人面包括行为人、责任、缺乏一身的处罚阻却事由。拉德布鲁赫着眼于行为人的刑事政策意义，主张目的论的犯罪论体系，区分犯罪和犯罪人，认为前者涉及行为的构成要件符合性与违法性，后者主要涉及对犯罪人的归责可能性与责任能力。

法国是世界上最早采取“行为—行为人”二元犯罪论体系的国家之一。雅克·博里康教授在其《法国二元论体系的形成和演变：犯罪—犯罪人》一书中指出：“法国的二元论体

① 参见［日］川端博：《刑法总论讲义》，89页，东京，成文堂，1995。

② 参见李海东主编：《日本刑事法学者》（上），45～46页，北京，法律出版社；东京，成文堂，1995。

系经历了漫长过程才最终形成，这一过程源起于古文明时期，数百年来经历衰落与复兴，直至20世纪才最终形成。”[①] 法国的犯罪论体系深受古典学派理论影响，其平面式犯罪论体系主要目的是排除恣意性介入，充分发挥罪刑法定主义的机能。因此，法国的犯罪构成理论一直充满客观主义倾向，其犯罪成立要件有二：一是犯罪的特有构成要件，二是责任要件。其中，犯罪的特有构成要件包括事实要件和心理要件：事实要件是指刑法规定的表现犯罪意图或刑事罪过的事实或行为，而不是行为的结果。[②] 事实要件主要区分非事实的单纯的思想活动与犯罪意图，保证刑法不惩治对客观事物不能造成危害的思想意图。只有当犯罪思想、意图或者决定通过某种行为或者事实从外部表现出来时，刑法始予以惩处。责任要件是指应负刑事责任的主体要件和应负刑事责任的原因。法国犯罪论体系强调：其一，犯罪构成之事实要件要素主要是指行为及其他事实，不包括主观要素和主体身份等要素；其二，犯罪构成之心理要件要素仅包括故意和过失等，为纯主观的心理要素，不包括年龄等客观的主体要素；其三，责任要件既包括正当防卫等不负刑事责任的客观原因，也包括精神紊乱等不负刑事责任的主观原因。这种犯罪论体系使犯罪未完成形态以及行为人分工形成的共犯形态很容易被纳入体系中，成为其中一种特殊的要素形态。这在法国刑法典的规定中得到验证。

（二）三元说

1. 构成要件符合性、违法性、有责性的三元说。该说认为，犯罪论体系由构成要件符合性、违法性、有责性三个要件依次递进排列而成。这是由德国学者 M. E. 迈尔首创并对日本刑法理论产生决定性影响的体系，其特点在于不承认行为具有作为犯罪构成要件的独立意义，而是将行为作为构成要件的要素之一。在日本，该体系得到小野清一郎、木村龟二、团藤重光等学者的支持，处于通说地位。构成要件符合性是指行为符合刑法分则所规定的某个具体特征。构成要件符合性包括以下内容：一是构成要件的行为。该当构成要件的行为称为实行行为，分为作为与不作为，由此形成作为犯与不作为犯。不作为犯可分为纯正的不作为犯和不纯正的不作为犯。二是因果关系，即行为与结果之间是否存在刑法上的重要因果问题。三是构成要件的故意，即在认识符合构成要件的外在客观事实之后并企图实现的意思。作为构成要件的故意通常不包括违法性意识，因而与作为责任要素的故意在内容上存在差别。四是构成要件的过失，即不认识，也不容忍构成要件的结果，由于不注意（违反注意义务）引起结果的发生。关于故意与过失是否为构成要件内容，还存在争议，多数人持赞成态度。此外，行为主体、行为状况以及结果等也属于构成要件符合性的内容。行为具备构成要件符合性只是具备了成立犯罪的基本条件；如果不存在违法阻却事由或责任阻却事由，犯罪即告成立。这就必须考察行为是否具有违法性与有责性。违法性是指行为违反法，即不被法允许。违法阻却事由一般包括正当防卫、紧急避险等法定的违法性阻却事由和自救行为、义务冲突等超法规的违法性阻却事由。有责性是指能够就行为对行为人进行非难。某一行为构成犯罪，除行为符合构成要件并违法之外，行为人亦必须负有责任。有责性包括以下要素：（1）责任能力，即作为对行为进行责任非难的基础的、

---

① 2007北京“全球化时代的刑法理论新体系”国际研讨会文件之二：《犯罪论体系》，252页，北京，中国政法大学出版社，2007。

② 参见［法］卡斯东·斯特法尼等：《法国刑法总论精义》，罗结珍译，214页，北京，中国政法大学出版社，1998。

行为人能够理解刑法规范并实施适合他的行为的能力。凡是具有认识能力和控制能力的人，均被认为具有责任能力。（2）故意责任。作为责任要素的故意是指在认识构成要件事实的基础上，具有违法性意识以及产生这种意识的可能性。（3）过失责任。作为责任要素的过失是指违反主观注意义务而具有归责可能性。（4）期待可能性，即在行为当时的具体情况下，期待行为人作出合法行为的可能性。尽管对于期待可能性在责任中的地位存在不同见解，但期待可能性作为责任要素是大陆法系刑法理论的共识。

2. 行为、不法、责任的三元说。该说由德国学者梅茨格尔（Mezger）首创，其特征在于：一是行为在犯罪构成要件中具有独立的地位；二是将构成要件符合性与违法性包含于不法之中。如日本学者野村稔认为，犯罪是违法有责的行为，犯罪论在体系上应当由行为论、违法论和责任论三大部分组成。[①]

（三）四元说

1. 行为、构成要件符合性、违法性、有责性的四元说。持该说的学者认为，成立犯罪，具有构成要件符合性、违法性、有责性是必要的，但是上述三个要素是对行为的限定，所以行为是先于构成要件符合性、违法性、有责性的犯罪成立的首要要素。德国学者罗克辛与日本学者山中敬一、泷川幸辰、佐伯千仞等采取这种犯罪论体系。日本学者泷川幸辰也主张将犯罪构成要件划分为行为、构成要件、违法和责任。[②]

2. 1958 年，A. H. 特拉伊宁在《犯罪构成的一般学说》一书中提出了著名的四要件理论，即犯罪构成因素包括表明犯罪客体的构成因素、表明犯罪客观方面的构成因素、表明犯罪主体的构成因素和表明犯罪主观方面的构成因素。[③] 此后，这一犯罪构成要件理论在苏联以及后来的俄罗斯扎根。日本学者夏目文雄、上野达彦亦采这种体系。

四、本书的犯罪论体系

上述犯罪论体系中哪一种是妥当的呢？一般而言，必须根据体系本身的逻辑性和实用性来进行评价。妥当的犯罪论体系应当是，在理论上能够无矛盾地、合理地解释犯罪的概念，并且在实践中能够准确地认定、判断犯罪成立的理论体系。

首先，将犯罪构成要素平面地划分为客观的要素和主观的要素之体系，有忽视客观的要素和主观的要素各自内在的联系之嫌；同时，这种体系仅仅平面、无层次差别地对待犯罪的要素，既难以判定犯罪的成立与否，又难以具体地衡量所成立犯罪的轻重程度。其次，二元论将犯罪成立解释为行为与行为人的体系，认为在判断犯罪成立时，同时进行行为类型和行为人类型的评价，据此把行为人和行为置于相同的地位。这是与行为主义刑法理论不兼容的。应该认为，行为人处在行为之后，是犯罪成立的第二层次的问题。即使构成要件上表示着一定的行为人类型（例如，常习犯），它也不过是构成要件的要素；对符合构成要件的行为人进行具体评价，实质上是违法性及有责性的问题。

在三元说与四元说的争论中，中心问题是犯罪成立的要素应当如何区分以及按照什么

---

① 参见［日］野村稔：《刑法总论》，全理其、何力译，88 页，北京，法律出版社，2001。

② 参见［日］泷川幸辰：《犯罪论序说》，王泰译，目录，北京，法律出版社，2005。

③ 参见［苏］A. H. 特拉伊宁：《犯罪构成的一般学说》，薛秉忠等译，98 页，北京，中国人民大学出版社，1958。

样的逻辑顺序展开。在逻辑顺序方面，从认定犯罪成立的刑事诉讼程序上分析，应当从犯罪的客观面出发，逐渐及于主观面；同时，在思考及判断的路径上，应当从犯罪成立的一般要素开始，然后讨论具体的、特殊的要素，而且对于定型的、形式的判断能够认识的东西，要先于非定型的、实质的判断予以处理。在犯罪成立的要素方面，行为当然也应作为犯罪成立要件来考虑。但是，在以罪刑法定主义为基本原则的今日刑法学中，犯罪必须符合刑罚法规所规定的构成要件。作为犯罪的要素，行为并非指单纯的行为本身，而是指符合构成要件的行为。这就是在犯罪论的基础上所思考的行为。如上所述，毕竟行为只不过是刑法判断的对象，不能成为关于犯罪是否成立的刑法判断标准，因此，所谓“裸的行为论”是失当的。此外，把构成要件包含在所谓不法之内，不承认其作为独立的犯罪要素的意义，这忽视了构成要件符合性判断与违法性判断的质的差异，切断了构成要件与责任的关系。详言之，构成要件符合性的判断只是是否符合法律规定的类型的所谓类型性判断，而违法性判断则具有更实质意义的非类型性判断的性质。① 由此可见，构成要件符合性、违法性、有责性的三元说体系既符合思考、判断的逻辑性、经济性，又遵循着刑事裁判中犯罪认定的具体过程，应当说是当今妥当的犯罪论体系。

基于构成要件符合性、违法性、有责性的三元说犯罪论体系的上述优点，以及其当今在德、日等国居于通说的地位，我们将其作为本书的犯罪论体系进行介绍。

【问题与思考】

1. 区分犯罪的不同含义的重要意义有哪些?
2. 什么是犯罪的本质?
3. 犯罪论体系有哪些特征?
4. 简述古典犯罪论、新古典犯罪论、目的主义犯罪论的特征。
5. 何谓构成要件符合性、违法性、有责性? 其内容、要素分别有哪些?

---

① 参见［日］大塚仁:《刑法概说》(总论)，冯军译，107、108页，北京，中国人民大学出版社，2003。

第五章

构成要件论

内容导读

构成要件理论在犯罪论体系中具有十分重要的意义和作用。本章重点论述构成要件的概念与理论、构成要件的种类与要素、犯罪的主体与客体等内容。行为理论、因果关系理论与客观归属理论涉及很多争议问题，值得重视。构成要件的故意、过失与错误是本章的重中之重，需要认真学习和掌握。

第一节　构成要件的概念和理论沿革

一、构成要件的概念

关于构成要件的概念，最早可追溯到 13 世纪。当时的历史文献记载的 Constare de delicto（犯罪的确证），是中世纪意大利纠问式诉讼程序中使用的概念。在这种纠问式诉讼程序中，法院首先必须调查是否有犯罪存在（一般审问，或称一般纠问）；在得到存在犯罪的“确证”后，才能对特定的嫌疑人进行纠问（特别纠问）。后来，从 Constare de delicto 一词中又引申出 Corpus delicti，即“犯罪事实”，这是 1581 年意大利刑法学家法利那休斯首先作为“指示已被证明的犯罪事实的东西”来使用的。其后，它被传到德国，在普通法时代被加以采用，并由克莱因译为德语的 Tatbestand。但是，“至此，仍是诉讼法上的概念，它的意义主要是用于证明客观犯罪事实的存在，强调如果没有严格按照证据法则的确证，就不得来进行特别纠问（包括拷问）的原则，从而达到限制官衙主义的目的”[①]。

赋予 Tatbestand 以实体法意义的是施蒂贝尔和费尔巴哈。施蒂贝尔（C. C. Stübel，1764—1827）将构成要件引入刑法，使之成为一个实体法的概念。他认为“构成要件就

① ［日］小野清一郎：《犯罪构成要件理论》，王泰译，3 页，北京，中国人民公安大学出版社，2004。

是那些应当判处法律所规定的刑罚的一切情况的总和”。但他反对将犯罪结果纳入构成要件之列。[①] 与施蒂贝尔不同的是，费尔巴哈从一般预防主义、客观主义的立场出发，主张犯罪结果也属于构成要件。费尔巴哈还从罪刑法定原则出发，要求在确认任何行为为犯罪并对之科以任何刑罚时，必须根据法律的规定加以确定。从这一原则出发，费尔巴哈将犯罪成立的客观事实条件称为构成要件。他指出：构成要件是违法的（从法律上看）行为中所包含的各个行为或事实的诸要件总和。费尔巴哈强调：只有存在客观构成要件的场合，才可以被惩罚。他还从法律规定出发，强调犯罪的违法性，并将违法性与构成要件统一起来，形成了犯罪构成的客观结构论，这对于构成要件理论的形成和发展产生了深远的影响。[②]

在施蒂贝尔和费尔巴哈之后，刑事实体法意义上的构成要件理论得以创立。但是，在19世纪，构成要件仅仅被区别为一般构成要件和特别构成要件，其刑法学的意义是贫乏的。20世纪初以来，贝林等学者才着眼于特别构成要件，把它从各论的概念中抽象为总论中的一般理论体系的基础概念来加以使用。

在德日刑法学中，“构成要件”一词在司法实践中和理论上被广泛使用。但是，关于什么是构成要件，并没有严格的法律上的定义。此外，刑法典中也没有条文使用这一词语。因此，关于“构成要件”的概念，可谓众说纷纭。日本学者小野清一郎认为：“所谓构成要件，是指将违法并有道义责任的行为予以类型化的观念形象（定型），是作为刑罚法规中科刑根据的概念性规定。”[③] 西田典之认为：“何为构成要件？要给出一个严格的定义，确实不太容易，姑且可以定义为在刑罚法规中除去法律效果（法定刑）之外的部分。”[④] 大谷实认为：“所谓构成要件就是刑罚法规中所规定的违法、有责的值得处罚的行为类型或定型。”[⑤]

二、构成要件理论的沿革

（一）德国的构成要件理论

1. 贝林的构成要件理论

贝林是德国构成要件理论的首倡者。他的构成要件理论可以分为前后两个阶段。其前期构成要件理论之代表著作为1906年出版的《犯罪的理论》。在这本著作中，贝林认为确立犯罪成立须有三个要件，即构成要件符合性、违法性和有责性，并在此基础上展开了对构成要件理论的详细论述。他认为构成要件是“犯罪类型的轮廓”，具有将犯罪个别化的机能。他称自己的学说为“类型说”。在区分“概念的构成要件同与之符合的具体的构成要件”方面，贝林认为，只有前者是本来的构成要件。而且，他严格区别构成要件与违法性，主张违法性是规范的、价值的概念，与之相对应，构成要件则以记述的、客观的要素为内

① 日本学者泷川幸辰教授认为，施蒂贝尔和古洛尔曼一起，是19世纪初期的主观主义者、特殊预防主义者。他们认为，犯罪的实质是主观上的犯罪意志的表现，犯罪结果不属于Tatbestand之内。参见［日］小野清一郎：《犯罪构成要件理论》，王泰译，4页，北京，中国人民公安大学出版社，2004。

② 参见［德］安塞尔姆·里特尔·冯·费尔巴哈：《德国刑法教科书》，徐久生译，83～87页，北京，中国方正出版社，2010。

③ ［日］小野清一郎：《犯罪构成要件理论》，王泰译，17页，北京，中国人民公安大学出版社，2004。

④ ［日］西田典之：《日本刑法总论》，刘明祥、王昭武译，50页，北京，中国人民大学出版社，2007。

⑤ ［日］大谷实：《刑事政策学》，黎宏译，80页，北京，法律出版社，2000。

容。然而，1930 年，他在其著作《构成要件理论》一书中修正了自己前期的观点。他区别构成要件与“犯罪类型”，认为构成要件是从各本条的犯罪类型中抽象出来，并且逻辑上先行于各本条的犯罪类型同时规制犯罪类型的观念上的指导形象。他说：“犯罪类型不是法定构成要件，法定构成要件是犯罪类型先行存在的指导形象（vorgelagertes leitbild）……不可以把构成要件符合性（或构成要件相关性）当作犯罪类型的同义词。”① 他指出：各犯罪类型中诸要素，根据被统一于作为指导形象的构成要件而形成犯罪类型。因此，例如杀人罪，被认为是实行杀人的不法类型与故意杀人的责任类型，根据杀人这一指导形象统一起来；并且认为构成要件的要素限定为客观的、记述的，犯罪的规范的要素属于违法性，主观的要素属于责任，对构成要件应当个别地、独立地予以论述。②

由此可见，贝林认为构成要件是记述的、无价值的、客观的。面对其他学者的批判，他虽在晚年承认构成要件中存在主观的故意、过失等要素，但是，他把主观因素的内容排除在外，认为它们是违法和责任阶段评价的任务。因此，他的构成要件理论中主观因素是空洞的、抽象的概念。对此，小野清一郎批评说：“若依贝林的构成要件论，构成要件是犯罪类型的基本轮廓。这一概念即使在今天也是正确的。但是，贝林认为构成要件仅仅是客观的、记述性的，它排除了规范要素和主观要素。”“构成要件在法律规定及其解释上，含有各种各样的主观要素是明确的……贝林把构成要件与犯罪类型加以区别，认为作为犯罪类型，既有与内在的东西无关的纯客观要素（例如破产犯罪中的宣告破产，伤害致死罪中的被害人死亡），又有与外部的东西无关的纯主观要素（例如目的犯、谋杀罪中的预谋）等。然而，他认为，这些要素仅仅是附加性的，是附随着作为指导形象的构成要件一起组成犯罪类型，因而它们不属于构成要件。但是，这种企图把责任问题中的主观要素与构成要件对应起来的观点中产生出的极端抽象的观念形象，是不能叫作‘法律上的’构成要件的。”③

2. M. E. 迈尔的构成要件理论

M. E. 迈尔继承了贝林初期的严格区分构成要件和违法性的构成要件理论立场，提出构成要件是违法性的“认识根据”，两者之间是烟与火的关系。他认为：作为一个整体的构成要件是记叙性的，从而是客观的。对此，他甚至比贝林论述得更加深入一步。按照 M. E. 迈尔的说法，法律上的构成要件是违法性的认识依据，所以必须由纯客观的、无价值的事由来构成（这是以客观违法性论为前提的）。但是，M. E. 迈尔同时认为：实际上，在法律上的构成要件中，可以发现有规范的要素和主观的要素。比如说规范要素，就可以举出“他人的财物”（德国刑法典第 242 条、第 303 条）、“虚伪的事实”（德国刑法典第 131 条、第 138 条、第 153 条、第 164 条），等等。然而它们在属于“规范性的（所以是非真正的）构成要件的要素”的同时，还是“真正的违法性要素”。为什么说它不是真正的构成要件要素呢？主要是因为它只不过是评价与意志活动无关的结果的；而之所以说它是真正的违法性要素，是因为它不仅是违法性的认识依据，也是其存在根据。就是说，有了它之后才有违法性的存在。④ 由此可见，M. E. 迈尔在贝林的基础上承认构成要件中存在规范性要素和

① ［德］恩斯特·贝林：《构成要件理论》，王安异译，北京，中国人民公安大学出版社，2006。

② 参见［日］川端博：《刑法总论讲义》，102～103 页，东京，成文堂，1995。

③ ［日］小野清一郎：《犯罪构成要件理论》，王泰译，50～51、63～64 页，北京，中国人民公安大学出版社，2004。

④ 参见［日］小野清一郎：《犯罪构成要件理论》，王泰译，52 页，北京，中国人民公安大学出版社，2004。

主观性要素，并且认为构成要件是违法性的“认识根据”，二者之间类似于“烟与火”的关系。但是，M.E. 迈尔并未将该立场贯彻到底，因为他也认为构成要件中的规范性要素和主观性要素不是构成要件要素，而是真正的违法性要素，所以，他所提的构成要件依然是客观的、价值无涉的抽象概念。

3. 梅茨格尔的构成要件理论

梅茨格尔在前人研究的基础上提出，构成要件是违法性的“存在根据”，并由此构建了在德国成为通说的新的构成要件理论。他站在评价规范与决定规范分离的立场上推进了客观的违法论，主张构成要件是违法性的存在根据。他说：“符合构成要件的行为，只要不存在不法阻却事由，即是违法行为。从而，记述符合这样的构成要件的行为之刑法上的构成要件，对刑法上重要的行为之违法性的存在是有极其重要的意义的。即它是违法性的妥当根据，是实在根据（Ratioessendi）。”在他看来，符合构成要件的行为，只要不存在不法阻却事由，即认为是违法的。构成要件是用来推定违法性的，而不法阻却事由的存在，往往否定了违法性。构成要件只是在与不法阻却事由的关系中才具有独立意义，在与违法性的关系中几乎丧失其独立性。这与贝林和 M.E. 迈尔的理论不同，在这个意义上，它被称为新构成要件论。①

此外，梅茨格尔根据自己的构成要件论，认为规范性要素、主观要素都是构成要件的要素。主观性构成要件要素通常是被构成要件类型化了的称为主观违法性要素的东西，例如，目的犯中的目的、倾向犯中行为人的主观性倾向、表现犯中引导表现的行为人的内心状态等主观要素；规范性构成要件要素是关于表现犯的法官应该理解心情的要素、盗窃罪（德国刑法典第 242 条）中“他人的”财物那种伴随着法律评价的要素、猥亵罪（德国刑法典第 177 条等）中“猥亵”行为那种伴随着文化性评价的要素等。②

（二）日本的构成要件理论

日本在明治维新时期的旧刑法时代开始受到法国刑法学的影响，采用了“犯罪构成要素”“构成犯罪的事实”的用语。但是，直到昭和初期，小野清一郎、泷川幸辰二位博士引进德国贝林、M.E. 迈尔的构成要件理论后，日本才开始有正式意义上的“构成要件理论”③。

日本刑法学界的构成要件理论基本沿袭了德国刑法理论，并选择性地进行了辩证扬弃，这其中最突出的当属小野清一郎。他在贝林、梅茨格尔的犯罪构成理论基础上提出：“构成要件在将行为的违法性加以类型化的同时，也要将行为人的道义责任类型化，还要将违法并且有责的行为中具有可罚性的行为用法律概念加以规定……这种被刑法分则相应条款规定的特殊的、类型性违法的有责行为，即是构成要件。出现在前面的是构成要件，站在它后面的，是具有实体意义的违法性及道义责任。”④ 他提倡构成要件不仅是违法类型，也是责任类型。首先，他认为，在构成要件理论中所研究的构成要件是法律上的概念，必须区分构成要件与符合构成要件的事实。构成要件是一种将社会生活中出现的事实加以类型化的观念形象。因此，构成要件作为法律上规定的概念，是抽象的、形式的，它与所有法律观念一样需要加以解释，必须通过解释来明确构成要件的规范性意义，并由此而使构成要件的抽象性、形式性向具体性、实体性靠近。其次，他接受贝林关于构成要件的实体概念，

① 参见［日］大塚仁：《刑法概说》（总论），冯军译，112 页，北京，中国人民大学出版社，2003。

② 参见［日］大塚仁：《犯罪论的基本问题》，冯军译，52 页，北京，中国政法大学出版社，1993。

③ ［日］内藤谦：《刑法理论的历史展开》，526～534 页，东京，有斐阁，2007。

④ ［日］小野清一郎：《犯罪构成要件理论》，王泰译，28～29 页，北京，中国人民公安大学出版社，2004。

认为构成要件是犯罪类型的轮廓。详言之，构成要件就是把社会中的事实类型化，进而把它作为一种法律上的定型概念规定下来。再次，他认为，从构成要件在刑罚法规中所发挥的机能性质上看，它是客观的、记述性的，然而从其伦理的、法的意义上看，从中又可以找出规范的和主观的要素。此外，在刑法各条所规定的犯罪中都含有主观要素，这一点比规范要素更为明显。因而，主观要素既属于构成要件，又属于责任。最后，小野清一郎提出了修正的构成要件理论，认为未遂犯和共犯是修正构成要件的一般形式。同时，他还赋予构成要件以刑事诉讼法学上的机能，诉讼法方面所谓的"应当成立犯罪的事实"（日本刑事诉讼法第256条第3款、第335条）必须被理解为符合构成要件的事实，亦即犯罪构成事实。刑事程序中形成实体（判决）的过程，都是以刑法分则相应条款的构成要件为指导形象进行的。①

"泷川幸辰博士当初立于迈尔的立场，其后，采用贝林的作为指导形象的构成要件概念；晚年，展开梅茨格尔流派的作为违法类型的构成要件理论，非常有助于构成要件理论的定型。"② 总体而言，泷川幸辰博士站在客观主义犯罪论的立场，在将构成要件理解为违法类型的同时，认为违法的实质是对生活利益的侵害或使之处于危险之中（危险无价值），责任是在行为人违反法规范的期待，不为合法之行为而为违法之行为时，被强制加于身的法的非难（规范责任论）。③

（三）苏联的犯罪构成理论

俄罗斯刑法学者 H. C. 塔甘采夫在1874年就提出了犯罪构成的要件划分理论。他认为犯罪构成可以划分为三个要素，即行为人、犯罪客体以及从内部或从外部研究的犯罪行为本身。1875年，A. O. 基斯佳科夫斯基将犯罪行为不可或缺的要件称为犯罪构成，这种要件有四个：主体、客体、主体的内在活动和外在活动以及活动的后果。④

1. 特拉依宁（1883—1957）的犯罪构成理论

特拉依宁的犯罪构成理论集中体现在他的《犯罪构成的一般学说》一书中，这是一部全面、系统地论述苏维埃刑法中犯罪构成理论的专著。在该书中，特拉依宁指出，犯罪构成论在社会主义刑法理论中占据着核心的地位，它是苏维埃法律认定具体的、危害社会主义国家的作为（或不作为）犯罪的一切客观要件和主观要件（因素）的总和。特拉伊宁说，"在社会主义的刑法体系中，犯罪构成的学说应当以犯罪的阶级性的一般学说和它的实质定义与形式定义为基础。立法者也正是通过综合那些统一起来即构成社会危害行为的特征来制定犯罪构成的"⑤。

特拉伊宁在构建苏联刑法犯罪构成理论时始终以法的阶级性为纲，对刑事古典学派和刑事实证学派的观点加以否定。在批判资产阶级割裂主观与客观的犯罪构成要件论的基础上，特拉伊宁立足于本国刑法的规定，从马克思列宁主义关于犯罪的阶级性这一根本原理出发，将犯罪构成要件的客观因素和主观因素辩证统一起来，使之成为刑事责任的唯一根

---

① 参见［日］小野清一郎：《犯罪构成要件理论》，王泰译，12～19页，北京，中国人民公安大学出版社，2004。

② ［日］川端博：《刑法总论讲义》，104页，东京，成文堂，1995。

③ 参见［日］内藤谦：《泷川幸辰的刑法理论（5）》，载《法律时报》，第52卷第11期，77页。

④ 参见［俄］H. Ф. 库兹涅佐娃、И. M. 佳日科娃主编：《俄罗斯刑法教程》（总论）（上卷·犯罪论），黄道秀译，174～175页，北京，中国法制出版社，2002。

⑤ ［苏］A. H. 特拉伊宁：《犯罪构成的一般学说》，薛秉忠等译，43页，北京，中国人民大学出版社，1958。

据。此外，特拉依宁从实质上阐明犯罪构成因素并对其作四个方面的分类。他认为："犯罪构成的因素就是决定苏维埃法律所规定的犯罪对社会主义国家有社会危害性并决定其程度的全部事实特征中的每一个特征。"① 他否认责任能力是犯罪构成因素，同时批评社会危害性是犯罪客观方面的一个因素的观点，主张"必须将犯罪构成的因素分为四种：①表明犯罪客体的构成因素；②表明犯罪客观方面的构成因素；③表明犯罪主体的构成因素；④表明犯罪主观方面的构成因素"②，并认为客体、客观方面、主体、主观方面不是犯罪构成的因素。在犯罪构成的分类上，他强调犯罪构成是犯罪行为的主、客观要件的相统一，摈弃主观犯罪构成和客观犯罪构成的分类方法，主张必须把犯罪构成的三种分类区别开来：一是作为建立刑法典分则体系结构基础的犯罪构成的分类；二是按照各犯罪构成所包含的犯罪行为的社会危害程度进行的分类；三是按照构成的法律结构进行的分类。③

2. B. M. 契柯瓦则的犯罪构成理论

B. M. 契柯瓦则认为："每一个犯罪构成都包含有以下特征：一、犯罪客体；二、犯罪构成客观方面；三、犯罪主体；四、犯罪构成主观方面。"④ 1955 年契柯瓦则在《苏维埃刑法中犯罪构成的概念和意义》一文中指出："所谓犯罪构成，应当理解为刑事法律所确定的说明相应的犯罪行为，也就是说明危害苏维埃制度或破坏社会主义法律秩序的行为的诸客观特征的总和。"⑤ 同时，他认为，不仅既遂犯的行为中有犯罪构成，在未遂和预备行为中也有犯罪构成；不仅实行犯的实行行为中有犯罪构成，教唆犯的教唆行为、帮助犯的帮助行为中也有犯罪构成。他还阐明了犯罪构成的概念与社会危害性和违法性之间的关系，指出二者之间是密切相联系的，没有社会危害性和违法性也就没有犯罪构成。人的行为具有犯罪构成，以该人实施了有社会危害性和违法性、应受法律惩罚的行为为前提。结论是：社会危害性和违法性是说明犯罪构成一切特征、一切因素的属性。⑥

第二节　构成要件的种类和要素

一、构成要件的种类

根据不同的标准，可以对构成要件进行不同的划分。在大陆法系国家的刑法理论中，

① ［苏］A. H. 特拉伊宁：《犯罪构成的一般学说》，薛秉忠等译，69 页，北京，中国人民大学出版社，1958。

② ［苏］A. H. 特拉伊宁：《犯罪构成的一般学说》，薛秉忠等译，100 页，北京，中国人民大学出版社，1958。

③ 参见［苏］A. H. 特拉伊宁：《犯罪构成的一般学说》，薛秉忠等译，84 页，北京，中国人民大学出版社，1958。

④ ［苏］B. M. 契柯瓦则主编：《苏维埃刑法总则》，205 页，北京，法律出版社，1956。

⑤ 中国人民大学刑法教研室编译：《苏维埃刑法论文选译》，第 3 辑，11 页，北京，中国人民大学出版社，1957。

⑥ 参见中国人民大学刑法教研室编译：《苏维埃刑法论文选译》，第 3 辑，11～16 页，北京，中国人民大学出版社，1957。

目前主要存在如下几种分类。

其一，基本的构成要件和修正的构成要件。“基本的构成要件是指刑法各本条和特别刑罚法规所规定的既遂犯的构成要件，被具体规定着的构成要件。因为它通常也设想的是单独犯，所以可以说以单独犯而且是既遂犯的形式所表示的构成要件是基本的构成要件。”① 在刑法各本条和各种刑罚法规中，被具体规定着的构成要件即是基本的构成要件。相对于此，修正的构成要件，是指未遂犯和共犯的构成要件。基本的构成要件大体上是针对既遂犯而且是单独犯的。关于未遂犯和共犯，是以基本的构成要件为前提，按行为的发展阶段或者复数行为人的参与形态，在总则中设立应修正的一般规定，依据这些规定对基本的构成要件进行修正，成为各犯罪的未遂犯和共犯的构成要件。②

大陆法系的上述理论为苏联刑法学家 A. H. 特拉伊宁所继承。特拉伊宁认为，未遂的特点就在于，缺少犯罪构成的一个要件；但是，与一般原则不同，这时并不排除已实施行为的刑事责任，而造成未实行终了的责任的特殊情况。对于犯罪构成四个要件来说，犯罪主体、犯罪主观方面、犯罪客体都是不能缺少的，否则就不能构成犯罪。由此得出结论，在未遂的场合，缺少的是第四类因素——表明犯罪构成的客观方面的因素。具体地说，这里所缺少的因素，应当是结果。③ 他还提出了著名的犯罪预备与犯罪未遂的构成公式：预备行为＝故意＋不是构成因素的行为；未遂行为＝故意＋是构成因素的行为—结果。

其二，积极的构成要件和消极的构成要件。构成要件是违法性和责任的类型；行为符合构成要件，就推定其违法性和责任的存在。因此，在构成要件中一般积极地表示着犯罪成立的要件，即积极的构成要件。但是，在犯罪构成要件中有时也例外地规定了否定犯罪成立的要件，即消极的构成要件。例如，日本刑法第 109 条第 2 款关于对自己所有物的放火的规定中，“前项之物属于自己所有时，处 6 个月以上 7 年以下惩役”中的“前项之物属于自己所有”，属于积极的构成要件；紧接其后的但书中规定“但是，没有公共危险的时候，不处罚”，此处的但书规定否定了行为的犯罪性，属于消极的构成要件。

其三，封闭的构成要件和开放的构成要件。所谓封闭的构成要件，是指刑罚法规中的构成要件在其规定上是完整的，因此，不需要法官加以补充情况，又称完结的构成要件。构成要件一般都是封闭的构成要件。所谓“开放”，是指对法官而言的开放。因此，在开放的构成要件中，仅有构成要件形式上的符合还不够，还必须有法官的实质判断加以补充，才能确定构成要件符合性。

开放的构成要件的主要情形是过失犯和不真正不作为犯。在过失犯中，如在规定“过失而致人死亡”的场合，法律上所要求的注意义务就只能由法官来加以确定。另外，在不真正不作为犯中，如在有作为义务的人出于杀人的故意而不给婴儿喂奶致使婴儿死亡的场合，便出现了不作为的杀人问题，这时候，作为义务的有无以及范围的大小只能交由法官判断。在开放的构成要件成为问题的犯罪类型的场合，容易导入法官的任意性判断，损害构成要件的保障机能，因此，应当弄清楚该刑罚法规中所预定的行为的本质要素。关于这一点，应当从作为指导原理的社会一般观念出发，对构成要件进行补充。④

① ［日］大塚仁：《犯罪论的基本问题》，冯军译，57 页，北京，中国政法大学出版社，1993。

② 参见［日］大塚仁：《刑法概说》（总论），冯军译，116～117 页，北京，中国人民大学出版社，2003。

③ 参见［苏］A. H. 特拉伊宁：《犯罪构成的一般学说》，薛秉忠等译，247～249 页，北京，中国人民大学出版社，1958。

④ 参见［日］大谷实：《刑法总论》，黎宏译，86 页，北京，法律出版社，2003。

二、构成要件的要素

（一）构成要件要素的概念和种类

构成要件与构成要件要素是有区别的。所谓构成要件要素，是指形成构成要件内容的要素，其有别于构成要件的概念。把构成要件要素称作构成要件，把主观的要素称作主观的构成要件，以及把客观的要素称作客观的构成要件，都是不正确的。

构成要件要素以行为为中心，将行为主体以及行为客体当作原则的要素。犯罪作为刑罚的前提条件，仅指人的行为，即构成要件最本质的要素理所当然地是行为。从构成要件上看，缺少行为以及行为主体是不可能的。①

构成要件要素除行为、行为主体、行为客体外，还包括目的、结果、行为状况、行为与结果之间的因果关系等，例如，“以行使为目的”（日本刑法第 148 条）那样的一定目的，“死伤”（日本刑法第 124 条）那样的一定结果，等等。

具体的构成要件要素的确定是与刑法分则中的各个条文相关的。就不同的罪名而言，它们的构成要件要素不尽相同，但是，在此作为问题而提出的构成要件要素，是刑法分则各个不同构成要件要素中所共通的一般要素。前者是刑法分论研究的内容，后者是在刑法总论中应当予以讨论的。在总则的范围内，构成要件要素一般可以划分为：客观的构成要件要素与主观的构成要件要素、记述性构成要件要素与规范性构成要件要素。

（二）客观的构成要件要素与主观的构成要件要素

所谓客观的构成要件要素，是指记述表现在外界的现象，离开行为人的意思、目的等主观的要素，完全独立，能够认定其在外部存在的构成要件要素。所谓主观的构成要件要素，是指记述存在于行为人内心的现象的要素。诚如日本学者所指出的：“把行为外表的、客观的一面规定为构成要件的内容的，称为客观的构成要件要素；把行为人内心的、主观的一面规定为构成要件的要素的，称为主观的构成要件要素。行为的客观方面、行为的主体、行为的客体、行为的状态等属于前者，行为的主观面的要素属于后者。”②

1. 客观的构成要件要素

（1）行为。作为构成要件性行为的客观方面的要素，首先是由行为人实施一定的身体动静。它可以分为以违反刑法禁令的积极动作为内容的作为和以违反刑法命令的消极动作为内容的不作为。不作为不是单纯的消极动作，而是不实施刑法上要求行为人实施的一定身体活动。因此，它并不意味着身体的静止。以作为的形态规定构成要件性行为的犯罪称为作为犯，以不作为的形态规定构成要件性行为的犯罪称为真正不作为犯（纯正不作为犯）。

（2）结果。构成要件性行为的客观方面在狭义上只限于行为人的身体动静，在广义上也包含基于它的一定结果。这个意义上的广义行为，称为“所为”。不过，刑法上无意义的单纯自然的结果不是值得探讨的问题。例如，开枪引起的空气振动等，通常不值得作为行为的结果来加以考虑。在构成要件中，有的犯罪只把行为人一定的身体动静作为构成要件的行为，但是，在大部分构成要件中，除了构成要件性行为外，还需要进而发生一定的结

① 参见［日］木村龟二主编：《刑法学词典》，顾肖荣等译，119 页，上海，上海翻译出版公司，1991。

② ［日］大塚仁：《刑法概说》（总论），冯军译，130～131 页，北京，中国人民大学出版社，2003。

果。前者称为举动犯（单纯行为犯），后者称为结果犯。①

（3）因果关系。在结果犯的场合，行为与结果之间以有因果关系为必要。因果关系本身虽然不能用眼睛看到，但它属于客观的要素。德国学者指出，属于客观的构成要件要素的还有行为与结果之间的因果关系（在非纯正的不作为犯情况下，将会出现实施符合义务的行为使结果不发生的极高的盖然性）和被视为行为人“杰作”的结果的客观归责性。②

（4）行为的主体。所谓行为的主体，是指实施行为的人，即行为人。应当指出的是，在德国与日本的刑法中，行为人仅指自然人，而在法国等国家的刑法中，行为人包括自然人与法人。在纯正的特殊犯——“身份犯”情况下，行为人被限制在具有特定的客观的行为人要素的人员范围内；在非纯正的特殊犯情况下，特殊身份的行为人要被加重处罚。除表明行为人法律特征或特殊的职责的行为人要素外，自然的特点如“男人”或“孕妇”同样会被考虑进去。自然的行为人要素同样属于客观构成要件范畴。

（5）行为客体。所谓行为客体，是指被刑法分则规定为行为对象的人或物，例如“杀人”（日本刑法第 199 条）中的“人”，“窃取他人财物”（日本刑法第 235 条）中的“他人财物”。行为客体不是构成要件不可缺少的要素。缺乏行为客体的犯罪构成也是存在的。但是，即使不存在行为客体，保护客体也是必然存在的。保护客体被叫作法益，意味着依照法律所保护的利益或价值。不能设想不存在法益的犯罪。③

（6）行为的样态。行为的样态是指行为发生的外部状况与条件。要成立犯罪，除了行为、结果之外，有时候还必须以行为当时的状况、行为之后的事实为条件。例如，妨害灭火罪（日本刑法第 114 条）中“发生火灾之际”这一行为当时的状况便属于构成要件要素，也属于故意的对象。另外，有些犯罪以发生一定的事实作为处罚的条件（客观处罚条件）。例如，就事前受贿（日本刑法第 197 条第 2 款）而言，仅仅是将要成为公务员者收受了贿赂尚不足以成立本罪，还以以后实际成为公务员作为成立条件。通说认为，这一条件与违法、责任无关。换言之，将要成为公务员者收受贿赂这一行为本身实质上已足以值得处罚，只不过出于政策性考虑，将处罚范围限定于实际成为公务员之后。在这种情况下，客观处罚条件没有必要是故意的认识对象。与此相反，有观点认为，处罚条件是将行为的违法性提高到可罚性程度的违法性要素。在该观点看来，至少必须对条件的发生存在预见可能。④

2. 主观的构成要件要素

主观的构成要件要素是指形成构成要件内容的内部的、心理的构成要件要素（主观的要素）。至于主观的要素是否应当作为构成要件要素来加以把握，在初期的构成要件理论中是被否定的，因为当时构成要件要素被认为仅仅是客观的要素。但是，自其后主观的违法要素理论发展以来，主观的要素以一定形式被拉进构成要件中，一般也被当作违法要素。而且，在当前，这种主观的违法要素的范围，即目的犯中的目的等，是仅仅指主观的违法要素（特殊的主观的违法要素），还是也包括故意、过失（一般的主观的违法要素）呢？关于这些问题，通说认为，构成要件是违法、有责的类型，从这一立场出发，作为违法类型的构成要件要素也就被当作责任的构成要件要素。所以，主观构成要件要素与是否成为违

① 参见［日］大塚仁：《刑法概说》（总论），冯军译，120 页，北京，中国人民大学出版社，2003。

② 参见［德］耶赛克、魏根特：《德国刑法教科书》（总论），徐久生译，336 页，北京，中国法制出版社，2001。

③ 参见［日］木村龟二主编：《刑法学词典》，顾肖荣等译，119 页，上海，上海翻译出版公司，1991。

④ 参见［日］西田典之：《日本刑法总论》，刘明祥、王昭武译，64 页，北京，中国人民大学出版社，2007。

法要素是没有关系的。因此，站在这一立场的学者主张故意和过失都具有犯罪特殊化、个别化的机能，所以是构成要件要素。①

一般而言，主观的构成要件要素可以分为一般的主观要素和特殊的主观要素。

（1）一般的主观要素。作为构成要件性行为的主观要素包括故意、过失。故意，是具有对犯罪事实的认识和容忍；过失，是指因不注意而缺乏对犯罪事实的认识和容忍。故意和过失，从来作为所谓责任条件乃至责任形式而只被视为责任的要素。但是，它们首先作为构成要件的主观要素，对犯罪的类型化本身有着重大的作用。例如，我们之所以能够区别故意杀人罪和过失致死罪，无非是因为在致使他人丧失生命的场合，在前者中是缘于行为人之故意，在后者中则是基于行为人之过失。刑法在构成要件上没有区别故意的种类。但是，关于过失，除了通常的过失外，存在将业务上的过失和重大过失（重过失）作为加重类型加以规定的情形。

（2）特殊的主观要素。特殊的主观要素的提出，发轫于德国学者 M. E. 迈尔提倡的主观的违法要素理论。目前的通说认为，特殊的主观要素包括：目的犯中的目的、倾向犯中的主观倾向、表现犯中的心理过程、被害人的内心状态、主观的正当化要素等。

“所谓目的犯，是作为犯罪成立的主观的要件，除故意外，以‘目的’为必要的犯罪。”② 例如，伪造文书罪中的行使目的，所以持闹着玩的心态以他人名义制作文书的行为没有（可罚的）违法性。但具有行使目的地以他人名义制作文书的，一开始就产生了（可罚的）违法性。这样，目的犯中的目的，就成为给违法性带来影响的主观的违法要素。此外，未遂罪中的故意也就被当作主观的违法要素加以对待。

所谓倾向犯，是指从行为中可以看出行为人主观倾向的表现的犯罪。例如，在日本刑法中，公然猥亵罪、强制猥亵罪、侮辱罪等均属于倾向犯。在强制猥亵罪中，即使从纯粹客观上讲是同样的行为，但那些以刺激或满足行为人的性冲动为倾向而实施的行为就是违法的；而那些以诊断和治疗为目的实施的行为并不违法。在这种情况下，主观倾向成为给行为的违法性带来影响的主观违法要素。

所谓表现犯，是指行为显示出行为人的心理过程或状态的犯罪。伪证罪正是如此。在表现犯中，如果不比较外部的现象和行为人心理（主观）的方面，就不能判断违法性是否存在。例如，伪证罪只有在宣过誓的证人违反其记忆作虚伪陈述的情况下才可成立。而在此，由主观的心理状态决定违法性的情形是很明显的。在该情况下，心理过程或状态便成为主观的违法要素。③

目的犯中的目的、倾向犯中的主观倾向、表现犯中的心理过程所涉及的目的、主观倾向、心理过程，都是存在于行为人的内心态度。与此相反，还有以被害人或成为行为客体的人产生一定的内心状态为必要的犯罪。例如，为了成立出于胁迫的强盗罪（日本刑法第236条），以被害人产生压抑反抗程度的“畏惧心”为必要；欺诈罪（日本刑法第 246 条）以受欺诈人陷入“错误”为必要。

关于主观的正当化要素，马克昌教授在其著作中认为：“以上所举的主观的违法要素，虽然都在它存在的场合积极地形成违法性，但是，也有在它存在的场合相反地失去了行为

① 参见［日］木村龟二主编：《刑法学词典》，顾肖荣等译，121 页，上海，上海翻译出版公司，1991。

② ［日］山中敬一：《刑法总论》，2 版，181 页，东京，成文堂，2008。

③ 参见［日］木村龟二主编：《刑法学词典》，顾肖荣等译，122～124 页，上海，上海翻译出版公司，1991。

的违法性。正当事由（违法阻却事由）中的主观要素就是这样，本书把这种情况叫作主观的正当化要素。因为各个主观的正当化要素具有不同的内容，所以内容的说明就要由各个正当化事由分别说明。正当防卫中的‘防卫的意思’、紧急避险中的‘避险意思’、自救行为中的‘自救意思’等‘权利保全意思’，及社会的相当行为中的‘正当行为意思’、被害人的承诺中的‘承诺的认识’都是主观的正当化要素。”①

（三）记述性构成要件要素与规范性构成要件要素

在刑法的构成要件形成过程中，立法者使用描述的（记述的）要素和评价的（规范的）要素。这些要素既可以表明外在的（客观的）情况，也可以表明内心的（主观的）情况。

记述性构成要件要素，是指只需法官的单纯认识性活动即可加以确定的构成要件要素。例如，在惩罚往饮水中投放毒物、以贩卖为目的持有鸦片这样的规定的场合，不过是要求法官进行一种认识活动。不过，即使在这种要素中，也可以同时看到单纯要求认识活动的要素和表现出向要求评价活动方向移动的要素。有关事实的真伪的犯罪就是一例：它以“主张不真实的事实”为要素，不过，“散布虚伪的事实”（日本刑法第 233 条）、“欺罔他人”（日本刑法第 246 条）等，就必须要求在认识活动基础上再进行评价活动。危险犯是另外一例：公共危险的发生与否（日本刑法第 109 条）、妨害往来的发生与否（日本刑法第 124 条），无非是比照经验法则而作出判断。伪造和仿造（日本刑法第 217 条）的判断也是如此。此外，曾作为主观违法要素的“目的”和“明确认识”是记述性的要素。然而，也有种种行为对象的心理变化成了要素的情形，譬如，在强奸罪和强盗罪中实施暴力和胁迫时，对方只是现实地受到不许反抗的压制是不够的，其暴力和胁迫还必须在客观上能够完全压制住反抗才行。毁损名誉罪、侮辱罪也都以法官对客观事件的评价活动为必要。由此来看，在记述性构成要件要素的场合，也在某种程度上要求评价活动。这样，记述与规范之间的界限就十分模糊了。不过，所有的构成要件要素并不是在一个程度上表示出规范的性质，记述性构成要件要素和规范性构成要件要素在本质上是不同的。

规范性构成要件要素，是指要求在法官的认识性活动基础上再依据刑法进行评价活动的要素，例如，惩罚猥亵、通奸、受贿、毁损名誉等犯罪的规定要求法官的评价活动。从某种意义上讲，法律不过是给予一种初步的评价，具体的内容还要在充分考虑历史的和社会的各种情况下，由法官来进行补充性的评价。第一，有时要预想有刑法以外的法律评价。譬如，伪造有价证券罪中的有价证券（日本刑法第 162 条）、受贿罪中的公务员（日本刑法第 197 条）、盗窃罪中的他人财物（日本刑法第 235 条）、亲属相盗罪中的亲属（日本刑法第 244 条）等就属于这种情况。第二，有时要服从道德的、社会的、经济的评价，譬如，猥亵（日本刑法第 74 条）、有淫行惯习（日本刑法第 182 条）、毁损名誉（日本刑法第 230 条）、侮辱（日本刑法第 231 条）、妨害信用（日本刑法第 233 条）等，其例子不胜枚举。

基于法治国思想的罪刑法定主义要求依记述性要素组成构成要件，并试图在事实中予以实现。在 1810 年的法国刑法典、1813 年的拜恩刑法、1880 年的日本旧刑法中都可以看到这种影响，即企图由此来约束法官，并为了国民的权利自由而广泛承认所谓放任行为的合法性。但是，这和规范性要素的利用是不一致的。社会防卫主义的刑法要求导入规范性要素。这样，被新派刑法学者当作罪刑法定主义界限的问题就来了：是对犯罪的防卫，还

---

① 马克昌：《比较刑法原理——外国刑法学总论》，145 页，武汉，武汉大学出版社，2002。

是犯罪人的“大宪章”呢？日本学者泷川幸辰认为，记述性要素和规范性要素在结构问题上的联系，只应当在与刑法的任务的关系上加以解决。他进而指出，衡平理论与“三权分立”思想不过是罪刑法定原则的表面根据，人权保护才是罪刑法定原则的实质根据，因此，刑法作为法律存在的理由，在于是犯罪人的“大宪章”。①

第三节　构成要件符合性及其形态

一、构成要件符合性

（一）构成要件符合性的概念

构成要件符合性是与违法性及责任并列的犯罪成立要件之一，是指具体事实符合法律上的犯罪构成要件的性质。简言之，某一行为符合各个构成要件的情况，叫构成要件符合性。犯罪要得以成立，行为首先必须是符合构成要件的行为。符合构成要件的行为可以分为客观面与主观面。在行为的客观面中除了是否存在主体、客体、行为及行为的状况外，就结果犯而言，是否存在符合构成要件的结果便成为关键的问题。结果犯中的行为及结果合在一起称“‘所为’，在结果犯方面，要确定所为存在。再者，对结果犯来说，行为与结果之间存在因果关系，才可能承认构成要件符合性。在行为的主观面中，与故意行为、过失行为相对应，必须存在故意、过失这种一般的主观的构成要件要素及符合特殊的主观构成要件要素的内心事实”②。

（二）构成要件符合性与构成要件、构成要件事实的区别

构成要件是指刑法各条文中所规定的观念形象，构成要件事实是指符合构成要件的具体事实，而构成要件符合性是指具体事实符合构成要件的判断本身。因此，对这三者必须明确地加以区分。例如，杀人罪的构成要件是所谓“杀人”（日本刑法第 199 条）观念形象，甲于某日某地用手枪将乙打死的事实就是符合这一观念形象的事实，即构成要件事实，将这一事实套用于观念形象的过程就是构成要件符合性的判断。

（三）构成要件符合性判断的性质

符合构成要件判断就是把事实应用于观念形象。为此，首先，一方面必须明确事实关系，另一方面必须明确法律上构成要件内容的意义。明确构成要件内容的意义是刑法解释的主要任务。但是，无论怎样进行解释，作为观念形象的构成要件也仅仅限于抽象的和类型的，所以，这种应用的判断也经常是抽象的、类型的判断。相反，违法性以及责任就是具体的判断。其次，构成要件符合性的判断作为对事实的判断是无限的，包括意义性或评价性判断。但是，这个判断不能在以法的否认（非难）为内容的价值判断上来区别违法性判断以及责任判断。例如，执行死刑虽然是出于正当化目的而杀人，但也被认为符合所谓

---

① 参见［日］内藤谦：《刑法理论的历史展开》，482 页，东京，有斐阁，2007。

② ［日］大谷实：《刑法讲义总论》，4 版，153 页，东京，成文堂，1994。

“杀人”的构成要件。①

二、构成要件符合性的形态

构成要件符合性不限于行为完全实现了构成要件的内容即既遂的情况，也包括有实现的可能性却没有实现，即未遂的情况；并且，不限于单独实现构成要件即单独犯的情况，也包括有多人实现或有可能实现即共犯的情况。这种既遂、未遂、单独犯、共犯就是构成要件符合性的状态内容。由于未遂和共犯是在不符合构成要件时，根据特别规定而符合构成要件，所以又有未遂和共犯是所谓刑罚扩张事由的说法。此外，由于以满足构成要件即完全实现构成要件作为犯罪成立要件，而未遂和共犯是根据未遂、共犯的规定而修正了原来的构成要件，从而满足修正的构成要件的情况，故也有未遂、共犯是“构成要件修正形式”的说法。②

第四节　犯罪的主体与客体

一、犯罪的主体

（一）犯罪主体的概念

犯罪主体，又称行为主体，是指实施行为的人，即行为人。意大利学者认为：“所谓犯罪主体是指按刑法规定可能实施刑事违法行为的人［在一般情况下指‘任何人’；有时则要求有特定的身份，例如（意大利）刑法典第 317 条规定的公务员或从事公务的人员］。在意大利刑法中犯罪主体只能是自然人，即只有有生命的人才能成为犯罪主体。”③ 日本学者大谷实认为：“所谓行为主体，是指实施成为构成要件内容的行为的人即行为人。刑罚法规中规定‘实施……的人’，这里的人就是指行为的主体，通常是指自然人。虽然只要是自然人就没有其他限制，但是，构成要件上也有例外的情况，这就是以一定身份为必要的犯罪。另外，对于规定处罚法人自身的刑罚法规而言，法人也能成为行为主体。”④

由此可见，就犯罪的主体是自然人而言，没有争议，存在问题的是法人是否属于犯罪主体，以及自然人的身份在犯罪论体系中的地位和作用。

（二）作为犯罪主体的人

作为犯罪主体的人包括自然人和法人。犯罪的主体是人，人以外的自然现象或动植物不能成为犯罪的主体，其理由是动植物不能实施称为构成要件内容的行为。“所有法律制度都同意，刑罚只能对人类的行动或者一种‘人的行为’适用。惩罚造成损害的动物被认为

---

① 参见［日］木村龟二主编：《刑法学词典》，顾肖荣等译，137～138 页，上海，上海翻译出版公司，1991。

② 参见［日］木村龟二主编：《刑法学词典》，顾肖荣等译，138 页，上海，上海翻译出版公司，1991。

③ ［意］杜里奥·帕多瓦尼：《意大利刑法学原理》，注评版，陈忠林译，84 页，北京，中国人民大学出版社，2004。

④ ［日］大谷实：《刑法总论》，黎宏译，88 页，北京，法律出版社，2003。

是野蛮的。"[①] 对此，在各国刑法中并无争议，问题是法人能否成为犯罪的主体。

在德、日等大陆法系国家的刑法理论中，就法人是否具有犯罪能力而言，存在肯定说、否定说之争。否定说主张法人没有犯罪能力，进而不能成为犯罪主体。因为与自然人相比较，法人没有意识和身体，不能实施与自然人同样意义的犯罪行为；道义责任是对犯罪主体人格的一种伦理的非难，法人并不具备依自我意识而形成的自然的伦理人格；而且，以自由刑为核心的现行刑罚制度也不适合于法人，只能对其适用财产刑；一般来讲，法人由多个自然人组成，对没有实施犯罪的其他自然人科处刑罚是不公正的，所以处罚具体实施违法业务的个人就可以了，没有进而处罚法人整体的必要。在德国、日本和意大利等国家，学者多持此观点。

肯定说主张法人有犯罪能力，能够成为犯罪的主体。因为在现实生活中，随着法人社会活动范围的扩大，在特别刑法尤其是行政刑法中，有必要对法人的违法活动进行刑法规制，所以，关于法人犯罪的刑事立法肯定了对法人的刑罚处罚。关于法人的行为能力问题，法人根据其决议实施意思决定，其意思是法人固有的意思；同时，法人通过其执行机关能够实现自己的意思决定，所以法人有行为能力。在责任能力问题上，作为法人机关的自然人所实施的违法行为，在社会观念上可以被看成法人本身的犯罪行为时，法人就能成为社会非难的对象。此外，现行刑法的财产刑制度对法人有着很好的实际效果，处罚上并不存在问题。这诚如法国学者所言，刑罚的作用不仅仅是"矫正被判刑的人"，还在于预防犯罪与进行威慑，况且某些措施本身也可以对法人的平常行为表现进行类似的矫正。[②]

法国已经在 1992 年修订的新刑法典中承认了法人的犯罪能力，意大利在 2001 年通过的第 231 号法令中明确规定法人可以实施犯罪。[③] 日本虽然尚未在刑事立法中明确承认法人的犯罪能力，但是，在日本的刑法理论中，以社会责任为前提，肯定法人犯罪能力的理论已经成为主流。如井田良教授所言："现在的通说，是肯定法人的犯罪能力。通说的前提，是作为独立于其自然人成员的存在，法人开展社会活动，作为法人接受对其活动的社会评价（所以，也接受社会非难），而且作为对社会评价的回应，展开法人的意思决定与活动的社会实态。只要认为刑法的本质，是通过规范（社会准则）影响行为意志，进而实现行为统制，就没有理由将与自然人并列的法人（以及其他团体）排除于犯罪主体之外。应该肯定法人的犯罪能力。"[④] 所以，目前仅有德国等寥寥数国仍然基于责任理论而否定法人的犯罪能力。

（三）身份犯

身份犯，是指在构成要件上需要行为人具有一定身份的犯罪类型。根据日本最高法院的判决解释，此处的"身份"不限于男女的性别、内外国人的差别、亲属的关系、作为公务员的资格这样的关系，一般来说是指与一定的犯罪行为有关的犯人的人的关系这种特殊的地位或状态。[⑤] 意大利刑法学者认为，除规定"任何人"都可以成为犯罪主体的情况外，

---

① ［美］乔治·P. 弗莱彻：《刑法的基本概念》，蔡爱惠等译，53 页，北京，中国政法大学出版社，2004。

② 参见［法］卡斯东·斯特法尼等：《法国刑法总论精义》，罗结珍译，288 页，北京，中国政法大学出版社，1998。

③ See Stefano Manacorda, etc., *Preventing Corporate Curruption*, pp. 333 - 353, New York, Springer, 2014.

④ ［日］井田良：《讲义刑法学·总论》，97～98 页，东京，有斐阁，2008。

⑤ 参见［日］川端博：《刑法总论讲义》，122 页，东京，成文堂，1995。

法律还常常要求主体具有某种资格，如某种法律地位或身份（例如，意大利刑法典第 317 条要求的公务员或从事公务的人员，第 579 条第 1 款规定的配偶或父母亲），有时甚至只是某种特定的状态［如（意大利）1978 年第 194 号法律第 19 条第 2～4 款规定的犯罪主体只能是怀孕的妇女］。[①] 这种情况就是所谓的身份犯。

在身份的范围问题上，具有争议的是类似“目的”等主观因素是否属于身份的范畴。对此，日本最高法院的判例认为，走私麻药罪中的“营利目的”也是“地位或者状态”，属于身份。由此引发了学者间对身份的解释范围的争论：持肯定说的学者认为，虽说目的是暂时性的，但是，在某些犯罪类型中，行为者目的的存在与否决定是否成立犯罪以及刑罚轻重，所以，目的等主观因素属于身份的范畴；持否定说的学者认为，刑法中的身份是以一定的持续性为前提的，所以，主观因素因其暂时性而不属于身份。[②]

此外，在身份的范围问题上，还存在犯罪的常习性（常习犯、惯行犯）是否属于身份的争论。有学者认为，常习性既是行为人的属性，又是行为的属性，因此，常习犯中的身份是指行为人所具备的反社会性格。同时，日本刑法判例把犯罪的常习性解释为身份，如在没有赌博常习性的人加功于赌博行为的场合，解释为应依日本刑法第 65 条第 2 款（因身份而特别加重或减轻时）处断，并与第 1 款所规定的身份犯相区别。

根据身份在犯罪成立中的作用，身份犯可以划分为纯正身份犯和不纯正身份犯。所谓纯正身份犯，又称作构成的身份犯，是指构成要件中规定的犯罪主体限于有一定身份者的犯罪。在纯正身份犯的场合，身份属于犯罪构成要件要素（日本刑法第 65 条第 1 款规定“因犯人的身份而构成的犯罪行为”）。如日本刑法中的受贿罪规定的“公务员或仲裁人”，伪证罪规定的“因犯人的身份而构成的犯罪行为”，如果不具备该身份，就不具备构成要件符合性。所谓不纯正身份犯，又称作加减身份犯，是指刑法一般没有限制犯罪的主体身份，但具有一定身份者实施时规定较重或较轻的刑罚的犯罪。在不纯正身份犯的场合，身份是加重或减轻刑罚的事由（日本刑法第 65 条第 2 款规定“因身份而特别加重或减轻刑罚”）。例如，就保护责任者遗弃罪而言，与无保护责任身份者相比，具有保护责任身份者受较重的刑罚处罚。

二、犯罪的客体

（一）犯罪客体的概念

苏联学者认为，犯罪客体是指犯罪行为所侵犯的社会主义社会关系。日本学者认为，犯罪客体是指构成要件内容中的行为对象（行为客体），是与法律所保护的利益即保护的客体（法益）相区别的。意大利学者认为，犯罪客体具有双重含义：一是指犯罪行为所侵犯的“刑法规范所保护的个人或集体的利益”，二是指犯罪行为所直接作用的人或物。前者即“犯罪的法律客体”，后者为“犯罪的物质客体”。犯罪的法律客体，或者说犯罪行为所侵犯的受刑法规范保护的个人或集体的利益，是“法益”[③]。由此可见，在大陆法系国家的刑法

---

① 参见［意］杜里奥·帕多瓦尼：《意大利刑法学原理》，注评版，陈忠林译，86 页，北京，中国人民大学出版社，2004。

② 参见［日］山中敬一：《刑法总论》，2 版，187 页，东京，成文堂，2008。

③ 陈忠林：《意大利刑法纲要》，145～146 页，北京，中国人民大学出版社，1999。

理论中，犯罪客体通常是指犯罪行为所直接作用的物或者人，又称为行为对象。

（二）犯罪的客体与法益

法益是根据其构成要件的规定法律所保护的利益或价值，而行为客体（犯罪客体）是行为所指向的有形之物或者人，例如，杀人罪中的“人”、盗窃罪中的“财物”、妨害执行公务罪中的“公务员”等是行为的客体（犯罪客体）。也即，行为客体（犯罪客体）是以感觉对象为构成要件要素的，而法益并不是以观念对象为构成要件要素的。① 二者的区别如下：

一方面，欠缺法益的犯罪是不可能的，但是，存在欠缺犯罪客体的犯罪。在此意义上的保护客体，不一定和犯罪客体是一致的，例如，侵入住所罪、毁损名誉罪那样的单纯举动犯，都欠缺其犯罪的客体。此外，存在法益相同而犯罪客体不同的情况，例如，窃盗罪、抢劫利益罪，虽然在保护财产这一点上是共同的，但窃盗罪是以每件财物为犯罪的客体的，而抢劫利益罪是以财产上的利益为对象的。相反，也存在法益不同而犯罪客体相同的情况，例如，杀人罪和伤害罪，都是将人作为侵害的对象，但是，保护的客体（法益）对前者来说是生命，而对后者而言则是人的身体。

另一方面，从犯罪客体中区分出的保护客体即法益，是法律所保护的观念上的对象，是价值上的对象，因而与行为的对象不同，不必在构成要件中明确记载，即使有例外地被规定的情况，因为承担着法益，也不能直接称为构成要件要素。②

（三）法益的分类与机能

1. 法益的分类

根据不同的标准，可以对法益进行不同的分类。

（1）个人法益与普遍法益。个人法益，又称个体法益，例如生命、自由和财产。普遍法益又称“整体法益”，是指社会法益和国家法益。在德国，倾向于这种个人法益与普遍法益的二分法，并且在纳粹刑法看来，同个人法益相比，国家法益和社会法益，应当被置于首要地位。

（2）专属法益和非专属法益。专属法益，是指个人法益中不能转让、不能代替的人身利益，包括个人的生命、身体的完整性、婚姻、名誉等。就非专属法益而言，其特点是与人身权利无关，可以自由买卖、转让或自愿放弃，例如财产所有。这种区别在与被害人承诺相关联上有重要的意义，因为被害人承诺在原则上只能限于个人所能处分的法益。

（3）国家法益、社会法益与个人法益。国家法益，即可以在法律上被人格化的国家所享有的法益，包括国家存在的安全性、国际性信赖、国家机密、货币的真实性、司法机能等。社会法益，即可以在法律上被人格化的社会整体所享有的利益，包括社会共同生活的安全、公共信用、道德秩序、公共秩序、道路交通安全、公众保健等。个人法益，是指自然人拥有的重要生活利益，包括生命、身体健康、个人自由、名誉与信用、财产权利等。在德国、日本和韩国，法益三分法是通说。③

---

① 参见［日］木村龟二主编：《刑法学词典》，顾肖荣等译，100页，上海，上海翻译出版公司，1991。

② 参见［日］木村龟二主编：《刑法学词典》，顾肖荣等译，137页，上海，上海翻译出版公司，1991。

③ 参见［德］耶赛克、魏根特：《德国刑法教科书》（总论），徐久生译，317页，北京，中国法制出版社，2001；［韩］金日秀、徐辅鹤：《韩国刑法总论》，11版，郑军男译，142页，武汉，武汉大学出版社，2008；［日］山中敬一：《刑法总论》，2版，49页，东京，成文堂，2008；［日］中山研一：《口述刑法总论》，2版，18页，东京，成文堂，2007。

2. 法益的机能

关于法益有哪些机能，学者之间的意见不尽一致，主要观点如下。

(1) 法益对刑事立法具有重要的机能。法益是刑事法规保护的客体，法益保护在现代被理解为“作为保护法的刑法”的基本理念之一，或者说值得保护的法益是刑事立法上的指导形象。当行为侵犯值得保护的法益时，立法者将该种行为在实定法上规定为犯罪。由于人们对法益的认识随着社会的演变而不断变化，所以实定法对犯罪的规定也必然有所变化。对于过去认为没有必要保护的法益，随着保护要求的增大，就应当进行相应的新的刑事立法；反之，在认为某个法益已经不值得刑法保护时，为了保护这种法益而规定的犯罪就应被从刑法中删除。总之，适当的实定刑法，必须适应具体社会中对法益保护的现实要求。

(2) 对犯罪的分类机能。按照法益三分说对犯罪进行分类，可以分为对个人的法益之罪、对社会的法益之罪、对国家的法益之罪而使犯罪类型体系化。

根据是侵害法益还是危及法益，可以将犯罪区分为侵害犯及危险犯。所谓侵害犯，指像杀人罪、盗窃罪那样，犯罪的完成以法益的侵害为必要的犯罪；所谓危险犯，指像毁损信用罪、堕胎罪、妨害交通罪、危害交通罪那样，不待对法益的侵害，只要具有对法益侵害的危险，犯罪即为完成的犯罪。一般的犯罪是侵害犯，而就哪种犯罪是危险犯而言，要通过各个犯罪类型的解释来加以确定。侵害犯与危险犯的区别，在确定犯罪的既遂、未遂时具有特别重要的意义。

(3) 法益对刑法的解释具有方法论的机能。这个意义的法益，叫作“形式的方法论的法益概念”。法益的方法论的机能，是指法益作为指导刑法的目的论的解释的观念之一，具有重要的意义。例如，在违法性阻却判断中的法益（利益）衡量，以及目的的正当性判断、错误论中符合的存否判断、未遂成立与否的判断、行为的危险性判断等中，法益概念是不可缺的，的确发挥着重要的机能。当然，这并不意味着法益是刑法解释的唯一指导理念。

(4) 法益对于决定违法性的有无具有重要的机能。以前的学说把违法性的实质解释为对法益的侵害或对法益的威胁，这可以说是通说。在日本，特别是宫本英脩博士认为，违法性的实质的意义是对法益的侵害或威胁。将对法益的侵害或威胁解释为违法性的实质，以此为唯一原理的思想，叫作“法益侵害说”。根据法益性质的不同，被害人承诺可能阻却违法性或者不阻却违法性，即如果是被害者本人能够任意处置的个人法益，承诺阻却违法性，例如，“封缄信函”的发信人或收信人有可以拆开的承诺，拆开信函的违法性即被阻却；否则，即使有承诺，也不能阻却违法性，例如，承诺杀人罪（日本刑法第202条）即其实例。

(5) 法益具有决定罪数的机能。法益分为专属法益与非专属法益。依照学说和实例的见解，侵害非专属法益时，以包括的方式计算罪数；侵害专属法益时，则依法益主体之数计算罪数。至于侵害国家法益与社会法益，通常以包括的方法计算罪数。例如，生命或者身体这种专属法益，在各被害人那里具有同样的意义，常常有必要予以独立的评价。一枪同时杀害三个被害人的情况下，应理解为成立三个杀人罪，是同种类的观念的竞合，而不应认为是包括的一个杀人罪。①

---

① 参见［日］大塚仁：《刑法论的基本问题》，冯军译，7～14页，北京，中国政法大学出版社，1993；［日］阿部纯二等：《刑法基本讲座》，第1卷（基础理论/刑罚论），35～36页，东京，法学书院，1992。

第五节 构成要件的行为与结果

一、行为的意义与机能

（一）行为的意义

行为在现代刑法体系中占据核心的地位。“无行为则无犯罪”这一法谚，充分说明了行为在认定犯罪时的重要意义。首先，从历史上看，主张犯罪是行为的观点具有排除近代以前身份刑法的历史功绩。如果外部行为相同，原则上就应当处以相同的刑罚，这样，刑法面前人人平等的原则就得以贯彻。其次，犯罪是行为意味着行为人的内心思想不能作为犯罪而被处罚。“思想不纳税”这一法谚，就包含了刑法不处罚思想这一含义。当然，如果行为人通过语言或行动表现出内心想法的话，就有可能成为刑法意义上的行为。因此，刑法不处罚思想的含义，指的是思想的表现如果仍然属于实质的思想的范畴，就不能进行处罚。① 最后，犯罪是行为意味着行为人的性格或人格不能成为处罚的对象。因为被科处刑罚的是行为人（犯罪人），但刑罚的对象则是（犯罪）行为，行为人的性格或人格不是处罚的对象。不过，如后所述，现在也有不少学者放弃了个别行为责任论，而赞成性格责任论或人格责任论，因此，对行为人的性格或人格能否进行处罚，已经成为一个具有争议性的问题。②

犯罪是符合构成要件的违法且有责的行为，这里的“行为”当然包含了结果。这种包含结果在内的行为被称为广义的行为，而与结果相分离的“引起结果的行为”被称为狭义的行为。一般而言，行为论所探讨的是狭义的行为。

（二）行为的机能

行为的机能，或称行为的功能，是指行为可能发挥的积极作用。关于行为具有哪些机能，学者之间的表述并不一致。德国学者罗克辛认为，在现代刑法信条中，行为的概念被赋予了几种不同的基本任务：其一，分类功能或基础因素，即为全部应受刑罚处罚的举止行为的表现形式提供一个上位概念、一个种属概念；其二，连接因素，即行为的概念应当贯穿于整个刑法体系中，并在一定程度上成为这个体系的支柱；其三，区别因素，即行为必须具有把那些从一开始就与行为构成变化特性无关的、在刑法评价中不能考虑的事物全部加以排除的功能。③

意大利学者杜里奥 · 帕多瓦尼认为，行为概念应当具有以下三个基本功能：其一，分类功能，即行为概念可以同时合理地解释现存制度中行为的两种表现形式——作为与不作为。其二，限制功能或否定功能，即作为界定具有刑法意义的人类举止的首要特征，能发

---

① 参见［日］平野龙一：《刑法总论Ⅰ》，106 页，东京，有斐阁，1975。

② 参见［日］平野龙一：《刑法总论Ⅰ》，107～108 页，东京，有斐阁，1975；［日］山中敬一：《刑法总论》，2 版，146 页，东京，成文堂，2008。

③ 参见［德］克劳斯 · 罗克辛：《德国刑法学总论》，第 1 卷，王世洲译，147 页，北京，法律出版社，2005。

挥排除不具有刑法意义的人类举止的作用。其三，教义与应用功能，即可将其作为理论与实践中判断行为统一性的标准。[①]

日本学者山本雅子认为，行为具有设定界限机能、结合机能、基本要素机能[②]；曾根威彦、川端博等认为，行为具有基本要素、结合要素、界限要素、统一要素等机能。[③]

上述学者的观点只是表述方式与角度有所不同，实质内容并无太大差异。具体而言，行为应具有如下机能：（1）界限机能。不是行为就不是犯罪，因而行为具有事先划定犯罪界限的机能。反射动作、睡眠中的动作、绝对强制下的动作就不属于刑法意义上的行为。（2）统一机能（分类的机能）。行为概念必须包含所有的犯罪，在此基础上能够划分出故意的作为犯与不作为犯、过失的作为犯与不作为犯。（3）基本机能（定义的机能）。行为是进行构成要件符合性、违法性、有责性这些具体的评价的基础，因而具有实质的内容。（4）结合机能。构成要件、违法性、责任是各自基于独立的标准来进行独自的判断，而行为具有将其结合在一起的机能。

那么，如何理解这些机能的相互关系及优先顺序呢？一方面，行为要具有丰富的内容，就必须发挥界限机能（将很多情况从行为中加以排除），而且从基本机能的观点来看，行为必须具有一定的实体内容。另一方面，又必须让行为的内容尽量空泛才能包含各种类型的犯罪，从而发挥统一机能。而且，从结合机能的观点来看，行为又必须先于刑法的评价。因此，界限机能、基本机能的要求与统一机能、结合机能的要求是正好相反的。[④] 一般而言，如果采取将行为论前置于构成要件论的立场，在两者的要求相矛盾的情况下，主张优先判断统一机能、结合机能，适当兼顾界限机能、基本机能。[⑤]

二、行为学说

犯罪是一种行为。这样，如何理解行为的内涵，就成为行为理论所要探讨的问题。由于行为既包括故意行为与过失行为，又包括作为与不作为，所以，要在一个概念中包含各种具体行为形式，就具有相当大的难度。百余年来，学者们提出了各种各样的行为理论，纷繁复杂的学说状况也由此形成，其中具有较大影响力的主要有以下几种。

（一）因果行为论

因果行为论是19世纪后半叶受自然科学与机械唯物论影响而形成的行为理论。这一理论的特点是将行为理解为一种因果事实，作为生理的、物理的过程来把握。因果行为论又包括两种不同的学说，即身体动作说与有意行为说。

1. 身体动作说

身体动作说将行为理解为人的身体的动静，即纯肉体的外部动作。至于这种动作是否由意识所支配、支配动作的意识内容如何，则不是行为所要解决的问题，而是责任所要解

① 参见［意］杜里奥·帕多瓦尼：《意大利刑法学原理》，注评版，陈忠林译，102页，北京，中国人民大学出版社，2004。

② 参见［日］山本雅子：《实质的犯罪论的考察》，5页，东京，成文堂，2007。

③ 参见［日］曾根威彦：《刑法总论》，52页，东京，弘文堂，2000；［日］川端博：《刑法总论讲义》，99页，东京，成文堂，1995。

④ 参见［日］佐伯千仞：《刑法讲义》（总论），141页，东京，有斐阁，1981。

⑤ 参见［日］浅田和茂：《刑法总论》，99～100页，东京，成文堂，2005。

决的问题。因此，单纯的反射动作、睡眠中的举动、幼童的动作都是行为。身体动作说的主倡者是贝林和李斯特，他们都对行为作了纯自然主义的理解，例如，李斯特认为侮辱罪中的行为是“通过引起空气的振动导致被攻击者的神经系统的生理学的反应”①。

身体动作说是因果行为论中最早出现的一种学说，但也受到很多批评。因为将单纯的反射动作、睡眠中的举动、幼童的动作纳入作为刑法评价对象的行为概念中，是没有意义的；行为是作为主观面与客观面的复合体而存在的，排除主观面的行为正如贝林自己所承认的那样，属于“无血的幽灵”。李斯特对侮辱罪中的行为所下的定义也被认为“不仅听起来可笑并且它也是可笑的”②。不过，身体动作说并没有完全丧失其影响，直至现在，仍有一些学者支持这一理论。③ 其理由主要在于，大多数国家的刑法都规定了类似于“心神丧失者的行为不可罚”的内容，这说明心神丧失者（无刑事责任能力者）也具有行为。因此，身体动作说与刑法的规定之间保持了协调。身体动作说的支持者认为，迄今为止的所有的行为论，都没有弄清楚究竟研究的目的是什么，因而还不如采用最没有限制的定义；而且，这一定义也可以发挥不处罚思想的功能。

2. 有意行为说

有意行为说强调行为的有意性，认为行为是以某种意思为原因引起外部的动作，更是以这种外部的动作为原因引起结果的因果系列的必然发展过程。有意行为说认为人的行为是伴随有一定意思活动的行为，因此，行为应当由“有意性”与“有体性”两个要素组成。④

有意行为说的优点在于，能够较好地实现行为的界限机能，将不基于意思的反射动作、睡眠中的动作以及物理强制下的动作排除在行为的范围之外。同时，有意行为说对行为的主观面与客观面只作一般的描述，不取代此后的刑法评价，因而，能够实现行为的基本机能与结合机能。因此，有意行为说成为德国、日本 19 世纪以来的多数说。

对有意行为说的批判主要有两点：第一，有意行为说为了实现前述行为的基本机能与结合机能，避免在行为的概念中过多论述有意性的实质内容而与后面的有责性判断相重复，虽然主张行为的有意性，但是又认为行为的概念中的意识是价值中立或中性无色的，换言之，意识的内容如何不是行为的概念要解决的问题，而是责任的内容。所以，有意性虽是行为的特征，但意识的内容不是行为的特征。这样就使意识与意识的内容相分离，行为概念中的意识成了毫无内容的、空洞的、抽象的概念。然而，从意识中排除意识的内容后，意识是什么呢？这是有意行为说难以解释的。

第二，有意行为说难以发挥行为的统一机能。这主要表现在有意行为说难以解释不作为，其中最典型的难题是如何说明忘却犯也具有行为。所谓忘却犯，是指基于无认识的过失的不作为犯。具体而言，诸如铁路道口的工作人员忘记放下护栏导致火车发生事故这样的不作为是否基于意思？有的学者认为，在这种情况下，行为人没有强化自己不要忘记履行义务的记忆，没有为使自己容易想起而作努力，这种无关心的态度本身就是有意性，因

① 转引自［日］浅田和茂：《刑法总论》，100 页，东京，成文堂，2005。

② ［德］克劳斯·罗克辛：《德国刑法学总论》，第 1 卷，王世洲译，151 页，北京，法律出版社，2005。

③ 参见［日］平野龙一：《刑法总论Ⅰ》，113 页，东京，有斐阁，1975；［日］前田雅英：《刑法总论讲义》，4 版，109 页，东京，东京大学出版会，2006。

④ 参见［日］川端博：《刑法讲话Ⅰ总论》，66 页，东京，成文堂，2005。

而也应承认忘却犯具备有意性。[①] 然而，很难认为基于忘却的不作为是有意的。如果彻底贯彻有意行为说，就会认为在这种场合因为不存在行为，所以不是犯罪。但这显然将不作为排除在行为概念之外，人为割裂了统一的行为概念。

(二) 目的行为论

目的行为论是由德国刑法学者韦尔策尔于20世纪30年代提出的行为理论，在德国得到了毛拉赫（H. Maurach）、尼泽（W. Niese）等人的支持，在日本得到了木村龟二、平场安治、福田平等人的赞同。

目的行为论认为不应当将人的行为理解为由盲目的因果性所支配的行为，而应以目的性作为行为的本质。具体而言，目的行为论认为应把人的行为的本质作为有目的的追求活动来把握。目的性表现在，人以对因果关系的认识为基础，在一定范围内预见自己的活动会产生一定的结果，据此设立各种各样的目的并选择达到目的的手段，朝着这些目的有计划地进行活动。目的行为论的特征在于强调行为的存在构造是包括主观、客观在内的整体构造，目的性（意思的内容）是行为的本质要素。所谓行为，是指通过有目的的意思对包括外部的举动在内的因果进行支配、操控。

如果这里的“有目的的意思”指的是故意，“因果的支配、操控”指的是作为，那么犯罪就仅指故意的作为犯。如果目的行为论持这种主张，那么就可以充分地实现界限功能和基本功能，但这样从一开始便放弃了统一功能及结合功能。然而，目的行为论并不将过失犯、不作为犯排除于犯罪之外。那么，它是如何解释的呢？

一方面，关于过失犯。韦尔策尔最先认为，故意行为具有现实的目的性，过失行为具有潜在的目的性（以结果为潜在目的的有目的的行为）。在接受尼泽存在论上不存在潜在的目的性的批评后，韦尔策尔修正了自己的学说，认为过失行为是以构成要件上不重要的结果为目的的行为。此后，很多的目的行为论者都遵循了这一观点。[②] 例如，在为了早点到达某地超速行车而致他人死亡的场合，不存在杀人的目的，但存在为了早点到达而超速驾车这一有目的的行为。[③] 然而，批评者认为将潜在的目的引入行为概念，本身就有问题，而且将构成要件上不重要的结果作为目的，只能说明过失犯没有故意，而不能说明过失犯是目的行为。[④]

另一方面，关于不作为犯。不作为在存在论上是无，因此有批评意见认为，作为存在论意义上的目的行为论与之不相容。目的行为论中有学者主张，在不作为同时所进行的其他行为（散步、读书等）是有目的的行为[⑤]，但这种其他的行为，在与不作为犯的关系上并没有实质的意义。于是，韦尔策尔又认为，不作为不是行为，而包括在人的行态（根据目的统制意思的能力范围之内的，人身体上的积极的态度或消极的态度）之中，目的的行动力是行为与不作为共通的标志。[⑥]

然而，“犯罪是行为”是刑法理论公认的命题。如果不作为不是行为而是行态，那么其行态的方式也应当属于行为。这样的话，又与目的行为论的出发点（存在的行为论）相反，

---

① 参见［日］植松正：《再订刑法概论Ⅰ总论》，139页，东京，劲草书房，1974。
② 参见［日］大塚仁：《刑法概说》（总论），冯军译，98页，北京，中国人民大学出版社，2003。
③ 参见［日］木村龟二：《刑法总论》，增补版，157页，东京，有斐阁，1978。
④ 参见［日］浅田和茂：《刑法总论》，补正版，102～103页，东京，成文堂，2007。
⑤ 参见［日］木村龟二：《刑法总论》，增补版，168页，东京，有斐阁，1978。
⑥ 参见［日］福田平：《全订刑法总论》，62页，东京，有斐阁，1996。

从而自相矛盾。

目的行为论在第二次世界大战后一段时间成为很有势力的学说，其主要背景在于当时的德国刑法学者们痛感实证主义的刑法学在法西斯统治面前的软弱，从而青睐于不受时代左右的存在主义刑法理论。目的行为论从不同于新旧派论争的角度促使人们重新思考犯罪论体系，导致了德国的犯罪论体系的重大变化（使故意、过失成为构成要件要素，而不是责任要素；不法不是单纯由结果无价值决定，而是由结果无价值与行为无价值共同决定）。第二次世界大战后刑法学的主要论争都是由目的行为论推动的。① 但是，该理论现在已经丧失了以前所具有的重要意义。

（三）社会行为论

社会行为论是在 20 世纪 30 年代由德国学者施密特（Eberhard Schmidt）所提出的行为理论。此后，它得到了恩吉施（Engisch）、迈霍弗（Maihofer）、耶赛克、佐伯千仞、吉田敏雄、西原春夫等学者的赞同，成为一种有影响力的学说。

社会行为论着眼于行为的社会意义。它认为，为了正确地理解行为，不能只从自然的物理的方面加以把握，而必须从社会的意义上来把握，把行为的社会价值作为立论的基础。人在社会环境中的各种举动，有偏重于结果的引起的，有偏重于不实施特定的举动的，也有偏重于目的的追求的。就这三种形态的举动而言，欲在其本体结构上求得共同的概念，实非易事，而在价值判断上，并非没有相类似之处，即都是具有社会意义的人的举动。因其对社会有意义，才为法律所关心，而被视为行为。

在社会行为论内部，又有各种各样的观点。

第一种观点认为，行为是指“以客观上预见可能的社会后果为对象的客观上支配可能的态度”②。这种观点由德国学者迈霍弗提出。他将前述的目的行为论称为主观的目的行为论，认为这种主观的目的行为论存在缺陷，因而主张进行客观化的改造。他将自己的学说称为客观的目的行为论。但大多数学者认为，迈霍弗将行为的客观化标准求之于社会的意义，因此，客观的目的行为论是社会行为论的一种类型学说。这种观点排除了意思的要素，通过“客观上预见可能”将过失犯，通过“客观上支配可能”将不作为都包含在行为之中。但是，有批判意见认为它并非行为论，而是相当因果关系说或客观的归属理论。③

第二种观点认为，行为是指“意思支配可能的具有某种社会意义的运动或者静止”④。这种观点的特征是，以比较缓和的形式维持了意思的要素，从而从行为概念之中排除了反射动作或者物理强制下的动作。不过，也有批评者认为，作为犯罪论出发点的行为，只要能够划定犯罪的客观范围就行了，意思支配可能这一要件完全是过剩的。⑤

第三种观点认为，行为是指具有社会意义的人的态度。⑥ 它的特征在于，从行为概念中排除了意思的要素，不是从存在论的层面而是从社会的价值评价的层面来理解行为。由此，它能够将过失犯及不作为犯包含在行为之中。这种观点也是社会行为论中影响最大的观点。

社会行为论的最大优点是它能够很好地发挥行为的统一机能，将故意行为与过失行为、

---

① 参见［日］浅田和茂：《刑法总论》，33 页，东京，成文堂，2005。

② 转引自［德］韦尔策尔：《目的的行为论序说》，［日］福田平、大塚仁译，16 页，东京，有斐阁，1962。

③ 参见［日］浅田和茂：《刑法总论》，105 页，东京，成文堂，2005。

④ ［日］西原春夫：《刑法总论》（上卷），改订版，89 页，东京，成文堂，1995。

⑤ 参见［日］浅田和茂：《刑法总论》，105 页，东京，成文堂，2005。

⑥ 参见［日］佐伯千仞：《刑法讲义》（总论），145 页，东京，有斐阁，1981。

作为与不作为都纳入行为的范畴之内。但社会行为论也存在缺陷：一方面，它无法满足行为的界限机能。不可抗力、纯粹的反射性动作等也可能具有社会意义，但它们对于刑法判断没有意义。另一方面，它不能很好地发挥行为的结合机能。由于法律评价和社会评价是相互依存的，“社会性”这一范畴原本就属于构成要件领域，而不是位于构成要件之前，因而它不是位于刑法之前的行为概念所具有的因素。

（四）人格行为论

人格行为论是第二次世界大战后兴起的一种行为理论。德国的考夫曼、罗克辛与日本的团藤重光、大塚仁等都支持这种学说，从而使其具有较大的影响力。

人格行为论认为行为是“行为者人格主体的现实化”，行为在人格与环境的相互作用下依据行为主体的人格态度而形成，并将主体的人格现实化；人的身体动静，只有与其主体的人格态度相结合，并被认为是其人格主体的现实化时，才能被认为是行为。[①] 单纯的反射动作与受绝对强制的动作不表明人格态度，所以不是行为。作为与不作为、故意行为与过失行为表明行为人的人格态度，当然包含在行为之内。忘却犯也是与主体的人格态度相联系的不作为，仍然是行为。此外，也有学者将人格行为论与责任论中的人格责任论相联系。[②]

人格行为论受到的主要批评是：第一，人格行为论在发挥行为的界限功能上仍有不足。例如，根据人格行为论的观点，精神病人的杀人举动也是其人格表现，因而是刑法上的行为。这便使行为包含了不具有社会意义的事件。第二，人格行为论有自相矛盾之嫌。人格行为论使用主体的现实化、主体的态度这种用语，显然意味着积极的、有意图的态度。但忘却犯不具备这种态度。该说为了解释忘却犯，又认为忘却犯只要与主体的人格态度相连接就够了，其理论的整合性存在疑问。第三，什么是人格并不明确，关于刑法能否介入行为人的人格也值得研究。第四，如果将人格行为论作为人格责任论的基础的话，那么站在批判人格责任论的立场，就无法采用这种行为论。第五，有的学者为了避免人格行为论的上述缺陷，在人格行为论的基础上加入了“有意性”“具有社会意义”等内容。例如，大塚仁认为，“作为犯罪概念的基底的行为是作为行为人人格的主体性表现的基于有意性的身体动静，是由一般人的认识性判断能够肯定其社会意义的东西”[③]。但这种修正被认为已经不属于人格行为论而变成了社会行为论的一种。

如上所述，迄今为止的各种行为理论都存在缺陷。而对于行为理论的研究价值，理论上也有不同的看法。有学者指出：行为理论曾经是刑法学研究中的一个热点问题，这是因为人们在刑法研究中对于哲学性思考过于执着，从而导致对行为本质的讨论过于白热化。进入20世纪70年代以后，随着刑法学中刑事政策与意识形态对立的深刻化，人们从理论和实践两方面对行为论的界限机能提出质疑。从理论上说，人们认识到关于行为理论争论的重要性是极为有限的。从实务来说，因为单纯否认行为性而宣告无罪的极为罕见，大多是因为否认构成要件符合性而宣告无罪。因此，20世纪80年代以后，关于行为理论的讨论基本消失了。[④] 但有的学者也认为，行为的问题不是可以简单消除的。例如，人们经常用

---

① 参见［日］团藤重光：《刑法纲要总论》，67页，东京，创文社，1990。

② 参见［日］团藤重光：《刑法纲要总论》，104页，东京，创文社，1990。

③ ［日］大塚仁：《刑法概说》（总论），冯军译，102页，北京，中国人民大学出版社，2003。

④ 参见［日］山中敬一：《构成要件论》，载《法学家》，2008特集《刑法典百年》，12～13页。

"符合构成要件的行为"这种表述，那么伴随在"符合构成要件"这个标志上的行为是什么？而且，行为概念所具有的结合要素的机能也不是多余的。①

三、行为的基本形式

（一）作为与不作为的概念

行为具有两种基本形式，即作为与不作为。早期的刑法研究者从物理学的角度将行为分为身体的运动与静止，因此认为作为是运动，不作为是静止。② 但这种区分显然是存在问题的。例如，母亲甲不给出生仅3个月的婴儿乙喂奶致其饿死，那么，就甲的行为到底是运动还是静止而言，就难以区分。从不喂奶的角度看，甲的行为是静止；但与此同时甲可能在扫地、购物，而这又是运动。因此，作为和不作为不是单纯的运动与静止的对应关系，它们应当是以一定的身体运动为标准的，符合这个标准的态度是作为，不符合这个标准的态度是不作为。例如，以"上课"为标准，来上课的是作为，不来上课而去打麻将的是不作为；而如果以"打麻将"为标准，则上课变成了不作为，不上课而去打麻将是作为。至于如何设定这种行为标准，应当根据社会的观念来加以考虑，即社会认为它是不是一种重要的行为态度。而就是不是一种重要的行为态度，仅靠社会的判断还是不明确的，最终不得不根据刑法来加以判断。③ 具体而言，以积极的身体运动实施刑法所禁止的行为是作为，而负有一定义务的人消极地不实施法律所期待的行为是不作为。④

（二）不作为犯

1. 不作为犯的概念和种类

一般而言，以作为的形式实现构成要件的犯罪是作为犯，以不作为的形式实现构成要件的犯罪是不作为犯。⑤ 不作为犯又可以进一步分为真正不作为犯与不真正不作为犯，有的学者也称为纯正不作为犯与不纯正不作为犯。

如何给真正不作为犯与不真正不作为犯下定义，是一个有争议性的问题。德国的通说认为："按照传统的见解，将纯正的不作为犯理解为不实施法律所要求的行为的犯罪行为是正确的……纯正不作为犯是纯粹行为犯的对应物……相反……不纯正的不作为犯是结果犯的对应物。"⑥ 日本也有学者认为，"真正不作为犯，采取的是不实施法律所规定的作为义务而成立的'举动犯'的形式……而这里的不真正不作为犯则是'结果犯'"⑦。日本多数学者认为，"在这种观点看来，只有结果犯才能成立不真正不作为犯，行为犯不能成立不真正不作为犯。但通常认为，作为行为犯的侵入住宅罪也可以成立不真正不作为犯。所以，这种观点是不正确的"⑧。日本的通说认为，"真正不作为犯是指构成要件从一开始就以不作为形式规定的犯罪……不真正不作为犯是指以不作为形式实施通常以作为犯形式规定的构成要

---

① 参见［德］克劳斯·罗克辛：《德国刑法学总论》，第1卷，王世洲译，159～160页，北京，法律出版社，2005。

② 参见［日］大塚仁等编：《大注释刑法》，第2卷，53页，东京，青林书院，1999。

③ 参见［日］高桥则夫：《刑法总论讲义案》，51页，东京，成文堂，2006。

④ 参见［日］山中敬一：《法学院讲义 刑法总论》，102页，东京，成文堂，2005。

⑤ 参见［日］山口厚：《刑法总论》，71页，东京，有斐阁，2005。

⑥ ［德］耶赛克、魏根特：《德国刑法教科书》（总论），徐久生译，727页，北京，中国法制出版社，2001。

⑦ ［日］中山研一：《口述刑法总论》，95页，东京，成文堂，2005。

⑧ ［日］日高义博：《不作为犯的理论》，王树平译，83页，北京，中国人民公安大学出版社，1992。

件的犯罪（基于不作为的作为犯）”[①]。根据日本通说的观点，所有法律规定的作为犯都可能存在不真正不作为犯的形式。相比较而言，日本通说的观点更为可取。

2. 不作为犯与罪刑法定主义

刑法中的真正不作为犯由于有法条明文规定在何种情况下将不作为作为处罚对象，因而一般不会发生与罪刑法定主义相冲突的问题。

而就不真正不作为犯而言，由于法律并没有明确规定其作为义务，没有明确规定其实行行为，因而德国学者考夫曼、日本学者金泽文雄等都认为处罚不真正不作为犯是一种类推解释，违反罪刑法定主义。具体而言，作为犯是违反了“不得去做某事”的禁止规范，不作为犯是违反了“应该去做某事”的命令规范，属于不作为犯的一种类型的不真正不作为犯违反的是命令规范，却适用违反禁止规范的作为犯的规定，这是对刑罚法规的类推适用，违反罪刑法定主义。[②]

对这种观点，德、日的通说认为，法条中所使用的诸如“杀”这样的用语，是可以包含由不作为引起死亡这种情况的，做这种解释并没有超出词语可能的语义范围。[③] 诸如故意杀人罪这样的构成要件，不仅包含作为的形态，也包含不作为的形态。[④] 例如，对被害人负有特定义务的人故意不履行救助义务导致被害人死亡的情况，不仅违反应该去救人这样的“命令规范”，而且其结果也间接地违反了不得杀人这样的“禁止规范”。因此，不真正不作为犯也是因为违反了规定作为犯的“禁止规范”而受到处罚，换言之，以处罚作为犯为原则的刑法法规不仅包含禁止规范，也同时包含命令规范。[⑤]

对此，晚近也出现了不同意见。有的学者认为，即使像故意杀人罪这样的法条规定可以作出如上解释，但有的条文的表述，如诈欺罪中的“欺骗他人使之交付财物”、放火罪中的“放火”，明显是以作为的方式加以规定，将不作为也纳入处罚范围是否逾越扩张解释的限度仍然是一个问题。在这些学者看来，只要法律对于不真正不作为犯的要件没有明文规定，那么其判断就不得不是一种正面的类推判断，不过这种类推解释只是刑法中的一种例外情况。[⑥]

概括上述通说和反对意见的观点，其分歧在于处罚不真正不作为犯是否是一种类推解释。但两种观点都有一个共同点，即都认同必须处罚不真正不作为犯。而之所以必须处罚不真正不作为犯，归根到底是基于法益保护的思想。

有的国家试图通过立法来解决处罚不真正不作为犯与罪刑法定主义之间的冲突。例如，德国刑法典第 13 条规定：“一、依法有义务防止犯罪结果发生而不防止其发生，且其不作为与因作为而实现犯罪构成要件相当的，依本法处罚。二、不作为犯罪可依第 49 条第 1 款减轻处罚。”奥地利刑法典第 2 条、日本改正刑法草案第 12 条对此也有类似规定。不过，也有学者认为这种做法并没有实际解决问题，因为罪刑法定主义是为了保障国家刑罚权发

---

① ［日］浅田和茂：《刑法总论》，104 页，东京，成文堂，2005。

② 参见［日］金泽文雄：《不真正不作为犯的问题性》，载《佐伯千仞博士还历祝贺·犯罪与刑罚》（上），235 页，东京，有斐阁，1968。

③ 参见［日］盐见淳：《不作为论》，载［日］西田典之、山口厚编：《刑法的争点》，3 版，18 页，东京，有斐阁，2000。

④ 参见［日］平野龙一：《刑法总论Ⅰ》，149 页，东京，有斐阁，1975。

⑤ 参见［日］镇目征树：《刑事制造物责任中不作为犯论的意义与展开》，载《本乡法政纪要》，1999（8），345 页以下。

⑥ 参见［日］井田良：《刑法总论的理论构造》，33～36 页，东京，成文堂，2005。

动的预测可能性，所以如果条文中没有相当明确地规定何种范围的不作为能够成为处罚对象，还是不符合罪刑法定主义的要求。①

比较可行的做法是通过理论上的研究明确不真正不作为犯的成立条件，从而最大限度地避免对处罚不真正不作为犯的批评。因此，不真正不作为犯的成立条件问题就成为不作为犯论的核心。

3. 不真正不作为犯的成立条件

关于成立不真正不作为犯需要具有哪些条件，学者的概括不尽一致。德国学者耶赛克等在“不作为犯的构成要件”标题下列举了8项：（1）存在构成要件该当的状况；（2）未发生可期待行为与个人的行为能力；（3）不纯正不作为犯的结果和因果关系；（4）不纯正不作为犯情况下的保证人地位（第一个同等地位标准）；（5）行为要素中的相当性（第二个同等地位标准）；（6）不作为犯情况下的故意；（7）不作为犯情况下的过失；（8）在不作为犯情况下的可期待性。② 日本学者浅田和茂的看法基本与耶赛克等的相同，认为有以下几项：（1）不作为；（2）作为义务；（3）作为可能性；（4）与作为的同价值性（等价性）；（5）结果的发生与因果关系；（6）故意。③ 高桥则夫则认为不真正不作为犯的成立条件只有两项：（1）作为义务；（2）实行行为性。④

仔细分析上述各种观点，可以发现其差异并不像字面反映的那么悬殊。就作为可能性而言，有的学者认为，没有作为可能性就不产生作为义务，所以，应将作为可能性包含在作为义务之中。而有的学者则认为作为义务一般被作类型化的理解，与作为可能性不同，因而应将作为可能性理解为独立的要件。⑤

关于等价性，一种观点认为，它属于不真正不作为犯的成立条件；另一种观点则认为，“等价性只是不真正不作为犯的构成要件的解释原理，既不是作为义务的限定原理，也不是限定不作为犯成立的独立原理”⑥。

关于结果与因果关系，由于单纯行为犯（举动犯）的成立只需要积极的作为，所以不真正不作为犯中成为问题的只有结果犯，如果欠缺因果关系则成立未遂。

关于不作为犯的故意，有的学者认为不真正不作为犯与作为犯不同，仅有未必的故意还不足够，还必须具备确定的故意。⑦ 但多数学者认为，虽然这种观点有利于限制不真正不作为犯的成立范围，然而，就同一条文所规定的故意犯罪而言，对故意作出不同的解释缺乏充足的理由，还是应当立足于从客观要件方面限制不真正不作为犯的成立。⑧

4. 作为义务的体系地位

对于不真正不作为犯而言，并不是只要不作为与构成要件的结果之间具有因果关系就能够肯定构成要件符合性。“理论上一致认为，没有作为义务的人的不作为即使导致了结果

---

① 参见［日］井田良：《刑法总论的理论构造》，34页，东京，成文堂，2005。

② 参见［德］耶赛克、魏根特：《德国刑法教科书》（总论），徐久生译，737～767页，北京，中国法制出版社，2001。

③ 参见［日］浅田和茂：《刑法总论》，104页，东京，成文堂，2005。

④ 参见［日］高桥则夫：《刑法总论讲义案》，53～58页，东京，成文堂，2006。

⑤ 参见［日］浅田和茂：《刑法总论》，152页，东京，成文堂，2005。

⑥ ［日］山中敬一：《刑法总论》，2版，229页，东京，成文堂，2008。

⑦ 参见［日］藤木英雄：《刑法判例百选》，2版，178页，东京，有斐阁，1984。

⑧ 参见［日］浅田和茂：《刑法总论》，153页，东京，成文堂，2005。

的发生，也不成立不真正不作为犯。”[①] 由此可见，作为义务对于不真正不作为犯而言属于最核心的问题之一。那么，对这种不真正不作为犯的作为义务在大陆法系的犯罪论体系中应如何定位呢？对此，存在不同的观点。

（1）违法性说。这种观点认为，必须根据具体的案件情况来判断是否存在作为义务，因而作为义务是与实质的违法性有关的问题，属于违法性的范畴。根据这种观点，由于作为义务的有无属于违法性阶段判断的范畴，因而路人不救助落水幼儿的行为符合故意杀人罪的构成要件，只是在违法性阶段再根据作为义务的有无判断其是否阻却违法。[②]

对于违法性说，学者们提出了以下几点批评意见：第一，违法性说认为所有的不作为只要引起了结果的发生就符合构成要件，这使得犯罪主体的限定非常困难。构成要件无法发挥区分罪与非罪的界限机能、类别机能，这也使得构成要件失去了违法性的推定机能。[③] 第二，根据违法性说，就不真正不作为犯而言，只有违法的不作为才符合构成要件，这样的话就会颠倒构成要件符合性与违法性的判断顺序。[④]

（2）保证人说。为了避免上述违法性说的缺陷，德国学者纳格勒（Nagler）提出了保证人说。保证人说认为，只有负有防止结果发生的法律上的作为义务的人，即处于保证人地位的人的不作为才符合构成要件。简言之，保证人说是将作为义务定位于构成要件阶段的见解。不过，这种保证人说后来又发展成两种不同的见解。

1）统一说（统和说）。此说认为，法律上导致作为义务产生的基础性事项（即保证人地位）与由此产生的防止结果发生的作为义务（即保证人的作为义务）是一体的，可以将其称为“保证义务”。这种保证义务属于构成要件要素。这是保证人说的最初形态，德国学者将其称为统一说。[⑤] 一般认为，这一见解的价值在于将保证人地位（导致作为义务发生的基础性事项）在体系上定位于构成要件，承认构成要件中的作为与不作为必须具有等价值性。

2）区别说。此说认为，应当区分“保证人地位”与“保证人义务”，前者是构成要件要素，后者是违法要素。例如，父亲不救助落水的幼儿致其死亡的案件中，父亲这一地位是应当救助这一法定义务产生的基础性事项，即“保证人地位”，而应当救助这一义务是基于父亲这一保证人地位所产生的“保证人义务”。这一见解现在是德国判例、理论上的通说，福田平、内藤谦、川端博等日本学者也支持此说。[⑥]

以上两种保证人说的区别主要体现在对错误问题的处理上。以下面两个案件为例：第一，父亲甲误认为落水的自家的幼儿乙是别人家的孩子而未实施救助，导致乙死亡；第二，父亲甲明知落水的是自家的幼儿乙，但误以为自己没有义务救助乙，因而没有救助，导致乙死亡。

根据“统一说”，前述两种情况都属于关于构成要件要素的错误，因而阻却故意，甲仅成立过失致人死亡罪。根据区别说，在第一种场合，系关于保证人地位的错误，即构成要件要素的错误，阻却故意，因而甲仅成立过失致人死亡罪；在第二种场合，应当救助乙这

---

① ［日］浅田和茂：《刑法总论》，154 页，东京，成文堂，2005。
② 参见［日］立石二六编著：《刑法总论 30 讲》，46 页，东京，成文堂，2007。
③ 参见［日］川端博：《刑法讲话Ⅰ总论》，151 页，东京，成文堂，2005。
④ 参见［日］浅田和茂：《刑法总论》，153 页，东京，成文堂，2005。
⑤ 参见［日］齐藤诚二：《关于不真正不作为犯》，载《受验新报》，1985（10），19 页。
⑥ 参见［日］内藤谦：《刑法讲义总论（上）》，228～230 页，东京，有斐阁，2001。

种义务即保证人义务的错误，属于禁止错误。根据责任说，如果这种错误具有避免可能性，就不阻却故意，甲成立故意杀人罪。①

两种保证人说产生以后，各自的支持者都对对方进行了批评。简而言之，从统一说的立场来看，区别说主张区分保证人地位与保证人义务，但这实际上是非常困难的②；而且，"如果认为仅有保证人地位是构成要件要素的话，那其内容就过于抽象，也无法充分发挥构成要件的违法性推定机能。因此，应当认为两者（保证人地位与保证人义务）都是没有记述的规范的构成要件要素"③。

而从区别说的立场来看，保证人这一学说的发展轨迹正在由统一说转向区别说，区别说符合保证人说的发展方向。保证人地位与保证人义务能否进行区别和区别是否困难，是两个不同的问题。④ 而且，虽然说两者的区别通常不是那么容易，但并非完全不可能。此外，区别说在关于作为义务错误的理解上主张行为人如果认识到自己的保证人地位，但由于良心或法感情上的迟钝而没有意识到自己的保证人义务，应当作为故意犯加以处罚。这显示了正确的方向。⑤

虽然两说在理论上存在着上述差异，但就司法实践而言，通常行为人如果认识到自己处于保证人地位的话，就会意识到自己负有保证人义务。行为人意识到自己处于保证人地位但误认为自己没有保证人义务的情况，是极其罕见的。⑥ 因此，两说在实际适用上并不会出现太大的差异。

5. 作为义务的产生根据

成立不作为犯，需要行为人负有作为义务。真正不作为犯的作为义务内容由法条明文作了规定，而关于不真正不作为犯的作为义务产生根据，则需要通过理论研究加以确定。对此，存在着各种不同的学说。

（1）形式的法义务说（形式的三分说）。德、日刑法学的通说曾经认为作为义务的产生根据主要有三个方面：一是基于法令产生的义务，如基于民法产生的亲权者的监护义务。二是基于合同、事务管理产生的义务，如保姆基于其与幼儿家长之间的合同产生的保护义务，没有义务的人将病人带回自己家里产生的治疗保护义务。三是基于习惯、条理产生的作为义务。由于习惯、条理的内容不明确，所以必须对其内容加以类型化，但学者们的观点并不一致。有的学者认为它包括四类，即基于监护人地位的作为义务（如雇主在一同居住的受雇人生病时负有保护他的义务），基于管理人地位的作为义务（如房屋的占有者或所有者从其房屋起火时负有灭火义务），基于卖主等地位产生的作为义务（在贩卖具有抵押权登记的不动产时，卖主必须告诉买主其不动产有抵押权的负担），基于先行行为产生的作为义务（由于自己实施的先行行为产生了发生结果的急迫危险，行为人必须承担防止该结果发生的义务）。⑦ 有的学者将先行行为与条理予以并列。⑧ 有的学者则不提基于习惯、条理

---

① 参见［日］立石二六编著：《刑法总论 30 讲》，47 页，东京，成文堂，2007。

② 参见［日］前田雅英：《刑法的基础 总论》，68 页，东京，有斐阁，1993。

③ ［日］立石二六：《刑法总论》，131 页，东京，成文堂，2006。

④ 参见［日］福田平：《不真正不作为犯中保证者的义务的错误》，载《团藤重光博士古稀祝贺论文集》，第 1 卷，145 页，东京，有斐阁，1983。

⑤ 参见［日］曾根威彦：《刑法的重要问题》（总论），2 版，244 页，东京，成文堂，2005。

⑥ 参见［日］齐藤诚二：《关于不真正不作为犯》，载《受验新报》，1985（10），27 页。

⑦ 参见［日］大塚仁：《刑法概说》（总论），冯军译，138～140 页，北京，中国人民大学出版社，2003。

⑧ 参见［日］高桥则夫：《刑法总论》，148 页，东京，成文堂，2010。

产生的作为义务，而只提先行行为。[①]

形式的法义务说将非刑罚法规中的义务作为刑法上的作为义务的根据。但是，这些民法上、合同上、事务管理上的作为义务违反，各自均具有相应的民法上的责任。将其直接转化为刑法上不真正不作为犯的作为义务，则是不恰当的。因此，有必要对作为义务的发生根据作实质的讨论。

（2）实质的法义务说。实质的法义务说主要有先行行为说、事实上的承担说与结果因果经过支配说等。

1）先行行为说。此说认为，作为犯与不作为犯构造上的差异在于，作为具有原因力，不作为则不具有自然意义上的原因力，只不过是利用既存的因果关系（因果流）。因此，不作为要与作为等价，不作为者必须在该不作为实施之前，亲自设定朝向侵害法益的因果关系。因此，此说又被称为"实质的原因设定理论"。按照这一见解，不作为者如果存在基于故意或过失的先行行为，那么对此后的不作为就可以认定成立不作为犯。例如，因过失而引起交通事故后，对于被害人可能死亡存在认识与容认，而从事故现场逃跑的，就构成不作为的杀人罪。[②]

此说的主要问题在于，它对先行行为作了双重评价。因为具有故意或过失的先行行为已经成为刑罚处罚的对象，却仍然又以此为理由认定成立不真正不作为犯。例如，按照此说，行为人在交通事故致使被害人重伤后逃跑，除了成立业务上致死伤罪之外，还成立不作为的故意杀人罪或保护责任者不保护罪。这显然不合适。[③] 此外，如果没有先行行为就不能认定作为义务，那么，诸如孩子自己掉入河中，父亲基于杀意不去救助的，也不成立不作为杀人罪。这同样不合理。[④]

2）事实上的承担说。此说认为，如果法益的维持具体依存于某人，那么，不作为者与结果之间就有依存关系，也就是说，对事实上维持法益的人，就发生作为义务。例如，母亲反复继续地给小孩供应食物，就有事实上的承担行为。关于事实上的承担行为的认定标准，首先，具有意图维持法益的行为，即需要有防止结果发生的条件行为的开始与存在（结果条件行为的开始与存在）；其次，存在由不作为者反复继续实施事实上的承担行为的事实（行为的反复性与继续性）；最后，该行为对于法益具有排他性的保护（排他性的确保）。[⑤]

根据此说，将小孩带到池边散步的父亲，在小孩落水后不予救助，该父亲没有意图救助法益的行为；而且，即使想救助，如果有他人在场，那也无法确保排他性，故不成立不作为犯。此外，在交通事故中，最初就有遗弃的故意，将被害人搬进车中，途中产生杀意的情况，既没有意图维持法益的行为，也没有反复继续性，就不成立不作为故意杀人罪。这些结论显然是不妥的。[⑥]

3）结果因果经过支配说。此说认为，不作为要与作为同价值，不作为者应掌握朝向结果的因果关系（因果流），即需要具体地、现实地支配因果经过。其类型有：第一，事实上

① 参见［日］木村龟二：《刑法总论》，增补版，197页，东京，有斐阁，1978。

② 参见［日］日高义博：《不真正不作为犯的理论》，152页，东京，庆应通信，1979。

③ 参见［日］浅田和茂：《刑法总论》，156页，东京，成文堂，2005。

④ 参见［日］山中敬一：《法学院讲义 刑法总论》，110页，东京，成文堂，2005。

⑤ 参见［日］堀内捷三：《不作为犯论——作为义务的再构成》，249页，东京，青林书院新社，1978。

⑥ 参见［日］山中敬一：《刑法总论》，2版，233页，东京，成文堂，2008。

具有排他的支配的场合。即不作为者基于自己的意思，具有排他的支配或设定排他的支配的情况下，就有作为义务。第二，具有支配领域性的场合。即虽不是基于支配的意思，但事实上支配指向结果的因果经过。此说将这种情况称为支配领域性。属于这种类型的如父子关系，建筑物的所有者、租借者、管理人，基于身份关系、社会的地位而负有社会生活上继续的保护管理义务的情况。第三，具有规范的支配的场合。即不作为者处在应当作为的地位。但在仅存在这种规范性的要素时，是否承认对结果的支配地位，存在疑问。例如，孩子落水时，还有很多可以救助的人，而仅认为父亲有作为义务，从而追究其杀人罪的罪责，是有疑问的。其结论是如果仅有规范性的要素，那便不承认对结果的支配。① 本说的主要问题在于结果因果经过支配的概念本身不明确。②

(3) 机能的二分说。该说主张，按照作为义务的发生根据，作为义务可分为两类：第一，处在保护该法益的关系而产生作为义务，可称之为“法益保护型”的义务类型。第二，具有管理、监督危险源的义务而产生作为义务，可称之为“危险源管理监督型”的义务类型。③

法益保护型义务类型根据其保护义务的产生根据不同，又可以分为：1）基于规范的保护关系而产生的作为义务（如亲子关系、夫妻关系等家族共同体内部的监护义务、相互协力扶助义务、扶养义务等）。2）基于任意的、制度的保护关系而产生的作为义务（如保姆与儿童之间的关系、仓库的警卫对库内的商品的保护关系、“危险共同体”的关系）。3）基于机能的保护关系而产生的作为义务（如拾到弃婴每日喂其牛奶的人，放弃喂养而让孩子饿死的情况）。

危险源管理监督型义务类型又可以分为：1）基于对危险物、设备的管理义务而产生的作为义务（如狮子的饲养员因管理过失而导致铁栏松动，狮子跑出铁笼准备侵犯被害者时，饲养员能够阻止而不阻止的情况）；2）基于对人的行为的监督义务而产生的作为义务（如5岁的小孩穿着钉子鞋跳上别人的高级轿车，父亲对此不加阻止的情况）；3）基于不可罚的先行危险设定行为而产生的作为义务（如过失地监禁他人，马上意识到这一点但有意地不释放他人而继续监禁的情况）。

此说的主要问题在于，法益保护型义务类型尚可以从刑法的保护机能中推导出来，但危险源管理监督型义务类型的根据何在，则难以解释；而且，规范的根据、任意的根据、机能的根据这些分类方法的基础及相互关系都不明确。④

四、行为的结果

(一) 结果的概念和地位

1. 结果的概念

在刑法理论中，对于结果的概念有不同的看法。日本学者高桥则夫认为，结果的概念存在多重含义。一般而言，第一种意义上的结果是指对行为客体的有形的事实作用；第二

---

① 参见［日］西田典之：《不作为犯论》，载《刑法理论的现代展开·总论》，Ⅰ，89页，东京，日本评论社，1988。

② 参见［日］山中敬一：《法学院讲义 刑法总论》，111页，东京，成文堂，2005。

③ 参见［日］山中敬一：《刑法总论》，2版，234页，东京，成文堂，2008。

④ 参见［日］浅田和茂：《刑法总论》，153页，东京，成文堂，2005。

种意义上的结果是在引起对社会外界的影响含义上的外界的变更；第三种意义上的结果意味着法益侵害或侵害的危险。其中具有重要意义的是第一种意义上的结果与第三种意义上的结果。第一种意义上的结果与行为客体直接相关联；第三种意义上的结果与保护客体即法益相关联。① 意大利学者杜里奥·帕多瓦尼将结果分为“自然的结果概念”与“法律意义的结果概念”。他认为，根据自然的结果概念，刑法中的结果是指由行为所引起的具有法律意义的结果。根据法律意义的结果概念，刑法中的结果应该理解为“对被保护法益的侵害”②。

比较上述两种观点，我们认为，意大利学者所说的自然的结果概念其实相当于日本学者所指的第一种意义上的结果；而意大利学者所说的法律的结果概念其实相当于日本学者所指的第三种意义上的结果，所以二者殊途同归，并无实质区别。

2. 结果在犯罪论体系中的地位

关于犯罪的成立是否以结果为必要，理论上也有不同的看法。有的学者认为，所有犯罪的成立都以结果的发生为必要，犯罪是侵害保护法益的加害行为类型，结果是所有犯罪共通的构成要件要素。即使是所谓的仅以行为成立的犯罪，如侵入住宅罪、伪证罪，也不过意味着结果与行为同时（或几乎同时）发生。没有结果就没有犯罪，所有的犯罪都是结果犯，而不存在欠缺结果的所谓单纯行为犯。③ 有的学者则认为，结果的发生只是结果犯的构成要件，行为犯的成立不要求发生结果。④

上述两种观点的分歧在于对结果含义的不同理解：如果将结果理解为对行为客体的有形的事实作用，即前述第一种意义上的结果，则结果不是所有犯罪必须具备的构成要件要素。如果将结果理解为对法益的侵害或侵害的危险，即前述第三种意义上的结果，那么由于刑法以保护法益为目的，所以所有的犯罪都以结果的发生为必要。

（二）结果与犯罪分类

根据结果的不同形态，可以对犯罪作不同的划分。

1. 实质犯与形式犯

实质犯与形式犯的划分是日本刑法理论中存在的一种分类，但其分类标准并不统一。大致有以下几种观点：

第一种观点认为，应当以成立犯罪是否要求以法益侵害或侵害危险为必要来区分实质犯与形式犯。“所谓实质犯，是指将对刑罚法规中所保护对象的法益造成实际侵害或威胁作为构成要件要素的犯罪，它又分为实害犯（侵害犯）和危险犯。所谓形式犯，是有关行政取缔法规中所规定的犯罪，只要在形式上违反……必须携带驾驶执照……之类的命令就构成。”⑤

第二种观点认为，实质犯与形式犯的区别在于危险的程度不同。“将法益的侵害或侵害危险作为构成要件内容的，是实质犯；在构成要件上连法益侵害的抽象危险也不必要，只是以连抽象的危险也达不到的极轻度、间接的危险为已足的是形式犯。”⑥

---

① 参见［日］高桥则夫：《刑法总论讲义案》，47页，东京，成文堂，2006。

② ［意］杜里奥·帕多瓦尼：《意大利刑法学原理》，注评版，陈忠林译，114～116页，北京，中国人民大学出版社，2004。

③ 参见［日］山口厚：《刑法总论》，74页，东京，有斐阁，2005。

④ 参见［日］大塚仁：《刑法概说》（总论），冯军译，120页，北京，中国人民大学出版社，2003。

⑤ ［日］大谷实：《刑法讲义总论》，新版2版，黎宏译，114页，北京，中国人民大学出版社，2008。

⑥ ［日］团藤重光：《刑法纲要总论》，130页，东京，创文社，1990。

第三种观点认为，实质犯与形式犯的区别在于侵犯的法益是否特定。“形式犯的场合，其行为至少一般而言是因为具有对某种法益的危险性而被处罚。只是，实质犯的场合，被害法益比较特定。与此相对，形式犯的场合则存在非常不特定的情况。”①

第四种观点认为，实质犯与形式犯的区别和结果犯同举动犯的区别基本一致。“一般而言，结果犯就是实质犯，形式犯就是举动犯。”②

第五种观点认为，应取消实质犯与形式犯的区分。例如，有的学者认为，“犯罪都必须作为实质犯加以理解。人们所称的形式犯，或者是以轻微的法益侵害作为结果的结果犯，或者不过是以轻微的危险作为结果的抽象的危险犯”③。有的学者则一方面承认现行立法中存在形式犯，另一方面又认为这些形式犯应当被排除于犯罪圈之外。④

我们认为，基于法益保护的原理，所有的犯罪都必须侵害或者威胁到某种法益，否则就难以称为犯罪，因此，第五种观点是可取的。

2. 侵害犯与危险犯

德、日等大陆法系国家的刑法理论往往根据结果的形态，将犯罪分为侵害犯与危险犯。侵害犯，是指以现实的法益侵害为必要的犯罪，例如杀人罪，以死亡结果作为既遂的要件；危险犯，是以发生法益侵害的危险为充足的犯罪类型，例如放火罪就是公共危险罪，以不特定或多数人的生命、身体、财产等所谓公共危险的发生作为既遂的条件。⑤

对于危险犯还可以作进一步的划分，其中通说将危险犯分为具体的危险犯与抽象的危险犯。关于具体的危险犯与抽象的危险犯的划分，理论上也有不同观点。

第一种观点认为，具体的危险犯是刑法条文中明确规定以危险的发生作为构成要件要素的犯罪，抽象的危险犯则是不以发生危险作为构成要件要素的犯罪。对于抽象的危险犯而言，立法者主要是为了禁止与一般的、抽象的法益侵害危险相关联的行为，危险的发生不过是立法者立法时的动机。⑥ 对于这种观点，有的学者认为它只是形式上的区分，缺乏实质的意义，因为“（1）危险的对象、基准不明确；（2）即使构成要件中缺乏对危险的记载，但如果以既遂犯为标准的话，那么可以说其未遂罪具有‘具体的危险犯’，其预备罪具有‘抽象的危险犯’的性质；（3）相反，即使构成要件中记载了‘危险’，但由于其是难以确定质的界限的量的概念，是不明确而需要解释的规范的要素”⑦。

第二种观点认为，具体的危险犯与抽象的危险犯的区别分别与“作为结果的危险”及“作为行为属性的危险”相对应。对于这种观点，也有学者批评说：认为抽象的危险犯欠缺“作为结果的危险”而只是危险的拟制，是违反责任主义的，是对法益理论、结果无价值理论的误解。所谓“作为行为属性的危险”从其先行行为来看也不过是“作为结果的危险”。而且，行为概念原本就包含结果在内，结果是犯罪不可欠缺的要件。⑧

第三种观点认为，具体的危险犯以法益侵害的现实的、具体的危险的发生为必要，而

---

① ［日］平野龙一：《刑法总论Ⅰ》，118页，东京，有斐阁，1975。

② ［日］冈野光雄：《刑法总论》，9页，东京，成文堂，1984。

③ ［日］山口厚：《刑法总论》，42页，东京，有斐阁，2005。

④ 参见［日］浅田和茂：《刑法总论》，129页，东京，成文堂，2005。

⑤ 参见［日］高桥则夫：《刑法总论》，105页，东京，成文堂，2010；［日］山口厚：《刑法总论》，2版，46页，东京，有斐阁，2007。

⑥ 参见［日］山中敬一：《法学院讲义 刑法总论》，80页，东京，成文堂，2005。

⑦ ［日］长井原：《放火罪的构成要件与危险概念》，载《现代刑事法》，2003（7），20页。

⑧ 参见［日］长井原：《放火罪的构成要件与危险概念》，载《现代刑事法》，2003（7），20页。

抽象的危险犯以法益侵害的抽象的危险发生为已足。[①] 它们都以实质的危险的发生作为构成要件要素，但具体的危险犯的危险是高度的危险，抽象的危险犯的危险是比较缓和的危险。[②] 这种观点是日本刑法理论的通说。

3. 结果犯与举动犯

结果犯与举动犯也是德、日刑法理论从结果的角度对犯罪的划分，但具体划分的标准也不一致。第一种观点认为，仅需实施完行为就完成犯罪的是举动犯，又称单纯行为犯；而以结果的发生为必要的是结果犯。[③] 第二种观点认为，结果犯是指行为人的行为与结果之间存在着场所、时间上的分离的犯罪类型，杀人罪就是其例子。与此相对，单纯行为犯或举动犯是指只要实施行为就充足构成要件的犯罪类型。侵入住宅罪、伪证罪就是如此。[④]

对于结果犯与行为犯的区分，有些学者表示反对。在他们看来，所有的犯罪都是结果犯。“任何一种犯罪均以某种结果为前提。在刑事不法中区分‘结果犯’和纯粹的不以结果为前提的‘行为犯’是不正确的。”[⑤]

与结果犯相关联的是结果加重犯。结果加重犯，也称加重结果犯，是指实施了符合基本构成要件的行为而发生了某种加重结果，刑法对此规定了更重的法定刑的犯罪类型。伤害致死罪是其适例。

4. 即成犯、继续犯与状态犯

根据法益侵害及犯罪终了，可以将犯罪分为即成犯、继续犯与状态犯。[⑥]

即成犯是指随着法益侵害或侵害危险的发生，犯罪即成立而且同时终了的犯罪。例如，杀人罪、放火罪等大多数犯罪都是即成犯。[⑦]

关于继续犯的定义，一种观点认为，继续犯是指如监禁罪这样的发生法益侵害等结果就成立犯罪，在其结果继续期间，犯罪也处于继续的状态的犯罪。继续犯只需要法益侵害的状态继续，而不需要行为本身的继续。因为，如果要求行为继续并以此为要件的话，那么错误非法拘禁他人的人在意识到自己的错误时就成立监禁罪，但这实际上应当作为不作为犯的问题加以解决。[⑧] 另一种观点则认为，继续犯，是指只要法益侵害的行为及其状态在继续过程中，犯罪就未终了的犯罪类型。针对前一种观点，该观点反驳说，错误地以作为的方式拘禁他人，即使在客观上符合监禁罪的构成要件，但并不是犯罪。作为刑法的评价，只是在意识到自己的错误的阶段就产生了释放义务，经过释放所必要的时间之后仍然故意地继续监禁行为的话，就是不作为的监禁行为，而不必认为当初的作为的监禁还在继续。[⑨] 我们认为，后一种观点更为可取。

状态犯，是指法益侵害发生之后，犯罪便终了，但法益侵害的状态仍在持续的犯罪。例如盗窃罪、伤害罪、器物损坏罪等就是如此。

---

① 参见［日］前田雅英：《刑法总论讲义》，4版，102页，东京，东京大学出版会，2006。

② 参见［日］山口厚：《刑法总论》，41页，东京，有斐阁，2005。

③ 参见［日］中山研一：《刑法总论》，115页，东京，成文堂，1982。

④ 参见［日］山中敬一：《法学院讲义 刑法总论》，81页，东京，成文堂，2005。

⑤ ［德］李斯特：《德国刑法教科书》，徐久生译，180页，北京，法律出版社，2000。

⑥ 参见［日］高桥则夫：《刑法总论讲义案》，49页，东京，成文堂，2006。

⑦ 参见［日］高桥则夫：《刑法总论讲义案》，51页，东京，成文堂，2006。

⑧ 参见［日］山口厚：《刑法总论》，42～43页，东京，有斐阁，2005。

⑨ 参见［日］浅田和茂：《刑法总论》，129页，东京，成文堂，2005。

区别状态犯与继续犯的意义在于：第一，它影响中途参与者的责任。例如，作为状态犯的盗窃罪终了之后，行为人即使参与进来也不成立共犯，而只涉及赃物类的犯罪；而参与作为继续犯的监禁罪的，则成立监禁罪的共犯。第二，它影响到追诉时效的计算。状态犯从犯罪终了时起马上开始计算时效，而继续犯在犯罪继续期间不计算时效。第三，它影响到能否进行正当防卫。对于状态犯在犯罪终了后就不能进行正当防卫，而对于继续犯则可以进行正当防卫。第四，它影响到新、旧法的适用。对状态犯，在刑法发生变更时不适用新法，而对继续犯则适用新法。[①]

五、因果关系论与客观归属论

（一）因果关系概说

1. 因果关系的概念

因果关系是原因与结果之间的关系。它不仅是刑法学，也是任何一种理论上具有起点意义的概念。一般而言，刑法上的因果关系是符合构成要件的行为即实行行为与符合构成要件的结果即构成要件结果之间的原因—结果关系。如果没有实行行为，就没有探究因果关系的必要。预备行为即使产生了结果，也不是故意犯中的因果关系问题。例如，妻子为了毒死丈夫，将买来的毒药放在自家的书架上伺机下毒，但不料丈夫误认为它是普通药物自行喝下而死亡。由于只有杀人的预备行为，所以只涉及过失致人死亡罪的问题，不成立故意杀人罪既遂。[②] 毫无疑问，预备行为是实行行为的准备行为。虽然在德、日刑法中，关于预备罪是否存在实行行为还存在争论，但无论如何，预备行为本身不具有引起作为其目的的结果的现实的、具体的危险性。因此，即使预备行为导致了结果的发生，也不过是过失犯的成立与否的问题，不会涉及故意犯的因果关系问题。

2. 因果关系的机能

（1）故意的结果犯中的因果关系。就故意的结果犯而言，刑法上的因果关系是区分既遂与未遂的标准，即使发生了结果，如果没有刑法上的因果关系，就只能是未遂。例如，X基于杀意用刀砍伤A致其轻伤，A在医院治疗时遭遇火灾身亡（医院火灾事例），X的行为就只是杀人未遂。又如，名誉毁损罪这样的不处罚未遂（仅处罚既遂）的犯罪类型，如果否定因果关系就是无罪。

（2）结果加重犯中的因果关系。就结果加重犯而言，刑法上的因果关系是区分成立基本犯还是成立结果加重犯的标准。例如，Y非法拘禁B，B在拘禁场所遭雷击死亡，只要不存在特殊的情况，Y的行为就只构成监禁罪而不是监禁致死罪。

（3）过失犯中的因果关系。刑法上的因果关系对于过失犯而言，是区分有罪、无罪（例如失火罪或过失伤害罪这样的情况）或者轻罪、重罪（在过失伤害罪还是过失致死罪的区分成为问题时）的标准。

（4）未遂犯中的因果关系。对于未遂犯而言，因果关系也是一个值得重视的问题。理论上一般将未遂犯理解为具体的危险犯，尤其是在间接正犯的场合，作为未遂犯结果的具体的危险与实行行为之间不存在因果关系的话，就不成立未遂犯。这一立场的前提是，将

① 参见［日］高桥则夫：《刑法总论讲义案》，50页，东京，成文堂，2006。

② 参见［日］平野龙一：《刑法总论Ⅰ》，134页，东京，有斐阁，1975。

实行行为与实行的着手分开来进行理解。[①] “例如，Z将有毒的威士忌送给C，实行行为是送付行为（责任能力与故意的存否应在这一时点进行判断），实行的着手则在C饮用该酒的时点才存在。于是，实行行为与具体的危险结果之间，如果否定刑法上的因果关系的话，就不是未遂而是预备。上例中，如果具体运送的人D将威士忌换成另一瓶毒酒送给C的话，Z的行为就只是杀人预备罪。”[②]

当然，如果采用传统的观点，将实行行为的开始理解为实行的着手，并将实行的着手求之于对法益侵害产生现实的、具体的危险的时点，就不会产生未遂犯中的因果关系问题。

（5）共犯中的因果关系。在共犯论中，刑法上的因果关系于对共犯的处罚根据以及帮助犯的因果关系等，也发挥重要的作用。而且值得注意的是，因果关系论曾经就具有区分正犯与狭义的共犯的作用。

（6）特定财产罪中的因果关系。此外，还存在诈欺罪、强盗罪、恐吓罪这样的，根据其构成要件，实行行为与结果之间的因果关系必须经由一定的路径的犯罪。例如，在诈欺罪的场合，诈欺行为→错误→交付→取得这种因果路径是必要的。因此，即使诈欺行为与取得之间具有因果关系，但不具有上述因果路径的话，也只是成立未遂。

（二）因果关系的理论

在刑法中的因果关系理论中，存在条件说、原因说与相当因果关系说的对立。[③]

1. 条件说

（1）条件说的含义。条件说，是指如果行为与结果之间存在“没有前者（行为）就没有后者（结果）”的关系，即具有“条件关系”，就认为两者之间具有刑法上的因果关系的学说。在条件说看来，促使结果发生的所有条件中，如果欠缺一个条件结果就不会发生，所以所有的条件都是结果发生的平等的原因。因此，条件说又被称为等价说、同等说、全条件同价值说、平等原因说。

（2）对条件说的批评及反驳。条件说采用了论理的或自然科学的因果概念，对于因果关系存在与否进行客观的、明确的认定。这是它的长处。但是，条件说也面临着诸多的批评。

1）对条件说最传统的批评涉及结果加重犯的问题。德国旧刑法规定成立结果加重犯，只需要基本行为与重结果之间存在因果关系，对重结果不需要过失。而条件说广泛承认因果关系，使得通过因果关系理论来限制刑事责任的机能失效，会导致科处苛酷的刑事责任。因此，条件说受到强烈批评。但是，德国通过1953年第三次刑法典的修改，规定处罚结果加重犯也以对重结果具有过失为必要，这样就在立法上解决了这一问题。而日本通说一直认为对重结果以过失为必要，刑法修改过程中的各草案也都持这一立场。因此，在对结果加重犯的概念已经作了如上修改的今天，对条件说的这种批评就不再正确。

2）有批评意见认为，适用条件说会将条件的范围无限地追溯。例如，在甲使用手枪杀死乙的场合，甲的父母亲生育甲的行为与发明、制造、贩卖手枪者的行为都会被认为与被害者乙的死亡之间具有因果关系。这种结论是不符合常识的。但持条件说的学者反驳说，

---

① 参见［日］平野龙一：《犯罪论的诸问题》（上），130页，东京，有斐阁，1981。

② ［日］浅田和茂：《刑法总论》，132页，东京，成文堂，2005。

③ 关于因果关系学说的介绍，参见［日］浅田和茂：《刑法总论》，补正版，133～145页，东京，成文堂，2007；［日］山中敬一：《刑法总论》，2版，246～284页，东京，成文堂，2008。

刑法上的因果关系以实行行为为起点，而实行行为是对法益具有侵害危险性的行为；上述行为没有任何侵害法益的危险性，故从一开始就不应成为刑法的规制对象。

3）有批评意见认为，在例外地预测到条件关系的发生并最终实现的场合，依据条件说，会得出不合理的结论。例如，意图使小孩受雷击而死而让其在雷雨时外出游玩，结果果真被雷击中而死亡。根据条件说，行为人不能被免除杀人罪的刑事责任。因为行为人具有杀人的故意，其行为与死亡之间又具有条件关系。然而，条件说的支持者反驳说，根据条件说并不会产生这种结论，因为在这种情况下同样欠缺杀人罪的实行行为，与杀人犯的父母亲的事例一样，不需要探讨条件关系（也不存在杀人罪的故意）。

4）有批评者认为，在某些案件中，虽然行为人达成了所意图的目的，但行为人所认识的因果经过与现实的因果经过不一致时，条件说的结论不合理。例如，甲基于杀意向乙开枪致其受伤，乙在被救护车送往医院途中遭遇车祸死亡，或者在住院期间因火灾死亡的，批判意见认为，由于甲的行为（开枪行为）与乙的死亡（交通事故或者烧死）之间具有条件关系，甲又具有杀人的故意，所以不得不承认杀人罪的既遂。对此，条件说的论者，或者通过因果关系错误说来否定既遂的故意，从而认为只成立未遂①，或者通过提出因果关系中断说来认定其只成立未遂。②

第一，因果关系错误说。因果关系错误说认为，我们对因果关系的认识只能以经验上能够预见的因果关系为界限；在超越其界限而发生结果的场合（根据我们的经验知识一般不能预见的因果经过的场合），就不应当追究对既遂结果的故意责任。③ 例如，上例中的交通事故死亡或烧死的结果，是在行为人的认识预见范围之外，因而不能说故意地实现了该结果，只能成立杀人罪的未遂。④

对于条件说的这种因果关系错误主张，有的学者认为，“立于条件说而承认因果关系的错误的难点在于，因果关系的任何一点细节性差错，只要对结果而言具有条件关系，就不得不作为预见的对象，从而会不得不将所有的错误的情况都作为未遂处理”⑤。还有的学者则认为，如果根据因果关系错误论阻却故意的话，那么上述行为就不是成立未遂犯的问题，而应当是无罪的问题。⑥

第二，因果关系中断说。因果关系中断说认为，在因果关系的进行中如果行为与结果之间介入了没有预想到的异常的事实或者第三者的行为，因果关系便中断，从而不能将结果归属于行为。例如，甲基于杀意让A服下毒药，在A由于中毒无法行动时乙开枪打死A，甲的行为与A的死亡之间的因果关系便中断了。

对于因果关系中断说，也存在以下批评意见：其一，因果关系只有存在或者不存在的问题，不存在途中被中断的问题。其二，采用条件说而认可中断论，无异于放弃条件说而自相矛盾。条件说认为具有条件关系的所有条件都是等价值的，但一方面肯定条件关系，另一方面又承认其中断，不得不说这意味着对条件说的放弃。而且，条件说的长处在于对

---

① 参见［日］冈野光雄：《刑法中的因果关系理论》，213页，东京，成文堂，1977。

② 日本传统的判例都基于这一立场，但现在理论界基本上没有赞成者。

③ 参见［日］浅田和茂：《刑法总论》，134页，东京，成文堂，2005。

④ 参见［日］大塚仁等编：《大注释刑法》，第2卷，101页，东京，青林书院，1999。

⑤ ［日］浅田和茂：《因果关系的错误》，载《刑事法学的课题与展望·香川达夫博士古稀祝贺》，181页，东京，成文堂，1996。

⑥ 参见［日］前田雅英：《刑法总论讲义》，5版，275页，东京，东京大学出版会，2011。

因果关系进行客观的、没有争议的（一义的）判断，采用中断论违反了这一本质：中断论认为在行为与结果之间介入了没有预期到的异常的情况的话，因果关系就中断。在进行这种认定时，就必然伴随有价值判断。就什么是“没有预期的”情况、是否是“异常的”或者“偶然的”情况而言，都不容易进行客观的判断。这样，就恐怕不得不以行为当时所有的情况为前提，以行为人或者一般人为基准进行判断。认定是否中断的判断，与相当因果关系有无的判断十分相似，可以说存在很大的判断者恣意判断的危险性。① 其三，与前述2）批评意见相联系，因果关系中断说中已经出现了相当因果关系说思维方式的萌芽，因而应当发展为相当因果关系说。②

2. 原因说

原因说，又被称为个别化说、个别化原因说、差别原因说，是在具有条件关系的先行事实之中区别原因与条件，只就具有原因关系的事实承认因果关系的学说。原因说为了限制条件说对因果关系的扩张，主张并非所有的条件都是等价值的，而是从中个别地挑出一个原因。关于原因与条件区分的标准，原因说内部也有分歧，存在着优势条件说、最有力条件说、动的条件说等学说。原因说由于在区分原因与条件的标准以及不得不否定共同原因这些方面具有缺陷，现在已经不再有支持者。

3. 相当因果关系说

（1）概念。

相当因果关系说，是指根据我们的社会生活经验对事物作一般性的考察，如果认为一定的行为产生一定的结果通常是相当的，就认为存在因果关系的学说。相当因果关系说也被称为相当说、适当条件说、定型的因果关系说、一般观察说、一般化说。相当因果关系说是日本刑法理论的通说③，但在德国只有少数学者采用相当因果关系说，因为德国刑法理论认为，刑法中的故意、过失、违法、有责等理论，已经足以解决条件说所存在的扩大处罚范围的问题。

相当因果关系说也是以“条件关系”的存在作为前提与基础，从刑法的观点对之加以限制的。因此，条件说与相当因果关系说并不是必然排斥的关系。而相当因果关系说与原因说的宗旨是相同的，不同之处在于原因说采用个别观察的方法选出原因，相当因果关系说采用一般化即普遍观察的方法来选出原因。

（2）判断资料。

在相当因果关系说内部，根据其判断资料的不同，又可以分为主观的相当因果关系说、客观的相当因果关系说和折中的相当因果关系说。

主观的相当因果关系说（主观说）认为应当以行为人行为时认识到的以及可能认识到的情况为基础来判断有无因果关系。例如，甲殴打素不相识的具有特异体质的乙，致其死亡。由于甲没有认识到乙的特异体质，认识到的只是殴打通常的健康人，而殴打健康人致其死亡不是通常发生的情况，所以，殴打行为与死亡结果之间没有因果关系。此说的主要缺陷在于使因果关系的有无完全依存于行为人的主观认识，即使一般人有可能认

① 参见［日］平野龙一：《刑法总论Ⅰ》，139页，东京，有斐阁，1975。

② 参见［日］大塚仁等编：《大注释刑法》，第2卷，97～98页，东京，青林书院，1999。

③ 参见［日］高桥则夫：《刑法总论讲义案》，63页，东京，成文堂，2006。

识、预见，但只要行为人没有认识就否定因果关系的存在，这使得因果关系完全丧失了其客观性。①

客观的相当因果关系说（客观说）认为，应以行为当时在客观上存在的情况以及一般人可能预见的行为后发生的情况作为基础来判断有无因果关系。仍依前例，因为乙的特殊体质在行为当时已是客观存在的事实，而殴打特异体质者致其死亡是具有相当性的，所以肯定行为与死亡结果之间有因果关系。对客观说的批评是：一方面，“行为当时在客观上存在的情况”与“行为后发生的情况”区分不明确；另一方面，以行为当时存在的所有情况作为判断基础，那可能会导致过于宽泛地认定因果关系，对于行为人而言过于苛刻。②

折中的相当因果关系说（折中说）认为，应当以行为当时一般人所认识的情况以及行为人特别认识到的情况作为相当性判断的基础来确定有无因果关系。从前例来看，因为对于乙的特异体质一般人不能认识，行为人也没有认识，所以否定因果关系的存在。折中说面临的主要批评是，违背了本来具有客观性质的因果关系的本质。③

现在，在日本，主观说已经完全衰落，折中说属于通说，客观说也是有影响力的学说。④

（3）相当性的判断。

1）相当性的程度。所谓“相当”，是指该行为产生该结果在日常生活中是一般的，而不是异常的，或者说，在日常生活中，该行为一般会产生该结果。不过，对于相当性的程度，理论上还是有不同的认识，存在着“经验上的通常性”“高度的盖然性”“常见的可能性”“某种程度的可能性”“经验法则上可能的程度”等多种说法。一般而言，只要有超过50%的盖然性就可以认为具有相当性。⑤

2）相当性的构造。相当性可以分为广义的相当性与狭义的相当性。

广义的相当性指的是行为时的相当性，即行为时结果发生的可能性的判断。根据以行为时什么样的情况作为相当性判断的基准，可以区分为上述的主观说、客观说、折中说这三种学说，但各说的差异所具有的意义仅限于行为时存在一般难以认识到的情况。⑥

狭义的相当性指的是因果经过的相当性⑦，即主要是对于行为后介入了其他行为产生结果的案件评价其因果关系的问题。关于对狭义的相当性的判断，需要将下述三点综合起来加以判断。

第一，实行行为所具有的危险性（结果发生力）的大小（广义的相当性）。同样是介入了医生的重大过失导致了被害人死亡的行为，在成为问题的实行行为使被害人面临将导致死亡的重伤的场合，和只不过让人负有轻伤的场合相比，往往容易对死亡结果进行归责。当然，不能仅仅依靠这种“行为所具有的导致结果发生的盖然性的程度”来判断因果关系。即使是使被害人身受半天后就会导致死亡的重伤，但在几小时之后有第三者将被害人故意射杀的，该死亡结果只能归属于射杀者，行为人只能承担未遂的刑事责任。

---

① 参见［日］山中敬一：《刑法总论》，2版，266、267页，东京，成文堂，2008。

② 参见［日］前田雅英：《刑法总论讲义》，5版，185页，东京，成文堂，2011；［日］山中敬一：《刑法总论》，2版，266、267页，东京，成文堂，2008。

③ 参见［日］井田良：《刑法总论的理论构造》，57页，东京，成文堂，2005。

④ 参见［日］浅田和茂：《刑法总论》，136页，东京，成文堂，2005。

⑤ 参见［日］高桥则夫：《刑法总论讲义案》，64页，东京，成文堂，2006。

⑥ 参见［日］前田雅英：《刑法总论讲义》，4版，181页，东京，东京大学出版会，2006。

⑦ 参见［日］曾根威彦：《刑法总论》，81页，东京，弘文堂，2000。

第二，介入情况的异常性大小。这并不只是指介入情况是否只是单纯的突发事件的问题，而必须考虑介入情况在与实行行为的关系上具有多大程度的通常性。于是，实行行为是否诱发了介入情况（行为的危险性对介入情况产生的影响程度）也应被视为问题。具体而言：A. 行为人的实行行为作为诱因必然导致介入情况；B. 介入情况作为该行为的附随情况经常发生；C. 很少导致介入情况；D. 介入情况与实行行为完全无关。依次考虑上述情况，就比较容易否定因果性。

第三，介入情况对结果的影响程度也是进行归责判断时的重要因素。在已经发生的实行行为所导致的濒临死亡状态下，如果后面介入的暴行行为只是使被害人的死期稍稍提前，尽管看起来具体的死亡结果是由介入行为所导致的，也应当归责于当初的实行行为，即评价为行为危险性的现实化。相反，即便使被害人身负重伤，但如果介入了“故意的射杀”这样的压倒先行行为的情况，就应当否定使其负重伤的行为与死亡结果之间的因果关系。①

4. 条件关系存在与否的判断

如上所述，在刑法中的因果关系理论中存在着条件说与相当因果关系说的对立。相当因果关系说也是以条件关系的存在作为前提的。此外，后述的客观归属理论也以条件关系的存在为前提。因此，条件关系存在与否的判断，不仅是条件说的问题，也是相当因果关系说、客观归属理论的前提问题。

“没有前者就没有后者”这种条件关系的判断在通常情况下是比较容易的，但有的时候则并非必然如此。

（1）择一的竞合。因果关系的择一的竞合，又被称为二重的因果关系，是指诸如不具有共犯关系的甲与乙基于杀意，各自将达到致死量的毒药混入A的咖啡中，A饮用后死亡这样的情况。这时，选择性地除去甲或者乙的行为之一，都会发生A死亡这一结果。所以原样地适用条件关系公式，就会带来否定甲的行为与乙的行为同A的死亡之间的条件关系的结果。对此，理论上多数学说肯定条件关系的存在，但其理由并不一致；也有少数学者否定条件关系的存在。

1）条件关系否定说。这一学说否定甲、乙的行为与A的死亡之间的条件关系，认为各自只不过成立杀人未遂而已。这一立场是直接适用未经修正的条件关系公式所得到的结果。其理由或者是认为条件关系具有合理的刑事责任的限定机能，即条件关系不是事实关系，而是为了归责所规定的法律概念，条件关系的存在意味着如果控制该行为就不会发生该结果，而在择一的竞合的场合，即使控制该行为也不能避免该结果，所以不允许在这种情况下对结果进行归责②；或者是认为基于“存疑有利于被告”的原则而不得不否定条件关系的存在。但否定说的主要问题是违反了一般民众的法感情。

2）条件关系肯定说（Ⅰ）——条件关系公式修正说。这种观点在维持条件关系公式的同时，主张对之进行修正，从而肯定条件关系的存在。也即在几个条件的场合，如果除去一个条件结果将发生，除去全部条件结果将不发生，则全部条件与结果之间都存在条件关系。③但也有学者认为，这种观点是先入为主的结果，即为了肯定条件关系而修正条件关系公式。④

---

① 参见［日］前田雅英：《刑法总论讲义》，4版，185～186页，东京，东京大学出版会，2006。

② 参见［日］町野朔：《因果关系论的现状与问题点》，载《刑法杂志》，1983（1），122、130页。

③ 参见［日］前田雅英：《刑法总论讲义》，4版，171页，东京，东京大学出版会，2006。

④ 参见［日］浅田和茂：《刑法总论》，141页，东京，成文堂，2005。

3）条件关系肯定说（Ⅱ）——具体的结果观。这种观点主张在原样维持条件关系公式的基础上对结果进行更具体的把握，从而肯定条件关系的存在。[①] 在判断条件关系是否存在时，不应当将作为对象的结果抽象化（不是单纯的A的死亡），而应根据时间、形态、附随情况等具体地、个别地理解现实所产生的结果。以此为前提，甲、乙各自投入达到致死量的毒药的情况与甲、乙其中一人投入致死量的毒药的情况相比，虽然都会发生A死亡的结果，但如果对结果作具体的把握的话，两者之间还是存在差异。刚达致死量的毒药与其量为致死量两倍的毒药，在死亡时刻、死亡形态等方面至少应当有微小的差别。如果对结果作更具体的把握，个别地观察甲或者乙的行为，还是应当肯定各自与结果之间具有条件关系。

此说为了在维持公式的同时肯定条件关系的存在，尽可能地将结果作具体的把握。它虽然不可能解决所有的问题，但是，与为了实践中难以发生的例外的例子而修正或者放弃条件公式的见解相比而言，一般认为此说更为妥当。

（2）假定的因果关系。假定的因果关系，或称假定的原因，是指现实所实施的行为引起了结果，但即使没有该行为，也会由其他的事实引起同样的结果的情况。例如，在行刑官将要按下执行按钮的瞬间，被害人的父亲甲为了向杀死自己孩子的死刑犯A复仇，将行刑官推到一边自己按下了按钮（或开枪射杀A）的情况。由于即使甲不按按钮（或者不开枪射击），在同一时刻行刑官也一定会按下按钮，所以甲的行为与A的死亡之间是否存在条件关系就成为问题。这是假定的因果关系的典型的讲坛案例。

在这种情况下，一般认为，判断条件关系的存在与否应当以现实存在的行为为对象，而不允许附加现实所不存在的假定的行为或事实。[②] 但也有少数学者认为因果关系也是一种规范的归责判断，所以否定这种情况下条件关系的存在。[③]

（3）重叠的因果关系。两个以上相互独立的行为，单独不能导致结果的发生，但合并在一起导致了结果发生时，就是重叠的因果关系的情形。例如，甲、乙二人没有意思联络，分别向丙的食物中投放了为致死量的50%的毒药，二人行为的重叠达到了致死量，丙吃食物后死亡。在这种情况下，一般承认甲、乙的行为与结果之间具有条件关系，都构成杀人既遂。但也有学者认为，虽然可以肯定条件关系，但由于无法预见对方的行为，所以可以根据相当因果关系说等原理否定客观归属，故对甲、乙的行为只认定为杀人未遂。[④]

（4）疫学的因果关系。以公害案件中因果关系的证明问题为契机，理论上发展出疫学的因果关系理论。疫学的因果关系理论认为，某种因子与疾病之间的关系即使不能从医学、药理学方面进行法则性、详细的证明，但根据统计的大量观察，认为两者之间具有高度的盖然性时，就可以肯定两者之间存在因果关系。

为了能认定疫学疾病的起因与疾病之间具有因果关系，“必须具备以下五个条件，即①关联的一致性；②关联的强固性；③关联的特异性；④关联的时间性；⑤关联的整合性。换言之，即疫学的四原则：①作为原因的因子是在发病的一定期间之前起作用的；②这种因子的作用程度越显著，患病率就越高；③这种因子的分布消长与疫学观察、记载的流行

---

① 参见［日］冈野光雄：《条件关系存否的判断》，载《法学院》，1981（29），8页。

② 参见［日］大塚仁等编：《大注释刑法》，第2卷，125页，东京，青林书院，1999。

③ 参见［日］町野朔：《刑法总论讲义案Ⅰ》，151页，东京，信山社，1990。

④ 参见［日］山中敬一：《法学院讲义 刑法总论》，124页，东京，成文堂，2005。

特性不矛盾；④该因子的作用机理与生物学并不矛盾”[①]。

关于是否应在刑法学中适用疫学的因果关系理论，理论上有不同观点。否定说认为：疫学的因果关系理论不当地减轻了检察官的证明责任。既然在自然科学上都不能肯定因果关系的存在而只是一种推定，那就不能以之为基础来认定刑法上的因果关系，否则就是对“存疑有利于被告”这一刑事审判的基本原则的违背。[②] 肯定说则认为只要能够证明高度的盖然性，达到排除合理怀疑的程度，就应当承认疫学的因果关系。[③] 肯定说是目前的通说。

（三）客观归属论

1. 客观归属论的沿革

对于客观归属论，有的学者也译为客观归责论。所谓归属，是指将某些客观事物归属于行为主体。刑法中的归属具有两方面的含义：一是客观发生的结果是由行为人的行为所导致的，即意味着客观的因果关系；二是客观发生的结果是由行为人的故意或过失所导致的。前者被称为“客观的归属”，后者被称为“主观的归属”。这里所论述的是客观的归属理论。

一般认为，客观归属论渊源于黑格尔的法哲学思想。德国民法学者拉伦茨（Karl Larenz）在其1927年的著作《黑格尔的归属论与客观归属的概念》中最先提出“客观归属”这一概念。霍尼希1930年在《因果关系与客观归属》一文中将客观归属理论引入刑法领域。[④] 此后，恩吉施1931年出版的《因果关系作为刑法上的构成要件要素》，以及韦尔策尔1939年所写的《刑法体系研究》，进一步发展了客观归属的理论。第二次世界大战后，罗克辛对客观归属理论进行了细致的梳理与研究。他将客观归属理论集大成并使其成为德国刑法理论的通说。德国学者曾这样概述客观归属理论在德国的发展：“客观的归属论席卷刑法教科书只是最近二三十年以内的事情，此前则并不引人注目……现在基本上听不到反对客观归属理论的声音……20世纪最后10年，客观归属论继续其所向披靡的进军，已经如同解决刑法总论问题的魔杖，成为超级理论延续至今。”[⑤] 虽然日本学者就客观归属论仍然存在争议，但是，在日本的许多判例中已经采纳了客观归属论的解释。[⑥]

2. 客观归属论的内容

关于客观归属论的内容，各个学者的理解并不一致。以下主要依照罗克辛的观点展开论述。

（1）制造出法律所不允许的危险。

对与行为具有因果关系的结果进行客观归属，必须该行为制造出法律所不允许的危险。在下列几种情况中则排除客观的归属：

1）减少危险。行为人为被害人减少既存的危险，即将因果经过修正为对被害人有利的状况时，排除结果的归属。例如，阻挡飞向他人头部的石头，结果使石头转而击伤危险性相对较小的肩部时，尽管阻挡行为对于肩伤而言具有因果关系，但也不能将该伤害结果客观上归属于该行为。

---

① ［日］浅田和茂：《刑法总论》，143页，东京，成文堂，2005。

② 参见［日］浅田和茂：《刑法总论》，144页，东京，成文堂，2005。

③ 参见［日］大塚仁等编：《大注释刑法》，第2卷，128页，东京，青林书院，1999。

④ 参见［日］山中敬一：《刑法中的客观归属理论》，293、300页，东京，成文堂，1997。

⑤ 转引自［日］山本雅子：《实质犯罪论的考察》，46～47页，东京，成文堂，2007。

⑥ 详见［日］高桥则夫：《刑法总论》，130页，东京，成文堂，2010。

2）没有制造危险。当行为人的行为没有以在法律上重要的方式制造危险时，也应排除客观归属。例如，在雷雨天气怂恿他人外出散步，希望他人被雷击死，结果他人果真被雷击中致死。由于行为人的行为并未制造出危险，所以不能将死亡结果归属于他。

3）假定的因果关系。假定的因果关系通常不排除客观归属。“法律制度不能由于另外一个人已经准备好违反法律就应当收回自己的禁令。”① 在假定的因果过程中，代替性行为人的行为既可以是合法的也可以是非法的，但都不能排除原行为的客观归属。但是，如果行为人仅仅修改了自然因果性，而没有在整体上恶化被害人的状况，则排除客观归属。

4）制造出被允许的危险。行为人虽然已经制造出法律上具有重要性的危险，但该危险是为法律所允许的危险时，则排除结果之归属，行为人不需为该结果负责。例如遵守交通安全规则而发生事故致人死亡时，虽然具有因果关系，但由于行为人没有制造出法律所不允许的危险，所以排除结果之归属。

（2）实现法律所不允许的危险。

实行客观归属的前提是在结果中实现了由行为人所制造的不被允许的危险。因此，下列情形下排除客观归属：

1）未实现风险。行为虽然制造了法律所不允许的危险，但结果的发生并不是由该危险所导致的，而是偶然与危险同时发生时，排除客观归属。例如，A基于杀意枪击B致其轻伤，B在医院治疗期间因火灾被烧死。由于B的死亡结果不能说是实现了A的枪击行为所制造的危险，所以B的死亡结果不能归属于A的行为。

2）未实现不被允许的危险。即使实现了危险，但这种危险并非不被法律允许时，仍然不可归属于行为。换言之，只有实现不被允许的危险才是可归属的。例如，德国著名的“山羊毛案”：一家画笔厂的厂长没有遵照规定事先消毒，就给了他的女工们一些中国的山羊毛进行加工。4名女工因此被感染上炭疽杆菌病毒而死亡。事后的调查表明，即便使用所规定的消毒剂消毒，仍无法杀死在当时欧洲并不曾有过的炭疽杆菌病毒。因为行为人应尽的义务是无效的义务，所以虽然违反义务而制造了危险，但该危险并未实现。

3）结果不在注意规范保护范围之内。即使发生了结果，但如果这一结果并不在注意规范保护范围之内，则仍然不具有客观归属性。例如，两人骑着没有灯的自行车前后相随。前面那个人由于缺乏照明而撞上他人，但如果后面那个骑车人的车灯正常的话，就可以避免该事故。在这个案例中，前面这个骑车人应对过失负责，后面这个骑车人则不具有可归属性。因为要求自行车打开车灯的目的在于避免自己的车直接造成事故，而不在于为他人提供照明。

4）假定的合法的替代行为和危险增加理论。合法的替代行为要讨论的是“当一个结果通过一个合法替代行为不是肯定的，而仅仅是很可能或者可能被阻止的时候，这个结果是否应当被归责”②。罗克辛认为只有当合法的替代行为肯定或者必然会导致这个结果时才排除归属，而如果合法的替代行为并非肯定导致该结果，换言之，违反注意义务的行为增加了危险，那就是可归属的。这就是罗克辛的“危险增加理论”。

（3）构成要件的保护范围。

在通常情况下，只要行为人制造并实现了法律所不允许的危险，就具有可归属性。但

---

① ［德］克劳斯·罗克辛：《德国刑法学总论》，第1卷，王世洲译，249页，北京，法律出版社，2005。

② ［德］克劳斯·罗克辛：《德国刑法学总论》，第1卷，王世洲译，257页，北京，法律出版社，2005。

是，具体犯罪构成要件有特定的保护范围；如果所发生的结果不在构成要件的保护范围之内，则不能将结果归属于行为人。

1）参与他人故意的自危行为。参与他人故意的自危行为不具有可归属性。例如，A知道B具有自杀的意思而交给B达到致死量的海洛因，B注射后死亡。如果B明知注射行为的危险性仍然进行注射的话，可以排除B的死亡结果对A的归属。在这种情况下，A的行为与B的死亡之间无疑具有因果关系，A对B的死亡也具有未必的故意。而且，交付海洛因的行为制造了法律所不允许的危险，而这种危险又被实现了。德国学者之所以认为排除客观归属，是因为德国刑法没有将自杀的故意的共犯（参与自杀）行为规定为犯罪，所以，A的行为不构成杀人罪。杀人罪构成要件的保护范围受被害者的自我责任的限制，不包括对自杀具有未必的故意的所谓共犯。对于类似的案件，德国判例指出“单纯地诱发、使其能够或者要求促进这种自我危险化的人，并不会因为伤害罪或者杀人罪而成为可罚的人”①。

2）同意他人造成危险。在被害人意识到他人的行为对自己法益的危险性，却同意他人实施给自己造成危险的行为时，不能将由此产生的结果归属于行为人。例如，狂风暴雨时乘客不顾摆渡者的警告，执意要求摆渡者让其过河。在摆渡者运送乘客过河时，渡船翻沉导致乘客死亡。由于乘客认识到并接受了危险，因而不能将结果归责于摆渡者。那么，在什么范围内，基于什么样的法律评价，可以将基于同意的危险行为与自陷危险行为同等看待，而不对行为人进行结果归属？罗克辛认为，当被害人具有与危险化者同程度的对危险程度的认识，而且，发生的侵害是承担风险的结果，而不是其他原因造成的结果时，基于同意的他人的危险化，可以与自己的危险化等同视之，对被害人发生的侵害成为规范保护目的之外的结果。②

3）第三人责任范围。第三人责任范围是指在他人责任范围之内加以防止的结果不能归属于行为人。例如，甲在夜间驾驶没有尾灯的货车，警察发现后将警车开到货车前面拦截该货车。为了保障后面车辆的安全，警察将打开的发红光的手电筒放在甲的货车后部，命令甲将货车开到下一个加油站，并准备开车跟随货车行驶，以保护该货车的安全行驶。在甲开车之前，警察将手电筒拿走。恰在此时，被害人的货车撞上甲的货车，被害人遭受重伤。德国法院认定甲的行为成立过失致伤罪，但德国刑法理论认为，连警察都会犯错，一般民众更无注意义务。在本案中，警察已经继受了交通安全的维护义务，因此接下来发生的危险，都是警察的责任。③

4）其他情形。关于不符合构成要件的保护范围的其他情形，罗克辛举出了震惊性损害（一种犯罪行为不是在自然人身体上而是在精神上造成的健康性损害）和结果性损害（一个人由先前伤害造成的残疾所导致的后来发生的交通事故）两种情形，并且认为这两种情况下都可依构成要件的保护范围原则排除归属。④

客观归属论产生之后，产生了巨大的影响，但也受到诸多的质疑。理论上一般将客观

---

① 转引自［日］立石二六编著：《刑法总论30讲》，30页，东京，成文堂，2007。

② 参见［德］克劳斯·罗克辛：《德国刑法学总论》，第1卷，王世洲译，268～269页，北京，法律出版社，2005。

③ 参见［日］立石二六编著：《刑法总论30讲》，31页，东京，成文堂，2007。

④ 参见［德］克劳斯·罗克辛：《德国刑法学总论》，第1卷，王世洲译，274页，北京，法律出版社，2005。

归属论定位为构成要件该当性的问题[①]，但客观归属论所涉及的问题超越了构成要件论的内容，“客观归属论还不一定只是作为限定条件关系而代替（相当）因果关系论的理论。这里，它从因果关系论开始将犯罪论中的各种问题都纳入其中”[②]。因此，对客观归属论持批评意见的学者尖锐地指出，客观归属论所要解决的问题其实完全可以不借助于该理论而通过实行行为性的有无、相当因果关系的存在与否、违法评价、过失认定等加以解决。[③]

第六节　构成要件的故意、过失与错误

一、故意论

（一）概说

关于什么是故意，部分国家的刑法典作了明确规定。例如，奥地利刑法典第5条规定：“（1）行为人意图实现与法定构成要件相适应的案件事实的，是故意行为；行为人认为构成要件的实现是可能的，且容忍其实现的，即成立故意行为。（2）行为人有意地实现作为法律规定故意行为的前提条件的状况或结果的，是故意行为。（3）行为人不仅明知法律规定的状况或结果是可能的，而且明知此等状况或结果一定具备或发生，是故意行为。”俄罗斯联邦刑法典第25条规定：“1.具有直接或间接故意而实施的行为被认为是故意实施的犯罪。2.如果犯罪人意识到自己行为（不作为）的社会危害性，预见到可能或必然发生危害社会的后果并希望这种后果发生，则犯罪是具有直接故意实施的犯罪。3.如果犯罪人意识到自己行为（不作为）的社会危害性，预见到可能发生危害社会的后果，虽不希望，但有意识地放任这种后果发生或对这种后果采取漠不关心的态度，则犯罪是具有间接故意实施的犯罪。”[④] 此外，还有很多国家的刑法典一般只规定刑法以处罚故意犯罪为原则，而不对故意本身下定义。例如德国刑法典第15条规定：“本法只处罚故意行为，但明文规定处罚过失行为的除外。”日本刑法典第38条第1款规定：“没有犯罪故意的行为，不处罚，但法律有特别规定的，不在此限。”

上述两种不同的立法例可谓各有优劣。奥、俄等国明文规定故意的概念，可以平息理论的纷争，为司法实务提供统一的依据。但如后所述，关于故意的概念，存在多种多样的学说，理论研究也在不断取得新的认识，法定化的规定方式难免会在一定程度上阻碍理论研究的深化。德、日等国的刑法没有对故意作出明确定义，而交由理论研究和司法实务加以解决，这使得两国理论研究的广度与深度在世界范围内居于领先地位。但无可否认的是，

① 参见［日］山中敬一：《刑法中的客观归属理论》，781页，东京，成文堂，1997。

② ［日］曾根威彦：《客观归属论的理论考察——以罗克辛的见解为中心》，载《西原春夫先生古稀祝贺论文集》，第1卷，68页，东京，成文堂，1998。

③ 参见［日］曾根威彦：《客观归属论的理论考察——以罗克辛的见解为中心》，载《西原春夫先生古稀祝贺论文集》，第1卷，68～88页，东京，成文堂，1998。

④ ［俄］俄罗斯联邦总检察院编：《俄罗斯联邦刑法典释义》（上册），黄道秀译，47页，北京，中国政法大学出版社，2000。

非法定化的规定方式也在一定程度上不利于执法的统一。

(二) 故意的体系地位

故意在犯罪论体系中的地位存在着一个变化过程。最初，故意被理解为与过失相并列的主观要素，属于责任论的范畴。但随着主观的违法要素被发现以及根据目的行为论而展开的人的不法论的兴起，不少学者认为故意是一种主观的违法要素即构成要件要素，于是，故意被前移至构成要件的阶段。这种作为构成要件要素的故意被称为“构成要件的故意”。此外，一些学者一方面承认构成要件的故意，另一方面也承认在责任阶段“作为责任要素的故意”。这就是所谓的“二重的故意”的学说。[①]“现在，关于故意的体系地位，大体可以分为：作为违法要素的构成要件要素说、作为责任要素的构成要件要素说、作为责任要素而不作为构成要件要素说三者的对立。”[②]

1. 责任要素说

责任要素说是传统的通说。这种学说原本以“心理责任论”为基础，认为责任是行为人对外部事实（特别是法益侵害的引起）的心理关系。故意与过失是不同的“责任形式”或“责任种类”。此后，随着“心理责任论”逐渐被“规范责任论”所取代，故意（以及违法性意识）被理解为主观的责任要素，而与作为客观的责任要素的期待可能性相并列。[③]

责任要素说面临的最大批评是，它不认可构成要件的故意与过失，导致故意杀人与过失致人死亡符合同一的（广义的杀人罪）构成要件，甚至不可罚的过失盗窃也符合盗窃罪的构成要件，这样，构成要件的罪刑法定主义机能就难以发挥。对此，责任要素说的支持者主要提出以下两点反驳理由：第一，应当区分构成要件与犯罪类型。根据罪刑法定主义的观点，故意犯与过失犯被作为不同的犯罪类型而加以区别。而构成要件作为体系的概念(犯罪的成立要件)，始终应当被理解为从外部进行判断的客观的违法行为的类型。[④] 第二，责任要素说在犯罪认定的结论上不会发生任何问题。“例如，用装有子弹的手枪对准对方心脏射击致使对方死亡的场合，如果行为人知道手枪中装有子弹是故意杀人，如果不知道则是过失致死。从外观看两者的行为、结果没有差异，所以不应当在构成要件阶段加以区别……应当认为构成要件是客观的违法类型，故意、过失是责任要素。”[⑤]

责任要素说是最严格地坚守物的不法观（结果无价值论）的立场的学说。[⑥] 一般而言，现在提倡这种学说的学者多认为构成要件是违法行为的类型而不是违法、有责行为类型，从而使故意既不是违法要素，也不是构成要件要素，而仅是责任要素。[⑦]

2. 作为违法要素的构成要件要素说

构成要件要素说是随着目的行为论的兴起而出现的学说。现在，随着目的行为论的衰落，主张故意是构成要件要素的学者多是从提倡消极的构成要件要素的角度来加以论证的。

目的行为论认为，实现构成要件结果的目的是行为的本质要素，所以，故意是行为的

---

① 参见［日］山中敬一：《刑法总论》，2版，298页，东京，成文堂，2008。

② ［日］佐伯仁志：《故意・错误论》，载《理论刑法学的最前线》，98页，东京，岩波书店，2001。

③ 参见［日］井田良：《刑法总论的理论构造》，71页，东京，成文堂，2005。

④ 参见［日］中山研一：《刑法总论》，188页，东京，成文堂，1982。

⑤ ［日］浅田和茂：《主观的违法要素与犯罪论——从结果无价值的立场》，载《现代刑事法》，1999 (3)，46页。

⑥ 参见［日］川端博：《从疑问开始的刑法Ⅰ》，48页，东京，成文堂，2006。

⑦ 参见［日］山口厚：《刑法总论》，87页，东京，有斐阁，2005。

要素。因此，所有故意犯的故意都是构成要件的要素。由于构成要件是违法性判断的对象，所以故意也是违法性的要素。

那么，故意是否是责任要素呢？构成要件要素说的学者对此持否定态度。“具有故意之所以可能受到较重的责任非难，只不过是反映违法性严重程度的差异。故意对责任的影响，不过是通过违法性的间接的影响。故意是作为规范违反要素的违法评价的对象的本质部分，而不是与控制动机有关的责任的问题。应当认为故意是违法要素而不是责任要素。”①

对于构成要件要素说，有学者批评说，“故意比过失处罚更重，对此有必要从责任的量上的差异加以说明。为此，作为行为人所引起的违法的量与责任的量的中介，将故意定位为责任要素是不可欠缺的”②。

3. 作为责任要素的构成要件要素说（二重的故意说）

二重的故意说认为，一方面，在构成要件的阶段就应当区分故意犯与过失犯，故意、过失都是类型化的主观态度，因而属于构成要件的一部分；另一方面，故意又反映行为人反规范的态度，因而最终当然应该在责任阶段加以考虑。换言之，构成要件的故意，是将本来作为责任类型的故意类型化。在这个意义上，构成要件是责任的类型。③

对于此说，有学者批评说，“将故意、过失作为一般的构成要件要素是存在疑问的……将故意、过失包含在构成要件概念之下，构成要件就失去了规制故意、过失概念的机能，结果就无法决定构成要件的外部范围……再者，将故意、过失作为责任要素，就会使构成要件的故意、过失与责任故意、过失相分离。如果认为责任故意的认识、预见对象只限于违法性阻却事由该当事实的话，就会产生责任故意的实体究竟是什么，责任‘故意’是否仅具有非常空虚的内容的疑问”④。

（三）故意的认识内容

一般认为，故意的认识对象是构成要件的不法，即客观的构成要件要素。构成要件要素以外的事实、主观的构成要件要素（故意、目的）、整体的违法评价、责任要素、责任阻却事由、处罚条件等犯罪成立要件，不是故意的认识对象。

1. 需要认识的内容

（1）行为。行为是构成要件的核心要素。作为符合构成要件的客观事实，无论是作为还是不作为，当然都是认识的对象。例如，对于母亲将婴儿独自放在家中而外出旅行导致婴儿饿死的案件，要成立杀人罪的故意，必须该母亲认识到不对婴儿进行保护这种不作为的存在，至于对旅行的事实的认识则不重要。

（2）结果。对于结果犯而言，要成立故意，必须对结果有认识。关于这一点理论上没有分歧。那么，成立危险犯的故意是否需要对危险有认识？对此有不同的观点：

第一种观点认为，无论是具体的危险犯还是抽象的危险犯，都不需要对危险有认识。⑤第二种观点认为，具体的危险犯中的危险是构成要件要素，所以需要对其有认识；而抽象

---

① ［日］井田良：《刑法总论的理论构造》，72页，东京，成文堂，2005。

② ［日］佐伯仁志：《故意·错误论》，载《理论刑法学的最前线》，101～102页，东京，岩波书店，2001。

③ 参见［日］团藤重光：《刑法纲要各论》，134页，东京，创文社，1990。

④ ［日］山口厚：《对佐伯仁志“故意·错误论”的评论》，载《理论刑法学的最前线》，126页，东京，岩波书店，2001。

⑤ 参见［日］香川达夫：《刑法讲义》（各论），167页，东京，成文堂，1996。

的危险犯中的危险是拟制的危险，所以不需要对其有认识。[①] 第三种观点认为，无论是具体的危险犯还是抽象的危险犯，都需要对危险有认识。[②] 一般认为，第一种观点忽略了具体的危险犯中的危险是构成要件要素，所以难言正确。第二种观点长期是日本的通说。但如前所述，现在也有不少学者认为抽象的危险犯不是形式犯而是实质犯，危险的存在并非拟制，而是构成要件的内容，因而提倡第三种学说。

(3) 因果关系。故意的成立是否需要对因果关系有认识是一个有争议的问题。传统的通说是认识必要说，但现在也出现了一种比较有力的学说，即认识不要说。认识必要说认为，成立故意，应当对因果关系有认识，但并没有必要详细认识到所有的因果经过，只要有对因果经过的基本部分的认识就足够了。[③] 认识不要说认为，在犯罪之际，并不总是要求行为人认识到因果经过的概要情况，而只要对包含有结果发生危险性的实行行为有认识就足够了。“即使对现实发生的因果经过的重要部分没有预见，也不能说就没有故意。意图杀死他人而使对方负轻伤，在送往医院途中因为救护车事故而死亡的场合，（行为人）对‘事故死’这一因果的重要部分即使没有预见也仍然具有杀意……如果要求行为时必须认识到因果关系的基本部分的话，那么在实际因果关系与其认识发生重大偏差的情况时，会因为重大的错误而否定故意，这就带来连未遂犯都不能成立的不当的结果。”[④]

有学者立足于认识必要说的立场指出：认识不要说并不是真正认为故意的内容不包含对因果关系的预见。因为如果完全不需要对因果关系的预见的话，那么诸如念咒语杀人这样的迷信犯的心理状态也会被视为故意。因此，认识不要说的实际主张是“行为人虽然必须认识到一定的因果经过，但它没有必要有外界的对应物存在。在讨论故意是否存在时，完全没有必要将因果经过的客观面与主观面加以对照而考虑其差异的程度”[⑤]。

(4) 行为主体。成立故意，必须对行为主体有认识。在一般的犯罪中，行为人对于自己属于作为犯罪主体的“人”当然会有认识，因而不会发生认定上的问题。

身份犯中的身份属于客观的构成要件要素，所以成立故意必须认识到身份的存在。例如，已经具有某种身份的人认为自己还没有身份时，即没有故意。不过，常习犯虽然也是身份犯的一种，但常习性通常被认为是行为人的属性而非行为的属性，所以故意的成立不需要对常习性有认识。[⑥]

(5) 行为客体。当行为客体作为构成要件要素被规定时，故意的成立当然需要对其有认识。例如，在杀人罪的场合必须认识到其对象是“人”，在行贿罪的场合必须认识到其对象是“公务员”。

(6) 违法性的认识。根据故意的认识内容是仅包括事实还是也包括规范的评价（法秩序整体的评价），故意概念的含义存在区别。理论上存在着认为故意仅包括对事实的认识的见解以及认为还包括违法性意识或其可能性的见解的对立。这就是所谓的故意说与责任说的对立。每种见解又各包含两种学说。故意说，包括严格故意说与限制故意说。严格故意说，认为故意除了对事实的认识之外，还包括对违法的认识，即包括违法性的意识。限制

① 参见［日］团藤重光：《刑法纲要各论》，182页，东京，创文社，1990。

② 参见［日］内田文昭：《刑法各论》，456页，东京，青林书院，1996。

③ 参见［日］山中敬一：《刑法总论》，2版，300页，东京，成文堂，2008。

④ ［日］前田雅英：《刑法总论讲义》，4版，229页，东京，东京大学出版会，2006。

⑤ ［日］井田良：《刑法总论的理论构造》，66页，东京，成文堂，2005。

⑥ 参见［日］团藤重光：《刑法纲要总论》，272页，东京，创文社，1990。

故意说，认为故意除了对事实的认识之外，还包括认识到违法的可能性，即要求有违法性意识的可能性。责任说，认为故意仅需要对事实的认识就能成立，违法性意识的可能性是与故意不同的另一种责任要素。在责任说的内部，根据是将关于正当化事由的事实前提的错误定位为事实的错误还是定位为禁止的错误（违法性的错误），又区分为严格责任说和限制责任说。严格责任说认为关于正当化事由的事实的前提（正当化事情）的错误是"禁止的错误"；当行为人陷于错误时，如果有相当的理由，那么就不是故意，而仅是阻却责任。限制责任说，认为关于正当化事由的事实前提的错误是"事实的错误"，阻却故意。①

2. 故意中事实认识的程度

故意的成立需要认识到上述事实，而构成要件的事实往往具有各种各样的含义（意义），因此，对事实的认识也包含着对含义的认识，那么，这种对含义的认识要达到何种程度呢？这主要涉及规范的构成要件要素的问题。

以散布淫秽文书罪为例，一般而言，对事物的认识包括以下阶段：第一，物体的认识，即认识到记载该文字的文书的存在。第二，该文书的语言学或文学的含义。例如，对英文的淫秽小说的认识以行为人能够阅读英文为必要。第三，对该文书所具有的社会意义的认识。例如，认识到该小说是一般所说的"下流的"或"黄色的"这种社会评价。这就是所谓的"对意义的认识"。第四，认识到该文书符合（日本）刑法关于淫秽文书的规定。②

故意的成立以达到上述第三"对意义的认识"为必要。这是因为只有达到这一认识才会直面"禁止实施该行为"的规范的问题。第四对"淫秽性"的认识则是违法性认识的问题。"只要对违法性的认识不采取上述故意说，就只不过是责任的问题。"③

综上，故意的成立需要认识到构成要件要素的意义。而这种"对意义的认识"不要求像法官那样完全理解法律的专业含义，而只需具有社会的一般意义的理解，即一般人基于社会常识所作的理解。这就是梅茨格尔所说的"行为人所属外行人之间的平行评价"或韦尔策尔所说的"行为人意识中的平行评价"④。

（四）故意的本质

成立故意，是仅需要认识因素还是同时需要意志因素？这是故意的本质问题。故意的本质实质上涉及的是故意的认定标准，即故意与过失的区别，尤其是有认识的过失与未必故意之间的区别。

传统学说中存在着意思主义与表象主义⑤（认识说）之间的对立。意思主义以意欲的要素作为故意的本质，表象主义则将知的要素作为故意的本质。⑥ 意思主义过去也被翻译为"希望主义"，它认为应以行为人是否存在意图使结果发生的意思（意欲、希望）来认定是否存在故意。表象主义则以对事实的认识为中心，只要存在着该种事实，或者认识到某种事实发生的概率的程度，就认为存在故意。现在的学说对立以上述两种立场作为中心轴而展开。

---

① 参见［日］山中敬一：《刑法总论》，2版，298～299页，东京，成文堂，2008。

② 参见［日］高桥则夫：《刑法总论讲义案》，77～79页，东京，成文堂，2006。

③ ［日］山中敬一：《法学院讲义刑法总论》，158页，东京，成文堂，2005。

④ 转引自［日］大塚仁等编：《大注释刑法》，第3卷，119页，东京，青林书院，1999。

⑤ "表象是日语对于德语 Vorstellung 的翻译，即使对日本人而言也是一个理解起来十分困难的词语。大致可以理解为将外界的事实投影在自己的心中。"（［日］立石二六编著：《刑法总论30讲》，148页，东京，成文堂，2007。）在中文里也难以找出同样含义的词语。

⑥ 参见［日］立石二六编著：《刑法总论30讲》，148页，东京，成文堂，2007。

1. 可能性说与盖然性说

（1）可能性说（预见说）。可能性说是一种彻底的表象主义的立场。在德国，施罗德（Schröder）、施米德霍伊泽（Schmidhäuser）等学者提倡此说。他们认为，只要对结果发生的可能性有具体的认识（预见）而仍然实施行为，就具有故意。此说排斥意思的因素，即使行为人并不希望结果发生，但只要对结果的发生有具体的认识，就认为存在故意。因此，根据本说，有认识的过失就没有存在的余地。日本学者泉二新熊、宫本英脩等也支持可能性说，认为只要有“对结果的预见”就是故意，而对“结果的预见”只需要预见到结果发生的可能性就可以了。①

对于此说的批评意见主要有：第一，日常生活中经常存在着即使认识或者预见到盖然性程度很低的事情的发生，但在行动时并不将其计算在内，并不是真正地接受结果的发生的情况。让行为人对这种认为有可能发生的情况承担故意责任，显然不妥。② 例如，行为人赶着参加某个会议而在公路上超速行驶，结果引发事故致使被害人死亡。行为人对于自己超速可能引起事故当然具有认识，但如果以此认定行为人成立故意杀人罪，显然不当。第二，如果一般人不能认识到结果的发生，但行为人具有特别谨小慎微的性格，从而认识（预见）到某种结果发生的可能性，那么对其适用故意犯罪的规定，显然是不必要地扩张了故意的范围。③

（2）盖然性说。盖然性说认为，要成立故意，不仅需要认识到结果发生的可能性，而且应当认识到其盖然性。④ 这里所说的盖然性，是指超过50%的可能性，但并不要求“高度的盖然性”或“接近确切程度的盖然性”⑤。这一学说认为“强调意思的要素有导致刑法过度心情化的危险”⑥，因而仍然将故意的核心理解为知的要素。但与可能性说相比，该说显然缩小了故意的成立范围。

根据该说，故意与过失的分水岭在于所认识到的结果发生可能性的程度：仅认识到结果发生的可能性，是有认识的过失；认识到结果发生的盖然性，是未必的故意；认识到结果确定会发生，是确定的故意。

对盖然性说的主要批评有：第一，对于故意犯罪刑法原则上予以处罚，而对于过失犯罪刑法原则上不予处罚，两者之间存在重大的差异。而此说认为故意与过失只存在认识层面的程度之差，这是致命的缺陷。⑥第二，“可能性与盖然性”的区别是不明确的，其标准实际上不过只有量上的区别。⑦

2. 希望说与容认说

（1）希望说。希望说认为，成立故意，需要行为人对构成要件结果的发生持意欲或者希望的态度。这是希望主义的原本形态。德国学者比克迈尔、希佩尔，日本学者大场茂马等持此说。但现在绝大多数学者认为，该说不承认作为不确定故意的未必的故意，将有未

---

① 参见［日］泉二新熊：《日本刑法总论》（上卷），456页，东京，有斐阁，1939；［日］宫本英脩：《刑法大纲》，141页，东京，弘文堂，1935。

② 参见［日］山中敬一：《刑法总论》，2版，313页，东京，成文堂，2008。

③ 参见［日］立石二六编著：《刑法总论30讲》，153页，东京，成文堂，2007。

④ 参见［日］齐藤信治：《刑法总论》，107页，东京，有斐阁，2003。

⑤ ［日］山中敬一：《法学院讲义 刑法总论》，132页，东京，成文堂，2005。

⑥ ［日］前田雅英：《刑法总论讲义》，4版，207页，东京，东京大学出版会，2006。

⑦ 参见［日］中山研一：《口述刑法总论》，补订版，215页，东京，成文堂，2005。

必的认识的情况基本都视为有认识过失，是不合适的。

（2）容认说。容认说认为，故意的成立不仅需要有对结果的预见，而且必须容认、认可、忍受该结果的发生。这一学说是基于意思主义的立场，将容认、认可等意欲的要素作为重点来考虑故意内容的。该说认为应尽可能地排除“希望”这种情绪性的评价要素，它是现在日本的通说。

容认说在知的要素之外还要求情绪的、意欲的要素，因而被不少学者认为是正确的学说，值得提倡。[①] 但也有批评意见认为：第一，在实务中判断是否存在容认这种内在的心理状态是非常困难的。第二，容认说只强调心理的容认，在认识到结果发生的盖然性很低的情况下实施行为的，也被认为存在故意；而相反，尽管认识到结果发生高的盖然性，但只要没有容认就否定故意，这会导致故意的成立范围过广。[②] 第三，所谓容认，实际上是“情绪的附随物”而不是意思的要素，“可能会导致不管认识的内容如何而仅以‘不介意他人之事的恶的性格’为根据认定故意的成立”[③]。第四，考虑周到的人可能负重的责任，不作什么考虑的人几乎可能不负责任，这是不合适的。[④]

3. 实现意思说

实现意思说主张，将实现结果的意思（实现意思）与避免结果的意思（避免意思）加以对比，通过看到底具有哪种意思来区分未必的故意与有认识的过失。这种见解由韦尔策尔、考夫曼等持目的行为论的学者所提倡[⑤]，后来影响逐渐扩大。

实现意思说的出发点是通过否定作为责任要素的故意来排除故意中的情绪的要素，只承认作为构成要件的故意，将故意理解为实现意思。“实现意思说将故意的内容理解为实现意思，以对所发生的结果是‘认真地考虑’、‘计算进去’还是只是轻率地‘信赖’结果不会发生为区分标准。也就是说，将构成要件结果的发生计算在内、认真地加以考虑的场合是未必的故意，只是单纯地‘信赖’结果不会发生的场合是有认识的过失。”[⑥]

对于实现意思说，也有学者批评说，即使行为人采取了避免措施，但并没有仅此就一定能够避免结果发生的自信时，认定为过失是不正确的。[⑦] 而且，对于即使投入了避免意思，采取了避免措施，但计算后认为只有 50%成功率的行为人，与一开始就认为结果发生只有 50%概率的行为人相比，并没有给予有利处理的必要。[⑧]

4. 动机说

动机说重视行为人的认识对于行为动机形成过程的影响。此说认为，行为人尽管认识到结果会发生，但并未由此产生停止该行为的动机（反对动机）而仍然实施行为，就存在故意。[⑨] 也就是说，行为人如果认识到会发生某种结果，就直接面对着禁止实施该行为的刑法规范，此时行为人可以选择不实施该行为（能够形成反对动机）。如果行为人仍然选择实

---

① 参见［日］团藤重光：《刑法纲要总论》，295 页，东京，创文社，1990。

② 参见［日］山中敬一：《刑法总论》，2 版，315 页，东京，成文堂，2008。

③ ［日］山口厚：《刑法总论》，180 页，东京，有斐阁，2005。

④ 参见［日］川端博：《从疑问开始的刑法Ⅰ》，67 页，东京，成文堂，2006。

⑤ 参见［日］中义胜：《讲述犯罪总论》，113 页，东京，有斐阁，1980；［日］川端博：《刑法讲话Ⅰ总论》，107 页，东京，成文堂，2005。

⑥ ［日］川端博：《刑法讲话Ⅰ总论》，107 页，东京，成文堂，2005。

⑦ 参见［日］中义胜：《讲述犯罪总论》，112 页，东京，有斐阁，1980。

⑧ 参见［日］山中敬一：《刑法总论》，2 版，316 页，东京，成文堂，2008。

⑨ 参见［日］曾根威彦：《刑法总论》，186 页，东京，弘文堂，2000。

施能够引起该结果的行为，就意味着行为人存在着犯罪故意。此说的特征在于将“认识与意思决定相联系”，并将其作为故意的根据。

对于动机说的主要批评是：将动机形成过程作为问题是不当地介入人的相当内心的部分；而且，动机说是基于将故意定位为责任要素的观点所提出的学说，从构成要件要素说的观点来看，在事实故意之中掺入责任非难的要素，与构成要件故意的内容不相容。[①]

（五）故意的种类

根据不同的标准，可以对故意进行不同的分类。由于各国情况不同，各国刑法学者对故意的分类也不尽一致。例如，德国学者冈特·施特拉藤韦特、洛塔尔·库伦等将故意分为直接故意、间接故意与附条件的故意三种。[②] 俄罗斯学者斯库拉托夫等将故意分为：直接故意与间接故意，临时故意与预谋故意，确定故意与不确定故意，可选择故意。[③] 意大利学者杜里奥·帕多瓦尼分为：开始故意、伴随故意和事后故意，实害故意与危险故意，一般故意与特殊故意，直接故意与可能故意、选择故意。[④] 法国学者卡·斯特法尼等分为：一般故意与特定故意，单纯的故意与情节加重的故意，确定的故意与不确定的故意，直接故意与可能故意。[⑤] 他们的分类有同有异，可以互相补充，使故意的分类更趋完备。比较起来，我们认为日本学术界关于故意的分类十分详尽，基本涵盖了上述各种分类。因此，在这里参照日本学者的分类加以论述。

1. 侵害故意与危险故意

侵害故意与危险故意，与侵害犯中的故意和危险犯中的故意相对应。侵害故意以一定的法益侵害为故意的对象，危险故意以一定的法益侵害的危险为故意的对象。

在具体的危险犯中的危险故意的场合，当然有必要认识或预见到具体的危险。关于抽象的危险犯中的危险故意，存在以下不同学说：（1）危险的发生不是构成要件要素，所以只要对其他的构成要件要素有认识就足够。（2）抽象的危险犯是以没有达到具体的危险程度的漠然的危险作为要件的，所以危险故意也与之相对应。（3）抽象的危险犯中也有必要发生与具体的危险同样的危险，但其发生是法律上的推定。危险故意则不是推定，而以对具体的危险的故意为必要。[⑥]

2. 确定的故意与不确定的故意

（1）确定的故意。确定的故意是指认识到一定的行为事实或一定的结果发生是确实的，或者认识到其高度的盖然性的故意。当然，对于将来发生的事实的认识要做到完全确实，的确是很罕见的。因此，理论上一般认为，只要具有高度的盖然性，就可以说有确定的故意。[⑦]“具有引起符合构成要件的结果的意图、目的，通常就被认为有确定的故意。但即使没有意图、目的，也可能有确定的故意。例如，以骗取火灾保险金为目的秘密地在自家放

---

① 参见［日］川端博：《从疑问开始的刑法Ⅰ》，68页，东京，成文堂，2006。

② 参见［德］施特拉藤韦特、库伦：《刑法总论Ⅰ》（犯罪论），杨萌译，127页，北京，法律出版社，2006。

③ 参见［俄］俄罗斯联邦总检察院编：《俄罗斯联邦刑法典释义》（上册），黄道秀译，49页，北京，中国政法大学出版社，2000。

④ 参见［意］杜里奥·帕多瓦尼：《意大利刑法学原理》，注评版，陈忠林译，191～192页，北京，中国人民大学出版社，2004。

⑤ 参见［法］卡·斯特法尼等：《法国刑法总论精义》，罗结珍译，259页，北京，中国政法大学出版社，1998。

⑥ 参见［日］山中敬一：《刑法总论》，2版，306～307页，东京，成文堂，2008。

⑦ 参见［日］山中敬一：《法学院讲义 刑法总论》，152页，东京，成文堂，2005。

火，知道有老人在家睡觉而仍然实施放火行为导致老人死亡，尽管没有杀人的目的，但仍然具有杀人罪的确定的故意。”①

一般而言，构成要件的故意只要是不确定的故意就已足够，但对于某些犯罪而言，例外地以确定的故意为必要。例如，要成立虚假告诉罪的故意，需要行为人认识到申告事实的虚伪性。而对这种虚伪性的认识，只有未必的认识是不够的，还需要对事实的虚伪性有确定的认识。②

（2）不确定的故意。不确定的故意是指认识到犯罪的实现是不确定的故意。这种不确定的故意，又可以分为概括的故意、择一的故意和未必的故意。

1）概括的故意。概括的故意是指行为人认识到结果发生是确实的，但结果发生的对象不特定，即对象的个数以及哪个对象发生结果是不确定的情况。例如，向一群人投掷炸弹的情况就是如此。对于这种情况，德、日刑法理论一般认为，行为人对于死亡者承担故意杀人既遂，对于负伤者以及虽未负伤但具有致死的具体危险的人承担故意杀人未遂的责任。

2）择一的故意。择一的故意是指确实会针对数个对象中的某一个对象发生结果，但究竟是谁不确定的情况。例如，意图杀死10名来客中的1人而向10个咖啡杯中的一个下毒，然后提供给客人，但究竟哪一杯有毒、谁会喝下毒的咖啡都不清楚的情况就是如此。此外，这种对象涉及不同的构成要件时，也被认为属于择一的故意。例如，出于伤害的故意向站在窗前的人扔石头，行为人也认识到可能会砸坏玻璃，但认为怎么样都行的情况。

对于择一的故意应如何处理，理论上的看法不尽一致。首先，对于同一构成要件内的择一的故意，第一种观点认为，只对发生结果一方才认可故意的成立。以上述咖啡下毒案为例，这种观点认为“如果以客人准备喝咖啡的时点作为实行着手的时点的话……那么在这个时点具有致死的具体的危险的只有死亡的客人1人，所以对其余9人不成立杀人未遂。此前的阶段虽然存在预备罪的个数问题，但由于行为人只有杀1人的目的，所以还是应当认为只成立一罪”③。第二种观点认为，对所有的对象都存在故意。上例中对死亡者成立故意杀人既遂，对其他人成立故意杀人未遂。④

其次，对于不同构成要件的择一的故意，第一种观点认为，“由于原本就存在两种不同的故意，所以应认为对实现的结果成立既遂，对未实现的成立未遂”⑤。第二种观点认为，只应当承认对实现一方的故意。但也有学者批评这种观点说，如果双方构成要件都没有实现的话，那么就无法确定对哪一方具有故意。⑥

3）未必的故意。未必的故意，是指认识到结果发生本身不是确实的，而是有可能发生且并不属于有认识的过失的情况。

对于是否有必要划分概括的故意、择一的故意和未必的故意，理论上也有不同的看法。有的观点认为概括的故意与择一的故意的场合都存在未必的故意，因而这两个概念是没有必要存在的。有的观点则认为，“概括的故意与择一的故意都是涉及结果确实会发生的情

---

① ［日］浅田和茂：《刑法总论》，300页，东京，成文堂，2005。

② 参见［日］大塚仁等编：《大注释刑法》，第3卷，152页，东京，青林书院，1999。

③ ［日］浅田和茂：《刑法总论》，301页，东京，成文堂，2005。

④ 参见［日］西田典之：《日本刑法总论》，刘明祥、王昭武译，170页，北京，中国人民大学出版社，2007。

⑤ ［日］山中敬一：《法学院讲义 刑法总论》，152页，东京，成文堂，2005。

⑥ 参见［日］佐伯和也：《关于择一的故意》，载《关大法学论集》，2004（4、5），308页以下。

况，与未必的故意属于不同的问题领域，因而具有独立论述的意义”[①]。

3. 事前的故意、事后的故意、附条件的故意

（1）事前的故意与事后的故意。事前的故意与事后的故意是德国刑法提出的概念，其本来的含义是：故意必须是正犯在实施实行行为时所具有的主观心态，因此，实行行为之前的所谓事前的故意与实行行为终了之后的所谓事后的故意，都不是刑法上的故意。[②]

不过，现在日本的通说将事前的故意等同为韦伯的概括故意，把事后的故意视为不作为犯中的故意。[③] 具体而言：

事前的故意，是指行为人误以为第一个行为已经完成了犯罪，为了防止他人发觉或出于其他目的，而实施第二个行为，实际上是第二个行为才导致行为人所预期的结果。这种情况通常是作为因果关系的错误来处理的。

事后的故意，是指行为人没有故意地实施了特定行为之后，才产生了故意，其后放任事态自然发展，导致了结果的发生。例如，医生开始动手术后，对患者产生了杀意，中途停止手术放置不管，导致患者死亡。

（2）附条件的故意。附条件的故意，在德国被称为附条件的行为意思。一般认为，它是指“实行犯罪的意思虽然是确定的，但其实行与一定的条件相关的情形”[④]。例如，做好杀死对方的准备，如果与对方协商不成功就杀死对方的情况就是如此。

二、过失论

（一）过失的概念

关于什么是过失，部分国家的刑法典明确作了规定。例如，瑞士联邦刑法典第 18 条规定：“（3）行为人由于违反义务过失地未考虑行为之结果，或者对行为之结果未加注意者，是过失犯罪。根据当时的情形和个人情况，行为人应当注意但未加注意的，即为过失。”意大利刑法典第 43 条第 1 款规定：“当行为人虽然预见到结果，但不希望其发生，该结果因疏忽、轻率、无经验或者未遵守法律、规章、命令或纪律而发生时，重罪是过失的或者违背意愿的。”

此外，德国、日本等很多国家的刑法典没有对过失下定义，而交由理论研究去加以解决。德国学者耶赛克等认为：“由于违反注意义务实现刑法规定的构成要件，且违反义务没有认识到会发生构成要件结果，或者虽然想到会发生构成要件结果，但违反义务地相信，此等结果将不会发生，行为人的行为是过失行为。因此，过失并非故意的减轻的形式，而是与故意不同的概念。”[⑤] 日本学者则多认为，所谓过失是指“应当认识到符合一定构成要件的事实的发生且法律上要求其加以避免，因为不注意（也就是违反注意义务）而导致发

---

① ［日］山中敬一：《刑法总论》，2 版，308 页，东京，成文堂，2008。

② 参见［德］克劳斯·罗克辛：《德国刑法学总论》，第 1 卷，王世洲译，311～312 页，北京，法律出版社，2005 版。

③ 参见［日］佐久间修：《刑法讲义》（总论），104～105 页，东京，成文堂，1997。

④ ［日］前田雅英：《刑法总论讲义》，4 版，209 页，东京，东京大学出版会，2006。

⑤ ［德］耶赛克、魏根特：《德国刑法教科书》（总论），徐久生译，675～676 页，北京，中国法制出版社，2001。

生这样的事实的情况”①。

与故意的规定方式一样，关于过失的两种立法例也各有短长。

（二）过失犯的例外处罚原则

在历史上，过失犯主要涉及的是日常生活中由不注意而引发火灾或对火药、枪支等处理不当而造成的人员死伤等偶发的、小规模的事件，因而多数可以通过民事赔偿等方式解决纠纷，只有在涉及重大法益侵害的情况时才例外地进行刑罚处罚。因此，刑法理论研究的焦点也集中在故意与过失的界限问题（未必的故意理论）上，过失与无过失之间的界限则不为人所关注。进入 20 世纪以后，随着高速交通运输等现代工业的发展，过失犯大量增加，“在所有的犯罪行为中，已经有大约一半是过失犯罪了”②。过失犯罪的形式也趋于多样化，刑法研究终于开始关注过失与无过失的界限，也就是过失的积极内容的问题。③

尽管过失犯罪的数量和形态出现了大量的增长，但人们一般还是认为，故意犯罪是一种积极的反规范的行为，而过失犯罪则是消极的反规范的行为，两者之间在责任上存在差异。因此，各国刑法都普遍规定以处罚故意犯作为原则，以处罚过失犯作为例外。例如，奥地利刑法典第 7 条规定：“（1）本法只处罚故意行为，但法律另有规定的除外。（2）对行为后果的发生行为人至少有过失的，行为人始受处罚。”德国刑法典第 15 条规定：“本法只处罚故意行为，但明文规定处罚过失行为的除外。”日本刑法第 38 条第 1 款也规定：“没有犯罪故意的行为不处罚，但法律有特别规定的，不在此限。”

一般而言，过失犯的处罚只限于法律有特别规定的原则，不仅适用于刑法典，也适用于特别刑法与行政刑法。

（三）过失的理论

关于过失理论的争论，是刑法学理论中争论最激烈的领域之一。现在有影响的过失理论主要有以下几种。

1. 旧过失论

旧过失论，也称传统的过失论。旧过失论是由后述的新过失论者所取的名称。需要注意的是，虽是“旧”过失论，但现在也有不少支持者。

旧过失论认为，不需要在构成要件、违法性阶段区别故意与过失，故意与过失的区别只是在责任阶段，过失是与故意并列的责任条件或责任形式。过失与故意一样，属于主观的心理状态。过失意味着行为人不注意的心理状态，而这种不注意是指违反注意义务。所谓注意义务是指使自己精神紧张，从而预见到结果发生的义务，它以结果的预见可能性为核心。在旧过失论看来，过失犯非难的根据在于，行为人尽管能够认识、预见到犯罪事实，但因为不注意而没有预见，因而也就没有采取避免结果发生措施而导致结果发生。换言之，旧过失论是以结果预见义务为中心的过失论，把因不注意而没有预见结果解释为过失的本质。

在犯罪论体系问题上，旧过失论认为故意、过失都是责任形式，在构成要件符合性、违法性阶段，故意犯与过失犯则是共通的，因而是一种结果无价值论的学说。④

---

① ［日］中山研一：《刑事法小辞典》，29 页，东京，成文堂，1996。

② ［德］克劳斯·罗克辛：《德国刑法学总论》，第 1 卷，王世洲译，712 页，北京，法律出版社，2005。

③ 参见［日］浅田和茂：《刑法总论》，335 页，东京，成文堂，2005。

④ 参见［日］高桥则夫：《刑法总论讲义案》，82 页，东京，成文堂，2006。

根据旧过失论，只要发生了某种法益侵害的结果，又能确定行为与结果之间的因果关系，就可以认为该行为“违法”。如果能够肯定行为人违反了主观的注意义务（即有可能预见到法益侵害的发生），就可以追究行为人的“责任”，从而成立过失犯罪。对此，存在着两点批评意见：

第一，仅因为引起了法益侵害的结果就将该行为认定为违法，是不合适的。例如，甲照章驾车绿灯时通过十字路口，而乙则闯红灯强行左转导致与甲的车相撞，乙当场死亡。按照旧过失论的体系，因为甲的行为与法益侵害结果有因果关系，所以不得不将甲的行为评价为违法，只是因为其没有结果发生的预见可能性，所以不具有责任。但将遵守交通规则安全行驶的行为评价为违法，显然是不可思议的。[①]

第二，旧过失论认为只要法益侵害结果与行为人主观的不注意的心理态度之间具有因果关系，就成立过失犯。这是只将作为行为人“内心要素”的过失作为结果发生的原因，而完全没有考虑过失的“行为”的性质。[②]

考虑到上述批评意见，旧过失论的学者对自己的观点也作了部分修改，这样就产生了修正的旧过失论。

修正的旧过失论一方面维持了过失属于责任要素这一基本的观点，另一方面纠正了传统的旧过失论完全不重视实行行为的观点。它重视过失犯的实行行为，并将其界定为“对于结果发生具有实质上不被允许的危险的行为”。过失犯的实行行为，属于构成要件符合性的问题，而结果的预见可能性是有责性的问题。“（以前的观点）曾经完全不将实行行为性视为问题，而以所有与结果（发生）具有因果性的行为作为对象。但是，第二次世界大战后的旧过失论并不是原样维持、沿袭‘仅仅重视作为责任要素的预见可能性的理论’，而是在预见可能性之外，还认识到了分析过失犯的实行行为的内容的必要性，通过‘客观性预见可能性的存在’来限定过失的成立范围，将实质上不被允许的危险行为作为过失的实行行为。”[③]

2. 新过失论

新过失论是在20世纪初登场，第二次世界大战后进一步发展起来的一种理论。新过失论的特点有以下三点：（1）过失不只是责任的问题，也是违法性及构成要件的问题。[④]（2）将旧过失论以结果预见可能性为中心的过失概念变更为以结果避免义务为中心的过失概念。认为即使有预见可能性，但只要行为人履行了结果避免义务，就不成立过失犯。新过失论将遵守“社会生活上必要的注意的行为”设定为标准行为，以此来设定结果避免义务，使之成为客观的注意义务。过失的违法要素就是违反这种客观的注意义务，即偏离了标准行为。由于过失是没有采取一定的避免措施，因而过失犯是不作为犯。相当于作为义务的结果避免义务在构成要件中没有被规定，所以，过失犯的构成要件是开放的构成要件。[⑤]（3）新过失论重视医疗行为、交通运输行为的社会价值，通过缓和结果避免义务来限定过失犯的处罚范围。[⑥]

---

① 参见［日］井田良：《刑法总论的理论构造》，114页，东京，成文堂，2005。

② 参见［日］川端博：《从疑问开始的刑法Ⅰ》，108页，东京，成文堂，2006。

③ ［日］前田雅英：《刑法总论讲义》，4版，272页，东京，东京大学出版会，2006。

④ 参见［日］山中敬一：《法学院讲义 刑法总论》，192页，东京，成文堂，2005。

⑤ 参见［日］前田雅英：《刑法总论讲义》，4版，265～266页，东京大学出版会，2006。

⑥ 参见［日］前田雅英：《刑法总论讲义》，4版，266页，东京，东京大学出版会，2006。

新过失论承认二重的过失，即构成要件符合性、违法性阶段的客观的过失（构成要件过失）和责任阶段的主观的过失（责任过失）：前者是以一般人、平均人为标准的客观的注意义务违反，后者是以行为人本人为标准的主观的注意义务违反；前者涉及确定不遵守客观上社会生活所必要的注意的行为，后者涉及判断行为人本人不注意的心理状态。①

新过失论不将过失犯违法性的核心求之于法益侵害，而求之于“偏离标准行为”，即违反结果避免义务，因而明显是基于行为无价值论的学说。②

新过失论产生的理论背景在于被允许的危险理论与信赖原则，它们一起发挥了将过失犯的成立范围限定在一定的合理范围的作用。③ 但现在旧过失论等都在适用被允许的危险理论与信赖原则，对此将在后文中再详述之。

3. 新新过失论（不安感说　危惧感说）

在20世纪60年代后期的日本，受公害、药害、企业灾害等现象的触动，新过失犯论内部出现了新的动向，即将此前新过失论所主张的处罚限定论调整为处罚扩张论。一方面，它将预见可能性的概念尽可能扩大，只要有某种程度的危惧感就够了；另一方面，它将结果避免义务通过设定社会必要的行为准则而客观化。这就意味着行为人只要违反了客观的行为准则就违反了结果避免义务，就属于违法行为。为了将这种学说与新过失论相区别，学者们一般将其称为危惧感说、不安感说或新新过失论。

新新过失论理论的特色有以下三点：（1）同新过失论一样，以结果避免义务作为过失犯的核心；（2）鉴于被害法益的重大性，它非常严格地认定结果避免义务的内容，这与新过失论正好相反；（3）作为结果避免义务的前提，它不要求具体的结果预见可能性，而只要求有某种不安感、危惧感。如果从形式上理解过失论的构造，那么新新过失论属于新过失论的一种，但如果从实质上看，新新过失论则是与新过失犯方向恰好相反的学说。④

新新过失论是以公害犯罪、大规模火灾、食品中毒、药害等现代型过失犯罪为模型所构建的过失理论。如果将这种理论应用于交通事故的处理，那么由于很容易认定存在危惧感，会极端地扩大过失犯的成立范围。⑤ 有鉴于此，新新过失论的提倡者主张此说与追究企业干部过失责任的企业组织体责任论（即使各个行为者并没有过失，但只要认定企业组织体存在过失，就可以让其成员承担过失责任）一起适用⑥；同时还主张此说只适用于现代型的过失犯罪，认为过失应符合生活关系的实际情况，即提倡所谓“按生活关系分类的过失论”⑦。

新新过失论自提出后受到了很多批评：第一，这是一种立足于行为无价值一元论的过失理论，使过失犯的处理接近于结果责任，违反了责任主义。⑧ 第二，企业组织体责任论违反个人责任原则，而按生活关系分类的过失论则是一种过于随意的解释。⑨ 从司法实践看，

---

① 参见［日］团藤重光：《刑法纲要总论》，314页，东京，创文社，1990；［日］大塚仁：《刑法概说》（总论），冯军译，北京，中国人民大学出版社，2003。

② 参见［日］中山研一：《口述刑法总论》，245页，东京，成文堂，2005。

③ 参见［日］浅田和茂：《刑法总论》，338页，东京，成文堂，2005。

④ 参见［日］前田雅英：《刑法总论讲义》，4版，270页，东京，东京大学出版会，2006。

⑤ 参见［日］山中敬一：《法学院讲义 刑法总论》，191页，东京，成文堂，2005。

⑥ 参见［日］藤木英雄：《刑法讲义总论》，249页，东京，弘文堂，1975。

⑦ ［日］板仓宏：《刑法总论》，285页，东京，劲草书房，1994。

⑧ 参见［日］山口厚：《刑法总论》，203页，东京，有斐阁，2005。

⑨ 参见［日］浅田和茂：《刑法总论》，340页，东京，成文堂，2005。

日本的法院实际上只有在个别案件中采取过新新过失论。其后还有判决明确否定新新过失论。[①] 但是，随着企业犯罪论逐渐获得支持，企业适法计划被视为企业刑事责任的判断基础，新新过失论正在以一种新的方式受到日本刑法理论界的重视。[②]

（四）注意义务

1. 注意义务的内容

过失是指因不注意而没有认识到犯罪事实。注意义务是过失的核心概念。一般认为，注意义务包括结果预见义务和结果避免义务两个方面。所谓结果预见义务是指应当预见的义务，也就是使精神紧张以预见到结果的义务；结果避免义务是以预见义务为前提，在预见到结果发生之时采取避免结果发生的行动的义务。[③] 但不同的过失理论对于注意义务的理解并不相同。

（1）结果预见义务说。结果预见义务说是旧过失论的主张。此说认为，行为人尽管能够预见犯罪事实，但因为精神欠缺紧张导致没有预见，所以实施行为而发生结果，就值得进行刑法上的非难。对于结果预见义务说，新过失论者提出了以下批评：第一，过失犯中存在着“有认识的过失”的形态，这种过失形态中的行为人已经尽了自己的预见义务。因此，认为过失的内容就是结果预见义务显然不能涵盖所有的过失类型。[④] 第二，坚持结果预见义务说的旧过失论认为，过失犯在构成要件符合性、违法性阶段与故意犯没有本质的区别，那么即使行为人履行了法律上所要求的注意义务而且结果的发生是不可避免的，最终其所产生的法益侵害结果还是会被评价为违法，这是不合适的。[⑤]

对此，结果预见义务说的学者也提出了自己的反驳：第一，在有认识的过失的场合，虽然曾经预见到结果的发生，但很快因为不注意而将其打消，因而并没有充分尽到结果预见义务。而且，有认识的过失，虽然认识到结果发生的可能性，但并没有认识到该种情况下具体结果的发生，在这一点上与无认识的过失没有差异。[⑥] 第二，从旧过失论所立足的结果无价值论来看，侵害法益的行为如果不存在其他优越的利益，那么即使是无过失（偶然或不可抗力）也是违法。如果认为无过失地侵害他人正当法益的行为合法的话，反而会带来不允许进行正当防卫的问题。[⑦]

（2）结果避免义务说。结果避免义务说是新过失论的主张。它认为结果避免义务（或同时包括结果预见义务）是注意义务的内容。所谓结果避免义务，是指应当采取适当措施避免特定结果发生的外部的、客观的义务。但这种观点也受到旧过失论者的批评。在旧过失论者看来，具有客观性的结果避免义务，原本是所有的结果犯，包括故意犯与不作为犯共同的义务，而非过失犯所固有的义务。如果将结果避免义务纯粹理解为应采取外部避免措施的义务的话，就与不作为犯的作为义务没有区别了，而且脱离了“注意”这一意味着使精神紧张的主观性用语的本意。鉴于上述批评，新过失论中也有的学者将结果避免义务的概念调整为“应当考虑采取结果避免措施的义务”，从而强调结果避免义务属于主观方面

---

① 参见［日］札幌高等裁判所1976年3月18日《高等裁判所刑事判例集》，第29卷第1号，78页。

② 参见［日］田口守一、甲斐克则：《刑事适法计划的国家动向》，155～163页，东京，信山社，2015。

③ 参见［日］山中敬一：《法学院讲义 刑法总论》，189页，东京，成文堂，2005。

④ 参见［日］西原春夫：《过失犯的构造》，载《现代刑法讲座》，第3卷，15页，东京，成文堂，1979。

⑤ 参见［日］井田良：《刑法总论的理论构造》，114页，东京，成文堂，2005。

⑥ 参见［日］真锅毅：《现代刑事责任论序说》，328页，东京，法律文化社，1983。

⑦ 参见［日］曾根威彦：《刑法的重要问题》（总论），178页，东京，成文堂，2005。

的义务。[①]

2. 预见可能性

无论是结果预见义务说还是结果避免义务说，都一致认为结果预见可能性是过失的成立条件。因为没有预见可能性，也就谈不上“应当预见结果发生”或“预见结果发生以后应当采取措施加以避免”。但是，由于以上两说对于预见可能性的作用理解不同，所以关于预见可能性的对象、程度、内容等也有不同见解。

（1）预见可能性的程度与内容。

关于预见可能性的程度，存在具体的预见可能性说和危惧感说两种不同的观点。

具体的预见可能性说是现在的通说，无论是旧过失论还是新过失论都持这种观点。这是因为，对于旧过失论而言，它以结果预见义务为核心，预见可能性同过失的成立紧密相连。因此，它对预见可能性的内容和程度都提出了高度的要求，虽然不要求对因果系列的具体细节有预见可能性，但至少要对结果有相当程度的具体的预见。对于新过失论而言，它立足于结果避免义务说，虽然预见可能性只具有为选择结果避免措施提供标准的机能，但如果不以结果的具体的预见可能性为前提的话，就无法决定应当采取什么样的结果避免措施。

当然，新、旧过失论对于预见可能性内容的理解还是存在区别的。旧过失论认为过失是与故意相并列的责任形式或要素，因此认为预见可能性是行为人如果使自己精神紧张就能够预见到结果的发生，即从主观上理解预见可能性（主观的预见可能性）。而新过失论认为预见可能性是采取结果避免措施的前提条件，因而主要探讨以一般人为标准的客观的预见可能性的问题。修正的旧过失论也将预见可能性的内容客观化，使其与过失行为的危险性相联系。“这种过失行为的危险性，也可以说成是结果的客观的预见可能性。”[②] 但它是将客观的预见可能性作为结果预见义务的前提，而不是如新过失论那样将其作为结果避免义务的前提，因而还是属于旧过失论的范畴。

危惧感说认为，“成立预见可能性，不需要有对导致结果发生的具体的因果经过的预见的必要，只要达到一般人有某种结果可能发生的具体的危惧感的程度就够了”[③]。但如前所述，这种观点被认为违背了责任主义的要求。

（2）预见可能性的对象。

过失犯中预见可能性的对象与故意犯中的一样，指的是“犯罪事实”，即包括结果本身以及行为与结果之间的因果关系。

首先，关于结果的预见可能性。与故意犯一样，过失犯虽不要求对结果的详细的形态有精确的认识，但对于结果的发生本身必须有认识。问题在于，这种认识涉及具体性客体（对象）时，是仅包括实际的认识，还是也包括可能性认识。例如，被告人鲁莽驾车，除了造成坐在副驾驶座的人受伤外，还造成在被告人并不知情的情况下自己爬进后车厢的两人死亡。对此案，日本的法院认为，“对被告人而言，当然应当认识到自己鲁莽驾车的行为有可能会造成伴有人员死伤的事故，因此即使被告人对于自己的后车厢内前述两人乘车的事实没有认识，也不妨碍其构成针对这两人的业务上过失致死伤罪”[④]。不过，对此也有不少

① 参见［日］西原春夫：《刑法总论》（上卷），改订版，198 页，东京，成文堂，1995。

② ［日］平野龙一：《刑法总论Ⅰ》，194 页，东京，有斐阁，1975。

③ ［日］藤木英雄：《刑法讲义总论》，240 页，东京，弘文堂，1975。

④ ［日］最高裁判所判决 1989 年 3 月 14 日《最高裁判所刑事判例集》，第 43 卷第 3 号，262 页。

学者认为法院基于“法定符合说”得出了上述结论，它的结论与危惧感说实质上没有区别。[①] 而“从具体的符合说的立场来看，必须对被侵害的对象有具体的预见可能性”[②]。

其次，关于因果关系的预见可能性。通说认为，需要认识到特定的构成要件的结果以及行为与结果之间因果关系的“基本部分”“本质部分”，而不需要对所有的因果过程都有认识。不过，也有少数学者认为不需要现实的因果关系的预见可能性。“因果关系的预见可能性对于过失责任而言不重要。行为时，在结果之外还要求对因果经过的基本的部分有预见可能性，这是不妥当的。有了对结果的预见可能性，因为没有对现实的因果经过的预见而否定责任，是不合理的。”[③]

（3）预见可能性的判断标准。

关于预见可能性的判断标准，基本上存在着主观说、客观说、折中说和能力区别说四种观点。

主观说立足于道义责任论，认为应以行为人本人的能力为标准。这是一种彻底贯彻行为责任主义的学说。[④] 主观说面临的最大问题在于如果行为人的能力超出普通人的，应该如何处理。对此，有持主观说的学者主张：“在通常人不能预见而行为人有预见可能的场合，由于法律一般是以通常人为对象加以制定的，因而应当认为这种情况下不能施加法的非难。”[⑤]

客观说立足于社会责任论，认为应当以一般人的能力为标准。客观说主要是新派学者的主张，其基本理由是基于社会防卫的必要，没有达到通常人能力的人因为对社会存在危险，所以应受处罚。[⑥] 客观说的最大问题在于强人所难，不符合责任主义的原则，因而随着新派的衰落，现在已经没有支持者。

折中说试图调和主观说与客观说，但其内部又有非常复杂的不同学说。大致而言，第一种观点主张以一般人的能力为上限，如果行为人的能力低于一般人的则以其本人的能力为标准。[⑦] 第二种观点认为，对注意义务的内容应按照各种生活领域客观地加以确定，例如医生的注意义务、汽车驾驶员的注意义务等基本都由成文法规作了规定，从而形成过失认定的标准。但在具体判断时还必须考虑行为人能否遵守这些规则，诸如身体残疾、色盲、近视等肉体缺陷，知识缺乏等精神问题乃至疲劳、不快、兴奋等心理因素等可能使行为人缺乏预见能力。[⑧] 第三种观点认为，关于知的能力以行为人为标准，而对注意的程度遵循客观标准。[⑨] 第四种观点认为，构成要件的过失是以平均人为标准的“客观的过失”，而责任过失则是以行为人本人为标准的“主观的过失”[⑩]。

能力区别说则对预见能力作出分类，认为生理方面（疲劳、醉酒、兴奋、近视等）适

---

① 参见［日］中山研一：《口述刑法总论》，248 页，东京，成文堂，2005。

② ［日］山口厚：《刑法总论》，205 页，东京，有斐阁，2005。

③ ［日］前田雅英：《刑法总论讲义》，4 版，285 页，东京，东京大学出版会，2006。

④ 参见［日］西原春夫：《刑法总论》（上卷），改订版，209 页，东京，成文堂，1995。

⑤ ［日］浅田和茂：《刑法总论》，342 页，东京，成文堂，2005。

⑥ 参见［日］木村龟二：《刑法总论》，增补版，250 页，东京，有斐阁，1978。

⑦ 参见［日］小野清一郎：《刑法概论》，增订新版，128 页，东京，法文社，1960 年；［日］团藤重光：《刑法纲要总论》，319 页，东京，创文社，1990。

⑧ 参见［日］不破武夫：《刑事责任论》，192 页，东京，弘文堂书房，1948；［日］井上正治：《过失犯的构造》，76 页，东京，有斐阁，1958。

⑨ 参见［日］宫本英脩：《刑法大纲》，155 页，东京，弘文堂书房，1935。

⑩ ［日］大塚仁：《刑法概说》（总论），冯军译，206 页，北京，中国人民大学出版社，2003。

用主观的标准，而规范心理方面（轻率性）适用客观的标准。[①]

（五）被允许的危险理论与信赖原则

1. 被允许的危险理论

被允许的危险理论是19世纪末在德国发展起来的一种理论，它的标志性口号是"如果禁止一切危险，社会就会停滞"。其所坚持的是即使付出一定的牺牲也要以科学发展等社会整体的利益优先的价值观。[②] 换言之，它是根据对社会的有用性使公法益优先于个人的生命、身体的保护等私法益，因而对个人自由具有危险的一面。但这并不意味着这一理论的宗旨是即使侵害到少数人的生命、身体也没有关系，而只是在如果遵守一定的规则通常就不会发生危险结果这样的条件下，允许危险行为的存在。而且，如果对具体结果的发生有预见可能，就不允许实施该行为，换言之，被允许的危险理论所允许的只是一般意义上的危险行为，如高速交通、医疗等，而不是个别的有结果发生具体危险的行为。[③]

一般而言，行为无价值论是根据"客观的注意义务的欠缺、减轻"或"社会相当性"的思想来理解被允许的危险的。[④] 社会生活中所必要的危险行为，在许多情况下都具有法益侵害的预见可能性。因此，按照旧过失论，一旦发生结果就应以过失犯论处。这显然不符合被允许的危险理论的宗旨。被允许的危险理论强调要考察行为是否具有相当性或行为人是否没有履行客观的注意义务，这恰好就是新过失论的思想。

此外，修正旧过失论也是在被允许的危险理论的基础上对旧过失论作出的修正。[⑤] 它将过失犯的实行行为界定为对于结果发生具有实质上不被允许的危险的行为，是为了避免旧过失论所存在的问题。前面已经提过，诸如甲照章驾车绿灯时通过十字路口，而乙闯红灯强行左转导致与甲的车相撞，乙当场死亡的案例，按照旧过失论的体系，因为甲的行为与法益侵害结果有因果关系，所以不得不将甲的行为评价为违法，只是因为其没有结果发生的预见可能性，所以不具有责任。但将遵守交通规则安全行驶的行为评价为违法，显然存在问题。因此，修正的旧过失论试图通过将"被允许的危险"作为违法性阻却事由，使上述甲的遵守了客观注意义务的行为合法化。不过，也有学者认为，这种观点与结果无价值论立场的整合性值得怀疑，"被允许的危险理论还是与行为无价值论、新过失论的立场更为接近。而从结果无价值论、修正旧过失论的立场则难以承认被允许的危险"[⑥]。

2. 信赖原则

（1）含义。信赖原则，是指"当行为人实施某种行为时，如果存在信赖被害者或第三者采取适当行动的情况，因被害者或第三者不适当的行动而导致结果发生的，行为人对此不负责任的原则"[⑦]。信赖原则肇始于1935年12月9日德国法院的判决，20世纪50年代前

---

① 参见［日］平野龙一：《刑法总论Ⅰ》，106页，东京，有斐阁，1975；［日］曾根威彦：《刑法总论》，194～195页，东京，弘文堂，2000。

② 参见［日］盐谷毅：《关于信赖原则的序论的考察》，载《神山敏雄先生古稀祝贺论文集》，第1卷，90页，东京，成文堂，2006。

③ 参见［日］浅田和茂：《刑法总论》，346页，东京，成文堂，2005。

④ 参见［日］中义胜：《过失犯中被允许的危险法理与危险的分配》，载《过失犯（1）（日冲宪郎博士还历祝贺）》，49页，东京，有斐阁，1966。

⑤ 参见［日］井田良：《刑法总论的理论构造》，114页，东京，成文堂，2005。

⑥ ［日］盐谷毅：《关于信赖原则的序论的考察》，载《神山敏雄先生古稀祝贺论文集》，第1卷，90页，东京，成文堂，2006。

⑦ ［日］高桥则夫：《刑法总论讲义案》，89页，东京，成文堂，2006。

半期被介绍到日本，此后逐渐发展为日本理论与实务界的通说。信赖原则原本是适用于交通过失案件的原则，现在则扩大到医疗活动、企业活动等领域。信赖原则是被允许的危险理论的具体化，在分担危险负担的意义上又以危险分配的法理为其内容。

（2）信赖原则的适用条件。适用信赖原则需要具备一定的条件，以交通案件为例，“首先作为一般的客观的要件：①汽车的高速度和畅通交通的必要性；②交通环境的完善；③交通教育、交通道德的普及。其次具体的客观的要件，应分为①车辆对车辆；②车辆对步行者进行类型性的分析。作为主观的要件有：①信赖的存在；②信赖的相当性。其中，①意味着对其他交通参与者遵守交通秩序采取适当的行动存在现实的信赖，它是一种无意识的预见程度，即只要不存在积极的不信任、相当程度的怀疑就可以了。②则意味着①的信赖从该具体的交通情况来看在社会生活上是相当的”①。

理论界一般认为，信赖原则存在以下例外情况：第一，当对方是幼儿、老人、残疾人、醉酒者时，应当否定信赖原则的适用。当然，在某些客观的条件下，例如，在幼儿、老人有成年人陪同时，也是允许适用信赖原则的。② 第二，在对方有采取违反义务行动的具体的先兆的场合，应当否定信赖原则的适用。“当一个汽车驾驶员注意到别人没有尊重自己的先行权时，他就必须减速停下，不允许在信赖自己的‘权利’中继续开行。”③ 第三，在违反义务的行动频发的场合，应当否定信赖原则的适用。例如，在住宅区密集、道路狭小的路段，在商业街、学校门前等人流繁多的路段，作为机动车驾驶者，不得轻易信赖其他交通参与者会采取适当的行动。

在自己有违反义务的行动的场合，能否适用信赖原则，则有不同看法。首先，可以肯定的是，并非任何违反义务的行动都排除信赖原则的适用。在行为人违反交通规则的行为与结果的发生没有因果关系时，诸如行为人只是忘了带驾照等情况，完全可以适用信赖原则。其次，当行为人违反交通规则的行为，例如超速行驶、无视信号灯等行为是结果发生的起因时，是否仍然能够适用信赖原则，对此存在争议。主流的观点认为，“在行为人违规行为对其他交通参与者来说已是既成事实，以至于信赖其他参与者会将其违反规则的行动考虑在内的想法具有相当性的场合；以及在无论自己是否违反规则，凡是信赖相对方适当行动具有相当性的场合，都应当承认对信赖原则的适用”④。

（六）过失的种类

关于过失的分类，德国刑法理论认为，过失可以分为无意识的过失和有意识的过失。同时，故意和过失处于一种等级关系之中，即使是在过失的内部，也能够区分出较强硬和较软弱的形式，即轻率、简单和微小的过失。⑤ 意大利刑法理论将过失分为一般过失与特殊过失、无认识过失与有认识过失。⑥ 俄罗斯刑法理论将过失分为轻信过失和疏忽过失。⑦ 日

---

① ［日］川端博：《刑法总论讲义》，210～211页，东京，成文堂，1995。

② 参见［日］西田典之等：《判例刑法总论》，286页，东京，有斐阁，2006。

③ ［德］克劳斯·罗克辛：《德国刑法学总论》，第1卷，王世洲译，718页，北京，法律出版社，2005。

④ ［日］西原春夫：《交通事故与过失的认定》，96页，东京，成文堂，1975。

⑤ 参见［德］克劳斯·罗克辛：《德国刑法学总论》，第1卷，王世洲译，727～734页，北京，法律出版社，2005。

⑥ 参见［意］杜里奥·帕多瓦尼：《意大利刑法学原理》，注评版，陈忠林译，199～202页，北京，中国人民大学出版社，2004。

⑦ 参见［俄］俄罗斯联邦总检察院编：《俄罗斯联邦刑法典释义》（上册），黄道秀译，53～57页，北京，中国政法大学出版社，2000。

本刑法理论则一般将过失分为无认识过失与有认识过失，单纯过失、重过失与业务上过失，管理、监督过失等。[①] 比较上述观点，可以发现无认识过失与有认识过失的分类为各国刑法理论所认可，而日本学者的分类可以说涵盖了其他国家的分类方法，相对全面，现简介如下。

1. 有认识的过失与无认识的过失

根据行为人对犯罪事实有无认识，可以将过失分为有认识的过失与无认识的过失。

关于区分有认识的过失与无认识的过失有无实际意义，学者们的认识并不一致。德国学者罗克辛一方面认为两者区分的“首要的实践意义在于恰当地划分与有条件故意的界限……相反，有意识和无意识过失的区别并不具有重要的意义。立法者在任何地方都没有把这个区别与不同的法律后果联系在一起”，另一方面又认为“在相同条件下，有意识的过失当然比无意识的过失更具有需要刑罚性，因此，这种区别在量刑中会发挥影响”[②]。

2. 单纯过失、重过失与业务过失

这是根据刑事责任的轻重对过失犯所作的分类。单纯过失，也称普通过失、通常过失，是指在构成要件上没有特别限制的一般性过失。

关于什么是重过失，理论上存在着多种观点：（1）稍微注意说。认为重过失指的是违反注意义务程度很显著的过失，即行为人只要稍微地注意就能够避免结果发生的过失。[③]（2）重大结果说。认为重过失指的是对于重大结果发生的可能性很高的事态，行为人懈怠了自己的注意义务的情况。[④]（3）综合说。即认为应综合上述两种情况加以判断。[⑤]（4）有认识的过失说。认为有认识的过失是重过失，无认识的过失是通常过失。[⑥]

业务过失指的是由于违反业务上的注意义务所构成的过失。所谓“业务”，通说认为是指基于社会生活上的地位而反复、继续从事的事务。

大陆法系刑法一般规定，对业务过失犯罪加重刑罚。其理由是：（1）特别注意义务说认为，从事业务的人与一般通常人相比被科以特别高度的注意义务，如果加以违反就要承担更重的责任。[⑦]（2）一般预防说认为，为了严厉警诫一般的业务人员而加重刑罚。[⑧]（3）违法性说认为，此类犯罪的被害法益通常是重大而且多数的，所以违法性程度较高，应加重刑罚。[⑨]（4）预见能力说认为，业务人员比通常人具有对更广范围的结果的认识和预见能力。[⑩]（5）行为性质、法益侵害危险性说认为，之所以对业务过失加重刑罚，是因为其业务的关系，即该种业务的行为性质、法益侵害的危险性更高。[⑪]

对于特别注意义务说，有学者批评说，特别高度的注意义务具有非常抽象的性质，在

---

① 参见［日］大塚仁等编：《大注释刑法》，第2卷，359～364页，东京，青林书院，1999；［日］浅田和茂：《刑法总论》，349～353页，东京，成文堂，2005。

② ［德］克劳斯·罗克辛：《德国刑法学总论》，第1卷，王世洲译，727页，北京，法律出版社，2005。

③ 参见［日］团藤重光：《刑法纲要总论》，346页，东京，创文社，1990。

④ 参见［日］大塚仁：《刑法概说》（总论），冯军译，210页，北京，中国人民大学出版社，2003。

⑤ 参见［日］西原春夫：《刑法总论》（上卷），改订版，213页，东京，成文堂，1995。

⑥ 参见［日］泷川幸辰：《刑法各论》，50页，东京，世界思想社，1951。

⑦ 参见［日］团藤重光：《刑法纲要总论》，320页，东京，创文社，1990。

⑧ 参见［日］植松正：《再订刑法概论Ⅰ总论》，308页，东京，劲草书房，1974。

⑨ 参见［日］宫本英脩：《刑法大纲》，292页，东京，弘文堂，1935。

⑩ 参见［日］佐伯千仞：《刑法讲义》（总论），263页，东京，有斐阁，1981。

⑪ 参见［日］浅田和茂：《刑法总论》，350页，东京，成文堂，2005。

实施危险行为的时候实际上不可能区分高度注意、低度注意和普通注意。而且，无论是业务人员还是普通人，注意义务都应当是同样的。对于一般预防说，有学者认为这是纯粹从刑事政策的角度来说明重刑的理由，放弃了刑法上的责任原理。对于违法性说，有批评意见认为单纯过失的被害法益有时也很重大，但对于为何刑法规定的刑罚不重，此说难以解释。对于预见能力说，有学者批评说，所谓业务人员的认识和预见能力更强是没有依据的。相比而言，行为性质、法益侵害危险性说着眼于"业务"本身，认为业务是一种责任加重身份，得到了较多的赞同。①

3. 监督、管理过失

在大规模的火灾、食品、药品、医疗事故中，除了追究直接行为人的过失责任之外，还涉及管理者或监督者的过失责任问题。广义的监督过失指的是处于监督地位者的过失责任，它包括狭义的监督过失和管理过失。

狭义的监督过失指的是对人的指导、指挥、监督不适当而构成的过失。例如，工厂厂长对工人指导、教育不充分，导致该工人因过失引起事故，因而追究该厂长的过失责任。狭义的监督过失属于"间接防止型过失"。监督过失中存在着直接引起结果的行为人，所以要追究直接行为人背后的监督者的过失责任，必须该监督者有可能预见到直接行为人的过失行为。但是，在工作中，一般情况下人们都会相信直接行为人会实施正确的行为。因此，要肯定监督者的预见可能性，必须该监督者已经见到直接行为人有实施过失行为的先兆，例如技术尚不熟练容易出错或处于过分疲劳的状态等。除此之外，一般认为监督者可以合理地信赖直接行为人会实施适当的行为，从而否定预见可能性。因为存在直接导致结果的行为人，监督过失又被称为"间接防止型过失"。

管理过失又被称为"直接介入型过失"，是指管理者对于物资设备、机构设置、人员体制等准备、管理不周而导致结果发生所构成的过失。例如，酒店、公寓因为没有设置灭火装置而导致火灾发生，从而追究经营者的过失责任。管理过失属于"直接介入型过失"。"但管理过失中，如果管理者向部下作了灾害预防的指示，而这种指示在具体的案件中是否充分成为焦点时，管理过失与狭义的监督过失就具有共通的性质，两者的类型发生了交错。"② 因此，两者的区分也只具有相对的意义。

三、错误论

（一）错误的概念和种类

认识错误，是指行为人主观的认识和客观的实际情况不一致。刑法上一般将错误分为事实的错误（又称构成要件的事实的错误或构成要件的错误）与违法性的错误（又称为法律的错误或禁止的错误）。事实的错误，是指行为人所认识的犯罪事实与现实发生的客观的犯罪事实不一致的情况。违法性的错误，是指行为人虽然不欠缺事实的认识，但误认为自己违法的行为不违法的情况。理论上一致认为事实的错误阻却故意，而只需要探讨是否成立过失犯的问题。与此相对，根据将违法性的错误视为故意的问题还是责任的问题，其法律效果分为以下两种。故意说认为违法性的错误阻却故意而只涉及过失犯的成立与否问题。

---

① 参见［日］大塚仁等：《大注释刑法》，第2卷，361页，东京，青林书院，1999。

② ［日］山口厚：《刑法总论》，2版，239页，东京，有斐阁，2007。

责任说则认为具有违法性错误时如果有“相对的理由”，即阻却责任，行为人既不成立故意犯，也不成立过失犯。

事实的错误与违法性的错误在一般情况下较易区分，但正当化事由的错误（关于违法性阻却事由事实前提的错误），例如假想防卫，究竟是事实的错误还是违法性的错误，则一直存在争论。日本通说将其视为事实的错误，但认为是违法性错误的学说也一直得到不少学者的支持。[①] 本书将其作为违法性错误加以理解。关于违法性的错误，本书将在责任论中论述，这里只论述事实的错误。

根据不同的标准，可以对事实的错误再进行分类。

首先，根据错误是否处于同一构成要件范围之内，可以将事实的错误分为具体的事实错误和抽象的事实错误。具体的事实错误，是指行为人所认识的事实与实际发生的事实之间的不一致属于同一构成要件范围之内的错误。例如甲开枪射杀乙，却打中了乙身边的丙，这里的错误就属于故意杀人罪的构成要件范围。抽象的事实错误，是指行为人所认识的事实与现实所发生的事实分别属于不同的构成要件的错误。例如，甲开枪射杀乙却只打中乙所有的贵重物品，此时这种错误就是与故意杀人罪和器物损坏罪相关的抽象的事实错误。

其次，根据错误的对象的不同，可以将错误分为方法的错误、客体的错误、因果关系的错误。方法的错误，是指由于攻击手段的失误而使结果发生于其他客体的情况。例如，前述的甲开枪射杀乙但打中了乙身边的丙的情况即是如此。客体的错误是指行为人所认识的客体与现实的客体在同一性上发生差错的情况。例如，甲误将丙当作乙加以杀害的情况即是如此。因果关系的错误是指行为人所认识的事实与实际发生的结果虽然一致，但其因果过程却不一致的情况。例如，甲出于杀意将乙推入河中，本欲使其溺死，但乙实际上因头部与桥墩严重撞击而死亡即是如此。

（二）具体的事实错误

1. 方法的错误

（1）概说。

关于如何处理方法的错误的情形，存在着法定符合说（又称抽象的法定符合说）与具体符合说（又称具体的法定符合说）的对立。

法定符合说认为，成立故意犯罪，只需要行为人所认识的犯罪事实与实际发生的事实在法定的构成要件的范围内相符合、相一致就够了，没有必要达到具体的符合。按照法定符合说，当甲开枪射杀乙但打中了乙身边的丙时，甲需要承担故意杀人罪的罪责。这是因为刑法关于故意杀人罪的规定所禁止的是杀人的行为，至于被害者具体是乙还是丙，在法律上并不重要。在法定的构成要件“人”的范围内，具体的人的个性不被视为问题，所以甲只成立故意杀人罪一罪。

具体符合说认为，成立故意犯罪，行为人所认识的犯罪事实与实际发生的事实必须具体地相符合、相一致。根据具体符合说，上例中当甲开枪射杀乙但却打中了乙身边的丙时，由于甲的意图是杀死乙，所以只有当事实上杀死乙时才是故意杀人罪的既遂。而现在甲以杀死乙的意图导致了丙的死亡，对于丙的死亡阻却故意，甲不成立故意杀人罪，如果存在过失则成立过失致人死亡罪。对于乙而言，甲实施了杀人行为却没有达到杀害结果，所以成立故意杀人未遂。甲的一个行为同时触犯了两个罪名，属于观念的竞合（即想象竞合）。

---

① 参见［日］井田良：《刑法总论的理论构造》，147页，东京，成文堂，2005。

（2）法定符合说的问题点。

法定符合说主要面临着并发事例的处理问题。例如：1）X 所发射的子弹穿过他意图杀死的 A 的身体的同时打中了 B，造成 A、B 死亡，此时，X 的行为除了对 A 成立故意杀人既遂之外，是否还应承认对 B 也成立故意杀人既遂。同样的问题还存在于以下情况：2）X 的子弹造成了 A 的伤害与 B 的死亡；3）造成了 A 的死亡与 B 的伤害；4）没有打中 A 但造成了 B 的死亡（方法错误的典型例子）；5）没有打中 A 但造成了 B 以及 F 的死亡。对此，理论上存在着数故意犯说（数故意说）与一故意犯说（一故意说）的对立。

数故意说认为，故意没有个数，所以只要基于杀人的故意产生了杀人的结果，就应当认为都成立故意犯。上例中，在 1）的场合，应当承认对 A 及对 B 的杀人既遂，因为即使如此认定，由于是同种类的犯罪的观念竞合，所以不会产生处断刑上的差异，也就不会产生不合适。在 2）的场合，对 A 成立杀人未遂，对 B 成立杀人既遂。在 3）的场合，对 A 成立杀人既遂，对 B 成立杀人未遂。在 4）的场合，也是对 A 成立杀人未遂，对 B 成立杀人既遂。在 5）的场合，对 A 成立杀人未遂，对 B 及 F 成立杀人既遂。

与此相对，一故意说认为，杀人罪中故意的个数是非常重要的，因此对于只有杀一个人的故意的行为，不能够认为其成立两个杀人罪。上例中，在 1）的场合，X 对其意图杀害的 A 成立杀人既遂，对于 B 则不需要讨论错误的问题，如果有过失，成立过失致人死亡罪。在 2）的场合，成立对 A 的过失伤害与对 B 的杀人既遂的观念竞合。在 3）的场合与 1）一样，成立对 A 的杀人既遂与对 B 的过失伤害。在 4）的场合只成立对 B 的杀人既遂。在 5）的场合，对 B、F 的哪一个成立杀人既遂还不明确。

对于数故意说，有批评意见认为，刑法规定杀死 1 人应只成立杀人罪一罪，对故意的判断也应遵此进行。只有杀一人的故意而认定其成立数个杀人罪，有违反罪刑法定主义的嫌疑。

对于一故意说，也有批评意见认为，诸如在使 A、B 都受重伤时，或许一故意说认为对 A 成立杀人未遂，对 B 成立过失伤害。但如果此后 B 死亡，则对 A 成立过失伤害，对 B 成立杀人既遂。如果在此后 A 又死亡，则对 A 成立杀人既遂，对 B 成立过失致死。故意在 A、B 之间摇摆，显然不自然。①

（3）具体符合说的理由与缺陷。

具体符合说的实质性理由有以下两点：

第一，采用具体符合说能够比较容易地认定阻却故意，从而不是以既遂犯而是以未遂犯（以及过失犯）对行为人进行处罚，这能够减轻刑罚，符合刑法谦抑主义的要求。但是，也有学者认为，当客体是财物时，具体符合说会产生处罚的间隙，即造成无法处罚的情况，这显然不合理。例如，甲扔石头欲毁坏乙的财物却打中了丙的财物致其损毁。根据法定符合说，无论是乙的财物还是丙的财物，都属于刑法所说的他人之物，因而甲的行为成立器物损坏罪。然而，根据具体符合说，甲的行为对乙的财物而言属于器物损坏罪的未遂，对丙的财物而言属于过失损坏器物，但无论是器物损坏罪的未遂还是过失损坏器物，现行刑法都没有设置任何的处罚规定，因而最终甲的行为不成立犯罪。可见，具体符合说不能满足当罚性的要求。②

---

① 参见［日］浅田和茂：《刑法总论》，311～312 页，东京，成文堂，2005。

② 参见［日］川端博：《事实错误的理论》，27 页，东京，成文堂，2007。

第二，具体符合说非常吻合作为责任要素的故意的性质。责任论原本就是以行为人主观的情况作为基础而对行为人施加责任非难，所以作为其判断的对象的主观要素应当尽可能详细。也就是说，如果不具体地考察各个行为人的主观因素就无法准确地把握行为人的故意。因此，在判断是否存在故意时，行为人现有的具体的认识具有决定性的意义。但是，也有学者指出，现在德、日的通说是将事实的故意作为“构成要件的故意”加以处理的，因而应重视故意的“构成要件要素”的特征而不是作为责任要素的特征，也就是应重视其定型的、抽象的性质。换言之，是否成立构成要件的故意，只需要看一定的事实是否在故意概念的范围之内，而不需要行为人的具体认识与发生的结果完全一致。①

2. 客体的错误

在客体的错误的场合，无论是法定符合说还是具体符合说都认为不阻却故意，但其理论基础不一样。法定符合说认为，在客体的错误的情况下，行为人的认识与实际结果在构成要件的概念范围之内是相吻合的。具体符合说则认为错误理论的实际意义即在于肯定客体错误时故意犯罪的既遂。例如，甲出于杀A的故意误将B认定为A而加以杀害，行为人的认识（杀死A）与结果（杀死B）显然不一致，但具体符合说仍然认为甲成立故意杀人罪的既遂。因为甲出于杀死（A）“这个人”的意图而杀死了（B）“这个人”。作为行为对象的“人”与死亡的“人”之间是具体地一致和吻合的，所以不阻却故意。②

3. 因果关系的错误

因果关系的错误是指行为人所认识的事实与实际发生的结果虽然一致，但其因果过程不一致的情况。对此，少数学者认为因果关系的错误阻却故意，但多数学者认为因果关系的错误只涉及成立既遂还是未遂的问题，并不影响故意本身的成立。

在何种情况下承认因果关系的错误与采用何种因果关系理论本身密切相关。例如，X出于杀意向A开枪，子弹没有直接命中A，但打入地中引爆了埋在地下的炸弹而将A炸死。折中的相当因果关系说不将炸弹的存在纳入判断资料之中，因而否定因果关系的存在，X只成立故意杀人未遂。可见它并不将其作为“因果关系的错误”问题加以处理。换言之，折中的相当因果关系说主张“因果关系错误不要论”。客观的相当因果关系说则承认因果关系的存在，但将这种情况作为“因果关系的错误”而认为只成立未遂。

作为“因果关系的错误”问题加以讨论的主要是韦伯的概括故意的问题。所谓韦伯的概括故意，如前所述，也被部分学者称为事前故意，是指行为人误以为第一个行为已经完成了犯罪，为了防止他人发觉或出于其他目的，而实施第二个行为，实际上是第二个行为才导致行为人所预期的结果。这一问题是由韦伯在1825年提出来的，他主张第一行为的故意包括第二行为，因而成立故意犯罪的既遂。但这种通过故意来解决问题的思路后来被否定，理论上转而将其作为“因果关系的错误”问题加以处理。

对于韦伯的概括故意的处理，理论上有不同看法：

第一种观点将第二行为作为相当因果关系判断中行为后的介入事实，如果对其有预见可能，则承认因果关系的存在。由于这种因果关系的错误处于相当因果关系的范围之内，所以能够肯定故意杀人既遂的成立。③ 这是现在日本的多数说，大塚仁、大谷实、川端博等

---

① 参见［日］川端博：《事实错误的理论》，28页，东京，成文堂，2007。

② 参见［日］川端博：《事实错误的理论》，29～30页，东京，成文堂，2007。

③ 参见［日］川端博：《从疑问开始的刑法Ⅰ》，102页，东京，成文堂，2006。

持此说。

第二种观点认为，在韦伯的概括故意的情况下，行为人实施的不是一个行为而是两个行为，所以不是因果关系的错误问题，而应认为第一行为是未遂犯、第二行为是过失犯，二者是并合罪。[①] 中山研一、香川达夫、曾根威彦等持此说。

第三种观点认为，只需要通过相当因果关系的有无来作出判断。如果第一行为与结果具有相当因果关系，则认定为故意杀人既遂（大部分都是这种情况）；否则，只能认定为故意杀人未遂与过失致人死亡的观念的竞合。[②] 町野朔、前田雅英、齐藤信治等持此说。

第四种观点认为，由于第一行为制造了结果发生的危险，在这种危险存续期间，第二行为是与由此诱发的行为人的动机关联而产生的，因而应肯定危险实现关联，所以应承认客观的归属。但是，如果在第一行为制造的危险几乎平常化之后实施第二行为的，如行为人射击的子弹没有击中，但被害人装出死亡的样子，行为人误信被害人死亡，将其扔入河中，导致被害人溺水死亡的，应否定危险实现关联。第一行为是未遂，第二行为是过失致死罪。[③] 这是山中敬一的观点。

（三）抽象的事实错误

1. 抽象的事实错误概述

抽象的事实错误，是指行为人所认识的事实与现实所发生的事实分别属于不同的构成要件的错误。例如甲开枪射杀乙却只打中乙所有的贵重物品，此时这种错误就是与故意杀人罪和器物损坏罪相关的抽象的事实错误。

抽象的事实错误也可以分为客体的错误与方法的错误。抽象的事实错误由于在构成要件上存在两个不同的客体，因而不存在因果关系的错误问题。

关于抽象的事实错误，在有的国家刑法中设有明文规定，例如，德国刑法典第 16 条第 2 款规定："行为人行为时误认为具有较轻法定构成要件的，对其故意犯罪只能依较轻之法规处罚。"日本刑法第 38 条第 2 款规定："实施了本应属于重罪的行为，但行为时不知道属于重罪的事实的，不得以重罪处断。"

关于如何处理抽象的事实错误的情形，也存在着抽象符合说与法定符合说的对立。

2. 抽象符合说

抽象符合说认为，即使行为人所认识的犯罪事实与现实发生的犯罪事实的罪质不同，也不阻却故意的成立。它抽象地把握所有构成要件的区别，认为抽象的事实错误，至少在与轻罪的关联上认定故意犯的成立。但是，对故意进行抽象化时的基本观点存在分歧。

牧野英一主张在轻罪的限度内认定故意。首先，以轻的甲罪的故意实现了重的乙罪的事实时，属于轻的甲罪的既遂与重的乙罪的过失的观念的竞合。例如，以损坏器物的故意致人死亡时，是器物损坏罪的既遂与过失致死罪的观念的竞合。其次，以重的甲罪的故意实现了轻的乙罪的事实时，是对重的甲罪的未遂与对轻的乙罪的既遂，将二者合一按较重的罪处断。例如，以杀人的故意损坏了器物时，包含了杀人罪的未遂与器物损坏罪的既遂，应按重罪即杀人罪的未遂进行处理。[④]

---

① 参见［日］曾根威彦：《刑法总论》，188 页，东京，弘文堂，2000。

② 参见［日］齐藤信治：《刑法总论》，154 页，东京，有斐阁，2003。

③ 参见［日］山中敬一：《法学院讲义 刑法总论》，181 页，东京，成文堂，2005。

④ 参见［日］牧野英一：《刑法总论》（下卷），574 页，东京，有斐阁，1959。

宫本英脩主张可罚的符合说。根据此说，以轻的甲罪的故意发生了重的乙罪的事实时，可以设想轻的甲罪的未遂、重的乙罪的过失、重的乙罪的既遂等三个命题，由于受到日本刑法第 38 条第 2 款的限制，所以应在其范围内择一重罪处断。例如，以损坏器物的故意致人死亡时，设想器物损坏罪的未遂、过失致死罪、杀人罪的既遂这三个命题，根据（日本刑法）第 38 条第 2 款，只能在器物损坏罪既遂的刑罚限度内处罚。而在以重的甲罪的故意发生了轻的乙罪的事实时，设想重的甲罪的未遂、轻的乙罪的过失与轻的乙罪的既遂三个命题，而按照择一的重罪处断。例如，以杀人故意发生了损坏器物的结果时，能够设想杀人罪的未遂、过失器物损坏罪与器物损坏罪的既遂，而按照重的杀人罪的未遂处断。①

草野豹一郎认为，以轻的甲罪的故意发生了重的乙罪的事实时，属于轻的甲罪的未遂与重的乙罪的过失的观念的竞合，如果刑法没有对乙罪的过失犯处罚规定，那么不管有无未遂犯的处罚规定，都要按照轻的甲罪的未遂进行处理。而以犯重的甲罪的意思实现了轻的乙罪时，属于重的甲罪的未遂与轻的乙罪的过失的观念的竞合，在乙罪没有处罚过失犯的规定时，按照甲罪的未遂处断。当重的甲罪也没有处罚未遂的规定时，其责任限于对乙事实的故意犯罪的刑罚限度之内。②

植松正主张合一的评价说。此说进一步推进了故意的抽象化，它否定了对预见事实的未遂犯与实现事实的过失犯的观念的竞合这种思路，认为应进行合一的评价而只对其中的一个重罪进行处罚。首先，以轻的甲罪的故意发生了重的乙罪的事实时，对甲罪的既遂与故意的乙罪进行合一的评价而只成立故意的乙罪，但受（日本）刑法第 38 条第 2 款的限制，处断刑限于甲罪既遂的法定刑之内。例如，以损坏器物的故意致人死亡时，成立杀人罪的既遂，但处以器物损坏罪的法定刑。其次，当以犯重的甲罪的意思实现了轻的乙罪时，可以设想甲罪的未遂与乙罪的故意犯，将两者进行合一的评价而从重罪处断。例如，以杀人的故意发生了损坏器物的结果时，按照杀人未遂进行处断。③

抽象符合说的上述几种观点都受到了批评：牧野说被认为忽视了“犯罪类型”这一刑法的特性而有违反罪刑法定主义之嫌；宫本说被认为扩大了可罚的评价；草野说认为即使刑法没有处罚未遂的规定也可以进行处罚，同样被认为违背了罪刑法定主义；植松说对于没有故意的行为也认定为故意犯罪，被认为违背了责任主义。④ 因此，现在支持抽象符合说的学者已经不多了。

3. 法定符合说

法定符合说认为，只要行为人所认识的事实与现实的事实处于同一构成要件内，就可以认定故意，因此，抽象的事实错误原则上阻却故意。但是，各国刑法所规定的犯罪之间往往有一定的重合关系，完全无视这种重合关系也不妥当，因此，法定符合说认为，抽象的事实错误在一定的范围内不阻却故意的成立。围绕这一范围，理论上形成了多种学说。

（1）构成要件的符合说。

此说将法定的符合标准求之于构成要件，认为当不同的构成要件重合时，在重合的限度内成立故意。此说因对“重合”限度的理解不同，又存在不同见解。

① 参见［日］宫本英脩：《刑法大纲》，143 页，东京，弘文堂，1935。

② 参见［日］草野豹一郎：《刑法要论》，94 页，东京，有斐阁，1956。

③ 参见［日］植松正：《现代刑法概论Ⅰ总论》，276 页，东京，劲草书房，1986。

④ 参见［日］浅田和茂：《刑法总论》，321 页，东京，成文堂，2005。

1）严格符合说。此说严格地理解构成要件的重合，认为只有当刑法法规具有法条竞合的情况时才属于构成要件的重合。[①] 但不少学者批评此说过于狭隘地理解了重合的范围。[②]

2）形式的符合说。此说原则上从形式上理解构成要件的重合，但同时认为也包含部分实质重合的情况。在此说看来，除了构成要件具有加重、减轻关系之外，盗窃与强盗、恐吓与强盗、伤害与杀人、盗窃与侵占脱离占有物、胁迫与恐吓、杀人与伤害致死等都具有重合关系。概言之，该说以具有基本・派生、加重・减轻关系的构成要件为出发点，将重合关系扩大到构成要件要素具有相当部分的实质共通性的情形。[③]

3）实质的符合说。此说将构成要件的重合理解为“保护法益的共通性以及构成要件的行为的共通性”。这一见解不将重合求之于构成要件要素的共通性，而是对各构成要件进行类型性的抽象化，看各自的“法益”以及“行为样态”是否符合社会观念上的共通的类型，从而极大地扩宽了重合的范围。[④] 此说是日本现在的通说，但也有学者批评此说无视构成要件的定型性，是对罪刑法定主义的否定。[⑤]

4）实质的同质性说。此说认为所谓构成要件的重合是指具有实质的同质性。这包括以下两种情况：第一，一个构成要件内涵性地包摄其他构成要件；第二，具有构成要件的外延的包摄性。前者如同意杀人与杀人、杀人与伤害、盗窃与侵占脱离占有物、盗窃与强盗、恐吓与强盗、伤害与死体损坏，等等。外延的包摄性是指即使不被相同的概念包摄，但只要被相同构成要件所规定的概念包摄即可。例如，教唆对方使用“印章”伪造公文书，而对方使用公务员的“署名”伪造公文书时，虽然印章与署名是不同的概念，但由于是在相同构成要件中择一性的规定，所以具有构成要件性的符合。此外，虽然被规定在不同的条文，但只不过是基于立法技术上的原因而以另外的条文加以书写时，也被认为实质上是构成要件的符合。例如，公文书的有形伪造与无形伪造、持有麻醉药品与持有海洛因的符合等即是如此。[⑥] 该说受到的批判是，明显扩大了构成要件符合性的范围，可能使构成要件弛缓。[⑦]

（2）罪质符合说。

此说将法益及犯罪方法作为基准，考虑日常生活的实际情况来认定罪质的符合。此说认为，即使不具有加重、减轻等构成要件的重合性，但只要罪质相同，就能够认定故意的成立。在此说看来，故意是指向一定的法益侵害，但这种“法益”不要求是精密的法学概念，而只要是一般人基本上在等同意义上考虑的法益侵害即可，即使法益侵害的方法多少有些不同，也认定符合。例如，遗弃尸体罪与普通遗弃罪的构成要件不同，在严格的法律意义上法益也不相同，但从日常生活的实际情况来看，行为人至少包含扔掉处于生死不明状态的人的意思，这一点无论是在抛弃尸体还是在遗弃活人的情况下都是共通的，所以可以认为罪质是在同一范围的，能够肯定故意的成立。[⑧]

---

① 参见［日］香川达夫：《刑法讲义总论》，268页，东京，成文堂，1995。
② 参见［日］内藤谦：《刑法讲义总论Ⅰ》（下），976页，东京，有斐阁，1991。
③ 参见［日］团藤重光：《刑法纲要总论》，426页，东京，创文社，1990。
④ 参见［日］大塚仁：《刑法概说》（总论），冯军译，194～195页，北京，中国人民大学出版社，2003。
⑤ 参见［日］山中敬一：《法学院讲义 刑法总论》，174页，东京，成文堂，2005。
⑥ 参见［日］平野龙一：《刑法总论Ⅰ》，178～180页，东京，有斐阁，1975。
⑦ 参见［日］山中敬一：《法学院讲义 刑法总论》，175页，东京，成文堂，2005。
⑧ 参见［日］西原春夫：《刑法总论》（上卷），改订版，227页，东京，成文堂，1995。

罪质符合说的问题在于作为其理论核心的“罪质”概念不明确，即此说所称的罪质，既不由作为法律概念的法益所决定，也不由构成要件的关联性所决定，那么其范围的确定就难以明确。[①]

（3）不法·责任符合说。

此说认为，行为人即使没有认识到符合构成要件的事实，但只要对作为构成要件实质内容的不法与责任有认识，就可以肯定故意的成立。因此，即使行为人所认识的事实与现实发生的事实在构成要件上不相符合，但只要各个构成要件之间的不法、责任的内容相符合，就可以肯定故意犯罪的成立。此说认为，杀人罪与器物损坏罪、伤害罪与毁坏尸体罪之间，由于不法的质不同，不存在不法、责任内容的符合。此外，以非法占有目的为必要的盗窃罪与不以此为必要的毁坏财物罪，虽然不法内容是一致的，但责任内容不同，所以不能承认符合性。与此相对，公文书伪造罪和虚伪公文书作成罪之间，在转移财产的动机方面具有共通性，在责任内容方面也相符合。[②] 但批评者认为该说使构成要件概念空洞化。[③]

日本的判例曾经采用罪质符合说，但近来日本最高法院的判例采用了构成要件的符合说中实质的符合说。[④]

【问题与思考】

1. 简述构成要件理论的沿革。
2. 什么是犯罪主体？它有哪些类型？
3. 关于行为的几种主要学说是什么？
4. 如何理解客观归属论与条件说之间的关系？
5. 如何理解故意、过失的体系地位？
6. 对具体的事实错误应如何处理？

---

① 参见［日］川端博：《事实的错误的理论》，108页，东京，成文堂，2007。

② 参见［日］町野朔：《关于法定的符合》（下），载《警察研究》，1983（5），8页。

③ 参见［日］山中敬一：《刑法总论》，2版，341页，东京，成文堂，2008。

④ 参见［日］川端博：《事实的错误的理论》，124页，东京，成文堂，2007。

第六章 违法性论

内容导读

违法性在大陆法系犯罪论体系中是构成要件符合性之后的犯罪成立的另一要件。关于违法性的概念、本质、要素、可罚的违法性的各种观点值得重视。违法性阻却事由包括法定的违法性阻却事由与超法规的违法性阻却事由。法定的违法性阻却事由一般包括正当防卫、紧急避险、基于法令或正当业务的行为等，它们各自的成立条件与相互区别是本章的重点与难点，需要认真掌握。此外，也有必要了解超法规的违法性阻却事由，如被害人承诺、推定的被害人承诺、自救行为、义务冲突、安乐死、尊严死等的成立条件。

第一节 违法性概说

一、违法性的概念

违法性，简单地说就是指行为为法所不允许的性质。这里所说的违法，从与法的关系而言，可以说是对行为的法的无价值判断。违法性是继构成要件符合性之后犯罪成立的要件之一。

在刑法分则的条文中，有时也明确使用“非法”（如日本刑法第 220 条）、“无正当理由”（如日本刑法第 130 条）这样一些表示违法性的词语，有的甚至直接使用“违法”（如德国刑法典第 303 条）这样的概念。但这并不意味着只有这些犯罪才以违法性作为犯罪成立的要件，其他犯罪的成立则无须具备违法性。所以，这里的“非法”“违法”等并不是构成要件要素，而是对违法性的一般性提示。这样的犯罪在理论上也被称为“强调违法性的犯罪”。日本学者山口厚提出，法律条文中的“非法”，是“为了确认一般的违法性要件而规定的（违法要素），其自身不是特别的构成要件要素”[①]。

从构成要件是违法类型的立场出发，行为符合构成要件，原则上即可推定其具有违法性，除非存在违法性阻却事由。所以，当行为具备了构成要件符合性之后，一般地只需判断是否存在违法性阻却事由即可。如果存在违法性阻却事由，则不构成犯罪，无须考虑有无责任的问题；反之，则要进一步判断有无责任。当然，违法性问题是一个很复杂的问题，不能仅从字面上理解，应当紧密联系违法性的实质、违法性的要素、违法性的判断等问题进行探讨。

（一）一般的违法性与刑法的违法性

在大陆法系学者中，关于是否承认一般的违法性与刑法的违法性之间区别的问题，是存在不同主张的。日本学者西原春夫对此持肯定意见。他认为，“违法”一词，有用于一般的违法性的意义的场合与用于刑法的违法性的意义的场合。所谓一般的违法性，是违反作为全体的法秩序的情况；反之，所谓刑法的违法性，是违反刑法规范的情况。一般的违法性不仅是刑法，而且是民法、行政法等所有的法领域的共同的违法概念。在这个意义上，杀人、通奸、不履行债务等都是违法。这种违法概念，绝不可能否定。然而，在刑法领域，违法性是以科处刑罚为前提的，在刑法的意义上是违法还是不违法必须加以说明。通奸虽然是违法，由于现在没有处罚它的刑罚法规，所以不能处罚。这样可以说，对通奸，现行刑法上不认为违法。为此，有必要提出特殊的刑法的违法性的概念。[②] 与此相对，木村龟二教授认为：“……关于违法性好像有刑法上特殊的违法性似的。用刑法的违法性、可罚的违法性等词语，都是不妥当的。”[③] 木村教授之所以不赞成刑法上的违法性的提法，原因在于他认为违法性是从法的全体的观点所作的无价值判断。

（二）违法行为与适法行为

人的行为，从法的观点看，有适法行为与违法行为之分。作为适法行为，诸如公法上、私法上的权利行为或者义务行为或者职务行为等在法律上被明确地类型化者，均为适例。反之，作为违法行为，例如犯罪行为、违反行政法上法秩序的行为或者私法上的不法行为等被类型化者，即属其列。然而，也有一些行为，虽然尚未在法律上被类型化，但仍为法律所保护，从整体法秩序上确为法律所允许，这些行为亦应当作适法行为。从这个意义上说，人的行为，要么是违法行为，要么是适法行为，二者必居其一；既不违法也不适法的中间行为是不存在的。

但是，对于这样的观点，大陆法系国家也有少数学者是持反对意见的，即主张除适法行为与违法行为之外，还有任何法都未作评价的行为，如散步、睡眠等，属于适法行为与违法行为之外的第三行为的范畴，即所谓的放任行为或自然行为。这种看法，乍一看似有合理之处。散步、睡眠等行为，通常法不予干涉，因而不是法的评价对象。然而，当这些行为受到无理妨害时，当事人可以要求停止妨害甚至赔偿，而且根据具体情况，有时还允许以实力排除妨害（如正当防卫）。这就表明，这些行为仍然是受到法律保护的，应属于适法行为的领域，实际上是适法行为的一种形态。[④] 泷川幸辰教授曾明确指出：“在刑法方面，

① ［日］山口厚：《刑法各论》，补订版，83～84页，东京，有斐阁，2005。

② 参见［日］西原春夫：《刑法总论》（上卷），改订版，136页，东京，成文堂，1995。

③ ［日］木村龟二：《刑法总论》，增订版，237页，东京，有斐阁，1984。

④ 参见［日］佐伯千仞：《四订刑法讲义》（总论），163～164页，东京，有斐阁，1981。

行为若属于被禁止的，抑或不被禁止的，那么该行为即属于违法的，抑或合法的行为。类似‘虽然没有被禁止，但也没有被允许的行为，即所谓的被放任的行为’那样的东西是不存在的。”[①] 我们认为，上述否定放任行为的观点是正确的。

(三) 违法与不法

在近些年来大陆法系特别是德国的违法性理论中，除“违法”一词以外，使用频率最高的就是“不法”这一概念。那么，“不法”与“违法”究竟有无区别？二者之间的区别是什么？对此，德国学者罗克辛指出，在过去的德国刑法理论中，“违法”与“不法”是在同等意义上使用的两个概念，但根据现在的观点，应将二者加以区分。他认为，违法表明了符合构成要件的行为的性质，也就是对刑法禁止或命令规范的违反，与此同时，人们把不法理解为符合构成要件和具备违法性的行为本身。为此，在“不法”这一概念中，就同时包含了行为、构成要件符合性和违法性这样三个范畴（罗克辛是倡导四阶层的犯罪论体系的）。刑法上的“不法”包含着构成要件符合性的范畴，这就使其总是一种特定的刑法上的现象，从而与民法上的不法和行政法上的不法迥然有别。而违法性虽然也可以限制在刑法内，但是“经常超过这个范围向外延伸”[②]，因为按照法秩序统一的原则，“违法”通常具有违反全体法秩序的意义。

在日本的刑法理论中，一般是用“违法”这一概念。即便有的学者提及“不法”的概念，也多是作为“违法”的替代概念使用的。

二、违法性的本质

关于违法性的本质，在刑法理论中一度存在着形式违法性与实质违法性的对立。

形式违法性，是指违反法规范及依据法规范所形成的法秩序。德国学者默克尔、宾丁都是这样理解违法性的本质的。默克尔在其 1867 年出版的论文集中提出，否定法即违反客观的法秩序本身就是违法。[③] 宾丁在其鸿篇巨制《规范及其违反》中也是从违反规范的角度来把握犯罪的本质特征的。他认为，规范是一种指令（包括禁止和命令两种），是刑法的前提。[④] 犯罪不是违反刑罚法规，而是违反作为刑罚法规前提的规范。这就是把违法性看作是对法律规定或者从中推导出的规范的违反，是从形式上理解违法性。简而言之，是实定法主义的违法性论[⑤]（也有人认为，宾丁主张的是规范违反说）。

日本学者木村龟二还从形式的违法性与构成要件的关系上进一步阐明什么是形式的违法性。他认为，由于刑法上被认为违法的行为以在构成要件上成为违法为必要，构成要件将违法行为定型化，所以行为符合构成要件，作为原则意味着该行为是违法的。在这个意义上，可以认为构成要件是违法性的存在理由，或者是违法性的征表。由于行为违反法的命令或禁止的规范，具备根据法的见解不能被允许的性质，称为“形式的违法性”。符合构

---

① [日] 泷川幸辰：《犯罪论序说》，王泰译，载高铭暄、赵秉志主编：《刑法论丛》，第 3 卷，196 页，北京，法律出版社，1999。

② [德] 克劳斯·罗克辛：《德国刑法学总论》，第 1 卷，王世洲译，389 页，北京，法律出版社，2005。

③ 参见 [日] 大谷实：《刑法总论讲义》，305 页，东京，成文堂，1996。

④ 参见马克昌主编：《近代西方刑法学说史》，255～256 页，北京，中国人民公安大学出版社，2008。

⑤ 参见 [日] 大塚仁：《刑法概说》（总论），冯军译，301～302 页，北京，中国人民大学出版社，2003。

成要件的行为，只要没有阻却违法事由，就是形式上违法。[①] 但是，也有学者认为，即使在一般事态中可以认为符合构成要件的行为具有形式的违法性，也应该在概念上明确地区分构成要件符合性与违法性。[②]

形式的违法性论没有真正明确违法性的实质，并且在违法性的判断上缺乏实际价值，无助于构成要件的解释以及构成要件符合性的判断，特别是在法律没有规定的所谓超法规的正当化事由的场合，难以作为衡量其是否存在的价值。因此，必须深入探求违法性的实质。

在刑法理论中，首先区分形式违法性和实质违法性的是德国学者李斯特。他既承认形式的违法性，也承认实质的违法性观念。由李斯特所著并由施密特博士修订的《德国刑法教科书》（第 26 版）明确指出："1. 形式违法是指违反国家法规、违反法制的要求或禁止规定的行为。2. 实质违法是指危害社会的（反社会）行为。违法行为是对受法律保护的个人或集体的重要利益的侵害，有时是对一种法益的破坏或危害。"[③]

关于如何理解实质的违法性，现在可以看到有三种意见：

1. 法益侵害说。该说认为，违法的本质是对法益的侵害或者危险。在学说史上，法益这一概念始于比恩鲍姆（Birnbaum）首倡的"利（Gut，有的译为财）侵害说"，但明确地将法益作为刑法理论体系基本概念的，当首推宾丁和李斯特。然而，宾丁仅对法益进行了形式的考察，是作形式的——实证主义的把握；而李斯特对法益进行实质的考察，是作实质的——社会学的把握。[④] 法益侵害说在日本得到了很多学者的支持。

2. 规范违反说。这种学说认为，违法性的实质是违反规范背后的规范或者其他法秩序形成的基础（也有称为违反规范的规范的，以与形式的违法性论所说的违反法规范的主张相区别）。迈尔认为，支配人们日常生活的是文化规范，违法性就是指那些"违反国家所承认的文化规范"的行为。[⑤] 规范违反说在日本也为不少学者所赞同。

3. 二元论。这里所说的二元论，是指主张违法性的实质就是违反社会伦理规范的侵害法益的行为。日本学者大塚仁提出，"违法性的实质是违反国家、社会的伦理规范，给法益造成侵害或者威胁"，并认为具体内容包括以下几点：第一，社会伦理规范应该是违法性判断的基础，需要从国家的观点对社会伦理规范进行规制。第二，国家、社会的伦理规范不是静的、固定的东西，而是具有与时代一起变动不止的动的、发展的性质，是与历史的进展一起，以不止运动的文化为背景，不断地继续推移。第三，成为现实地判定违法性的存否、程度的标准的国家、社会的伦理规范是什么？认识它，在不少情形中总是伴随着相当的困难。特别是在今日具体的国家、社会中，多是不同的社会观念和种种价值观的对立、相克，必须从维持法的安全性和适合于社会进步这种观点，找到应该能够成为适当的刑事审判标准的伦理规范。[⑥]

总的来说，规范违反说与法益侵害说的争论仍属于实质的违法性论内部的争论。其中，法益侵害说因着眼于行为引起的法益侵害或者危险的结果，必然归纳为结果无价值论；而

---

① 参见［日］木村龟二：《刑法总论》，增补版，242～243 页，东京，有斐阁，1984。
② 参见［日］大塚仁：《刑法概说》（总论），冯军译，301～302 页，北京，中国人民大学出版社，2003。
③ ［德］李斯特：《德国刑法教科书》，徐久生译，201 页，北京，法律出版社，2000。
④ 参见张明楷：《法益初论》，29、44、50 页，北京，中国政法大学出版社，2000。
⑤ 参见［日］大塚仁：《刑法概说》（总论），冯军译，301～303 页，北京，中国人民大学出版社，2003。
⑥ 参见［日］大塚仁：《刑法概说》（总论），冯军译，301～303 页，北京，中国人民大学出版社，2003。

规范违反说更重视行为本身的意义，必然与行为无价值论相结合。

三、违法性的要素

(一) 客观的违法要素与主观的违法要素

1. 客观的违法要素

由于构成要件是违法类型，所以构成要件的客观要素，如行为、结果、因果关系、犯罪主体、行为客体、行为环境等，在原则上也是客观的违法要素。除此以外，由于构成要件符合性的判断与违法性的判断的性质不同（前者属于抽象的、类型化的判断，后者属于具体的、非类型化的判断），不属于符合构成要件的事实，也是违法性的判断对象，如侵害法益或者危险的程度、行为的手段或者方法、行为的形态等，也成为客观的违法要素。再有，关于阻却违法事由的要素（客观层面的），如被害人的承诺，也成为消极意义上的客观的违法要素。

关于客观的处罚条件，日本有的学者认为是客观的违法要素或责任要素（如佐伯千仞、中山研一），如破产犯罪中，一般认为破产宣告对于债务人隐匿财产行为的违法性具有影响。也有的认为，客观的处罚条件是以国家的政策理由为条件，与作为犯罪成立要件的违法性、责任之间没有直接关系，因此，客观的处罚条件不是客观的违法要素。①

2. 主观的违法要素

作为主观的违法要素，涉及的范围包括：(1) 一般的主观违法要素。这是指具有与其相对应的犯罪客观要素的主观违法要素，包括故意和过失。(2) 特殊的主观违法要素。这是指没有与其相对应的犯罪客观要素的主观违法要素，所以也叫作超过的主观违法要素，如目的犯中的目的、倾向犯中行为人的内心倾向、表现犯中行为人的心理过程及状态。(3) 主观的正当化要素。这是指有关正当化事由是否成立的主观要素，如正当防卫中的防卫意思、紧急避险中的避险意思等（对德、日学者关于主观的正当化要素的分歧意见，在后述的违法性阻却事由中还要论及，故这里从略）。②

在德国刑法理论中，主观的违法要素理论是个理论争议颇多又相当复杂的问题。就德国而言，自黑格勒（Hegler）提出目的犯的目的并不需要具有与其相对应的客观要素，是超过的内心倾向，不是责任要素，而是违法要素之后，迈尔进一步论证了主观的违法要素的存在，并举例说明行为人的内心要素也同样决定着违法性③，认为"'主观违法性要素是纯正的违法性要素，并非责任要素。'当然，单纯的主观要素不足以成立违法，只有行为具有该主观要素，才可成立违法"④。梅茨格尔则将主观的违法要素进一步展开，认为除了目的犯的目的以外，倾向犯中行为人的内心倾向、表现犯中行为人的心理过程或者状态也是

---

① 参见［日］大谷实：《刑法讲义总论》，4版补订版，247页，东京，成文堂，1996；［日］大塚仁：《刑法概说》（总论），冯军译，306页，北京，中国人民大学出版社，2003。

② 参见［日］野村稔：《刑法总论》，102～107页，东京，成文堂，1990。

③ 迈尔举过两个例子：一是年轻的医师依据诊疗计划抱住了就医妇女的腰，与基于邪恶的欲望而抱住了就医妇女的腰，因其目的不同而评价迥异。前一个场合是许可的，后一个场合则是禁止的。目的是主观的东西，在确认行为的违法性上是无法忽略的。二是学校的教师为了教育而惩戒学生是合法的，但如果是为了报复学生的父亲而趁机惩戒学生则是违法的。从表面上看，这都是惩戒行为。但教师基于何种目的，决定着该行为是合法还是违法。在这种情况下，目的是违法性的要素，而不是责任的要素。

④ 转引自马克昌主编：《近代西方刑法学说史》，317页，北京，中国人民公安大学出版社，2008。

主观的违法要素。此后，韦尔策尔基于目的行为论的立场，将故意与过失也看作是主观的违法要素①，从而使主观的违法要素理论扩展到更大的范围。

就日本而言，由于受迈尔以后的德国刑法学的影响，承认主观的违法要素的见解逐渐流行成为通说，而且日本判例也从正面认可了主观的违法要素。然而，近些年来从法益侵害说的立场出发，全面否定主观的违法要素的学说，以及主张对其范围加以限制、只肯定部分主观的违法要素的学说正在兴起。可以说，在当今日本的刑法学界，围绕着主观的违法要素问题，形成了三种主张：一是全面肯定说，认为不仅目的犯的目的、倾向化的内心倾向、表现犯的心理过程是主观的违法要素，而且故意和过失也是主观的违法要素，如大塚仁、大谷实、野村稔、西原春夫等。② 二是全面否定说，持此说者认为，故意、过失并非主观的违法要素，而是责任要素；目的犯的目的等也不是主观的违法要素。三是部分肯定说（或称部分否定说），其中包括原则肯定说和原则否定说。前者是指原则上肯定主观的违法要素，但个别地予以否定。如团藤重光以前认为故意、过失不是主观的违法要素，现今则认为故意虽然不是超过的内心倾向，但是是主观的违法要素，而过失则依然是"违反客观注意的标准的行为"，是客观的违法要素。③ 后者是指原则上否定主观的违法要素，但作为例外承认主观的违法要素的存在。如平野龙一是相对的结果无价值论者，他认为未遂的场合的故意和"以后行为为目的的犯罪"中的目的是主观的违法要素。

（二）人的违法要素

所谓人的违法要素，是指根据人的违法论所认可的主观违法要素。人的违法论是由韦尔策尔首倡的。他认为，对于法秩序来说，重要的是行为人在什么样的目标下实施了该行为，以什么样的心情实施了该行为，实施该行为的行为人具有什么样的义务。上述因素决定可能产生的法益侵害的同时，也决定行为的违法性。

关于人的违法要素问题，德、日刑法学者间是有分歧意见的：持否定说者基于结果无价值的立场，认为人的违法论违反了违法性的实质在于侵害法益的法益思想；将人的违法论贯彻到底的话，就会得出只有人的违法才是违法性的实质，法益侵害只是客观的处罚条件的结论，因而可能和罪刑法定原则相矛盾。④ 有的甚至批判说，人的违法论堕落为不区别违法与责任的主观的违法性论。持肯定说的学者则认为，根据人的违法论，从行为的外表来观察，即便是同一现象，由于和该行为有关的人的性质、目的、心情、违反义务等"与行为人有关的'人的因素'"，都对行为的违法性有影响，据此而成为违法要素，如大谷实、大塚仁等。⑤

四、违法性的判断

（一）主观的违法性论与客观的违法性论

主观的违法性论与客观的违法性论的分歧在于如何理解法规范以及违法判断的对象。

---

① 参见［日］大塚仁：《刑法概说》（总论），冯军译，307页，北京，中国人民大学出版社，2003。

② 参见［日］大谷实：《刑法讲义总论》，4版补订版，247～249页，东京，成文堂，1996；［日］野村稔：《刑法总论》，102～107页，东京，成文堂，1990；［日］大塚仁：《刑法概说》（总论），冯军译，307～309页，北京，中国人民大学出版社，2003。

③ 参见［日］大塚仁：《刑法概说》（总论），冯军译，308～309页，北京，中国人民大学出版社，2003。

④ 参见［日］大谷实：《刑法讲义总论》，4版补订版，249～250页，东京，成文堂，1996。

⑤ 参见［日］大塚仁：《刑法概说》（总论），冯军译，310～311页，北京，中国人民大学出版社，2003；［日］大谷实：《刑法讲义总论》，4版补订版，249～253页，东京，成文堂，1996。

主观的违法性论将法规范理解为命令规范（或称意思决定规范），由此出发，认为违反规范的人必须是能够理解规范的意义，并具有据此作出意思决定能力的人。不能理解规范意义的无责任能力者的行为、无故意或者过失的行为，谈不到有无违反规范，因此这些行为不能被认定为违法。

与此相反，客观的违法性论将法规范理解为客观的评价规范，认为规范也适用于不能理解规范的人。只要客观上违反了评价规范，就具有违法性，即使是无责任能力者的行为也不例外。

1. 主观的违法性论的展开

在学说史上，本来是客观的违法性论产生在前，且曾一度流行。但自德国学者默克尔（Merkel）首倡主观的违法性论之后，得到了费尼克（Fernerk）等人的支持，主观违法性论也曾被有力地展开。①

主观的违法性论在日本得到宫本英脩、竹田直平等学者的赞同。宫本是日本主观主义刑法阵营中的代表人物之一。他认为，违法行为除了作为素材的意思表现是适合其能力的，且符合客观的一般规范所规定的违法行为类型外，还要求主观意思的违法性才能成立。此意思的违法性，即是故意和过失（责任），行为性因具有这样的责任，才得以成为违法。②

竹田直平则更为清楚地表述了其主观违法性论的主张。他认为，客观的违法性论者对无责任能力人的行为也给予违法评价是不妥当的。如果把无责任能力人的行为也纳入法的领域，就会对人类行为以外的动物的态度、自然现象也要进行违法评价。这种评价的结果是，雷击、洪水等给国民带来痛苦的自然灾害也成了“违法”。这显然是不可理解的。③

主观的违法性说从命令规范的立场出发，关注违法行为的主体，认为只有有责任能力的人才能理解命令并加以遵守，对于无责任能力者没有意义，谈不到违法性的问题。这种观点不无一定的道理。然而，与此同时，主观的违法性论在违法性的评价当中也包含责任的评价，易于发生违法性与有责性的混淆。这与三阶层（或四阶层）的犯罪论体系是存在逻辑矛盾的，因此必然要遭到否定。

2. 客观的违法性论的复苏

客观的违法性论在与主观的违法性论的论争中，由于纳格勒（Nagler）、梅茨格尔等学者的力倡而奠定了基础，特别是梅茨格尔理顺了评价规范与决定规范的关系以后，客观的违法性论再度复苏，居于支配地位。在日本，客观的违法性论是通说。

但是，在客观的违法性论内部仍然存在着一定的分歧，分歧的焦点在于法规范是否仅是评价规范，进而违法性是否与决定规范无关。有一种观点认为，违法性仅仅意味着评价规范的违法，如纳格勒曾提出，“法的本质在于规范客观的社会生活秩序。对社会生活秩序的扰乱，不问主观如何均是违法。因此，引起违法状态的自然现象也可以构成不法”④。这种观点也被称作一元主义的客观违法性论。

另一种观点则认为，法规范既是评价规范，也是决定规范。违法不仅意味着违反了评价规范，而且意味着同时违反了指向一般人的决定规范。梅茨格尔提出，法规范既是意思

① 参见［日］山中敬一：《刑法总论》，2版，410页，东京，成文堂，2008。
② 参见马克昌主编：《近代西方刑法学说史》，385页，北京，中国人民公安大学出版社，2008。
③ 参见［日］竹田直平：《刑法与现代法秩序》，21页，东京，成文堂，1990。
④ 转引自［日］山中敬一：《刑法总论》，2版，410页，东京，成文堂，2008。

决定规范，又是客观评价规范。没有作为评价规范的法，就无从考虑作为意思决定规范的法，作为评价规范的法是作为意思决定规范的法的绝对的逻辑前提。①

梅茨格尔对法规范的这种二元主义观点也渗透到法规范的适用对象问题中。他认为，在观念上评价规范与决定规范的区别在于，针对一般人的是评价规范，而针对负有特定人格义务的个别人的义务规范为决定规范。② 梅茨格尔二元主义的客观的违法性论在德国的刑法理论中产生了深远的影响。在日本，自牧野英一、宫本英脩、竹田直平等学者过世之后，支持主观的违法性论者已鲜有其人。持一元主义的客观违法性论者也比较少见，大多是持二元主义的客观违法性论者。

3. 新客观的违法性论的通行

德国刑法学者以梅茨格尔二元主义的客观的违法性论为基础，深化了违法性与责任的区别及违法性判断的对象的研究，在“违法是客观的，责任是主观的”这一传统的理论框架内，赋予了客观的违法性论以新的内容。由于这种对客观的违法性论的新的理解，不同于传统的客观的违法性论，所以在德、日学界被称为“新客观的违法性论”。

日本的大谷实教授在评价新客观的违法性论时说，近年来，现已力倡的客观的违法性论认为，法规范只将人的行为作为对象，主张法的评价规范和决定规范同时在违法性和责任两个方面二重地起作用的见解逐渐变得有力。这种见解由于和历来的客观的违法性论不同，所以被称为“新客观的违法论”③。按照新客观的违法性论，法规范既有作为评价规范的一面，也有作为决定规范的一面。就违法性而言，法规范作为决定规范，不是以特定的行为人为对象，而是指向抽象的一般人的当为规范，具有客观的性质；作为评价规范，也是判断违反这种一般的决定规范行为的意义的规范，具有客观的性质。就责任而言，法规范无论作为决定规范还是评价规范，都是以具体的行为人为对象的，具有个别的、主观的性质。从评价规范与决定规范的逻辑关系上看，在法规范的制定阶段，的确应该是评价先于决定；但在法规范的适用阶段，应当认为是法的命令、禁止先于评价。只有对违反一定的法的命令、禁止的行为和行为人，才能进行是否存在违法性和责任的评价。④

传统的客观的违法性论是把自然现象及动物的侵害也视为违法，而新客观的违法性论本来就不认为这些是法规范的对象，只把人的行为作为违法性的问题。⑤ 但是，泷川幸辰、佐伯千仞等学者对此也提出异议，认为以客观的违法性论为基础的一般性评价规范，是指向侵害或者威胁法益的所有事实的，其对象并非仅限于人的行为，也可以及于自然现象和动物的侵害。如作为正当防卫要件的“不正的侵害”中所谓的“不正”，就包含着应该成为防卫对象的侵害的性质。⑥ 此外，近年来日本不少学者对新客观的违法性论也提出批判，认为“新客观的违法性论”易于导致主观的违法要素的扩大化。

（二）结果无价值论与行为无价值论

在客观的违法性论内部，就违法性的判断基础，根据是强调行为本身，还是强调行为结果，又可以区分出结果无价值与行为无价值。

---

① 参见［日］庄子邦雄：《犯罪论的基本思想》，102页，东京，有斐阁，1979。

② 参见马克昌主编：《近代西方刑法学说史》，335页，北京，中国人民公安大学出版社，2008。

③ ［日］大谷实：《刑法总论》，新版2版，黎宏译，216页，北京，中国人民大学出版社，2008。

④ 参见［日］大塚仁：《刑法概说》（总论），冯军译，305～306页，北京，中国人民大学出版社，2003。

⑤ 参见［日］大谷实：《刑法总论》，新版2版，黎宏译，216页，北京，中国人民大学出版社，2008。

⑥ 参见［日］大塚仁：《刑法概说》（总论），冯军译，305～306页，北京，中国人民大学出版社，2003。

1. 结果无价值论

结果无价值，是指对于行为引起的法益侵害或者危险的结果所作的否定评价。结果无价值论中的“结果”，不仅指实际的法益侵害，还包括法益侵害的危险。至于如何理解“法益”，则有精神的法益概念与物质的法益概念的分歧。前者是指主张抽象的、精神化的法益概念；后者是指主张具体的、现实的法益概念。从法益概念史上看，在第二次世界大战前，德国曾有精神的法益概念向物质的法益概念的演变过程。但第二次世界大战后，仍有部分学者主张精神的法益概念。在日本，主张物质的法益概念者占优势，但仍有少部分学者持相反的意见，如植松正教授即认为，法益是法所保护的利益，它存在于规范背后的精神领域。①

关于结果无价值论与主观的违法要素、主观的构成要件要素的关系，曾根威彦教授指出，在日本的结果无价值论者中有三种立场：（1）完全排除主观的违法要素、构成要件要素的立场；（2）一定限度内承认主观的违法要素、构成要件要素的立场；（3）不承认主观的违法要素，但承认主观的构成要件要素的立场。②

2. 行为无价值论

行为无价值，是指对于行为的反规范性（也有称为反伦理性的）所作的否定评价。行为无价值论中的“行为”，不仅指人的客观行为，通常还包括人的内心意思。德国学者韦尔策尔是目的行为论和人的不法理论的首倡者，也是行为无价值论的提出者。他认为，行为不仅需要行为人的有意性或“自由意志”，而且需要“志向性”，这种行为就是目的行为，受到志向性的支配。在刑法评价中应同时考虑行为和行为人因素。他还认为，“不法是与行为人相关的‘人’的行为无价值”③，进而提出，法益的侵害或者威胁这种结果的无价值对大部分犯罪来说是本质的东西，但它只是人的违法行为的部分要素，仅仅用法益的侵害绝不可能充分地说明行为不法的特征，只有在人的违法行为即行为的无价值中，才具有刑法的意义。这样就区别了作为法益侵害、威胁的事实的结果无价值与作为行为人的行为意义的行为无价值。④ 韦尔策尔首倡的目的行为论，在现今的德国已无更多人支持，但其提出的行为无价值，特别是由此引发的行为无价值与结果无价值的争议，已遍及德、日刑法学界犯罪论的各个领域，且迄今仍然势头劲猛。

结果无价值论是将违法性的本质求之于侵害法益的结果的见解，亦称物的违法观。行为无价值论则是将违法性的本质求之于违反规范的见解，也称人的违法观。二者的主要分歧，按照日本学者大谷实的分析，具体表现为以下三点：（1）关于排除违法性事由的一般原理，结果无价值论与法益衡量说相结合，而行为无价值论则与社会相当性说相结合。（2）关于主观的违法要素，由于结果无价值论将行为的法益侵害性作为重点，因而在原则上一般不承认主观的违法要素；相反，行为无价值论大多肯定包括故意、过失在内的主观违法要素。（3）关于主观的正当化要素（如正当防卫意思），结果无价值论主张不必要；相反地，行为无价值论则主张必要。⑤

3. 违法二元论

违法二元论，也叫作二元的行为无价值论，即主张由结果无价值与行为无价值共同决

---

① 参见张明楷：《法益初论》，139 页，北京，中国政法大学出版社，2000。

② 参见［日］曾根威彦：《刑法总论》，4 版，87～88 页，东京，弘文堂，2008。

③ 转引自马克昌主编：《近代西方刑法学说史》，501、504 页，北京，中国人民公安大学出版社，2008。

④ 参见［日］大塚仁：《刑法概说》（总论），冯军译，311 页，北京，中国人民大学出版社，2003。

⑤ 参见［日］大谷实：《刑法总论》，新版 2 版，黎宏译，221 页，北京，中国人民大学出版社，2008。

定违法性。在行为无价值论中有两种主张：一是将结果无价值仅仅理解为违法要素的二元的行为无价值论；二是将结果无价值从违法性中排除出去，仅仅作为客观的处罚条件的一元的行为无价值论。① 在日本，坚持法益侵害说的论者一般都主张结果无价值的一元论，与此相对，重视行为无价值的论者，则大都坚持以结果无价值为基础，同时引入人的违法观的违法二元论。所以，严格意义上的行为无价值论并不存在。

（三）违法性判断的标准与方法

1. 判断的标准

一般说来，行为如果符合构成要件，作为原则即应判断为具有违法性。与此相联系，为了明确违法性阻却的有无与违法性的强弱，研究违法性判断是必要的。

可是，违法性并不是刑法所独有的概念，而是公法、私法等所有法律领域共通的概念。对违法性的判断应当从整体法秩序的角度来进行。但是，在各个法律领域中，法律目的、法律效果各有所异，因此，所要求的违法性程度也各不相同。这种法律领域不同，违法性程度要求也不相同的情况，就是违法性的相对性（或称“违法多元论”）。在日本，违法性的相对性论居于通说地位。

与违法性的相对性相对应的是违法性统一性（或称违法一元论）。违法性统一性论主张，某种行为是否违法，应当按照整体法秩序作统一的决定，在公法上是违法的，但在民法上是适法的，像这样在各个法领域进行不同的判断是不允许的。在德国，违法性统一性论是主流理论。

2. 判断的方法

关于违法性判断的方法，在理论上存在着事前判断说与事后判断说的对立。所谓事前判断，意味着以行为时的一般人为标准来判断违法性的有无与强弱；而事后判断则是指以裁判时明确的客观事实为前提决定违法性的有无或强弱。日本学者川端博认为，根据二元的人的不法论，事前判断妥当。大谷实则主张，根据行为无价值一元论的立场，虽然事前判断说是妥当的，但违法性的判断是以对法益侵害的有无和程度为基础的，应当在与诸种违法性要素的关系中来讨论行为无价值，所以，它在性质上不得不包含事后判断在内。

五、可罚的违法性

（一）可罚的违法性概说

可罚的违法性，是指行为的违法性必须在量上达到一定的程度，并且在质上需要科处刑罚，方才成立犯罪。反过来说，如果行为不具有可罚的违法性，则不能认定为犯罪。可罚的违法性是以实质的违法性观念为根据的。

可罚的违法性理论最初是由日本的宫本英脩基于谦抑主义的立场提出的，后由佐伯千仞加以展开。但是，可罚的违法性究竟是属于构成要件符合性范畴内的问题，还是属于违法性范畴内的问题，或者说当在体系上缺乏可罚的违法性时，究竟是阻却构成要件符合性还是阻却违法性，在日本学者中是有争议的。

佐伯千仞从法益侵害说的立场出发，主张某种行为即使符合构成要件，但该刑罚法规预先设定了一定程度的违法性，在被害法益轻微以及被害法益的性质不宜采用刑罚干涉的

① 参见［日］曾根威彦：《刑法总论》，4版，87～88页，东京，弘文堂，2008。

场合，也就是没有达到犯罪类型所设定的可罚性程度的情况，应当认为阻却违法性。与此不同，藤木英雄基于二元论的立场，主张将（1）被害轻微，（2）行为偏离社会相当性程度轻微，作为判断可罚的违法性程度的基准，认为在行为没有达到可罚的违法程度时，就应否定构成要件符合性。①

（二）可罚的违法性的根据

由于可罚的违法性的存在与否事关犯罪是否成立，所以可罚的违法性的判断至关重要。关于可罚的违法性的判断根据，涉及以下几个方面的问题：

第一，关于违法性的量。法益的侵害有着轻重程度的差别，在程度轻微的场合，一般认为不具有可罚的违法性，不成立犯罪。对于这种情况，日本有的学者称为“绝对轻微型”②。例如，日本有名的“一厘事件”被告人受政府委托栽培烟草，将其中的7分（当时价值大约一厘金）留下来自己消费，违反了旧的烟草专卖法第48条第1项之规定，原来被作有罪判决，后大审院以被害法益轻微为由，认为不成立犯罪。

第二，关于违法性的质。这是指被害法益本身未必轻微，但从侵害行为的质上看，根据整体法秩序和社会伦理的观点观察，仍属价值轻微，因而认为不具有可罚的违法性的情况。对此，日本有的学者称为“相对轻微型”。例如，近亲相奸和同性间的猥亵行为，这些行为虽然违法，但刑法没有规定其构成犯罪，其违法行为的质与刑罚不相适应，同样不具有可罚的违法性。③

第二，在日本学者中，一般是承认可罚的违法性以及违法性的质与量问题的。但如何判断是否存在可罚的违法性，在基本主张上则又有所不同。按照法益侵害说，就是以具体的事实关系为基础，将保护法益与被害法益进行比较衡量，以此为基础加以判断。也有部分法益论者认为，除此之外，还应当考虑目的的正当性、手段的相当性、必要性和紧急性。④ 而持违反社会伦理规范的侵害法益的二元说者则认为，可罚的违法性应当以有无对法益的侵害、危险及其程度为基础，以引起该结果的行为偏离社会相当性的程度为基准进行判断。因此，仅从对法益的侵害、危险程度中寻求其基准的见解并不妥当。⑤

（三）关于可罚的违法性的争议

在日本，对于可罚的违法性理论，也有学者持反对意见。木村龟二对这一理论进行批判时说，承认刑法上的特殊违法性的观念，会破坏违法的统一性。对此，大谷实则认为，由于各法律领域的法律效果不同，必要的违法性程度也不同，这是理所当然的，所以这一批判并不妥当。井上祐司也认为，“违法但不可罚”的论证方法，有可能将本来正当的行为看作违法的行为。对此，前田雅英指出，认为正当的行为也可能具有可罚的违法性的观点，毕竟不符合可罚的违法性理论，因此这一批判也没有理由。臼井滋夫进而指出，可罚的违法性理论适用标准不明确，有扩大适用或者滥用之虞，招致无视法律的弊端。对此，大谷实指出，凡是违法性的判断都是具体的、个别的判断，所以，要求作出整齐划一的标准的见解本身，就是不妥当的。⑥

---

① 参见［日］大谷实：《刑法总论》，新版2版，黎宏译，222页，北京，中国人民大学出版社，2008。

② ［日］曾根威彦：《刑法总论》，4版，93～94页，东京，弘文堂，2008。

③ 参见［日］山中敬一：《刑法总论》，2版，420页，北京，成文堂，2008。

④ 参见［日］山中敬一：《刑法总论》，2版，423页，东京，成文堂，2008。

⑤ 参见［日］大谷实：《刑法讲义总论》，新版2版，黎宏译，223页，北京，中国人民大学出版社，2008。

⑥ 参见［日］大谷实：《刑法讲义总论》，新版2版，黎宏译，222页，北京，中国人民大学出版社，2008。

第二节　违法性阻却事由

一、违法性阻却事由的概念

违法性的阻却事由，是指排除符合构成要件行为的违法性根据的事由。由于非违法行为是适当、正当的，所以在德、日刑法理论中，违法性的阻却事由也被西原春夫、山中敬一等学者称为“正当化事由”，被德国学者罗克辛称为“正当化根据”，被意大利学者杜·帕多瓦尼叫作“正当化原因”。此外，川端博等学者也使用了“正当化事由”一词，但在其后用括号注明“阻却违法事由”；野村稔则使用“容许事由”一词，但在“容许”和“事由”中间注明“违法性阻却”。虽然概念表述上有所不同，但其实质含义并无二致。

但是，德国学者贝林认为，正当化事由与违法性阻却事由有区别：正当化事由存在时，行为被认为适法；阻却违法事由存在时，行为在法律上没有重要性而被放任。对此，木村龟二认为，这种区别是不妥当的，因为行为或者是违法或者是适法。称为正当化事由的场合是肯定行为适法性方面的表现；称为阻却违法事由的场合是否定行为的违法性方面的表现。这是同一事物的单纯的表现方式的不同，据此不允许得出相异的第三种意义的结论。①

二、违法性阻却事由的统一原理

违法性的阻却事由有多种，那么各种违法性的阻却事由是否具有共同的、统一的原理？对此，在德、日刑法理论中是存在较大分歧的。从总体方面说，有一元论与多元论两种基本主张。在一元论中又有“目的说”、“优越利益说”与“社会相当性说”等不同意见。②

目的说认为，实质的违法性是违反国家承认的共同生活目的的。从这一思想出发，提出行为是达到国家承认的共同生活目的的适当手段，这是阻却违法事由的一般原理。优越利益说也叫“法益衡量说”，主张把实质的违法性理解为对法益的侵害。基于这种立场，在价值不同的利益发生冲突的场合，提出为了价值大的利益，牺牲价值小的利益，这是违法性阻却事由的统一原理。③ 社会相当性说则认为，在历史地形成的社会伦理秩序的范围内，即使存在法益的侵害，也不违法。法益衡量说一般是以结果无价值论为基础的，而行为无价值论者则大多主张社会相当性说。

与一元论相对应的多元论则认为，阻却违法事由的根据在原则上不能是一元的，应当

---

① 参见［日］木村龟二：《刑法总论》，增补版，251～253页，东京，有斐阁，1984。

② 参见［日］山中敬一：《刑法总论》，2版，431页，东京，成文堂，2008。

③ 参见［日］木村龟二：《刑法总论》，增补版，251～253页，东京，有斐阁，1984。

是多元的。罗克辛明确指出，试图把正当化的根据归因为一种无所不包的原理，就必须保持必要的抽象和无内容性。只有通过多元的角度，才有可能将正当化范畴进行广泛的结构化。[①] 日本学者山中敬一则将正当化事由的根据分为主要的正当化原理和辅助的正当化原理：前者是指优越的利益原理；后者则是针对不同的正当化事由采取不同的辅助原理。[②] 多元论中还包括"并合论"的观点。德国学者耶赛克（Jescheck）明确地主张将法益衡量说与目的说结合起来说明违法性阻却事由的实质[③]；日本学者大塚仁则基于社会相当性说的立场，将目的说与优越利益说结合起来作为违法性阻却事由的根据。[④]

三、违法性阻却事由的分类

对于违法性阻却事由如何进行分类，大陆法系刑法学者争议较大。

梅茨格尔区分了基于利益欠缺（不法欠缺）说的违法性阻却事由和基于优越利益说的违法性阻却事由：前者如基于被害人承诺和推定的承诺的行为；后者又分为基于特别行为权的行为、基于特别行为义务的行为和基于一般利益衡量原则的行为，其中基于特别行为权的行为有正当防卫、紧急避险，基于特别行为义务的行为有根据职务上的义务、适法的命令的行为和根据惩戒权的行为以及义务冲突等，基于一般利益衡量原则的行为有治疗行为、安乐死等。

法国学者卡·斯特法尼等在《法国刑法总论精义》中则分为如下三类：（1）以有法律命令与合法当局的指挥作为行为合法的证明，包含法律的命令和合法当局的指挥；（2）以有法律允许作为行为合法的证明，有正当防卫和紧急避险；（3）受害人的同意。[⑤]

日本刑法理论一般是将违法性的阻却事由分为三类：一是紧急行为，包括正当防卫、紧急避险和超法规的自救行为、义务冲突；二是正当行为，包括日本刑法第35条规定的基于法令的行为、正当业务行为和劳动争议行为；三是其他违法性阻却事由，包括被害人的承诺、推定的承诺、安乐死等。[⑥]

德、日的刑法理论通常还将违法性的阻却事由分为法定的违法性阻却事由和超法规的违法性阻却事由。超法规的违法性阻却事由，顾名思义是指在刑法规定之外的、事实上被公认的违法性阻却事由。本书在各种违法性阻却事由的设计和安排上，大体上依照先法定后超法规的思路。其中，正当防卫和紧急避险是大陆法系国家的刑法普遍明文规定的，而且理论争议较多，因此分别各设一节；对基于法令的行为或正当业务行为有日本刑法第35条的明文规定，也单设一节；其余的违法性阻却事由则归入一节之中。

---

① 参见［德］克劳斯·罗克辛：《德国刑法学总论》，第1卷，王世洲译，399～400页，北京，法律出版社，2005。

② 参见［日］山中敬一：《刑法总论》，2版，431页，东京，成文堂，2008。

③ 参见［德］耶赛克、魏根特：《德国刑法教科书》（总论），徐久生译，390页，北京，中国法制出版社，2001。

④ 参见［日］大塚仁：《刑法概说》（总论），冯军译，359、360页，北京，中国人民大学出版社，2003。

⑤ 参见［法］卡·斯特法尼等：《法国刑法总论精义》，罗结珍译，345～370页，北京，中国政法大学出版社，1998。

⑥ 详见［日］山口厚：《刑法总论》，2版，104～108页，东京，有斐阁，2007；［日］高桥则夫：《刑法总论》，246页，东京，成文堂，2010。

第三节　正当防卫

一、概说

（一）正当防卫的概念

关于正当防卫，各国刑法中均有明确的规定，这些规定实际上就是对正当防卫概念的外延和内涵所作的确切而简要的说明。意大利刑法典第 52 条规定："为了维护自己的或他人的权利免遭非法侵害的现实危险而被迫实施行为的，只要其防卫行为与侵害行为相对称，不受处罚。"德国刑法典（2002 年修订）第 32 条第 2 款规定："为使自己或他人免受正在发生的不法侵害而实施的必要的防卫行为，是正当防卫。"日本刑法第 36 条第 1 款规定："为了防卫自己或者他人的权利，对于急迫的不正当侵害不得已所实施的行为，不处罚。"

上述关于正当防卫的规定，尽管文字表述上差异较大，但基本内容较为一致，如正当防卫行为的紧急性、防卫行为与侵害行为相适应。其中特别需要说明的是，这些国家规定的正当防卫的定义中，防卫行为所保护的一般限于"自己或者他人的权利（法益）"。那么，为保护国家或者公共法益，可否实行正当防卫？对于这个问题，学者之间是有不同意见的。

（二）正当防卫阻却违法性的根据

正当防卫是各国刑法明文规定的阻却违法事由之一。那么，追根究底，其根据何在呢？对于这个问题，在大陆法系刑法学者之间存在很大争议。日本学者川端博认为，这些分歧意见归纳起来，主要有紧急权说和实质的违法性阻却说两大主张。前者是强调作为紧急行为的正当防卫的特殊性而论证其正当化基础；后者则认为正当防卫不过是违法性阻却事由的一种类型，系将其作为实质的违法性阻却事由的一种而探寻正当化根据的。紧急权说是根据特殊原理来说明正当防卫的，是德、日学者的通说；实质的违法性阻却说则是作为一般原理的一种适例来把握正当防卫的。现将两种立场详细分述如下。

1. 紧急权说

对此，主要有下列三种主张：

（1）法的自己保全说，又称为法确证原理或保护法秩序原则。根据此说，正当防卫等紧急行为是在国家机关未得预防或者恢复对法秩序的侵害时，允许私人补充进行的情况。这是法的自己保全。在这个意义上，正当防卫被认为是阻却违法事由。可以认为，这是根据预防或者恢复对法秩序的侵害这一观点，为正当防卫的正当化奠定基础的。

（2）个人的自己保全说，又称个人保全原理。此说认为，正当防卫是由于人类的保全自己的本能而得以正当化的，即"正当防卫的本质虽然是直接行动，但因对违法侵害加以反击是人的自卫本能，所以法律上予以允许"①。

这里需要加以说明的是，保全自己的本能中所说的"自己保全"，不仅是本人保全，还包括救助他人，所以应当认为"个人保全原理"中的个人保全是包括保全他人的个人利益

---

① ［日］川端博：《刑法讲义总论》，344～355 页，东京，成文堂，1995。

在内的。[①]

(3) 结合说。这是如德国通说那样的，将“保全个人原理”与“保护法秩序原则”结合起来，作为正当防卫正当化根据的一种见解。按照此说，正当防卫权虽然能以人的保全自己的观点为正当化奠定基础，但是，仅仅依据“保全个人原理”，还不能充分说明现行刑法的正当防卫权，所以，需要援用“保护法秩序原则”[②]。

2. 实质的违法性阻却说

其中包括下列主张：

(1) 社会相当性说。此说认为，社会相当性是阻却违法的统一原理，正当防卫只是其中的一种。根据此说，正当防卫之所以被认为阻却违法，是由于它是处于历史上形成的社会生活秩序范围内的具有社会相当性的行为。

(2) 优越利益说。此说将作为阻却违法一般原理的“优越利益说”作为正当防卫的正当化根据。但就在怎样的意义上理解优越的利益而言，又有几种不同的意见或学说：第一说被称为法益性欠缺说，认为不正的侵害者的法益，在正当的、被侵害法益的防卫的必要限度内，其法益性被否定。由于攻击者的法益性被否定，其法益为“0”，所以防卫者的利益优越。第二说可称为正当利益说，认为法是将具有保护必要的、正当的优越利益的保护作为目标，为了正当利益，只有侵害不正当的利益，所以侵害不正当的利益被正当化。第三说被称为法确证的利益说，认为正当防卫在紧急状态下，不仅要保全个人利益即保全自己或他人的权利，还要保全法确证的利益。根据法确证的利益，对于保护法益的须保护性也要加以衡量。在保护法益的须保护性优越于侵害法益的须保护性时，应当适用优越的利益的原理。此说在结合个人保全原理和法确证原理这一点上，与德国的通说相同，但在进而将“优越利益原理”与上述两个原理结合起来这一点上具有独自性。[③]

二、正当防卫的成立条件

成立正当防卫，究竟需要哪些条件？对这些条件应如何进行归纳和概括？对于这两个问题，学者间的确是见仁见智。比如，有些学者把“防卫意思”作为一个独立的要件，如德国的施特拉腾韦特与日本的大谷实、野村稔；另一些学者则将防卫意思放到“为了防卫自己或他人的权利”要件中加以论述，如中山敬一、内田文昭。再如，有些学者把“防卫的必要性和相当性”一并放到“不得已而实施的行为”这一要件之中加以研究，如前田雅英；另有学者则在防卫行为的“相当性要件”中探讨“不得已”问题，如西田典之。具体适例如日本学者内田文昭提出正当防卫的要件有：(1) 急迫不正的侵害；(2) 自己或他人的权利；(3) 为了防卫权利不得已的行为。[④] 山中敬一认为，正当防卫的要件有四个：一是对急迫不正的侵害实施的；二是为了防卫自己或他人的权利实施的；三是不得已实施的；四是在保全个人原理和法确证原理限制的限度内。[⑤] 比较而言，山中敬一对正当防卫成立条件的论述较为详细，更有参考价值，所以本书拟以山中教授的观点为基本脉络，结合其他

① 参见［日］川端博：《现代刑法理论的现状与课题——川端博对谈集》，115页，东京，成文堂，2005。

② ［日］川端博：《刑法讲义总论》，345页，东京，成文堂，1995。

③ 参见［日］川端博：《刑法讲义总论》，346～347页，东京，成文堂，1995。

④ 参见［日］内田文昭：《改订刑法Ⅰ》（总论），补正版，194～195页，东京，青林书院，1999。

⑤ 参见［日］山中敬一：《刑法总论》，2版，452～481页，东京，成文堂，2008。

学者的观点，按照四个要件的体例进行论述。

（一）急迫不正的侵害

就这一要件而言，主要涉及如何理解“急迫”、“不正”和“侵害”三个问题。

1. 急迫

所谓急迫，是指对法益的侵害迫近的情况，即侵害法益的危险紧迫，或者已经发生或正在继续的状况。根据急迫性的要件，针对过去的侵害或将来的侵害不成立正当防卫。侵害是否终了，不能根据形式上是否达到既遂来进行判断。在继续犯的场合，违法侵害状态只要继续着，侵害就没有终了。即使在状态犯的场合，直到实质上达到既遂，侵害还继续着，从而盗窃犯人取得了财物逃走时，在现场附近索回被盗之物者，“急迫”性还能得到认定。反对说认为，侵害事实上经过了以后，实施恢复法益行为，属于所谓自救行为，不是正当防卫。德国学者根据德国刑法典的规定，将日本刑法理论中所说的“急迫性”称为“正在进行”。对于“正在进行”，罗克辛的解释是：“当一种攻击处于直接面临、正在发生或者还在继续的时候，这种攻击就是正在进行的。”“紧急防卫也能够对一种还在进行的攻击进行。这种攻击虽然在形式上已经结束，但是在实质上还没有停止。因此，特别在持续犯罪中，紧急防卫是允许的，只要违法的实际情况继续维持着。”①

2. 不正

日本学者普遍认为，所谓不正，就是违法，对于适法的侵害不认为是正当防卫。大谷实进一步指出，正当防卫只能在“正对不正”的关系上被确认，在“不正对正”、“不正对不正”以及“正对正”的关系上，不能承认是正当防卫。因此，不能对正当防卫实行正当防卫，在这种场合可能成立紧急避险。在此，不正的侵害就是违法的侵害。所谓违法，是指违反客观违法性论中的整体的法秩序，不要求一定具有可罚的违法性。② 就此问题，一个有争议的问题是：对于无责任能力者的侵害行为能否实行正当防卫？少数学者对此持否定意见。但多数学者则认为，不正（不法）的侵害不必是有责的，无责任能力者的侵害行为也是正当防卫的对象。例如，高桥则夫写道：“特定侵害时违法的就足矣，不必是有责的，针对没有责任能力的精神病人与儿童的侵害行为，也可以进行正当防卫。”③

另一个有争议的问题是，对紧急避险能否实行正当防卫。由于德国刑法典将紧急避险分为“阻却违法性的紧急避险”（第 34 条）和“阻却责任的紧急避险”（第 35 条），所以，德国刑法学界一般认为，对于阻却责任的紧急避险，是可以实行防卫的，如耶赛克、魏根特明确指出，在合法化紧急避险（即阻却违法性的紧急避险）中的行为能够被合法化，因此不存在针对紧急避险的正当防卫问题。而阻却责任的紧急避险行为只不过是免责而已，其被害人可以对该紧急避险行为实行正当防卫。④ 在日本，也有学者认为，紧急避险行为虽然阻却刑法上的违法性，但可能产生民事上的损害赔偿义务，因而可能违反民法，故可能对紧急避险实行正当防卫，如松宫孝明。⑤ 但多数学者则不承认对适法的侵害可以实行正当防卫。

---

① ［德］克劳斯·罗克辛：《德国刑法学总论》，第 1 卷，王世洲译，432、434 页，北京，法律出版社，2005。

② 参见［日］大谷实：《刑法总论》，新版 2 版，黎宏译，256 页，北京，中国人民大学出版社，2008。

③ ［日］高桥则夫：《刑法总论》，261 页，东京，成文堂，2010。

④ 参见［德］耶赛克、魏根特：《德国刑法教科书》（总论），徐久生译，426 页，北京，中国法制出版社，2001。

⑤ 参见［日］松宫孝明：《刑法总论讲义》，第 3 卷，147 页，东京，成文堂，2004。

3. 侵害

所谓侵害，是指对他人的权利造成实害或者危险。至于这是基于故意行为还是过失行为，是基于作为还是不作为，则在所不问。如何理解“侵害”？对此，学者之间的分歧较大。

(1) 是否承认对物防卫的问题。所谓对物防卫，是指对由人所饲养、管理的动物、其他物的侵害的反击。在动物和其他物品被饲养主、管理者作为犯罪工具来加以利用时，其侵害是饲养主、管理者自身的侵害，对其可以进行正当防卫，但这不是对物防卫。在对物防卫中着重研讨的是：对于有主动物在无人唆使的情况下发生的侵害，可否进行正当防卫？

就此问题，在学界有肯定说与否定说两种主张。持肯定说者的见解又各有不同：有的是从“违法状态”角度进行论述的，认为只要动物的侵害不是基于饲养主的过失，那就是“单纯的自然界的事件”，不能作正或不正的评价，不能称为不正的侵害，但在违法行为之外，作为不令人满意的法律状态的“违法状态”，也是民法上须由物的所有者或占有者负有责任的，所以也可以在刑法上被“不正的侵害”这一观念所包含（牧野英一）；或者认为是否属于不正的侵害，“应当纯客观地决定”，只要它是“客观的违法状态”，就是不正的侵害（植松正、曾根威彦）。也有的不区分行为与状态，认为不正的侵害是人没有必要忍受的侵害，所以对物防卫可以成立。还有的认为，这是一种违法状态，应作准正当防卫来理解（久礼田益喜），或者应作准不正的侵害来考虑。另有见解则不是从违法状态的角度，而是将不正的侵害中的“不正”解释为“一般法观念中的违法性”，并据此而承认对物防卫（大塚仁）。

持否定说者的看法也不一致。第一说将不正的侵害解释为客观上的违法行为，认为“动物没有侵害行为”，“对不是侵害行为的单纯的侵害事实不允许正当防卫”（团藤重光）；或者认为法规范是指向人的行为状态的规范，违法判断的对象只能是人的行为状态，动物的举动或自然现象在违法判断的范围之外（福田平），据此不承认对物防卫，只允许紧急避险。第二说认为，作为对权利造成实害或危险的侵害，是人的作为或不作为行为，对这种不作为既然承认正当防卫，那么由他人之物发生的侵害，就可以归结为该物的所有者故意或者过失的不作为，因此，应当否定对物防卫（草野豹一郎）。[①]

(2) 在互殴、争斗的场合是否存在正当防卫？第二次世界大战前，日本大审院曾有判例基于“斗殴双方都不对”的思想，认为互殴的场合不存在正当防卫。第二次世界大战后，日本最高法院在1957年的夺刀杀人案的判决中改变了这种观念。[②] 不少学者也认为，对此不能一概而论，如果开始时互殴双方都是赤手空拳，突然一方抽出短刀，或者一方已经明示并且实际中止殴斗，另一方仍然进行攻击的，中止的一方可以实行正当防卫。[③]

(二) 为了防卫自己或他人的权利

1. 可能防卫的权利范围

关于正当防卫可能防卫的权利的范围，日本、意大利等国家的刑法均规定为“自己（本人）或他人的权利”。这个场合的权利，是指由法所保护的利益、价值即法益。正当防卫的法益如系他人的法益，一般则称为“紧急救助”。

---

① 参见［日］川端博：《刑法总论讲义》，352～354页，东京，成文堂，1995。

② 最判昭和32年（1957年）1月22日刑集11卷1号，31页。

③ 参见［日］山中敬一：《刑法总论》，2版，479页，东京，成文堂，2008。

那么，可能防卫的法益在范围上是否包括公法益，或者说个人可否对侵害国家法益、社会法益的行为实行正当防卫呢？如果侵害公法益的同时侵害了私法益，是允许实行正当防卫的。对此，学界并无争议。而在没有同时侵害私法益的场合，学者间则有否定说和肯定说两种意见。

持否定说者，如意大利的学者杜里奥·帕多瓦尼认为，“一般说来，集体利益或者更广泛的利益（如公共秩序、环境保护等）不是正当防卫保护的对象，除非它直接涉及个人的利益”，因为“正当防卫只是公民的自卫手段，不是要公民来代行警察的权力，让他们去制止任何类型的犯罪”①。德国学者罗克辛也认为，如果公民在没有个人利益需要保护时也允许进行防卫，“紧急防卫给社会和平秩序带来的损害就要大于益处了”②。日本一些学者如泉二新雄、泷川幸辰、平野龙一、内田文昭、内藤谦、前田雅英等也持此见解。如泷川幸辰提出，应当认为正当防卫的概念不包含个人为了国家的法秩序实行防卫。③

持肯定说者如德国的耶赛克等。他们认为，国家法益或者其他公法上的法人利益，如涉及个人法益的，可以实行正当防卫，因此，为防止国家财产被盗窃或损害，允许任何人实施防卫，如对企图盗窃或损毁国防军的新式武器的谍报人员进行的防卫。虽然是公共利益，但个人受到侵害的场合，也允许对其实行防卫，如任何目击者对露阴行为的防卫，因为德国刑法典第 183 条的规定就是为了保护个人的性的羞耻心。除此之外，对公共秩序或整个法秩序的侵害的防卫，并非由各个公民承担，只能由国家及国家机关行使。④ 日本学者大塚仁也认为，他人权利中的“他人”，不限于自然人，也包括法人和其他团体，其权利也并非只是个人法益，还可以是国家法益乃至社会法益。以保护国家法益为目的进行的个人防卫，称为“国家正当防卫”或者“国家紧急救助”⑤。德国学者迈尔、弗兰克（Frank）、希佩尔与日本学者牧野英一、团藤重光、佐伯千仞等亦持此见解。⑥

2. 正当防卫的意思

对此，理论上的争议问题较多。

（1）防卫意思不要说与必要说。德国学者耶赛克、魏根特明确提出：“防卫行为，首先必须体现防卫的意思。”罗克辛在谈到紧急行为正当化问题时，也认为应以具备“主观性正当化因素”为必要；就正当防卫的成立而言，他还认为，为了得到正当，“防卫者必须在认识紧急防卫状态中进行行为”。但施彭德尔（Spendel）、博克尔曼（Bockelmann）则持相反的意见。⑦

在日本学界，更是长期存在着不要说与必要说的争论。其中，持不要说者的理由是：1）是否违法应当客观地决定，不应和行为人的主观连在一起；2）防卫行为在很多场合是基于本能而实施的。如果立于必要说，就会限制正当防卫的成立范围；3）如果采取必要

① ［意］杜里奥·帕多瓦尼：《意大利刑法学原理》，注评版，陈忠林译，149 页，北京，中国人民大学出版社，2004。

② ［德］克劳斯·罗克辛：《德国刑法学总论》，第 1 卷，744 页，北京，法律出版社，2005。

③ 参见［日］山中敬一：《刑法总论》，2 版，461 页，东京，成文堂，2008。

④ 参见［德］耶赛克、魏根特：《德国刑法教科书》（总论），徐久生译，406 页，北京，中国法制出版社，2001。

⑤ ［日］大塚仁：《刑法概说》（总论），冯军译，328 页，北京，中国人民大学出版社，2003。

⑥ 参见［日］木村亀二：《刑法总论》，增补版，259～260 页，东京，有斐阁，1984。

⑦ 参见［德］克劳斯·罗克辛：《德国刑法学总论》，第 1 卷，王世洲译，415、463 页，北京，法律出版社，2005。

说，就不能不否定出于过失的正当防卫，这是不妥当的。持必要说者的理由是：第一，刑法中的行为是主观要素与客观要素的统一，这一点在防卫行为的场合也是当然的前提。同在犯罪成立的条件中认可主观的违法要素相适应，也应当承认主观的正当化要素。第二，如果将明显地出于犯罪意图，且引起了行为人预期的结果的攻击行为，也看作正当防卫的话，就会保护不法者，违反通过法的自己保全或法的确证来维持社会秩序的正当防卫的宗旨。因此，偶然发生防卫结果的场合（偶然防卫）、以防卫为借口为了实现其他目的而实施的场合（借口防卫），以及开始即是出于反击的目的而故意诱发侵害行为的场合，都是欠缺防卫意思的行为，不能视为正当防卫。第三，采用必要说并不否定基于过失的正当防卫。而且，日本刑法第 36 条在防卫权利上使用“为了”一词，表明是以具备防卫意思为必要的。日本的判例也一贯采用必要说，例如，日本最高法院在 2009 年的判例中针对被害人的行为明确指出，“为了阻止此行为，才出现了本案中的暴力行为，所以可以认定被告人是为了保卫自己的权利而实施暴行”①。

（2）防卫意思的内容。关于防卫意思的内容，理论界也进行了较为深入的研讨。

1）认识说与目的说。认识说认为，防卫的意思，是认识到正在遭受紧急不法的侵害的心理状态。② 野村稔认为，“防卫的意思，是对作为反击行为状况的‘急迫不正的侵害’的认识。只要具有这种认识，即使存在激愤、攻击等其他的动机、目的，也可以承认防卫的意思”③。

目的说则认为，所谓防卫的意思，不仅要认识到存在急迫不正的侵害，而且将防卫作为其行为的动机、目的。如草野豹一郎提出，正当防卫“要出于防卫自己或他人的权利之目的。所以缺乏此目的时，不成立正当防卫”④。山中敬一对目的说作了进一步的展开：“以对正当防卫状况的认识为前提，并要求在这一认识中增加防卫的目的、动机，就是目的说。”⑤

2）防卫意思与攻击意思并存。这是指面对急迫不正的侵害，行为人主观上既有防卫意思，也有攻击意思的情况。日本的判例对于这种场合一般是承认具有防卫意思的，如日本最高法院于 1975 年 11 月 28 日的判决中指出：“防卫意思与攻击意思并存的场合的行为，并不欠缺防卫意思。”

持防卫意思必要说的学者也赞同这种观点，如山中敬一认为，防卫意思与攻击意思并存，只要并存，可以说就存在防卫意思。但也有的认为，当防卫意思比起攻击意思居于支配地位时，可以称为防卫意思；相反地，当攻击的意思居于支配地位的场合，防卫行为就应被否定。⑥

3）防卫意思与偶然防卫的处理。所谓偶然防卫，是指行为人在不知侵害现实存在的情况下，出于攻击的意思实施了行为，但客观上偶然地发生了防卫的效果。例如，甲开枪射击乙，正好乙在用枪瞄准甲准备射击。甲不知此情，只是开枪早了一点，从而与防卫效果偶然相合。那么，在这种场合，对甲的行为应当如何看待呢？这就是偶然防卫的处理问题。

---

① 刑集 63 卷 6 号，711 页。

② 参见［日］大谷实：《刑法总论》，新版 2 版，黎宏译，262 页，北京，中国人民大学出版社，2008。

③ ［日］野村稔：《刑法总论》，补订版，225 页，东京，成文堂，1998。

④ ［日］草野豹一郎：《刑法要论》，61 页，东京，有斐阁，1956。

⑤ ［日］山中敬一：《刑法总论》，2 版，466 页，东京，成文堂，2008。

⑥ 参见［日］山中敬一：《刑法总论》，2 版，467 页，东京，成文堂，2008。

对此，无论是防卫意思必要说还是防卫意思不要说，在其内部都存在着分歧意见。

在防卫意思必要说中，有些学者认为，偶然防卫与通常的犯罪行为性质是相同的，既然结果发生了，就应当作为既遂犯处理。这是必要说中多数人的主张。也有些学者认为，客观地看，偶然防卫行为是欠缺结果无价值的行为，所以应成立未遂犯。在防卫意思不要说中，有些学者认为，如果彻底坚持客观的违法性论，根据以事后的客观情况为基础进行判断的客观的危险说，由于不存在“违法结果”发生的客观危险性，所以认为偶然防卫不可罚。也有的学者认为，在偶然防卫的场合，根据情况也可能成立未遂犯，如用手枪向远看像活人的尸体射击一样，“违法结果”虽然没有发生，但有结果发生的危险，所以能够成立未遂犯。①

4）紧急救助与被救助者的意思。防卫他人权利的紧急救助行为，存在着一个是否违反被救助者的意思的问题。对此，在日本，有否定其正当化的少数说，如宫本英脩。也有的基于正当防卫的社会伦理意义，或者根据正当防卫的法确证的观点，将其予以肯定。这是多数人的意见。② 涉及被救助者意思的问题，主要有以下三种场合：

其一，对侵害本身有被害者同意。在这种场合，只要是被害人同意且有效的，就已经不属于不法侵害，因此不允许实行紧急救助。例如，被害人同意被殴打，行为人也知道此情，却仍对殴打者采用暴行实施“救助”行为的，不能视为具有正当化事由。

其二，被侵害者拒绝救助者介入。在这种场合，只要被侵害者拒绝救助的意思是真实有效的，行为人的“救助”行为就不能被正当化。例如，盗窃的被害者愿意放弃对侵害者行使有形力量取回被盗物品，并将这种意思告诉了救助者，则救助者违反这个意思而实施了救助的，其行为就不能被正当化。当然，像同意被杀那样，由于侵害者的行为为刑法明令禁止，被救助者的同意本身是无效的，所以即使对救助明示了反对的意思，救助者的救助行为仍应被正当化。

其三，被侵害者没有意思表示。当发生急迫不正的侵害时，通常无暇确认被侵害者的意思。而被侵害者没有任何意思表示也是普遍情况。这样，就有必要对救助行为采用推定的同意的理论。由于救助行为对被侵害者有利，所以即使推定同意，一般也不会有障碍。即使后来发觉是不同意的，救助行为也能够被正当化。

（三）不得已实施的行为

1. 概说

德国刑法典第 32 条第 2 款明文规定，正当防卫必须是“必要的防卫”。据此，德国刑法学者提出了正当防卫的必要性问题。至于如何理解正当防卫的必要性，耶赛克、魏根特等提出，“必要性应当根据侵害与防卫的整体情况，尤其应当根据侵害的强度、侵害人的危险性、其行为的危险性、所使用的手段来判断”。“防卫行为不得超过对侵害行为实施有效防卫的必要限度。但这并不意味着被害人只能退却，或者必须规避侵害。”③

德国有些学者如罗克辛等认为，除了正当防卫的必要性以外，根据德国刑法典第 32 条

---

① 参见［日］山中敬一：《刑法总论》，2 版，465 页，东京，成文堂，2008。

② 参见［日］川端博：《刑法讲义总论》，364～365 页，东京，成文堂，1995；［日］山中敬一：《刑法总论》，2 版，469 页，东京，成文堂，2008；［德］克劳斯·罗克辛：《德国刑法学总论》，第 1 卷，王世洲译，459～460 页，北京，法律出版社，2005。

③ ［德］耶赛克、魏根特：《德国刑法教科书》（总论），徐久生译，411～413 页，北京，中国法制出版社，2001。

第1款的规定，还应具有“要求性”。这种“要求性”源于对正当防卫的社会伦理限制，具体说来包括：(1)对于无责任能力人的侵害行为（包括儿童、精神病人、无意识的醉酒人、不可避免的错误人的攻击），只有在无法回避时才允许紧急防卫。(2)由被攻击者违法挑起的攻击，不成立紧急防卫。(3)对于轻微的攻击，紧急防卫权要受到限制。(4)在防卫人与攻击者之间具有保护关系的范围内，紧急防卫受到限制，例如，一名妻子在其丈夫空手打她时，用一把雨伞将其丈夫捅死，不成立紧急防卫。(5)对于勒索性的攻击，不允许采用杀死或者严重伤害的方式进行防卫。① 但是，也有的学者认为，对于正当防卫的这种社会伦理的限制，应当包括在必要性的标准之内。②

日本刑法将正当防卫规定为“不得已实施的行为”。对于“不得已实施的行为”如何理解，在日本刑法理论中是有较大争议的。第二次世界大战前，把“不得已实施的行为”理解为防卫行为的必要性的见解是通说，这种见解在第二次世界大战后还维持了一定的时期。第二次世界大战后，通说则认为“不得已实施的行为”的内容，除了必要性外，还要求“相当性”。而山中敬一认为，所谓“不得已实施的行为”，意味着只是“必要性”，通说中在“相当性”要件下论述的问题，应当作为“正当防卫的内在限制”来研究。③ 这与德国学者罗克辛的看法多少有些相似。我们认为，山中敬一的意见有益于梳理正当防卫界限中纷繁复杂的问题，所以本书参照其做法，分别以“不得已实施的行为”为标题，着重论述防卫行为的必要性；以“防卫行为的内在限制”为标题，着重探讨“防卫行为的相当性”。

2. “不得已实施”的内涵

日本刑法在关于正当防卫与紧急避险中虽然同样使用了“不得已实施”的用语，但学说、判例上一致认为二者的意义内容并不相同。在紧急避险的场合，要求没有其他可以采取的方法；而在正当防卫的场合，则无此要求，只要具有不得已的程度就可以了。这是有必要先予说明的。

所谓“不得已实施”，意味着防卫应是“必要的最小限度的”，即事实上可能采取的各种防卫手段中最稳妥的（相对的最小限度手段性），并且为了防卫所适宜的（防卫适合性）行为。也就是说为了防卫所必要的行为，为了防卫所适合的行为，就是必要的。

相对的最小限度手段性的要件，当然不是说这种程度的防卫行为，是以防卫者自己能够明确地预想被侵害的危险达到的程度作为最小限度，这是不必要的。因此，虽然应当选择对侵害者最小损害的手段，但并不是致使防卫者甘受对自己的生命或者身体的危险的程度。也就是说，即使可以采取更稳妥的防卫手段，但如确实难以保障防卫者的人身安全，虽然防卫者比较强势，仍然能够选择其他可能的防卫手段。

防卫适合性的要件，是指为了取得有效的防卫结果，要求防卫行为必须与之相适合，无论是方法还是程度，都与侵害行为的终了、减弱相适合。判例中也认为，作为“不得已实施”的解释，是“适当性”，或者依据客观的见解是“适正妥当性”。

3. 必要性判断的前提和对象

必要性并不是要求没有其他可以采取的方法，亦即防卫者并不负有退避义务或者要求

① 参见［德］克劳斯·罗克辛：《德国刑法学总论》，第1卷，王世洲译，443～456页，北京，法律出版社，2005。

② 详见［德］耶赛克、魏根特：《德国刑法教科书》（总论），徐久生译，411～413页，北京，中国法制出版社，2001。

③ 参见［日］山中敬一：《刑法总论》，2版，481页，东京，成文堂，2008。

官方保护的义务。补充性原则（即没有其他方法保护法益的原则）对于正当防卫来说是不妥当的。对于急迫不正的侵害，根据法确证的原理，采取必要的最小限度的对抗手段是被承认的。

在必要性的判断中，急迫不正的侵害中被威胁的法益的价值与基于防卫而侵害的法益的价值之间的相互比较，不是判断对象。必要性的要件不含有法益的均衡性的要求。

(四) 防卫行为的内在限制

1. “相当性”要件的意义

这里所谓的相当性，是指反击行为对侵害的防卫必须满足相当性的要求。更严格地说，相当性意味着“以不违反公序良俗的方法实施，并且不允许为了防卫轻微的权利而对侵害者的重大法益进行反击”。据此，作为相当性的内容是“行为形态的相当性”（不违反公序良俗）与“法益的适当均衡性”。也有的学者从结果无价值的立场出发，认为相当性只意味着“保全法益与侵害法益没有显著地丧失均衡”①。

当然，在日本的刑法理论中，“必要性”与“相当性”各自的内涵与外延以及“必要性”与“相当性”之间的关系，是个分歧意见颇多的问题。

2. 内在限制的类型与根据

关于正当防卫的内在限制的类型，这里只论及挑拨防卫和轻微的侵害。

（1）挑拨防卫。假借正当防卫的名义，意图挑拨他人的攻击，进而利用这种机会侵害他人，叫作挑拨防卫或自招防卫。挑拨防卫根据挑拨者的主观心理态度可以分为三种：一是意图的挑拨防卫，指具有假借防卫的名义侵害攻击者的意图，也就是基于“积极的加害意图”实施违法挑拨的场合；二是故意的挑拨防卫，指在容忍对方的攻击的同时进行挑拨的场合；三是过失的挑拨防卫，指对自己的行为会引起对方攻击能够预见而没有预见的场合。

关于挑拨防卫的限制根据，日本学界有多种不同的主张，其中主要是：1）权利滥用说认为，“故意挑拨的场合是权利的滥用，难以认为是正当防卫”，对“过失的挑拨行为”仍有允许正当防卫的余地。2）原因中的违法行为的理论认为，基于挑拨而对攻击实施的防卫行为，仅从防卫行为本身观察，虽然是适法的，但防卫行为中具有的加害意思及于防卫结果，所以其原因是违法的，不构成正当防卫。原因中的“违法行为的理论，与责任阶段中的原因中的自由行为的理论相适应，是将其类推适用于违法性阶段的理论”。这一理论首创于德国，近年来，在日本也被大力提倡。3）挑拨行为＝实行的着手说认为，挑拨行为本身是随后的侵害行为（防卫行为）之实行的着手。这种主张与挑拨行为违法则全体行为违法的“整体违法说”相通，并采用了原因中的违法行为理论的观点。其论证的理由是，如果能够将行为人的全部行为视为一个整体，把原因行为时的违法及于实行行为的全体，则挑拨行为即是实行行为的着手。4）急迫性否定说认为，不管是预测到侵害还是给侵害以原因，都不影响急迫性本身，不能否定客观的急迫性状态。5）防卫意思否定说认为，基于防卫意思必要说的立场，不能不否定其存在防卫的意思。6）相当性否定说认为，在挑拨防卫中防卫行为相当性的要件应被否定；也有认为不只相当性，同时必要性也成问题的修正说。7）社会相当性说认为，挑拨防卫不具有社会的相当性，不应被认为是正当防卫。②

---

① ［日］山中敬一：《刑法总论》，2版，481～492页，东京，成文堂，2008。

② 参见［日］山中敬一：《刑法总论》，2版，485～488页，东京，成文堂，2008。

（2）轻微的侵害。正当防卫基于法确证的原理，不认为法益的均衡性是绝对的，为了保护小的法益而侵害大的法益也能被允许。但是，只是轻微的侵害时，往往不能认为全都是正当防卫。对于轻微的侵害，在能用其他手段避免的场合，就应选择其他的手段控制反击。因为对于轻微侵害的反击，有可能导致防卫过当。[②]德国学者耶赛克等也认为："法秩序不允许对较小价值的法益或者轻微的侵害行为，以造成侵害人巨大损失为代价来进行防卫。因此，如果被攻击的利益和侵害人的利益或危险之间的关系明显失衡，此等情况下的防卫是不被允许的。"[①]

三、防卫效果

防卫效果主要涉及两个问题：一是防卫行为的结果侵害了第三者利益的问题；二是关于防卫行为的特别规定问题。

（一）防卫行为的结果侵害了第三者利益的场合如何处理

1. 防卫行为的结果发生于第三者的场合

一般说来，正当防卫只能对不正的侵害者本人实施，不能对第三者实施。但实际上可能发生在对侵害者实行防卫的同时，又侵害了第三者利益的情况。例如，X在A用日本刀砍来时，为了防卫而用所携带的猎枪向A射击，子弹打中了A，或者没有打中A，同时击中了行人B，致B死亡或受伤。在这种场合，X对A是正当防卫，学者之间没有分歧。但对B的死亡结果应当如何处理，则有几种不同的主张：（1）正当防卫说认为，这是X对A实行正当防卫而发生的结果，应对其行为及结果进行整体性评价。（2）假想防卫说认为，X主观上认为是正当防卫而实施的行为应作为假想防卫的一种，阻却其故意的责任。（3）紧急避险说认为，这种场合不是正当防卫，而是显示了紧急避险的构造。这是日本的多数说。（4）成立犯罪说认为，由于不存在或者忍受现在的危险或者牺牲第三者利益的二择一关系，进而不具有避险的效果，所以成立犯罪。[②]

对此，大谷实认为，从法定符合说的立场来看，如认为对B的杀人罪或伤害罪的构成要件符合性成为问题，对于A可以认定正当防卫。但B并没有任何不正的侵害，因此认为对B也成立正当防卫是不妥的。另外，X对于B的死亡或受伤有错误，虽说可以成立假想防卫，但是X是作为正当防卫而实施的，作为结果其行为却成了违法的，这也是不妥当的，难以支持。再有，由于X在反击A的同时伤害B（或致B死亡）而避免了现在的危险，并且在其对A射击保护自己身体安全的防卫意思中，能够解释为也包含避险的意思，所以认为对B成立紧急避险是妥当的。[③] 山中敬一的看法与大谷实的有所不同。他主张应对防卫行为的结果发生于第三者的情况进行深入分析。在对攻击者成立正当防卫的场合，如无其他的防卫方法，满足了"补充性要件"，对B成立紧急避险。在对攻击者没有发生正当防卫结果的场合，在与第三者的关系上谈不到其他防卫方法，没有满足"补充性要件"，原则上不成立紧急避险。在这种场合，对B的侵害如有未必的故意，成立故意犯，否则根据具体

---

① ［德］耶赛克、魏根特：《德国刑法教科书》（总论），徐久生译，418页，北京，中国法制出版社，2001。

② 参见［日］山中敬一：《刑法总论》，2版，473～477页，东京，成文堂，2008。

③ 参见［日］大谷实：《刑法总论》，新版2版，黎宏译，258页，北京，中国人民大学出版社，2008。

符合说，对B成立过失犯。①

2. 侵害者利用第三者之物的场合

在侵害者利用第三者之物实施急迫不正的侵害，反击者为了防卫损坏了第三者之物的场合，反击者的行为可否成立正当防卫？例如，A利用B的日本刀进行攻击，X进行防卫用铁棒将日本刀击折。对此，在日本学者中有正当防卫说和紧急避险说两种主张，其中正当防卫说是通说。持此说者认为，在这种场合，B的所有物日本刀，是在A的支配下，作为A的侵害手段而成为不正侵害的一部分。X的防卫行为应当被看作是对A的侵害本身的反击。而且B的所有物被利用，是侵害者A的问题，而不是反击者X的问题，所以，没有理由认为对B之物只能紧急避险，忍受法益均衡程度的限制。② 德国学者罗克辛也认为，在一个人把他人的物品当作攻击的手段加以利用时，由于该物品与攻击者的攻击形成了一个整体，所以即使物品被损坏了，该人的行为也应当通过正当防卫被正当化。③

持紧急避险说者则认为，第三者B其自身的所有物日本刀被人擅自利用，本人并未实施违法行为，因此，在与B的关系上，是正对正的关系，具备紧急避险的构造。④

3. 防卫者利用第三者之物的场合

面对急迫不正的侵害，防卫者利用第三者之物实行防卫，并且损坏了第三者之物的场合，应否成立正当防卫？例如，在A用日本刀砍来之际，X用站在旁边的B的木刀进行防卫，致使木刀被击断。在这种场合，第三者之物不是A的侵害手段，而是X的防卫手段，是面对现在的危险，使用第三者之物将损害转嫁给了第三者，这一点与通常的紧急避险并无不同。这是多数学者的看法，如平野龙一、中山研一、香川达夫、大塚仁、大谷实等均持这种看法。⑤ 按照这种观点，要使X的行为在与对B的法益损害的关系上阻却违法性，就必须具备补充性的要件与法益均衡的要件，即只能在不超过由A可能引起的法益侵害的限度内侵害B的法益。超过这个限度，就成为避险过当问题。⑥

（二）关于防卫行为的特别规定

德国刑法典第33条规定："防卫人由于慌乱、恐惧、惊吓而防卫过当的，不负刑事责任。"这是关于防卫过当的特别规定。对于这一规定，德国刑法理论中的主流观点认为，其根据是"双重的罪责减轻"：一种是从对违法攻击的防卫中产生的不法性减轻；另一种是防卫人因慌乱、恐惧、惊吓等情绪冲动而产生的罪责性减轻。这种双重减轻降低了防卫人的罪责，再进行刑事处罚就是不恰当的。对于这一规定，一些德国学者也提出了不少问题，如基于这三种"虚弱的冲动"与基于"强烈的冲动"（如面对不法侵害的愤怒、狂怒、激怒）的关系；当"强烈的冲动"附加于"虚弱的冲动"之上时如何处理；基于慌乱、恐惧、惊吓而无意识的防卫过当与有意识的防卫过当有无区别；对于防卫人在慌乱、恐惧、惊吓状态下对第三人造成损害，或者发生了假想防卫的场合如何看待；等等。⑦ 这些问题确实值

① 参见［日］山中敬一：《刑法总论》，2版，473～477页，东京，成文堂，2008。

② 参见［日］山中敬一：《刑法总论》，2版，480～481页，东京，成文堂，2008。

③ 参见［德］克劳斯·罗克辛：《德国刑法学总论》，第1卷，王世洲译，462～463页，北京，法律出版社，2005。

④ 参见［日］山中敬一：《刑法总论》，2版，480～481页，东京，成文堂，2008。

⑤ 参见［日］山中敬一：《刑法总论》，2版，480～481页，东京，成文堂，2008。

⑥ 参见［日］内藤谦：《刑法讲义总论》（中），382～389页，东京，有斐阁，1986。

⑦ 参见［德］克劳斯·罗克辛：《德国刑法学总论》，第1卷，王世洲译，656～664页，北京，法律出版社，2005；［德］耶赛克、魏根特：《德国刑法教科书》（总论），徐久生译，589页，北京，中国法制出版社，2001。

得深入研究。

日本的规定与德国的规定不同。日本在《关于盗犯等的防卫与处分的法律》中设立了关于正当防卫的特别规定。根据该法第 1 条第 1 款，在以下三种场合，为了排除对自己或他人的生命、身体或贞操的现在的危险而杀伤犯人的，应属刑法第 36 条第 1 款的正当防卫，即（1）为了防止盗犯或者为了取回被盗物品时；（2）为了防卫携带武器或者跨越、损坏门窗、墙壁等或者撬开门锁侵入他人的住宅或看守的宅邸、建筑物或者船舶者时；（3）为了排除无故侵入他人的住宅或者看守的宅邸、建筑物或者船舶者，或者被要求而不从这些场所退出者时。进而根据该条第 2 款，在以上三种场合，即使对自己或他人的生命、身体或贞操不存在现在的危险，行为人由于恐怖、惊愕、兴奋或者慌乱而在现场杀伤犯人时，不处罚。

就第 1 款而言，尽管规定很明确，但学者间的解释仍有不同。有学者认为，该规定当然应以日本刑法第 36 条的规定为前提，因此，日本刑法第 36 条规定的“不得已实施”也应当成为其要件。[①] 也有学者认为，根据该规定，不问行为是否为“不得已实施的”，都是日本刑法第 36 条第 1 款规定的防卫行为，因而扩大了正当防卫的范围。[②] 还有些学者主张，该规定没有使用“不得已实施”的用语，应当理解为是缓和了正当防卫的要件。多数学者则认为，即使没有“不得已实施”的要件，但缓和仍有受到相当性限制的意义。[③]

就第 2 款而言，通说认为，对作为假想防卫、防卫过当的杀人者不罚，是由于恐怖、惊愕等没有期待可能性而阻却责任。可以说日本该法的这项规定与德国刑法典第 33 条的规定颇为近似，在德国刑法理论中提出的前述问题，在日本也展开了深入的研讨。

四、防卫过当

（一）防卫过当的概念

德国学者耶赛克、魏根特把防卫过当理解为“虽然存在正当防卫状况，但行为人有意或无意地超过了正当防卫必要性的界限”[④]。这里的定义之所以特别强调“有意或无意的”，是因为德国学者对于前述该国刑法典第 33 条关于防卫过当的特别规定是否包含有意识的情况有所争议。日本学者大谷实认为，“所谓防卫过当，指对急迫不正的侵害，出于防卫的意思而实施了反击行为，但其反击行为超过防卫限度的场合”。所谓“超过防卫限度，是指防卫行为并非‘不得已而实施的行为的场合’，即防卫行为超过了必要的最小限度即相当性的场合”[⑤]。大谷实是坚持防卫意思必要说的。他把这一观念贯彻到了防卫过当的定义中。山中敬一则认为，“所谓防卫过当，是‘超过防卫限度的行为’。所谓‘超过防卫限度’，意味着以正当防卫状况的存在为前提，防卫行为超过防卫的‘必要性’乃至‘防卫的内在限制’，即超过‘最小限度的侵害性’的场合，以及在保全法益与侵害法益的‘侵害的危险性的大小’的衡量中，侵害法益的危险明显超出保全法益的危险，两者之间存在‘显著的不

① 参见［日］大谷实：《刑法总论》，新第 2 版，黎宏译，271 页，北京，中国人民大学出版社，2008。

② 参见［日］大塚仁：《刑法概说》（总论），冯军译，379 页，北京，中国人民大学出版社，2003。

③ 参见［日］山中敬一：《刑法总论》，2 版，493 页，东京，成文堂，2008。

④ ［德］耶赛克、魏根特：《德国刑法教科书》（总论），徐久生译，421 页，北京，中国法制出版社，2001。

⑤ ［日］大谷实：《刑法总论》，新版 2 版，黎宏译，266 页，北京，中国人民大学出版社，2008。

均衡’’”[①]。这里的解释实际上是对山中敬一关于正当防卫成立要件的观点的延伸。

由此可以看出，学者们关于防卫过当的定义，与本国刑法的相关规定及其本人关于正当防卫成立要件的观点密切相关。所以，必须结合本国刑法的规定以及学者本身关于正当防卫成立要件的观点来理解其关于防卫过当的定义。

（二）防卫过当的类型

防卫过当的类型，包括强度的过当与范围的过当、故意的过当与过失的过当。

1. 强度的过当与范围的过当

强度的过当（亦称质的过当），是指以存在防卫状况为前提，防卫的强度超过必要的防卫限度的场合，例如，能用拳头防卫时，用手枪射杀的场合。范围的过当（亦称量的过当），是以正当防卫状况本不存在或者已不存在为前提，在时间的范围上过当。例如，在攻击开始之前，实行预先防卫；或者攻击已经停止，仍然继续追击。可是，事前的预先防卫意义上的防卫过当，并不是正当防卫的问题，应当仅成立紧急避险。作为时间上的范围过当，尽管不存在正当防卫的状况，但是与终了的攻击存在着直接的时间上的接续关系，可看作一连串的行为，在这种场合承认是防卫过当。[②]

2. 故意的过当与过失的过当

故意的防卫过当，是对过当的事实有认识的场合；过失的防卫过当，是对过当的事实没有认识的场合。在前者的场合，成立故意犯，这是没有疑问的。但在后者的场合，则有不同见解：有的学者认为这种场合是所谓的假想过当，其效果是阻却故意（平野龙一、内田文昭）。[③] 也有的学者认为，即使是过失的防卫过当，因行为人无疑对符合构成要件的事实有认识，所以应在其认识的范围内成立故意犯，适用防卫过当的规定。[④]

（三）防卫过当的效果

1. 防卫过当效果的立法模式

在大陆法系国家的刑法中，关于防卫过当如何处理，主要有以下几种规定方式：（1）一般性规定，即只一般地规定防卫过当的法律效果。如日本刑法第 36 条第 2 款规定，防卫过当的，“可以根据情节减轻或者免除处罚”。（2）特别性规定，即只特别规定特定情况下防卫过当的效果。如德国刑法典第 33 条规定，“防卫人由于慌乱、恐惧、惊吓而防卫过当的，不负刑事责任”。（3）全面性规定，即对上述两种情况同时加以规定。如韩国刑法典第 21 条规定：“……（二）防卫过当的，依其情况可免除或减轻处罚。（三）前项情形下，如其过当行为系在夜间或者其他不安的状况下，由于恐怖、惊愕、兴奋或者慌张而引起的，不予处罚。”

日本虽然在刑法典中对防卫过当的法律效果仅作了一般性规定，但如前所述，在其特别刑法（即《关于盗犯等的防止与处分的法律》）中又作了补充规定，那就是“即使对自己或他人的生命、身体或贞操不存在现在的危险，行为人由于恐怖、惊愕、兴奋或者慌乱而在现场杀伤犯人时，不处罚”。一般认为，这其中就包括防卫过当。

2. 防卫过当减免刑罚的根据

对于这个问题，日本学者中有三种见解：其一，违法减少说。这是基于利益衡量说的立场，认为防卫过当是存在正当防卫的状况，只是由于超过了正当防卫的限度而违法，其具有正当防卫效果的那一部分维护了正当的利益，因此，违法性减少。其二，责任减少说。

---

①②③ ［日］山中敬一：《刑法总论》，2 版，493～495 页，东京，成文堂，2008。

④ 参见［日］大谷实：《刑法总论》，新版 2 版，黎宏译，267～268 页，北京，中国人民大学出版社，2008。

该说认为，防卫过当是在紧急状态下，由于行为人恐怖、惊愕、兴奋或者慌乱而过度实施的，不能进行强烈的非难，所以责任减少。这是通说。其三，违法、责任减少说。该说认为，在防卫过当的场合，不仅责任减少了，违法性也减少了。[①]

五、假想防卫

（一）假想防卫的形式

所谓假想防卫（亦称错觉防卫），是指符合正当防卫要件的事实本不存在，却误以为存在，并据此实施了反击行为的场合。日本学者大谷实把假想防卫分为三种形式。这种分类简单明了，线条清晰。本书据此作一简介，即（1）最典型的形式是，本不存在急迫不正的侵害却误认为有，并对其误认的事实实施了相当的防卫行为；（2）虽然存在急迫不正的侵害，但本是为了实行防卫而实施相当的行为，却因为错误而实施了不相当（超过防卫的限度）的行为；（3）本没有急迫不正的侵害却误认为有，进而对于误认的事实实施了不相当的防卫行为。这种场合近年来被称为假想防卫过当。这三种形式，都不是正当防卫，所以不排除其违法性。[②]

（二）假想防卫的处理

由于第三种形式即假想防卫过当问题更为复杂，关于其处理问题学者争议更多，所以放到后面专门加以论述，这里只谈第一种形式和第二种形式的假想防卫的处理问题。

关于这个问题，存在几种主张，即（1）认为是事实错误，阻却故意。如团藤重光、平野龙一、大塚仁等学者认为，在假想防卫的场合，行为人主观上虽然存在防卫的意思，但客观上不具有防卫之实，因此，尽管没有失去违法性，但阻却责任故意；认为存在过失时，可以成立过失犯。这被认为是通说。[③]（2）认为是违法性错误，不阻却故意。如福田平、西原春夫、大谷实等学者主张，只要对作为违法类型的符合构成要件的事实具有认识，行为人就面临着规范问题（即是否为法律所禁止的问题），误以为是正当防卫，是属于尽管为法律所不允许，却误以为允许的违法性错误，所以不阻却故意。（3）还有的学者认为，在假想防卫中，如有合理的理由认为没有过失的，应当作为正当防卫来处理。[④]

（三）假想防卫过当

假想防卫与防卫过当竞合的场合，叫作假想防卫过当，即本来不存在急迫不正的侵害却误以为存在而实施了防卫行为，且对于假想的侵害的防卫也是过当的。在这种场合，一方面，客观上并不存在急迫不正的侵害，却误以为存在，进而实施了所谓的防卫行为，属于假想防卫；另一方面，该“防卫”行为在程度上超过了必要的限度，与防卫过当有关。

假想防卫过当，从防卫行为的过当性角度考虑，还可以分为对其过当性有认识和无认识两种情况。在后者的场合存在对于急迫不正的侵害以及防卫程度的双重误认。相对于此，在前者的场合，只存在对于急迫不正的侵害的误认，而不存在对于防卫程度的误认。[⑤]

---

① 参见［日］山中敬一：《刑法总论》，2版，496～497页，东京，成文堂，2008。

② 参见［日］大谷实：《刑法讲义总论》，新版2版，黎宏译，268页，北京，中国人民大学出版社，2008。

③ 参见［日］大塚仁：《刑法概说》（总论），冯军译，336～337页，北京，中国人民大学出版社，2003。

④ 参见［日］大谷实：《刑法讲义总论》，新版2版，黎宏译，269页，北京，中国人民大学出版社，2008；［日］野村稔：《刑法总论》，234页，东京，成文堂，1990。

⑤ 参见［日］野村稔：《刑法总论》，236页，东京，成文堂，1990。

关于假想防卫过当的情况下是否阻却故意，有三种主张：（1）故意犯说，认为对发生了的事实成立故意犯，不能避免错误时阻却故意；（2）过失犯说，认为对发生了的事实有过失时成立过失犯；（3）二分说，认为对过当事实无认识时阻却故意，对过当事实有认识时不阻却故意。二分说是目前日本刑法理论界的通说。①

关于假想防卫过当的情况下可否减免刑罚，也有三种观点：一是认为在假想防卫过当的场合，客观上不存在急迫不正的侵害，违法性没有减少，因此没有必要适用或准用日本刑法第 32 条第 2 款关于刑罚减免的规定。二是认为在假想防卫过当的场合，由于行为人心理的例外状态与恐怖、惊愕、兴奋、慌乱等相比，减少了非难可能性，具有认可当作防卫过当而减免刑罚的余地。三是在违法、责任减少这一总体框架内，责任减少是核心，虽然违法没减少，但责任减少了，可准用日本刑法第 32 条第 2 款。②

第四节　紧急避险

一、紧急避险概说

（一）紧急避险的概念

现在世界各国大多对紧急避险作了明确规定。德国刑法典不仅规定了“阻却违法性的紧急避险”，即“为使自己或他人的生命、身体、自由、名誉、财产或其他法益免受正在发生的危险，不得已而采取的紧急避险行为不违法。但要考虑到所要造成危害的法益及危害程度，所要保全的法益应明显大于所要造成危害的法益，而该行为实属不得已而为之的，方可适用本条的规定”（第 34 条），而且规定了“阻却责任的紧急避险”，即“为使自己、亲属或其他与自己关系密切者的生命、身体或自由免受正在发生的危险，不得已而采取的紧急避险行为不负刑事责任”（第 35 条第 1 款）。日本刑法第 37 条规定：“为了避免对自己或者他人的生命、身体、自由或者财产的现实的危险，而不得已实施的行为，如果所造成的损害不超过其所欲避免的损害程度时，不处罚。”与德国刑法典的规定相比较，日本刑法不仅没有关于阻却违法性的紧急避险与阻却责任的紧急避险的区分，而且在保护法益的例示中缺少“名誉”以及含义更广的“其他法益”的规定。此外，德国刑法典在“阻却违法性的紧急避险”中明确要求保护的法益“应明显大于”损害的法益，而日本刑法的提法则是所造成的损害“不超过”所欲避免的损害程度。

日本一些学者认为，这一规定很难说是充分的，为了弥补立法上的不足，学说上采取了超法规的紧急避险的概念。③ 但在紧急避险的定义上，大多还是援引本国刑法关于紧急避险的规定。德国刑法理论中不仅存在着合法化的紧急避险与免责的紧急避险的不同，而且存在着刑法上的紧急避险与民法上的防御性紧急避险、攻击性紧急避险的联系和区别，所

① 参见［日］高桥则夫：《刑法总论》，285 页，东京，成文堂，2010。

② 参见［日］山中敬一：《刑法总论》，2 版，503 页，东京，成文堂，2008。

③ 参见［日］大塚仁：《刑法概说》（总论），冯军译，341 页，北京，中国人民大学出版社，2003。

以一些学者不直接给紧急避险下定义，另一些学者即使为其下一定义，也较少采取直接引用本国规定的方式，如耶赛克、魏根特认为，“一般法学用语中的紧急状态（避险），是指‘只能够通过侵害他人的正当利益，避免要保全的正当利益所面临的现实的危险的状态’”，接着强调“在该定义的背后，隐藏着不同种类或形态的情况，必须在刑法上分别加以探讨”①。

（二）紧急避险的本质

对此，有些学者称之为紧急避险不处罚的根据。关于这个问题，在德国特别是日本刑法理论中，存在着诸多不同的主张和学说，归纳起来主要是：

1. 阻却违法一元说，亦称阻却违法性说。该说认为，在紧急避险的场合，避险行为被正当化。在日本，这是通说。具体来说，又有以下几种不同的主张：（1）放任行为说。该说认为，紧急避险不是适法行为，是作为法上的放任行为而阻却违法性。德国学者宾丁、日本学者久礼田益喜持此说。此说因多数学者不承认放任行为的概念而未受支持。②（2）违法性被阻却说，亦称非违法说，在日本是通说。此说以“优越的利益原则”为依据，承认一元的阻却违法性，主张为了保全大的利益而牺牲小的利益，对保全法秩序是必要的。紧急避险时，以补充性与均衡性为条件，认为保护、保全优越的利益的避险行为是适法的。（3）阻却可罚的违法性说。该说认为，在保全的法益与牺牲的法益是同价值时，阻却可罚的违法性。大塚仁、吉川经夫、曾根威彦等持此说。③

2. 阻却责任一元说，或称阻却责任说。该说认为，紧急避险行为毕竟侵害了第三者的法益，所以是违法的，但因没有实施适法行为的期待可能性而阻却责任。该说在德国以迈尔的思想为基础；在日本，从泷川幸辰开始，由植松正、平场安治、泷川春雄等所主张。④

3. 二元说，亦称二分说，可分为如下两种：（1）以阻却违法为原则的二分说，认为紧急避险作为原则是阻却违法事由，作为例外是阻却责任事由。这是德国的通说。该说中又有两种主张：一部分学者认为，为了保护大的法益而牺牲小的法益时，是阻却违法事由；法益大小的比较发生困难时，是阻却责任事由。佐伯千仞、中义胜、中山研一等持此说。另一部分学者认为，在生命对生命、身体对身体的法益中，为了救助一方而紧急避险时是阻却责任事由，在其他场合是阻却违法事由。木村龟二、大野平吉、阿部纯二等持此说。⑤（2）以阻却责任为原则的二分说。该说认为，紧急避险作为原则是违法的，但在一定的场合例外地阻却违法。持此说者，在德国是绍尔（Sauer），在日本是森下忠。在绍尔看来，所有的紧急避险都是基于避险者的心理压迫的缘故，因此基本上应当认为是阻却责任事由。但当避险行为保护了优越的利益时，应当承认紧急权，所以是阻却违法事由。森下忠则认为，紧急避险侵害的是第三者的利益，所以通常是违法的，只是由于期待不可能而阻却责任。然而在冲突的两法益之间有明显大的价值之差时，为了维护显著大的法益而紧急避险，例外地阻却行为的违法性。⑥

---

① ［德］耶赛克、魏根特：《德国刑法教科书》（总论），徐久生译，423页，北京，中国法制出版社，2001。

② 参见［日］日本刑法学会编：《刑法讲座》（2），153页，东京，有斐阁，1973。

③ 参见［日］川端博：《刑法讲义总论Ⅰ》（上卷），371～372页，东京，成文堂，1995。

④ 参见［日］日本刑法学会编：《刑法讲座》（2），147～148页，东京，有斐阁，1973。

⑤ 参见［日］川端博：《刑法讲义总论Ⅰ》（上卷），371～372页，东京，成文堂，1995。

⑥ 参见［日］日本刑法学会编：《刑法讲座》（2），354页，东京，有斐阁，1973。

二、紧急避险的成立条件

日本刑法第 37 条第 1 款和德国刑法典第 34 条关于紧急避险的规定有异有同，其相同之处是：现在的危险（在德国刑法中叫作“正在发生的危险”）、不得已和法益权衡。这几点也是成立紧急避险的成立条件。负有特别义务的人不适用紧急避险也是多数国家刑法的共识性规定。本书拟以日本刑法的规定为例，来论述紧急避险的要件。

（一）自己或他人的生命、身体、自由或者财产存在现在的危险

1. 保全的法益

关于如何理解日本刑法第 37 条第 1 款中关于紧急避险保护、保全的法益的规定，学者间有例示规定说（通说）与限定列举说的对立。有些学者认为，与正当防卫被规定为“权利”不同，紧急避险中对保全的法益进行了具体的列举，这应当理解为立法者的意图本来就是打算限定列举的法益。限定列举说曾经是有力的学说（支持者有大场茂马、泉二新熊、草野豹一郎、齐藤金作）。① 有的学者则认为，从紧急避险的宗旨来看，显然是难以将其和正当防卫的场合区别对待的，因此，应当将刑法所保护的名誉、贞操等个人利益也包含在内。② 也有的学者认为，法条中对某些法益进行列举，只是表明与正当防卫相比，紧急避险所保护的法益范围较小，而非进行严格的列举。③

对是否承认为了国家法益、社会法益的紧急避险问题，存在消极说、积极说与两分说的分歧。持消极说者如山中敬一认为，法律条文列举的是个人法益，其中不能包含国家的存在与安全，因此消极说是正确的。持积极说者如大谷实则提出，只要承认社会的相当性，就没有不对其适用紧急避险的理由。作为紧急避险保全的法益，除了个人法益以外，还应包含国家法益（国家紧急避险）、社会法益，对其认可超法规的紧急避险。④ 持两分说者如高桥则夫则认为，原则上不能为了国家或者社会法益进行紧急避险，只有在不能够期待共同团体实施保护活动的紧急时刻，才可以例外允许。⑤

2. 危险

这里所谓的危险，是指法益遭受侵害或者危险的状态。危险必须是客观存在的，不是行为人主观预想的。危险发生的原因在所不问，因此，自然现象、事故、人的行动、组织的行动、动物的行动、社会的或经济的混乱或穷困均无不可。

人的行动即使是适法行为也可以成为危险发生的原因。然而，负有忍受侵害义务时则不允许，如在刑罚执行时，因负有忍受义务，不能实行紧急避险。对人来说，在生命或身体受到加害的威胁，强令其实行符合构成要件的行为的，也存在危险。基于社会关系或社会状况产生的危险被称为“社会的危险”，也可以视为这里所说的危险。

3. 现在性

所谓危险的“现在性”，是指（1）法益侵害的状态现实存在着；（2）法益侵害的危险

---

① 参见［日］山中敬一：《刑法总论》，2 版，520～521 页，东京，成文堂，2008。

② 参见大谷实：《刑法讲义总论》，新版 2 版，黎宏译，274 页，北京，中国人民大学出版社，2008。

③ 参见［日］高桥则夫：《刑法总论》，291 页，东京，成文堂，2010。

④ 参见大谷实：《刑法讲义总论》，新版 2 版，黎宏译，274 页，北京，中国人民大学出版社，2008。

⑤ 参见［日］高桥则夫：《刑法总论》，263、291 页，东京，成文堂，2010。

正在迫近。可以认为，“现在性”与正当防卫中的“急迫”是同义的。但“现在性”一词是含义更广的概念，包括：第一，虽然还不能说是迫近，但根据经验或自然的变化处于立即迫近的状态时，也可以认为是“现在的危险”。第二，所谓继续的危险的场合，这是指业已发生长时间的继续，随时可能向实际侵害转化的危险迫近状态，同时，侵害的发生也可能需要较长的时间。

4. 为了他人的避险行为与他人是否同意的问题

为了他人实施紧急避险是否以不违反其意思为要件？对此，理论上是有争议的。有的学者持积极说（江家义男），但通说则认为，是否违反本人意思应在所不问（支持者有大塚仁、香川达夫、内藤谦、大谷实）。[①]

（二）为了避险不得已实施的行为

1. 不得已实施的行为

所谓“不得已”，意味着是保全法益的唯一方法，再没有其他可能的方法。这种除此之外没有其他方法可以采用的场合才被允许的原则，就是补充性原则。紧急避险是以“正对正”的关系为基础的；之所以允许牺牲没有关系的第三者的利益，就是因为它处于没有其他方法的场合。[②]

2. 避险的意思

关于避险的意思是否必要，与防卫意思一样，也存在着争论。必要说虽然是通说（支持者有木村龟二、大塚仁、吉川经夫、大谷实、川端博等），但不要说也是有力的主张（支持者有平野龙一、香川达夫、中山研一、曾根威彦、前田雅英等）。按照不要说，避险能够由过失行为实施是显而易见的。然而，根据必要说，基于过失的避险行为也可以承认避险的意思。[③] 此外，根据日本1970年的判例，即使避险行为是过失行为，也可以肯定避险的意思，因为可能存在以避险意思实施的避险行为本身违反注意义务的情形。[④]

（三）造成的损害不超过其意图避免的损害限度

为成立紧急避险，避险行为所产生的损害不能超过所要避免的损害。这一要件是基于允许在紧急状态之下，为了保护同等或更大利益而牺牲同等或较小利益的宗旨而提出来的。“避险行为所产生的损害”，是指避险行为产生的侵害利益的结果。它被称为“侵害利益”。“所要避免的侵害”，是指根据避险行为所避免的损害，即根据避险行为所保全的利益，又称为“保护利益”。

“不能超过限度”，是指侵害利益和保护利益相比，前者不超过后者的意思。对利益的比较应根据客观标准进行。因此，在同一利益上以量的大小为标准；在不同利益上，保护各种利益的犯罪的法定刑的轻重成为大致的标准。当然，法定刑不一定反映了利益的大小。另外，个人利益和各种公共利益的关系也并不明确。因此，难以得出一般标准，而应当按照具体事例，根据社会一般观念，判断利益的大小。

德国学者罗克辛对阻却违法性的紧急避险的法益权衡问题进行了较为详尽的分析，提出了以下权衡的要点：刑罚幅度的比较、法益的价值取向、法益的损害程度、生命之间没有权

---

① 参见［日］山中敬一：《刑法总论》，2版，522～524页，东京，成文堂，2008。

② 参见［日］大谷实：《刑法讲义总论》，新版2版，黎宏译，275～276页，北京，中国人民大学出版社，2008

③ 参见［日］山中敬一：《刑法总论》，2版，526页，东京，成文堂，2008。

④ 参见高刑集23卷2号，367页。

衡、威胁性危险的程度、自律原则、法定的原则、紧急状态中的过错、特定的义务地位、避险人的不法活动、避免或造成的损害对相关人员的个人意义、由避险者产生的危险，等等。①

三、效果

紧急避险的效果中主要涉及两个问题：一是自招危险问题的处理；二是业务上负有特别义务者的避险问题的处理。

（一）对自招的危险可否实行紧急避险

自招危险，是指行为人自身有责的（基于故意或过失）行为所招致的危险。德国刑法典在第 35 条关于"阻却责任的紧急避险"中就自招危险及适用该规定的条件作了规定，即"如行为人根据情况，尤其是危险因自己引起……则不适用本款之规定"。因此，德国学者大多不在违法性理论中研究自招危险问题。

在日本，关于在自招危险的场合是否允许紧急避险，是有争议的。对此，主要有四种主张：(1) 全面否定说。如认为危险是因天灾或其他偶然的事实具有产生实害之虞的状态，据此而一律否定对基于自身有责的行为招致的危险进行紧急避险。(2) 全面肯定说。如认为根据"对避免危险的本能的行动理应宽容的立法旨意"，对自招危险的紧急避险一般应予肯定。(3) 形式的二分说（亦称折中说）。该说认为，对基于故意招致的危险，否定紧急避险的成立；对基于过失招致的危险，肯定紧急避险的成立。(4) 实质的二分说。该说认为，应当根据实质的观点（整体法秩序或社会相当性等）具体地判断决定是否成立紧急避险。至于判断的标准，则见解不一。② 但是，日本的判例一直坚持在自招危险的场合不允许紧急避险的立场。例如，东京高等法院 1970 年的判例明确指出："为了躲避行为人自己因为故意或者过失招致的危难而实施的避险行为，不构成紧急避险。"③

（二）业务上负有特别义务者可否实行紧急避险

所谓"业务上负有特别义务者"，是指在性质上具有承担危险义务的人，例如警察、消防队员、船长等。义务的根据有法令、契约、习惯等。④

世界上多数国家的刑法都对此作了明文规定，即对业务上负有特别义务的人不适用紧急避险，如德国刑法典第 35 条、日本刑法第 37 条第 2 款、意大利刑法典第 54 条第 2 款、韩国刑法典第 22 条第 2 款等，只是表述有所不同。

尽管如此，有些学者对此仍略有异议。如德国学者罗克辛认为，承担危险的义务并不是一种牺牲的义务，而仅仅是一种风险义务，在人们确切地或者极其可能地预见到死亡或者一种严重的健康损害时，即使存在一种特定的义务地位，躲避这种危险又是可以通过（刑法）第 34 条（关于阻却违法性的紧急避险）加以正当化的。⑤ 日本学者大谷实则提出，即使是和特别义务有关的避险行为，如在履行义务的过程中所实施的行为，当其与履行的义务不矛盾的时候，也可以认定为紧急避险。如正在进行交通检查的警察，为避开正向自

---

① 参见［德］克劳斯·罗克辛：《德国刑法学总论》，第 1 卷，王世洲译，475～493 页，北京，法律出版社，2005。

② 参见［日］川端博：《刑法讲义总论 I》（上卷），379～380 页，东京，成文堂，1995。

③ 转引自［日］高桥则夫：《刑法总论》，297 页，东京，成文堂，2010。

④ 参见［日］大谷实：《刑法讲义总论》，新版 2 版，黎宏译，279 页，北京，中国人民大学出版社，2008。

⑤ 参见［德］克劳斯·罗克辛：《德国刑法学总论》，第 1 卷，王世洲译，486 页，北京，法律出版社，2005。

己猛冲过来的汽车而将其他人推倒致其轻伤的，也可以看作是紧急避险。另外，避免自己危险的行为，即便不符合紧急避险的要件，也可以看作没有期待可能性的行为而成为排除责任事由。[①]

四、避险过当与假想避险

(一) 避险过当

避险过当，是指避险行为超过其限度的情形。避险过当包括两种情况：一是违反了补充性原则；二是违反了法益权衡原则。对于避险过当，日本刑法第37条第1款的规定是："可以根据情节减轻或者免除处罚。"关于减免刑罚的根据，在日本刑法理论中有责任减少说与违法性、责任双重减少说的对立。大谷实认为，由于紧急避险是紧急状态中的行为，且其他要件大体具备，所以能够认为违法性减少；同时，因为避险行为是在瞬间实施的，应当认为期待可能性也减少。[②] 由此可以看出，他是持违法性、责任双重减少说的。

至于如何判断是否违反了补充性原则或法益权衡原则，涉及对前述紧急避险成立的第二个和第三个要件的理解，兹不赘述。

(二) 假想避险

所谓假想避险，一般是指虽然不存在现在的危险，但行为人误以为存在而实施避险行为的场合。日本有些学者认为，本来打算采取相当的避险行为，实际上却实施了不相当的避险行为的场合，也包括在假想避险之内（如团藤重光、大塚仁）。[③]

关于假想避险的处理，德国刑法典第35条第2款作了明确规定。德国学者耶赛克、魏根特认为，在行为人对紧急避险的事实的前提条件（例如，危险的程度或种类、存在更加缓和的手段、处于危险之中的人与亲属的同一性）存在错误认识的场合，若错误是不可避免的，可以免责；相反，如果错误是可以避免的，必须减轻处罚。[④] 在这里，耶赛克、魏根特已经突破了德国刑法典第35条关于处于危险之中的须为"本人、亲属或者其他与其关系密切者"的限定。在日本刑法中没有关于假想避险的规定；其学者关于假想避险的处理意见，与假想防卫场合的处理意见基本相同。

假想避险和避险过当相竞合的场合，被称为假想避险过当。这是指本来不存在现在的危险却误以为存在，进而实施了超过假想的避险限度的避险行为。关于假想避险过当的处理，一般认为与假想防卫过当的处理相同。

五、正当防卫与紧急避险的比较

正当防卫、紧急避险都是违法性阻却事由，二者有相同点，也有不同处。

(一) 二者的相同点

正当防卫与紧急避险都是自己或他人的一定的法益面临危险，在不能期待国家机关及

---

① 参见［日］大谷实：《刑法讲义总论》，新版2版，黎宏译，279页，北京，中国人民大学出版社，2008。

② 参见［日］大谷实：《刑法讲义总论》，新版2版，黎宏译，280页，北京，中国人民大学出版社，2008。

③ 参见［日］野村稔：《刑法总论》，217页，东京，成文堂，1990。

④ 参见［德］耶赛克、魏根特：《德国刑法教科书》（总论），徐久生译，585页，北京，中国法制出版社，2001。

时救济的事态中，为了保全法益而实施的"紧急行为"。在这一点上两者具有共同的性质。正当防卫是针对"急迫不正的侵害"实施的，紧急避险是针对存在的"现在的危险"实施的。"急迫"性和"现在"性均表现了其作为紧急行为的特色，在实质上具有相同的意义。所谓紧急，指如不迅速寻求救济方法就会丧失利益的危险状态，法益的这种状态被称为法的紧急。法的紧急的重要性在于，因法益面临急迫侵害，通常如不允许私人实施直接行为，该法益就难以保全。这就需要以某些形式赋予私人紧急权。作为执法者的国家负有防止紧急的任务；当国家无法完成其任务时，私人被赋权代替国家完成任务，也是紧急行为的特征。①

（二）二者的不同点

正当防卫与紧急避险有相同之处，也有明显的区别。其区别表现在许多方面，但主要是：（1）正当防卫是针对不正的侵害，是为了维护权利向侵害者进行的反击，存在着所谓正对不正的关系；但是紧急避险在很多场合牺牲的是与危险的原因没有关系的第三者的利益，应当认为是基于正对正的关系。（2）以上述基本性质的不同为基础，可以较宽地承认正当防卫成立的范围；而对紧急避险则强调要符合补充性原则和法益权衡原则。（3）正当防卫的防卫者对防卫行为造成的结果不存在承担民事损害赔偿义务的余地；而紧急避险的避险者对因避险行为转嫁给第三者的损害应当承担损害赔偿义务。②

第五节　基于法令或正当业务的行为

一、基于法令或正当业务的行为概说

（一）基于法令或正当业务的行为立法情况简述

日本刑法第 35 条明确规定："基于法令或者正当业务而实施的行为，不处罚。"在日本刑法中，这一条被称为"正当行为"，是与正当防卫、紧急避险各设专条、并列规定的，应属于法定的违法性阻却事由之一类。

在德国、法国、意大利等国家的刑法中，都未采用"正当行为"的概念，但对其中包含的部分内容也作了相应的规定：如德国刑法典第 36 条关于"联邦议院、联邦大会或州立法机关"的"议会言论"，任何时候都不得"在会议团体之外被追究责任"的规定；意大利刑法典第 51 条关于行使权利或履行义务的行为，排除可罚性的规定；法国新刑法典第 122—4 条关于完成法律的命令的行为，不负刑事责任的规定；等等。这些表述尽管有所不同，但均可涵括在"基于法令或者正当业务的行为"之内。我们认为，日本刑法第 35 条的规定概括性更强、内容更广。为此，本书"将基于法令或正当业务的行为"作为违法性阻却事由的一类，单设一节加以论述，其中劳动争议行为，因其有日本宪法和日本工会法中相应的规定作依据，所以也一并在这一类型之中加以论述。

---

① 参见［日］川端博：《刑法讲义总论Ⅰ》（上卷），336～339 页，东京，成文堂，1995。

② 参见［日］大塚仁：《刑法概说》（总论），冯军译，346 页，北京，中国人民大学出版社，2003。

(二) 关于“正当行为”规定的法律性质

对此，在日本学者中是有不同意见的。有些学者认为，（日本）刑法第 35 条规定的是违法性阻却事由；也有些学者认为，（日本）刑法第 35 条一并规定了违法性阻却事由和构成要件符合性阻却事由。以死刑执行官执行死刑的行为为例，后者主张，这种场合在社会观念上很难说是（日本）刑法第 199 条（关于“杀人罪”的规定）中的“杀人”。这种行为与其说是作为基于法令的行为而阻却其违法性，莫如说是在发生违法性问题之前，缺乏构成要件符合性本身。① 前者则主张，执行死刑的行为也是符合剥夺他人生命这一构成要件结果的实行行为，因此说它不符合杀人罪的构成要件是不妥的②，只是因其直接符合（日本刑法）第 35 条，不具有违法性罢了。

二、基于法令的行为

基于法令的行为，也简称为法令行为，一是指以成文的法律或者命令的规定作为权利或者义务而实施的行为。基于法令的行为的类型，有的日本学者分为三种，即职务（职权）行为与权利（义务）行为、基于政策的理由阻却违法性的行为、由法令特意明示适法性的行为。也有的学者将其分为四种，即把前述的第一种类型分为两种：一是职务（职权）行为；二是权利（义务）行为。当然还有其他分类方法。③ 本书采用四分法进行论述。

1. 职务（职权）行为

这是指基于法令而实施的属于一定公务员的职务权限内的行为，例如，司法警察对嫌疑人、被告人实施逮捕、拘传、拘留的行为，在住所内进行搜查的行为，等等。公务员的职务行为有两种：一是公务员直接根据法令而实施的行为；二是根据有权限的上级的命令而实施的行为。这里的问题是：就前者而言，公务员的行为仅仅在形式上有法令的依据还不够，在执行方法上也必须适当。当超过职权范围时，即有滥用职权之嫌；就后者而言，当上级的命令是违法的命令时，公务员的行为是否阻却违法性，在日本学者中是有争议的。

德国刑法典中虽无关于“基于法令的行为”的规定，但其第 36 条关于“议会言论”的规定、德国学者耶赛克等关于公务员的职务行为的理论④，以及罗克辛关于官方批准的职务权和强制权的理论⑤，均属此列。法国刑法学者卡·斯特法尼等关于“以有法律命令与合法当局的指挥行为作为合法的证明”的理论⑥，亦属此列。日本刑法理论中就职务行为提出的上述问题，在德国刑法和法国刑法理论中也同样存在。

2. 权利（义务）行为

这是指基于法令而实施的属于某人的权利（义务）的行为，例如，公民抓捕、扭送现

---

① 参见［日］大塚仁：《刑法概说》（总论），冯军译，347 页，北京，中国人民大学出版社，2003。

② 参见［日］大谷实：《刑法讲义总论》，新版 2 版，黎宏译，227 页，北京，中国人民大学出版社，2008。

③ 详见［日］高桥则夫：《刑法总论》，248～249 页，东京，成文堂，2010；［日］山中敬一：《刑法总论》，2 版，552～554 页，东京，成文堂，2008。

④ 参见［德］耶赛克、魏根特：《德国刑法教科书》（总论），徐久生译，471 页，北京，中国法制出版社，2001。

⑤ 参见［德］克劳斯·罗克辛：《德国刑法学总论》，第 1 卷，王世洲译，508～513 页，北京，法律出版社，2005。

⑥ 参见［法］卡·斯特法尼等：《法国刑法总论精义》，罗结珍译，346～348 页，北京，中国政法大学出版社，1998。

行犯的行为，对精神病患者采取措施的行为、惩戒行为等。对于惩戒行为，日本学者西原春夫作了更为详尽的论述。惩戒行为包括：（1）校长和教师对学生和儿童的惩戒行为；（2）少年院院长的惩戒行为；（3）妇女辅导院院长对受辅导者的惩戒行为；（4）亲权者对未成年人的惩戒行为等。这里的问题是，对于学校的校长和教师、少年院院长、妇女辅导院院长等来说，依据日本的学校教育法第11条但书的规定，不得加以"体罚"。那么，如果实行了体罚，是否在允许的惩戒范围之内，或者说作为惩戒的手段，在何种程度上为相当，是值得研究的。①

意大利刑法典第51条规定的"行使权利或者履行义务"的行为，除了包括前述的职务行为而外，根据其刑法学者杜里奥·帕多瓦尼的论述，也包括父母对未成年子女的矫正权。② 这相当于日本刑法理论中父母对未成年子女的惩戒权。

3. 基于政策性理由的行为

这是指某种行为本来是违法的，但由于一定的政策上的理由，法令特别规定排除其违法性的情况。例如，根据赛马法发售赛马券，或者根据自行车竞技法发售赛车券的行为，本来是符合刑法中规定的发售彩票罪（日本刑法第187条）的，但由于它是基于财政或经济政策上的理由，按照各自的法律阻却其违法性。

4. 基于注意性规定的行为

这是指某种行为实质上是合法的，但是法律将其明确规定为注意性的违法阻却事由的情形。这样，注意性的规定就成了法定的要件。例如，根据优生保护法而实施的优生手术、人工妊娠中断等行为，即属于这种情况。③

三、基于正当业务的行为

所谓的"正当"业务，是指即使没有法令上的根据，也能认定为正当的业务。所谓"业务"，是指作为社会生活上的事务（或工作）可以反复继续进行，或者基于反复继续实行的意思而进行的事务（或工作）。例如，医生的手术、大力士摔跤、拳击手格斗等，即使符合暴行罪或者伤害罪的构成要件，也作为正当业务而阻却违法性。

在日本的刑法理论中，正当业务行为通常有以下几种。

（一）治疗行为

所谓治疗行为，是指为了改善病人的健康状况而采取外科手术等一般医学上承认的方法对患者进行医疗的行为。

1. 治疗行为不可罚的根据

通说认为，治疗行为虽然符合伤害罪的构成要件，但阻却违法性，因此是不可罚的。关于其阻却违法性的根据，有四种学说：（1）以被害人的同意或推定的同意的法理为根据说；（2）以保护优越的利益和尊重病人的意思为根据说；（3）以社会的相当性为根据说；（4）以治疗目的为根据说。

---

① 参见［日］西原春夫：《刑法总论》（上卷），改订版，257～260页，东京，成文堂，1995。

② 参见［意］杜里奥·帕多瓦尼：《意大利刑法学原理》，注评版，陈忠林译，143页，北京，中国人民大学出版社，2004。

③ 参见［日］大谷实：《刑法讲义总论》，新版2版，黎宏译，229页，北京，中国人民大学出版社，2008。

2. 阻却违法性的要件。关于治疗行为阻却违法性的要件，涉及五个方面的问题。

(1) 治疗的目的。就此，日本学者中有必要说和不要说的区别。持不要说者认为，在具备了医学的适应性和医术的正当性要件的情况下，治疗的目的是不必要的。在必要说中又可以分为主观说和客观说。其中主观说认为，行为人应当具有主观上的治疗目的，治疗的目的是主观的正当化要素。根据这一见解，基于实验的目的而实施的行为，即使偶然地产生治疗的效果，也不能被正当化。客观说则认为，治疗目的应当被理解为在客观上具有与为了治愈疾病所作的必要判断相适应的事实。山中敬一是持客观说的。他认为治疗的目的是医学适应性的客观表现。在没有医学的适应性的场合，就不存在治疗的目的。例如，美容整形手术和性转换手术，通常是没有治疗上的医学适应性的，在原则上不以疾病治疗为目的。①

(2) 行为的主体。治疗行为的主体通常是有资格的医生。但是，没有从医执照的人进行的治疗行为，只要具备了作为治疗行为适法性的要件，即不可按伤害罪处罚。但其无照从医这一点可能作为无照行医罪而受到处罚。

(3) 医学的适应性。这是指治疗行为对于维持、增进病人的生命、健康是必要的。在一般的社会观念上，有实行治疗行为的必要。医学的适应性要求为了治疗采用的手段的相当性。②

(4) 医术的正当性。治疗行为须按医术的标准实行，也可以说是以医学上一般认可的方法进行。只看效果是受到质疑的。在没有采取医学上一般认可的方法的情况下，即使偶然取得了治疗效果，治疗行为仍然是违法的。③

(5) 患者的同意。治疗行为阻却违法性是否以“患者的同意”为要件，在日本学者中也是有不同意见的。有的学者认为，即便是未获得患者的同意，只要该行为是以治疗为目的而实施的，手段、方法在医学上适当，且为一般观念所认可，就不能说是破坏患者身体外形或生理机能的行为，因此，应当说不符合伤害罪的构成要件。④ 也有的认为，自 1964 年世界医生大会发布的赫尔辛基宣言提倡尊重患者的自我决定权，治疗需经患者基于医生的充分说明作出承诺以来，“患者的同意”的必要性得到迅速普及。治疗行为需要得到伤病者或其保护者的同意或者推定的同意而实施。违反伤病者的意思进行治疗是所谓“专断的治疗行为”，即使达到了治疗的目的也是违法的。⑤ 还有的认为，应当尊重患者的自我决定权，存在患者的同意，是治疗行为正当化不可缺少的条件。⑥

意大利的刑法学者杜里奥·帕多瓦尼在论述“行使权利”问题时研究了合法的医疗手术问题。他认为，合法的医疗手术有四种表现形式：治疗性行为；治疗—实验性行为；纯粹实验行为；纯粹美容行为。他还认为：“医疗手术是一种为维护健康而经法律授权的活动，其合法性须以具备下列条件为前提：(1) 由有能力的人在从业活动中实施；(2) 病人本

① 参见［日］山中敬一：《刑法总论》，2 版，562～563 页，东京，成文堂，2008。

② 参见［日］大谷实：《刑法讲义总论》，新版 2 版，黎宏译，242 页，北京，中国人民大学出版社，2008；［日］内藤谦：《刑法讲义总论》(下)，531～533 页，东京，有斐阁，1991；［日］山中敬一：《刑法总论》，2 版，563 页，东京，成文堂，2008。

③ 参见［日］山中敬一：《刑法总论》，2 版，563 页，东京，成文堂，2008。

④ 参见［日］大谷实：《刑法讲义总论》，新版 2 版，黎宏译，241 页，北京，中国人民大学出版社，2008。

⑤ 参见［日］大塚仁：《刑法概说》(总论)，冯军译，365 页，北京，中国人民大学出版社，2003。

⑥ 参见［日］山中敬一：《刑法总论》，2 版，563 页，东京，成文堂，2008。

人完全、真实明示的同意（在病人为无能力人时，由法定代理人同意；只有在法定代理人也无法通知的紧急情况下，才允许未经同意的手术）；(3) 手术的必要性，这意味着对病人来说不做手术的风险肯定不小于做手术的风险，而做手术的好处肯定大于不作手术的好处；(4) 完全按医疗规章制度办事。"① 由此看来，日本刑法理论中的"治疗行为"与意大利刑法理论中的"医疗手术"不仅在提法上不同，在各自的内涵上也有区别。

（二）正当的辩护活动

辩护人在为了维护自己担任其辩护人的刑事被告人的利益，进行正当辩护活动的场合，假如实施了毁损第三者名誉的行为，应当适用（日本）刑法第 35 条，不受处罚。② 此外，如果辩护人为了维护被告人的利益，泄露了其办理业务时知悉的他人的秘密，判例也认为是正当行为。③ 但是，即使是为了维护被告人的利益而使用伪造的证据，也有判例认为不属于辩护人的职责。所以，就辩护人的辩护活动是否适用（日本）刑法第 35 条的规定而言，需要根据各种情况从整体法秩序的角度来进行判断。判断时，必须考虑：(1) 其职务活动是否具有法令上的根据；(2) 与实现辩护目的之间的关联性；(3) 接受辩护的被告人本身实施的场合是否阻却违法性。④

（三）正当的报道、采访活动

媒体机构的采访活动，是保障报道自由和国民知情权的准备活动，是其业务活动的一部分。如果其活动没有超出正当的采访范围，在此限度内应当视为正当业务行为。⑤ 但是，在其行为与采访对象的隐私、名誉或者公务员的保守秘密义务相冲突的场合，是不能予以保护的。记者并不具有可以不当地侵害他人权利、自由的特权。因此，当以贿赂、胁迫、强要等违反一般刑罚法规的手段采访时，其违法性自不待言。即使采访的方法、手段并未触犯一般的刑罚法规，但明显地侵害了采访对象的人格尊严，从法秩序的整体、精神看，为社会的一般观念所不允许时，也应当说是超越了正当的采访活动范围的违法行为。⑥

意大利学者杜里奥·帕多瓦尼论及新闻报道的正当性问题时指出，在新闻记者的权利问题上，司法实践规定了三条限制："(1) 报道的事情必须真实；(2) 了解被报道的消息符合社会利益；(3) 报道的方式必须适当，即报道的方式本身不得具有侵犯性。"⑦

（四）正当的体育活动

关于体育活动涉及暴行、伤害的正当化问题，日本学者多是放在"推定的承诺"中加以研讨的，但野村稔在"正当业务行为"中作过一定的论述。他认为，拳击、空手道、摔跤等体育活动，由于是使用有形力的，其结果可能符合暴行罪或者伤害罪的构成要件，但因为是以体育运动为目的，而且在该目的的范围内按照体育运动的规定实行的，所以在此

---

① ［意］杜里奥·帕多瓦尼：《意大利刑法学原理》，注评版，陈忠林译，145 页，北京，中国人民大学出版社，2004。

② 参见［日］曾根威彦：《刑法总论》，4 版，122 页，东京，成文堂，2008。

③ 参见［日］大塚仁：《刑法概说》（总论），冯军译，348 页，北京，中国人民大学出版社，2003。

④ 参见［日］山中敬一：《刑法总论》，2 版，567 页，东京，成文堂，2008；［日］野村稔：《刑法总论》，257 页，东京，成文堂，1990。

⑤ 参见［日］山中敬一：《刑法总论》，2 版，568 页，东京，成文堂，2008；［日］野村稔：《刑法总论》，257 页，东京，成文堂，1990。

⑥ 参见［日］大谷实：《刑法讲义总论》，新版 2 版，黎宏译，233 页，北京，中国人民大学出版社，2008。

⑦ ［意］杜里奥·帕多瓦尼：《意大利刑法学原理》，注评版，陈忠林译，145～146 页，北京，中国人民大学出版社，2004。

限度内被阻却违法性。关于正当业务行为中的“业务”，并非仅指以经济报酬为目的的职业行为，业余体育运动也可以同样对待。①

意大利学者帕多瓦尼对此也作了较为深入的探讨。他认为，体育活动也是一种法律允许的活动。对体育活动中造成轻伤的行为，如果没有超出民法典第 5 条规定的范围，可以适用刑法典关于“权利人同意”的规定，不受处罚。但如果发生了肢体残损（或死亡），就不能再适用上述规定。这时，造成上述结果的行为必须符合下列条件，才是合法行为：（1）比赛的进行事先经过法定运动组织的同意；（2）参赛人的健康符合参赛要求；（3）造成结果的行为没有违背有关当局制定的正式比赛规定。②

四、劳动争议行为

日本有些学者本来是把劳动争议行为作为权利（义务）行为之一种的，但考虑到其毕竟具有一些本身特点，因而将其作为正当行为或基于法令的行为的类型之一加以论述。我们认为，劳动争议行为被正当化，在日本是有法律上的根据的，所以本书列其为本节中“基于法令或正当业务的行为”之一。

(一) 劳动争议行为的意义

劳动争议行为，是指劳动者以实现其主张为目的，而实施的罢市、罢工、关闭工厂等妨碍正常的经营活动的行为。日本宪法第 28 条规定：“保障劳动者的团结权、团体交涉以及进行其他团体活动的权利。”据此，只要是劳动者为行使团结权、团体交涉权以及争议权而实施的争议行为，在此限度内即使符合妨害业务罪、暴行罪、伤害罪、胁迫罪、侵入住宅罪、损坏器物罪等的构成要件，也不具有违法性。日本的工会法第 1 条第 2 款则明确规定，劳动工会的团体交涉以及其他行为，是为提高劳动者的地位而实施的正当行为，适用刑法第 35 条。此外，劳动法中的合法争议行为当然也是刑法上的正当行为。但劳动法上的违法争议行为也未必具有刑法上的违法性，因为违法性是相对的，刑法上的违法性必须是可罚的违法性。

(二) 劳动争议行为的正当性

劳动争议行为只要是正当的，即使具备一定犯罪的构成要件符合性，也不具有违法性。问题是什么样的劳动争议行为才是正当的。对此，要在两者之间，即通过争议行为所要实现的劳动基本权与劳动争议行为所侵害的基本人权之间进行比较衡量，以目的的正当性、手段的妥当性以及争议行为最终是否具有社会相当性为标准进行判断。

1. 目的的正当性

劳动基本权是为了提高劳动者的经济地位而规定的，因此，劳动争议行为只有在以提高劳动者的经济地位为主要目的的场合才是正当的。在以与改善经济地位没有直接关系的政治运动为主要目的的场合（政治罢工等），不排除违法性。

2. 手段的妥当性

作为争议的手段，有同业罢工、消极怠工、接管工厂、罢市、封锁工厂等形态，特别是

① 参见［日］野村稔：《刑法总论》，256～257 页，东京，成文堂，1990。

② 参见［意］杜里奥·帕多瓦尼：《意大利刑法学原理》，注评版，陈忠林译，145～146 页，北京，中国人民大学出版社，2004。

接管工厂成为问题。对手段的正当性应当根据争议手段是否具有社会相当性来进行判断。①另外，日本劳动工会法第1条第2款的但书规定："无论什么场合，不得将实施暴力理解为劳动工会的正当行为。"但是，如何理解这一规定中的"实施暴力"，需要结合具体情况加以分析判断。一般认为它应比暴行罪中的"暴行"程度更高。②

（三）公务员、国营企业等的职员的争议行为

根据日本的国家公务员法等法律，禁止公务员实施联合罢工、怠工或者其他争议行为。但是，对其争议行为本身没有规定处罚原则，仅对共谋、唆使、煽动、策划实施争议行为规定了处罚原则。

根据日本的国营企业劳动法的规定，国营企业的职员（包括邮政、国有林业、印刷、造币四个单位的现职公务人员）也没有劳动争议权，而且其中也没有处罚共谋等争议行为的规定。

日本一些学者认为，由于国营企业职员等的地位的特殊性和职务的公共性，对其争议应当有一定的限制，但一律加以禁止，从保障劳动基本权的角度来看，有慎重考虑的必要。③

第六节　其他违法性阻却事由

一、其他违法性阻却事由概说

这里所说的其他违法性阻却事由，如果以是否在法律上有规定为标准，应当属于超法规的违法性阻却事由这一类，而不属于法定的违法性阻却事由，即除了前述的正当防卫、紧急避险和基于法令或正当业务行为以外的违法性阻却事由。在日本的刑法理论中，这一类型的违法性阻却事由包括被害人的承诺、推定的被害人承诺、自救行为、义务冲突、安乐死和尊严死、自损行为等。也有的学者将允许的危险列为"正当行为"的一种。还有的学者把"被害法益轻微"和"无期待可能性"也作为阻却违法性的种类加以论述。

德国学者耶赛克、魏根特在法律规定以外的违法性阻却事由中，论及了被害人同意、推定的同意、被允许的危险和合法化的义务冲突。④ 罗克辛也论述了推定的同意的正当化根据、正当化的义务冲突，而允许的风险则是与其倡导的免责理论联系在一起进行研究的。此外，罗克辛论及的"自助权"与自救行为多少有些接近。⑤ 需要指出的是，由于意大利刑法典第50条规定了权利人同意，所以权利人同意在意大利只能是法定的"正当化原因"。

由此可以看出，相比之下，日本关于超法规的违法性阻却事由的理论在体系性上更强

---

① 参见［日］大谷实：《刑法讲义总论》，新版2版，黎宏译，230页，北京，中国人民大学出版社，2008。

② 参见［日］大塚仁：《刑法概说》（总论），冯军译，353页，北京，中国人民大学出版社，2003。

③ 参见［日］大谷实：《刑法讲义总论》，新版2版，黎宏译，231页，北京，中国人民大学出版社，2008。

④ 参见［德］耶赛克、魏根特：《德国刑法教科书》（总论），徐久生译，449、484、599页，北京，中国法制出版社，2001。

⑤ 参见［德］克劳斯·罗克辛：《德国刑法学总论》，第1卷，王世洲译，北京，法律出版社，2005。

一些，内容也更广一些。但其少数学者提出的“被害法益侵害轻微”与“无期待可能性”两种类型，未被多数学者承认，而自损行为虽然多被日本学者论及，但在理论上争议较小，实务中疑难问题也较少，所以本书均未列入。至于允许的危险，也确与免责理论有联系，所以本书亦未列入。

关于“其他违法性阻却事由”，本书依序选取了被害人承诺、推定的被害人承诺、自救行为、义务冲突和安乐死、尊严死五种进行论述。

二、被害人承诺

（一）被害人承诺的意义

被害人承诺（或称权利人承诺、被害人同意），是指由于权利（法益）主体对他人侵害自己能够支配的利益表示允诺而实施的行为。被害人承诺，在德国、法国、日本、意大利的刑法理论中均被论及，只是观点不尽一致。

意大利刑法典第 50 条对“权利人同意”作了明文规定，从而使其成为法定的违法性阻却事由。但按照帕多瓦尼的理解，“权利人同意”阻却违法并不是无限制的：在某些犯罪规范中，“权利人同意”仅仅具有减轻刑事责任的作用，如经被害人同意而致人死亡，不构成故意杀人罪，而是转化为（意大利）刑法典第 579 条规定的“经被害人同意杀人罪”。此外，同意人处分自己的健康，也必须受（意大利）民法典第 50 条关于禁止“可能引起身体永久性残损，或者违背法律、公共秩序或善良风尚”规定的限制。①

法国刑法典虽然确立了“受害人的同意没有证明效力”的原则，但按照卡・斯特法尼的理解，对于那些法律规定必须要有强制、暴力或欺诈等事实的犯罪，当具有受害人同意的情形时，可以使犯罪本身消失。如受害人同意被关起来，便不成立非法拘禁罪；当事人本人是成年人并且接受侵害，便不存在强奸罪或者侵犯他人贞操罪。②

在德国，除了被害人承诺的适用范围，一个争议较大的问题是，被害人的承诺究竟是阻却违法性事由还是阻却责任事由。格尔茨（Geerds）提倡分别把阻却构成要件符合性的承诺称为“合意”（我国有的译著将其译为“认可”），把阻却违法性的承诺称为“同意”。这种见解在德国正在被一般化。③ 耶赛克是赞同这种观点的，并将“同意”看作合法化事由。④ 施特拉滕韦特则认为，纯粹的受害人的“合意”，不仅不足以成为“排除构成要件”的同意，也不可能满足司法界和学术界所提出的“阻却违法的”“同意”的严格要求。只能说，我们主要应该根据法益的性质和具体的侵害手段进行不同的处理。⑤ 但是，罗克辛并不赞成这种观点，他称之为“缺乏可行性的二分法理论”，认为“在同意案件与认可案件之间划出一条明白易懂的界限是不可能的”⑥。在被害人承诺的性质上，他的观点应属于阻却构

---

① 参见［意］杜里奥・帕多瓦尼：《意大利刑法学原理》，注评版，陈忠林译，138～139 页，北京，中国人民大学出版社，2004。

② 参见［法］卡・斯特法尼等：《法国刑法总论精义》，罗结珍译，373 页，北京，中国政法大学出版社，1998。

③ 参见［日］大塚仁：《刑法概说》（总论），冯军译，355～356 页，北京，中国人民大学出版社，2003。

④ 参见［德］耶赛克等：《德国刑法教科书》（总论），徐久生译，230 页，北京，中国法制出版社，2001。

⑤ 参见［德］施特拉腾韦特、库伦：《刑法总论Ⅰ》（犯罪论），杨萌译，145～146 页，北京，法律出版社，2006。

⑥ ［德］克劳斯・罗克辛：《德国刑法学总论》，第 1 卷，王世洲译，361 页，北京，法律出版社，2005。

成要件符合性说之列。

在日本的刑法理论中，被害人的承诺在原则上只限于个人法益，不及于国家法益和公共法益。即使是个人的法益，被害人的承诺也并非全都可以成为阻却违法事由。如强奸罪、强制猥亵罪中，不满13岁的被害人的承诺对可罚的违法性没有影响；在承诺杀人罪中，被害人的承诺只不过是刑罚减轻的事由。至于被害人承诺的性质，在日本有三种主张：一是阻却构成要件符合性事由说（支持者有山中敬一、前田雅英）；二是阻却违法事由说（通说）；三是认为有的承诺阻却构成要件符合性，有的承诺阻却违法性（支持者有木村静子）。①

（二）阻却违法性的根据

关于被害人的承诺阻却违法性的根据，在德、日刑法学者中存在多种不同的主张。在德国，存在以下主张：（1）法律行为说认为，被害人的承诺是法律行为，是授予行为人可撤销侵害的权利，因为行使权利不能成为违法，所以即使对于刑法而言也是一个正当化事由。齐特尔曼（Zitelmann）持此观点。（2）放弃利益说认为，法秩序将维护法益的决定权委托给法益所有人，承诺成为法益所有人放弃利益的标志。李斯特、施密特持此观点。（3）保护客体部分缺失说认为，符合构成要件的不法，可能存在于无视被害人的意思之中，由于承诺而使保护客体部分欠缺。（4）放弃刑法保护说认为，承诺人由于放弃了利益而放弃了刑法的保护。这是德国的主流理论。②（5）利益衡量说主张，被害人同意的效力建立在利益衡量的基础之上，“个人处理自身权益的自由”或许已足以抵消得到承诺而实施的犯罪行为的不法性。③

日本学者就此问题的主要观点有：（1）被害人同意的行为是具有社会相当性的行为；（2）由于法益主体同意放弃可以处分的法益，所以不存在保护的法益；（3）自己决定的价值与被害法益的价值进行比较衡量，前者优于后者时即阻却违法。④

（三）被害人承诺的成立条件

关于被害人承诺的成立条件，主要涉及以下几个方面的问题。

1. 承诺的主体

能够对被害法益表示承诺的，必须是具有法益处分权，并且具有承诺能力的人。儿童或精神障碍者无承诺的能力，其承诺是无效的承诺。在被害人为数人时，应以全体成员的承诺为必要。另外，承诺权没有由代理人代理行使的性质。当法定代理人或者监护人基于管理权而作出承诺时，应当认为不是承诺权的代理行使，而是基于有承诺权者自己的权限的承诺。⑤

再有，承诺必须基于承诺者的真实意思。基于强制或者开玩笑作出的承诺是无效的承诺。基于被害人的错误而作出的承诺也是无效的承诺。这在日本是通说。但也有些学者认为，既然对侵害法益的行为表示同意，就应当说承诺有效。还有一种见解即“法益关系的

---

① 参见［日］大塚仁：《刑法概说》（总论），冯军译，355～356页，北京，中国人民大学出版社，2003。

② 参见［德］耶赛克、魏根特：《德国刑法教科书》（总论），徐久生译，455页，北京，中国法制出版社，2001。

③ 参见［德］施特拉腾韦特、库伦：《刑法总论Ⅰ》（犯罪论），杨萌译，144页，北京，法律出版社，2006。

④ 参见［日］大谷实：《刑法讲义总论》，新版2版，黎宏译，234～235页，北京，中国人民大学出版社，2008。

⑤ 参见［日］西原春夫：《刑法总论》（上卷），改订版，274页，东京，成文堂，1995。

错误说”认为，同意是处分自己的法益的意思，因此只有有关法益关系的错误才导致同意无效，而有关其他事实的错误则对同意的有效性不产生影响（支持者有佐伯仁志、平野龙一、山中敬一、山口厚等）。这种见解被认为是有力的见解。

2. 承诺的对象

德、日的学者大多认为，承诺的对象不仅包括侵害法益的结果，也包括引起该结果的行为。如果被害人对他人侵害自己法益的行为作出了承诺，但对该行为产生的具体结果并未承诺，则不能适用被害人承诺的法理。如被害人明知他人酒后驾车是危险的，仍然乘坐该车，结果发生了负伤事故。在这种场合，对于该驾驶人员的过失行为不能直接适用被害人承诺的法理。

3. 承诺的方式

被害人的承诺是不是一定要在外部表示出来？对此，日本学者中存在意思表示说和意思方向说的争议。前者主张承诺的意思必须在外部表现出来，后者主张承诺只要被害人内心具有承诺的意思就够了，不要求表现于外部。①

在德国，以前存在着意思表示论和意思方向论两种意见，如今要求同意明确地从外部能够认识。② 但不要求对行为人进行宣告，而且明示的或者暗示的方向均可。③

4. 承诺的时期

关于承诺有效成立的时期，是有不同观点的。一种观点认为，承诺有效应是行为时就存在的，但不以行为前承诺为必要。另一种观点则认为，承诺使得法益的法益性或者保护价值丧失，因此，承诺必须在结果发生时存在。④ 至于事后的承诺，一般都认为是无效的；而预先的承诺，只要没有基于特别情况的变更或者没有撤回，也是有效的。

5. 承诺的认识

与承诺的表示问题相联系，还存在一个行为人对被害人的承诺要不要有认识的问题。对此，也有必要说与不要说之争。持不要说者认为，被害人既然同意行为人的行为及侵害法益的结果，那么对于被害人就没有值得保护的法益，因此不必要求行为人对被害人的承诺有认识。⑤ 持必要说者则认为，行为人认识到被害人承诺的存在而行为是必要的。承诺的认识是主观的正当化要素。当承诺存在但行为人误以为不存在而行为时，因为欠缺主观的正当化要素，其行为就是违法的。⑥ 也有的学者认为，这里可以采用错误论予以解决。例如，在存在被害人承诺但行为人并不知道而实施了杀人行为的场合，虽然实行行为是杀人行为，但是结果是同意杀人，所以结果就是行为的违法性减少，不成立杀人罪的既遂，而成立杀人罪的未遂。⑦

---

① 参见［日］大谷实：《刑法讲义总论》，新版 2 版，黎宏译，238 页，北京，中国人民大学出版社，2008。

② 参见［德］耶赛克、魏根特：《德国刑法教科书》（总论），徐久生译，462 页，北京，中国法制出版社，2001。

③ 参见［德］施特拉腾韦特、库伦：《刑法总论 I》（犯罪论），杨萌译，147 页，北京，法律出版社，2006；［德］克劳斯·罗克辛：《德国刑法学总论》，第 1 卷，王世洲译，368～369 页，北京，法律出版社，2005。

④ 参见［日］山口厚：《刑法总论》，2 版，156～157 页，东京，有斐阁，2007。

⑤ 参见［日］大谷实：《刑法讲义总论》，新版 2 版，黎宏译，238～239 页，北京，中国人民大学出版社，2008。

⑥ 参见［日］西原春夫：《刑法总论》（上卷），改订版，277 页，东京，成文堂，1995。

⑦ 参见［日］高桥则夫：《刑法总论》，305 页，东京，成文堂，2010。

三、推定的被害人承诺

（一）推定的被害人承诺的意义及类型

推定的被害人承诺或称推定同意，是指虽然没有被害者的现实的同意，但推定只要被害者知悉实情就能够同意而实施的行为。在德、日的刑法理论中，推定同意是一种独立的阻却违法事由。罗克辛认为，它是存在于被害人同意与正当化的紧急事态之间又有自身独立性的正当化事由。①

德国学者耶赛克等和日本学者山中敬一将推定的被害人同意分为两种类型：一是内在的利益冲突型；二是放弃自身利益型。前者是为了被害人的利益而实施的行为，是被害人本身内在的利益冲突类型。这种类型类似于为了第三者的紧急救助，因为在这种场合也存在着救助的利益是否优越于被害的利益的问题。可是，这两种利益属于同一个人，其内在的冲突需由第三人来消解。后者是为了行为人自己或者第三人的利益而实施的行为，并推定被害人为此而承诺牺牲自身的利益。在这种场合，丝毫也谈不到维护被害者的利益，只是基于行为人与法益主体关系的特殊性而推定法益主体的承诺。比如，考试之日骑朋友平常不用的自行车去车站。罗克辛就“推定同意”划分出“在自己利益中的行为”与“在他人利益中的行为”，这均与前述两种类型相近，只是用词有所不同。意大利学者帕多瓦尼划分了三种类型，即“为权利人利益而推定的承诺”、“为第三者利益而推定的承诺”和“为自己的利益而推定的承诺”，其中后两者类型不过是前述第二种类型的细化。②

（二）推定的被害人承诺阻却违法性的根据

关于推定的被害人承诺何以阻却违法性，其根据是什么，学者之间也是见解不一。根据大谷实的归纳，日本学者中主要有四种主张：（1）法益衡量说。该说立足于与被害人的承诺同样的法理，以被害人放弃利益的意思方向为根据。（2）社会的相当性说。该说认为，推定被害人承诺并据此而实施的行为，应当作为具有社会的相当性的行为而被认可。（3）被允许的危险说。该说认为，只要是客观的、合理的推定，即使是错误的判断也是允许的（这里的“危险”是指推定承诺毕竟是事前阶段的盖然性判断，基于非确实的盖然性判断不能否定其错误判断的可能性，据此而实施的行为具有冒危险的性质）。（4）紧急避险说。该说认为，对推定的被害人承诺按照紧急避险处理可以被认可（指引起重大法益的侵害仍被正当化的场合）。③

德国学者罗克辛则把推定同意的根据看作是一种习惯法上的正当化根据，是从有宪法性保障的行为自由中推导出来的。④ 耶赛克等则认为，推定同意的合法化效力，应以三种观点的结合为基础：第一，必须根据被害人的意向进行利益衡量；第二，必须对被害人知悉

---

① 参见［德］克劳斯·罗克辛：《德国刑法学总论》，第1卷，王世洲译，532、537～540页，北京，法律出版社，2005。

② 参见［意］杜里奥·帕多瓦尼：《意大利刑法学原理》，注评版，陈忠林译，140～141页，北京，中国人民大学出版社，2004。

③ 参见［日］大谷实：《刑法讲义总论》，新版2版，黎宏译，239页，北京，中国人民大学出版社，2008。

④ 参见［德］克劳斯·罗克辛：《德国刑法学总论》，第1卷，王世洲译，534页，北京，法律出版社，2005。

实情可能预想的意思决定如何进行客观的推定；第三，必须考虑到被允许的风险思想。①

(三) 推定的被害人承诺的成立条件

关于推定的被害人承诺的成立条件，主要涉及以下几个方面的问题：

1. 针对法益主体具有处分权的个人法益实施

推定的被害人承诺，具有承诺的延长的性质，应当是针对具有法益处分权的个人法益实施的符合构成要件的行为。推定的被害人承诺与具有现实的同意的场合不同，是违法论中的问题。其范围只限于没有现实的同意地侵入住宅、盗窃、伤害、器物损坏等行为。

2. 没有取得现实的同意而实施的行为

在一定的利益冲突状况中没有可能取得现实的同意的场合，才能认为是推定同意；在有可能取得被害人的同意的场合，就必须依照其本人的意思尊重其自己决定权。这也是推定承诺的补充性要件。但是，也有学者如町野朔、内藤谦认为，在一定的场合也不要求必须具备这个要件，或者这个要件不能绝对化。②

3. 原则上应从被害人的立场出发进行推定

推定的被害人承诺是对被害人承诺的法理的补充，因此，原则上必须从被害人的立场出发进行推定。这种推定承诺，不是行为人主观判断中推定的承诺，而应解释为有理性的人，根据客观的、合理的判断，能够期待的承诺。只要合理地推定该行为符合被害人的真实意思，且该行为是实现推定的意思内容必要的行为，即使事后被害人不承诺，也可以作为具有社会相当性的行为阻却违法性。

四、自救行为

(一) 自救行为的意义

自救行为（亦称自力救济），是指权利（法益）受到侵害的人，在若为恢复权利而履行法律上的正式程序，等待国家机关的救济，就会因丧失机会而使其恢复不可能或者明显困难时，根据自己的力量求得恢复的行为。自救行为与正当防卫一样，都是紧急行为，都属于“正对不正”的关系。二者的区别在于：正当防卫针对的是“急迫”的侵害；而自救行为针对的是过去的、其状态仍然存在的侵害。

现代刑法未对自救行为作特别规定，但通说认为它也是一种违法性阻却事由。在近代的法治国家中，对法益的侵害原则上要通过国家救助机关来救济。但是，现实中国家救助机关不是万能的，在难以依靠国家救助机关的紧急事态中，就不能否定自力救济行为的合法性。然而，如果广泛地认可自救行为，则不仅会有轻视国家的救助机关、导致治安紊乱之虞，而且会因自救者的实力不同，造成救助上的不公平。③

(二) 自救行为的成立条件

自救行为阻却违法性，需要具备以下条件：（1）存在对法益的违法侵害。对合法行为不能采取自救行为。自救的对象不一定限于财产权，如对于名誉权也可以实行自救（日本

---

① 参见［德］克劳斯·罗克辛：《德国刑法学总论》，第1卷，王世洲译，534页，北京，法律出版社，2005。

② 参见［日］山中敬一：《刑法总论》，2版，573～574页，东京，成文堂，2008。

③ 参见［日］大塚仁：《刑法概说》（总论），冯军译，366～367页，北京，中国人民大学出版社，2003。

东京高等法院 1968 年 1 月 26 日判例）。由于自救行为只能针对业已发生的侵害法益的行为实施，所以在法益正在遭受现在的侵害时实施的反击行为就应当是正当防卫，而不是自救行为。（2）在恢复被害法益上具有紧急性。所谓紧急性，是指无暇请求国家救助机关的救济，而且不即时采用自力救济的方式，事实上就不能恢复被害法益，或者恢复明显困难。① （3）自救行为的相当性。为了自救而实施的行为，作为在紧急事态中直接恢复侵害的行为，必须是相当的，从而其方法与程度的补充性或法益权衡性等必须加以考虑。②（4）自救的意思。自救行为须是基于自救的意思而实施的（支持者有木村龟二、西原春夫）。自救意思是主观的正当化要素。有学者认为，只允许为自己的法益实施自救行为，为他人的法益实施自救行为是违法的（如植松正、柏木千秋）。也有些学者认为，为了他人的利益而实施时，应该认为也可以阻却违法性（如内藤谦、大谷实、大塚仁）。③

（三）自救过当和假想自救

所谓自救过当，是指自救行为超过了相当性程度的情形。虽然它是与防卫过当相对应的、减少违法性和责任的事由，但由于没有明文规定，因而只能在量刑中考虑。所谓假想自救，是指本来不存在符合自救行为的事实，却误以为存在而实施所谓的“自救”。假想自救和假想自救过当应当与假想防卫、假想防卫过当作同样处理。④

五、义务冲突

（一）义务冲突的概念及类型

所谓义务冲突，是指互不相容的多项法律上的义务同时存在时，为了履行其中的某项义务，而不得已不履行其他义务的情况。例如，医生为了抢救突患重病的患者，而拒绝了轻病患者即时治疗的请求；或者辩护律师在法庭上为了维护被告人的利益，而泄露了过去在业务上知悉的他人的秘密。就前者而言，医生对重病患者和轻病患者都负有诊治的义务；就后者而言，律师既负有刑法上不得泄露其业务上知悉的他人秘密的义务，又负有刑事诉讼法上维护被告人利益的义务。

关于义务冲突的类型，德国学者耶赛克等将其分为三种：作为义务与不作为义务的冲突；两个作为义务的冲突；数个不作为义务的冲突。⑤ 日本学者山中敬一论及的义务冲突类型包括：（1）无论哪一个都不允许履行的复数不作为义务的冲突，例如，高速公路上误走逆行线者，无论是停车、继续前行、后退，还是转向行走，均不允许、进退两难的场合（与耶赛克所说的第三种类型相同）。（2）作为与不作为义务的冲突。（3）作为义务与作为义务的冲突。此外，山中敬一还提及了论理的义务冲突与实质的义务冲突：前者是指法律上的义务之间发生的抽象的、论理的冲突；后者是指与具体状况相联系的事实上的两个以上法律义务发生冲突，且不能同时履行。⑥

---

① 参见［日］大谷实：《刑法讲义总论》，新版 2 版，黎宏译，250 页，北京，中国人民大学出版社，2008。

② 参见［日］日本刑法学会编：《刑法讲座（2）》，180 页，东京，有斐阁，1973。

③ 参见［日］大塚仁：《刑法概说》（总论），冯军译，366～367 页，北京，中国人民大学出版社，2003。

④ 参见［日］大谷实：《刑法讲义总论》，新版 2 版，黎宏译，251 页，北京，中国人民大学出版社，2008。

⑤ 参见［德］耶赛克、魏根特：《德国刑法教科书》（总论），徐久生译，442 页，北京，中国法制出版社，2001。

⑥ 参见［日］山中敬一：《刑法总论》，2 版，539～542 页，东京，成文堂，2008。

(二) 义务冲突的法律性质

在这个问题上，日本学者中有几种不同的主张，主要是：(1) 认为是紧急避险的特别情况（如木村龟二、阿部纯二）；(2) 认为是基于法令的行为（如团藤重光、福田平）；(3) 是独立的正当化事由或者阻却违法性事由（通说）。① 通说认为，义务冲突与紧急避险都发生于紧急状态下，这是二者的相同点。但是，紧急避险中的避险行为是由作为实施的，而义务冲突中未履行的业务是以不作为形式实施的。另外，在紧急避险的场合，只要避险者愿意忍受危险，也允许不实行避险；而在义务冲突中法律上要求行为人履行其义务。义务冲突也不同于基于法令的行为，因为就其未履行的义务而言，也是一种不作为——相对于根据其他法令产生的作为义务来说，而这种不作为是不能成为基于法令的行为的根据的。②

(三) 义务冲突的处理

作为义务冲突的对象来考虑的义务，必须是法律上的义务，不包括道德上、宗教上的义务。但法律上的义务，并不要求是法令上直接规定的，在习惯上、道理上被承认也是可以的。

此外，在义务冲突的处理上须权衡义务的轻重。履行高度的、更重要的义务而未履行程度低的义务，其行为是当然合法的。但在义务同等的场合，有学者认为是阻却责任事由（如浅田和茂）；有学者认为是阻却违法事由（如大塚仁、大谷实等）。在德国刑法学者中，对此也有两种意见：罗克辛认为，如果两种法律上的行为义务发生冲突，那么一个人在履行了那个具有较高价值的或者仅仅具有同等价值的义务，而以牺牲另一种义务为代价时，其行为被正当化。③ 耶赛克等则认为，等价的义务冲突有三类情况，即作为义务与不作为义务重合、两个等价的作为义务冲突和两个等价的不作为义务冲突。在这些场合，因为是不能衡量的义务或等价义务之间的冲突，无论怎样选择都是违法的，所以行为的合法化被否定，但可能成为阻却责任事由。④

另外，在履行程度低的义务而放弃了高度的义务时，不阻却违法性。但根据具体情况，在行为人履行高度义务不存在期待可能性时，可以阻却责任。⑤

六、安乐死、尊严死

(一) 安乐死

1. 安乐死的意义

所谓安乐死，是指为了缓解、消除濒临死亡的患者剧烈的肉体痛苦，而采取使患者安然死亡的措施的行为。荷兰是世界上第一个使安乐死合法化的国家：2001 年 4 月 10 日荷兰议会上议院正式通过了安乐死法案。⑥ 日本刑法理论中的通说承认安乐死阻却违法性，但其法院迄今尚无安乐死被宣告无罪的判例。

---

①② 参见［日］山中敬一：《刑法总论》，2 版，539～542 页，东京，成文堂，2008。

③ 参见［德］克劳斯·罗克辛：《德国刑法学总论》，第 1 卷，王世洲译，504 页，北京，法律出版社，2005。

④ 参见［德］耶赛克、魏根特：《德国刑法教科书》（总论），徐久生译，443～445 页，北京，中国法制出版社，2001。

⑤ 参见［日］大塚仁：《刑法概说》（总论），冯军译，369 页，北京，中国人民大学出版社，2003。

⑥ 参见李支援：《荷兰成为安乐死合法化第一国》，载《检察日报》，2001－04－12。

2. 安乐死的类型

日本一些学者认为，安乐死有四种类型：(1) 只是作为消除、缓解死亡痛苦的措施，不伴随缩短生命的纯粹的安乐死；(2) 作为消除、缓解死亡痛苦的措施的副作用而缩短患者生命的间接的安乐死（作为派生的结果伴有缩短生命的帮助死亡）；(3) 为使患者安然地死亡而终止其延续生命的措施的消极的安乐死（具有缩短生命意图的不作为的帮助死亡）；(4) 为使患者安然地死亡而杀害患者的积极的安乐死（具有缩短生命意图的作为的帮助死亡）。①

以上四种类型中，纯粹安乐死没有将死期提前，而是缓解、消除患者痛苦至死亡，作为一种治疗行为当然是合法的。这在刑法上不存在任何问题。相反地，就间接安乐死、消极安乐死和积极安乐死而言，其行为的实施将病人的死期提前，因此是否符合杀人罪、嘱托杀人罪及自杀关联罪的构成要件，就成为值得研究的问题。

3. 关于安乐死的学说

在日本，关于安乐死的学说，有安乐死违法论和安乐死合法论（通说）的对立。安乐死违法论者认为，人的生命具有绝对价值，不管出于什么理由，缩短他人生命的行为都不阻却违法性。因为一旦将安乐死合法化，就会出现“抹杀没有生存价值的生命”的“连锁反应”，所以，不处罚安乐死，充其量只能以阻却责任事由论。②

在德国，第二次世界大战前有学者认为，“抹杀没有生存价值的生命”如精神病患者，也是被允许的安乐死（如宾丁）。但是，今天这种见解已被否定了。③ 在日本，持安乐死合法的论者有两种主张：(1) 认为安乐死即使是基于本人的真诚意愿而实施的行为，但是因其会引起杀人这一侵害生命法益的结果，所以明显是存在违法结果的，然而该种行为毕竟是为了消除病人的痛苦而实施的，从法益衡量说的立场出发，能够排除违法性。这种观点是以侵害残余的生命的不利和消除痛苦的有利进行比较均衡为根据的。④ (2) 认为在具备一定条件的时候，作为具有社会相当性的行为，排除违法性，如大谷实提出，虽然明显是导致侵害法益结果的行为，但在濒临死亡、遭受难以忍受的肉体痛苦的状况下，尊重病者自己选择死亡的决定，是合乎人道主义的。自己选择的安乐死，尽管符合同意杀人罪的构成要件，但是在一定条件之下，可以看作具有社会相当性的行为，排除违法性。

4. 安乐死的成立条件

日本虽然尚无承认安乐死合法化的判例，但有些判例提出了安乐死合法化的成立条件。日本名古屋高等法院在其1962年12月22日的判例中认为，阻却违法性的安乐死须具有如下六个要件：(1) 病人患有在现代医学的知识和技术看来是不治之症的重病；(2) 不仅病人忍受巨大的痛苦，而且其他人也不忍目睹；(3) 完全是出于缓和病人的死亡痛苦的目的而实施的；(4) 病人的意识清醒，有本人真诚的嘱托或者承诺；(5) 原则上由医生实施，在不能由医生实施的时候，具有可以认可的特别事情；(6) 该方法在伦理上是妥当的，为大家所承认。

(二) 尊严死

尊严死，是指对于没有治愈可能的生命晚期患者，不实施或者停止实施维持其生命的

---

① 参见［日］高桥则夫：《刑法总论》，314页，东京，成文堂，2010。

② 参见［日］大谷实：《刑法讲义总论》，新版2版，黎宏译，251页，北京，中国人民大学出版社，2008。

③ 参见［日］大塚仁：《刑法概说》（总论），冯军译，363页，北京，中国人民大学出版社，2003。

④ 参见［日］大谷实：《刑法讲义总论》，新版2版，黎宏译，244页，北京，中国人民大学出版社，2008。

措施，使其自然地死亡的行为。日本一些学者认为，这种行为不应被视为一种安乐死，它不是为了缓解、消除患者剧烈的肉体痛苦而实施的，而是基于保护患者自己作为人的尊严，尊重其死亡的权利的观念，所以称其为“尊严死”更为恰当。

1. 关于尊严死的学说

在日本，关于尊严死，也有几种不同的主张：（1）认为以患者的推定性承诺为基本条件，进而慎重地作出一定的社会伦理论断，就可以将其合法化（如大塚仁）；（2）在没有事前承诺和恢复可能的场合，也可以认为阻却其违法性（如西原春夫）；（3）由于社会一般观念不予认可，所以不能阻却其违法性（如团藤重光）。大谷实认为，之所以产生尊严死的问题，是因为随着延长生命医疗手段的巨大进步，使处于晚期症状的患者也有可能延长其生命，即便对于癌症等伴有剧烈痛苦的晚期患者或者根本不可能康复的植物人状态的患者，实际上对其实施的也仅仅是延长其生命的措施。一方面对没有治愈希望的患者采取延续其生命的措施是对患者的不人道，另一方面使其保持作为人的尊严自然地死亡反而是从人道的立场出发的，应将尊严死作为末期医疗的应有方式加以考虑。①

2. 尊严死的成立条件

前述日本横滨地方法院的判决还提出：中止治疗行为，以患者自我决定权理论和医生的治疗义务为根据，在一定的条件下可以允许，即“一、患者得了不可能治愈的疾病，没有康复的希望，处于不可能避免死亡的末期状态，二、存在患者要求中止治疗行为的意思表示，该意思表示存在于中止治疗行为之时，三、供给药物、化学疗法、人工透析、人工呼吸器、输血、营养、水分补给等治疗疾病的治疗措施和属于对症疗法的治疗措施以及维持生命的治疗措施等，都可以成为中止治疗行为的对象”②。

【问题与思考】

1. 如何理解违法性的本质？
2. 如何理解可罚的违法性及其理论基础？
3. 正当防卫的成立条件是什么？
4. 如何理解紧急避险的法律性质？
5. 被害人承诺的类型和成立条件是什么？

---

① 参见［日］大谷实：《刑法讲义总论》，新版2版，黎宏译，246页，北京，中国人民大学出版社，2008。

② ［日］大塚仁：《刑法概说》（总论），冯军译，366页，北京，中国人民大学出版社，2003。

第七章
责任论

内容导读

责任是对行为人的非难。研究刑法中的责任，首先应了解责任的概念、本质和要素。围绕责任的本质的各种学说值得重视。责任能力是进行责任非难的前提条件，各国刑法对无责任能力和限制责任能力都作了规定，据此确定行为人能否负刑事责任和如何负刑事责任。原因自由行为理论、违法性意识理论和期待可能性理论都存在较大争议，但它们在责任论中都很重要，需要给予关注。

第一节　责任概说

一、责任的概念

责任论的发展，归功于19世纪至20世纪初西方刑法理论的大力提倡。一般认为，“违法是客观的，责任是主观的”，因而，责任受到理论上的高度重视。强调“无责任则无刑罚”的责任主义在宏观上不但意味着科处刑罚必须以责任的存在为前提，而且意味着刑罚的量不应超过责任的量；在微观上，则意味着科处刑罚，必须以故意或者过失为要件，以排除结果责任、客观责任以及连带责任。一言以蔽之，“责任主义的观念，是为了限定国家的刑罚权、保护国民的自由而得以提倡的，这也是其被称为近代刑法基本原则的原因所在”①。

责任概念在学说中有过几种不同表达，如责任（Schuld）、答责性（Verantwortlichkeit）和归责（Zurechnung），彼此的含义存在一定区别。责任（Schuld）用语来源于18世纪启蒙主义思想和自然法理论，强调的是“非难性”或“非难可能性”，是指行为人有实施合法行

① ［日］山中敬一：《刑法总论》，2版，579页，东京，成文堂，2008。

为的可能性而没有实施的，就可以进行非难。如“因行为人虽能放弃但未放弃违法行为，而对其所进行的人格非难”[①]。答责性是负责的意思，即行为人因实施违法行为，而须对被害人与社会负责，为之善后。如“之所以可以对行为人进行谴责，是因为他有责任”[②]，再如“责任是对所致结果的答责性”[③]。归责是指法律后果与行为人的对应关系。“归责的结果是确定责任（Schuld），按照类型和程度确定的个别化责任”，是“将相应行为的价值评判让渡（Übertragung）给行为人，使之与行为所表现出的人格性特征相一致”[④]。宾丁认为，“人的意志与法律的相关意志必须直接针对该法律后果，即行为人意欲导致对法律的破坏，其合法的或者违法的意志对应着事实行为的客观方面［即发生的事实（Geschehniss）］。这样，该意志就已变成行为（事实）的原因，意志与行为（事实）之间也就保持一致”[⑤]。

上述三个概念实际上是从不同角度对责任所进行的理解。选择哪个用语，归根结底并非责任本身的问题，而是如何更有利于区分不法与责任，更有利于贯彻责任原则。受启蒙主义思想和传统自然法理论的影响，责任是与“自由意志”密切相关的概念。犯罪人之所以应受道义的非难，是因为他本可实施合法行为而竟然选择实施了违法行为，其非难的对象是行为人的反社会性心理，其故意与过失违反了“同时被承认为普遍法则的准则”[⑥]。“‘没有责任就没有刑罚’是说，为了科处刑罚，作为其前提需要责任的存在，而不能解释为只要存在责任就当然科处刑罚”[⑦]，要科处刑罚，需要行为人具备主观责任和个人责任，所谓“违法是客观的，责任是主观的”“违法是一般评价，而责任是个别评价”即为此意。“责任非难性”、“答责性”和“归责”在本质上都表达了行为人与危害行为之间的关系。随着心理责任论的式微、规范责任论的发展壮大，故意、过失背后的规范评价问题越来越受到理论的重视，“责任非难性（Schuld）”自然获得了更多的认同。从责任非难的角度看，责任是指行为人本可遵守规范但仍然违反社会期待，实施了反社会的行为，故应受到的规范非难。在日本，“主张从国民的角度来看，是能够进行非难的规范责任论是通说”[⑧]。

二、责任的本质

刑事责任的本质，是刑法学最根本的问题之一。理论上围绕责任本质的争论，一直没有停止。对此，大致有以下几种学说的对立。

（一）道义责任论与社会责任论

1. 道义责任论

道义责任论是刑事古典学派的主张，其前提是理性人，即认为人都有自由意志。道义责任论主张，人类社会存在着普遍的法则即道德，责任的本质是基于理性而对行为人所进行的道德非难，非难可能性是道德非难重要的内容。非难可能性，是指行为人认识其行为

---

① Welzel，Das deutsche Strafrecht，Aufl 11，1969，S. 138～140.

② Stratenwerth，Schuld und Sühne，in：Evangel. Theologie，1958，S. 338.

③ von. Liszt，Lehrbuch des deutschen Strafrecht，J. Guttentag，Berlin，1892，S. 171.

④ M. E. Mayer，Der allgemeine Teil des deutschen Strafrechts，Heidelberg，1923. S. 201.

⑤ Binding，Karl，Normen und ihreÜbertretung，II，Leipzig，Felix Meiner，1914. S. 88.

⑥ ［德］康德：《法的形而上学原理》，沈叔平译，28 页，北京，商务印书馆，1991。

⑦ ［日］大塚仁：《犯罪论的基本问题》，冯军译，177 页，北京，中国政法大学出版社，1993。

⑧ ［日］前田雅英：《刑法总论讲义》，5 版，412 页，东京，东京大学出版会，2011。

的反道义性并实施其他行为的可能性。

道义责任论以非决定论为根据，以自由意志为前提。行为人只有达到一定年龄，具备依理性而行为的自由意志，即有责任能力，其基于自由意志而实施的反道义行为才应该受到道义的呵责。道义责任，实际上是一种行为责任，因为以自由意志为前提，只有出现违法行为，才可以从道义的立场加以非难，否则就没有事实根据。行为危害性的大小是决定责任程度的根据，至于行为人的素质、环境、教育状况等个人特征，与自由意志没有关系，不影响责任的成立和大小。此说由康德所倡导，一开始就得到了广泛的认同，如古典刑法学大师费尔巴哈、比克迈尔与日本刑法学家小野清一郎、不破武夫等都持此观点。

早期的道义责任论受康德主观唯心主义哲学的影响，以绝对意志自由为责任的基础，受到了学界的批评。特别是随着科学的发展、实证主义的兴起，一些学者已经认识到人的意志并不是绝对自由的，而常常受到个人素质、环境因素等的影响，在责任成立的场合不可能不考虑个人的因素和环境的影响。于是，理论上出现了一些修正的观点。小野清一郎认为，刑事责任是法律的责任，应根据行为人个人的情形予以个别化，在理念上是以社会伦理的价值判断为前提的，但是并不同于空洞的所谓"理性"，是"对已被客观地、外部地判断为违法的行为，进一步去考虑行为人主观的、内部的一面，亦即行为人精神方面的能力、性格、情操、认识、意图、动机等等，而来评价其伦理的、道义的价值"①，是含有实证的主观危险性或恶性的观念。其所谓道义责任并非仅仅包括故意或过失等心理要素，还包括责任能力、期待可能性等规范要素，实际上已经偏离了古典的道义责任论而有折中的意味。②

从实践来看，道义责任论以自由意志为前提而追究行为责任，忽视了性格的特殊性及其对刑罚个别化的影响，无法区分累犯与初犯，无助于正确量刑，也无助于对犯罪人的有效惩罚和矫正。即使是经过修正的道义责任论，也有其缺陷，其认为保安处分并非法律责任，仅为特殊的法律处分。这样，道义责任论对保安处分的定性就不明朗，而且与大陆法系国家关于保安处分的法律规定不符。

2. 社会责任论

社会责任论又称为"社会防卫论"，这一理论由意大利刑法学者菲利首倡，由德国刑法学大师冯·李斯特、日本学者牧野英一相继发扬光大，是近代学派所持的观点。

该理论坚持决定论，采取实证主义的思考方法，否认先验的所谓理性和普遍法则，通过对大量实证材料的搜集、整理、归纳和分析，认为犯罪是人类学或社会学的现象，行为人的自身素质、环境等内外条件决定着其行为和意思，不存在所谓的"自由意志"。

该观点从防卫社会的立场提出其责任理论，认为刑罚应该保护社会，行为人一旦表征其犯罪的危险性格，出于保护社会生活利益的必要，就需要消除其危险，采取社会防卫措施，对有刑罚适应能力的人采取刑罚手段，而对没有该能力的人适用保安处分。因此，刑事责任具有很强的目的性和应用性，是社会消除犯罪人的危险性而保护自己的手段。

社会责任论着眼的不是犯罪人的行为，而是犯罪人的性格。在社会责任论的场合，刑罚针对的不是已然之罪，而是未然之罪，通过消除行为人的危险性而达到保护社会的功效。无论是否有犯罪能力，对具有一定危险性格的人，社会都可以采取防卫措施，刑罚轻重的

---

① ［日］小野清一郎：《犯罪构成要件理论》，王泰译，18页，北京，中国人民公安大学出版社，1991。

② 参见洪福增：《刑事责任之理论》，11页，台北，刑事法杂志社，1988。

判断依据是行为人主观的、个别的社会危险性和适应社会的能力，而不是客观行为的危害性。社会所采取的防卫措施不同，其法律责任也不同。如果须适用刑罚手段，则行为人所负的法律责任即为刑事责任。

社会责任论以行为人的性格为责任的基础，行为仅为该危险性格的征表。在社会责任论的场合，根本不存在所谓的道义“非难”，这样，责任就已无非难的意义。该观点否定自由意志和行为责任，而以性格、环境、社会适应能力为标准。实际上，无论行为人的性格还是社会防卫的必要性都不是确定的、可操作的标准。这样，该观点就没有确定的刑罚标准，特别是其在量刑的时候为了实现社会防卫的目的而采用了所谓的不定期刑，高度强化了警察国主义做法，而无法确保被告人人权，因而也受到了很多批评。

社会责任论的倡导者和坚持者一直没有给刑事责任概念下一个完整、确切的定义，该概念的内涵、外延均处于混沌状态。因此，对于社会责任论的所谓责任究竟是什么，他们自己也表示出怀疑。牧野英一甚至认为，该理论与其叫作“社会的责任论”，不如叫作“社会的措置论”①。

道义责任论与社会责任论的对立推进了刑事责任理论的发展，理论上出现了折中的趋势，相继出现了法律责任论、新社会防卫论的观点。法律责任论是道义责任论的修正观点，其有限地承认自由意志和非决定论。如宾丁认为，责任只能建立在非决定论的基础上，因为意志的“反制力（Widerstandskraft）使行为人有能力通过相反动机制止其冲动，或者选择和确证某种动机”，在此意义上存在自由意志；另外，决定论之所谓动机影响并非完全没有道理，不能完全否认行为人的特征和动机因素之作用，“人性的责任感情支持着人们精神生活之正确性”，人的反制力虽非客观世界的因果作用，但此种反制力若无他人之意志作用则应为自我原因，即“人们称之为理智的东西”。此种责任论，可以称为“附条件的非决定论”，属于法律责任论。② 新社会防卫论是对社会防卫论的修正。该观点承认相对意志自由，认为“社会防卫”和“社会矫正”应该考虑道义的内容，要求犯罪人和社会均应负道义的义务，以努力帮助罪犯改过从善，重返社会，因而责任的承担不仅应考虑行为人的危险性格，更应该结合行为而考虑行为人的人格。③

（二）行为责任论、性格责任论与人格责任论

行为责任论、性格责任论与人格责任论的划分依据，是责任评价的对象。基于不同的学术立场而选择不同对象作为责任评价的内容，是造成这一理论分歧的根本原因。

1. 行为责任论

行为责任论（Tatschuld）是客观主义犯罪论的观点，认为责任评价的对象是行为人所实施的该当构成要件且违法的具体行为。行为责任论基于“个别的犯罪行为”而在行为人主观意思上探讨非难性的根据，因而也被称为“个别行为责任论”“意思责任论”。犯罪行为同时须具有有意性，行为出自行为人的意思，在基于行为而对行为人进行非难时，实际上就是对行为人的意思进行非难。因为行为责任是以行为事实为责任评价的基础而对其自由意志所进行的评价，无论行为人性格、环境如何，均不影响责任的成立。

---

① 转引自马克昌：《比较刑法原理——外国刑法学总论》，433页，武汉，武汉大学出版社，2002。

② Ernst Beling, Grundzüge des Strafrechts, J. C. B. Mohr, Tübingen, 1925, S. 18. PLATE, Ernst Beling, a. a. O, S. 40.

③ 参见洪福增：《刑事责任之理论》，21～23页，台北，刑事法杂志社，1988。

行为责任论与道义责任论同为古典主义的责任理论，其共同缺陷毋庸赘述。单纯就以行为事实为责任评价的基础而言，并不足以全面评价行为人的责任。具体的犯罪行为事实带有很强的偶然性，与一定的人物、时间、地点相关，是整体生活、性格的一个断面。仅以行为事实为基础进行评价，实际上就人为地将整体的生活、性格特征予以撕裂，使责任评价成为个别的、支离破碎的评价。犯罪人不只是自由意志的抽象人，也并不仅因其行为而承担责任，行为之前“长期意志调控（Willenssteuerung）的内容、于整个生活之意义、其客观的价值蕴含”等，也应在责任考虑之列。①

2. 性格责任论

责任既然是个别评价，着眼点仍应在行为人，而不是行为或主观心理，唯其如此，才能对行为人的长期意志活动、生活、性格形成等进行整体性评价。以主观主义犯罪论为基础的性格责任论相对更重视整体的责任评价，以性格为责任评价的对象，从而与行为责任论形成对立的局面。

性格责任论，是指“可以成为非难之对象者，系行为者之‘危险性’（Pericolorita），即所谓性格（Gesinnung）；盖社会对于此种危险性格之人，为防卫自己起见，必须对之加以防卫处分，而具有此种危险性格的人，系立于应自社会受到防卫处分之地位，此即所谓的‘责任’”。性格责任论并不排斥行为事实，而认为行为与行为人密不可分，因为“法之所以处罚行为人，乃因其已经实行一定行为而非其他之行为，换言之，即刑罚以及责任之对象，并非行为，而系由于实行行为所证明之‘行为者的犯罪情操’、‘行为者对于法秩序之态度’以及‘行为者之全部的心理特征’，此即行为者之反社会性及危险性是也”②。行为没有独立的意义，在责任问题上仅作为某种证据、征表，借以判断行为人对社会的危险性格。性格责任论考察行为事实并不是对自由意志进行非难，而是为了防卫行为人的危险性格，因为性格具有长期性和潜伏性特征，只能通过偶然的、个别的行为来加以认识和评价。

虽然如此，因行为人之性格而追究其刑事责任，并不妥当。毕竟行为事实具有一定的偶然性、随意性，不能完全表明行为人的危险性格，因一次犯罪行为而被歧视为犯罪人性格，是不公平的，也是不客观的。以此为根据动用防卫措施，会严重地侵犯人权和个人自由。所以，仅将行为事实作为危险性格的征表没有在理论上被广泛接受。

性格责任论与行为责任论的对立主要在两方面：一方面，行为本身是否有独立的意义。行为责任论以行为为责任评价的基础，行为事实有其独立的意义；而性格责任论仅以行为作为危险性格的征表，不承认其本身的独立意义。另一方面，行为责任论评价的内容是行为的决意或意思形式，而性格责任论的评价内容则为行为人的犯罪情操、反社会性格、危险性人类特征等。

上述两种理论各有利弊：行为责任论以行为事实为责任评价的基础，更符合罪刑法定原则，但其评价易失之零碎。而性格责任论对行为人的犯罪性格、情操等进行了整体把握，但又忽视行为的现实性，与罪刑法定主义原则相违背。而且，就过失犯罪而言，未必所有的过失行为都是危险性格的征表，后者未必就是责任的根据。③

---

① Welzel, Hans, Persönlichkeit und Schuld, in: Abhandlung zum Strafrecht und zur Rechtsphilosophie, Berlin/New York, 1975, S. 202.

② 洪福增：《刑事责任之理论》，34页，台北，刑事法杂志社，1988。

③ 参见洪福增：《刑事责任之理论》，36页，台北，刑事法杂志社，1988。

理论上通过综合二者的优点，人格责任论得以产生。

3. 人格责任论

人格责任论，是指在研究行为责任的基础上，将行为作为人格的流露，同时还考察人格形成的责任，因而认为责任是基于不法行为而对行为人的人格所进行的非难。"责任是刑罚之前提性概念，表明因其违法行为而对行为人进行人格非难的可能性。行为是行为人人格在法律上所不允许的表现。"①

人格责任论由比克迈尔所创，经过梅茨格尔、博克尔曼、韦尔策尔、阿图尔·考夫曼，以及日本学者安平政吉、团藤重光等的继承和发展，成为重要的责任理论。人格责任论是对性格责任论与行为责任论的折中，但不是庸俗、不动脑筋地简单拼凑，而是在人格的基础上对二者所进行的一种有机整合。梅茨格尔认为，行为是行为人人格的表现，其"责任评价之对象，除行为责任、意思责任之决意及意思形成外，更应考虑行为时之行为者的人格"，二者虽密切相关，但不可互相代替，人格中有行为人的意思不能涵盖的内容，必须考虑性格的因素，而作为责任评价对象的性格并非行为人与生俱来的，而是行为人后天所形成的，故而因该性格而承担的责任被称为"行状责任"。团藤重光认为，"行为责任亦系来自现实的人格，经过潜在的人格，而理解行为之人格态度，并加以责任判断者。此潜在的人格体系，乃系全部生活经历之成果，如忽略过去的形成人格之过程，则不能了解行为时之人格。为把握行为时之人格起见，必然地也应了解过去的人格形成。在概念上，行为责任与形成人格责任虽有显著的区别，然在活生生的现实中，两者可谓有不可分的关系。余将此在全体上作合一理解之行为责任及形成人格责任，称为'人格责任'"②。

韦尔策尔基于目的行为论部分承认决定论和意志自由，并提出一套完整的人格责任理论。他认为，"在因果进程之初始阶段，一般存在某种决定形式（Determinations form）"，行为结果"不是对某事物的盲目共同作用，而是志向意义之表达，行为之实行由明确目标所决定"，决定行为选择之关键、决定行为方式和步骤的重点，非通常所说的自由意志，更不是本能的冲动或性格，而为志向的意义③，即个体的人格；同时，自由意志也有其地位，"自由意志，乃能够符合意义地自我决定的能力"，是可"符合意义地采取行为"的意志，而不仅仅具备非决定论所谓"能够实施其他行为（包括实施更糟糕或反意义之行为）的自由"。人格，系不同于意识的一种"先行决意（Vorentscheidung）"，在日常生活中自己的行为和决意日积月累，逐渐在"半意识或潜意识"中沉积，于灵魂深处与意识间"形成一系列的态度和处世法则（Führungsregeln）"，包括基本确信、观念、负责意识等，形成特定人格。因为各人先天的语言、智力、艺术、宗教特征、能力等林林总总，人们所形成的人格也形形色色。④ 人格作为先行决意，每每以冲动的方式影响行为人的行为。因此，"人格层的错误或缺陷构造，系责任之根据，构成具体违法性行为之决定论基础"⑤。单纯的性格并不能决定违法行为的实施，而表现为先行决意的人格方为决定性内容。

上述人格责任论虽各有不同，但在将性格责任论与行为责任论加以折中这一点上则并无异议：一方面，他们把个别的行为责任视为责任评价的事实根据，另一方面，还顾及行

① Mezger，Strafrecht（ein Lehrbuch），Duncker & Humblot，1949，S. 247～248.

② 转引自洪福增：《刑事责任之理论》，40～41 页，台北，刑事法杂志社，1988。

③ Welzel，Strafrecht，a. a. O，S. 145～147.

④ Welzel，Strafrecht，a. a. O，S. 150；Persönlichkeit，a. a. O，S. 192.

⑤ Welzel，Strafrecht，a. a. O，S. 150.

为背后的行为人人格，认为责任是对行为人人格的非难。此种折中说解决了理论上长期存在的对立，而有更高的境界；将犯罪行为与行为人合二为一，既有整体性的考察，又有客观的事实基础，更符合责任评价的特点。

当然，人格责任论也有其理论缺陷，主要的批评有：其一，就形成人格的过程在责任中如何确定、如何评价而言，理论上并不明确；其二，人格责任论着眼于主体人格，将责任评价置于行为人背后的人格，舍弃实际行为而非难其背后的人格，这是否符合刑法上的归责原则，值得进一步研究；其三，此理论以人格形成作为认定责任的依据，也就是说以人格形成作为责任评价的对象，然而，人格形成的过程究竟应该溯及何处或何时止，并不明确；其四，在形成人格的过程中，虽有应加以非难的人格态度，但以情操、性格等为出发点研究责任，并不恰当。①

（三）心理责任论与规范责任论

1. 心理责任论

心理责任论认为，应从行为人对行为的心理关系来理解责任的实质，将责任解释为行为人对行为的心理状态，不包括非难的评价要素。

根据心理关系的不同，责任可分为故意责任和过失责任两种。故意是指行为人虽认识到自己行为的反社会性，而仍然敢于行动的心理状态；过失则为虽然可能认识到自己行为的反社会性，但由于不注意、未予认识而轻率行动的心理状态。冯·李斯特是心理责任论的代表人物，其认为责任是“通过观念，即一般规范我们行为的宗教观、伦理观、法律观、理性观等而确定的意志可确定性（Bestimmbarkeit des Willens）”，无关意志自由。②

如果否定意志自由，而将责任降格为单纯的心理关系，责任关系实际上成为“多余”的，成为“意义上无区别的东西，是自然科学的现实性”，更无非难可言。③ 此种“以事实性的实证主义基本形态为特征的概念”，不能充分说明过失的答责性，特别在无认识的情况下，无法确定行为人对结果的心理关系；而且，心理事实并不代表责任的全部，无法涵盖规范的责任要素。

2. 规范责任论

规范责任论强调对行为人与其行为内在联系的规范评价，是规范命令支配的对心理事实的价值判断。“责任即非难可能性”，有责性行为是可予非难的行为。责任评判不仅确定了行为事实，而且是价值判断，必须包含着一个规范责任要素。④

规范责任论源自古典主义的道义责任论。最初，由 M.E. 迈尔提出规范责任要素的概念，经弗兰克发展、深化，规范责任论迄今已成为德日刑法学中通行的责任理论。规范责任概念不同于心理责任概念，具有规范的责任要素。M.E. 迈尔认为，规范的责任要素实际上是伦理的责任要素，表明行为人与违法性之间的关系，即“行为人意识到或能够意识到其行为的违法性”，相反，如果“违反法律的人竟然没有受到法律后果之震慑”，就不能对其进行归责。因为违法性依据文化规范来确定，直接表现为行为人对义务的违反，所谓违法性意识相应地为义务性认识。⑤ 伦理责任要素与心理要素的关系密切，“义务违反性非

① 参见洪福增：《刑事责任之理论》，48～49页，台北，刑事法杂志社，1988。

② Von. Liszt，Lehrbuch，a. a. O，S. 159.

③ Otto，Grundkurs，S. 207.

④ Frank，Über den Aufbau des Schuldbegriff，Festschr. für die juristische Fakultät in Gießen zum Universitäts～Jubiläum，1907，S. 11.

⑤ Mayer，Strafrechts，a. a. O，S. 233～236.

难通常的根据是：结果认识本应、本来能够成为相反动机而没有变成相反动机，奈何行为人事实上已经有了某种动机"[①]。

弗兰克认为，在心理要素和能力要素之外，还必须考虑"正常的附随状况"，附随状况是否正常是影响责任非难的重要因素：如果"附随状况正常"，就可以期待行为人实施合法的行为，即具备期待可能性，具有责任非难的可能性；相反，如果"附随状况"异常，不能期待行为人实施合法行为，即使一般人在当时的情形，也不能期待其实施合法的行为，那么就没有期待可能性，不能进行责任非难。因此，规范的责任要素为期待可能性。[②] 戈尔德施密特（Goldschmidt）认为，规范的责任要素应为无明文规定的义务规范，主观意思违反此种义务规范，即具备意志的瑕疵性。韦尔策尔也是规范责任论的支持者。不同于上述观点的是，他否认责任中的心理要素，认为仅有规范要素，即违法性意识和期待可能性，无期待可能性为例外的责任阻却事由。

规范责任论虽已获得广泛的支持，但也暴露出一些问题：其一，如果适用期待可能性理论，在行为时若无异常的附随状况，就不能因无期待可能性而阻却责任，这就与心理责任论并无二致。其二，责任的规范要素与责任的心理要素究竟是什么关系，理论上并不明确。如果是评价与被评价的关系，那么将二者同时置于责任理论中就显得不恰当。其三，规范责任论之所谓规范责任要素不外乎"可非难性"或"可评价性"概念，赋予其"可能性"一种规范意义[③]，以此探讨责任的规范内容，其结果是，责任评判变为"对行为人的无价值评判"，难免与行为无价值评判混同。至于非难或评价之内容"究竟是个人伦理（individualethisches）抑或社会伦理"[④] 更未作深入追问。质言之，责任不仅是非难（评价）"可能性"问题，更是"应予非难（或评价）者"本身的问题，不可相互替代。[⑤]

三、责任的要素

责任要素，是责任成立必须具备的条件。关于责任的要素，理论上有如下几种不同的观点：

第一种观点认为，责任能力、心理事实（故意与过失）、期待可能性并列为责任要素，违法性意识是故意的内容。上述三要素齐备，才能成立责任。

第二种观点认为，责任要素包括责任能力和心理事实（故意、过失），期待可能性和违法性意识属于心理事实方面的内容，是判断故意、过失成立与否的依据。

第三种观点认为，责任能力、心理事实（故意与过失）、期待可能性和违法性意识均为责任要素。

第四种观点认为，除了要考虑责任能力、心理事实、伦理要素外，还必须考虑认识与意志之外更高层次的内容，即动机。此种动机，不拘泥于"对结果观念的动机"，还包括对多方面的动机，如"能够区分不同的责任类型，确定构成刑罚裁量之基础的责任程度"等。

---

① Mayer，Strafrechts，a. a. O，S. 246.

② Frank，Über den Aufbau des Schuldbegriff.

③ 以"期待可能性"为例，期待可能性若为规范标准，则应进行规范评判，即与违法性评判同构化，失去有责性评判的特点。

④ Otto，Grundkurs，a. a. O，S. 208～210.

⑤ Jakobs，Strafrecht，A. T，a. a. O，S. 475；Otto，Grundkurs，a. a. O，S. 211.

所有罪过心理，都是依据动机确定的：直接故意是指结果符合目的的心理态度，无认识的过失是指无意识、无意志引起结果的心理态度，有认识而无意志者包括间接故意（无意防止结果）和有认识的过失（期盼结果不出现）等也不例外。①

第五种观点认为，责任能力、期待可能性和违法性意识为责任要素；故意与过失为构成要件要素，在责任判断中仅作为责任评价的对象，并非责任本身的内容。

我们认为，第一种观点将期待可能性与故意、过失并列为责任的内容，但二者之间能否为平行关系，值得怀疑。在心理事实具备的情况下，特别是在故意成立的情况下还讨论是否有期待可能性问题，似乎并无必要。期待可能性是阻却责任的事由，并非责任成立的根据，与责任能力和罪过心理处于不同的理论层面，不宜平行论述。

第二种观点将违法性意识、期待可能性均作为故意、过失的内容，赋予心理事实一种规范的意义，混淆了规范的责任要素和心理事实，混淆了评价的标准和评价的对象，在逻辑上难以自洽。

第三种观点与第一种观点所遭受的批判一样，即期待可能性与故意、过失之间的关系不明确。如果认为是评价与被评价的关系，则体系上不应平行排列。

第四种观点增加了动机因素，但是，在实际评价过程中一般没有以动机为依据，所以其在责任论中的地位也值得怀疑。

第五种观点是本书所采取的观点，即把故意与过失作为主观的构成要件要素放在构成要件中论述，体系上更有利于确定犯罪的类型，并在此基础上探讨主观的违法性，使该当性、违法性判断能够在主、客观上保持一致。不仅如此，本书将故意、过失等心理事实作为责任评价的对象，而不作为责任评价的标准和内容，厘清了规范的责任要素与心理事实之间的逻辑关系。相比较而言，第五种观点受到德国刑法理论界更多的支持，处于通说的地位。

理论上还有一种“责任构成要件要素”的概念，具体而言，是指“仅仅且直接描述行为的责任内容的要素”，“仅包括了特定犯罪类型的不法要素”，不包括责任能力、违法性意识等一般责任要素和减轻责任事由。责任构成要件要素可以分为三个种类②：(1) 客观的责任要素。该要素是指立法上所规定的，针对意志形成过程中所出现的减少责任、阻却责任的客观事实情况，如德国刑法典第 216 条“受嘱托杀人”、第 258 条“为了帮助家庭成员”而阻碍刑罚，日本刑法第 202 条规定的“同意杀人”等。这些客观情况之所以通过立法予以规定，是因为这些要素能够在客观上把握，且具有影响刑事责任的客观能力。(2) 主观的责任要素。该要素是指使行为人的意志受到影响，从而加重或减轻刑事责任的主观因素，如在故意杀人罪中因被害人侮辱、损害而引起的“愤怒”（德国刑法典第 213 条）。(3) 思想要素。该要素是指在构成要件中直接体现的“反伦理价值的精神态度”，具体仍由行为表现，且须由法官在具体审判中加以确定。对于这些思想要素，并不能一概当作责任要素，也有一些“表现为特殊的不法要素的主观方面的思想要素”应属不法要素，因此，对思想要素应区别对待，部分归于责任要素范畴，部分归于不法要素范畴。

责任构成要件要素是由德国刑法学者提出的概念，也值得关注。

---

① Mayer，Strafrechts，a. a. O，S. 241～243.

② 参见［德］耶赛克、魏根特：《德国刑法教科书》（总论），徐久生译，561～566 页，北京，中国法制出版社，2001。

四、责任的判断

责任的判断实际上是对责任非难的评价，是一种不同于不法评价的判断。不法与责任的区别，源于客观归责与主观归责的区分。在当代德国刑法理论中，也有观点承认所谓的主观归责，但其意义与普通法的观点不同，不属于责任范畴，其是与客观归责相对应的概念，用来判断主观构成要件该当性，是一种不法判断。①

犯罪是主、客观的统一体，主观要件和客观要件在决定犯罪的成立、犯罪的类型、犯罪的形态、罪数等方面具有同等的作用，而且彼此不能单独判断。区分客观不法（违法）与主观责任，在不法中仅研究行为客观地违反整体的法秩序，而不考虑对整体法秩序的主观违反，而在责任论中仅考虑主观个别化非难，而不考虑客观个别化非难，这至少在逻辑上是不周延的。既然不法是对行为的"一般性"无价值判断，就应该是一般性的客观判断和主观判断；同样，既然责任是对行为人的个别非难，也就应该是个别的客观非难和主观非难的结合。因此，区别不法与责任的标准并不是所谓的"不法是客观的，责任是主观的"。二者的区分应该是，"不法意味着行为在主、客观要素方面均是违法的"，而责任是"针对某一行为能否对行为人的人格进行非难"②。

责任非难的对象，是该当构成要件的违法行为，包括行为中所体现的违法的心理（故意和过失）。实际上，责任非难首先针对的是意志，"经由意志而后实现对整个行为的非难"，只有认定"对意志形成（Willenbildung）的非难可能性"，才能进行责任非难。通过对意志的分析，才能找到该当性违法行为所表现出来的法律意识的缺陷和可非难性，从而进行人格非难。

在责任非难的场合，首先必须考虑非难可能性，缺乏可能性即不能进行责任非难。非难可能性，是指"行为人有遵守法律要求之应当规范（Sollen）"的能力，表现为"为此—能够（Dafür-Können）"之构造。责任判断主要依据此种"为此—能够（Dafür-Können）"标准，判断行为人是否违反"应当规范（Sollen）"和"能够规范（Können）"。"能够规范（Können）"是前提，"无可能性则无义务（ultra posse nemo obligatur）"，"应当规范（Sollen）"是实质标准，最终确定责任非难。在责任范畴，关键是"意志形成的可能性，确切地说，为依据既定的应当规范而校正自我意志之可能"③。行为符合"为此—能够（Dafür-Können）"之构造，却违反应当规范，即应承担责任。

第二节　责任能力

一、责任能力概说

（一）责任能力的概念

责任能力是责任判断的首要元素，是进行责任非难的前提条件。只有具备刑法上最低

① Wessels，Beulke，Strafrecht AT，C. F. Müller，Heidelberg，2004，S. 69.

② ［德］耶赛克、魏根特：《德国刑法教科书》（总论），徐久生译，509 页，北京，中国法制出版社，2001。

③ Welzel，Strafrecht，a. a. O，S. 138～140.

的决定能力，才能够对行为人的反规范意识、法意识的欠缺进行评价。

理论上对责任能力有不同的理解。韦尔策尔认为，“行为人认识其行为之不法，且以此为根据而确定意志的能力”，即责任能力。该能力包括“不法意识能力”和“符合意义的意志确定能力”，二者缺一不可，如未成年人之心智未熟、精神病人精神状态反常，均因欠缺其中之一而不具责任能力。选择行为意义的“意志确定能力”，是以自由意志为前提的。如果欠缺自我控制和选择其他行为的意志能力，也就不可能按照自我意志去实施行为。[①] 贝林认为，责任能力是自由意志者接受规诫之能力，是服从于法律的能力，即反制能力；责任之成立须以归责能力为前提，“有反制力，则可承担责任，无反制能力，则无责任，理当不受刑罚处罚”[②]。李斯特认为，责任能力是正确认识社会要求并依该认识而行为的一般能力。苏联学者别利亚耶夫认为，责任能力是指在实施危害社会的行为时，清醒认识和控制其行为并对其行为负责的能力。在行为人有这样的能力而实施违法行为时，行为人就要负责任，对其科处作为规范报应的刑罚。

各国刑法对责任能力的规定并不相同。德国刑法典第 20 条规定：“行为人行为时，若因病理性精神障碍、深度的意识错乱、智力低下或其他严重的精神反常，不能预见其行为的违法性，或依其认识而行为的，不负刑事责任。”瑞士联邦刑法典第 10 条规定：“行为时因精神病、智障者、严重之意识错乱而不能认识其行为的违法性，或者依其认识而行为的，不处罚。”法国刑法典第 122—1 条第 1 款规定：“在行为发生之时患精神紊乱或神经精神紊乱，完全不能辨别或者控制自己行为的人，不负刑事责任。”意大利刑法典第 85 条第 2 款规定：“具有理解和意思能力的人是可归罪的。”

根据上述立法例，可以看出，责任能力是行为人的认识和行为能力；缺乏该认识、行为之能力，即没有犯罪的能力。所以，结合规范责任的概念分析，其认识和行为之能力应该是指行为之不法性认识能力和合法行为的能力，表现为不法意识能力、反制不法的能力、合法的意志确定能力、控制能力等，行为人的年龄和精神状态影响着该认识能力和合法行为能力。

（二）责任能力的本质

上述关于责任能力的定义基本上是刑事古典学派的观点。关于责任能力的本质，学界有几种不同的理解。

传统观点认为，责任能力的本质与意志自由关系密切，是“辨别是非并据此实施行为的能力”[③]，是实施其他行为、本可决定其意思和行为的能力。在古典刑法理论看来，责任能力是一种犯罪能力，是为实施犯罪所必需的意思能力和行为能力，是辨认和控制能力。因为存在该能力，道义非难才有可能。施密特在修订冯·李斯特的《刑法教科书》的时候，将对责任能力的理解回到了行为能力上，如“可将其简称为社会行为能力，也即符合人类共同生活需要的能力。只有当行为人在行为时具备该能力，才能认定该行为是有责的反社会的行为”[④]。他认为，意志自由是相对的，意思能力通常也受到多方面的影响，诸如冲动、性格、环境等。如果仅从心理、自然角度把握，则常是一种“无色”的限定，是一种“可

---

① Welzel，Strafrecht，a. a. O，S. 153～154.

② Beling，Grundzüge，a. a. O，S. 41.

③ 该观点在很长时间内都是日本学界的通说。参见［日］木村龟二主编：《刑法学词典》，顾肖荣等译，229 页，上海，上海翻译出版公司，1991。

④ ［德］李斯特：《德国刑法教科书》，徐久生译，270 页，北京，法律出版社，2000。

能性”而已，是一种不涉及是非观、价值观、法律观的行为可能性。责任能力，应该是一种刑事责任能力，是承担刑事责任的能力，是犯罪的能力，是辨别违法性存在与否的意思能力，以及进行合法行为的行为能力，而不是一般的行为能力。[①]

近代学派否定了意志自由，基于社会责任和教育刑理论而提出了新观点，认为责任能力是刑罚适应能力。冯·李斯特认为，“刑法的犯罪能力或归责能力，是因其可罚性行为而适应刑罚的能力”[②]。犯罪不是自由意志的产物，而是受个人素质、环境等的严重影响，因而“是非辨别”“意志自由”等并不是责任能力的根据，而“意思决定时的常态”“肉体上、精神上的健康或成熟因而能实施社会行为的能力”等，方为责任的本质内容。[③] 刑法的功能是防卫社会，须针对行为人的再犯可能性即性格的危险性，旨在消除其危险性，遏制再犯可能性。对于具有“意思决定常态”、有“社会行为能力”的人而言，科处刑罚能够帮助他们回归社会正轨，矫正反常的性格，消除自我的危险因素，达到刑法防卫社会的目的；对于精神异常的人或年幼者而言，则存在比刑罚更有效的办法来帮助他们回归社会，如保安处分、精神病治疗、教育矫正等，刑罚反而是不适宜的。因此，责任能力是刑罚适应能力。

随着近代学派的衰退，刑罚适应能力说也逐渐少有人支持。在德、日刑法理论上，犯罪能力说至今处于通说的地位。

(三) 责任能力的地位

关于责任能力究竟是责任的要素，还是责任的前提，理论上存在着严重的对立。

将责任能力作为责任前提的观点，可称为“责任前提说”。责任前提说认为，责任能力是犯罪行为的能力，无此能力即不可进行责任非难，只有在责任前提具备的情况下，才能进行责任要素的分析。既然责任能力是责任非难的前提，就是不同于责任非难的概念，又不属于不法范畴，那么体系上究竟属于哪个范畴，并不明确。而且，作为前提，责任能力独立于行为、主观意识，成为行为人的一般能力，其判断标准主要是生物标准。不仅如此，该观点还不承认部分的责任能力。这些都是让人怀疑的。

将责任能力作为责任要素的观点，可称为“责任要素说”。责任要素说认为，责任能力虽是承担责任的前提，但同时又是认定责任非难的依据，因而是责任成立的要素。因为“刑法中的责任判断，其内容是就符合构成要件的违法的个别行为对实施它的行为人进行人格的非难。这样，责任能力也应该就相关行为来论及，因而，视为责任的要素是妥当的。但是，必须注意的是，因为责任能力是受生物学的基础强烈支撑的观念，所以，具有与责任故意、责任过失和期待可能性等其他的责任要素不同的性质，不允许把它解消在其他的责任要素之中”[④]。

无论是责任前提说还是责任要素说，都承认责任能力是犯罪的能力，只有具备该能力，才能进行责任非难。即使是支持责任前提说的学者，如前田雅英，也认为责任能力在体系上应作为责任要素来论述，这与责任要素说并无二致。[⑤]

近代学派所主张的“刑罚适应能力”说认为，责任能力只是可适应科处刑罚的能力，

---

① 将责任能力作为“刑法上的行为能力”来理解的学说，已经落伍了。参见［德］耶赛克、魏根特：《德国刑法教科书》(总论)，徐久生译，517页，北京，中国法制出版社，2001。

② Von. Liszt，Lehrbuch，a. a. O，S. 159.

③ 参见［日］木村龟二主编：《刑法学词典》，顾肖荣等译，229～230页，上海，上海翻译出版公司，1991。

④ ［日］大塚仁：《刑法概说》(总论)，冯军译，384页，北京，中国人民大学出版社，2003。

⑤ 参见［日］前田雅英：《刑法总论讲义》，4版，375页，东京，东京大学出版会，2006。

既非责任的前提，又非责任的要素，并不影响犯罪的成立。不具刑事责任能力的人，如未满 14 周岁的儿童，也可以实施刑法所规定的犯罪行为，构成犯罪，不过不适宜科处刑罚，而只应适用保安处分。主张该观点的理由是，科处保安处分也须有法律根据，只有认定无责任能力的人构成犯罪，适用保安处分才能于法有据。①

关于责任能力的理论地位，主要的争论是责任前提说和责任要素说，这两种学说中没有哪种学说能够取得完全的统治地位，但彼此间有融合的趋势。

二、无责任能力与限制责任能力

对没有完全责任能力的情况，在刑法中根据其程度不同，可以分为无责任能力和限制责任能力。无责任能力可以阻却责任，而限制责任能力则可减轻责任。关于因责任能力而阻却、减轻责任的情况，各国刑法都有一些规定。下面对因精神状态和年龄影响而不具完全责任能力的两种情况，主要以德、日刑法的规定为例，分别进行介绍。

（一）精神障碍者

根据德国刑法典第 20 条的规定，因病理性精神错乱、深度意识障碍、心智低弱或其他严重的精神反常而没有能力认识其行为之不法，或者没有能力依据该认识实施行为的，没有刑事责任能力。日本刑法第 39 条规定："心理丧失人的行为，不处罚。心神耗弱人的行为，减轻刑罚。"德、日刑事立法上采取了两个标准来确定责任能力，即生理学标准和心理学标准：对病理性精神错乱、深度意识障碍等的认定，采取生理学标准；而对"没有能力认识其行为不法"和"没有能力依据该认识实施行为"则采用心理学标准。

1. 精神障碍性无责任能力者

精神障碍性无责任能力者在日本刑法中是指心神丧失者，在德国刑法中则包括病理性精神错乱、深度意识障碍、心智低弱或其他严重的精神反常四种事由。

所谓心神丧失，是指由于精神障碍，完全没有辨认行为违法性的能力或者根据认识而行动的能力。在日本刑法理论中，一般认为，导致心神丧失的精神障碍主要有狭义的精神病（基于精神的继续病变）、精神神经症、意识障碍（基于精神的暂时的异常）、其他持续性病理性精神障碍（基于精神的发育迟缓）等，此外还包括一些暂时性精神异常，如酩酊、催眠、分娩或高烧而导致的模糊状态等。②

日本刑法理论上的"狭义精神病"与德国刑法中的"病理性精神错乱"是一致的。所谓"病理性精神错乱"，是指可以导致无刑事责任能力状态的精神病，包括外因性精神病——主要是指脑内出现器质的变化，如传染性（脑梅毒等）、外伤性（脑挫伤等）、中毒性（酒精中毒、兴奋剂中毒等）、感染性（老年性痴呆、脑动脉硬化、羊痫风等）等——和内因性精神病（精神分裂症、狂躁抑郁症）。有些精神病具有间歇性，如狂躁抑郁症，仅在发病期才会导致心神丧失，才不承担责任。

所谓"意识障碍"，是指因纯粹心理障碍或者外在刺激而对自己或者外界的意识不清晰的状态。德国刑法中强调意识障碍的程度。所谓深度意识障碍，是指那些"在一定程度上超过正常范围（例如，昏睡、惊吓）的意识障碍，以及那些与精神病相似，对其行为失去

① 参见［日］木村龟二主编：《刑法学词典》，顾肖荣等译，230 页，上海，上海翻译出版公司，1991。

② 参见［日］木村龟二主编：《刑法学词典》，顾肖荣等译，231～232 页，上海，上海翻译出版公司，1991。

控制的意识障碍"[①]，如最严重形态的催眠状态、幻觉、高度的情绪波动等。其中，最有争议的是酒精导致的醉酒状态、吸毒后的麻醉状态，如果出现病理性意识障碍，就成为心神丧失。

所谓"心智低弱"，是指先天性智障，包括先天的或幼童期的原因所产生的智能发育迟缓，如痴愚等。

所谓"其他严重的精神反常"，是指在精神病质、神经质等中最严重的情况。所谓神经质，是指因不安、过分疲劳、精神的冲动等心理原因而引起的精神性机能障碍；所谓精神病质，是指由于性格的异常而欠缺适应社会能力的状态。就一般的精神病质、神经质而言，如果未丧失辨认和控制能力，不能视为心神丧失。

所谓欠缺辨认能力，是指没有能力辨认其行为的违法性，即不能辨别行为在法律上是否被允许。辨认能力通常由行为人的智力所决定，关系到行为的实质不法。[②]"不法意识能力"，并非"对其行为之违法性、可罚性"或"反伦理性"的意识能力，而是意识"其行为冲击者为共同生活所必需之社会规范"的能力，仅关乎个体能力，影响自由意志之决定。[③]所谓欠缺控制能力，是指没有能力依据不法意识来实施行为。在前述"心神丧失"或"病理性精神错乱、深度意识障碍、心智低弱或其他严重的精神反常"的基础上，还必须同时欠缺辨认能力与控制能力，行为人才属于无责任能力者。

2. 精神障碍性限制责任能力者

德国刑法典第 21 条规定："因第 20 条规定的各项原因，行为人行为时由于认识能力显著减弱，或依其认识而行为的，可依第 49 条第 1 款减轻其刑罚。"日本刑法第 39 条中有关于"心神耗弱"的规定。

德国刑法典第 21 条规定的"限制责任能力"，在生理学要素方面与精神障碍性无责任能力是一致的，其主要区别在心理学方面。在限制责任能力的场合，辨认能力和行为控制能力并没有完全丧失，而只是减弱了。理论上一般认为，其关于精神障碍性限制责任能力的立法规定主要针对智力低下者、激情行为、滥用麻醉品或酒精饮品导致的行为，以及精神病质、神经症等而未丧失辨认能力和控制能力的情况。[④]日本刑法中的所谓"心神耗弱"者，是指缺乏正常人精神状态但未达到心神丧失程度的、介于二者之间的人，包括由于精神障碍而使得辨认行为违法性的能力或者按照该辨认而行动的能力显著低劣者。

对于因精神障碍而限制责任能力者，因为其具有异常人格，其辨认或控制能力较正常人的低，故而刑罚处罚会从宽。

（二）刑事未成年者

因辨认能力与控制能力受到心理成熟程度的限制，未达到一定年龄的人，其辨认能力和控制能力也各有不同，故各国刑法基本都承认刑事责任年龄是影响刑事责任能力的重要因素。由于各国或地区的情况不同，对刑事责任年龄及其起点的规定颇有差别，大多数国

---

① ［德］耶赛克、魏根特：《德国刑法教科书》（总论），徐久生译，524 页，北京，中国法制出版社，2001。

② 参见［德］耶赛克、魏根特：《德国刑法教科书》（总论），徐久生译，527 页，北京，中国法制出版社，2001。

③ 不法意识，是"行为人必须能够认识到其行为触犯了整体性法秩序，刑法已禁止该行为"，不法意识能力自然就是这样一种能力。Welzel，Strafrecht，a. a. O，S. 153～154，171.

④ 参见［德］耶赛克、魏根特：《德国刑法教科书》（总论），徐久生译，530 页，北京，中国法制出版社，2001。

家如日本、德国、意大利、奥地利、阿根廷、保加利亚等的刑法规定14岁以下为无刑事责任年龄阶段；也有不少国家和地区规定更低的刑事责任年龄起点，如加拿大、新加坡、印度、泰国为7岁，马来西亚为10岁，多哥为11岁，土耳其为12岁，美国的伊利诺伊州为13岁；还有一些国家和地区规定了较高的刑事责任年龄起点，如捷克、斯洛伐克、丹麦、瑞典、格陵兰为15岁，西班牙、美国的纽约州为16岁，波兰为17岁，巴西为18岁。18岁是所有国家中最高的刑事责任年龄起点。

对刑事责任年龄，多数国家都进行了区别对待，划分了不同年龄阶段，除了无刑事责任年龄阶段外，还规定了相对的刑事责任年龄阶段。蒙古刑法规定，14岁以上16岁以下的人，对杀人、故意重伤和故意伤害他人而导致健康损害等犯罪行为负刑事责任，14岁以上18以下的人犯强奸、盗窃、抢劫……的，应负责，但刑罚应予减轻。也有一些国家从消极方面规定了相对刑事责任年龄阶段，如新加坡刑法典第83条规定："7岁以上12岁以下的儿童，在实施行为时对行为的性质和后果缺乏足够理解判断能力，不构成犯罪。"

对刑事未成年人犯罪的，一般适用特别的程序。比如，德国特别颁布了《少年法院法》。考虑到未成年人的特殊性，德国《少年法院法》在审判方式和刑罚方面都不同于普通刑事法律，更重视对未成年人的教育，其方式更多样化，刑罚也更轻缓。

三、责任能力的存在时期与原因自由行为

基于责任原则，只有行为时具有责任能力的人才可予以责任非难。刑法规范关心社会秩序，不断提醒人们遵守法律、履行义务、规范自我的行为，即是说，行为时应该有责任，责任与行为同在，行为人基于其责任能力对行为进行了同时的控制。[①] 该观点是日本的通说。德国刑法典第20条更明文规定了"行为时"，这便在立法上确认了"行为与责任能力同在"原则。

理论上也有观点认为，责任能力存在与否应该依据行为人对法益侵害之结果的控制来认定，在意思决定之时具有责任能力即可。虽然责任与行为必须同在，但对所谓"犯罪行为的当时"不能限定于实行行为。因为责任能力通常关系着意思的决定，所以，对于原因自由行为而言，其意思决定时如果有责任能力，那么其实施实行行为时即使没有责任能力，也能肯定其非难可能性。因此，责任能力只要在原因设定行为时存在就够了。此问题在原因自由行为中表现得尤为突出。下面对原因自由行为进行专题介绍。

（一）原因自由行为的概念

理论上一般认为，"原因自由行为（actio liber in Causa），指行为人在具备责任能力状态下决意的行为，或者在该状态下能够预见的、但在丧失行为能力或责任能力之时才实现的行为"[②]。也有学者更强调构成要件符合性问题，认为"原因自由行为系指行为人因故意或过失，使自己陷于无责任能力状态，并在无责任能力状态下造成符合构成要件的结果"[③]。后面引起结果的行为，称为结果行为；前面使自己进入无责任能力状态的行为，称为原因行为。

是否应该以符合构成要件的结果来限定原因自由行为？一般而言，在原因自由行为中

---

① 参见［日］野村稔：《刑法总论》，全理其、何力译，292～293页，北京，法律出版社，2001。

② ［德］耶赛克、魏根特：《德国刑法教科书》（总论），徐久生译，533页，北京，中国法制出版社，2001。

③ ［日］川端博：《刑法总论二十五讲》，余振华译，192页，台北，元照出版公司，1999。

一般只有出现了刑法性结果时才涉及责任的问题，以符合构成要件的结果来限定结果行为，才更现实、客观，更有刑法上的意义。因此，原因自由行为是指责任能力人故意或者过失使自己陷于无责任能力的状态，因而在该状态下导致符合构成要件的结果，应该承担刑事责任的行为。

（二）原因自由行为的理论依据

关于如何协调原因自由行为的处罚与“行为与责任能力同在”原则的关系，主要有如下学说。

1. 因果结合说

即原因行为与结果行为结合为整体实行行为，共同成为危害结果的原因，因此，可以对原因行为进行归责。该观点所受到的主要批判是，在行为人有责任能力时所实施的原因行为，就一般犯罪而言，充其量只能是预备阶段的行为，不同于实行行为，与处于无责任能力状态下的结果行为失去了心理上的关联。

2. 间接正犯说

此为日本刑法理论的通说，即认为利用自己陷入无责任能力状态而犯罪，相当于以自己为工具的犯罪，与间接正犯并无二致，应当根据间接正犯理论来加以把握。对其理论的质疑主要有：(1) 既然结果行为是犯罪的工具，则设定原因的行为就为该犯罪的实行行为，这虽然勉强符合“行为与责任能力同在”原则，但是，将实行行为之时点溯及原因行为之时点，会模糊预备与着手实行间的客观区别，理论上无从判定实行的时点。(2) 利用自己行为为工具实行犯罪，毕竟不同于利用他人为工具的行为。自己的行为可以是无责任能力的行为，也可以是限制责任能力状态下的行为。利用自己轻度精神障碍或者是心神耗弱等限制责任能力时，不能适用间接正犯理论解释。(3) 在大多数情况看来，用间接正犯的法理来解释利用自己的过失行为实施犯罪，颇为牵强。①

3. 同时存在原则修正说

此说修正了行为与责任能力同在的原则，认为责任能力未必以与实行行为同时存在为必要。有学者认为，原因行为的支配可能是责任的基础②；有学者认为，最终意思决定贯穿了整个行为，就不能认为其没有责任能力③；也有学者认为，具备了责任能力的原因行为与结果行为及其结果之间存在“因果关联”（相当因果关系）与“责任关联”（故意、过失），就可对原因自由行为追究责任。④

上述几种修正说在确保实行行为定型性的前提下，通过原因行为与结果之间的客观支配关系、意思决定或因果关联、责任关联来解释原因自由行为的责任，旨在缓和“同时存在”原则，实际上的说服力仍然不够；并且，过分着眼于此进行论述、缓和，反而更暴露出这些修正理论与“同时存在”原则的冲突。

就原因自由行为中的责任能力问题而言，值得刑法学讨论的应该是“实行行为与责任能力何时没有同时存在”的问题，即“何时没有刑事责任能力”。消极思考与积极思考在方法、立足点等方面都有区别，不可将本应消极思考的问题进行积极评价。在原因自由行为

---

① 参见洪福增：《刑事责任之理论》，399页，台北，刑事法杂志社，1988。

② 日本学者中义胜的观点。参见洪福增：《刑事责任之理论》，406～407页，台北，刑事法杂志社，1988。

③ 参见［日］西原春夫：《犯罪实行行为论》，戴波、江溯译，146页，北京，北京大学出版社，2006。

④ 日本学者中义胜的观点。参见马克昌：《比较刑法原理——外国刑法学总论》，465～466页，武汉，武汉大学出版社，2002。

中，如果原因行为与结果间存在客观归责关系和主观归责关系[①]，就需要考虑何时没有责任能力，诸如行为人能否预见其危害结果、能否控制其招致危险的行为等，即使在过失的情况下也可以追究责任。[②]

（三）限制责任能力与原因自由行为

关于原因自由行为导致限制责任能力状态时，是否可依据原因自由行为理论承担责任的问题，理论上存在不同观点。

通说认为，导致限制责任能力状态而造成构成要件性结果的行为，不可依据原因自由行为理论追究刑事责任。德国刑法理论一般将原因自由行为仅定义为“使丧失责任能力的行为”，其主要的研究文献中都没有研究“使降低责任能力”的情况。日本刑法通说认为，原因自由行为类推适用间接正犯理论，仅在使自己成为工具的情况下方可因原因自由行为承担责任，在利用自己的限制责任能力状态的场合，没有原因自由行为的理论空间。

少数日本学者则认为，应该把原因自由行为的观念扩大适用于利用自己的心神耗弱状态的情形。利用自己的心神耗弱状态实现犯罪的情形，相当于利用有故意的工具的间接正犯。“利用自己的心神耗弱状态这种原因中的自由行为，其实行行为也不是心神耗弱时的犯行，而是自由状态下的原因行为。”[③] 还有一种观点认为，在利用自己的限制责任能力状态的场合，应当区别对待：在意思不连续的情况下，不能以原因自由行为来承担责任；在意思连续的场合，则应承认原因自由行为的刑事责任。这种区别对待说实际上就是肯定说。[④]

通过客观归责和主观归责理论来认定行为与结果之主、客观联系，可以发现，在心神耗弱状态下所实施的行为与危害结果之间存在客观归责、主观归责关系，已成为独立的行为阶段，可以独立承担责任。利用自己的心神耗弱状态，毕竟不同于利用故意的工具，不可能像后者那样分别对利用者和被利用者追究责任。所以，在利用自己心神耗弱状态犯罪的情况下，不承认原因自由行为更能让人接受，即使要对利用行为追究责任，也可以作为从重处罚情节来考虑。

（四）原因自由行为与实行的着手

关于在原因自由行为的场合何时是实行的着手，通说认为，原因设定行为具有实行行为性，该行为的开始即为实行的着手。“站在对行为人所进行的行为予以道义性非难的立场上，就不得不要求实行行为是行为人有责任能力时的行为。因而，只有从在有责任能力状态下所实施的原因行为中才能看出实行行为性。”[⑤]

有的观点则认为，现实的结果惹起行为才是实行行为。如川端博认为，“在通常之情形下，将具备定型性之实行行为的开始解释为实行着手之时点，在原因自由行为之场合，则将具备定型性之实行行为出现前的原因设定行为之开始解释为着手实行之时点，如此之见解无法取得内在之一致性”[⑥]。耶赛克也认为，“原因行为，并不表示犯罪的着手（Ver-

---

① 主观归责在当代德国刑法理论中已与责任、责任能力等问题区分开来，主要是指故意、过失、动机、目的、主观倾向等主观不法要素的认定。如果可以确定行为人对结果的故意、过失心理态度，就可以确定其主观归责，至于是否有责任能力、应否承担责任则另当别论。Wessels，Beulke，Strafrecht AT，C. F. Müller，Heidelberg，2004，S. 56，69.

② Otto，Grundkurs，a. a. O，S. 218.

③ ［日］大塚仁：《犯罪论的基本问题》，冯军译，93～95 页，北京，中国政法大学出版社，1993。

④ 详见［日］山中敬一：《刑法总论》，2 版，618～620 页，东京，成文堂，2010。

⑤ ［日］大塚仁：《犯罪论的基本问题》，冯军译，91 页，北京，中国政法大学出版社，1993。

⑥ ［日］川端博：《刑法总论二十五讲》，余振华译，195 页，台北，元照出版公司，1999。

such)。原因自由行为的着手始于这样一个时刻，该时刻适用于着手的一般规定”①。

比较上述两说，我们支持后一观点。因为原因自由行为尚未直接作用于犯罪的行为客体，没有对法益构成现实的侵害，不符合实行行为的定型性。如果硬要认为原因自由行为就是实行行为，那么在未出现结果行为的情况下，就应当认为是未遂，这样显然不合理。原因自由行为的定型性比较弱，实行性特征更不明显，而且，即使在故意犯罪的情况下一般也是不确定的故意，很少有处罚未遂犯的情况。如果把结果惹起行为的开始视为实行的着手，就与刑法理论中关于实行行为的观点相一致，因而显得更合理一些。

第三节 违法性意识及其可能性

一、违法性意识的概念和地位

对违法性意识，理论上一直有不同的理解。在传统刑法学理论中，有两种观点：一种观点认为，违法性意识是“对形式违法性的意识”；另一种观点认为，违法性意识是“听从自己良心的禁止或命令的声音”。但是，人们既不能依据主观的所谓良心而放纵那种所谓“违反法规范秩序却合乎良心的行为”，也不能无视“作为实质价值秩序之法秩序”，因为“规范就是从这些确定的实质价值内容中推导出其真正的应当规范也即规范的效力”，“违法性意识的深层理由是，任何规范秩序同时也是实质的价值、意义秩序，故——应该涉及责任——行为人须认识到该规范的实质价值内容，至少是能够认识到该内容”②。“行为人的责任通常与所损害的价值（应当规范）相关，即联系着具体行为的实质反价值性。”所以，违法性意识应该是行为人对违反法秩序或者说是违反应当规范的意识。

行为人仅有故意或过失，还不能予以责任非难，因其是否具有违反规范的实质内容还不明确；同样，也不能要求行为人对形式的违法性有认识。形式违法性与实质违法性在内容上是一致的，但是，形式违法性具有形式上的规定性，其要求更高，非专业人士一般难有该意识，所以也就不能勉为其难，不能要求一般的行为人有形式的违法性意识。

关于违法性意识在犯罪论体系中所处的地位，理论上和立法上的认识存在一个发展的过程。

传统理论认为，违法性意识是故意的构成要素。从道义责任或者规范责任的立场看，故意是在认识到行为的违法性或反伦理性前提下的决意。所谓故意是指“在认识到犯罪的所有构成要件，特别是在认识到该具体行为具备违法性的情况下，实行其具体犯罪构成要件的有行为能力者的意志”，其中包括“违法性意识”③。M. E. 迈尔认为，“意识到行为引起的结果会出现，且该意识没有理由，而采取行为或放弃行为，其违反义务地引起符合构

---

① ［德］耶赛克、魏根特：《德国刑法教科书》（总论），徐久生译，535页，北京，中国法制出版社，2001。

② Rudolphi，Unrechtsbewußtsein，Verbotsirrtum und Vermeidbarkeit des Verbotsirrtum，1969，S. 54.

③ Binding，Karl，Die Schuld im deutschen Strafrecht，Leipzig，Felix Meiner，1919，S. 41.

成要件之结果，即是故意"①。

现代刑法学主流理论和德国刑法立法均将违法性意识作为独立于故意的责任要素。德国刑法典第 17 条规定："行为人行为时没有认识其违法性，如该错误认识不可避免，则对其行为不负责任。如该错误可以避免，则依第 49 条第 1 款减轻处罚。"违法性意识作为独立的责任要素，得到了德国、意大利、奥地利等国家立法上的承认，在理论上也得到了长足的发展，已成为德国刑法学通说。②

理论上承认违法性意识的独立地位，表现为一个从无到有的发展过程，代表了责任理论的发展趋势，特别是在将故意与过失已作为类型性要素在构成要件论中进行了论述，在责任论中不再讨论的情况下，独立论述违法性意识，不仅理论脉络更清晰，而且更充实了责任理论的内容。

二、有关违法性意识的学说

就违法性意识是否影响责任的成立而言，理论上从来就有对立的学说，现分述如下。

（一）违法性意识不要说

法谚云："不知法，不免责（erro juris nocet）。"受该法谚的影响，理论上长时间都认为，故意的成立，只要有对犯罪事实的意识就够了，不需要有违法性意识。对此，在日本刑法中有明确的规定。日本刑法第 38 条第 3 款规定："即使不知法律，也不能据此认为没有犯罪的故意，但可以根据情状减轻其刑。"德国刑法学大师冯·李斯特、拉德布鲁赫（Radbruch）及日本的牧野英一、泉二新熊等持该观点。如李斯特认为，故意的成立，"并不意味着行为人必须从特定之法律条款中看出违法性，因为这种知识只能期望法律工作者才具备。就行为人而言，他只要知道其行为不符合社会生活目的就已足够了，用行为人自己的话讲，就是其行为是不道德的、伤风败俗的、有罪的、被禁止的、不法的，等等"。"要求将对行为的不法性认识作为罪责指责的先决条件是没有意义的，因为这一认识不能在罪责中发挥作用。"③

该学说的理论根据主要有几点：（1）在责任的认定中过分强调违法性意识，"会诱导人们不注意分辨合法与非法"，不利于督促人们遵守法律，不利于刑罚的一般预防④；（2）在实务中要认定违法性意识比较困难，"有使真实有故意之行为者，逃避责任之虞"⑤。

对于违法性意识不要说，德国当代刑法理论基本上持反对态度，主要理由有：（1）"不法意识一方面是原始的价值感，多少使人在行为时联系其环境会零碎意识和感受一种客观的价值秩序和规范秩序，从而应该有义务采取特定行为，放弃其他行为"；（2）即使毋论其"原始价值感"，"不同的群体道德、社会价值秩序和实证法秩序等都是从无数个人价值经历中引起了人们的重视，迫使以同样方式关注其规范"，不法意识并非什么神秘的东西，不能

---

① Mayer，Strafrechts，a. a. O，S. 258.

② 参见马克昌：《比较刑法原理——外国刑法学总论》，475 页，武汉，武汉大学出版社，2002。

③ ［德］李斯特：《德国刑法教科书》，徐久生译，290 页，北京，法律出版社，2000。

④ Enrique Bacigalupo，Buenos Aires，Bemerkungen zur Schuldlehre im Strafrecht，in：Welzel～FS zum 70 Geburtstag，Walter de Gruyter，Berlin，1975，S. 483.

⑤ 洪福增：《刑事责任之理论》，105～106 页，台北，刑事法杂志社，1988。

因罗马法谚而否定其在责任中的地位。[①]

(二) 故意说

故意说与责任说的对立是由韦尔策尔提出并揭示出来的。[②] 故意说认为，不法意识是故意成立的条件，欠缺不法意识即排除故意，可承担过失责任。在故意说内部，还存在严格故意说、自然犯与法定犯区别说、限制的故意说等不同观点。

1. 严格故意说

该学说认为，道义非难的根据在于违法性意识，行为人明知其行为的违法性，仍然实施其行为，故应进行道义非难和规范责任非难。贝林认为："行为人对其行为必须有违法性认识，即抽象的法律评价（如：无警察的允许，不得持有炸药），且必须已经认识到其行为与法律评价相抵触。因为刑法上的故意是较严重的责任层次，对怀有善良信念的行为人——对其行为的不允许性完全缺乏认识——要么根本不得进行任何非难，因而也根本不追究责任；要么只是进行明显较轻的非难，行为人未适当地注意了解事实与法律状况（过失），因而对此进行非难。如果法律忽略了这种根本性区别，则其考虑就是错误的。"[③]

严格故意说有两方面值得商榷：(1) 一些犯罪，如激情犯、确信犯或常习犯等在很多场合都不能确定是否有违法性意识，如果一定要以此为故意非难的根据，则显然是不正确的；(2) 既然违法性意识是责任非难的根据，过失犯自然也应有违法性意识。而该理论在肯定故意之非难的同时，却否定了过失的非难，这是自相矛盾的。

2. 自然犯、法定犯区别说

该学说持一种折中的观点，认为违法性意识在自然犯和法定犯中的意义是不同的，对自然犯不要求有违法性意识，对法定犯则须以有违法性意识为必要。对此，牧野英一的观点很有代表性。他认为："犯意乃系反社会的意思；一定的意思是否系反社会的意思，乃先于法律之规定。换言之，一定的行为，因系反社会的，故在法律上加以处罚。因此，纵令不知法律有处罚之情形，然行为者如知悉其反社会的事实而仍然为其行为，则当然可加以处罚。自此一立场，余拟区别自然犯与法定犯。在自然犯之情形，一定的行为系犯罪一事，虽系先于法律的；然在法定犯之情形，一定的行为，因法律视为犯罪之故，始成为犯罪。因此，余考虑犯罪与社会通念之关系，而主张一定的犯罪，如系法定犯的情形，在理论上应认定为刑法第三十八条第三项所规定'不得以不知法律为无犯意'之例外。"[④]

这种观点的缺陷有：(1) 自然犯与法定犯的界限在很多情况下很难确定，实务中存在着"法定犯的自然犯化"的现象，以此来认定其各自不同的责任内容显然是不现实的[⑤]；(2) 违法性意识与反社会的意识有密切关系，后者表明法秩序的内容，与违法性意识实际上是融为一体的。理论上将反社会意识当作先于法律的意识，并不为现代刑法理论所接受。[⑥]

3. 限制的故意说

限制的故意说又称为可能性说或违法性意识可能性说，主张故意的成立，只要有违法

---

① Rudolphi，Unrechtsbewußtsein，a. a. O，S. 34.

② Welzel，Strafrecht，a. a. O，S. 161～162.

③ ［德］恩施特·贝林：《构成要件理论》，王安异译，102 页，北京，中国人民公安大学出版社，2006。

④ 转引自洪福增：《刑事责任之理论》，108 页，台北，刑事法杂志社，1988。

⑤ 参见［日］大塚仁：《犯罪论的基本问题》，冯军译，221 页，北京，中国政法大学出版社，1993。

⑥ Rudolphi，Unrechtsbewußtsein，a. a. O，S. 34.

性意识的可能性就够了，并不确切要求行为人有现实的违法性意识。德国学者弗兰克、希佩尔、M. E. 迈尔与日本学者团藤重光、藤木英雄、井上正治、板仓宏等持此说。如 M. E. 迈尔反对以所谓的违法性意识作为故意的要素，取而代之的是义务违反意识，因为"那种认为无违法性意识不可能有严重责任（故意）之主张，肯定了一种丑陋的、不符合德意志文化的机会主义，因为其归责的理由是，法律破坏者没有因害怕法律后果而受到阻却，行为的卑鄙性可能已经病入膏肓，其确信所破坏的义务未获国家之肯定，却宽宥了他"[①]。根据限制的故意说，如有违法性的错误，若存在违法性意识的可能性，仍成立故意；若没有其可能性，则阻却故意，可以考虑是否成立过失犯。

限制的故意说没有解释过失是否以违法性意识可能性为前提，而事实上其无法回避这一问题。M. E. 迈尔在界定故意和过失的时候都采用了"义务违反"的概念，实际上肯定了过失的义务违反性意识可能性。既然如此，违法性意识（或义务违反性意识）就成为故意和过失共同的前提性要素。而且，这一理论"在以'可能性的认识'作为界限的故意概念中引入了'认识的可能性'这一过失的要素，试图把故意与过失这对本质上互相排斥的矛盾概念结合起来，因此被批判有逻辑上的矛盾"[②]。

上述种种故意说，都暴露出其共同的缺陷，即误解了故意与不法意识的关系，因为"故意乃责任非难之对象，系行为与构成要件的内容，而违法性意识则是非难可能性（即责任）的组成部分"[③]，所以很难得出让人信服的结论。

（三）责任说

责任说主张，违法性意识或违法性意识可能性是独立于故意、过失的规范责任要素，故意与过失作为心理事实是构成要件要素，是违法性意识及其可能性、期待可能性等责任评价的对象。自韦尔策尔提出目的行为论并以之为根据重申责任说以来，责任说不论在德国实务中还是在理论上都占据通说的地位，甚至影响到包括德国、意大利、奥地利等多国的刑事立法。韦尔策尔认为，在违法性意识错误问题上应该重新划分，区分禁止的认识错误和构成要件的认识错误。关于禁止错误是否排除责任，理论上出现分歧，形成严格责任说与限制责任说的对立，下面分别进行介绍。

1. 严格责任说

韦尔策尔是严格责任说的倡导者和代表人物。他认为，刑法之"受非难者，乃行为人具体行为的违法意志形成过程"，只有"行为人已意识，至少可能意识其行为之非法性"[④]，才能控制其行为之意志形成过程，选择合法决意，抑制违法意图。换言之，只有行为人能够意识其行为之违法性，才可进行责任非难。德国学者阿明·考夫曼、毛拉赫、尼泽、博克尔曼和日本学者西原春夫、野村稔、大谷实、大野义真、福田平等均持此说。按照严格责任说的观点，只要出现禁止的认识错误，即没有违法性意识，就应该排除责任，即使是在误想防卫的情况下也不例外。

严格责任说虽然能够坚持理论的一贯性，但在误想防卫的情况下仍然坚持认为欠缺违法性意识，应该排除责任，这很难为理论界和实务界所接受。

---

① Mayer，Strafrechts，a. a. O，S. 233.

② ［日］木村龟二主编：《刑法学词典》，顾肖荣等译，254 页，上海，上海翻译出版公司，1991。

③ Welzel，Strafrecht，a. a. O，S. 162.

④ Welzel，Strafrecht，a. a. O，S. 157.

2. 限制责任说

限制责任说是德国、意大利、奥地利、瑞士等国家的刑法学的通说。该说承认违法性意识或者其可能性是独立的责任要素，也区分禁止错误和构成要件的错误，在原则上支持违法性意识或意识可能性是责任的根据，原则上承认禁止的错误排除责任，但一些情况例外，如误想防卫就只是排除故意，不阻却责任。因该观点在误想防卫问题上的处理与故意说的观点一致，故被称为限制责任说。

限制责任说虽然为理论界和实务界所接受，但其理论逻辑上并不完整，特别是在误想防卫和误想避险问题上该观点的态度不一致，认为误想防卫是责任说的例外，应该采取故意说加以解决，但误想避险同样也欠缺违法性意识且属于违法性阻却事由的认识错误，与误想防卫有很大的同构性，为什么却要采取迥然不同的处理，即依责任说处理，因其欠缺违法性意识而排除责任？限制责任说对此问题的解释语焉不详，没有很好的回答，所以也难以让人信服。

理论上对责任说存在很多批评。大塚仁指出："所谓责任说，认为违法性意识乃至其可能性不是责任故意的要素，而是责任本身的要素。但是，如前所述，在它想根据所谓事实性故意来认定故意犯这一点上，我不赞成。因为故意犯的成立，不仅要考虑事实性故意，还必须充分考虑行为人自身指向刑法规范的人格态度本身。"① 梅茨格尔认为，将违法性意识解释为不同于故意的责任，是"纯粹的推定责任"，其逻辑为"行为人实现可罚行为之构成要件时，即可推定其为有责的行为"。这显然掏空了责任概念，违反了近代刑法的精神。而且，责任是个别的判断，自有轻重、大小程度的区别，责任说以"违法性意识"或意识可能性为标准进行笼统的判断，并不研究其程度区别，理论上也不具科学性。

通过对上述几种理论的介绍和评述，可以看出，责任说强调违法性意识是故意和过失的共同责任要素，既没有像 M. E. 迈尔的观点那样混在心理事实中间，也没有像一般的故意说那样只承认故意的违法性意识，没有通过区分违法性意识与违法性意识的可能性来区别故意、过失的责任，而让人更清楚地辨别出故意与过失的共通之处及体现在责任程度、构造方面的不同，理论上更加清晰、科学。由此派生之错误理论，如"不可避免之禁止错误，排除责任"也颇具现实意义，先后已为多国立法者所接受。② 而且，违法性意识不是单纯心理事实意义上的违法性意识问题，而是涉及对抗犯罪意思决定的规范意识，强调罪刑法定原则，强调刑法的预防功能。

总而言之，故意说与责任说在理论上得以区分之后，二者的异同更加清楚，已经获得广泛的认同。③ 责任说也因此改变了长期以来的理论劣势地位，成为多国刑法学通说。

三、违法性意识的可能性

（一）违法性意识的可能性的概念及其必要性

违法性意识的可能性，是指行为人意识到其行为违法性的可能性。违法性意识可能性

---

① ［日］大塚仁：《犯罪论的基本问题》，冯军译，224 页，北京，中国政法大学出版社，1993。

② Hans Joachim Hirsch，Zum 100. Geburtstag von Hans Welzel，ZStW 116（2004），S. 3.

③ Nowakowski，Gedenkrede in Memoriam Hans Wezel，Bouvier Verlag Herbert Grundmann，Bonn 1981，S. 16.

是责任非难的条件；只有行为人能够意识到其行为之违法性，才可进行责任非难。[①] 限制故意说的代表人物 M. E. 迈尔认为，“只有那些可能意识其行为之反义务性的人，才可予法律之非难，因为他对自己义务之极少体认而不宜免除责任，无论他是否真的从未履行义务，也无论在当时情况下是否没有想起该义务”，“义务违反性意识的可能性是责任之底线，表明了归责必要性之最低限度，在该意义上是基本的责任前提”[②]。关于违法性意识可能性在责任成立中的必要性，责任说还有更为深刻的论述，如“责任非难——行为人本可合法地而不是违法地确立其行为意志——之存在，正是行为人能够意识其行为之违法性”[③]，此种可能性于人格之形成、意志之决定等都有关键意义。

（二）关于可能性判断标准的学说

关于违法性意识可能性的判断标准，理论上有几种不同主张。

1. 相当的理由标准说

该学说认为，如果一般人处于行为人同样的条件下能够意识到其行为的违法性，那么就有相当的理由认定存在违法性意识的可能性；反之，如果有相当的理由可以排除该可能性，也就认为没有认定该可能性的客观条件。藤木英雄、内藤谦持此说。

相当的理由标准是一个客观标准，通常用来进行违法性判断，而违法性意识可能性是主观的判断。依客观标准进行主观判断，在方法论上并不恰当，很容易与违法性判断混淆。

2. 过失标准说

该学说认为，如果行为人对其行为的违法性或者合法性有预见义务和可能性的话，就可以认定行为人存在过失，也即存在违法性意识的可能性。香川达夫持此说。

过失与违法性意识可能性的区别，在于对犯罪事实的认识。无违法性意识且没有过失，并不意味着没有违法性意识可能性。如果把违法性意识可能性与过失相提并论，则故意的违法性意识可能性应该如何认定，就成为问题。

3. 避免可能性标准说

该学说是德国刑法学的通说，认为行为人如果对禁止的错误有避免可能性，就存在违法性意识的可能性，反之则没有可能性。“如果行为人在疑虑的情况下，仍然实施违法行为，这一事实本身就足以表明行为人存在完全的不法意识；否则，在能够避免的禁止错误情况下，可根据第 17 条第 2 款减轻处罚，在不可避免的禁止错误情况下，根据同条第 1 款不予处罚。”[④] 日本学者团藤重光持该观点。

也有学者对该观点提出批评，认为责任非难不是就禁止错误所进行的非难，而是对违法性意识及其可能性的非难。[⑤] 该批评是有道理的。因为违法性意识可能性判断是一种积极判断，涉及责任非难成立的问题，而禁止错误的避免可能性判断是一种消极判断，涉及责任排除的问题，议论的范围和内容并不一致。前者在法律新公布、通信不畅通、法律错误解释等情况下都会出现，不仅应该考虑行为人的错误认识，而且应该考虑国家机关的工作失误，其范围更广，内容更丰富。不仅如此，禁止的错误是指对刑法禁止的错误，而违法性意识可能性判断即使涉及认识错误问题，也是指违法性认识错误，与禁止的错误不是一

① Welzel, Strafrecht, a. a. O, S. 157.

② Mayer, Strafrechts, a. a. O, S. 237.

③ Welzel, Strafrecht, a. a. O, S. 157.

④ ［德］耶赛克、魏根特：《德国刑法教科书》（总论），徐久生译，542 页，北京，中国法制出版社，2001。

⑤ 参见刘明祥：《错误论》，151 页，北京，法律出版社，1998。

回事。后者还包括规范的构成要件认识错误。[①]

4. 期待可能性标准说

该学说认为，违法性意识可能性是期待可能性的一种情形，依附于期待可能性而认定。如正田满三郎认为，“违法性意识的可能性只不过是期待可能性的一种情形，是期待可能性中应研究的问题，因而失去其独立性，通过事实的故意、违法性的意识、意识形成、意识实现这种行为的全过程，来论适法行为的期待可能性即为已足”[②]。

期待可能性，是指期待行为人实施合法行为的可能性。违法性意识可能性与期待可能性有一定的联系，但属于不同的概念：违法性意识可能性涉及意识存在与否的问题，不仅是期待可能性行为的非难基础，而且是排除禁止错误之责任的根据；而期待可能性在违法性意识的基础上还必须考虑客观的行为可能性，必须考虑一些客观、事实情况。因此，期待可能性与违法性意识可能性在概念、内容、研究范围等方面都有不同，不可混为一谈。

违法性意识可能性的有无，一定程度上决定着合法动机的形成与否。既然如此，可以通过多种因素来判断该可能性的有无，其中有行为人内在因素，如行为人本人的知识水平、学习渠道等，也有外在因素，如国家法律的明确性、解释的协调性、适用法律的正确性等，不能仅仅考虑行为人个人因素，更应该考虑这些条件，在合理范围内肯定违法性意识可能性。

当然，在进行具体判断的时候，应该综合考虑一般人和特殊人的标准，原则上采用一般人标准，在一般人能够意识其行为违法性的情况下，也就认定存在违法性意识可能性；当出现特殊情况时，就必须考虑行为人本人对该情况的特别认识，以确定其是否有违法性意识。

四、违法性的错误

（一）概念

违法性的错误，又称法律的错误，相对应的通常是事实的错误。刑法中的错误问题影响责任的承担。罗马法中有“法律的错误不原宥，事实的错误原宥（error iuris nocet，error facti non nocet）”的原则。罗马法所确立的错误处理原则在很长时间内都影响着欧陆国家的刑法学理论。

随着学界对违法性理解的深入，对违法性错误的解释也有进一步的发展。宾丁认识到过失与错误的密切关系，特别是对犯罪要件的认识错误，他认为过失“是决定犯罪要件之认识错误的根据，这种有瑕疵的认识事前没有发现：该错误不可原宥，而其所实施的犯罪则本来可以避免”[③]。贝林认为，无论是法律的认识错误还是事实的认识错误，都排除故意而成立过失，“如果行为人没有认识到其行为客观现实的违法性，则可能是法律上的认识错误，即行为人认为其行为在法律上不受非难（如：持有黄色炸药的行为人并不知道，未经批准而持有黄色炸药是受到禁止的；再如，一个给患绝症的病人施行‘安乐死’的医生相信，施行‘安乐死’并非违法地杀人），也可能是事实的认识错误，即行为人对事实状况存

① Welzel，Strafrecht，a. a. O，S. 166～167.

② 转引自刘明祥：《错误论》，152页，北京，法律出版社，1998。

③ Binding，Schuld，a. a. O，S. 41，123.

在错误认识，误认为其行为并不违法，包括错误地认为事实上出现了不法的阻却事由（如误想防卫，即错误地认为存在违法的侵害，但实际上并不存在）"①。

正基于此，韦尔策尔认识到传统违法性错误实际上包括法律的认识错误和事实的认识错误，对违法性错误进一步厘清，剔除了一般违法性的认识错误，仅在其中研究刑法禁止的错误，即所谓禁止的错误，提出所谓"禁止的错误排除责任，而事实的错误排除故意"的新责任理论。这就是责任说关于认识错误的理论。

关于违法性的错误如何处理的问题，理论上出现了违法性意识不要说、自然犯与法定犯区别说、限制的故意说、责任说等不同观点，对此，前面已作介绍，此处恕不赘述。

（二）法律的错误与禁止的错误之关系

日本刑法理论与德国刑法理论对违法性认识错误有不同的态度。

日本刑法第 13 条第 3 款规定："即使不知法律，也不能据此认为没有犯罪的故意，但可以根据情节减轻刑罚。"其实务中处理过这样的案例，行为人误将"鼯鼠"当"姆妈"加以捕获。对此，判例认为，被告人不知道是狩猎法禁止捕获的"鼯鼠"，出现法律的认识错误，不阻却违反狩猎法之罪的故意。② 其立法、司法中基本上还是继承了古罗马法的关于法律错误的处理原则。德国刑法典第 17 条规定："行为人行为时没有认识其违法性，如该错误认识不可避免，则对其行为不负责任。如该错误认识可以避免，则依第 49 条第 1 款减轻处罚。"这是责任说的体现。

法律的错误与禁止的错误有所不同。法律的错误，包括对刑法禁止的错误，也包括对规范构成要件要素的认识错误，如对"他人""职务""淫秽"等评价要素的错误，如行为人误认为他人财物是自己的而加以毁坏。也有一部分禁止的错误，并不是法律的认识错误，如对违法性阻却事由的认识错误，误想避险即属于此。并不是所有法律的认识错误都没有违法性意识，如误将他人财物当作自己财物而毁坏，虽为法律的错误，但属于规范构成要件要素的认识错误，并不能阻却其违法性意识。同样，也不是所有的事实的认识错误都不影响违法性意识的存在，如在误想避险的场合，行为人误认为存在迫切的危险，但实际上并不存在，其主观上就没有违法性意识。

既然如此，法律的错误与事实的错误之区分，就并不能说明违法性意识有无的标准，对责任排除与否也不能提供合适的标准。从更切合刑法规范之意义上看，传统错误理论中"法律的认识错误"和"事实的认识错误"之区分，未明确错误之内容究竟是一般法律还是刑法规范、是普通事实还是构成要件事实。若区分为"禁止的错误"和"构成要件的错误"，则是不言而喻的。③ 构成要件的错误，是对构成要件之客观事实情节的认识错误，可排除实行的故意；禁止的错误，是在行为人认识到构成要件事实的情况下对行为之违法性存在错误判断，如不知法律规范、误解法律、错判违法阻却事由等，可排除责任。如果该禁止的错误不可避免，则不存在非难可能性；倘若该错误能够避免，即可予以非难，但也可依据刑法规定减轻责任。

禁止的错误与法律的认识错误不可混淆。对规范构成要件要素的认识错误虽然属于法

---

① ［德］恩施特·贝林：《构成要件理论》，王安异译，107～108 页，北京，中国人民公安大学出版社，2006。

② 参见［日］大塚仁：《犯罪论的基本问题》，冯军译，227 页，北京，中国政法大学出版社，1993。

③ Welzel，Strafrecht，a. a. O，S. 166.

律的认识错误，但不是禁止的错误。对规范要素的认识错误不能直接阻却责任，而应该进一步评判，通过“平行判断”来确定行为人是否有过失，并追究相关责任；反之，有些禁止的错误也只是事实的认识错误，如误想避险，虽存在对事实的误判，但欠缺不法意识，在该错误不可避免时，无非难可能性，可以阻却责任。

(三) 对规范构成要件要素的认识错误问题

就规范构成要件要素的认定而言，需要法官依据规范、伦理等进行价值判断。故规范构成要件要素的认识错误应属法律的错误，但是否阻却故意，理论上则存在争论。

故意说一般认为，对规范构成要件要素的认识错误应该区别对待，其可分为意义的错误和违法性意识的错误两种：如果是意义的认识错误，就不排除其行为的违法性意识，从而阻却故意；如果是违法性意识的错误，就属于法律的错误，不阻却故意。日本学者大塚仁认为，“关于规范性构成要件要素的意义的认识和违法性的意识，都与规范相联系，具有类似之处，但是，它们与规范的关系明显不同，将它们同等看待，难免失当。就文书的‘猥亵性’而言，意义的认识是认识到该文书具备猥亵性，而违法性的意识则是意识到贩卖该猥亵文书是刑法上所不允许的”①。

责任说一般认为，对规范构成要件要素的认识错误应属构成要件的认识错误，应排除其行为的故意。如对“他人”这一规范构成要件要素的理解，“误认为是自己的财物而取走他人财物的，属于构成要件的错误，而误认为有取走他人财物之自助权利者，就属于违法性的认识错误”，前者阻却故意，后者阻却责任。②

规范构成要件要素的认识错误，例如文书的“猥亵性”的错误，涉及法律、伦理评价的问题，应属法律的认识错误。无论是对文书“猥亵性”本身存在错误，还是对文书“猥亵性”评价的错误，都取决于规范的评价，均属于构成要件的错误，也属于法律的错误，与责任说所谓禁止的错误有很大的区别，所以只可以阻却故意，不能阻却责任。

第四节 期待可能性

一、期待可能性的概念和地位

(一) 期待可能性的概念

一般认为，德意志帝国法院第四刑事部 1897 年 3 月 27 日对“癖马案”的判例，是引起期待可能性问题的诱因。具体案情是：被告人是一位驾驶马车的人，从 1895 年开始受雇于一经营马车出租业的雇主。不久，他发现其驾驭的一匹马有种怪癖，喜欢用尾巴缠绕缰绳，妨害马车的驾驭。虽然被告人多次要求雇主更换马匹，均未获准。1896 年 7 月 19 日，被告人驾驶时，该马用尾巴缠绕缰绳并用力下压，其间该马匹因受惊而突然疯狂奔驰，被告人极力驾驭无效，最终撞伤一个行人。检察官以撞人致伤构成过失伤害罪为由提起公诉，

① ［日］大塚仁：《犯罪论的基本问题》，冯军译，213 页，北京，中国政法大学出版社，1993。

② Welzel, Strafrecht, a. a. O, S. 167.

两审法院对此都判决无罪。其中，帝国法院驳回抗诉的理由很有价值，其虽然肯定了行为人具有违反义务的过失，但更提出行为人曾经多次要求更换马匹而遭拒，考虑到不能期待行为人冒失业的风险而违反雇主之命令，不能期待他有拒绝驾驭该癖马的行为，因此应免除其责任。① 随着古典学派的道义责任论与后期古典学派规范责任论的发展，如宾丁的"行为意志的特定性质和内容"、贝林的"违法性意识"、M. E. 迈尔的"义务违反意思"等，从理论上对责任非难可能性进行了深入思考，认为欠缺期待可能性是欠缺非难可能性的表现，是阻却责任的事由，从而刑法中的期待可能性开始得到关注。

从20世纪20年代开始，经施密特、梅茨格尔等的大力提倡，期待可能性在德国刑法学界一度成为通说。后来，因受到基尔学派达姆（Dahm）和沙夫施泰因，特别是韦尔策尔主导的目的主义刑法理论的强有力批评，期待可能性理论现在在德国已经限制在很小的范围内适用。

1928年，木村龟二发表了以"关于刑事责任的规范主义的批判"为题的论文，把期待可能性理论介绍到日本。此后，佐伯千仞、小野清一郎等日本学者对期待可能性理论进行了介绍与完善。日本的判例也早已经认同期待可能性，例如1933年的第5柏岛丸案、1968年的无许可证营业案，以及1973年的无许可证医疗案等即是如此。②

期待可能性（Zumutbarkeit）是期待合法行为之可能性的简称，是指在行为的当时，可以期待行为人能够作出合法行为的可能性。③ 法律不强人所难。期待可能性存在与否，可以作为法律非难可能的根据。没有期待可能性时，即使行为人认识到其危害性事实，也不能强求其遵守法律，故不能进行责任非难。期待可能性概念在理论上有多种提法，德国学者如梅茨格尔、施密特、耶赛克等称为无期待可能性，个别日本学者如野村稔称为期待不可能性。

（二）期待可能性的理论地位

当前，期待可能性理论在德、日刑法学中的境遇颇为不同：期待可能性理论虽源自德国，但当前德国对于期待可能性作为超法规的事由持否定态度；日本的期待可能性理论是从德国引进的，引进后有很大发展，并且当前在日本刑法学界已得到广泛的认同。

理论上对期待可能性的理论地位有不同的观点，特分述如下。

1. 故意、过失的构成要素说

该观点认为，期待可能性是故意和过失的规范要素，在对心理事实进行判断以后还要对其规范内容进行判断。据此，期待可能性作为故意、过失的规范要素，不仅可以决定责任有无及轻重，还掌握着故意责任与过失责任的规范性质。如果缺乏期待可能性，即使存在构成要件的故意、过失，其责任也应阻却。

德国学者弗罗伊登达尔和施密特，日本学者小野清一郎、泷川幸辰、团藤重光等持此见解。如李斯特认为，期待可能性"既存在于故意也存在于过失之中，赋予两者以共同的类特性"，是指"行为人的行为违反作为社会生活秩序的法律，虽然他应当能够认识其行为的反社会性，且在行为时能够期望他放弃一个与应当规范（Sollen）相适应的动机过程"④。

---

① 参见洪福增：《刑法之理论与实践》，92～98页，台北，刑事法杂志社，1988。

② 参见［日］山中敬一：《刑法总论》，2版，679～680页，东京，成文堂，2008。

③ 参见［日］木村龟二主编：《刑法学词典》，顾肖荣等译，291页，上海，上海翻译出版公司，1991。

④ ［德］李斯特：《德国刑法教科书》，徐久生译，260～261页，北京，法律出版社，2000。

泷川幸辰认为，在过失犯罪中，“如果被认为是能够认识的，那么在通常情况下，就可以期待行为人采取合法行为以取代违法行为”。“虽然行为人尽到法律上的注意义务以后认识了事实及其反条理性，但是，如果有着不能要求行为人采取违法行为以外的其他行为（合法行为）的具体情况时，作为一种欠缺合法行为的期待可能性的场合，则不能使行为人负过失责任”①。

故意、过失的构成要素说主要有以下缺陷：首先，从故意和过失的本义看，故意是对犯罪事实的认识与容认，过失是对注意义务的违反，其本义中不应当包含期待可能性的要素；其次，故意、过失是责任评价的对象，期待可能性则为责任评价的标准，若将期待可能性附着于故意、过失，则评价标准和评价对象合二为一，并不符合逻辑；再次，期待可能性是规范责任要素，而故意和过失是心理责任要素，二者有明显区别，不能混为一谈；最后，如坚持期待可能性是故意、过失的构成要素，则期待可能性概念与宾丁的“行为意志的特定性质和内容”、贝林的“违法性意识”、M.E. 迈尔的“义务违反意思”等规范责任内容就没有实质的区别，也失去其理论研究之意义。

2. 与责任能力、故意或过失并列的第三责任要素说

该说认为，故意、过失是心理的责任要素，而期待可能性是规范的责任要素，二者应予区别。期待可能性是责任中独立于责任能力、心理事实（故意、过失）之外且与之并列的第三种要素。据此，期待可能性是判断责任有无的要素，故可理解为责任的积极要素，故也有人称该说为积极要素说。将期待可能性理解为独立的责任要素，不仅“使理解更为容易”，“而且，作为客观的责任要素的适法行为的期待可能性这种观念，与属于主观的责任要素的责任故意·责任过失相区别，对其本身进行独立的处理也符合逻辑”②。德国学者弗兰克、施密特以及日本学者大塚仁、西原春夫等持此观点。

期待可能性独立于故意和过失，这不仅是因为其内容、评价方法均有区别，而且从理论发展看也更能体现期待可能性的研究成果。但是，对于前述故意、过失构成要素说所存在的一些问题，该说也并没有真正解决，如期待可能性与故意、过失不能处于平行评价的地位，其间必定有判断的先后顺序之分；再如，期待可能性与故意、过失之间是评价标准与评价对象的关系，此种平行评价使得其关系模糊不清。此外，还有学者提出一些举证方面的疑问：如果将期待可能性视为第三责任要素的话，那么检察官证明被告人犯罪，必须举证证明行为的期待可能性，这会导致诉讼上不合理的现象，且缺乏可操作性。

3. 责任阻却事由说

此说也可称为消极要素说，认为期待可能性是责任论中的消极要素，只需要考虑其无期待可能性的情况，以此作为责任阻却事由，而不需要特别研究期待可能性存在的场合。该学说基本为理论上的通说。在德国，在该说的内部出现过一般责任阻却事由说与特殊责任阻却事由说的对立。梅茨格尔是一般责任阻却事由说的代表人物。他认为，“帝国最高法院判决认识并一再通情达理地肯定这一要求（个别化责任阻却），证明了其务实的立场和纯洁的价值感”，“学术上承认无期待可能性是一般的责任阻却事由，即符合这一思想”③。而韦尔策尔则是特殊责任阻却事由说的代表。他认为，期待可能性是距离人格较远的概念，

---

① ［日］泷川幸辰：《犯罪论序说》，王泰译，91 页，北京，法律出版社，2005。

② ［日］大塚仁：《刑法概说》（总论），冯军译，405～419 页，北京，中国人民大学出版社，2003。

③ Mezger，Strafrecht（ein Lehrbuch），Duncker & Humblot，1949，S. 371.

不是责任论的关键。“所谓合法行为之‘期待可能性’，仅在非正常的动机状态下讨论，并非责任阻却事由，与无责任能力或不可避免的禁止错误不同，是在肯定其责任的情况下法秩序免除了责任非难，原谅了行为人而已。在此意义上，它仅属事实的免责事由（Entschuldigungsgrund）”，而不是一般责任阻却事由（Schuldausschließungsgrund），不能普遍适用。[①] 由于韦尔策尔的有力批判、实务界对超法规免责事由的否定及对责任说的认同，特殊责任阻却事由说占据通说的地位，期待可能性理论在德国已限定于十分狭小的空间，只允许在法律规定的范围内适用，基本不承认超法规的期待可能性。耶赛克等指出，无期待可能性“这一超法规的免责事由，无论是从主观上还是从客观上加以理解，均会减弱刑法的一般预防效果，以至于导致法适用的不平等现象，因为所谓的‘不可期待性’，并不是可适用的标准”[②]。

在日本，在责任阻却事由说的内部，也存在一般责任阻却事由说与特殊责任阻却事由说的对立，但是一般责任阻却事由说基本上处于通说的位置。虽然如此，其缺陷也受到了激烈的批评，如“既然期待可能性不只是在责任的存否一面而且在决定责任的轻重程度上也发挥着重要作用，把它仅仅视为消极的责任要素就不妥当”[③]。

德国和日本通说均有其各自的刑法依据。在德国，立法上已经肯定了责任说的理论，对那些可能涉及超法规期待可能性的问题都尽可能在法律规定范围内解决，尽量避免超法规的责任阻却事由。[④] 因此，在德国，不需要以超法规的期待可能性为免责事由，以此严格坚持罪刑法定的原则。而日本刑法则不然，其并没有承认责任说，法律对规范责任要素没有相关的规定，且日本刑法第 38 条第 3 款基本上否定了违法性意识是规范的责任要素，那么就需要进一步探讨规范的责任要素及其内容，因而把期待可能性当作规范责任论的核心，得到了广泛的认同和适用。

4. 根据期待可能性的阻却、减轻责任事由

该说认为，期待可能性作为责任要素，如同其他责任要素一样，在欠缺该要素时可以阻却责任，而在该要素减少的情况下，也可以减轻责任。大谷实说：“期待可能性的理论以行为人的意思决定的非难可能性为判断的标准，是极为合理的，并且因为否定这种理论意味着否定规范的责任论，所以认为其不存在是一般的阻却责任事由的学说是妥当的。再者，合法行为的期待可能性存在且程度低时，可减轻责任。因此，期待可能性是法规上的减轻责任事由的同时，也是超法规的减轻责任事由。”[⑤]

期待可能性作为责任要素理论上应该有程度的区分，在程度较轻的情况下，自然可以成为责任减轻的事由，但不宜超法规地适用。责任涉及“应当”和“可能”的问题，在其可能性较大或者可能性较小的情况下，其非难的可能性也就有所增减。“在评价个人行为时，只是考虑行为人个人能力，或者行为人——作为个人以及与其他同样法律地位的拥有者不可比拟之人格时——心智缺欠与行为意志之关系”，因此，必须研究“依据行为人人格状况和伦理价值观，是否必须要求行为人意识到其行为的不被允许，或者在特殊情况下，

---

① Welzel，Strafrecht，a. a. O，S. 178～180ff.

② ［德］耶赛克、魏根特：《德国刑法教科书》（总论），徐久生译，603 页，北京，中国法制出版社，2001。

③ ［日］大塚仁：《刑法概说》（总论），冯军译，405～406 页，北京，中国人民大学出版社，2003。

④ 参见［德］耶赛克、魏根特：《德国刑法教科书》（总论），徐久生译，604 页，北京，中国法制出版社，2001。

⑤ 转引自马克昌：《比较刑法原理——外国刑法学总论》，502 页，武汉，武汉大学出版社，2002。

不能对其有此要求"[①]。规范的责任要素主要讨论"可能性"问题，一般情况下不需要借助于超法规的期待可能性，而可用其他责任要素或者规范性要素加以解决，如违法性意识可能性、责任能力等。因此，期待可能性作为减轻责任事由固然无可非议，但不应该是超法规的事由。

二、以期待可能性为根据的阻却、减轻责任事由

（一）立法论的期待可能性

期待可能性在德国刑法中基本上可以作为责任的阻却和减轻事由，但必须限于法律的规定，且属于特别的阻却或减轻责任事由。

德国刑法典第 35 条第 1 款规定："为了使自己、亲属或其他关系密切者的生命、身体或自由免受正在发生的危险，不得已而采取的紧急避险行为不负刑事责任。如行为人根据情况，尤其是危险因自己引起，或该人面临危险但具有特定法律关系的，则不适用本款之规定。如该人面临危险没有考虑到特定法律关系，则可依第 49 条第 1 款的规定减轻处罚。"在此，作为责任阻却事由，期待可能性限定在法律规定的范围，扮演的是一种特殊的阻却事由的角色，而不能是一般的责任阻却事由，否则很容易被超法规地适用，从而破坏罪刑法定原则。

在德国刑法分则中有一些关于无期待可能性的规定，如德国刑法典第 258 条第 5 款规定："为使对其本人所判处的刑罚或保安处分，或刑罚或保安处分的执行全部或部分无效的，不处罚。"第 258 条第 6 款规定："为使家属免予刑罚处罚而为上述行为的，不处罚。"第 139 条第 3 款规定："对其亲属的犯罪行为虽未告发，如已真诚努力阻止犯罪的实施或避免犯罪结果产生的，则不负刑事责任。"这些事由所涉及的犯罪，无论是"使刑罚无效罪"还是"知情不举罪"，都有几个共同的特点，这就是需积极实施合法行为，具有作为的义务，且没有具体的受害对象。由此可见，德国刑法对期待可能性的立法规定极为慎重，为了防止刑罚适用不公、保护社会法治秩序和道德秩序，只是在例外情况下才承认少数犯罪因无期待可能性而阻却责任。如果理论上承认超法规的责任阻却事由，与这种慎重的刑法立法态度就会背道而驰。

西原春夫、大谷实等日本学者认为，在日本刑法中，没有类似德国刑法的上述规定。(1) 从刑法总则规定看，日本刑法中的防卫过当和避险过当都没有"期待可能性"的明确规定，如第 36 条第 2 项规定："超过防卫限度的行为，可以根据情节减轻或者免除刑罚。"第 37 条规定："为了避免对自己或者他人的生命、身体、自由或者财产的现实危难，而不得已实施的行为，如果所造成的损害不超过其所欲避免的损害限度时，不处罚；超过这种限度的行为，可以根据情节减轻或者免除刑罚。"但是，因为这两款的规定中都有"可以根据情节减轻或者免除刑罚"之规定，无期待可能性自然是一个重要的情节，所以在解释论上可以认为上述两个规定具有期待可能性存在的空间。(2) 从刑法分则的规定看，日本刑法规定了一些免除刑罚的特例，如第 105 条（有关亲属犯罪的特例）规定："犯人或者脱逃人的亲属，为了犯人或者脱逃人的利益而犯前两条之罪（藏匿犯人等、隐灭证据等）的，

① Die Zumutbarkeit normgemäßen Verhaltens im Strafrechtlichen Notstand, Volker Watzka, Freiburg, 1967, S. 44.

可以免除刑罚。”（3）从刑事立法上看，一些犯罪的法定刑设置较低，也被视为考虑到期待可能性的要求，如日本刑法第 97 条规定的脱逃罪、第 212 条规定的自行堕胎罪、第 152 条规定的伪造通货取得后知情行使罪。①

通过比较德、日两国刑法的规定，可以看出，德国刑法中有关于期待可能性的明确规定，仅限制在很小的范围内，这表明其立法上对期待可能性理论的肯定和限制；而日本刑法中则没有关于期待可能性的规定，立法上并未直接肯定该理论，但是，因为其立法文字简约，留有很大的弹性空间，理论上可以通过运用期待可能性理论来弥补刑事立法的一些不足。因此，期待可能性在德国实际上主要是一个立法问题，解释论上的空间有限；而在日本则相反，期待可能性主要是解释论的问题，超法规适用的必要性和可能性都很大。这也许可以说明，期待可能性理论在德、日两国不同遭遇的根本原因。日本刑法理论中大量适用期待可能性理论，其中不乏超法规的适用，虽有其前提条件，但如果因此而忽视立法问题和罪刑法定的要求，恐怕得不偿失。

（二）解释论的期待可能性

理论上对期待可能性的地位持不同观点，解释论上关注的问题也有所不同。

日本刑法理论的通说认为，期待可能性是一般的超法规的阻却责任事由，因而可以适用于所有的责任排除问题，甚至连一些传统上属于违法性领域的问题也放在期待可能性理论中研究。对此，主要有以下几种情况：（1）执行违法拘束命令的行为，即服从上级长官对下级的绝对命令，如军队中军官对部属的命令。即使该命令是违法的，也不可违抗。对服从该命令的部下行为的处理，日本通说理论认为，既然是实行违法的命令，就不能否定其行为是违法的，所以应当认为是由于欠缺期待可能性而阻却责任。（2）基于强制的行为，即在受到强制的情况下因不能抵抗而不得已实施的行为。通说认为，该行为无期待可能性而应阻却责任。（3）义务冲突、安乐死。日本刑法理论承认，这些情况虽是违法阻却事由，但在违法阻却要件不齐备的场合，若没有期待可能性，也应当超法规地阻却行为的责任。②西原春夫认为，超法规的无期待可能性可适用于更广泛的场合，如极端贫困下的轻微盗窃行为、害怕失业而实施的行贿行为等。③

德国早期刑法理论承认无期待可能性是一般的责任阻却事由，是“对问题的实质考察，即因特定行为而应对行为人进行非难判断，确定能否期待他实施其他行为”④。因而，故意、过失的认定都应有期待可能性，在欠缺期待可能性的情况下都可以阻却责任。

德国当代刑法理论认为，期待可能性为例外的责任减免事由，“限制了具体构成要件的可罚性”⑤。解释论中可以考虑两个问题：（1）过失犯罪的注意义务之界限。德国司法判例通过期待可能性限制了有意识过失的注意程度，从而影响注意义务的界限。在此种情况下，期待可能性不是超法规的责任阻却事由，并不存在超法规的责任阻却问题，而必须依据注意义务来判断过失的有无。如果危害结果有可能避免，而且出现重要的例外情形影响行为人的动机，期待实施合法行为的可能性降低，行为人敢于冒一定风险，那么法律就不应该逼迫其放弃行为。如在前述“癖马案”中，失业是重要的影响动机的情形，因而使注意程

---

① 参见马克昌：《比较刑法原理——外国刑法学总论》，504 页，武汉，武汉大学出版社，2002。

② 参见［日］大谷实：《刑法讲义总论》，新版 2 版，黎宏译，323 页，北京，中国人民大学出版社，2008。

③ 参见［日］西原春夫：《刑法总论》（下卷），改订准备版，479 页，东京，成文堂，1995。

④ Mezger，Lehrbuch，a. a. O，S. 371.

⑤ ［德］耶赛克、魏根特：《德国刑法教科书》（总论），徐久生译，603 页，北京，中国法制出版社，2001。

度降低，超出注意义务的范围，不能承担过失的责任。日本大审院于1933年11月21日就第5柏岛丸案件所作的判决[①]，也考虑到当时渡船紧张、乘客不听劝阻等情况，因而期待可能性降低，注意义务违反性也降低，可以减轻其过失的责任。（2）不作为犯之作为义务的限制。期待可能性还可以限制不作为犯的作为义务的范围和程度。特别是在不纯正不作为的情况下，行为人基于保证人的地位承担一定的作为义务，其作为义务如不加以限制，范围就十分宽泛。德国一些法院的判例实际上肯定了期待可能性对作为义务的限制，虽然行为人一般情况下负有保证人义务，但是，如果出现例外情况，很难期待行为人合法、及时地履行义务，那么也可以认为其行为没有违反作为义务。在此种场合，期待可能性并不是作为超法规的责任阻却事由，而是认定作为义务违反的根据。

综上所述，无期待可能性在解释论上适用的范围实际上十分狭窄，在用作超法规的责任阻却事由之时须采取特别慎重的态度。在审判实践中，即使可以适用期待可能性理论，但是如果有其他理论能够解决问题，则尽量适用其他规范性更强的理论，不能盲目扩大期待可能性的适用范围。

三、期待可能性的判断标准

关于期待可能性的判断标准，理论上主要存在三种不同学说，特分述如下。

（一）行为人标准说

此说认为，对期待可能性的有无及程度应当以行为人为出发点，根据其自身能力，结合行为时的具体客观情况，以判断是否有可能期待实施其他合法行为。持此说的代表人物主要有德国学者弗罗伊登达尔、日本学者团藤重光、大塚仁、野村稔等。

行为人标准说的主要理由有：（1）犯罪论体系的归属。期待可能性是规范责任要素，实为个别性判断，自然应该坚持行为人的标准。如果适用其他判断标准，就不是责任论所讨论的问题。（2）规范责任要素的特点。作为规范责任要素，期待可能性是非难可能性认定的重要内容，应该考虑行为人人格、动机、伦理等多种因素，最终确定非难可能性。

对该理论的批判意见主要有：（1）行为人标准会破坏法律本身的期待，弱化刑事司法权威；（2）行为人标准是个别标准，在实践中会造成千差万别的适用，破坏法律的统一性；（3）不符合实际的责任评价，期待可能性无从把握，丧失其规范特征，罪犯愈确信，则其期待可能性愈弱。这样，在确信犯的情况下即没有责任。

（二）通常人（或平均人）标准说

此说认为，根据通常人或者平均人处于行为当时的行为人的地位来判断是否可以期待他们实施合法行为。如果通常人在此种情形下可以实施合法行为，则行为人具有期待可能性；反之，如果通常人无法实施合法行为，则行为人也就没有期待可能性。持此说的代表主要有德国学者戈尔德施密特、李斯特，日本学者木村龟二、小野清一郎、西原春夫、前田雅英等。

此说的主要理由有：（1）通常人是判断责任的法律基准要素，与行为人并不是分离的，

① 第5柏岛丸是一艘客轮，行驶在日本濑户内海，因超载5倍而中途沉没，死亡28人。日本大审院在二审中认定，乘客不顾船员制止抢上该船，警官没有禁止，船主未听取船长的意见，因而期待船长合法行船的可能性降低，遂将原来的6个月监禁改判为300元罚金。

容易为司法实践所把握；（2）期待可能性与客观标准的关系密切，适用通常人标准更容易把握其客观的内容。德国学者李斯特在这方面的观点很有代表性。他认为，对期待可能性有无的判断，“必须对促使行为的动机和抑制行为的动机强度进行认定，而且根据经验看是否每个人在这种情况下都像行为人那样行为，对此，绝不应当以特别的内心的英雄主义为前提条件，绝不需要以特别之心理缺陷为前提条件。主审法官将会设想一个平均国民类型，并从该立场出发来检测合法行为的合理性”①。此说在日本被认为是通说。

对此说的批判意见主要有：（1）通常人的界限模糊，其范围过于宽泛；（2）通常人标准不利于刑罚的个别化适用；（3）责任非难不能脱离个人而进行，对平均人有期待可能的，对行为人未必有期待可能，如此，则对行为人不能追究责任，否则违反责任原则。

（三）国家（法规范）标准说

此说认为，期待可能性的有无不是以被期待者为标准，而是以期待者即国家或法律秩序为标准。德国学者沃尔夫、梅茨格尔，日本学者佐伯千仞、平场安治、平野龙一、中义胜等持此说。

梅茨格尔认为，期待可能性与个人的义务密切相关。“抵触个别的、人格的义务能够导致对过失的非难”，“即使是主观的、精神的避免可能性或避免不可能性也是不可能完全与义务问题区分开来的，因为法秩序表态要求‘决心能力（Übers-Herz-bringen Könnens）’，并沿着该方向规定了个人的义务，但是衡量之方式证实了恩吉施所强调的过失与无期待可能性之区别：在法律义务之外尚有一个边缘地带（Zwischenzone），尽管在此形式上没有与法律要求分离，但是对后者的决意决定了有责性，在法律上已影响着个人”②。期待可能性的标准表现为一种个人义务，归根结底是国家的基本法理念或法秩序。

虽然法秩序与个人之间存在着一种期待与被期待的关系，但这样来理解期待可能性的标准，却不易让人接受。理论上存在尖锐的批评，认为此说实为自问自答。③

国家标准所规定的是一种抽象的标准，是规范内容本身，而不是判断期待可能性的实际标准。对行为的期待可能性判断，是一种具体判断，是一种适用规范的过程，其标准实际上是认识的基准，而不是规范本身。如果忽视具体判断，该问题就无法得到解决，因此，国家标准说没有得到广泛的认同。通常人标准说虽然从行为人角度进行了考虑，但期待可能性判断毕竟是责任评价，是个别、具体评价，而不是一般评价，况且在对行为人的期待可能性低于通常人的期待可能性时，以通常人的标准要求行为人未免苛刻。因此，从责任评价的特征、违法性评价与责任评价之区别、期待可能性本身的特征等方面看，行为人标准说更有说服力。

四、期待可能性的错误

期待可能性的错误，又被称为“关于责任阻却事由的错误”④，是指虽然存在能够期待实施合法行为的事由，但行为人却误信为不存在，或者实际上不存在期待可能性，行为人

① ［德］李斯特：《德国刑法教科书》，徐久生译，313～314页，北京，法律出版社，2000。

② Mezger，Strafrecht（ein Lehrbuch），Duncker & Humblot，1949，S. 371～372.

③ 参见马克昌：《比较刑法原理——外国刑法学总论》，508页，武汉，武汉大学出版社，2002。

④ ［日］大塚仁：《犯罪论的基本问题》，冯军译，228页，北京，中国政法大学出版社，1993。

误认为存在的场合。前者为消极的期待可能性错误，后者为积极的期待可能性错误。

（一）期待可能性错误的理论意义

对期待可能性错误的问题是否值得讨论？如果应该讨论，则应在犯罪论体系的哪个阶段讨论？这些问题不解决，讨论期待可能性的错误在刑法理论上的意义就无法体现。

关于对期待可能性的错误在理论上是否值得讨论，有两种不同的观点：一种观点认为，期待可能性的错误并不重要，归根结底是期待可能性本身有无的问题。因为期待可能性以包含主观原因的行为情形为基础，是对行为人所作的客观判断，行为人对行为期待可能性是否存在错误判断并不重要。"在存在错误的具体状况下，只要判定行为人是否具有期待可能性就够了。如果不具有期待可能性就阻却责任，如果具有期待可能性就可以肯定责任。"[①] 在这个意义上，讨论期待可能性错误实际上就没有意义。另一种观点则认为，期待可能性的错误是影响责任的。因为期待可能性是与故意、过失相独立的、个别的规范责任要素，其错误与故意、过失的成立无关，只有在这个错误"不能避免时阻却责任，而能够避免时则不阻却责任"[②]。还有学者认为，日本刑法第105条藏匿犯人罪、隐灭证据罪对亲属的减免刑罚之规定，是关于期待可能性的立法例。如果出现相关错误，有必要作为责任阻却、减轻事由的错误。[③]

上述观点实际上都认为期待可能性的错误是事实的错误或法律的错误。既然如此，难道期待可能性错误不能用事实的认识错误和法律的认识错误来解决吗？对上述德、日刑法分则所规定的构成要件事实的认识错误，可以依据"构成要件的错误阻却故意"的规则来处理；而对于德国刑法典第35条第1款的认识错误，如误将他人当作亲属采取紧急避险进行救助的，可以依据"不可避免之禁止错误可阻却责任"规则来处理。既然如此，所谓"期待可能性的错误"就完全被构成要件的错误和禁止的错误所取代，没有讨论的存在空间。

从逻辑上讲，期待可能性是规范的责任要素，其错误问题与期待可能性本身并不在同一层面。如果在责任论中研究，岂不是将不同层面的问题放在同一层面来研究，逻辑上并不恰当。既然期待可能性错误在其他范畴能够解决，就没有必要另辟蹊径。

从内容上看，所谓期待可能性的错误，其实是对其规范内容的错误判断，而不是对行为事实的判断。上述第二种观点的立足点实际上就是错误的，在此基础上所进行的论述也就难谓恰当了。

因此，期待可能性错误问题本质上就是构成要件的错误和禁止的错误问题。

（二）期待可能性错误的种类及处理

关于期待可能性的积极错误，是指尽管没有无期待可能性事由，但行为人误认为存在的情况。此种情况可以分为构成要件的错误和禁止的错误两种：在构成要件的错误情况下直接就可以阻却故意；在禁止的错误情况下，则应该区分是否可以避免该错误，仅在不可避免的情况下才可阻却责任。佐伯千仞所举案例很能说明问题：甲、乙二人发生海难时共争一块木板，该板具有支持二人的浮力，但误认为只能支持一人，甲将乙推开，致乙溺水死亡。对此，理论上有三种观点：阻却故意说、不阻却故意说以及无避免可能时可阻却责

① ［日］大塚仁：《犯罪论的基本问题》，冯军译，228页，北京，中国政法大学出版社，1993。

② ［日］木村龟二主编：《刑法学词典》，顾肖荣等译，295页，上海，上海翻译出版公司，1991。

③ 参见童德华：《刑法中的期待可能性论》，280页，北京，中国政法大学出版社，2004。

任说。理论上认为，这个场合固然是事实的错误，但属于误想避险，是禁止的错误，行为人对其行为后果是有认识的，其错误认识并不一定阻却故意：如果该错误不可避免，即可以阻却责任；如果可以避免，则行为人仍应该承担故意的责任。[①]

关于期待可能性的消极错误，是指本来存在无期待可能性事由，行为人误认为不存在的情况。此种错误也可以分为构成要件的错误和禁止的错误两种：在构成要件的错误时，可以未遂来处理；而在禁止的错误的场合，应属于幻觉犯，不构成犯罪。[②]

通过上述分析，期待可能性的错误可以分为构成要件的错误和禁止的错误两种，相应可以依据构成要件的错误和禁止的错误理论来解决。

【问题与思考】

1. 对责任的概念应如何理解？
2. 关于责任的本质，理论上有哪些对立？对立理论之间的主要区别何在？
3. 原因自由行为是什么？对于利用限制责任能力状态所实施的危害行为，能否依原因自由行为承担责任？
4. 违法性意识及其可能性是什么？在理论上处于什么地位？
5. 对违法性的认识错误应该如何处理？
6. 对期待可能性的概念应如何理解？期待可能性在理论上处于什么地位？

---

① Welzel，Strafrecht，a. a. O，S. 166～167.

② 参见马克昌：《比较刑法原理——外国刑法学总论》，510 页，武汉，武汉大学出版社，2002。

第八章
未遂犯论

内容导读

未遂犯论是犯罪论的重要问题之一。主观主义、客观主义和折中主义刑法观在其中的诸多问题上有着鲜明的对立。未遂犯的处罚根据是理解未遂犯问题的基础，本章对此作了详细介绍，需要重点了解。实行着手的学说、不能犯的学说以及中止犯的法律性质和成立条件是本章的重点问题。这些问题所涉及的学说争论复杂，也是学习上的难点，需要认真学习掌握。另外，了解犯罪实施阶段与犯罪形态的关系、未遂犯的分类以及预备罪、阴谋犯的基本知识也是重要的。

第一节　犯罪实施的阶段与未遂犯

一、犯罪实施的阶段

故意犯罪的实现，同人们的日常生活行为一样，一般是具有某种动机而产生一定犯罪意图，其后为实现犯罪做准备，进而将犯罪意图付诸实施，导致犯罪结果的发生。因此，完整的故意犯罪，往往需要经过犯意产生、预备、着手、完成的过程。“行为人的犯罪意思要构成犯罪，需要经过几个阶段，即经过预备、着手、危害结果的发生等阶段达到终止的阶段。”①

预备是指行为人为实现犯罪意图，在着手实行犯罪之前所为的准备行为。预备行为的形态多种多样，如拟订犯罪计划、调查犯罪人行踪、准备犯罪工具等，其本质在于便利犯罪的实行。对故意犯罪而言，通常行为人在形成犯罪决意后，即进行犯罪预备行为，但在

① ［韩］李在祥：《韩国刑法总论》，［韩］韩相敦译，312 页，北京，中国人民大学出版社，2005。

有些犯罪如激情犯、偶发犯、机会犯等的场合，无须经过预备阶段，即进入犯罪实行。对于预备行为，各国刑法规定不一，有些国家的刑法如俄罗斯刑法原则上处罚预备行为；而德国、日本、韩国等的刑法原则上不处罚犯罪的预备行为，在重大法益被侵害的场合才例外地设置处罚规定。预备是刑罚处罚的起点。

着手是指行为人为了实现犯罪意图，动手开始实施不法构成要件的行为。自1810年法国刑法典以着手实行作为可罚起点以来，欧陆多数国家的刑法以处罚既遂犯为原则，以处罚未遂犯为例外。行为人必须已经着手实行犯罪行为，始有动用刑罚制裁的必要。因此，行为至何阶段，始可认定为着手犯罪的实行，关系着预备与实行的界限，也决定着未遂犯的范围。

犯罪终止，即犯罪行为的完成，也就是构成要件事实的完成。根据法益侵害的样态，犯罪具有多种形式。在有些犯罪的场合，行为一经着手实行，犯罪即告完成；在有些犯罪的场合，行为着手实行以后必须达到一定程度，犯罪才告完成；而在有些犯罪的场合，不仅需要犯罪的实行，而且必须出现了犯罪结果，犯罪才告完成。

二、犯罪实施阶段上的犯罪形态

与犯罪预备、着手和终止三个阶段相适应，有三个犯罪实施阶段上的犯罪形态：(1) 预备罪、阴谋罪；(2) 未遂犯；(3) 既遂犯。

(一) 既遂犯

既遂犯，是指根据实行行为而完全实现犯罪的场合，或者说充足构成要件事实的情形。行为充足构成要件，犯罪达到既遂，因此，构成要件充足是既遂犯的本质特征。所谓构成要件充足，是指具备刑法分则规定的构成要件的全部要素。成立既遂犯，在结果犯的场合，犯罪结果的发生是必要的；就行为犯和举动犯而言，以行为人实施构成要件记述的行为即实行行为为必要。何种场合属于构成要件结果的发生和实行行为的遂行，需要通过构成要件的解释加以确定，因此，探求既遂犯的要件，完全是刑法各论的任务。①

(二) 未遂犯

1. 未遂犯的概念

所谓未遂犯，是指虽已着手犯罪实行而未遂的情况。惩罚未遂是近代刑法的特色之一。在只承认结果责任的古代，没有惩罚未遂的思想。未遂犯的渊源虽然可以追溯至古代的罗马法，但现代意义上的未遂犯源于1810年法国刑法典。该法典第2条规定："凡未遂之重罪，已表现于外部行为并继之以着手实施，仅因偶然或非出于本意之情况而中止或未发生结果者，以重罪论。"

现代各国刑法对未遂犯概念的规定不尽一致，归纳起来主要有两种类型：一种是在未遂犯的概念中明确排除中止犯，如现行法国刑法典第121—5条规定："已着手实行犯罪，仅仅由于犯罪行为人意志之外的情事而中止或未能得逞，构成犯罪未遂。"另一种是在未遂犯的概念中不排除中止犯，但对中止犯的处罚作例外规定。如德国刑法典第22条规定："行为人已直接实施犯罪，而未发生行为人所预期结果的，是未遂犯。"这里的未遂犯即包括中止犯。对于中止犯的处罚，其第24条第1款规定："行为人自动中止犯罪或主动阻止

---

① 参见［日］西原春夫：《刑法总论》（上卷），改订版，312～313页，东京，成文堂，1995。

犯罪完成的，不因犯罪未遂而处罚。如果犯罪没有中止犯的行为也不能完成的，只要行为人主动努力阻止该犯罪完成，应免除其刑罚。”日本刑法效仿了德国刑法典的做法，其第43条关于未遂犯的概念中没有排除中止犯，但对中止犯特别设置了减轻处罚规定。

2. 未遂犯的处罚根据

在未遂犯的场合，既然没有发生构成要件的结果，那么，刑法为什么要给予处罚？这就是未遂犯的处罚根据问题。对此，在刑法理论上有主观未遂论、客观未遂论和折中未遂论的对立。

(1) 主观未遂论。主观未遂论以主观主义刑法理论为基础，重视犯罪行为显现的行为人的反社会性格，认为未遂犯的刑罚理由在于行为人以未遂行为显露其主观上的法敌对意思，故处罚未遂行为的关键点，并不在于行为对构成要件所保护之行为客体的危险，而是行为人以其行为表露的犯罪意思或性格的危险性。主观未遂论以行为人主观意思为根据，漠视客观行为及法益侵害的现实危险，这并不符合未遂犯的本质。另外，未遂犯和既遂犯在主观意思上并无不同。若从主观犯意的存在中寻求未遂犯的处罚根据，未遂犯与既遂犯便应当受到同样的处罚，那么，将未遂犯作为既遂犯例外处罚的理由将不存在。① 历史上，主观未遂论只为少数持主观主义刑法理论的学者如宫本英脩等主张。

(2) 客观未遂论。客观未遂论以客观主义刑法观为根基。客观主义刑法理论着眼于行为及其引起的法益侵害，认为犯罪的本质在于对法益的侵害，因此，未遂犯的处罚根据并不在于行为人的犯罪意思，而在于未遂行为惹起的法益侵害之客观危险，或者说对于构成要件所保护的行为客体形成的危险。若严格贯彻客观未遂论，犯罪未遂没有发生法益侵害结果的，就不应当受处罚。但是，仅处罚既遂犯，不足以预防和遏制犯罪；为了完整保护法益，对于侵害重要法益的犯罪，只要存在法益侵害结果的危险，也应作为犯罪进行处罚。目前，在刑法理论上，关于如何理解“法益侵害的客观危险”，有结果无价值论与结果无价值和行为无价值二元论的对立。结果无价值论，又称物的不法论，认为危险的有无应着眼于对结果危险的判断，只有当未遂行为对法益侵害的结果发生具有紧迫危险时，才能作为未遂犯处罚。结果无价值和行为无价值二元论，又称二元论，将未遂犯的危险解释为行为具有的法益侵害的危险，对于危险有无的判断，立足于行为本身，行为者实施具有法益侵害的一般危险性行为时，即可以未遂犯处罚。客观未遂论从法益侵害的危险中寻求未遂犯的处罚根据，这是妥当的。② 而且，客观未遂论以危险为标准，有助于限制未遂犯的处罚范围。但问题是：客观未遂论与现代各国刑法中普遍地将未遂犯作为任意减轻处罚的事由加以规定的做法很难相符合。

(3) 折中未遂论。该理论以主观未遂论为出发点，辅之以客观未遂论的观点而形成。其强调未遂犯的可罚性在于行为人以未遂行为显示其与法律规范相违背之意思，并且该显示的意思足以震惊社会大众对法律的信赖，破坏法律之安定性与法律秩序。在折中未遂论看来，并非所有基于主观犯意的未遂行为均有予以刑罚制裁的必要，只有当表征主观犯意的客观行为足以令社会大众感到不安，足以危害法律秩序之安定性时，才有处以刑罚制裁的必要。折中未遂论在德国被称为“印象理论”。德国学者耶赛克等在“未遂的处罚根据”一节中指出：纯客观理论今天已经过时了，纯主观理论现在也难以得到支持。未遂的处罚存在于违背行为规范及其所表现的意思；只有当公众对法秩序有效性的信赖受到动摇，法

---

①② 参见［日］大塚仁、河上和雄、佐藤文哉编：《大注释刑法》，899页，东京，青林书院，1989。

安定性的情感与法和平受到影响时，犯罪行为的可罚性才能被肯定。印象理论恰当地将维护法秩序的必要性作为未遂可罚性的根据。① 印象理论是目前德国刑法理论上的多数说。该理论对日本、韩国刑法也产生了重要影响。韩国学者金日秀等在介绍未遂犯处罚根据的学说后指出："印象说关注维护法秩序这一一般预防的刑罚目的，欲从社会上防卫危险的攻击而不是对个人伦理的非难可能性的制裁中寻求未遂的可罚性，所以目前有诸多的支持者。而且，该理论已经能够在既遂之前的阶段中依据主观的·客观的基准构建构成要件性法益侵害或危殆化的行为，所以具有逻辑一贯性的优点，是妥当的。"②

3. 未遂犯成立的争议问题

未遂犯的成立以没有发生构成要件结果为要件，但在具体认定时，就以下形态的犯罪是否有未遂犯而言，存在争议。

（1）过失犯。关于过失犯是否有未遂犯，通说的观点持否定态度。通说的观点认为，由于过失犯属于结果犯，只有发生了构成要件的结果，过失犯才成立，所以，过失犯没有成立未遂犯的余地。日本学者泷川幸辰指出："例如，过失杀人所要求的，不单是'松懈日常生活的注意而实行'，还必须要在可期待以合法行为取代违法行为的前提下，以引起他人死亡为结果。结果不单纯是处罚条件，还必须说是构成过失犯罪的本质要素……在过失概念的现代发展阶段中，不存在过失犯的未遂问题。"③ 而肯定过失犯未遂的观点则认为，任何犯罪都有实行行为，过失犯也有实行行为，其行为与结果是相互独立的，过失犯存在未遂。木村龟二写道："通常情况下，实行着手仅仅在故意犯中被论及，过失犯也有实行行为，过失犯也有实行着手，因此，是否承认过失犯的未遂就成为问题。由于过失行为中也有实行着手，故思维上可能存在过失犯的未遂。"④ 针对上述意见，大谷实指出："过失犯也有实行行为，因此，在虽然具有实行行为但没有发生结果的场合，应看成是过失犯的未遂，所以，肯定说妥当。但是，现行法上没有处罚过失犯的未遂的规定。"⑤

（2）结果加重犯。关于结果加重犯有无未遂的问题，刑法理论上有肯定说和否定说之争。

否定说认为，结果加重犯是指实施基本犯罪行为导致加重结果，因而加重其刑的情形。由于必须发生法定的重结果，结果加重犯才能成立，所以，结果加重犯只有既遂状态，而不存在未遂状态。

肯定说则认为结果加重犯存在未遂，但支持肯定说的理由并不完全相同。

第一种意见认为，行为造成了重的结果，但基本犯未遂时，是结果加重犯的未遂。该观点在德国刑法理论上有一定影响，弗兰克、希佩尔、李斯特、韦尔策尔均持该说。但日本学者牧野英一、木村龟二、植松正、福田平却认为，即使基本犯罪未遂，只要发生了重结果，也应该认为是结果加重犯的既遂。日本判例肯定了该种情形属于结果加重犯的既遂。针对强奸致死伤罪，判例指出："强奸之际妇女受到伤害，即使奸淫未遂，强奸致死伤罪仍

① 参见［德］耶赛克、魏根特：《德国刑法教科书》，徐久生译，612～615页，北京，中国法制出版社，2001。

② ［韩］金日秀、徐辅鹤：《韩国刑法总论》，11版，郑军男译，495页，武汉，武汉大学出版社，2008。

③ ［日］泷川幸辰：《犯罪论序说》，王泰译，89页，北京，法律出版社，2005。

④ ［日］木村龟二：《刑法总论》，增补版，342页，东京，有斐阁，1978。

⑤ ［日］大谷实：《刑法讲义总论》，新版2版，黎宏译，337页，北京，中国人民大学出版社，2008。

既遂，因为强奸致死伤罪不容许有未遂的观念。”[①]

第二种意见认为，故意的结果加重犯存在未遂。日本学者牧野英一、木村龟二、植松正、团藤重光认为，在故意的结果加重犯的场合，加重结果没有发生时，成立结果加重犯的未遂。如木村龟二写道：“关于结果加重犯的未遂，应分别不同情况论述。对加重结果没有故意时，不可能有未遂。对加重结果有故意时，不管基本行为是未遂还是既遂，只要加重结果没有发生，就属于结果加重犯的未遂。”[②] 大塚仁不同意该观点。他指出，所谓故意的结果加重犯，因为其在性质上属于故意犯的一种，当然可以承认其未遂，不过不再属于结果加重犯的未遂。[③]

第三种意见强调，结果加重犯是基本犯罪（故意或过失）与过失犯的复合体，过失犯在理论上可以成立未遂，因此，当加重结果的过失犯未遂时，属于结果加重犯的未遂。大塚仁在坚持结果加重犯的基本犯只能是故意犯的前提下指出：“结果加重犯应该限于过失的结果加重犯。而且，因为这种意义的结果加重犯是故意犯和过失犯的复合体，既然对过失犯理论上也能考虑未遂犯，在此，理论上也必须说能够存在未遂的观念。但是，作为现实的问题，不承认结果加重犯的未遂。”[④] 大谷实也指出，结果加重犯中，基本犯既可以是故意犯，也可以是过失犯，结果加重犯是由作为基本犯的故意犯或过失犯和对于加重结果的过失犯相结合的犯罪，在行为人实施了具有足以引起加重结果危险的行为，但没有发生加重结果的场合，成立结果加重犯未遂。[⑤]

（3）不作为犯。不作为犯可以分为真正不作为犯和不真正不作为犯。理论上对不真正不作为犯存在未遂是没有疑问的，例如以不作为形式实施的杀人、放火都存在未遂犯。

真正不作为犯是否存在未遂犯？过去，通说的观点认为，真正不作为犯是举动犯，在作为义务成立的同时，犯罪即达于既遂，没有未遂的余地。德国学者迈尔、施密特和日本学者泉二新熊、大场茂马持该观点。但持反对意见的学者认为，即便对于真正不作为犯，作为义务成立时期与实施违反作为义务的实行行为间，一般存在着时间上的间隔，在实施了违反作为义务的实行行为，但犯罪没有马上完成的场合，具有成立未遂犯的可能。例如，在不退去罪的场合，被要求退去的人在退去上要经过一定时间，而在此之前被推出门外时，则成立不退去罪的未遂犯。持该意见的学者有日本学者牧野英一、宫本英脩、草野豹一郎、佐伯千仁、齐藤金作、植松正、大塚仁等。

4. 未遂犯的种类

各国刑法对未遂犯种类的规定不尽一致。瑞士、韩国刑法规定的未遂有三种，即障碍未遂、中止未遂与不能未遂。如韩国刑法在第 25、26、27 条分别规定了障碍未遂、中止未遂与不能未遂的构成要件及处罚。根据刑法的规定，韩国学者一般将刑法第 25 条的障碍未遂与第 27 条的不能未遂合并称为广义的障碍未遂，而将广义的障碍未遂与第 26 条的中止未遂又合称广义的未遂。日本刑法第 43 条规定：“已着手实行犯罪而未遂的，可以减轻处罚，但基于自己的意志中止犯罪的，应当减轻或者免除处罚。”日本刑法中并无关于不能犯的规定，但在刑法理论上，日本学者通常也是将未遂犯分为未遂犯（狭义）、中止犯、不能

---

① ［日］丸山雅夫：《结果加重犯论》，296 页，东京，成文堂，1990。

② ［日］木村龟二：《刑法总论》，增补版，372 页，东京，有斐阁，1978。

③ 参见［日］大塚仁：《刑法概说》（总论），冯军译，217 页，北京，中国人民大学出版社，2003。

④ ［日］大塚仁：《刑法概说》（总论），冯军译，217 页，北京，中国人民大学出版社，2003。

⑤ 参见［日］大谷实：《刑法讲义总论》，新版 2 版，黎宏译，337 页，北京，中国人民大学出版社，2008。

犯三种形态分别加以研究的。

未遂犯（狭义）、中止犯、不能犯具有各自独立的特征，下文依次加以论述。

（三）预备犯、阴谋犯

预备犯、阴谋犯，也称预备罪、阴谋罪，是指实施了犯罪预备、阴谋行为而停止犯罪的情形。只有少数国家的刑法对预备犯、阴谋犯有规定。预备、阴谋行为是基本构成要件前的行为，尽管预备、阴谋行为的实施为犯罪的实行提供了便利，但一般认为，预备、阴谋行为毕竟离既遂还有很大距离，尚未对法益侵害造成重大威胁，加之预备行为的犯罪故意在多数情况下难以明确证明，因此，刑法只是以特殊的刑事政策为依据，作为例外对二者予以处罚。关于预备犯、阴谋犯的具体问题，后文详述。

第二节　未遂犯（狭义）

一、未遂犯（狭义）概述

未遂犯（狭义），也称普通未遂或者障碍未遂，是指行为人虽着手犯罪实行，非因自己的意思，系因意外障碍而未完成犯罪的情况。例如，1994 年 3 月 1 日起施行的法国新刑法典第 121—5 条规定："已着手实行犯罪，仅仅由于罪犯意志之外的情况而中止或未能得逞，即构成犯罪未遂。"1996 年俄罗斯联邦刑法典第 30 条第 3 款也规定："直接以犯罪为目的的故意行为（不作为），如果在这种情况下由于犯罪人意志以外的情况而未将犯罪进行到底的，是犯罪未遂。"因意外障碍犯罪未至既遂，是未遂犯（狭义）与中止犯区分的关键。

根据不同标准，未遂犯（狭义）可以划分为不同的类型。在俄罗斯、德国、日本、韩国等国家，依实行行为实施的程度，刑法理论将未遂犯（狭义）进一步区分为已完成的未遂（实行未遂、实施未遂）和未完成的未遂（着手未遂）。所谓已完成的未遂，是指所有行为（不作为）均已实施，但由于犯罪人意志以外的情况而未发生结果的未遂；未完成的未遂，是指主体未来得及实施犯罪构成客观方面所有行为的未遂。另外，在德国、俄罗斯等处罚不能犯的国家，未遂犯（狭义）还可以分为能犯未遂和不能犯未遂。能犯未遂，指的是行为能达到既遂却未完成犯罪的情形；不能犯未遂，是指由于事实或法律上的原因，不可能既遂的情况。而根据不能犯未遂的原因，不能犯未遂又进一步分为客体不能犯未遂和手段不能犯未遂。

二、未遂犯的成立条件

（一）概述

由于各国刑法对未遂犯（狭义）的规定不尽相同，关于未遂犯（狭义）的成立条件，理论上学者的表述也不尽一致。对此，存在着两要件说、三要件说和四要件说之争。

根据日本刑法第 43 条的规定，在日本，不少学者主张两要件说，认为成立未遂犯的条件有两个：一是已经着手实行犯罪；二是未遂。对于未遂，有的学者表述为"没有充足基本构成要件”（如团藤重光），有的学者表述为“没有发生构成要件的结果”（如大谷实），有的表述为“没有实现犯罪”（如大塚仁），有的表述为“犯罪的未完成”（如香川达夫）。

三要件说认为未遂犯的成立条件有三个，但学者们的具体表述存在分歧。法国学者卡·斯特法尼等根据法国刑法典第121—5条的规定，认为未遂犯（狭义）有如下三个成立条件，即已经着手实行犯罪，并非自愿放弃犯罪以及犯罪结果有可能发生。① 根据德国刑法典第22条的规定，耶赛克、魏根特认为，未遂犯的三个成立条件是：作为主观要素的实现构成要件的决意、作为客观要素的直接开始实现构成要件以及作为消极因素的欠缺构成要件的既遂。② 在韩国，刑法区分障碍未遂（第25条第1款）和中止未遂（第26条）。对于未遂犯（狭义）的成立条件，韩国学者也多持三要件说。如学者金日秀、徐辅鹤指出，成立未遂犯（狭义），在主观方面，未遂犯与既遂犯的情况相同，同样以认识客观的构成要件要素、欲实现构成要件的故意为必要，具体包括确定的行为意思与特殊的主观不法要素；在客观上，必须存在构成要件实现的直接开始（着手实行）、法益的危殆化（结果无价值）以及行为未终了或结果未发生。③

四要件说认为，成立未遂犯（狭义），需要具备四个方面的要件，如俄罗斯学者认为，成立未遂犯（狭义），除了主观上需要具有犯罪的直接故意外，客观上还必须具备：（1）行为（不作为）是直接实施犯罪；（2）犯罪未完成，即未进行到底；（3）犯罪未完成是由于犯罪人意志以外的情况。④

由以上分析可见，关于未遂犯（狭义）的成立条件，理论上的分歧主要集中于两点：一是是否强调主观上构成要件的故意；二是是否指出犯罪未完成的原因。未遂犯是一种法律现象，对于未遂犯成立条件的理解必须结合本国刑法的规定进行分析。在日本，刑法规定的未遂犯是广义的，即不仅包括障碍未遂，也包括中止未遂。单从刑法规定看，对于未遂犯成立条件的表述似乎没有必要强调犯罪未完成的原因。但是，既然刑法理论上区分未遂犯（狭义）和中止未遂，而未遂犯（狭义）和中止未遂区分的关键就是犯罪未完成的原因，因此，对未遂犯（狭义）成立条件的理解，有必要强调未遂的原因，以便与中止未遂相区分。另外，在未遂犯的场合，虽然其主观方面与既遂犯并无不同，但是，既然构成要件的故意是未遂犯成立的必备要素，为了完整理解未遂犯（狭义）的成立条件，在未遂犯（狭义）成立条件的论述中指出其主观方面也是十分必要的。

综上分析，我们认为，俄罗斯学者对未遂犯成立条件的论述是全面的，即成立未遂犯（狭义），需要具备以下四个方面的条件：第一，行为人主观上具有实施犯罪的故意（决意）。未遂犯（狭义）的主观故意与既遂犯的相同，同样要求认识所有的客观构成要件。就加重的构成要件的未遂而言，还要求对加重事由有特别认识。另外，主观方面不仅包括实现构成要件的故意，还包括特殊的主观方面的要件，如目的犯中的目的和倾向犯中的特殊

① 参见［法］卡·斯特法尼等：《法国刑法总论精义》，罗结珍译，232～243页，北京，中国政法大学出版社，1998。

② 参见［德］耶赛克、魏根特：《德国刑法教科书》（总论），徐久生译，615页，北京，中国法制出版社，2001。

③ 参见［韩］金日秀、徐辅鹤：《韩国刑法总论》，11版，郑军男译，495～503页，武汉，武汉大学出版社，2008。

④ 参见［俄］俄罗斯联邦总检察院编：《俄罗斯联邦刑法典释义》（上册），黄道秀译，59～66页，北京，中国政法大学出版社，2000。

倾向等。第二，行为人已着手犯罪的实行。所谓着手实行犯罪，即开始实施犯罪的实行行为，对法益侵害具有现实的危险。第三，行为未完成犯罪或未至于犯罪既遂。所谓行为未完成，是指行为未充足刑法分则规定的基本的犯罪构成要件。第四，行为未至于既遂系由于行为人意志以外的原因，即行为未至于既遂并非由于行为人的主观意愿，这是未遂犯（狭义）与中止未遂区分的关键。

未遂犯（狭义）的主观方面与既遂犯的并无不同，而行为是否既遂需要结合刑法分则具体规定进行判断，这是刑法各论的主要任务。另外，关于行为人是否由于意志以外的原因未完成犯罪的判断，与中止犯的任意性认定是一体两面的问题，理论上一般在中止未遂中展开研究。因此，刑法理论对未遂犯（狭义）成立条件的理解，主要集中于实行的着手的认定。

（二）实行的着手

1. 关于实行的着手的学说

实行的着手，即实行行为的开始。关于如何认定实行的着手，理论上存在着主观说、客观说与折中说的对立。这些学说对于着手标准的认识各不相同，这在深层次上反映了主观主义、客观主义和折中主义的刑法观。

（1）主观说。主观说是以主观主义刑法理论为基础的见解。主观主义刑法理论强调犯罪的本质在于行为人犯罪意思的危险性，行为只是具有征表危险性格的意义。所以，当犯罪的意思被表现于外部时，即可认定为实行着手。持主观说的有德国学者博克尔曼，日本学者牧野英一、宫本英脩、江家义男等。如牧野英一指出："犯罪观念的要点必须求诸犯罪人的主观方面。将犯罪理解为犯意的表现时，着手是指犯人遂行其犯意的状态。据此，如果能够通过其遂行的行为确定犯意时，即为着手。"江家义男将实行的着手求之于行为者犯意的紧张。他指出，能够确认具有实现犯罪的可能性的行为实施时即为实行的着手。[①]

主观说立足于主观主义刑法理论，但近代以来，刑法都是以构成要件为中心而构建的。过分强调行为人的内在心理意思，难以与构成要件的意义相符合。因此，主观说遭到了学者们的广泛批评：1）理论的破绽。主观说一方面强调根据行为人的意思危险性认定着手，另一方面实际上暗中在客观方面谋求着手的认定，偏离了主观说的本意。[②] 2）判断标准的不明确导致混淆预备犯与未遂犯之间的界限。韩国学者李在祥指出，将犯罪认为是犯意的表现，由于预备犯也是犯罪意思的表现，因而很难将预备与未遂区别开来，具有将未遂的范围扩大到预备阶段的危险。并且，何谓意思的飞跃表动？何时犯意能够被确定？离开了构成要件的类型，很难对此进行论证。[③] 3）着手的提前。根据主观说，为了侵入室内盗窃而将玻璃打破的行为，以抢劫的目的持枪侵入他人住宅的行为，由于各自的犯意都明显地表现于外部，都要被认定为实行的着手，而这显然不符合客观实际。

第二次世界大战后，在整个世界范围内，随着主观主义刑法理论的全面衰落，主观说被认为是一种早已过时了的理论。[④] 现在，关于实行着手学说的争议主要集中在客观主义刑

---

① 参见［日］黑木忍：《实行的着手》，12、21页，东京，信山社，1998。

② 参见［日］小野清一郎：《犯罪构成要件理论》，王泰译，127页，北京，中国人民公安大学出版社，2004。

③ 参见［韩］李在祥：《韩国刑法总论》，［韩］韩相敦译，319页，北京，中国人民大学出版社，2005。

④ 参见［德］耶赛克、魏根特：《德国刑法教科书》（总论），徐久生译，620页，北京，中国法制出版社，2001。

法理论内部以及客观主义刑法理论与折中主义刑法理论之间。

(2) 客观说。客观说是以客观未遂论为基础，将客观行为作为标准来确定实行着手的学说。与主观说将着手的标准求之于“行为人”之危险性格不同，客观说将着手的标准置于“行为”的危险性。但在如何解释行为的危险性上，客观说在理论上被进一步区分为形式客观说与实质客观说。

1) 形式客观说。此说以构成要件为基准，从形式上论及法益侵害的危险性，认为在实现构成要件的一部分之时点，或从全体上看，可视为定型的构成要件内容之行为时点，即为实行的着手。① 在德国，李斯特、施密特、希佩尔都是该说的支持者。在日本，过去持形式客观说的学者有大场茂马、小野清一郎、团藤重光等。如团藤重光指出：“关于实行的着手，客观上存在种种学说，我认为，只有根据定型说才能使着手的时期得以明确。‘实行’是指符合基本构成要件的行为，这种行为的开始正是实行的着手。要有实行行为的开始，第一，必须对基本的构成要件存在构成要件的故意，如果一开始就有使犯罪不完成而告终的意思，也不成立未遂罪；第二，必须至少实施了符合基本构成要件的一部分行为，而且以此为已足。”② 近年，在形式客观说的内部，另有观点认为，强调只有实施了构成要件行为或构成要件行为一部分时才为实行的着手的观点，会使得未遂犯处罚的范围过于狭窄，所以，应当认为，不仅实施了符合构成要件的行为是实行的着手，即使行为人实施了与构成要件行为有“密接联系行为”的，也属于实行的着手。由于该学说将实施与构成要件行为有“密接联系行为”认定为着手，在理论上，该学说被称为密接行为说③。

学者们之所以要坚持形式客观说，与他们强调罪刑法定，特别是形式犯罪论密切相关。但是，由于形式客观说立足于形式的立场判断实行的着手，在刑法学理论上也受到广泛批评：第一，没有回答问题。形式客观说论者一方面说，实行行为是指刑法规定的构成要件的行为，另一方面，对于实行的着手又解释为是指开始实施刑法规定构成要件的行为，这实际上是以问题回答问题，是逻辑上的循环论证。第二，难以在实践中操作。大谷实指出：“‘形式客观说’在重视形式性的一点上，和罪刑法定原则是一致的。但是，正如从口袋中掏枪杀人的行为，什么阶段上可以看作开始实施杀人行为的部分行为，在形式上难以确定，因此，以这种形式的判断基准来区别未遂和预备，实际上是不可能的。”④ 第三，着手的认定过迟。西原春夫指出：“形式客观说过于缩小属于犯罪概念要素的行为的范围，导致在非常迟延的时期才能认定实行的着手。”⑤ 现在，日本刑法理论上持该说的学者并不多；对于实行着手，理论上占支配地位的观点是实质客观说。

2) 实质客观说。实质客观说认为，应当对法益侵害的危险作实质性判断，以此来考虑行为人的行为是否着手。由于理论上关于违法性的本质，即行为无价值论和结果无价值论对危险的理解重点不同，实质客观说中具体的观点比较复杂，具有代表性的有以下几种。

第一，必要行为说。该说认为，当行为人实施了对构成要件结果的实现具有不可或缺的行为时，是实行的着手。但何种行为是必要的？何种行为是不必要的？由于必要行为是一个非常不明确的概念，所以，必要行为说在日本的刑法理论上并没有得到学者们的广泛

---

① 参见［日］川端博：《刑法总论讲义》，447 页，东京，成文堂，1997。

② ［日］团藤重光：《刑法纲要总论》，354 页，东京，创文社，1990。

③ ［日］黑木忍：《实行的着手》，57 页，东京，信山社，1998。

④ ［日］大谷实：《刑法讲义总论》，新版 2 版，黎宏译，332 页，北京，中国人民大学出版社，2008。

⑤ ［日］西原春夫：《刑法总论》（上卷），改订版，325 页，东京，成文堂，1995。

赞同。

第二，结果危险说。该见解从未遂犯是具体危险犯这一理论前提出发，重视结果无价值，强调行为只具有发生结果的抽象危险时，还缺乏处罚的根据；只有当行为具有造成法益侵害结果的具体危险时，才能成立未遂犯。所以，只有当行为发生了作为未遂犯的结果的危险时，即法益侵害的危险性达到了具体程度时，才是实行的着手。持该种见解的学者较多。平野龙一明确指出，未遂犯是具体危险犯，故只有当行为发生了具体迫切的危险时，才是实行的着手。① 大谷实也表达了同样的看法。他说："既然未遂犯的处罚根据在于：引起了实现构成要件或发生结果的现实危险，那么，关于实行的着手也应当从引起现实危险方面来考虑，所以，实质的客观说是妥当的。因此，实行的着手，是开始实施具有引起构成要件结果的现实危险的行为。"②

第三，行为危险说。该说将实行的着手界定为开始实现犯罪构成要件的包含现实危险性的行为。行为危险说重视行为无价值，这一点表现出其与结果危险说的明显不同。大塚仁指出："从自由主义的观念严格把握犯罪概念时，必须以客观说为基调。而且，在我们以构成要件理论为基础的立场上，应该认为开始实行行为及包含着实现犯罪构成要件的现实危险性的行为是实行的着手。"③

作为实行着手的学说之一，实质客观说同样遭到学者们的质疑与批评：第一，对着手进行实质判断是完全必要的，但如果没有形式判断的限定，其判断标准难以明确。第二，抛弃了对实行着手的形式界定，完全根据实质客观说，可能使一些根本不符合构成要件的行为因为具有法益侵害的危险而被认定为犯罪，有违反罪刑法定的嫌疑。

（3）折中说。该说主张应综合考虑行为主观面与客观面以决定着手实行之时期。在德国刑法理论上，学者们多以对未遂犯的处罚根据持"印象理论"为前提，阐述折中说。耶赛克等指出，作为客观的要素，未遂要求行为人"直接开始实现构成要件"。所谓直接开始，就是指着手某一行为，该行为没有中间环节直至构成要件实现。就是否存在直接的开始而言，能够根据行为人的计划，即"根据行为人对行为的态度"加以判断。因此，起决定性作用的是以实现行为决意的过程、手段、方法等行为人的态度为基础，对在何种程度接近行为作出客观的评价。④

在日本刑法理论中，折中说的中心思想在于综合考量行为人之整体计划。当法益侵害之危险性存在时，即为实行的着手。其中，根据判断重点是置于主观面还是客观面，又可分为主观的客观说和个别的客观说。主观的客观说将危险判断的重点置于主观面，认为以行为人的整体计划为基础，当行为人实施了对构成要件保护客体有直接危险的行为，明确表现犯罪意思时，即为实行的着手。木村龟二在晚年放弃了主观说之后，转而支持该说。他说："应以行为人之'整体的计划'为基础，在对该构成要件的保护客体造成直接危险的行为明确表现其犯罪意思时，是实行的着手。"对于实行着手的具体内容，木村进一步分析指出："从'主观的客观说'的立场看，例如，行为人以打开手枪的保险、确定目标、杀人的意思，从口袋中取出手枪时就是杀人罪的着手，没有必要等到扣动扳机。而盗窃罪，以

---

① 参见［日］黑木忍：《实行的着手》，37页，东京，信山社，1998。

② ［日］大谷实：《刑法讲义总论》，新版2版，黎宏译，333页，北京，中国人民大学出版社，2008。

③ ［日］大塚仁：《刑法概说》（总论），冯军译，154页，北京，中国人民大学出版社，2003。

④ 参见［德］耶赛克、魏根特：《德国刑法教科书》（总论），徐久生译，617页，北京，中国法制出版社，2001。

进入房间窃取财物的意思，在房间前站立时就是实行的着手。或者，以盗窃的意思，只要实施了毒杀看门狗或者将其绑在其他场所的行为，就是实行的着手。在这种场合，直接的危险并不意味着行为一定要在时间、场所上接近行为的结果，因此，实施邮寄恐吓文书的行为就是恐吓罪实行的着手。另外，不必要成立具体危险，应以行为者认识的事实为基础进行危险的判断，因此，若相信空枪中装有子弹而向对方开枪的行为，就有了杀人罪的着手。再者，行为人以损伤被害人的眼睛为目的而准备投掷胡椒，同时为逃走而让汽车处在'待机'状态，结果与预期相反，被害人没有出现的场合，仍成立强盗罪的未遂。"①

个别的客观说将危险判断的重点置于客观面，认为从客观上看，依行为人的犯罪计划，直接实行构成要件行为时为实行的着手。因为犯罪者的计划因人而异，需要个别地决定，所以，这被称为个别的客观说。在当今的日本，个别的客观说虽然不是刑法理论上通说的观点，但其也有较大的影响。福田平、庄子邦雄、西原春夫、野村稔支持该说。西原春夫指出：第一，历来的主观说和客观说提出了各自不同的形式标准，但在判断实际案件时结论却又没有什么差异。之所以如此，是因为客观说只是提出了客观标准，但在判断行为的着手时实际上考虑了行为人的犯意或计划。主观说尽管不承认外部行为自身的意义，但实际上也考虑了危险性客观化。如果这样的话，将两者结合起来的折中说，是最妥当的。第二，即使是单纯的作为犯，例如将枪抵住他人胸口，手指已扣在扳机上时，如果是出于杀人的意图，当然是实行的着手，成立杀人未遂；但若只是开个玩笑，就不成立犯罪。所以，着手必须要考虑行为人之主观意图。②

（4）归结

实行着手的学说从形式上看是关于判断实行行为开始的学说，但其实质上是关于实行行为认定的学说。各国学者对此之所以有广泛争议，一方面是源于各国刑法对未遂犯的规定不同，另一方面是因为刑法理论上学者们对实行行为的本质、违法性的本质以及刑法任务的理解有所不同。在德国，就未遂犯的处罚根据而言，通说的观点采取的是印象理论。因此，在着手的问题上，德国学者自然多持折中说。另外，对于不能犯，德国刑法典第23条第3款明确规定："行为人由于对犯罪对象和手段的认识错误，在性质上其犯罪行为不能实行终了的，法院可以免除其刑罚，或减轻其刑罚。"由于德国刑法明确肯定了不能犯的犯罪性和可罚性，所以，在实行的着手的问题上必须将属于不能犯的情形包括在内，从而决定了其刑法理论难以采取客观说的立场。与德国不同，由于客观未遂论在日本占据通说的地位，加之刑法理论和判例一贯认为不能犯不成立犯罪，那么，被认为能够作为犯罪处罚的行为都具有法益侵害的危险，因此，对于实行的着手，学者们自然会倾向于主张实质客观说。

2. 实行着手的特殊问题

在实行着手的认定上，隔离犯、不作为犯、原因自由行为的场合特别成为问题，需要予以研究。

（1）隔离犯。隔离犯是指实行行为和犯罪结果之间在时间或场所存在间隔的犯罪。在隔离犯的场合，行为的危险和结果的危险存在时空的间隔，因此，在实行着手的认定上关于是立足行为的危险还是立足结果的危险，形成了不同的主张：1）寄送说。该说认为，只

① ［日］木村龟二：《刑法总论》，增补版，345～346页，东京，有斐阁，1978。

② 参见［日］西原春夫：《刑法总论》（上卷），改订版，326页，东京，成文堂，1995。

要行为人实施了寄送的行为，就是实行的着手。在意图杀人而寄送毒药的场合，行为人向邮局交付毒药之时就是杀人罪实行的着手。团藤重光、大塚仁、黑木忍主张该说。黑木忍指出，隔离犯也好，间接正犯也好，与其他犯罪一样，当开始实施符合构成要件的行为或者接近构成要件的行为时，就应当认为是实行的着手。是否到达，不过是因果关系的过程而已。因此，出于毒杀的目的而邮寄毒药时视为着手的观点是正确的。2）到达说。该说认为，寄送行为还不能认为是实行的着手，只有寄送物品到达时才是实行的着手。在意图杀人而寄送毒药的场合，只有在毒药到达对方或者处于对方可能饮用的状态时，才是实行的着手。3）折中说。该说强调对隔离犯的着手应当根据具体情况具体分析，既有可能以发送时为实行的着手，也有可能以到达时为实行的着手。折中说以平野龙一、西原春夫的观点最具特色。平野龙一将未遂犯的处罚根据求之于法益侵害客观迫切的危险，在将未遂犯解释为具体危险犯的前提下，提出隔离犯着手的时期原则上是到达时，在例外的情况下则是发送时。而西原春夫则将隔离犯作为间接正犯的类型之一，从间接正犯是作为利用行为的作为和基于先行行为的防止义务违反的不作为形成的“复合结构”的观念出发，认为隔离犯着手的时期原则上是到达时，在例外的情况下则是发送时。① 日本自大审院设立以来，判例一直采取的是到达说。

（2）不作为犯。理论上对于不作为犯着手的研究主要集中在不真正不作为犯上。在日本，形式客观说和实质客观说的对立明显反映在对不作为犯着手的认定上。黑木忍从形式客观说中的密接行为说的立场出发，指出不作为犯的着手时期，不管是在真正不作为犯的场合还是在不真正不作为犯的场合，都应当被认为是作为义务的发生时。② 但大谷实、大塚仁、野村稔并不赞同将不作为犯的着手认定为作为义务发生之时，强调只有当违反作为义务的行为具有法益侵害的危险性时，才是实行的着手。大谷实说，不作为犯的实行着手，是负有防止结果的法定义务的人违反该义务而不实施作为，在引起发生构成要件结果的现实危险时才能被认可。③

（3）原因自由行为。关于原因自由行为的着手，主要有以下争论：1）原因行为说，认为行为人招致自己无责任能力和限制责任能力的行为即为实行的着手。这样，母亲在给婴儿喂奶时由于不注意陷入睡眠状态，致使婴儿窒息死亡的案件中，母亲使婴儿含着乳房而自己却不注意熟睡的行为，就是实行的着手。2）结果行为说，认为在原因自由行为的场合，行为人开始实施原因行为时并不具有导致结果发生的现实危险，只有在行为人开始实施结果行为时才能认定为实行的着手。3）二分说，认为在原因自由行为的场合，是否着手实行应以是否引起了发生构成要件结果的现实危险为标准，在对不作为犯和过失犯适用原因自由行为的场合，原因行为自身具有引起结果发生的现实危险，开始原因行为时，即是实行的着手；在故意作为犯的场合，应当从开始结果行为时来探讨实行的着手时期。④

关于原因自由行为着手的争论，与刑法理论对原因自由行为处罚对象及“行为与责任能力同时存在”这一原则的理解密切关联。原因行为说之所以将原因行为视为实行的着手，主要是基于实行行为与责任能力同时存在这一原则要求的考虑。因为只有对行为人在有责

① 参见［日］黑木忍：《实行的着手》，168、156～158、153页，东京，信山社，1998。

② 参见［日］黑木忍：《实行的着手》，219页，东京，信山社，1998。

③ 参见［日］大谷实：《刑法讲义总论》，新版2版，黎宏译，334页，北京，中国人民大学出版社，2008。

④ 参见［日］大谷实：《刑法讲义总论》，新版2版，黎宏译，336页，北京，中国人民大学出版社，2008。

任能力的状态下所实施的行为才能追究刑法上的责任；在缺乏责任能力的时点上，没有肯定实行行为的余地。[①] 结果行为说认为实施结果行为时，才能认定为着手，但行为人实施结果行为时并无责任能力。要承认结果行为是实行行为，必须解决“实行行为与责任能力同时存在”的矛盾。因此，就原因自由行为着手如何确定而言，关键取决于对原因自由行为的处罚对象和“行为与责任能力同时存在”这一原则的理解。

三、未遂犯的处罚

（一）未遂犯的处罚范围

关于未遂犯的处罚范围，即哪些犯罪的未遂应当处罚的问题，归纳各国刑法的规定，主要有三种情形。

1. 原则处罚主义，即对于所有犯罪的未遂都处罚。对此，立法上的做法一般是：在刑法总则中规定犯罪未遂的概念和处罚原则，分则不再作具体规定。目前，采用这种立法模式的国家并不多，主要是俄罗斯、朝鲜、蒙古、越南等。如俄罗斯联邦刑法典第30条第3款规定：“直接以犯罪为目的的故意行为（不作为），如果在这种情况下，由于犯罪人意志以外的情况而未将犯罪进行到底的，是犯罪未遂。”在其分则条文中没有关于具体犯罪未遂处罚的规定。

2. 特别处罚主义，即刑法只是对特定类型犯罪的未遂予以处罚。对此，立法上的做法一般是：刑法总则规定未遂犯的概念和处罚原则，分则规定何种具体犯罪的未遂受处罚。日本、韩国采用的是该种体例。日本刑法第44条规定：“处罚未遂的情形，由各本条规定。”本条是指规定具体犯罪与法定刑的分则性条文。在刑法分则中，对需要处罚的未遂犯逐一加以规定。

3. 综合主义，即同时兼采原则处罚主义和特别处罚主义，对重罪采取原则处罚主义，对轻罪采取特别处罚主义，也就是刑法总则规定对重罪的未遂一律处罚，轻罪的未遂只有刑法分则条款明确规定的情形下才予以处罚。采用该体例的国家一般是刑法上区分重罪与轻罪的国家。如德国现行刑法典第23条第1款规定：“重罪的未遂一律处罚，轻罪未遂的处罚以法律有明文规定为限。”

（二）未遂犯的处罚原则

就未遂犯（狭义）具体应当如何处罚而言，各国立法有以下不同的做法：

1. 必减主义，认为未遂犯中犯罪结果未发生，由于危害小于既遂犯的，对未遂犯必须减轻处罚。必减主义以客观主义刑法观为根基。历史上，比利时、德国、荷兰、西班牙、意大利、瑞士、葡萄牙、挪威、丹麦等国家的刑法都采纳过该体例。对于减轻的幅度，有的采纳比例制，有的采纳数量制。现代采取该体例的国家有俄罗斯、意大利等国家。现行俄罗斯联邦刑法典第66条规定：“对犯罪未遂所处的刑罚，不得高于本法典分则有关条款对既遂犯罪所规定的最高刑种最高刑期或数额的3/4。”“对于预备犯罪或未遂犯罪不得判处死刑或终身剥夺自由。”

2. 同等主义，认为从道德观点而言，未遂犯既然有恶的决意，其处罚与既遂犯就不应当有所不同。如法国旧刑法典第2条规定：“已着手于犯罪之实行，因犯人意外之障碍而无

---

① 参见［日］大塚仁：《犯罪论的基本问题》，冯军译，90页，北京，中国政法大学出版社，1993。

结果发生者，为未遂罪，与本罪同科。”同等主义以主观主义刑法观为基础，基于社会防卫的考虑，重视行为人犯罪的危险性。历史上，只有少数国家的刑法采取该做法。

3. 得减主义，即规定未遂犯的处罚可以比既遂犯轻，而是否减轻，由法官根据案情具体裁量。该体例是主观主义刑法观和客观主义刑法观相调和的产物。现在的德国、日本、韩国采纳的是该体例。日本刑法第 43 条规定：“已经着手实行犯罪而未遂的，可以减轻刑罚。”在立法上采纳得减主义国家的学者看来，犯罪的未遂情况比较复杂，未遂的原因也各种各样，通过规范上的统一解决，对未遂犯（狭义）一概与既遂犯同等处罚或较既遂犯减轻处罚，很难适应未遂犯的具体情形。因此，对于未遂犯（狭义）的处罚，得减主义是比较妥当的方案。

第三节　不能犯

一、不能犯概述

（一）关于不能犯的立法例

在大陆法系刑法中，不能犯的含义不尽一致。有的国家（如日本）刑法中的不能犯仅指不可罚的不能犯，这是与未遂犯（狭义）互相排斥的概念，而有的国家（德国、韩国）的刑法中不能犯是指不能犯未遂。不能犯，作为未遂犯（广义）的具体形态之一，是与障碍未遂和中止未遂相区别的概念。

对不能犯，只有少数国家的刑法（或刑法草案）有明文规定，其处罚原则有以下两种：（1）不能犯不可罚。在采用此种立法例的国家，不能犯一般指的是不可罚的不能犯。如 1974 年日本改正刑法草案第 25 条规定：“行为依其性质一般不能发生结果的，不以未遂犯论处。”（2）对不能犯减轻或免除处罚。在采用此种立法例的国家，不能犯一般指的是不能犯未遂，如韩国刑法典第 27 条规定：“因实行的手段或者对象错误，致使结果不可能发生，如果存在危险性，仍予处罚，但可以减轻或者免除处罚。”在德国刑法典中也有类似的规定。

（二）不能犯的概念

由于各国学者对不能犯可罚性的理解不同，理论上对其概念的表述就很不一致。德国学者耶赛克、魏根特认为，不能犯（不能未遂）是指行为人以实现犯罪构成要件为目的的行为，根据事实上或法律上的原因不可能既遂的情形。[①] 韩国学者根据未遂行为有无危险性，区分不能犯（不可罚的不能犯）与不能犯未遂，认为不能犯是由于事实上不可能发生危害结果且不具有危险性而不可罚的行为，而不能犯未遂属于事实上不可能发生危害结果，但因其危险性以未遂犯论处的情况。[②] 在日本，学者们普遍认为，不能犯是指行为人虽以实

① 参见［德］耶赛克、魏根特：《德国刑法教科书》（总论），徐久生译，634 页，北京，中国法制出版社，2001。

② 参见［韩］李在祥：《韩国刑法总论》，［韩］韩相敦译，346 页，北京，中国人民大学出版社，2005。

现犯罪意思实施行为，但不可能实现犯罪的情况。如前田雅英指出，不能犯是虽形式上实施了实行行为，但不可能发生犯罪结果，没有发生值得处罚危险的情况。[①]

（三）不能犯的体系地位

就不能犯理论在大陆法系刑法理论中处于何种地位而言，也不尽相同。在德国、法国等，不能犯被认为是不能犯未遂，符合犯罪的构成要件，具有可罚性，理论上一般在未遂论中集中研究。日本刑法理论虽然普遍认为不能犯是不可罚的，但由于对不可罚的根据理解不同，学者们对其理论地位的理解有差别。多数学者认为，不能犯的实质在于缺乏实行行为的危险，不能犯属于实行着手理论中危险性判断问题，应当在未遂犯论中研讨不能犯。香川达夫、藤木英雄、川端博等持该立场。也有学者认为，不能犯不具有构成要件符合性，是构成要件中实行行为需要解决的课题，应在犯罪客观要件要素的论述中展开研究。[②]

二、不能犯的学说

（一）不能犯的学说概述

因各国对不能犯处罚的立场不同，对不能犯的学说的理解也有所差异。在日本，不能犯的学说是不能犯与未遂犯区分的学说，由于不能犯欠缺实行行为的危险，所以，不能犯学说的实质在于解决实行行为危险性的判断。在德国、法国、韩国等，不能犯学说（不能犯未遂的学说）旨在解决不可罚的不能犯与不能犯未遂的界限，由于不可罚不能犯与不能犯未遂区分的关键也是行为的危险，所以，不能犯的学说同样是解决行为危险性的学说。在刑法理论上，关于不能犯的学说，主要有以下几种。

（二）不能犯的学说概况

1. 主观说，也称纯粹主观说，是主观主义刑法理论的产物。该说的特色在于将犯罪的处罚根据求诸行为人的意思危险或对法的敌对意思，认为只要行为人基于犯罪的意思实施了行为，不管该行为在事实上对法益的侵害是否具有危险，由于行为人实施犯罪的危险性格被确证，性格本身就获得了刑罚处罚的正当根据，即使行为没有得逞，也具有值得处罚的法益侵害的危险，应当成立未遂犯，不再构成不能犯。只有在行为人没有真正的犯罪意思，或者由于行为人性格怯懦而采取超自然的方法实施行为，并没有诉诸现实手段之危险时，如以杀人为目的而念咒之类的迷信犯，才成立不可罚的不能犯。

在德国，主观说为主观主义刑法学理论大师布里所极力倡导，并曾得到德国判例的支持，后又为刑法学巨擘韦尔策尔、毛拉赫等著名学者继受，直至今日，主观说在德国刑法中仍然被有力提倡着。[③] 在日本，宫本英脩、江家义男、庄子邦雄是该说的积极支持者。宫本英脩说：“未遂的处罚根据，应求之于性格的危险（犯罪反复的危险），既然有作为犯意飞跃表动的实行的着手，不管其原因如何，应当解释为可罚的未遂。因此，原则上不承认不能犯，不能犯仅限于迷信犯的场合。”[④]

主观说仅仅重视行为人的主观意思而忽视了客观行为，从“意思的危险性”中寻找未

① 参见［日］前田雅英：《刑法总论讲义》，4版，146页，东京，东京大学出版会，2006。

② 参见［日］日本刑事理论研究会：《现代刑法学原论》（总论），199～201页，东京，三省堂，1987。

③ 参见［日］大塚仁：《刑法概说》（总论），冯军译，227页，北京，中国人民大学出版社，2003。

④ 转引自［日］中山研一：《刑法总论》，422页，东京，成文堂，1982。

遂犯与不能犯的区分根据，这与其主观主义思想基础是一脉相承的，从而也显示出了其理论根据的错误。西原春夫指出，主观说将一般人不会感到有客观危险的行为基于行为人的犯意认为有违法性，这就是意思刑法，违法性至少要使一般人感到危险。① 另外，若根据主观说，应当认为所有的行为都应当是可罚的未遂，但是，主观说又认为存在犯罪意思行为但没有产生犯罪结果时的迷信犯例外地不可罚，这实际上自己承认了主观说的不合理性。② 第二次世界大战以后，随着主观主义刑法理论的逐渐衰落，主观说也被冷落。主观说在现在各国的刑法理论上只是具有学说史的意义。现在，有关不能犯的学说主要在以下学说间展开。

2. 抽象的危险说，也称主观的危险说，主张以行为人在行为当时认识到的事实为基础，根据一般人的见地判断有无客观的危险。如果按照行为人计划实施的行为具有发生构成要件结果的危险，那么，犯罪实行行为就应当被肯定，成立未遂犯；即使按照行为人的真实计划实施行为，也不可能发生构成要件结果的危险，只能成立不能犯。③ 抽象的危险说的特色在于，以“行为时”作为判断之时点，以“行为人认识之事实情况”作为判断之对象或素材，以“社会通常的一般人”作为判断之基准。

抽象的危险说在德国曾为学者瓦琴费尔德（Wachenfeld）主张。在日本，第二次世界大战前主要为牧野英一、木村亀二等持主观主义刑法理论的学者提倡。第二次世界大战后，随着主观主义刑法理论的没落，客观主义刑法理论中也有学者支持该说，如草野豹一郎、齐藤金作、下村康正、冈野光雄等。

与主观说一样，抽象的危险说也以行为人认识到的事实作为判断资料。但该说从一般人的观点判断行为人所认识到的事实有无发生结果的危险，从而表现出了与主观说的不同。按照该说，如果以行为人认识到的事实作为判断资料，同时从一般人的立场判断危险性的有无，那么迷信犯不处罚就有了理论根据。在这个意义上，抽象的危险说较主观说有可取之处。但若严格地贯彻该说，同样存在将客观上完全没有危险性的行为，仅仅因为行为人的错误认识而认为存在法益侵害的危险，从而作为犯罪处罚。比如，在行为人甲本想用毒药杀乙，却误将砂糖当作毒药使用的场合，甲意图用毒药杀乙，从一般人的立场上看，该行为无疑具有结果发生的危险，成立犯罪。由于从处罚的结果看，该说实际上仍然将犯罪的处罚根据求之于行为人意思的危险性，所以，学者们认为抽象的危险说仍然是主观主义刑法理论的产物。而正是在这一点上，刑法理论对之展开了激烈批评。大塚仁说：“抽象的危险说想纠正主观说的偏颇，试图客观地进行危险性的判断，在这一点上有值得肯定之处，但是，它仅以行为时行为人认识的内容作为危险判断的基础，就不得不说有偏重行为人主观方面的缺陷。”④ 大谷实也表达了同样的意见。他说：“抽象的危险说为了纠正主观说的缺陷，将危险性的内容作为实现犯罪的危险性客观地进行把握，但是，对该危险性的判断，仅以行为人的认识内容或计划内容为基础，所以，也并没有脱离主观主义的窠臼。”⑤

3. 具体危险说，或称新客观说。该说将未遂犯的处罚根据求诸法益侵害的危险，认为应以行为当时一般人所认识到的事实以及行为人特别认识到的事实为基础，以行为时为标

① 参见［日］西原春夫：《犯罪实行行为论》，117页，东京，成文堂，1998。
② 参见［日］大塚仁：《刑法概说》（总论），冯军译，230页，北京，中国人民大学出版社，2003。
③ 参见［日］中山研一、西原春夫等：《现代刑法讲座》，第3卷，131～132页，东京，成文堂，1982。
④ ［日］大塚仁：《刑法概说》（总论），冯军译，230页，北京，中国人民大学出版社，2003。
⑤ ［日］大谷实：《刑法讲义总论》，新版2版，黎宏译，342页，北京，中国人民大学出版社，2008。

准，从一般人的立场出发判断有无发生法益侵害的危险。如果能够肯定存在法益侵害危险，成立未遂犯；没有法益侵害危险的场合，构成不能犯。该说的核心思想在于，以“行为时”作为判断之时点，以“一般人有认识可能性之事实情况以及行为人特别认识之事实情况”作为判断的对象或素材，以“社会通常的一般人”或“具有科学知识的一般人”作为判断的基准。其中，关于危险判断的基准，木村龟二、植松正等认为应是“具有科学知识的一般人”的认识；而团藤重光、福田平、大塚仁、大谷实等则主张是“社会通常的一般人”的认识。

具体危险说在进行危险判定时虽然也同时考虑了行为的主观和客观两个方面，在这一点上与抽象的危险说有共通之处，但是该说不仅以行为人认识的事情，还以一般人可能认识的事情作为判断的基准，这一点又与抽象的危险说相区别。[①] 另外，该说和后述的旧客观说都是从行为对法益侵害的危险性中寻求未遂犯的处罚根据，但是，与旧客观说不同的是，该说是在具体情况下，并且从一般人的事前的立场上来判断行为所具有的发生结果的可能性的。具体危险说由德国著名刑法学家李斯特提出，此后在大陆法系的刑法理论上变得十分有力。继李斯特之后，学者 Kriegsman、希佩尔、Henkel 又努力对具体危险说进行了发展和重构。在当代德国的刑法学理论上，仍有不少学者将其视为不能犯的重要学说之一。在日本，该说被认为与相当因果关系中对相当性判断的折中说具有相同的理论基础，得到泷川幸辰、久礼田益喜、佐伯千仞、植松正、福田平、香川达夫、藤木英雄、大塚仁、大谷实、川端博、野村稔等一大批学者的支持，是日本刑法理论上通说所支持的见解。川端博明确指出：“从人的不法论的立场，目前仍以具体的危险说较为合理。”[②] 大塚仁强调：“相对于这些学说，具体危险说以行为人的认识和一般人的认识可能性为基础判断实行行为的危险性，是站在与相当因果关系说的折中说同样的思考态度上，能够根据社会观念适当地把握行为的危险性，应该说是妥当的见解。”[③]

作为认定危险的众多学说之一，具体危险说同样受到来自持其他学说学者的批评：第一，具体的危险说将从事后看没有结果发生的任何危险的行为，因为行为时一般人的畏惧感、危险感而被认为具有可罚性。也就是说，行为并不是以对法益侵害的客观危险，而是以其反社会性、反伦理性作为可罚的基础。[④] 这是不妥当的。第二，前田雅英说，具体危险说对完全相同情况下实施的相同行为，若行为人知道对方患重度糖尿病而注射就有危险，不知道对方患重度糖尿病而注射就没有危险，这是有问题的。[⑤] 第三，木村龟二指出，具体危险具有不明确性。具体危险说主张以行为人特别认识到的事实与一般人认识的事实作为判断资料，决定行为是否具有危险性，但如果行为人特别认识的内容与一般人可能认识的内容不一致，究竟应当以何种事实作为判断资料就并不明确。[⑥]

4. 客观危险说及修正的客观危险说。客观危险说，也称绝对不能·相对不能说。该说将未遂犯的处罚根据求之于现实的法益侵害的直接危险，认为行为人意图侵害的结果始终

---

① 参见［日］中山研一、西原春夫等：《现代刑法讲座》，第 3 卷，133～134 页，东京，成文堂，1982。［日］大塚仁：《刑法概说》（总论），冯军译，230 页，北京，中国人民大学出版社，2003。

② ［日］川端博：《刑法讲义总论》，480 页，东京，成文堂，1997。

③ ［日］大塚仁：《刑法概说》（总论），冯军译，230 页，北京，中国人民大学出版社，2003。

④ 参见［日］西原春夫：《犯罪实行行为论》，117～118 页，东京，成文堂，1998。

⑤ 参见［日］前田雅英：《刑法总论讲义》，4 版，150 页，东京，东京大学出版会，2006。

⑥ 参见［日］木村龟二：《刑法总论》，354 页，东京，有斐阁，1978。

都不可能实现，即绝对不能的场合，成立不能犯；由于特定的状况，行为侵害的结果只是偶然不能实现，即相对不能时，成立未遂犯。如以杀人的意图而投毒，结果却误将白糖当作毒药，对于一般人而言，由于白糖始终不具有侵害生命法益的危险，所以是不能犯；但若投的是毒药，只是因为剂量不足以致人死亡，属于相对的不能，成立未遂犯。该说的特点有二：一是对结果发生的危险进行客观、外部的判断，与行为人的意思、计划完全没有关系；二是法益侵害的危险不是从事前而是从事后的立场进行判断。由于该说在判断有无侵害法益的危险时完全不考虑行为人的主观方面，理论上也称之为纯客观说；又由于该说在德国是自费尔巴哈以来的主张，亦称旧客观说。

从理论渊源上看，客观危险说最符合以行为主义和权利侵害说为理论基础的客观未遂论的历史原型。[①] 正基于此，该说曾为第二次世界大战前坚持客观主义刑法理论学者如大场茂马、胜本勘三郎等极力提倡。第二次世界大战特别是 20 世纪 60 年代中期以后，客观主义刑法理论内部开始出现新的动向，强调刑法的谦抑主义，希望国家刑罚权的范围应当有所限制，提倡非犯罪化的立法与解释的观点被强调，尤其在违法性本质论中表现得最为明显，要求尽可能排除行为无价值而贯彻结果无价值的倾向变得显著起来。在不能犯领域，开始对占通说地位的具体危险说展开批判，客观的危险说在日本的刑法理论上出现了抬头的趋势。[②] 在司法实践中，日本高等法院的判例也表现出对该说的青睐。但该说由于被认为存在以下问题，还是未能获得多数学者的支持：第一，认为该说以绝对不能和相对不能作为危险性的判断标准，不具有明确性。如大塚仁指出："绝对不能、相对不能这种观念本身也不明确。例如，在所谓相对不能的场合，只要适应某种具体事态进行考虑，也可以认为绝对不可能发生结果，在这个意义上并非不能说它也是绝对的不能。"[③] 一度支持该说后又改采具体危险说的大谷实也认为："客观危险说在不能明确区分绝对不能与相对不能这点上，具有致命的缺陷，因此，难以支持。"[④] 第二，认为客观危险说忽视了刑法规范所具有的行为规范的性质，不利于刑法保护机能的实现。野村稔认为："客观危险说没有把行为时一般人感觉到有危险的行为当作违法，只把事后判断为危险的行为判断为违法，从保护法益的观点看还不充分，无视在社会生活中刑法作为行为规范而发挥着的机能，所以，也不应该采用。"[⑤] 第三，认为从事后、客观的立场判断行为是否存在危险在方法论上是错误的，且依客观危险说，那么实际上所有没有造成法益侵害结果的行为都是绝对不能，即所有的未遂犯都将属于不能犯，这与立法不相符合。前田雅英指出："从事后判断，任何没有发生犯罪结果的未遂犯都是有理由和原因的，那么，就有可能导致所有的未遂都属于不能犯的结局，这和现行法处罚未遂的规定是矛盾的。"[⑥] 西原春夫也表达了同样的看法。他分析道："如前述，对事物的经过进行事后、科学的考虑时，一切都是必然的，没有发生结果也是必然的。使他人吞服毒药但后来他人因服用解毒剂而得救的，因没有瞄准而没有打中他人的，因被害人身体移动没有打中的，都是符合因果法则的必然归结，只是行为当时行为人没有预测到而已。在这个意义上所有的未遂犯都是不能犯。既然现行法的立场是承认未遂犯，

---

① 参见［日］中山研一：《刑法总论》，426 页，东京，成文堂，1982。

② 参见［日］西原春夫：《犯罪实行行为论》，117 页，东京，成文堂，1998。

③ ［日］大塚仁：《刑法概说》（总论），冯军译，230 页，北京，中国人民大学出版社，2003。

④ ［日］大谷实：《刑法讲义总论》，新版 2 版，黎宏译，342 页，北京，中国人民大学出版社，2008。

⑤ ［日］野村稔：《刑法总论》，全理其、何力译，354 页，北京，法律出版社，2001。

⑥ ［日］前田雅英：《刑法总论讲义》，4 版，150 页，东京，东京大学出版会，2006。

就不能允许贯彻事后科学的判断。”[①] 此外，“若拒绝事前判断，那么，外形被认为紧迫、危险的行为，例如从警察手中夺过实际上没有子弹的手枪意图杀人的行为，对其逮捕或正当防卫就会有问题。如果认为该行为是不能犯，行为属于没有违法性的行为，逮捕就是误想逮捕，正当防卫也就不成立了”[②]。

针对客观危险说存在的上述疑问，一些学者对其进行了修正，提出了形形色色的修正的客观危险说。山口厚提出了假定的事实说，主张在侵害结果没有发生的场合，事后考虑假定存在什么事实时才能发生侵害结果，再考虑这种假定的事实有无存在的可能性，进而决定有无具体危险。该假定的事实存在的可能性，不是根据纯客观的、科学的立场判断，而是要根据通常性、一般性的观点进行判断。前田雅英提出客观的事后预测说，主张判断有无危险时，应以行为时存在的一切客观事实为基础，以行为时作为判断时点，判断“从行为时来看结果发生的合理（科学）概率”。但这个“概率”到什么程度才作为未遂犯处罚，因国家或时代而异。[③] 这些学说的内容十分烦琐，这里不再一一介绍。

（三）归结

以上不同学说的争议，主要集中在以下三个方面：（1）危险判断基础的事实，即在进行危险判断时，究竟是应当以行为人认识的事实，还是以一般人能够认识的事实，抑或是客观存在的事实作为危险判断的基础。主观说和抽象的危险说都主张以行为人认识的事实作为判断基础；具体危险说认为以一般人可能认识的事实和行为人特别认识的事实作为判断基础；而客观危险说则强调要以事后查明的客观存在的事实为判断的基础。（2）危险判断的时点，即是应当站在行为人行为时（事前），还是站在裁判时（事后）进行危险的判断。主观说、抽象的危险说和具体危险说都主张以行为时为判断的时点；客观危险说要求在事后进行危险的判断；前田雅英提倡的修正的客观危险说主张事前的判断。（3）关于危险判断的基准，即行为危险的有无，是以行为人的认识，还是以社会一般人的认识，抑或根据科学法则进行判断。主观说强调完全根据行为人的主观认识来决定行为的危险性的有无。抽象的危险说认为应当以社会一般人的认识为根据判断行为的危险性。具体危险说中，木村龟二、植松正等主张以具有科学知识的一般人为基准进行危险判断；而团藤重光、福田平、大塚仁、大谷实等则认为应当按照社会通常一般人的认识进行判断。旧客观说强调危险判断应当依具有科学知识的一般人或者根据科学法则进行。

而在实质上，不同学说的争论与刑法规范的属性、违法性的根据、违法性的本质等问题密切关联。（1）关于刑法规范的属性，如果强调刑法规范是针对一般人的行为规范，则主张以一般人的认识为基准的事前判断，即采取具体危险说。如果强调刑法规范是裁判规范，则主张以科学的因果法则为基准进行事后判断。（2）关于违法性的根据，若强调行为无价值，将行为本身的反社会性、反伦理性以及行为人的主观恶性作为违法性的本质，同时认为构成要件具有社会心理的基础，则根据社会一般人的判断，某种行为具有侵害法益的一般危险时，该行为就具有违法性，成立未遂犯；相反，若强调结果无价值，将行为对法益造成的侵害与具体危险作为违法性的根据，同时认为侵害与危险是一种客观存在的事实，则根据因果法则，某种行为具有侵害法益的具体危险时，该行为才具有违法性，才成立未遂犯。（3）关于违法性的实质，具体危险说论者往往认为违法性的实质是违反社会伦

①② ［日］西原春夫：《犯罪实行行为论》，119页，东京，成文堂，1998。

③ 参见马克昌：《比较刑法原理——外国刑法学总论》，569～572页，武汉，武汉大学出版社，2002。

理规范，因此，主张以行为人认识到的事实以及一般人可能认识到的事实为基础，以一般人的认识为基准判断行为的危险性。与此相反，客观危险说论者通常认为违法性的实质是对法益的侵害与威胁，即使行为本身具有反伦理性，但如果客观上没有对法益造成侵害与威胁，也不具有违法性。因此，判断行为是否具有违法性时，只能以客观存在的事实为基础，以科学的因果法则为基准作出结论。

因此，不能犯与未遂犯的区分，根本上取决于对刑法规范的属性、违法性的本质和根据以及刑法机能的理解。

三、与不能犯有关的问题

（一）事实欠缺

事实欠缺，也称构成要件的欠缺，一般认为是指构成要件要素中，除关于因果关系部分之外的要素，即犯罪的主体、客体、手段、行为状况等要素欠缺，行为人误认为存在而实施的情况。事实欠缺具体包括以下情况：（1）关于主体的事实欠缺，即行为主体不具有特殊身份，却误认为自己具有特殊身份，而实施身份犯的情况。比如，不是公务员的行为人误认为自己是公务员而收受贿赂的场合。（2）关于客体的事实欠缺，即行为的客体并不存在，行为人却误认为存在，而实施行为的情况。如误认尸体为活人而故意实施杀害的场合。（3）关于手段的事实欠缺，即行为人对其所使用的手段发生认识错误，不能导致构成要件结果发生的情况。如行为人本打算使用安眠药使他人昏睡后窃取财物，但误将营养药当安眠药使用的场合。（4）关于行为状况的事实欠缺，即行为当时并不存在作为构成要件要素的行为状况，但行为人误认为存在而实施行为的场合。日本刑法第114条规定："发生火灾之际，隐藏或者损毁灭火用具，或者以其他方法妨害灭火的，处1年以上10年以下惩役。"在此，"发生火灾"就属于作为构成要件要素的行为状况。这样，本来没有发生火灾，但行为人误以为发生火灾，而损坏救火用具的，就是行为状况的事实欠缺。

是否有必要承认事实欠缺的概念，与各国刑法的规定有关，理论上也是一个有争议的问题。否定意见认为，事实欠缺与不能犯没有区别，完全为不能犯概念所涵盖，没有必要单独予以承认。福田平、大塚仁、大谷实等主张该观点。大谷实指出："事实欠缺本来也是构成要件符合性问题，在欠缺上述某一要件的场合，并非在形式上就不符合构成要件而不处罚，而是在具体场合下，该行为是否是具有发生结果的现实危险性的实行行为，这是本质。因此，是否事实的欠缺，应当归结为是不能犯还是未遂犯的问题……在和不能犯相区别的意义上使用事实欠缺的概念，并不妥当，作为主体欠缺、对象欠缺的替代，而应使用主体不能、对象不能的提法。"① 韩国刑法典第27条规定："因实行的手段或者对象错误，致使结果不可能发生，如果存在危险时，仍予处罚，但可以减轻或者免除处罚。"根据该条规定，韩国学者一般也认为："由于刑法中明确规定即使欠缺客体、手段或行为状况，只要存在危险性就进行处罚，所以不存在构成要件欠缺理论的有用性。"② 目前，理论上多数的观点还是认为事实欠缺和不能犯是有区别的，对事实欠缺的概念有必要予以承认。团藤重光、野村稔等主张事实欠缺的概念，但认为对事实欠缺的范围应当予以限制。如团藤重光

---

① ［日］大谷实：《刑法讲义总论》，新版2版，黎宏译，332页，北京，中国人民大学出版社，2008。

② ［韩］金日秀、徐辅鹤：《韩国刑法总论》，11版，郑军男译，504页，武汉，武汉大学出版社，2008。

认为："就欠缺构成要件要素中的身份与行为状况而言，事实欠缺的理论是合适的，但就欠缺客体与方法而言，事实欠缺的理论并不妥当。"[①]

（二）幻觉犯

幻觉犯，是指行为人因误解法律，误认为其行为属于刑法处罚行为的情况。行为是否可罚取决于刑法的规定，而不是根据行为人的态度，因此，幻觉犯不具有可罚性。

德国、韩国刑法理论对幻觉犯的研究较为深入。理论上，幻觉犯被区分为以下类型：(1) 反面（逆转）的禁止错误，即将未被禁止的行为误认为是违反刑法规定的行为的情况，比如误以为同性恋被禁止。(2) 反面（逆转）的允许错误，即将事实上构成违法性阻却事由或处罚阻却事由的行为误以为是受处罚的情况，具体包括反面（逆转）的违法性阻却事由的错误和反面（逆转）的处罚阻却事由的错误。(3) 反面的包摄错误，即认识到行为的状况或意义，但错误地解释规范，从而将其适用规范误认为不利于自己的情况。[②]

幻觉犯与不能犯不同：在不能犯的场合，不存在构成要件的事实而行为人误认为存在，错误系存在于事实领域；而在幻觉犯的场合，行为人对事实本身并无认识错误，而是将事实上允许的行为误认为被刑法禁止，错误系存在于规范领域。

（三）迷信犯

迷信犯，在德国又称"非现实的或者迷信的未遂"，一般认为是指行为人欠缺自然的科学知识，试图用超自然或灵异的力量使构成要件结果发生的情况。韩国学者所给出的定义是：试图依据非现实手段（幻术工具）或非现实行为（祈求杀害）实施犯罪，或者试图对非现实性对象（灵魂）实施犯罪的行为。[③] 对于迷信犯，只有少数国家的刑法有规定。泰国刑法典第 81 条第 2 款规定："因为迷信而实施前款行为的，法院可以免除其刑罚。"

在迷信犯的场合，行为人虽希望引起构成要件结果的发生，但其行为尚不足以表征行为人之危险性格，客观上也无发生构成要件结果的危险。正基于此，刑法理论一般认为，迷信犯不构成犯罪，不具有可罚性。

第四节 中止犯

一、中止犯概述

中止犯（中止未遂），是指已经着手实行犯罪，因自己的意思阻止犯罪完成的情形。因己意而中止犯罪，是中止犯（中止未遂）区别于未遂犯（狭义）的关键。

根据实行行为实施的情况，中止犯被区分为着手中止（未遂）和实行中止（未遂）。着手中止（未遂）是因自己的意思未完成实行行为的情况；而实行中止（未遂）则是指因自

① ［日］团藤重光：《刑法纲要总论》，113 页，东京，创文社，1990。

② 参见［韩］李在祥：《韩国刑法总论》，［韩］韩相敦译，356 页，北京，中国人民大学出版社，2005。

③ 参见［韩］金日秀、徐辅鹤：《韩国刑法总论》，11 版，郑军男译，523 页，武汉，武汉大学出版社，2008。

己的意思阻止结果发生的情况。

关于中止未遂的立法例，各国刑法的规定不尽相同。英美法一般认为即使是犯罪意思的抛弃，也存在责任，刑法一般未区别处罚障碍未遂与中止未遂。而德国、奥地利、希腊等对中止未遂不处罚。如德国刑法典第 24 条第 1 款规定："行为人自动中止犯罪或主动防止犯罪完成的，不因犯罪未遂而处罚。如果该犯罪没有中止行为也不能完成的，只要行为人主动努力阻止该犯罪完成，应免除其刑罚。"日本、韩国刑法虽对中止未遂予以处罚，但进行必要减免。

二、中止犯的法律性质

在对中止未遂采取减免处罚的国家，中止未遂减免刑罚的根据理论上被称为中止犯的法律性质。对此，学者间的见解不尽一致。德国学者耶赛克等在其教科书中提到的学说有刑事政策说、恩惠说（褒奖说）、刑罚目的说、单一说和责任说①；韩国学者李在祥提及的学说有刑事政策说、法律说（违法性消灭、减少说和责任消灭、减少说）、综合说以及补偿说、刑罚目的说、责任履行说等。日本学者的认识比较复杂。井田良在论述了政策说、法律说（责任减少说和违法减少说）后，坚持了违法·责任减少说。② 山中敬一在评述了刑事政策说、危险消灭说、法律说（具体分为违法减少说、责任减少说、违法·责任减少说、综合说）后，提出了可罚的责任减少说。③ 下面主要结合日本学者的论述，对中止犯减免刑罚根据的主要学说予以介绍。

（一）刑事政策说

该说认为，对中止犯减免刑罚，不是因为中止犯的违法性和责任减少，而是基于防止犯罪发生政策上的考虑，或者说给踏上犯罪道路的人架起一道"返回的金桥"（李斯特语）。在持该学说的学者看来，刑法的目的在于犯罪预防。为了预防犯罪，事先对犯罪预告刑罚。当行为人置刑法规定于不顾而实施犯罪时，为了防止犯罪的发生，便只能期望行为人自动中止犯罪或者有效防止犯罪结果的发生。刑法为了奖励中止行为，设立了减免处罚的规定，其中，有着眼于犯罪的一般预防，也有着眼于奖励中止行为的特殊预防。在德国，刑事政策说是关于中止犯减免刑罚根据的通说。在日本，植松正、木村龟二持该说。木村龟二指出："刑法第 43 条但书是必要的减轻免除规定，对中止未遂缓和处罚的理由是：从刑事政策的立场看，对行为者构造了退却的黄金桥。"④ 对于刑事政策说，日本学者多不赞同。西田典之指出，中止犯规定确实是为了保护法益而作出的一种政策性规定，这一点不容否认，但如果只是将其解释为政策性规定，却存在问题。⑤ 团藤重光对刑事政策说的缺陷作了较为全面的阐述。他指出：第一，日本刑法与德国刑法不同，没有将中止犯规定为不可罚，只是规定为减轻或免除其刑，刑事政策说即使就德国刑法而言是妥当的，也不能原封不动地引入日本刑法中。第二，在日本刑法上，对中止犯是必须减轻或免除处罚，在此范围内有

① 参见［德］耶赛克、魏根特：《德国刑法教科书》（总论），徐久生译，634 页，北京，中国法制出版社，2001。

② 参见［日］井田良：《刑法总论的基础构造》，277～292 页，东京，成文堂，2005。

③ 参见［日］山中敬一：《刑法总论》，2 版，747～754 页，东京，成文堂，2008。

④ ［日］木村龟二：《刑法总论》，增补版，369 页，东京，有斐阁，1978。

⑤ 参见［日］西田典之：《日本刑法总论》，刘明祥、王昭武译，256 页，北京，中国人民大学出版社，2007。

裁量的余地，但究竟是减轻，还是免除，在什么程度内减轻，刑事政策说不可能提供标准。第三，政策的考虑只有在事前才有可能，而减免刑罚是事后裁量的，刑事政策说在论理上不能成立。第四，即使以德国的法制为前提，也面临着对不知道该规定的人没有效果的批判。[①] 西原春夫也强调，刑事政策说只是对知道中止犯刑法规定的人才适用，对不知道这种规定的大部分国民没有意义。[②]

（二）法律说

此说主张，对中止犯的刑罚有必要予以减轻的根据在于中止行为本身的法律性质。刑罚是犯罪的后果，探讨刑罚减免之根据应当求之于犯罪成立要件，即违法性和责任。法律说根据具体观点的不同，又分为违法性减少（消灭）说、责任减少（消灭）说和违法、责任减少说。

1. 违法性减少（消灭）说。该说认为，中止犯减免刑罚的根据在于“客观上已无法益侵害的危险”，或者说“犯罪的故意已经抛弃，行为的危险已消失”。前者立足于结果无价值，是客观违法论者的主张；后者立足于行为无价值，是主观违法论者的见解。客观违法论者认为，中止犯的特征在于自愿中止犯罪而减少、消灭了客观危险性，因此，须减免其刑罚。但是，在减少、消灭了客观的物的不法这一点上，中止犯和障碍未遂是相同的。这样，依据该说，就不能解释为何对障碍未遂只是减轻其刑，而对中止犯却减免其刑了。因此，理论上，学者多是从主观违法论的立场解释违法性减少（消灭）说的。持主观违法论者认为，故意是主观违法性要素，行为人基于自己的意思中止犯罪，使得行为的违法性减少（消灭）。平场安治是该说的代表。他指出，中止犯的根据应当求之于由于主观的违法要素的消灭以致计划的危险性的丧失与由于已经发生了危险状态的消灭以致现实的危险性的丧失，中止犯的减免刑罚是由于违法性的减少或消灭。详言之，中止犯的减轻刑罚是由于违法性的减少，中止犯的免除刑罚是由于违法性的消灭。[③] 野村稔也持类似见解。他认为：“如果现行刑法没有对中止的动机要求以悔悟为条件的话，那么，违法性减少说在违法性层次上讨论这一问题是正确的。”[④]

违法性减少（消灭）说从中止犯本身寻求刑罚减免的根据，这具有合理性，但此说以承认主观的违法要素为前提，由此遭到了学者们的批判。前田雅英认为：“基于自己的意志这种主观内容并不影响行为已经产生的客观危险性，承认与客观危险性没有关系的主观违法要素，不妥当。”[⑤] 韩国学者指出，违法性一旦发生，就无法在事后减少、消灭；另外，将中止犯视为减少、消灭违法性的事由时，共犯当中一人的中止对其他共犯也产生影响，而这违背了中止犯的独特性质；还有，违法性消灭时应当认定为行为无罪，这与刑法规定免除刑罚的规定不相吻合。[⑥]

2. 责任减少（消灭）说。该说认为，中止犯基于自己的意志中止犯罪，使得对行为人的责任非难减少或消灭。宫本英脩、佐伯千仞、团藤重光、香川达夫、内田文昭、前田雅英等持该说。在刑法理论中，关于责任的本质，存在争议，因此，对于责任减少、消灭的

---

① 参见［日］团藤重光：《刑法纲要总论》，270 页，东京，创文社，1990。

② 参见［日］西原春夫：《刑法总论》（上卷），改订版，332 页，东京，成文堂，1995。

③ 参见［日］日本刑法学会编：《刑法讲座》（4），25 页，东京，有斐阁，1973。

④ ［日］野村稔：《未遂犯的研究》，442 页，东京，成文堂，1984。

⑤ ［日］前田雅英：《刑法总论讲义》，4 版，159 页，东京，东京大学出版会，2006。

⑥ 参见［韩］李在祥：《韩国刑法总论》，［韩］韩相敦译，329 页，北京，中国人民大学出版社，2005。

解释也不一样。规范责任论认为，责任的本质在于法规范的非难，行为人有为合法行为之可能却为违法行为，表现出与法规范的敌对意思，因此值得非难。在中止犯的场合，行为人自动中止犯罪，放弃了与法的敌对意思，其非难可能性，亦即责任减少或消灭，从而获得刑罚的减免。团藤重光以人格责任论为基础，对责任减少、消灭说进行了解释。他认为："中止犯减免刑罚的根据在于中止行为显示的人格态度，使得责任减少。这种责任事后减少的观点，只有在以人格形成责任为核心的动态犯罪理论前提下才成立。持这种观点，应采取以下两点立法论：第一，中止的动机是基于道德上的悔悟时，由于责任消灭而不成立犯罪；第二，实施了真挚的中止行为时，即使犯罪达到既遂，至少也应任意减轻刑罚。"①

对责任减少、消灭说，大谷实提出了批判意见。他指出："按照这种说法的话，只要撤回了决定或者实施了中止行为，就是谴责可能性的减少或消灭，不管是以未遂而告终还是达到了既遂，都应当成立中止犯罪。这种观点作为立法论就不用说了，在只有'已经中止犯罪'即只在未遂犯的场合才认可中止犯的现行刑法之下，这种解释显然是不妥的。"② 针对团藤重光的观点，野村稔指出："团藤重光的责任减少说，是以其人格责任论为前提的，但刑法理论上对人格责任论还有异议，在这个意义上说，难以赞成责任减少说。"③ 韩国学者李在祥指出，仅以责任的减少难以说明免除处罚；如果责任消灭，中止未遂的情况下只能宣告无罪，而这与刑法的精神不一致；责任依中止可作调整，但不能说责任被消除。④

3. 违法、责任减少说。该说是同时采用违法减少说与责任减少说解释中止犯减免刑罚根据的学说。目前，理论上主张该学说的有川端博、井田良等。川端博在介绍了中止犯减免根据的各种学说后指出："我立于违法性、责任减少说，亦即，只要将故意视为主观违法要素，则应肯定中止行为之违法性减少，又具有任意之中止行为，因为使法敌对性减弱，亦无法否认其责任减少。"⑤ 井田良进一步分析指出，中止犯，作为通常的犯罪，只有充足违法和责任两方面的要件才能成立，因此，关于中止犯的性质，违法、责任减少说是妥当的。其中，中止行为和结果的不发生是关于违法减少的要件，任意性是关于责任减少的要件。⑥ 违法、责任减少说是综合违法性减少说和责任减少说形成的，因此，其在具有两说优点的同时，也无法避免两说的缺陷。理论上专门针对该说的评述并不多见。

（三）综合说

综合说认为，仅依据刑事政策说或法律说，都不能说明对中止犯减免刑罚的理由；只有将上述观点结合起来才能解释对中止犯减免处罚的根据。目前，刑法理论上综合的方法多种多样。

综合刑事政策说和违法减少说的学者有平野龙一、西原春夫、福田平、大谷实等。关于中止犯减免刑罚的根据，大谷实指出："未遂犯的处罚根据在于引起结果的现实危险，一旦产生故意，并且着手实行，就是已经造成了危险，在事后放弃故意，或者亲自防止结果发生的场合，属于在事后减少发生结果的现实危险或者行为的反社会性，应当将其看作为违法性的减少，因此，违法性减少说基本上是妥当的。但是，我国刑法对于中止犯，并不

① ［日］团藤重光：《刑法纲要总论》，270～271页，东京，创文社 1990。

② ［日］大谷实：《刑法讲义总论》，新版2版，黎宏译，350页，北京，中国人民大学出版社，2008。

③ ［日］野村稔：《未遂犯的研究》，442页，东京，成文堂，1984。

④ 参见［韩］李在祥：《韩国刑法总论》，［韩］韩相敦译，329页，北京，中国人民大学出版社，2005。

⑤ ［日］川端博：《刑法总论讲义》，466页，东京，成文堂，1997。

⑥ 参见［日］井田良：《刑法总论的基础构造》，282～283页，东京，成文堂，2005。

是一律规定不可罚或者免除刑罚，而是希望通过宽大处理，在未然之中防止完成犯罪，换句话说，并非完全没有一般预防的效果。因此，将违法性减少说和刑事政策说相结合的综合说是妥当的。”①

植松正、前田雅英主张刑事政策与责任减少综合说。前田雅英指出：“既然基于自己的意志而中止，其责任便减轻，责任减少说是妥当的。就基于自己的意志而中止犯罪的行为人而言，从国民规范意识看，对其非难减弱了。但是，仅用责任减少并不能说明中止犯刑罚的减免。不可否认，对中止犯行为人的‘褒赏’意图在于对着手实行犯罪的人以及一般人产生一般预防效果，故是一种政策性规定。不管责任如何减少，刑法不将褒赏给予造成结果的行为人，而将其限定为未遂。”前田雅英将其学说称为“责任减少中心的政策说”②。

大塚仁、藤木英雄则综合了刑事政策说、违法减少说、责任减少说，认为只有结合刑事政策说、违法减少说、责任减少说认识中止犯减免刑罚的根据才是妥当的。如大塚仁认为：“关于我国刑法典规定的中止犯的性质，我认为应该综合上述各见解的所有主张来理解。首先，当然应该以法律说为基调，但是，与德国刑法等不同，作为中止犯的效果，我国刑法典只不过承认了刑罚的必要减免，因此，必须认为中止行为并没有使违法性或者责任消灭，只是使其减少。而且，也难以仅仅用违法性或责任中的一方的减少来充分说明。虽然要适应具体事态，把重点放在违法性或责任的某一方面，但是，认为两者都减少基本上是适当的。例如，对行为人非由于悔悟的中止行为，可以认为主要是违法性的减少，但是，基于悔悟而中止时，就应该也重视责任的减少。另外，当然必须一并考虑一般预防和特殊预防来减免刑罚。这样，应该认为刑法第 43 条但书是以刑事政策的考虑为背景，类型地规定了行为人的中止而减少违法性和责任的情形。”③

在韩国和日本，综合说比较流行。其中，刑事政策与责任减少综合说是韩国多数学者的观点。持该意见学者认为，免除处罚中止犯的根据是刑事政策说，而对中止犯减轻处罚的根据则在于责任的减少。但是，对于该观点，学者们也提出了批评意见：第一，减轻处罚中止未遂时排除刑事政策的考虑，而免除处罚时又认为与责任的减轻无关，将此理解为赋予中止未遂不同性质的两种制度的结合，对特别对待中止未遂无法进行一贯的说明；第二，无法对中止犯罪提供免除和减轻处罚的标准。④

三、中止犯的成立条件

关于中止犯的成立条件，各国刑法的规定有所不同。在日本、韩国，刑法将中止犯规定为未遂犯的一种：未遂犯是着手实行犯罪而未遂的情形，而中止犯则是因自己的意思而中止犯罪的情况。由于“已着手犯罪的实行”和“犯罪未达到既遂”是中止未遂和狭义未遂犯的共同要件，所以，研究中止犯的成立条件，一般重点探讨其独立要件，即主观上的“中止意思”和客观上的“中止犯罪行为”。

（一）中止意思

中止犯的成立，须行为人主观上有中止的意思。所谓中止意思，是指行为人中止犯罪

---

① ［日］大谷实：《刑法讲义总论》，新版 2 版，黎宏译，350 页，北京，中国人民大学出版社，2008。

② ［日］前田雅英：《刑法总论讲义》，4 版，159 页，东京，东京大学出版会，2006。

③ ［日］大塚仁：《刑法概说》（总论），冯军译，219～220 页，北京，中国人民大学出版社，2003。

④ 参见［韩］李在祥：《韩国刑法总论》，［韩］韩相敦译，329 页，北京，中国人民大学出版社，2005。

是基于己意。对此，理论上一般称其为“任意性”。行为人主观上是否具有任意性，是中止犯与未遂犯（狭义）区分的标志。

1. 关于任意性的学说

关于任意性的学说，即如何确定任意性标准的学说，解决的是在何种情形下可以认定为行为人基于己意而中止犯罪。对此，理论上有主观说、限定主观说、客观说和折中说。

（1）主观说。该说以外部障碍之有无为区分标准。因外部障碍而中止的，不是基于己意而中止；由于外部障碍以外的行为人自由意思决定而中止的，是因己意的中止。关于外部障碍之有无，并非以外部障碍本身客观上是否存在为标准，而是以行为人主观认识为根据。外部障碍实际上不存在，行为人误认为存在而中止时，为障碍未遂；外部障碍实际上存在，但行为人误认为不存在而中止时，是中止犯。由于该说对外部障碍是否存在的判断，根据行为人主观认识决定，故称主观说。该说在具体适用时，通常采用德国学者弗兰克所提出的公式（Franksche Formel），即“能完成不欲完成者”，是中止未遂；“欲完成不能完成者”，为障碍未遂。另外，主观说认为，成立中止犯，不应强求中止行为须基于道德之悔悟或须彻底放弃犯意。在日本，大场茂马、小野清一郎、团藤重光、福田平、吉川经夫、曾根威彦、大塚仁持该说。大塚仁指出：“为了成立中止犯，既然行为人积极地作出了中止行为，就不问中止动机是道德的还是功利的，而且，也不需要行为人放弃了犯罪意思。虽然着手了犯罪，却考虑中止以等待其他的机会则更为有利而中止时，也是中止犯。盗窃人获知想窃取的财物太少，因失望而中止时，也能成立中止犯。”“由于外部的障碍物理性地妨碍了犯罪的完成时，自不待言，即使在外部没有障碍，行为人误信存在外部障碍而中止时，也很难存在中止……即使存在外部障碍，行为人却没有注意到，而自觉地停止了犯行时，仍然可以说是根据自己的意思。”①

对主观说，木村龟二、中山研一提出了批评。针对弗兰克公式，木村龟二写道：“第一，关于弗兰克公式所说的‘能’、‘不能’的可能性，意味着是伦理的可能性还是心理的、物理的可能性是不明确的。例如，儿子向父亲瞄准，但没有开枪，从心理、物理的角度是可能的，从伦理上是不可能的。适用弗兰克公式会得出矛盾的结论，弗兰克公式不能区分中止犯与障碍未遂。第二，即便作为心理、物理的可能性，也存在疑问。例如，甲接受乙的委托杀丙，认为是丙而砍一刀，由于认错了人误伤了丁，知道后便立即停止犯罪，若以能达目的而不欲来判断的话，甲属于中止未遂。但这个结论是有疑问的。第三，弗兰克公式是超越刑法第 43 条但书的文理解释，欠缺实定法的依据。”②

（2）限定主观说。又称规范的主观说，认为只有行为人依否定自己行为的规范意思或广义的悔悟而中止犯罪时，才能认定为中止犯。所谓广义的悔悟，如悔悟、悔改、惭愧、同情、怜悯等。该说对上述主观说从动机上进行了限定，故称限定主观说。限定主观说对中止犯的判断标准是行为人放弃犯罪是否基于广义的悔悟，基于广义悔悟放弃犯罪的，是中止犯；非基于广义悔悟放弃犯罪的，是障碍未遂。宫本英脩对该说作过详细解说。他说：“犯罪人中止犯罪的情形大体上有三种：一、由于形成实行犯罪的动机情况不存在而中止的场合（例如已着手实行杀人，但认错了人的场合）。二、形成实行犯罪的动机情况存在，但由于预见伴随其实行的外部障碍而中止的场合（例如潜入他人家中盗窃被家人发觉的场

① ［日］大塚仁：《刑法概说》（总论），冯军译，221 页，北京，中国人民大学出版社，2003。

② ［日］木村龟二：《刑法总论》，增补版，361～362 页，东京，有斐阁，1978。

合)。三、形成实行犯罪的动机的情况存在，但由于行为人的性情作为内部的障碍（悔改、惭愧、恐惧、同情、怜悯以及其他类似的感情）起作用的原因。正是在这种场合，犯人的反规范性比通常的未遂犯轻微，给予减轻或免除刑罚才合适。不妨将这种意识称为广义的后悔。”① 佐伯千仞、内田文昭也主张该说。

对于限定主观说，各国学者们都普遍提出了意见。意大利学者帕多瓦尼指出：“这里的‘自愿性’，并不意味着行为人必须有后悔、悔过等值得赞誉的动机。”② 韩国学者指出，该说混淆了自愿性与伦理性，所承认的自愿性范围过分狭窄。③ 日本学者川端博指出：“限定主观说显然与责任减少说有密切关联。只要在道义的非难、伦理的非难减少方面寻求责任减少，就需要将广义的悔悟作为中止犯的要件。但是，作为法责任的责任仅限于以非难为基础的规范责任，伦理的责任没有必要。”“限定主观说没有文理上的根据，而且是超出法律条文的过度要求。再有，这样理解的话，中止犯的成立范围非常狭窄，事实上也不妥当。”④

（3）客观说。该说认为，对于放弃犯罪的原因，应根据社会一般观念进行客观评价，判断是否存在障碍。在一般社会观念看来，客观状况不至于对行为人主观意思产生强制性影响而放弃犯罪的，是中止犯；反之，成立障碍未遂。客观说在日本得到了牧野英一、泉二新熊、草野豹一郎、木村龟二、江家义男、西原春夫、前田雅英、川端博等的支持。西原春夫认为：“中止行为的过程，通常首先是对外部事实的认识，然后作用于行为者的情绪，产生动机，形成中止犯罪的意思决定。现实中，引起中止动机的事实，在经验上与行为人停止犯罪有必然联系，即外部事实本身能够直接使行为人放弃实行行为的场合，是障碍未遂；与此相对，引起中止动机的事实，在经验上与行为人停止犯罪没有必然联系，中止动机是独立产生的场合，作为中止未遂处理是妥当的。”⑤

客观说同样遭到学者们的批判。大塚仁指出：“第一说（即客观说——引者注）在理解属于主观性构成要件要素的‘根据自己的意思’这一要件时，不考虑行为人的主观面，只以一般经验为标准，从客观的角度来考虑，必须说这种态度是不得当的。”⑥ 大谷实也持类似意见。他指出：“客观说，不考虑成为中止动机的事实对行为人的决意如何起作用，而只考虑其在一般经验上有没有心理强制力，如此的话，则有无任意性的判断，就完全不用考虑行为人自身的意思了，但这样的理解偏离了‘基于自己意思’法条规定的宗旨，因而不妥。”⑦

（4）折中说。该说主张，应从客观上判断行为人现实的意识，即行为人在认识外在障碍后，根据其认识，客观上判断犯罪能否完成。以行为人的认识为基础，社会一般观念肯定行为人能完成犯罪而中止的，是中止犯；反之，社会一般观念否定行为人能完成犯罪而停止的，成立障碍未遂。该说考虑了行为者的主观认识，同时又采取了客观的判断标准，故称折中说。又由于该说主张客观地判断行为人的主观意识，所以，也称客观的主观说。

---

① ［日］《宫本英脩著作集》，第3卷，183～184页，东京，成文堂，1984。

② ［意］杜里奥·帕多瓦尼：《意大利刑法学原理》，注评版，陈忠林译，313～314页，北京，法律出版社，1998。

③ 参见［韩］李在祥：《韩国刑法总论》，［韩］韩相敦译，332页，北京，中国人民大学出版社，2005。

④ ［日］川端博：《刑法总论讲义》，468～469页，东京，成文堂，1997。

⑤ ［日］西原春夫：《刑法总论》（上卷），改订版，335～336页，东京，成文堂，1995。

⑥ ［日］大塚仁：《刑法概说》（总论），冯军译，220～221页，北京，中国人民大学出版社，2003。

⑦ ［日］大谷实：《刑法讲义总论》，新版2版，黎宏译，352页，北京，中国人民大学出版社，2008。

目前，理论上持该主张的学者不多，主要是福田平、大谷实。大谷实在介绍了任意性的各种学说后指出："中止犯的核心体现在由于放弃犯罪意思而减少了发生结果的危险（违法性减少说），从这一立场来看，首先，以'基于自己的意思'这一事实，即以对外部障碍的认识为条件，在此基础上，行为人的'想实行就能继续实行'的感觉就成为主观要素。该要素在行为人放弃了犯罪意思的意义上，成为减少违法性的违法要素，其判断必须是客观的……从这一立场出发，折中说是妥当的。"① 理论上对该说的评价不多。山中敬一指出："自己的意思这一本来主观的范畴，为什么有必要客观上以一般人的标准来判断是不明确的。再者，如果根据此说，与主观说同样，不能克服由于采用心理的任意性概念带来的问题。"②

目前，就日本刑法理论对于任意性的判断而言，客观说居于通说的地位，最高法院的判例也主要采纳该立场。

2. 任意性的相关问题

（1）关于中止动机之伦理性。如果行为人中止犯罪，是出于真诚悔悟等伦理动机，当然可以肯定其任意性。但犯罪中止的动机是否须以伦理性为必要？对此，理论上有不同看法。对中止犯的性质持责任消灭说的学者倾向于认为，成立任意性，须以行为人主观上具有悔悟或其他伦理动机为必要（佐伯千仞）。而对中止犯的性质持刑事政策说和违法消灭、减少说的学者则一般认为成立任意性，无须行为者主观上具有伦理动机。

（2）关于放弃犯罪之彻底性。在中止犯的场合，行为者是否须绝对彻底放弃其犯意？对此，限定主观说认为，行为人成立中止犯，主观上须出于规范意思的觉醒或广义的悔悟，因此，一般认为，行为者须有绝对放弃犯罪意思，方可认定任意性。主观说认为，仅需行为者基于某种理由而中止犯罪时，即可认定为中止犯。客观说则以行为人之意思有无受到外界影响来判断任意性。因此，依照该两说，成立中止犯，一般都无须行为者主观上具有彻底放弃犯罪的意思，即使行为者以待机而动的意思暂时中止犯罪，亦成立中止犯。

（3）基于恐怖、惊愕停止犯行。对此，限定主观说主张，行为人基于广义悔悟放弃犯罪，始得成立中止犯；因为恐怖、惊愕放弃犯罪的，主观上并无广义悔悟，一般认为成立障碍未遂。主观说和客观说对此并无绝对结论，需要根据情形具体分析。在杀人见鲜血冒出而未继续实行的场合，依主观说，若行为人仍系能为却不为，成立中止犯；若系欲为却不得为，属于障碍未遂。按客观说，需依照一般社会观念判断特定情事是否对行为人的意思具有强制之影响，来具体决定是成立中止犯，还是成立障碍未遂。日本刑法的判例对于基于恐怖、惊愕而停止犯行的情形一般认定为障碍未遂，否认任意性。

（4）因担心被发觉而停止犯行。对于因担心被发觉而停止犯行是否可以承认任意性的问题，理论上意见不一。大塚仁认为："因害怕犯罪被发觉而中止了时……不能成立中止犯。"③ 大谷实却肯定其任意性。他说："害怕自己的犯罪行为被别人发现而中止的场合，判例认为也不具有任意性，但是，在行为人想实施的话就能继续下去，而且一般人看来，也并不在影响完成犯罪的场合，应该能够认定任意性。"④ 木村龟二则强调应区别分析，他认为："应区别担心发觉后被告发、逮捕、受处罚等与担心发觉后被告发、逮捕、受处罚等给

① ［日］大谷实：《刑法讲义总论》，新版 2 版，黎宏译，332 页，北京，中国人民大学出版社，2008。

② ［日］山中敬一：《刑法总论》，2 版，771～772 页，东京，成文堂，2008。

③ ［日］大塚仁：《刑法概说》（总论），冯军译，221～222 页，北京，中国人民大学出版社，2003。

④ ［日］大谷实：《刑法总论》，新版 2 版，黎宏译，353 页，北京，法律出版社，2008。

自己带来名誉上的损害。前一种情况属于障碍未遂，后一种情况属于中止未遂。”①

(5) 基于目的物障碍而停止犯行。这是指在财产犯罪中，当初预想的目的物不存在，而停止犯罪的情况。对此，理论上也有不同意见：一种意见认为成立中止犯。大场茂马、泉二新熊、木村龟二、大塚仁持该意见。如大塚仁指出：“盗窃犯人获知想窃取的财物太少，因失望而中止了时，成立中止犯。”② 另一种意见认为对此要具体分析。植松正指出：“如果因为财物价值小而不窃取的，成立中止犯；行为人意图窃取特定目的物，但特定物品并不存在的，即使没有窃取其他财物，也是障碍未遂。”③

(6) 基于嫌恶而停止犯行。对此，理论上也有争议。多数学者如大塚仁、大谷实认为，基于嫌恶而放弃犯罪的，不具有任意性。也有部分学者承认其任意性。如木村龟二指出：“基于迷信、刑罚的恐怖、肉体的嫌恶、怯懦等道德上无价值的动机中止犯行的，也成立中止犯。”④

(二) 中止行为

成立中止犯，仅有主观上的中止意思还不够，客观上还必须有中止行为，即客观上必须中止了实行行为或者防止了犯罪结果。中止行为，是出于防止结果的目的的行为，因此，还要达到防止结果所必要的程度。中止行为的形态因着手中止和实行中止而有所区别。

1. 着手中止与实行中止

所谓着手中止，是指已着手实行犯罪，在实行行为终了前，放弃实行的情况。实行中止，是指犯罪实行行为已实施终了，在结果发生之前防止了结果发生的情况。立法上，只有如意大利等少数国家的刑法对着手中止与实行中止作了区分。在意大利，着手中止与实行中止分别被称为中止犯罪与主动防止结果发生。对中止犯罪，其刑法第 56 条第 3 款规定：“如果犯罪人自愿中止行为，只有当已完成的行为本身构成其他犯罪时，才处以该行为规定的刑罚。”对主动防止结果发生，其刑法第 56 条第 4 款规定：“如果自愿防止结果的发生，处以为犯罪未遂规定的刑罚并减轻三分之一至一半。”而在德国、韩国、日本等，刑法并不区分着手中止与实行中止，但由于二者构成条件不同，理论上，学者们都对中止犯作出该种区分。在着手中止的场合，因实行行为尚未终了，行为人只要不继续实施其后的实行行为，即仅有消极的不作为，即可成立；而实行中止，因实行行为已实施终了，所以，行为人不仅须有积极防止结果发生之作为，而且须实际防止了结果发生时，才能成立。实行行为何时终了，对于区分着手中止与实行中止具有重要意义。

2. 实行行为终了时期

关于实行行为终了的时期，理论上有以下不同的学说。

(1) 主观说。该说认为，实行行为是否终了，应依行为者主观意思决定。例如，甲意图发射一发子弹杀害乙，发射了该子弹时，实行行为即终了，其后即使任意停止了发射第二发子弹，也不成立中止犯。但当甲意图发射两发子弹杀害乙时，在知道第一发子弹没有命中乙，而任意停止发射第二发子弹，则成立中止犯。持主观说的学者有牧野英一、宫本英脩、泷川幸辰、佐伯千仞等。泷川幸辰指出：“判断实行行为是不是继续，只能根据行为

① ［日］木村龟二：《刑法总论》，增补版，365 页，东京，有斐阁，1978。

② ［日］大塚仁：《刑法概说》（总论），冯军译，221 页，北京，中国人民大学出版社，2003。

③ ［日］植松正：《刑法概论Ⅰ总论》，再订版，322 页，东京，劲草书房，1974。

④ ［日］木村龟二：《刑法总论》，增补版，365 页，东京，有斐阁，1978。

人的计划来认定，如还有向尚未被打死的人发射第二发子弹的打算，那么，实行就没有终了。"[①] 关于主观说，大塚仁认为是不合理的。他说："实行行为是否终了，必须一并考虑行为的客观形态和行为人的主观方面来判断。当第一发子弹没有命中时，在虽然能够发射第二发子弹的状态下，却任意停止了发射时，可以承认是中止犯。"[②]

（2）客观说。该说主张，实行行为是否终了，应依行为在客观上有无发生结果之可能性来决定。若行为在客观上已有发生结果之可能性，则实行行为即告终了。如以枪杀人，通常仅发射一发子弹，即有发生结果的可能。即使行为人意图发射两发子弹，在其发射第一发子弹后，实行行为即终了，虽任意而停止发射第二发子弹，已不成立中止犯。日本学者植松正被公认为客观说的代表。对于客观说，山中敬一提出了批评。他认为："若根据这种学说，最终没有发生结果危险的场合，因为实行行为终了，成立障碍未遂，不允许类推适用中止犯的规定。由于最初的行为，发生了重大危险时，却可以减轻处罚。在引起较小危险的场合，否认具有成立中止犯的余地，是不合理的。"[③]

（3）折中说。该说认为，实行行为具有主观和客观的构成因素，所以，关于实行行为的终了时期，应当综合考虑行为的客观情况与行为人的主观情况来判断。根据该说，对于使用连发数颗子弹的手枪杀人的案例，第一枪命中被害人时，如果没有积极防止结果发生的行为，即不承认为中止犯。但第一枪没有命中的场合，客观上有发射第二枪的可能，并且行为人认识到这种可能而停止第二枪发射时，应认定为中止犯。[④] 福田平、吉川经夫、木村静子以及韩国学者金日秀持该说。金日秀说："由于实行行为自身已经意味着主观意思的客观表现，所以，折中说的立场是妥当的。"[⑤]

在日本，由于主观说和客观说只是重视了实行行为的一个方面，因而缺陷是明显的。折中说与实行行为的构造相一致，因此，理论上得到多数学者的赞同。司法实践中，判例立场不一，有的采用主观说，有的采用客观说或折中说。

3. 犯罪结果未发生。成立中止犯，是否需要犯罪结果未发生，在刑法理论上是个有争议的问题。一种意见重视行为人主观方面，认为只要认真地实施了中止行为，即使发生了结果，也成立中止犯。持该主张的学者有牧野英一、江家义男、井上正治、香川达夫、川端博等。如川端博指出："既然已发生了结果，则难以承认违法性减少，但由于放弃了主观违法要素的故意，则基于行为无价值之减少而有肯定其违法性减少的余地。又由于与法的义务的合致以及法的敌对意思的弱化，责任也随即减少。考虑两者，在刑的减轻限度方面，可以肯定类推适用中止犯规定。"[⑥] 但是，在德国、韩国、日本等国家，刑法把中止犯规定为广义未遂犯的形式之一，既然发生了结果，就不可能认为是未遂，因而也不可能认定为中止，所以，多数学者主张另一种意见，即成立中止犯，犯罪结果必须未发生。团藤重光强调："即使实施了中止行为，但如果犯罪达到了既遂，就不是未遂罪，因此也不可能成立中止犯。"[⑦] 金日秀等也指出："行为人的中止努力必须是成功的。因此，尽管存在行为人真

---

① ［日］泷川幸辰：《犯罪论序说》，王泰译，123页，北京，法律出版社，2005。

② ［日］大塚仁：《刑法概说》（总论），冯军译，222页，北京，中国人民大学出版社，2003。

③ ［日］山中敬一：《刑法总论》，2版，756页，东京，成文堂，2008。

④ 参见［日］山中敬一：《刑法总论》，2版，756～757页，东京，成文堂，2008。

⑤ ［韩］金日秀、徐辅鹤：《韩国刑法总论》，11版，郑军男译，523页，武汉，武汉大学出版社，2008。

⑥ ［日］川端博：《刑法总论讲义》，471页，东京，成文堂，1997。

⑦ ［日］团藤重光：《刑法纲要总论》，273页，东京，创文社，1990。

挚努力，但结果仍旧发生时，则应该承担既遂的责任。”①

4. 中止行为与犯罪结果未发生之间的因果关系。实施了结果防止行为，但该防止行为与结果的不发生之间并无因果关系，或者行为人虽然实施中止行为，但由于中止行为以外的原因结果没有发生时，能否认定为中止犯，在理论上这也是个有争议的问题。比如，被害人服下毒药后，加害人改变主意，呼叫救护车抢救被害人。但是，毒药实际上并未达到致死量，因而并未发生结果。对于该情形，德国刑法典第 24 条第 2 款规定：“在数人共同犯罪中，其中主动阻止犯罪完成的，不因未遂而处罚。如该犯罪没有中止犯的行为也不能完成的，或犯罪的未遂与中止犯以前参与的行为无关，只要行为人主动努力阻止该犯罪完成，应免除其刑罚。”根据其刑法的规定，德国刑法理论普遍否认中止行为与犯罪结果未发生之间须存在因果关系。耶赛克等在其教科书中指出：“根据该规定，如结果非因行为人的中止而未发生的，例如，行为人不知道其行为属于不能未遂，或者由于第三人的独立介入而使结果未发生，只要行为人主动且真诚努力避免结果发生的，即可认定中止。”②

在日本，由于刑法对此未予以明确规定，理论上有肯定说和否定说的争论。否定成立中止犯的学者有大场茂马、泉二新熊、小野清一郎、植松正、佐伯千仞、藤木英雄、西原春夫、大谷实等。否定说是刑法理论上的通说。如大谷实指出：“现行刑法将‘根据自己的意思而中止犯罪’作为要件，从这一规定看，必须根据任意行为而防止结果，即中止行为和结果未发生之间必须具有因果关系的理解是正确的。（2）说（肯定说——引者注）……是立法论的问题，不是解释论的问题。”③ 肯定说认为，在这种场合，应当肯定中止犯的成立。如前田雅英指出，行为人以杀人的故意投放毒药，当见到被害人痛苦而悔改，实施救护，防止了结果的发生，成立中止未遂。在实际上若投放的毒药量并不足够，即便不救护，被害人也不会死亡时，虽然中止行为和结果不发生间欠缺因果关系，但因违法性减少，也应当认定为中止行为。另外，行为人既然实施了中止行为，从责任减少说出发，也应承认中止的效果。再者，从政策上考虑，既然结果没有发生，也可以承认中止的效果。相反，如果在投放毒药达到致死量的场合，承认中止未遂，而在投放毒药未达到致死量时却否认中止犯的效果，则有失均衡。④ 肯定说论者所指的“刑罚不均衡”问题是客观存在的。也许立法者考虑到该情况，1974 年日本改正刑法草案第 24 条第 2 款改采了肯定说的观点。该款规定：“行为人作出了足以防止结果发生的努力时，即使由于其他情况使得结果没有发生的，也与前项同。”

当然，若持肯定说，是有条件的。多数学者认为，只有行为者作出了真挚努力时，才能承认中止犯的法律效果。如前田雅英强调：“虽然没有必要将防止结果的发生限定为行为人自己独立地防止结果发生，但没有为防止结果的发生作出真挚努力时，不能认定为中止犯。”⑤ 所谓真挚努力，一般认为在客观上须该行为系防止结果发生之适当行为，主观上须行为人具有以该行为防止结果发生之意识。

① ［韩］金日秀、徐辅鹤：《韩国刑法总论》，11 版，郑军男译，523 页，武汉，武汉大学出版社，2008。

② ［德］耶赛克、魏根特：《德国刑法教科书》（总论），徐久生译，655 页，北京，中国法制出版社，2001。

③ ［日］大谷实：《刑法讲义总论》，新版 2 版，黎宏译，356 页，北京，中国人民大学出版社，2008。

④ 参见［日］前田雅英：《刑法总论讲义》，4 版，166～167 页，东京，东京大学出版会，2006。

⑤ ［日］前田雅英：《刑法总论讲义》，4 版，167 页，东京，东京大学出版会，2006。

四、中止犯的处罚

关于中止犯的处罚，各国刑法规定并不一致。归纳起来，有以下几种情况：

1. 不处罚或免除处罚。如德国刑法典第 24 条第 1 款规定："行为人自动中止犯罪或主动阻止犯罪完成的，不因犯罪未遂而处罚。"罗马尼亚刑法典第 36 条第 1 款也规定："行为人在行为结果出现以前阻止或防止结果发生的，不予处罚。"此外，泰国、挪威、奥地利的刑法也采用该立法例。

2. 减轻处罚。如瑞士联邦刑法典第 22 条第 2 款规定："行为人主动防止犯罪结果的发生或实际阻止犯罪结果发生的，法官以自由裁量权减轻处罚。"

3. 减轻或免除处罚。如日本刑法第 43 条但书部分规定："但因自己的意思中止犯罪时，减轻或免除其刑。"韩国刑法典第 26 条也规定，对中止犯"减轻或免除处罚"。

4. 对自动中止不罚，对自动防止结果减轻处罚。采纳该立法例的国家不多，意大利是其代表，其刑法典第 56 条第 3 款规定："如果犯罪人自愿中止行为，只有当已完成的行为本身构成其他犯罪时，才处以该行为规定的刑罚。"也就是说，已完成的行为不构成其他犯罪的，应排除对自动中止的处罚。对主动防止结果发生中止犯的处罚，其刑法典第 56 条第 4 款规定："如果自愿防止结果的发生，处以为犯罪未遂规定的刑罚并减轻三分之一至一半。"

另外，对于中止犯的处罚，还有以下两点需要说明。第一，对中止犯（自动中止）免除处罚，只是不处罚中止未遂本身；中止行为符合了其他罪的构成要件，成立犯罪时，并不排除对其所符合之罪的处罚。对此，不少国家的刑法有明确规定。如泰国刑法典第 82 条在规定对中止犯免除处罚的同时，又规定："但是其已完成的行为构成犯罪的，应当依该罪处罚。"韩国刑法典对此虽无明确规定，但其理论一般也认为："在不处罚中止未遂的法律制度下，中止未遂只是不处罚未遂本身，因而已经达到既遂状态犯罪的危害结果发生时，无法免除对此的处罚。"① 第二，在对中止犯减轻或免除处罚的国家，只要适用中止犯的条款，即便该行为符合其他构成要件，也不成立其他犯罪。例如，在杀人罪中止犯的场合，即便发生了伤害事实，也不成立伤害罪。②

第五节 预备犯与阴谋犯

一、预备犯与犯罪预备

（一）犯罪预备

犯罪预备，也称预备或犯罪的预备行为。韩国刑法典第 28 条规定："犯罪的阴谋或预备行为未达实行着手阶段，不予处罚。但法律有特别规定的，不在此限。"

① ［韩］李在祥：《韩国刑法总论》，［韩］韩相敦译，341 页，北京，中国人民大学出版社，2005。

② 参见［日］大谷实：《刑法讲义总论》，新版 2 版，黎宏译，358 页，北京，中国人民大学出版社，2008。

对于预备的定义，韩国刑法典并未规定。越南刑法典采取例示法对犯罪预备进行了定义，其第 17 条规定："犯罪预备，是指为实施犯罪而寻找、制作工具、设备或创造其他有利于犯罪的条件等行为。"理论上，学者们对预备行为的认识比较一致，一般认为是指从事犯罪实行之前的准备行为。

预备行为是对犯罪实行进行准备的行为，因此，行为人主观上必须是故意的，过失的预备行为难以成立。

就预备行为的范围而言，一般认为既包括有形预备，也包括无形预备。前者如为杀人购买工具，后者如打听被害人信息。

关于预备行为的表现形式，德国学者弗兰克指出，预备行为有："共犯者的征集及阴谋即实现犯罪的合意，犯罪用具的置办及准备，犯行机会的研究，赴犯罪行为现场，守候，使犯罪行为便于实行或实施为了免予处罚的行为……"[①] 俄罗斯学者根据其刑法典第 30 条的规定，一般认为预备行为有以下形态：（1）寻求实施犯罪的手段或工具；（2）制造实施犯罪的手段或工具；（3）加工实施犯罪的手段或工具；（4）寻求共同犯罪人；（5）进行犯罪勾结；（6）以其他方式故意为实施犯罪创造条件。[②] 当然，上述学者都只是例示了预备行为的若干典型类型，而预备行为的表现形式远不止这些。

（二）预备犯

1. 预备犯的概念

预备犯，也称预备罪，是指有犯罪的决意，进而实施犯罪的准备行为，但尚未达到着手实行的情形。对于预备犯，只有俄罗斯、朝鲜等少数国家的刑法有规定。如《朝鲜民主主义人民共和国刑法典》第 19 条规定："对犯罪的预备或未遂的刑事责任，应参酌犯罪的危害程度、犯罪的实施程度、犯罪行为未完成的原因，来认定是否构成犯罪。"这里的犯罪预备即为预备犯。

2. 预备犯的法律性质

关于预备罪的法律性质，即预备罪与基本犯罪之间的关系，理论上有三种观点：（1）构成要件修正形式说（发现形态说）。该说认为，预备罪不是独立的犯罪类型，只是在法益需要有效保护时，将其构成要件扩大到未遂前阶段的基本犯罪的修正构成要件。（2）独立构成要件说（独立犯罪说）。这是将预备罪理解为独立于基本犯罪的犯罪类型的观点。该说认为，预备罪独立于基本犯罪，其本身具有不法的实质，因此，不应该将其视为基本犯罪的修正形式，而应该视为独立的犯罪。（3）二分说。此观点将预备罪分为基本犯罪的修正形式与独立构成要件两种情况进行理解。二分说在德国和日本比较流行。日本学者西原春夫在介绍上述学说后，认为二分说是适当的。[③] 构成要件修正形式说为韩国多数学者主张。李在祥在介绍了预备罪法律性质后，指出由于未遂只不过是基本犯罪的修正形式，而且预备罪的规定形式反而明确了预备罪是基本犯罪的修正形式，因而不能将其前一阶段的预备理解为独立的犯罪。[④]

---

① 转引自［日］齐藤诚二：《预备罪的研究》，170 页，东京，风间书房，1971。

② 参见［俄］俄罗斯联邦总检察院编：《俄罗斯联邦刑法典释义》（上册），黄道秀译，63 页，北京，中国政法大学出版社，2000。

③ 参见［日］西原春夫：《刑法总论》（上卷），改订版，313～314 页，东京，成文堂，1995。

④ 参见［韩］金日秀、徐辅鹤：《韩国刑法总论》，11 版，郑军男译，527 页，武汉，武汉大学出版社，2008。

3. 预备犯的成立条件

成立预备罪，理论上一般认为需要具备以下要件：（1）主观上须有犯罪的故意（决意）。成立预备罪，行为人主观上必须具有犯罪的故意，过失导致的预备罪或过失犯的预备罪不能成立。由于理论上对预备罪法律性质的理解不同，对于预备罪的故意内容的认识也有所不同。实行故意说认为，预备的故意是指实行的故意，即符合基本构成要件事实的认识。预备故意说认为，预备罪的故意与实行的故意不同，内容是对预备行为自身的认识。（2）客观上须有预备行为。成立预备罪，仅具有单纯的犯罪计划、意思表示或者内心的准备尚不够，客观上行为人必须实施了预备行为。由于预备行为在手段、方法上没有限制，所以预备行为是无限、无定型的。（3）须未达于犯罪的实行。行为人一旦着手犯罪的实行，预备罪就会被本罪的未遂或既遂吸收，因此，成立预备罪，还必须行为未达于犯罪的实行。

（三）预备犯与犯罪预备的关系

预备犯与犯罪预备的关系是刑法理论上需要解决的问题。历史上虽有学者将二者混为一谈，但多数学者认为预备犯与犯罪预备是不同的概念。预备犯是犯罪的形态之一，与未遂犯、共犯同是构成要件的修正形式。犯罪预备是犯罪的阶段之一，与犯罪实行阶段和实行后阶段同为故意犯罪的阶段或段落。成立预备犯，不仅需要犯罪预备行为，还必须具备其他要素，如未至于着手实行等。

二、预备犯的种类和刑事责任

（一）预备犯的种类

理论上根据不同标准，将预备罪分为独立预备罪与从属预备罪、自己预备罪与他人预备罪。

所谓独立预备罪，是指刑法将准备行为规定为独立犯罪类型的情况；从属预备罪，则是指刑法将准备行为作为基本构成要件的修正形式予以规定的情况。

所谓自己预备罪，是指行为人以自己（或与他人共同）实行犯罪为目的，实施预备行为才能构成预备罪，以使他人实行犯罪为目的实施预备行为时则不构成预备罪的情况。如关于杀人预备罪，日本刑法第291条规定："以犯第199条之罪为目的进行预备的，处2年以下惩役，但可以根据情节免除刑罚。"自己预备罪由于是修正基本罪的构成要件而设立的，从属于基本罪，所以，一般也属于从属预备罪。当刑法独立规定了某种预备罪的构成要件，预备罪的成立不要求以行为人本人实施犯罪为目的，为他人实行犯罪实施预备行为也能成立预备罪时，属于他人预备罪。如日本刑法第153条规定："以供伪造、变造货币、纸币或者银行券之用为目的，准备器械或者原料的，处3个月以上5年以下惩役。"在他人预备罪的场合，刑法将其构成要件类型化地予以独立规定，因而一般也属于独立预备罪。

需要注意的是，自己预备罪不一定都是从属预备罪，他人预备罪也不一定都是独立预备罪，如日本刑法第78条所规定的内乱预备罪，虽然是从属预备罪，但也可以是他人预备罪。另外，就是否应当承认他人预备罪而言，在理论上存在争议。（1）肯定说认为，他人预备也是间接的法益侵害行为，在其侵害法益的直接危险上与自己预备没有区别；在解释上，"以犯罪为目的"的规定除了包括自己的目的外，还包括促使他人行为的目的。（2）否认说指出，为他人实行犯罪而实施预备行为，不成立预备罪。至于否定说的理由，理论上认为有以下几点：1）由于他人着手时即构成共犯，因而将他人预备包括在预备当中，很容易导致对他人预备可能按照构成正犯，也可能构成共犯的后果。2）在法益侵害方面，对他人预备与自己预备无法等同评价。3）如果将他人预备也纳入预备中，很容易导致预备罪的处罚范围过分扩大。[①]（3）二分说强调，只有刑法特别规定时，存在他人预备罪，在其余的情况下不存在他人预备罪。前田雅英认为："以自己实现基本犯罪为目的而进行准备的，是自己预备，以使他人实现犯罪为目的而进行准备的，是他人预备。杀人预备只限于自己预备，但内乱预备罪、外患预备罪包含了他人预备。"[②]

（二）预备犯的刑事责任

对于预备犯的刑事责任，归纳各国刑法的规定，主要有以下三种立法模式：

1. 对预备犯一律不予处罚。采取该种立法例的国家认为，犯罪预备行为只是为犯罪的实行创造可能的条件，并没有对刑法保护的利益造成直接、现实的危险，缺乏承担刑事责任的基础，在证据认定上有困难。采取该立法例的如 1940 年巴西刑法和 1954 年格陵兰刑法。

2. 对预备犯原则上都予以处罚。采用这种立法例的国家的刑法重视行为人的主观恶性，强调刑法的预防机能，认为预备犯虽然没有造成现实的社会危害，但具有造成社会危害的危险性，应当加以处罚。1926 年苏俄刑法典和 1960 年苏俄刑法典就是持这种立场的。由于受到当时国际环境和社会意识形态的影响，不少社会主义国家的刑法也作出了类似的规定。

3. 对预备犯原则上不予以处罚，只对严重犯罪的预备行为才予以处罚。德国、日本是该种立法例的代表性国家。日本刑法总则并无处罚预备犯的规定，对于需要处罚的预备行为，设置特定的罪名规定在刑法分则中。日本刑法规定的预备罪有内乱预备罪（第 78 条）、外患预备罪（第 88 条）、私战预备罪（第 93 条）、对建筑物放火预备罪（第 113 条）、伪造通货预备罪（第 153 条）、杀人预备罪（第 201 条）、勒索赎金目的的略取等预备罪（第 228 条之三）、强盗预备罪（第 237 条），共计 8 种。

三、阴谋犯的若干问题

（一）阴谋的概念

理论上对阴谋的成立条件有不同理解，关于阴谋概念的表述也有差别。一种观点认为，阴谋是指二人以上者为实行特定的犯罪而进行的谋议。[③] 根据该观点，只要行为人有合意行为，不管最终是否就犯罪达成合意，均成立阴谋罪。另一种观点认为，阴谋是数行为者就实行犯罪达成的合意。[④] 也就是说，成立阴谋罪，不仅需要数行为者就犯罪进行谋划，而且须达成合意。由于行为人仅就犯罪进行谋划而未达成合意，无法产生构成要件结果的危险，不易认定为成立犯罪，所以，对于阴谋的概念，日本、韩国的多数学者倾向于第二种观点。

（二）阴谋与预备的关系

在未至犯罪的实行这一点上，阴谋与预备是共同的，但二者的关系如何，理论上有三

① 参见［韩］李在祥：《韩国刑法总论》，［韩］韩相敦译，363 页，北京，中国人民大学出版社，2005。

② ［日］前田雅英：《刑法总论讲义》，4 版，138 页，东京，东京大学出版会，2006。

③ 参见［日］大塚仁：《刑法概说》（总论），冯军译，215 页，北京，中国人民大学出版社，2003。

④ 参见［日］前田雅英：《刑法总论讲义》，4 版，138 页，东京，东京大学出版会，2006。

种意见：

第一种观点认为，阴谋是预备的一种形式。持该意见的有泷川幸辰、草野豹一郎、西村克彦、木村龟二等。如木村龟二指出："共谋或共同谋议是两人以上间形成超越各个共同谋议者意思的团体的'共同意思'，其共同意思以实行一个犯罪为目的的场合叫'阴谋'，以实行不定多数的犯罪为目的的场合叫'犯罪团体'，均属于预备。"①

第二种观点认为，阴谋是预备之前的一个阶段。西原春夫认为："从现行刑法处罚阴谋犯罪看，阴谋与实行行为间都需要物的准备行为。因此，本书认为，阴谋是物的准备行为即预备行为之前的犯罪发展的一个阶段。"② 在日本，持该意见的还有大场茂马、宫本英脩、齐藤诚二、福田平、曾根威彦、野村稔等。

第三种观点认为，阴谋与预备是各自独立的准备阶段的行为。持该主张的只是少数学者。大谷实指出，阴谋是二人以上就实施一定的犯罪而商量、达成合意的情况；预备是以谋议以外的方法实施的、以实行犯罪为目的的准备行为。阴谋和预备是分别独立的准备阶段的行为。③ 学者清水洋雄也认为："从现行刑法区别阴谋与预备的规定看，前说（阴谋是预备的一种形式的观点——引者注）是不妥当的，还有，认为阴谋是预备之前的一个阶段的后说也是不妥当的，预备与阴谋是各自独立的准备阶段的行为。"④

（三）刑法分则中的阴谋罪

对于阴谋罪，只有少数国家的刑法有规定。日本刑法规定的阴谋罪有 3 种，即内乱阴谋罪（第 78 条）、外患阴谋罪（第 88 条）和私战阴谋罪（第 93 条）。韩国刑法典规定的阴谋罪与预备罪数量相同，即刑法凡是对某种犯罪规定了预备罪的，同时都规定了阴谋罪，其刑法分则中有 13 个条文规定了 34 种阴谋罪和预备罪。

四、预备罪、阴谋罪的中止

预备罪、阴谋罪的中止，理论上亦称预备、阴谋的中止，是指行为人在实施预备、阴谋行为后，任意中止其后实行行为的情况。对于中止犯，各国刑法大都设置了减免刑罚的规定，那么，预备罪、阴谋罪的中止能否适用刑法关于中止犯减免处罚的规定？对此，理论上有否定说、肯定说和二分说的争论。（1）否定说认为，刑法规定的中止犯只有在着手实行后才能成立，在着手之前的预备或阴谋情况下没有中止犯的观念。（2）肯定说认为，预备罪、阴谋罪中应当肯定中止犯的观念，因为根据刑法对中止犯减免刑罚的规定，行为人在着手实行犯罪后中止的，要减免刑罚，若行为人在着手实行之前中止犯罪却不减免处罚，将会导致刑罚处罚的不均衡。（3）二分说认为，是否承认预备罪、阴谋罪的中止，要具体分析。独立预备罪没有对应的基本犯罪，不存在着手后中止犯罪的问题，也不会产生刑罚不均衡的问题，没有预备罪、阴谋罪的中止；对从属预备罪应当承认预备罪、阴谋罪的中止。从司法实践看，日本、韩国的判例都采纳了否定说。而在刑法理论上，肯定说则

---

① ［日］木村龟二：《刑法总论》，增补版，406 页，东京，有斐阁，1984。

② ［日］西原春夫：《刑法总论》（上卷），改订版，315 页，东京，成文堂，1995。

③ 参见［日］大谷实：《刑法讲义总论》，新版 2 版，黎宏译，328～329 页，北京，中国人民大学出版社，2008。

④ ［日］清水洋雄：《预备·阴谋》，载［日］阿部纯二、板仓宏等编：《刑法基本讲座》，第 4 卷，51 页，东京，法学书院，1992。

是通说。

预备罪、阴谋罪的中止的另外一个问题是：若肯定预备罪、阴谋罪的中止，那么，究竟是以既遂罪的法定刑，还是以预备罪的法定刑为基准进行减免？对此，一种意见认为，应以既遂犯的法定刑为基准。其中，有的认为只能免除处罚；有的认为既可以免除处罚，也可以减轻处罚。另一种观点认为，应以预备罪的法定刑为基准，减轻、免除处罚。

预备（包括阴谋）是着手实行前的犯罪阶段。基于刑事政策的考量，刑法将个别犯罪的预备、阴谋规定在分则中例外地处罚。从这个意义上看，预备罪、阴谋罪的中止在形式上是矛盾的。刑法理论之所以要研究预备罪、阴谋罪的中止问题，重要的原因在于避免刑罚处罚失衡问题。承认预备罪、阴谋罪的中止的观念，的确可以避免处罚失衡的难题，但若将预备罪、阴谋罪的中止作为中止未遂进行处罚，又会出现将所有的预备、阴谋行为都作为中止未遂的危险。① 因此，如何处理预备罪、阴谋罪的中止，仍是一个需要研究的问题。

【问题与思考】

1. 未遂犯的处罚根据有哪些学说？如何评价这些学说？
2. 实行着手的学说有哪些？其争论的实质是什么？
3. 什么是不能犯的学说？有哪些学说？其争论的实质是什么？
4. 如何理解中止犯的性质？
5. 如何认定中止犯的“任意性”？

---

① 参见［韩］金日秀、徐辅鹤：《韩国刑法总论》，11版，郑军男译，531页，武汉，武汉大学出版社，2008。

第九章

正犯与共犯

内容导读

正犯概念一般区分为单一的正犯概念和非单一的正犯概念；共犯可分为最广义、广义和狭义三类。最广义的共犯，是指两个以上的人共同实现构成要件的情况，可以分为任意共犯和必要共犯。广义的共犯，是指作为任意共犯的共同正犯、教唆犯以及帮助犯。狭义的共犯，是指教唆犯和帮助犯。关于共犯中的“共同”，在学说上向来有犯罪共同说与行为共同说之争；关于狭义共犯的成立，是独立于还是依赖于正犯行为，学说上有共犯从属性说与共犯独立性说的争论；关于共犯的处罚根据，有责任共犯说和不法共犯说之争；关于正犯与共犯的区分，有主观说、客观说和犯罪支配说之别。共犯与身份研究的是身份对共犯人罪与刑的影响问题；共犯与错误研究的是共犯人产生认识错误时是否影响其罪责的问题。共犯的脱离，可以分为从共同正犯关系中的脱离、从教唆犯关系中的脱离以及从从犯关系中的脱离三类。在共犯竞合的情况下，轻之共犯形态，应为重之共犯形态所吸收；从属之共犯形态，应为独立之共犯形态所吸收。

第一节　正犯

一、正犯的概念和种类

（一）正犯的概念

从比较法学的立场看，根据是否限定正犯的处罚范围，是否区分正犯与共犯，正犯的概念一般区分为单一的正犯概念和非单一的正犯概念。

单一的正犯概念，也称统一的正犯概念，其不区分正犯和共犯，认为凡是参与犯罪者，都是正犯。例如，意大利刑法典第 110 条规定，当数人共同实施同一犯罪时，对于他们当中的每一人，均处以法律为该犯罪规定的刑罚，以下各条另有规定者除外。奥地利刑法典第 12 条规定，自己实施应受刑罚处罚的行为，或者通过他人实施应受刑罚处罚的行为，或者为应受刑罚处罚的行为的实施给予帮助的，均是正犯。对于这种正犯和共犯不加区分的单一的正犯概念，德国学者耶赛克等认为存在重大的问题：第一，由于将全部对犯罪的影响重新解释为法益破坏的原因，相关构成要件的特殊的行为不法便不复存在了。第二，在亲手犯和特殊犯的情况下，未亲自实施犯罪行为的共犯可能因其与行为的因果关系而被视为正犯，尽管他们没有亲自实施犯罪，或者说没有作为正犯而加重处罚。第三，这一概念还将导致不必要地扩大刑罚，因为根据构成要件对未遂犯规定处罚的任何场合，对共犯的未遂也处罚，而通常未遂的共犯很少受到处罚。帮助犯的情况同样如此。第四，这一概念因排除了对教唆犯和帮助犯减轻处罚的可能性，将导致量刑标准变得粗糙。①

所谓非单一的正犯概念，又称非统一的正犯概念，是指将所有参与犯罪实现的人，依其参与的形态，分为正犯与共犯两种类型，而在刑罚上分别给予不同的评价。出于区分正犯和狭义共犯的必要，学者们又提出了限制的正犯概念和扩张的正犯概念。

限制的正犯概念从限制正犯范围的立场出发，认为正犯只能是自己实施了符合构成要件行为的人，而那些仅通过非构成要件的行为对结果的产生起一定原因作用之人不能构成正犯。② 根据这一观点，限制的正犯概念具有扩大处罚范围的意义，因而可以说，共犯规定属于“刑罚扩张事由”，也是构成要件的修正形式。也就是说，通过与诸如“杀人”等分则的基本构成要件相结合，创造了“共同杀人”“教唆他人杀人”“帮助他人杀人”这些修正的构成要件。与一般的犯罪一样，共犯也必须符合修正的构成要件，且具有违法性、有责性。③ 对于限制的正犯概念，德、日的一些学者指出：这一概念忘记了符合构成要件的实行行为这一观念所具有的规范意义④，它完全不想将间接正犯包括在内，对于共同正犯，也只是将那些至少实现一部分构成要件的共犯包括在内。⑤

扩张的正犯概念是为了解决限制的正犯概念只能将间接正犯视为共犯的理论缺陷而提出的理论。这种理论认为，为犯罪的实现提供了任何条件的人都是符合构成要件的实行行为，都是正犯。教唆犯和帮助犯也是正犯，只是因刑法对这类共犯有规定而受到特殊处遇，所以，共犯的刑法规定是缩小正犯处罚范围的事由。⑥ 按照这一理论，如果某人通过其因果行为参与了犯罪，只要其未按照教唆犯或帮助犯享受刑罚限制事由待遇，就被视为正犯。由此产生了让他人为自己实施犯罪的间接正犯的处罚性。⑦ 扩张的正犯概念忽视了实行行为

---

① 参见［德］耶赛克、魏根特：《德国刑法教科书》（总论），徐久生译，778 页，北京，中国法制出版社，2001。

② 参见［德］耶赛克、魏根特：《德国刑法教科书》（总论），徐久生译，782 页，北京，中国法制出版社，2001。

③ 参见［日］西田典之：《日本刑法总论》，刘明祥、王昭武译，268 页，北京，中国人民大学出版社，2007。

④ 参见［日］大塚仁：《刑法概说》（总论），冯军译，239 页，北京，中国人民大学出版社，2003。

⑤ 参见［德］耶赛克、魏根特：《刑法（总论）教科书》，徐久生译，783 页，北京，中国法制出版社，2001。

⑥ 参见［韩］李在祥：《韩国刑法总论》，［韩］韩相敦译，371 页，北京，中国人民大学出版社，2005。

⑦ 参见［德］耶赛克、魏根特：《德国刑法教科书》（总论），徐久生译，784 页，北京，中国法制出版社，2001。

的定型性意义，因为刑法中的教唆犯、从犯的规定预想的是在社会观念上与正犯属于不同类型的行为；认为两者实质上是同一的，就违反了我们的法感觉。① 另外，这一理论认为只要引起危害结果发生就能构成正犯，过分地扩大了正犯的范围，从而违背了罪刑法定主义，产生了侵害刑法保障功能的后果。②

（二）正犯的种类

以行为人是否直接实行犯罪为标准，正犯可以分为直接正犯与间接正犯。直接正犯是指以自己实施实行行为来实现犯罪构成要件者。间接正犯是指为了实现构成要件该当行为，以利用他人作为犯罪工具的方式来实现犯罪构成要件者。③

以正犯的人数为标准，正犯可以分为单独正犯和共同正犯。单独正犯系一人独自完成犯罪的情形；共同正犯是指二人以上共同实行犯罪的情形。

二、间接正犯

（一）间接正犯的概念

为了实施犯罪，行为者既有自己亲自实施实行行为的，也有利用他人作为犯罪工具而实现犯罪构成要件的。前者系直接正犯，后者为间接正犯。简而言之，所谓间接正犯，是指利用他人为工具而实施犯罪的情况。在间接正犯的场合，利用者也被称为幕后操纵者，被利用者即实际执行者，被称为行为媒介或犯罪工具。④

（二）间接正犯的正犯性

一般认为，间接正犯亦为正犯。但就如何认识和论证间接正犯的正犯性而言，学者间的认识不一。对此，主要有以下见解。

1. 工具说。该说认为，间接正犯是利用他人犯罪，被利用者只不过是间接正犯的工具而已。既然利用各种器械实施犯罪的行为是实行行为，那么也应肯定利用他人实施犯罪的行为是实行行为。

2. 实行行为性说。该说认为，间接正犯的正犯性格之实体，被认为无异于直接正犯的实行行为性，亦即在背后利用者的行为中，可发现主观上具备实行之意思，而客观上包含被利用者行为之一定犯罪的实现。所谓正犯，应解释为亲自实施有实现构成要件的“现实的危险性”行为者。间接正犯系与直接正犯同样，由于实行具有构成要件的现实危险的行为，故被视为正犯。⑤

3. 规范障碍说。该说系日本学者西原春夫所主张。依据其见解，应该从非共犯性和正犯性两个方面并且在两方面一致时确定间接正犯的成立范围。其标准是，被利用的他人是否成为实现犯罪的障碍。法秩序期待有责任能力的人避免违法行为，实施合法行为。此期待可能的人，换言之，有能力针对恶的行为动机形成好的行为动机，并有能力加以控制且

---

① 参见［日］大塚仁：《刑法概说》（总论），冯军译，239页，北京，中国人民大学出版社，2003。

② 参见［韩］李在祥：《韩国刑法总论》，［韩］韩相敦译，371页，北京，中国人民大学出版社，2005。

③ 参见［德］耶赛克、魏根特：《德国刑法教科书》（总论），徐久生译，801页，北京，中国法制出版社，2001。

④ 参见［德］乌尔斯·金德霍伊泽尔：《刑法（总论）教科书》，蔡桂生译，410页，北京，北京大学出版社，2015。

⑤ 参见［日］川端博：《刑法总论二十五讲》，余振华译，382页，北京，中国政法大学出版社，2003。

处于发挥其能力状态的人介入的场合，从法秩序的立场看，必须认为存在犯罪实现的规范的障碍。他人不能成为规范性障碍，等于是利用者亲自实现犯罪时，就能承认其正犯性；在他人能够成为规范性障碍，法秩序不能肯定一方的利用关系时，只有被利用者实际上着手于犯罪的实行（共犯的从属性）才能承认犯罪（共犯）的成立。①

4. 行为支配说。该说认为，间接正犯的核心在于它为了犯罪将被利用人使用为不自由的物质手段，即将人当作工具使用。由于被利用人在事实上、法律上处于下位地位，利用人就根据了解情况并有计划地进行操纵的意思，掌握了全部案件而具有支配作用。利用人操纵被利用人支配案件的进展，被利用人的行为成为利用人的操纵意思的结果，因而利用人通过操纵被利用人支配了其行为。总之，对于间接正犯，被利用人的行为只不过是利用人的意思的实现，间接正犯因对实行行为人的意思支配而具有正犯性。②

在以上学说中，实行行为性说系日本学界的通说，而行为支配说在德国则具有优势地位，为一些著名的学者如毛拉赫、耶赛克、罗克辛等极力加以提倡。

（三）间接正犯的类型

以被利用者的性质为标准，可以将间接正犯区分为以下类型。

1. 利用无责任能力者。在被利用者如系幼儿或者心神丧失等无责任能力者的场合，可以承认利用者的行为支配，因此一般而言利用者构成间接正犯。然而，虽然被利用者是法定的刑事未成年人（未满 14 岁），但在精神上和道德上的成熟已经达到与成年人相同的程度，完全具备了区别是非善恶的能力，在此场合，是否仍可以将利用者视为间接正犯？对此，德国的多数说认为，原则上认为责任的欠缺一般并不能否定共犯的成立，不过，从主观说或者行为支配说的立场出发，仅仅将利用被认为从属于他人的意思支配的少年的行为排除在共犯之外，并作为间接正犯来处理。③ 从日本的一些判例看，利用刑事未成年者的行为并不一定都构成间接正犯，具有强制性因素便为间接正犯，无强制性因素则可构成共同正犯或教唆犯。例如，为了让 12 岁的养女按照自己的意志行事，行为人平日经常对其实施暴力，因有一次命令其实施盗窃而事发。法院以能认定行为人是“利用平日便畏惧自己的言行，意志已受到压制的养女”实施盗窃为由，认定成立间接正犯。再如，对于母亲 A 命令 12 岁零 10 个月的长子 B 实施强盗的案件，法院认为，B 已经具有是非辨别能力，而且其母的命令本身也没有达到足以压制 B 的意志的程度，因而认定 A 构成强盗罪的共谋共同正犯。④

2. 利用非刑法上的行为者。刑法上的行为是基于自由意思决定的行为，反射性举动、睡梦中的举动以及身体受绝对强制下的身体动静由于欠缺自由意思决定，故不属于刑法上的行为。利用这种非刑法上的行为者的行为的，就是间接正犯。例如，A 威胁 B，告知其如果不杀掉 C 便将其杀掉，B 迫于 A 的威胁杀掉了 C。这种场合下的 A 构成杀人罪的间接正犯。⑤

---

① 参见［日］西原春夫：《刑法总论》（下卷），改订准备版，358～359 页，东京，成文堂，1995。

② 参见［韩］李在祥：《韩国刑法总论》，［韩］韩相敦译，386～387 页，北京，中国人民大学出版社，2005。

③ 参见［日］西原春夫：《犯罪实行行为论》，戴波、江溯译，242 页，北京，北京大学出版社，2006。

④ 参见［日］西田典之：《日本刑法总论》，刘明祥、王昭武译，270 页，北京，中国人民大学出版社，2007。

⑤ 参见［日］西田典之：《日本刑法总论》，刘明祥、王昭武译，270 页，北京，中国人民大学出版社，2007。

3. 利用合法行为者。在被利用者实施属于违法性阻却事由的行为时，利用者可以成立间接正犯。利用合法行为者而构成间接正犯大体上可以分为三种情形：一是国家机关的合法行为，例如，误导法院或者其他国家机构逮捕了有关人员，或者在诉讼欺诈中使有关人员遭受其他不利处置。① 二是致他人陷入正当防卫的可能状态而侵害第三者法益的场合。例如，甲为了杀害乙而唆使乙攻击丙，并利用丙的正当防卫行为杀害乙时，丙的行为合法，甲则构成杀人罪的间接正犯。② 三是利用他人的紧急避险行为。例如，某人受孕妇之托对该孕妇实施堕胎手术（同意堕胎），因孕妇身体出现异常，如不手术堕胎，该孕妇便有性命之忧，而让执业医师作为紧急避险行为实施了堕胎手术。对此，日本的判例认定构成堕胎罪的间接正犯。③

4. 利用无故意的行为者。利用无故意的行为者可以分为三种情形：一是利用完全不具有过失的行为者。例如，医生让完全不具有过失的护士将毒药注射给患者而致其死亡。在这种情况下，医生就成立间接正犯。二是利用具有过失的行为者。在上例中，护士具有构成要件过失时，应当成立过失犯，而医生则成立杀人罪的间接正犯。此为日本学界的通说。但也有学者认为，在利用他人的过失行为的场合应该否定间接正犯的成立，此时成立的是教唆犯。④ 三是虽然对特定犯罪无故意，但对其他犯罪有故意。例如，甲以杀屏风后的乙为目的，命令不知情的丙向屏风开枪。丙虽有毁损器物的故意，却无杀人的故意，所以丙在有关杀人范围内，仅是单纯的道具，甲应该成立杀人的间接正犯。再如，甲以烧死仓库中的乙为目的，命令不知情的丙放火烧仓库，丙虽有非现住建筑物放火罪的故意行为，但甲的利用行为仍然成立杀人罪的间接正犯。⑤

5. 利用有故意的工具。德国和日本的多数学者认为，利用有故意的工具应当成立间接正犯，因为共犯的成立需要正犯具备全部构成要件要素，而且共同正犯的成立也需要具备全部构成要件要素，所以，利用有故意的工具既不是教唆犯，也不是共同正犯。⑥ 利用有故意的工具可以分为两种情形：一是利用无身份而有故意的工具。例如，公务员甲利用无公务员身份的妻子乙收受贿赂。对此，日本的通说认为，具有公务员身份的丈夫成立受贿罪的间接正犯，妻子构成从犯。⑦ 当然，也有一些学者认为，在此种情况下，利用者和被利用者构成共谋共同犯罪，或者分别构成教唆犯和从犯。⑧ 二是利用无目的而有故意的工具。在这种情况下，欠缺目的犯所要求的目的的被利用者，由于没有认识到其实施的行为是刑法禁止的对象，就不可能形成与行为动机相对的反对动机。故在这种场合，可以根据间接正犯的一般原理，承认其成立间接正犯。⑨ 例如，在德国和日本，伪造货币罪必须以“行使为目的”。如果甲使印刷工人乙误信是印刷电影材料，出于行使的目的而伪造货币，由于乙的行为欠缺行使的目的而不属于伪造货币罪构成要件的行为，所以，甲构成伪造货币罪的间

---

① 参见［德］施特拉腾韦特、库伦：《刑法总论Ⅰ》（犯罪论），杨萌译，299页，北京，法律出版社，2006。

② 参见［韩］李在祥：《韩国刑法总论》，［韩］韩相敦译，388页，北京，中国人民大学出版社，2005。

③ 参见［日］西田典之：《日本刑法总论》，刘明祥、王昭武译，272页，北京，中国人民大学出版社，2007。

④ 参见［日］野村稔：《刑法总论》，全理其、何力译，413～414页，北京，法律出版社，2000。

⑤ 参见［日］川端博：《刑法总论二十五讲》，余振华译，385～386页，北京，中国政法大学出版社，2003。

⑥ 参见［日］西原春夫：《犯罪实行行为论》，戴波、江溯译，238～239页，北京，北京大学出版社，2006。

⑦ 参见［日］川端博：《刑法总论二十五讲》，余振华译，386～387页，北京，中国政法大学出版社，2003。

⑧ 参见黎宏：《日本刑法精义》，225页，北京，中国检察出版社，2004。

⑨ 参见［日］西原春夫：《犯罪实行行为论》，戴波、江溯译，241页，北京，北京大学出版社，2006。

接正犯。

(四) 间接正犯的认定

1. 间接正犯的着手时间

应该在什么时间确定间接正犯的着手是一个需要研究的问题。在德国和日本刑法学界，对于间接正犯着手时点的确定，有以下三种意见：

(1) 利用者说认为，间接正犯着手实行的时间，应当以利用者的行为为基准，即间接正犯的着手时点系利用者开始对被利用者实施诱致犯罪行为之时。利用者说的理论根据是以形式客观说为前提的实行行为概念。按照形式客观说，所谓着手实行，正是开始实行行为的一部分，认为着手实行之时点有发生结果的危险，故需以未遂犯加以处罚。间接正犯虽有利用他人行为的形态，但始终由于在自己亲手实行犯罪行为时方具有“正犯”性，所以着手实行亦应认为系在“正犯”的利用者开始“行为”之时点上。① 因为系间接正犯的着手实行，所以，离开间接行为者的“手”之后再开始认定实行行为并不合理，实行意思的主体与实行行为的主体不可分离亦即此意。②

(2) 被利用者说认为，对间接正犯着手实行的时点应当以被利用者的行为为基准来判断，即被利用者现实开始犯罪的身体活动之时为间接正犯实行的着手之时。这种观点在德国曾经是通说。日本 20 世纪初的判例并未意识到间接正犯这一概念的存在，而是将应当适用间接正犯的场合理解为实行正犯本身，因此倾向于被利用者说。而在日本学界，只有极少数学者主张此说。近年来，无论在德国还是在日本，几乎已经没有支持该说的人了。③

(3) 个别化说认为，间接正犯的着手认定不能一概而定，应当予以区别对待。如何予以区别对待？对此，学者间有不同的看法。韦尔策尔认为，在利用有故意的工具的情况下，帮助者开始实施其行为之时，就成立未遂犯。在其他情况下，与利用机械性工具的场合一样，行为人是通过工具来完成其行为，因此直到行为人放手让“工具”实施行为的时刻，才成立未遂犯。④ 西原春夫认为，间接正犯的实行着手并不总是在利用行为开始之时；在某些场合，在被利用行为开始之时也可以承认实行的着手。在单纯举动犯的场合，利用者的利用行为通常是预备行为；在结果犯的场合，则根据被利用者实施预定行为的盖然性的高低，要么认为被利用者开始实施行为就是实行行为的着手，要么认为这并非实行行为的着手而只是预备行为。而且，在后者的场合，在幕后利用和支配被利用者之行动的利用者的行为是间接正犯的实行行为。当然，被利用者实施预定行为的盖然性的高低最终取决于不同的个案。⑤

2. 间接正犯与亲手犯的区别

亲手犯又称自手犯、亲身犯、己手犯，是指犯罪的实行行为只能由行为人亲自实施才能成立的犯罪。亲手犯的特点在于必须是行为者自己亲手实现犯罪的构成要件，而不能把他人当作工具来实施犯罪。因此，在亲手犯的场合，不可能成立间接正犯。

(1) 亲手犯概念应否存在之争。日本学者大塚仁教授认为：不能认为成立间接正犯的

---

① 参见［日］川端博：《刑法总论二十五讲》，余振华译，389～390 页，北京，中国政法大学出版社，2003。

② 参见［日］高桥则夫：《间接正犯》，王昭武译，载马克昌、莫洪宪主编：《中日共同犯罪比较研究》，72～88 页，武汉，武汉大学出版社，2003。

③ 参见［日］西原春夫：《犯罪实行行为论》，戴波、江溯译，201～204 页，北京，北京大学出版社，2006。

④ 参见［日］西原春夫：《犯罪实行行为论》，戴波、江溯译，205 页，北京，北京大学出版社，2006。

⑤ 参见［日］西原春夫：《犯罪实行行为论》，戴波、江溯译，220～221 页，北京，北京大学出版社，2006。

犯罪，即为了实现这种犯罪总是以正犯者自身的直接犯行为必要，利用他人的间接正犯形态不能实施的犯罪，叫自手犯。也有否定自手犯概念的见解：其一，在因果论的见地看来，只要认为利用他人行为者的行为与犯罪结果之间有因果关系，间接正犯就是可能的（支持者有李斯特、大场茂马）；其二，根据扩张的正犯论的立场，认为给犯罪的结果的实现提供某种条件的人都是正犯者（支持者有施密特、宫本英脩、竹田直平）。然而，犯罪的成立与否不能仅仅根据因果关系的存在与否来论定；再者，扩张的正犯论忽视构成要件的行为的定型的意义，因而也是不妥当的。为此，自手犯的概念应得到肯定。

在肯定自手犯概念的场合，其具体说明也不相同：有认为形式犯或举动犯为自手犯的见解（如贝林、弗兰克），也有认为像规范的命令、禁止所限定的特定的人那样的身份犯才是自手犯的见解（如纳格勒）。对此，大塚仁指出：前者着眼于犯罪行为的外部的形态，后者着眼于构成要件的内部的意义，但由于构成要件的特征是将其外部的意义与内部的意义放在一起考察，所以必须从行为方面看的外部的形态与从规范方面看的内部的意义两方面考察。再者，所有举动犯或形式犯并不能说都是自手犯（例如，使精神病人侵入他人住宅构成侵入住宅罪），所有的身份犯也不可能都是自手犯（例如，无身份者利用有身份者可能构成强奸罪）。①

（2）亲手犯的分类。在日本，一些学者将亲手犯分为形式亲手犯和实质亲手犯。所谓形式亲手犯，是指法律将某种犯罪类型的间接正犯单独规定为另一个构成要件的场合。例如日本刑法第157条规定了使公务员对公正证书等作不实记载罪，第156条规定了公务员制作虚伪公文书罪。第157条规定的行为原本属于第156条规定的间接正犯，但刑法把这种原本属于间接正犯的行为作为一个独立的犯罪加以规定，因此刑法把第156条视为亲手犯，从而排除该条构成间接正犯的可能性。这种亲手犯即为形式亲手犯。② 在犯罪性质上要求行为的主体与行为之间具有密不可分的关联性，只能把由一定主体进行的行为解释为实行行为，是实质自手犯。③ 实质自手犯在身份犯和目的犯的场合均可以出现。在身份犯中，1）无身份者利用有身份者的场合自不待言，有身份者利用其他有身份者或无身份者不能构成真正身份犯（例如，伪证罪）；2）有身份者利用其他有身份者或无身份者虽然可能构成，但无身份者利用有身份者不可能构成真正身份犯（例如，受贿罪）；3）根据2）的观点的不真正身份犯，及在目的犯中，无目的者利用有目的者不可能的意义上，依照前面之2）的理解时，属于实质自手犯。④

德国学者罗克辛将亲手犯区分为纯正亲手犯和不纯正亲手犯。纯正亲手犯，是指行为人刑法性犯罪和无法益侵害行为关联性犯罪。行为人刑法性犯罪的构成要件不仅规定个别的行为，还规定生活态度乃至一定的行为人人格，因而本人不行为就不能视为具有行为支配。无法益侵害行为关联性犯罪之所有受到处罚，并不是因为没有预期的结果或状态受到妨碍，而是因为自己实行了足以在道德上受到谴责的行为，因而构成纯正亲手犯，例如淫行媒介罪（德国刑法典第181条a)、通奸罪等。纯正亲手犯以外的如伪证罪、脱离军务罪等，虽然侵害法益，但因其以正犯具有特殊义务为前提而无法以间接正犯的形式实行的犯罪，系不纯正亲手犯。⑤

---

① 参见［日］大塚仁等编：《大注释刑法》，2版，第5卷，76页，东京，青林书院，2003。

② 参见［日］木村龟二主编：《刑法学词典》，顾肖荣等译，340页，上海，上海翻译出版社公司，1991。

③ 参见［日］大塚仁：《刑法概说》（总论），冯军译，147页，北京，中国人民大学出版社，2003。

④ 参见［日］大塚仁等编：《大注释刑法》，2版，第5卷，77～78页，东京，青林书院，2003。

⑤ 参见［韩］李在祥：《韩国刑法总论》，［韩］韩相敦译，398页，北京，中国人民大学出版社，2005。

第二节 共犯概说

一、共犯的概念和要件

(一) 共犯的概念

从大陆法系各国的刑法立法看，均没有对共犯的概念作出一般性的规定。但学者们普遍认为，对共犯可以从最广义、广义和狭义的角度加以理解。最广义的共犯，是指两个以上的人共同实现构成要件的情况，可以分为任意共犯和必要共犯；广义的共犯，是指作为任意共犯的共同正犯、教唆犯以及帮助犯；狭义的共犯，是指教唆犯和帮助犯。① 本节所称共犯，一般是指广义的，但有时也会在最广义的角度使用这一概念。

(二) 共犯的成立要件

综合大陆法系刑法学者的见解，共犯的成立必须具备如下条件。

1. 主体的多数性

共犯是和单独正犯相对而提出的一个概念，因而其以两个以上主体共同实施犯罪为成立前提就不言而喻了。所谓“主体的多数性”，是指犯罪主体多于刑法分则所要求的基本主体的人数。这意味着对刑法分则要求的一般犯罪来说，共同犯罪的主体至少应有二人以上。②

在承认间接正犯的国家，共犯的成立，以没有心神丧失状态的 14 岁以上者的参与为必要。但在意大利，该国刑法第 112 条第 4 款把原本属于间接正犯的情形作为对指使者或利用者的加重情节。因此，“在多个自然人主体中，如果有人不具备刑事责任能力，或主观上没有罪过，或具备可原谅的理由，或其他排除可罚性的个人原因，并不排除共同犯罪的成立”③。

2. 主观要件

无论是共同正犯，还是教唆犯和帮助犯，其成立均需要一个主观上将共同犯罪人的行为结合成一个整体的心理因素：(1) 至少有一个共同犯罪人具有实施犯罪的意识与意志；(2) 共同犯罪参与人对构成犯罪的共同行为具有意识；(3) 共同犯罪参与人对参与构成犯罪的共同行为具有意志。④ 如果犯罪的参与者欠缺共同参与实施构成犯罪的行为的意识与意志，就无法成立共犯。

同时犯不同于共犯。同时犯，是指两个以上的人，没有任何意思联络，同时对同一对

---

① 参见［日］大谷实：《刑法讲义总论》，新版 2 版，黎宏译，358～359 页，北京，中国人民大学出版社，2008。

② 参见陈忠林：《意大利刑法纲要》，224 页，北京，中国人民大学出版社，1999。

③ ［意］杜里奥·帕多瓦尼：《意大利刑法学原理》，注评版，陈忠林译，283 页，北京，中国人民大学出版社，2004。

④ 参见陈忠林：《意大利刑法纲要》，228～229 页，北京，中国人民大学出版社，1999。

象实施犯罪行为的情况。[①] 例如，甲和乙都出于杀丙的故意，同时向丙开枪，结果甲击中丙的腿部，而乙击中了丙的心脏并致其死亡。甲和乙互不依赖地致力于实现同一犯罪结果，他们之间缺乏共同实施犯罪的意识和意志，故不成立共犯。对于本案，甲构成杀人未遂，而乙则构成杀人既遂。

只有单方具有共同犯罪的意思联络时，可否成立片面共犯？对此，在学说上存在理解上的分歧：(1) 否定说。日本学者植松正、西原春夫、町野朔等持此观点。该说主要由共同意思主体说、以心理因果性作为共犯处罚的必要条件的观点所主张。按照该观点，片面共犯要么不可罚，要么只能将其升格为正犯背后的单独正犯（间接正犯）。[②] 在意大利，也有相当权威的意见认为，共同的意识和意志是共同犯罪成立的必要条件，“片面共犯”的行为不应按共同犯罪处理，而应根据案件的具体情况，分别处罚，或者不构成犯罪。[③] (2) 肯定说。在肯定说内部，关于片面共犯成立的范围，也存在着理解上的分歧。分歧的焦点在于：应否承认片面的共同正犯？对此，基于行为共同说的立场，认为只要利用对方的行为而引起了结果，就应当对自己的行为和结果承担责任，所以，共同正犯的成立并不一定要求各自都有共同实行的意思。例如，植田重正认为，通说、判例认为作为共同正犯的要件需要意思的相互联络，但是，共同正犯是否需要意思的相互联络，乃由是否承认片面共同正犯来决定的归结，而不是其前提，应当通过研究被认为是片面共同正犯的具体事例的性质来解决问题。例如C事前知道A以窃盗的目的侵入B宅，为了使A实现犯罪，C事先侵入B宅，对B施加了暴行、胁迫，拘束了B的自由。其间，不知情的A进入B的家中实施了窃盗行为。这种场合，C虽然是一方性的，但他预见了A的窃盗行为并使其实现，就对结果赋予了因果关系。但是，A并没有对C进行的先行行为给予什么影响，所以，只就其自己的行为负担责任，成立窃盗既遂罪的单独犯。相反，C应当对包含着A的窃盗行为的全体性犯罪负担责任，成立强盗罪的片面共同正犯。[④] 日本的通说和判例认为，所谓片面的共同正犯，只不过是同时犯。刑法把共同者的行为作为共同正犯来特别对待的旨意在于，当各共同者相互利用、互相补充其行为而实现了犯罪时，使其承担共同的责任。因而，共同实行的意思必须是共同者相互利用、互相补充其他共同者的行为的意思，不应承认片面的共同正犯这种观念。[⑤]

过失的共同正犯是否成立？对此，在日本大审院时代，判例认为包括共同正犯在内，关于共犯的刑法总则的规定，对过失犯均不能适用。但是到了第二次世界大战后，情况发生了很大的变化，日本的判例一般肯定过失的共同正犯。[⑥] 在学说上，对于这一问题也存在着否定说和肯定说的争论。否定说一般是基于犯罪共同说的立场展开的。[⑦] 例如，泷川幸辰认为，在共同正犯的场合，各个共同者补充了他人的行为，又认识到自己也被他人的行为所补充，而且必须按照这一认识去实施行为。依靠互相补充并联合的行为达到同一个结果，

---

① 参见［日］大谷实：《刑法讲义总论》，新版2版，黎宏译，361页，北京，中国人民大学出版社，2008。

② 参见［日］西田典之：《日本刑法总论》，刘明祥、王昭武译，292页，北京，中国人民大学出版社，2007。

③ 参见陈忠林：《意大利刑法纲要》，230页，北京，中国人民大学出版社，1999。

④ 参见［日］大谷实：《刑法讲义总论》，新版2版，黎宏译，386页，北京，中国人民大学出版社，2008。

⑤ 参见［日］大塚仁：《刑法概说》（总论），冯军译，239页，北京，中国人民大学出版社，2003。

⑥ 参见［日］佐久间修：《共同过失与共犯》，林亚刚译，载马克昌、莫洪宪主编：《中日共同犯罪比较研究》，53～55页，武汉，武汉大学出版社，2003。

⑦ 当然，也不能一概而论。日本学者福田平则基于犯罪共同说的立场而肯定过失共同正犯。

这种决心是共同正犯的综合要素。这种心理状态——相互的理解——只存在于故意犯罪之中，因而共同正犯以故意为前提，过失犯的共同正犯则不予考虑。[①] 在肯定说中，有的学者基于目的行为理论，认为过失行为时不注意的目的性行为是意思行为，能够共同进行。福田平教授也认为，过失犯中的实行行为是“违反客观性注意的、具有惹起构成要件性结果的现实可能性的非故意的行态，共同进行这种行态是可能的”。也有学者基于过失的共动关系肯定过失的共同正犯。例如内田文昭认为，在过失性共动中可以区别出共有不注意的情况和只不过使不注意竞合的情形。在共有其不注意的过失性共动中就存在着将发生的违法结果归责于全体行为人的实质根据，这就是过失共同正犯的基础。[②] 大塚仁教授原先否定过失共同正犯的观念，后来则修正了自己的观点，认为在法律上对共同行为人科以共同的注意义务时，如果存在可以认为共同行为人共同违反了其注意义务这种客观的事态，就可以说在此存在过失犯的共同正犯的构成要件符合性，进而，在也承认各个共同行为人存在责任过失时，就可以认为成立过失的共同正犯。[③] 这种将共同违反注意义务解释为过失共同正犯的本质，乃日本当前学界的通说。

基于过失的教唆犯或帮助犯是否成立？从大陆法系国家的立法看，许多国家的刑法明文规定教唆犯和帮助犯以行为人出于故意为必要，例如，德国、意大利、瑞士、荷兰、法国等，因此，在这些国家，基于过失的教唆或帮助不具有可罚性。然而，在日本则不然，由于刑法并没有明确限定教唆或帮助行为的故意性，所以，基于过失的教唆或帮助是否可罚，就不无争议。根据行为共同说，所谓共同行为的意思即共同加功的意思就是犯罪的意思联络，它不一定是故意的意思，即使是过失的意思也行，所以，共犯在意思联络的范围内，即使在过失犯之间或者故意犯与过失犯之间都可以构成。[④] 也有学者从犯罪共同说的立场出发，认为过失的教唆或帮助不可罚。例如，大谷实认为，如果将教唆理解为让他人产生实行特定的犯罪的决意，就不存在过失教唆的可能；过失教唆没有使被教唆人产生实施犯罪的决意的定型性，引起正犯的危险也很微弱；惩罚过失必须有特别的规定。因此，不能将过失教唆的情况作为教唆犯来处罚。[⑤] 基于过失的教唆犯或帮助犯否定说在日本居于优势地位。

3. 客观要件

共犯除了在主观上多人具有实施特定犯罪的意思联络之外，在客观上还必须具有实施犯罪的共同参与事实，亦即犯罪行为为各共犯人所分担。尽管主观上具有共同的意思，但如果没有共同参与的事实即共同犯罪行为的分担，就无法构成共同犯罪。

从共同参与的方式看，既可以是共同分担实行行为，也可以是实行行为、教唆行为和帮助行为的分工。在犯罪结果发生的场合，共同的参与行为和结果之间存在着因果关系。那么，如何认定这种因果关系呢？意大利的传统刑法理论曾以“必要条件说”为基础，认为只有作为共同犯罪发生必要条件的行为，即对共同犯罪的发生具有决定作用，没有该行为共同犯罪就不会发生的行为，才是共同犯罪行为。至今仍有不少学者支持这种以条件说为基础的观点。不过，多数说认为，以共同犯罪发生的必要条件作为认定共犯行为的标准，

① 参见［日］泷川幸辰：《犯罪论序说》，王泰译，148页，北京，法律出版社，2005。

② 参见［日］大塚仁：《犯罪论的基本问题》，冯军译，258～259页，北京，中国政法大学出版社，1993。

③ 参见［日］大塚仁：《刑法概说》（总论），冯军译，253页，北京，中国人民大学出版社，2003。

④ 参见［日］木村龟二主编：《刑法学词典》，顾肖荣等译，367页，上海，上海翻译出版公司，1991。

⑤ 参见［日］大谷实：《刑法讲义总论》，新版2版，黎宏译，396页，北京，中国人民大学出版社，2008。

失之过严。那些对共同犯罪的发生具有决定作用的行为，当然是共同犯罪行为的有机组成部分，但那些客观上虽然不能决定，但有利于共同犯罪实施的行为，同样也应该是共同犯罪的组成部分。这里所说“决定或有利于共同犯罪实施的行为”，可以表现为从心理上决定或增强他人犯罪决意的行为，也可以表现为在客观上实施犯罪或使犯罪的实施更为便利的行为。①

从共同参与的形式看，实践中常见的是作为的参与形式。对不作为能否成为共同参与的形式，需要分别考察和分析。

首先，不作为犯的共同正犯能否成立？所谓不作为犯的共同正犯，是以不作为的方法共同实施实行行为的场合。对此，否定说认为，不作为不是行为，关于不作为犯既不可能存在共同实行的意思，也不可能存在共同实行的事实，因此不作为犯的共同正犯是不存在的。② 目前占据支配地位的见解对不作为犯之共同正犯的成立持肯定态度。不过，学说上对这种共同正犯成立的范围有理解上的分歧：第一种见解认为，没有作为义务的人可以和有作为义务的人一起共同实现违反作为义务的不作为。例如，母亲甲和第三人乙在共同意思的基础上，相互利用、补充，不给婴儿喂奶，使其饿死，即属于共同正犯。③ 第二种见解认为，不作为犯的共同正犯只限于共同人各自具有作为义务的场合，例如父母在意思联络的基础上，不给婴儿喂奶，使其饿死。作为应该防止某种结果的保证人，二人具有共同的作为义务，其以共同实行的意思实施违反该义务的共同不作为，实现了其犯罪时，应该认为成立杀人罪的共同正犯。④

其次，基于不作为的教唆能否成立？对此，理论上有不同意见。肯定说认为，在教唆者有作为义务的场合下，其教唆无法律上作为义务的第三者使其不去实行救助行为，由此便成立了不作为的教唆犯。⑤ 否定说认为，因为教唆行为应该是积极地作用于他人，使其产生犯罪意思，所以应该否定基于不作为的教唆犯之观念。⑥

最后，基于不作为的帮助犯能否成立？对此，德国和日本的多数说认为，基于不作为的帮助犯是可以成立的。例如，负责选举的人尽管看到有人在干涉投票，却不阻止；剧场的负责人看到跳舞者公然猥亵的表演，只给予温和的警告而让其继续公开演出等。像这种在法律上具有应该防止正犯者的犯罪的作为义务的人，违反其义务、故意懈怠其防止的行为，就是基于不作为的从犯。⑦

二、共犯的本质

围绕共犯的本质，形成了如下学说的对立。

---

① 参见陈忠林：《意大利刑法纲要》，227页，北京，中国人民大学出版社，1999。

② 参见［日］大塚仁：《刑法概说》（总论），冯军译，257页，北京，中国人民大学出版社，2003。

③ 参见［日］大谷实：《刑法讲义总论》，新版2版，黎宏译，385页，北京，中国人民大学出版社，2008。

④ 参见［日］大塚仁：《刑法概说》（总论），冯军译，257页，北京，中国人民大学出版社，2003。

⑤ 参见［日］野村稔：《刑法总论》，全理其、何力译，422页，北京，法律出版社，2001。

⑥ 参见［日］大塚仁：《刑法概说》（总论），冯军译，268页，北京，中国人民大学出版社，2003。

⑦ 参见［日］大塚仁：《刑法概说》（总论），冯军译，274页，北京，中国人民大学出版社，2003。此外，德国学者耶赛克、魏根特以及施特拉腾韦特等也有类似的见解。参见［德］耶赛克、魏根特：《德国刑法教科书》（总论），徐久生译，845页，北京，中国法制出版社，2001；［德］施特拉腾韦特、库伦：《刑法总论Ⅰ》（犯罪论），杨萌译，396～397页，北京，法律出版社，2006。

(一) 犯罪共同说与行为共同说

关于如何理解共犯中的“共同”，在学说上向来有犯罪共同说与行为共同说的争议。

犯罪共同说是客观主义的刑法理论，认为共犯是复数的人共同实施特定的犯罪。在早期，这一学说认为，只有对于同一犯罪，共犯才成立，在不同的构成要件之间共犯不成立；共犯被限定为故意犯，在过失犯的场合应否定共犯。并且，应该否定共犯者之间欠缺意思沟通时的片面共犯。① 随着理论的演进，这一学说的内部出现了分化，一些学者的主张开始缓和，并最终形成了部分犯罪共同说。按照该说，即便是两个以上的人共同实施横跨不同构成要件的行为，在这些构成要件同质且重合时，应当认为在重合的限度内成立共犯。② 例如，甲以杀人的故意、乙以伤害的意思，共同加害于丙时，甲和乙分别实施杀人罪和伤害罪的实行行为，二人在伤害的限度内成立共同正犯。

部分犯罪共同说历来是德国的通说，在日本也占据支配地位。如大谷实教授认为，由于共犯的处罚根据在于通过正犯的实行行为来实现构成要件，引起对法益的侵害或危险，因而构成共犯，必须具有共同实现特定的构成要件的事实。所以，不能支持行为共同说。另外，成立共同正犯，只要共同实施实行行为就够了，正如杀人罪和伤害致死罪一样，只要将在二个以上的犯罪构成要件上重合的行为把握为实行行为就够了，所以主张必须是共同实现特定犯罪的整体的完全犯罪共同说，也不值得赞成。从这种观点看，从重视构成要件论的立场出发，认为各个参与者的犯罪行为只要在构成要件上重合的限度内就是共同正犯的部分犯罪共同说是正确的。③

行为共同说，又称事实共同说，认为数人共同行为（因果关系）而实行各自的犯罪是共犯。据此见解，不仅就同一犯罪，即使就不同的数个犯罪（例如，杀人罪与伤害致死罪）也能成立共犯。换言之，认为数人数罪是共犯。一般认为，行为共同说是在近代学派的立场上采用的，所以，把犯罪看作是行为人的社会危险性的征表的近代学派，认为“本来，可以考虑脱离了构成要件的自然行为本身的共同”。然而，行为共同说关于“前构成要件的或前法律的自然的行为”的共同的说明，或者“离开了构成要件的自然的行为”的共同的说明，至少在今日的行为共同说看来是不正确的。

现代的行为共同说，因为各个参与者共同实施各自的犯罪被认为是共犯的本质，所以认为各个参与者可能共同实施违法的构成要件符合行为，并不是共同实施某种前构成要件的自然的行为。行为共同说与构成要件理论不是不相容的。狭义的共犯本身自不待言，认为违法的共犯构成要件符合行为是必要的，并且在共同正犯的场合，要求所有的加担者实行构成要件符合行为。从而，尽管是古典学派却采用行为共同说的学说（如植田重正、中义胜、川端博、野村稔），这并非没有理论上的一贯性。④

(二) 共犯从属性说与共犯独立性说

狭义共犯的成立，是独立于还是依赖于正犯行为的有无？正犯犯罪性的有无对狭义共犯的成立有何影响？围绕这些问题，学说上历来有共犯从属性说与共犯独立性说的争论。

---

① 参见［日］野村稔：《刑法总论》，全理其、何力译，387页，北京，法律出版社，2001。

② 参见［日］大谷实：《刑法讲义总论》，新版2版，黎宏译，366页，北京，中国人民大学出版社，2008。

③ 参见［日］大谷实：《刑法讲义总论》，新版2版，黎宏译，366页，北京，中国人民大学出版社，2008。

④ 参见［日］山中敬一：《刑法总论》，2版，794～796页，东京，成文堂，2008。

共犯从属性说基于客观主义刑法理论的立场，认为狭义共犯的犯罪性和可罚性需要从属于正犯的犯罪性和可罚性而成立。其理论依据是：在构成要件理论的立场上，符合基本构成要件的正犯的实行行为与符合被修正的教唆犯、从犯的构成要件的教唆行为、帮助行为，具有明显不同的性质。可以认为，后者的犯罪性通常比前者的犯罪性要小，而且，是由前者的实行行为赋予后者可罚性的。在实定法上，“教唆他人使其实行了犯罪的人，科以正犯的刑罚”，“帮助正犯的人，是从犯”。这些规定表明立法把正犯的存在预定为教唆犯、从犯的要件，同时明确表示了实行行为与教唆行为、帮助行为的不同，以及正犯与教唆犯、从犯的异质性。而且，从犯一词本身也表示了其犯罪的从属性质。[①] 因此，共犯从属性说应该得到肯定。

共犯独立性说基于主观主义刑法理论的立场，认为成立共犯，只要有教唆、帮助行为就够了，而不需要考虑被教唆人、被帮助人是否实施犯罪。这种学说由于主张共犯不以正犯的实行为成立条件，是独立于正犯而成立的，所以被称为共犯独立性说。按照该说，正犯和共犯的处罚根据都是行为人性格的反社会性。由于教唆行为、帮助行为与正犯行为一样，自身都是行为人的反社会性格的体现，所以被教唆人和被帮助人是否实施了犯罪，对于共犯的成立而言并不重要。[②]

共犯从属性说与共犯独立性说的对立集中体现在共犯未遂的成立范围上。按照共犯从属性说，为了处罚共犯，正犯至少要着手实施犯罪，所以，共犯的未遂以正犯的未遂为必要。按照共犯独立性说，只要实施了教唆行为或帮助行为，就应当作为犯罪进行处罚。教唆、帮助行为的着手就是共犯的实行着手，对方拒绝教唆或者帮助时，共犯行为构成教唆犯或者帮助犯。这是因为，教唆行为、帮助行为也是实行行为，而正犯的实行行为对于共犯而言，不过是客观的处罚条件而已。[③]

共犯独立性说虽然在某些问题的解决上有一定的参考价值，但其扩大了共犯的成立范围，与实定法关于共犯对正犯一定程度的从属性不符。从现在的情况来看，共犯从属性说是德国、日本的通说。

当共犯从属性说成为通说以后，学者们将研究的视角转向如何理解“从属性”问题上。

为了成立狭义的共犯，正犯行为究竟需要达到何种程度？对此，德国学者 M. E. 迈尔提出了四种从属形式：第一，最小限度的从属形式。狭义共犯的成立，只要正犯行为符合构成要件就够了，即使实行行为者缺乏违法性和有责性，也不影响帮助者或教唆者成立共犯。第二，限制从属形式。成立共犯，正犯的行为必须符合构成要件且具有违法性。第三，极端从属形式。其要求正犯行为具备构成要件符合性、违法性和有责性，即只有正犯的行为构成犯罪时，帮助者或教唆者才能成立共犯。第四，夸张从属形式，又称为最极端从属形式。其要求正犯行为除具备构成要件符合性、违法性、有责性外，还必须具有可罚性。即只有正犯者构成犯罪且具有可罚性时，狭义的共犯才能成立。

日本以前的通说采取的是极端从属性的立场，其主要根据是日本刑法第 60 条和第 61 条关于正犯和教唆犯的规定中使用了“犯罪”这一用语，因为按照罪刑法定主义，要构成

---

① 参见［日］大塚仁：《刑法概说》（总论），冯军译，243 页，北京，中国人民大学出版社，2003。

② 参见［日］大谷实：《刑法讲义总论》，黎宏译，367 页，北京，中国人民大学出版社，2008。

③ 参见［日］大谷实：《刑法讲义总论》，新版 2 版，黎宏译，367 页，北京，中国人民大学出版社，2008；［日］大塚仁：《刑法概说》（总论），冯军译，243 页，北京，中国人民大学出版社，2003。

犯罪，正犯行为必须符合构成要件，并且属于违法且有责的行为。不久该说即遭到摈弃。[①] 因为，按照该说，没有将他人作为工具利用的场合，如教唆未满 14 周岁的人实施犯罪的，也一律按照间接正犯处理，这是不合理的。而且，将正犯的责任作为要件来考虑共犯的成立，从“共犯是由于间接地引起对法益的侵害，所以才受处罚”这一共犯处罚根据来看，也不能予以支持。[②] 从现在的情况看，日本学界占统治地位的见解是限制从属性说。德国的情况与日本的一样，早先一直采取的是极端从属性说的立场，但为了弥补在处理未成年犯罪的共犯中可能出现的漏洞，后来逐步转向承认限制从属性说，该说后成为学界通说。[③]

日本学者还论述了对向犯、集团犯与刑法总则关于共犯规定的适用问题，分述如下：(1) 对向犯与总则关于共犯规定的适用。关于对向犯，有仅仅规定处罚对向犯一方的场合(片面的对向犯)，他方的对向行为，在承认教唆、帮助对方的行为时，虽然没有作为正犯的处罚规定，但有能否作为教唆、帮助处罚的问题。(2) 集团犯与总则关于共犯规定的适用。通说认为，关于集团犯，构成集团犯者虽然不适用总则关于共犯的规定，但集团外参与犯罪者则可能关乎共犯的规定。例如，关于骚乱罪，教唆集团外部的率先助势者、劝诱他人使其参加集团者等，根据关于共犯的规定，才能成立对骚乱罪的教唆犯。所以，认为集团犯之集团外的共犯不可罚没有根据。[④]

三、共犯的种类

从不同的角度，采取不同的标准，在学理上可以对共犯作如下分类。

(一) 任意共犯和必要共犯

这是对最广义共犯的分类。任意共犯，是指二人以上的行为人共同进行法律上预定为单独犯的犯罪。[⑤] 对于任意共犯，需要运用刑法分则关于具体犯罪的规定以及刑法总则关于共犯和正犯的规定予以定罪量刑。

必要共犯，是指刑法分则的犯罪类型本身规定了多数人的参与形态，将此加以类型化的犯罪。[⑥] 必要共犯可以分为对向犯与集合犯。所谓对向犯，是指以两个以上的行为者互相对向的行为为构成要件的犯罪，例如，日本刑法中的重婚罪（第 184 条）、贿赂罪（第 197 条以下）等。所谓集合犯，是指像内乱罪、骚乱罪之类的，在构成要件上，以指向同一目标的多数人的共同行为为必要的犯罪。[⑦] 集合犯又可以分为聚众性共犯和集团性共犯两种形态。前者是指以聚众行为为构成要件的犯罪，后者是指以组织、参加犯罪集团为构成要件的犯罪。

---

① 参见［日］西田典之：《日本刑法总论》，刘明祥、王昭武译，326 页，北京，中国人民大学出版社，2007。

② 参见［日］大谷实：《刑法讲义总论》，新版 2 版，黎宏译，371 页，北京，中国人民大学出版社，2008。

③ 参见［德］耶赛克、魏根特：《德国刑法教科书》（总论），徐久生译，792～793 页，北京，中国法制出版社，2001。

④ 参见［日］山中敬一：《刑法总论》，2 版，782～783 页，东京，成文堂，2008。

⑤ 参见［日］大塚仁：《刑法概说》（总论），冯军译，234 页，北京，中国人民大学出版社，2003。

⑥ 参见［日］西田典之：《日本刑法总论》，刘明祥、王昭武译，309 页，北京，中国人民大学出版社，2007。

⑦ 参见［日］大谷实：《刑法讲义总论》，新版 2 版，黎宏译，359 页，北京，中国人民大学出版社，2008。

（二）有形共犯与无形共犯

以各共同犯罪人加功于共犯的形态不同为标准，可以将共犯分为有形共犯与无形共犯。

有形共犯，是指行为人以现实的或者物质的形式给予犯罪的完成以影响的情况。例如，行为人直接参加实行犯罪，或以提供犯罪工具或其他有形的方法帮助他人犯罪的，都属于有形的共犯。无形共犯，是指行为人通过实行犯罪者的意思给予犯罪的完成以影响的情况。例如，行为人用劝说、引诱、怂恿等方法教唆他人犯罪，或者以建议、指点等方法帮助他人犯罪的，都属于无形的共犯。①

四、共犯的处罚根据

所谓共犯的处罚根据，是指处罚未实施正犯行为的人即共同正犯中实行行为人以外的共同人、教唆犯、帮助犯的实质根据。② 关于共犯的处罚根据，大体上有以下几种观点的对立。

（一）责任共犯说

责任共犯说从共犯和正犯的关系中寻求处罚根据，认为共犯的处罚根据在于使他人陷入了刑罚和责任之中。也就是说，该说从行为人创造出了负有刑事责任的犯罪者这一点中探求处罚根据，因而被称为责任共犯说。为此，这种场合下的责任当然必须是就符合构成要件且具有违法性的行为而言的。该说的基础在于，认为共犯是从承担完全刑事责任的正犯中借用其犯罪性与可罚性的共犯理论，因而又称为可罚性借用理论。③

责任共犯说根据与刑法上的保护法益没有直接关系的“诱惑共犯堕落”这种心情的、伦理的要素，从责任观点出发说明共犯的处罚根据。这种理解具有将法和伦理一体化的倾向，是以道义责任论为基础的见解，具有立场上的问题。④ 而且，该说的贯彻也会得出“常识性错误”的结论。例如，销售者明知对方是未成年人，但是经不住该未成年人的唆使将酒卖给他，销售者显然违反《未成年人饮酒禁止法》而构成犯罪。对于这种情况，按照责任共犯说，该未成年人构成该罪的教唆犯。如此一来，该说将使得该未成年人陷入犯罪，显然与未成年人属于法律保护的对象而不能成为犯罪的主体这一观念相违背，可见这是一个“常识性的错误”。同样，该种情况也会出现在请他人代自己为自残的情形。从现在的情况看，该说在德、日刑法学界已经失去支持。

（二）不法共犯说

不法共犯说又称引起说或者促进说。该说认为，共犯的处罚根据在于，他和正犯一起引起了违法事态。在该说内部，又可以分为纯粹引起说、从属性引起说和混合性引起说三种见解。

纯粹引起说认为，共犯人自己侵犯刑法分则所保护的法益，共犯的违法性以共犯行为自身的违法性为基础，完全独立于正犯的违法性。从而，该说全面肯定违法的相对性。因

---

① 参见［日］牧野英一：《日本刑法》（上卷），439页，东京，有斐阁，1939。

② 参见［日］大谷实：《刑法讲义总论》，新版2版，黎宏译，363页，北京，中国人民大学出版社，2008。

③ 参见［日］西田典之：《日本刑法总论》，刘明祥、王昭武译，276～277页，北京，中国人民大学出版社，2007。

④ 参见［日］曾根威彦：《刑法学基础》，黎宏译，135页，北京，法律出版社，2005。

此，纯粹引起说不仅承认“没有共犯的正犯”，而且承认“没有正犯的共犯”[①]。

从属性引起说认为，共犯的处罚根据在于共犯引起或促使正犯犯罪，因而共犯不法的根据与程度依赖于正犯的不法。亦即，共犯是因其引起或促使正犯犯罪而受到处罚的，共犯的不法在其根据和程度上从属于正犯的不法。[②] 此说在德国占统治地位。[③]

混合性引起说认为，从刑法的机能在于保护法益的观念出发，所有的犯罪都能在引起对法益的侵犯或危险这一点上找到其处罚根据，但是，在以构成要件为中心的共犯论中，仅有对法益的侵害或危险还不能进行处罚，而必须有由正犯的实行行为引起的法益侵害或威胁。换言之，正犯的处罚根据在于，通过自身的实行行为来引起对法益的侵害或危险；而共犯的处罚根据在于，通过正犯的实行行为，来间接地引起该结果的发生。[④] 在日本，有许多学者赞成此说，如大塚仁、野村稔、西田典之等。

第三节 共同正犯

一、共同正犯的概念

所谓共同正犯，是指二人以上共同实行犯罪的情形。这里所谓的“共同实行犯罪”，是指二人以上出于共同实行犯罪的意思（共同实行的意思），共同实施实行行为（共同实行行为）。在共同实行犯罪的场合，将全体共犯人都作为正犯追究其刑事责任。例如，甲和乙为共同杀丙而分别向其开枪，甲的枪击行为导致了丙死亡，而乙没有击中被害人。在本例中，甲和乙都被按照杀人罪的正犯处理。这样，在共同正犯中，对他人的分担行为也要承担责任，即只要实施了犯罪行为的一部分，对于由此而产生的犯罪结果就得承担全部责任。这是所谓“部分行为全部责任”原则。[⑤]

二、共同正犯的成立条件

（一）共同实行的意思

所谓共同实行的意思，是指各个行为人分担实行行为，相互利用、补充他人的行为，以实现构成要件的意思。共同实行的意思，必须是行为人双方都具有意思联络和沟通；如果没有共同实行犯罪的意思联络，而只是同时同地实施同一性质的犯罪，是同时犯而非共同正犯；意思联络既可以是明示的，也可以是“暗默的意思联络”，还可以通过行动来表达实行的意思。共同实行的意思，只要在实行行为时存在即可，不一定要有事前的谋议。数

---

① ［日］曾根威彦：《刑法学基础》，黎宏译，138～139页，北京，法律出版社，2005。

② 参见［韩］李在祥：《韩国刑法总论》，［韩］韩相敦译，383页，北京，中国人民大学出版社，2005。

③ 参见［德］耶赛克、魏根特：《德国刑法教科书》（总论），徐久生译，829页，北京，中国法制出版社，2001。

④ 参见［日］大谷实：《刑法讲义总论》，新版2版，黎宏译，364页，北京，中国人民大学出版社，2008。

⑤ 参见［日］大谷实：《刑法讲义总论》，新版2版，黎宏译，373页，北京，中国人民大学出版社，2008。

人之间不要求必须有直接的联络，也可以通过中间人的联系而形成意思联络。在他人实施实行行为之际，偶然产生与他人一起实行的意思的，可以构成偶然的共同正犯。在他人实施部分实行行为之后，基于共同实行的意思而加入该实行行为的场合，可以成立承继的共同正犯。

（二）存在共同实行的事实

共同正犯的成立，除了必须具有共同的实行意思外，还必须在客观方面具有共同实行犯罪的事实。所谓“共同”，就是所有的共同人互相利用、补充他人的实行行为，以实施犯罪。如果共同实施的是实行行为以外的行为，就不成立实行共同正犯。因此，共同人必须各自承担具有实现构成要件的现实危险的行为即实行行为。是不是实施了具有现实危险的行为，应当从“部分行为全部责任”的原则出发，以在二人以上的人相互利用、补充他人的行为的关系上，是否实施了作为整体的实行行为的一部分作为标准进行判断。例如，在A和B具有共同杀死甲的意思，在A抱住甲的身体，B朝甲的胸部连砍数刀致其死亡的场合，由于A和B的行为在整体上是具有实现杀人罪的构成要件的现实危险的行为，所以，A和B就具有共同实行杀人的事实。[①]

行为人与其他正犯具有共同实行的意思，虽然没有出现在犯罪现场，但其谋划、指挥犯罪实行的行为，也可以视为实行行为的分担，其与其他人一起成立共同正犯。

二人以上基于意思联络分别实施符合不同的构成要件的实行行为时，能否构成共同正犯中实行行为的共同呢？对此问题，坚持不同的立场，结论会有所不同。按照行为共同说，毫无疑问成立共同正犯；依照犯罪共同说，则原则上不成立共同正犯；而依照部分犯罪共同说的立场，如果其构成要件是同质的、互相重合的，在互相重合的限度内，可以承认成立共同正犯。

共同实行中的实行行为既可以是共同的作为，也可以是共同的不作为，还可以是作为与不作为的结合。甲、乙以杀害的意思共同将丙砍死，是基于作为的共同正犯。夫妻二人故意不给未满周岁的亲生女儿哺乳，致其饿死，成立基于不作为的共同正犯。甲、乙共同以杀害乙之子丙的意思，甲将丙推落水中，在现场的丙的父亲乙不予救助，结果丙被淹死，甲的作为与乙的不作为之间也成立共同正犯。

三、共同正犯的特殊类型

（一）结果加重犯的共同正犯

二人以上共同实行了结果加重犯的基本犯罪，其中一部分的行为发生了加重的结果，其他没有造成加重结果的共同者能否成为该结果加重犯的共同正犯？对此，需要解决的核心问题在于，能否肯定行为人对加重结果具有共同实行的意思。

对于这一问题，日本的审判实践和学界通说持肯定态度，但各自的立论依据并不一致。

判例认为，在基本犯和重结果之间具有条件关系的场合，就应当肯定结果加重犯的共同正犯。[②] 大塚仁教授以前曾对这种共同正犯持否定态度，认为结果加重犯在作为故意犯的基本犯罪的范围内当然可以成立共同正犯，但是，关于重的结果，只应该由过失地惹起它

---

① 参见［日］大谷实：《刑法讲义总论》，新版2版，黎宏译，374页，北京，中国人民大学出版社，2008。

② 参见［日］大谷实：《刑法讲义总论》黎宏译，382页，北京，中国人民大学出版社，2008。

的人承担责任，除此以外的基本犯罪的共同者不能成立共同正犯。[①] 后来，他修正了自己的看法，认为结果加重犯的基本犯罪中包含着容易使一定的重结果发生的高度危险性。可以说，正因为如此，才被规定为使其与重结果相结合的特别犯罪。因而，结果加重犯的基本犯罪的实行者可以充分地预见到重结果的发生，这样就当然必须为避免该结果的发生予以慎重的注意。即在基本犯罪的共同实行者中的一部分人由于过失使重结果发生时，一般可以肯定其他共同者对该结果的发生也违反了共同的客观注意义务，在此可以肯定存在结果加重犯的共同正犯的构成要件符合性。所以，在各共同者对使重结果发生存在主观注意义务的违反，肯定其有责任过失时，就可以成立结果加重犯的共同正犯。[②] 这种观点目前在日本占据支配地位。

（二）承继的共同正犯

承继的共同正犯，也称为继承的共同正犯，是指先行为者已实施了一部分实行行为后，其他人又以共同实行的意思参与到实行犯罪的情形。例如，甲以抢劫的目的对行为人乙施加了暴行，使乙处于不能反抗的境地，碰巧丙经过此地，甲于是请丙帮忙，丙出于共同实行的意思，单独或者与甲一起夺取了乙的财物。

承继的共同正犯能否成立？对此，日本学界有三种主张：肯定说认为，一个犯罪行为作为一罪是不可分割的，因此，只要是在共同实行的意思之下，参与了一罪的部分实行，就应将先行者的行为和后行者的行为作为一个整体加以考察，按照共同正犯来处理。否定说则认为，后行者参与以前的先行者的行为和后行者的行为之间不可能具有因果性，所以不应该将承继共同正犯作为共同正犯来处理。部分肯定说认为，后行者在将先行者的行为和结果作为自己实现犯罪的手段加以利用时，对于后行者也可以对其参与前的行为以及结果追究责任。日本的判例中对承继共同正犯既有完全予以肯定的，也有完全予以否定的。从现在的情况看，在判例中更多的是采取部分肯定说。

关于承继共同正犯的成立范围，日本学界的认识存在着分歧。第一种见解认为，后行者是在和先行者的共同意思之上所参与的，所以，后行者对于参与前的先行者的行为都承担正犯的罪责。第二种见解认为，参与以前的行为者的行为效果在后行者参与后仍然持续的场合，后行者对于参与前的先行者的行为承担作为正犯的罪责。从日本的审判实践看，对承继共同正犯的态度也不一致：第二次世界大战前大致认为共同正犯的范围及于先行者实行的部分，但是战后高等法院的不少判例认为，仅就后行者介入后的共同行为成立共同正犯。[③]

（三）共谋共同正犯

所谓共谋共同正犯，是指二人以上共谋实行一定的犯罪，虽由其中一部分行为人实行所共谋之犯罪，但所有参与共谋者均应负共同正犯罪责的情况。从渊源上讲，共谋共同正犯的观念是日本判例的传统见解，起初只适用于知能犯，后来其适用范围扩大到实行犯。最高裁判所的判例对此一直予以承认。大法院判例也一贯表示“对于共同正犯，共谋犯罪行为后即使没有直接参与其实行行为，也必须对其他共谋人负责实行的行为承担共同正犯的罪责”。因而可以说，它是通过判例来确立的理论。[④]

---

① 参见［日］大塚仁：《犯罪论的基本问题》，冯军译，253页，北京，中国政法大学出版社，1993。

② 参见［日］大塚仁：《刑法概说》（总论），冯军译，256页，北京，中国人民大学出版社，2003。

③ 参见［日］大塚仁：《犯罪论的基本问题》，冯军译，267页，北京，中国政法大学出版社，1993。

④ 参见［韩］李在祥：《韩国刑法总论》，［韩］韩相敦译，416～417页，北京，中国人民大学出版社，2005。

1. 关于共谋共同正犯应否承认的争论。对此，在日本刑法学界存在着否定说与肯定说两派相对立的见解。

否定说的主要理由是：日本刑法第60条虽然使用了“二人以上共同实行犯罪”这样的文言，但是所谓犯罪的实行是指实施符合构成要件的行为，因此，只有至少共同实施了部分构成要件行为的人才是共同正犯，不能承认未亲自实施符合构成要件行为的共谋共同正犯。① 而且，共同意思主体说作为共谋共同正犯的理论根据最终是团体的责任论，这与现代刑法中的个人责任原则是不相容的。②

依据立论根据的不同，肯定说又主要有以下四种见解。

第一，共同意思主体说。该说为日本大审院法官草野豹一郎所提倡，着眼于异心别体的两个以上的人为实现同一目的而结合为一体的社会心理活动，认为共犯是在为实现一定犯罪的共同目的的基础上，通过两个以上的人的共谋而形成的共同意思主体。作为共同意思主体的活动，共犯人中的一个以上的人在共同目的之下实行了犯罪的时候，就承认共同意思主体的活动，所有的共同人都成为共同正犯。就作为该种共同意思主体的活动的责任而言，应当类推民法的合伙理论，追究各个共同人个人的责任。③

第二，间接正犯类似说。间接正犯类似说力图按照与间接正犯类似的理论结构说明共谋共同正犯的理论根据。该说认为，单纯共谋者的地位就类似于间接正犯者，共谋共同正犯中的实行担当者根据自由意思参加了合意，而且担当了实行，是正犯，但同时，就与其他合意者的关系来看，这种正犯者没有用自己的独断推翻其意思，在此意义上可以说受到了其他共谋者的约束和支配；另外，没有亲自担当实行的人，在给实行担当者的行动指引方向、进行支配的意义上就可以看成是实行。④ 该说是日本最高裁判所在共谋共同正犯的判决当中最具有代表性的练马案件判决中所采取的态度，大法院判例当中相当多的判决也采纳了此观点。⑤

第三，行为支配说。日本学者平场安治认为，“如果谋议者除参与谋议外，尚对直接实行者的意思现实地发生作用且使之实施该实行行为的话，是共同正犯；如果只是诱起直接实行者的犯意或强化直接实行者的犯意的话，则为教唆犯或从犯”⑥。团藤重光也立足于行为支配说的立场，在一定的限度内承认共谋共同正犯。⑦

第四，包括的正犯说。该说认为，上述的各种理论均不能很好地说明共谋共同正犯的正犯性质。其实，之所以将共同正犯作为“正犯”，是因为在共同实行的意思下通过相互利用、补充他人的行为实现犯罪，所以，只要是基于共同完成犯罪的合意（共谋），相互利用、补充他人的行为，结果实现了犯罪，就不管是分担实行行为的场合还是面向实行行为而共同行为的场合，统统都应作为正犯处理。所以，以包括的正犯说解释共谋共同正犯的正犯性较为妥当。⑧

---

① 参见［日］西原春夫：《犯罪实行行为论》，戴波、江溯译，282页，北京，北京大学出版社，2006。
② 参见［日］小野清一郎：《犯罪构成要件理论》，王泰译，95页，北京，中国人民公安大学出版社，1991。
③ 参见［日］大谷实：《刑法讲义总论》，新版2版，黎宏译，387页，北京，中国人民大学出版社，2008。
④ 参见［日］大塚仁：《犯罪论的基本问题》，冯军译，275页，北京，中国政法大学出版社，1993。
⑤ 参见［韩］李在祥：《韩国刑法总论》，［韩］韩相敦译，418页，北京，中国人民大学出版社，2005。
⑥ 转引自李海东主编：《日本刑事法学者》（上），257页，北京，法律出版社；东京，成文堂，1995。
⑦ 参见［日］大塚仁：《刑法概说》（总论），冯军译，261页，北京，中国人民大学出版社，2003。
⑧ 参见［日］大谷实：《刑法讲义总论》，新版2版，黎宏译，391页，北京，中国人民大学出版社，2008。

关于是否承认共谋共同正犯，在日本，自第二次世界大战以来就存在着激烈的争论。通说持否定态度，判例以及少数学说则持肯定态度。但从现在的实际情况看，肯定共谋共同正犯成立的学者在逐步增加。[①]

2. 共谋共同正犯的成立要件。如果肯定共谋共同正犯的概念，就必须明确其成立要件。学者们普遍认为，共谋共同正犯的成立，必须具备如下要件[②]：

（1）共谋共同正犯的成立，要求二人以上有共谋的事实。所谓共谋，是指两个以上的人为实施特定犯罪，就相互利用、补充他人的行为，以将各自的犯意付诸实行而进行协商，并达成合意。共谋不要求大家在一起实施，正如甲传话给乙，乙传话给丙一样的顺次谋议的场合亦可。共谋是就相互补充、利用他人的行为，以实现各自的犯罪意思而实施的，所以单单参加谋议还不够，谋议还必须具有准实行的重要作用的性质。成立共谋事实，还要求通过谋议，形成和实行者的行为具有同样重要作用的对等关系，以及将实行人作为自己的代行者，让他完成自己的实行行为，并据此实现犯罪的支配关系。共谋不要求一定谋议犯罪行为的时间、场所、手段等具体内容的细节；即使不知道具体内容的细节，但只要参加了犯罪计划的谋议，就可认定有共谋。但是，没有共谋，仅仅知道他人将实行犯罪的，不能认为是共谋。

（2）共谋共同正犯的成立，要求共谋者具有共同实行的意思。也即仅有“教唆的意思”或“帮助的意思”还不够，还必须具有作为正犯的意思。

（3）参与共谋的人中至少有一人基于共谋而实施了实行行为。为了成立共谋共同正犯，共谋人必须基于共谋的内容，分别实施完成犯罪所必要的行为，同时，共谋人中至少有一人基于共谋而实施了实行行为。在实施和共谋基本内容不同的实行行为的场合，不能将该实行行为和结果的刑事责任归于共谋人。在不存在实行行为就不成立共谋共同正犯的意义上，共谋共同正犯也从属于实行行为。这就是共谋共同正犯的从属性。另外，只要成立共谋共同正犯，所有的共谋者就都成立共谋共同正犯，不是实行者成为正犯，而另外的共谋者成为共谋共同正犯。共谋共同正犯中的一部分共谋者在共谋共同正犯着手实行犯罪之前表明其脱离共谋关系的意思，并被其他共谋者了解时，对在脱离之后的其他共谋者所实行的行为不承担刑事责任。

四、共同正犯的处罚

对于共同正犯的处罚，应遵循以下三点：（1）对于共同正犯应当作为正犯处罚。例如，德国刑法典第 25 条第 2 款规定，数人共同犯罪的，均依正犯论处。泰国刑法典第 83 条规定，二人以上共同参与犯罪的，都是正犯，应当依同罪的法定刑处罚。韩国刑法典第 30 条规定，二人以上共同犯罪的，各以该罪的正犯处罚。（2）对于共同正犯，适用“部分行为全部责任”的量刑原则，并且共同正犯中一人的行为即使未遂，他人的行为产生危害结果时，全部共同正犯都负既遂的责任。（3）根据一些国家刑法的规定，共同正犯的全体成员通常并非要受到同样的处罚，而是需要贯彻个人责任原则。例如，德国刑法典第 28 条第 1

① 参见［日］西原春夫：《犯罪实行行为论》，戴波、江溯译，279～280 页，北京，北京大学出版社，2006。

② 以下主要参见［日］大谷实：《刑法讲义总论》，新版 2 版，黎宏译，391 页，北京，中国人民大学出版社，2008。

款规定，正犯的刑罚取决于特定的个人特征。

第四节 狭义的共犯

狭义的共犯是指教唆犯和帮助犯。在本节中，我们拟对狭义共犯的成立条件及与相关范畴的界限进行介绍。

一、教唆犯

（一）教唆犯的概念

所谓教唆犯，是指促使他人产生犯罪的决意，进而使其基于此决意实行犯罪的情形。在西方大陆法系国家的刑法中，一般都规定了教唆犯。如，德国刑法典第 26 条规定："故意教唆他人故意实施违法行为的为教唆犯。"教唆犯是教唆他人犯罪而自己却不实施犯罪的实行行为，由此区别于二人以上互相利用、补充并分担实行行为的共同正犯。教唆犯与间接正犯具有相同的结构，二者都是通过他人而实施犯罪，但是间接正犯是将他人作为工具而行使意思支配的正犯，由此与以被教唆者实行犯罪为前提的教唆犯区别开来。教唆犯也不同于帮助犯：前者使他人产生犯罪的决意，而后者只是以他人的决意为前提而有形或无形地对正犯的行为实施帮助。

（二）教唆犯的成立条件

教唆犯的成立以教唆人的教唆行为和被教唆者实施犯罪的实行行为为必要条件。这是坚持共犯从属性说的逻辑结果。但共犯独立性说则认为，教唆行为本身是一种独立的实行行为，因此，即使被教唆的人没有实行犯罪，也成立教唆犯。

1. 教唆者实施了教唆行为

"所谓教唆，是指使他人产生犯罪的决意，使被教唆者实行基本的构成要件的情形。"[①] 从教唆犯的行为构造上分析，教唆由教唆行为和教唆故意两个要素构成。

（1）教唆行为。所谓教唆行为，是让他人产生实施特定犯罪之决意的行为。关于教唆的手段和方法，德国[②]和日本的现行刑法典均没有作特别限制。一般认为，劝告、嘱托、欺骗、威胁、哀求、指示、命令、引诱、怂恿等所有涉及精神影响的明示或默示的方法均可能成为教唆的方法。但是，如果欺骗、威胁超过一定限度，使被教唆人失去意志自由，则成立间接正犯，而不是教唆犯。

教唆行为的对象会因对共犯从属性程度的理解不同而不同。如果采取极端从属性说的立场，则只有正犯的行为构成犯罪时，教唆者才能成立共犯，故教唆行为的对象必须是有刑事责任能力的人；如果坚持限制从属性说的立场，正犯的行为符合构成要件且具有违法性时，教唆者即可成立共犯，故教唆的对象可以是无刑事责任能力人。大谷实教授认为，

---

① ［日］山中敬一：《刑法总论》，2 版，883 页，东京，成文堂，2008。

② 德国旧刑法典第 48 条曾经明确列举了教唆的方法。

被教唆人原则上必须是具有刑事责任能力的人，但是，作为从属性说的归结，只要是具有规范意识的人，即便是无刑事责任能力人，也能成为被教唆人。但完全没有规范意识的人或被作为工具而加以利用的场合，就不是教唆犯而是间接正犯。[①] 此外，教唆对象还必须是特定的一个人或者多数人。以不特定的人为对象进行教唆时，系“煽动”而非“教唆”。

过失犯的教唆犯能否成立？一般而言，行为共同说对此持肯定的态度，而犯罪共同说则予以否定，认为教唆行为的内容是让他人产生实施犯罪的决意，所以，对过失犯的教唆应该视为利用过失犯的间接正犯。

不作为犯的教唆犯能否成立？德国学者韦尔策尔、考夫曼等否认这种教唆犯的成立，但是通说持肯定态度，认为刑法上的行为包括不作为，教唆他人实行不作为犯罪完全是有可能的。例如，在唆使母亲不给婴儿喂奶致其饿死的场合，应该肯定对不作为犯的教唆犯。

片面教唆犯能否成立？所谓片面教唆犯，是指教唆人基于教唆的故意实施了教唆行为，但被教唆人并不知道有该教唆行为而决意实施犯罪的情形。对于片面教唆犯，学者间的意见并不一致，但多数说认为，教唆犯是基于教唆的故意而实施的教唆行为，只要由此而让他人决意实施犯罪即可，不要求被教唆者认识到是在被教唆。由此，片面教唆犯被得以肯定。

(2) 教唆的故意。关于教唆的故意，在理论上存在不同的认识：一种是要求教唆人必须认识到由于自己的教唆行为而使得被教唆人决意实行特定的犯罪，并对该实行有认识（容忍）的见解；另一种是除了要认识到自己的教唆行为导致被教唆人产生实施特定犯罪的决意，并对该实行行为有认识外，还必须使被教唆人对发生犯罪结果有认识。[②] 这实际上体现了共犯从属性说与共犯独立性说之间的对立。按照共犯从属性说，成立教唆故意，只要求教唆犯认识到使他人实施实行行为就够了，不要求认识到该实行行为所导致的结果；而按照共犯独立性说，教唆故意则必须包含对结果的认识。对此，多数说认为，教唆行为不是符合基本构成要件的实行行为，而是符合被修正的教唆犯的构成要件即致他人实行犯罪的行为。在这一立场上，应该认为教唆犯的故意没有必要及于基本构成要件的全部内容，只要认识到由于自己的教唆行为使被教唆者决意实行犯罪，并实施实行行为就够了，而不要求对教唆行为和正犯的构成要件结果之间的因果关系也有认识。[③]

在教唆故意的问题中，教唆者的故意是确定的故意还是也包括未必的故意在内？对此，在刑法理论上存在一定的分歧。德国学者韦尔策尔、日本学者大塚仁等认为，教唆者的故意可以是未必的故意。但是，也有学者予以反对，认为教唆的主观方面的特点是具有直接故意。

与教唆故意有关联的，是未遂教唆的处理问题。所谓未遂教唆，是指教唆者一开始就以使被教唆者的实行行为终于未遂的意思而进行教唆的情形。例如，明知甲的口袋中什么都没有的A，教唆B去掏甲的口袋，B基于该教唆而实施了盗窃行为的，就是这种情况。对于A应该如何处理，有不可罚说、盗窃未遂罪的教唆犯说以及单纯违法行为的教唆犯说三种见解。日本学界的通说采取第二种见解。韩国学界的通说则认为，不能认可对构成要

① 参见［日］大谷实：《刑法讲义总论》，新版2版，黎宏译，397页，北京，中国人民大学出版社，2008。

② 参见［日］大谷实：《刑法讲义总论》，新版2版，黎宏译，394页，北京，中国人民大学出版社，2008。

③ 参见［日］大塚仁：《刑法概说》（总论），冯军译，265页，北京，中国人民大学出版社，2003；［日］大谷实：《刑法讲义总论》，新版2版，黎宏译，394页，北京，中国人民大学出版社，2008。

件性结果发生的认识以及对构成要件的结果没有实现意思的故意，应当把教唆人的故意看作是教唆人已认识到的、由于被教唆人的实行行为发生的结果，因此，未遂教唆不具有教唆的故意，不能成立教唆犯。①

与未遂教唆有密切关联的是，教唆者预计到被教唆者的行为只能终于未遂而进行教唆，却出乎教唆者的预料发生了结果的情形，如确信毒药没有达到致人于死的剂量的 X，教唆 Y 将该毒药交给甲服用。Y 把毒药交给甲服用之后，甲出乎意料地死亡。对此，学理上有 X 对于致死量具有过失的时候就构成过失致死罪的见解与 X 是杀人未遂罪的教唆犯的见解之间的对立。对此，日本学者大谷实认为，从教唆的故意是只要使被教唆者具有实行行为的认识就够了的立场出发，在出于杀人未遂罪的故意引起了杀人既遂罪的结果的场合，属于事实错误，二者之间由于具有法定的重合，所以，不能认定成立较重的杀人罪的教唆犯，而只能成立杀人未遂教唆犯。②

2. 被教唆人实施了犯罪的实行行为

为成立教唆犯，要求教唆行为的结果是：教唆人以心理影响的方式唤起了正犯的行为决意，并在该行为决意的支配下实施了犯罪的实行行为。如果教唆没有引起他人的犯罪决意，或者虽然引起了他人的犯罪决意，但实际上没有去实行时，不能成立教唆犯。教唆犯的成立以被教唆者实施犯罪的实行行为为必要，但不要求其必须达到犯罪的既遂，即使被教唆者的行为处于未遂状态，只要刑法规定该罪的未遂可罚，未遂犯的教唆亦可罚。③

（三）教唆犯的特殊类型

1. 间接教唆犯

间接教唆犯，是指教唆教唆犯的情况。例如，甲教唆乙，让乙教唆丙实行犯罪，甲的行为就是间接教唆。对此，在一些国家的刑法中有明文规定。例如，日本刑法第 61 条第 2 项规定："教唆教唆犯的，与前项同。"即间接教唆犯同教唆犯一样，科以正犯之刑。

2. 再间接教唆犯

再间接教唆犯，是指教唆间接教唆者的情况。关于再间接教唆的行为是否具有可罚性，存在争议。日本的判例及一些学者肯定这种行为的可罚性，认为原来的教唆者引起正犯产生犯意，事实上可以说是犯罪的根源。在再间接教唆的情况下，虽然其教唆行为没有直接引起正犯的犯罪行为，但前者对于后者而言，仍然是条件，具有事实上的相当因果关系，因此不管这些而仍加以处罚是符合法律精神的。④ 也有学者认为，基于严格解释刑法的立场，就日本刑法第 61 条第 2 项所说的教唆者而言，其趣旨是指该条第 1 项的教唆者即直接教唆了正犯者的人，因而应该认为再间接教唆者以上的人不可罚。⑤

3. 从犯的教唆犯

从犯的教唆犯，是指对没有帮助正犯意思的人，使其产生帮助正犯的决意，并实施帮助行为。如，丙已经抱有杀意，甲建议乙送给丙金钱以强化其杀意，由此乙送给了丙金钱时，乙是丙的杀人罪的从犯，甲是从犯的教唆犯。按照日本刑法第 62 条第 2 项的规定，教

---

① 参见［韩］李在祥：《韩国刑法总论》，［韩］韩相敦译，429 页，北京，中国人民大学出版社，2005。

② 参见［日］大谷实：《刑法讲义总论》，新版 2 版，黎宏译，395～396 页，北京，中国人民大学出版社，2008。

③ 参见［日］野村稔：《刑法总论》，全理其、何力译，420 页，北京，法律出版社，2000。

④ 参见［日］木村龟二主编：《刑法学词典》，顾肖荣等译，371 页，上海，上海翻译出版公司，1991。

⑤ 参见［日］大塚仁：《刑法概说》（总论），冯军译，271 页，北京，中国人民大学出版社，2003。

唆从犯的，判处从犯的刑罚。

(四) 教唆犯的处罚

多数国家的刑法规定，对于教唆犯，按照正犯处罚。如德国刑法典第 26 条规定：“对教唆犯的处罚与正犯相同。”根据日本刑法第 61 条第 1 项的规定，对教唆犯，科处正犯之刑。所谓科处正犯之刑，是指在对正犯行为的法定刑的范围内进行处罚。正犯既遂，就成立对既遂犯的教唆犯；正犯未遂，就成立对未遂犯的教唆犯，在其法定刑的范围内予以处罚。对于间接教唆，与教唆犯同样，按照正犯处罚。

二、从犯

(一) 从犯的概念

从犯，又称为帮助犯，是指故意帮助正犯实行犯罪行为者。各国刑法一般都对从犯（帮助犯）予以规定。如，德国刑法典第 27 条第 1 款规定：“对他人故意实施的违法行为故意予以帮助者，是帮助犯。”日本刑法第 62 条第 1 款规定：“帮助正犯的，是从犯。”

(二) 从犯的成立条件

为了成立从犯（帮助犯），要求必须实施故意的帮助行为。同时，基于共犯从属性说的立场，由于从犯对正犯具有从属性，所以还要求正犯实施犯罪的实行行为，这与对教唆犯的要求是一致的。

1. 从犯的帮助行为

(1) 帮助行为。所谓帮助行为，是指通过实行行为以外的行为，使正犯容易实施实行行为的行为。帮助行为的方法没有限制，无论是精神的帮助（语言帮助）还是物质的帮助（行为帮助），均可成立帮助行为。以物质的方法，如借用犯罪的工具、提供犯罪场所和犯罪所必需的资金等有形的、物质上给予帮助的，是有形从犯；以精神的方法如提示、鼓励等无形的、精神上给予帮助的，是无形从犯。

帮助行为一般表现为作为，但有时也表现为不作为。对此，日本学者大谷实指出：“从教唆的本质来看，很难认定不作为的教唆，但是，对他人的犯罪行为有认识却不履行法律上的作为义务的不作为行为，由于是使他人的犯罪行为容易实施的行为，所以，可以将其看作不作为形式的帮助犯。”[①] 日本学者大塚仁认为，在与他人行为的关系中，也可承认基于不作为的从犯。例如，父亲不防止自己的孩子去杀害他人，父亲旁观他人杀害自己的孩子，都可以成为杀人罪的基于不作为的从犯。因为前者违反应该防止孩子犯杀人罪的作为义务，后者违反应该保护孩子的生命的作为义务。[②] 德国学者金德霍伊泽尔认为，在实行行为发生时，如果保证人能够采取干预措施，从而阻止、妨碍、减弱实行行为或使该行为的风险更大，却放弃进行干预，则原则上有可能成立不作为形式的帮助。[③]

“帮助的对方即被帮助人，必须是特定的人。被帮助人原则上必须具有刑事责任能力，但只要是具有规范意识的人，即便是无刑事责任能力者，也能成为被帮助人。”[④]

---

① ［日］大谷实：《刑法讲义总论》，新版 2 版，黎宏译，403 页，北京，中国人民大学出版社，2008。

② 参见［日］大塚仁：《刑法概说》（总论），冯军译，274 页，北京，中国人民大学出版社，2003。

③ 参见［德］乌尔斯·金德霍伊泽尔：《刑法（总论）教科书》，蔡桂生译，456 页，北京，北京大学出版社，2015。

④ ［日］大谷实：《刑法讲义总论》，新版 2 版，黎宏译，403 页，北京，中国人民大学出版社，2008。

正犯的实行行为一部分终了之后，实施帮助行为，使以后的正犯行为容易实施的情况，称为继承帮助犯。继承帮助犯的处理，应当和继承共同正犯的情况同样对待。比如，在丈夫出于强盗杀人的目的将人杀死以后，妻子点上灯火，以方便丈夫劫取财物的场合，日本的判例认为成立强盗杀人罪的从犯。

帮助行为既可以由一人单独实施，也可以由二人以上出于共同实施帮助行为的意思，为他人的犯罪行为提供帮助。后一种情况就是共同帮助犯。对此，只要共同帮助人分担了帮助行为的一部分，那么，各自就应当承担帮助犯的罪责。

过失犯的从犯是否成立？对此，基于犯罪共同说的立场，一般持否定态度。但从行为共同说的立场看，一般则予以肯定。但多数学者认为，对于从犯，只要使正犯的犯罪容易实施即可，因此，应该认可过失犯的从犯。

（2）从犯的故意。从犯的帮助行为必须是帮助人基于帮助正犯的意思而实施的帮助行为，即从犯必须具有帮助的故意。所谓从犯的故意，是指对正犯的实行行为有认识，并且认识到通过自己的行为使该实行行为容易实施而采取行动的意思。

在从犯故意中，是否要求帮助者认识到自己所实施的帮助行为与正犯的实行行为实现构成要件的结果之间具有因果关系？对此，学者间存在不同的认识。大谷实认为："不要求对根据正犯的实行行为实现基本的构成要件的情况也有认识，因此，不一定要对帮助行为和构成要件结果之间的因果关系有认识，只要认识到帮助行为的结果是使正犯更容易实施就够了。"① 木村龟二则认为，需要认识由正犯者的实行行为实现犯罪结果。②

从犯故意的形式是否包括未必故意？对此，学者间有不同的看法。但多数学者持肯定态度。例如，日本学者大塚仁、大谷实以及德国学者耶赛克等均认为：帮助故意和在教唆犯情况下一样，也可以是未必故意。③

片面从犯能否成立？所谓片面从犯，是指帮助人基于帮助的故意而实施了帮助行为，但被帮助者不知道帮助行为的存在而实施犯罪的情况。与片面教唆犯一样，对于片面从犯能否成立，学说上也存在肯定和否定两种见解，但多数学者对此持肯定态度，认为从犯的成立不要求从犯和正犯之间的意思一致，正犯未意识到从犯的帮助行为存在时，也可以认定从犯的成立。泰国刑法典第 86 条明文规定："在他人犯罪前或者犯罪后，以任何方法帮助或者便利其犯罪的，即使他人不知道该帮助或者便利情况的，也是从犯。"

未遂帮助是否成立从犯？所谓未遂帮助，是指帮助人预计到正犯的实行行为将以未遂而告终时实施的帮助行为。与未遂教唆一样，对于未遂帮助是否成立帮助犯（具有可罚性），理论上也有肯定说与否定说两种不同的见解。肯定说主张，帮助犯的故意，只是表象正犯进行实行行为就够了，而无须表象由正犯的实行行为实现犯罪结果④；"对未遂帮助，和未遂教唆的场合同样处理，未遂帮助是对未遂犯的帮助，具有可罚性"⑤。否定说认为，如果只想将行为控制在未遂阶段，或者自始就知道行为不可能实施终了的（不能犯未遂），

---

① ［日］大谷实：《刑法讲义总论》，新版 2 版，黎宏译，402 页，北京，中国人民大学出版社，2008。

② 参见［日］大塚仁：《刑法概说》（总论），冯军译，272 页，北京，中国人民大学出版社，2003。

③ 参见［日］大塚仁：《刑法概说》（总论），冯军译，272 页，北京，中国人民大学出版社，2003；［日］大谷实：《刑法讲义总论》，新版 2 版，黎宏译，402 页，北京，中国人民大学出版社，2008；［德］耶赛克、魏根特：《德国刑法教科书》（总论），徐久生译，843 页，北京，中国法制出版社，2001。

④ 参见［日］大塚仁：《刑法概说》（总论），冯军译，272 页，北京，中国人民大学出版社，2003。

⑤ ［日］大谷实：《刑法讲义总论》，新版 2 版，黎宏译，402 页，北京，中国人民大学出版社，2008。

不以帮助犯处罚。[①]

2. 被帮助者实行犯罪

从犯的成立，要求被帮助者实行犯罪，这是共犯从属性说的必然结论。按照通行的有限制的从属形态说，被帮助者的行为只要符合构成要件，并且具有侵害或威胁法益的行为即可，不要求他是有责的。

依据共犯的处罚根据，帮助行为与正犯行为之间必须具有因果关系。对此，学者间的理解并不一致。第一种见解认为，只要帮助行为和实行行为之间具有因果关系即可。第二种见解认为，帮助行为与正犯的结果之间必须具有因果关系。第三种见解认为，帮助行为必须增加了正犯侵害法益的危险。第四种见解认为，正犯及其结果和帮助行为之间均须具有因果关系。[②] 通说认为，帮助行为使实行行为容易进行这一因果关系是必要的。如日本学者大谷实认为，从现行刑法只是规定"实施了帮助"的情形来看，只要帮助行为是支援正犯，使实行行为容易实施就够了，所以，就帮助的因果关系而言，只要是在物理、心理上使实行行为容易实施就足够。而且，不要求具有没有实行行为就没有正犯的实行行为的条件关系，只要帮助行为使正犯的实行容易进行就够了。如即便在为帮助他人杀人而提供了毒物，但是被帮助人没有实施毒杀行为而是用手枪将人杀害的场合，由于在精神上为他人的杀人提供了方便，所以，应当肯定帮助的因果性。[③]

（三）从犯的特殊类型

1. 间接从犯

所谓间接从犯，就是指帮助从犯的人。与间接教唆犯不同，刑法对于间接从犯没有作特别规定，所以，是否认可这一从犯类型，有肯定说和否定说之争。

肯定说认为，帮助犯的处罚根据在于，其使正犯的实行行为容易实施，因此，只要认识到是行为人决意实施犯罪，而通过帮助行为间接地使该实行行为容易实施的话，就应看成是帮助正犯；另外，帮助行为也是符合修正的构成要件的行为，这种情况下的共犯也是可能存在的。[④] 日本和韩国的判例亦承认间接从犯的可罚性。否定说认为，帮助行为不是作为基本构成要件内容的实行行为，帮助者不是正犯，所以，既然没有关于间接帮助犯的规定，就应该认为不处罚它才是刑法的旨趣[⑤]；另外，如果处罚对帮助犯的帮助行为，将会违背罪刑法定主义的要求。

2. 教唆犯的从犯

所谓教唆犯的从犯，是指帮助教唆行为，便于其容易实行的情况。关于如何看待教唆犯的帮助犯，理论上存在从犯说和不罚说之争。从犯说认为，教唆行为是符合修正的构成要件的实行行为，所以对于教唆犯的帮助犯应当持肯定态度。[⑥] 而不罚说则主张，帮助犯限于帮助正犯的行为，教唆行为的帮助者不是帮助从犯，从而"教唆犯的帮助"不可处罚。[⑦]

---

① 参见［德］耶赛克、魏根特：《德国刑法教科书》（总论），徐久生译，844 页，北京，中国法制出版社，2001。

② 参见［日］大谷实：《刑法讲义总论》，新版 2 版，黎宏译，405 页，北京，中国人民大学出版社，2008。

③④ 参见［日］大谷实：《刑法讲义总论》，新版 2 版，黎宏译，407 页，北京，中国人民大学出版社，2008。

⑤ 参见［日］大塚仁：《刑法概说》（总论），冯军译，279 页，北京，中国人民大学出版社，2003。

⑥ 参见［日］大谷实：《刑法讲义总论》，新版 2 版，黎宏译，407 页，北京，中国人民大学出版社，2008。

⑦ 参见［日］山中敬一：《刑法总论》，2 版，931 页，东京，成文堂，2008。

（四）从犯的处罚

立足于不同的共犯理论，各国对从犯的处罚原则在立法上不尽一致。大体而言，有处罚独立说和处罚从属说两种立法例。

处罚独立说认为，对从犯的处罚与对正犯的处罚相同。如奥地利刑法第 13 条规定，数人参与犯罪行为时，依各人之责任处罚之。[①] 法国刑法典第 121—7 条规定，知情而故意给予帮助或协助，为准备或完成重罪或轻罪提供方便者，为重罪或轻罪之共犯；第 121—6 条规定，第 121—7 条意义上的共犯按正犯论处。

多数国家对从犯的处罚采取从属说，即在处罚上轻于正犯。具体而言，有得减主义和必减主义。所谓得减主义，就是对从犯规定"可以"减轻处罚，如瑞士 1996 年修订的刑法典第 25 条规定，故意帮助他人实施重罪或轻罪的，可从轻处罚。必减主义就是对从犯的处罚必须依照正犯的刑罚减轻。其中有的国家明确规定了减轻的幅度。如泰国刑法典第 86 条规定，于他人犯罪前或犯罪时，以任何方法帮助或便利其犯罪者，为从犯，依该罪法定刑三分之二处罚之。在比利时刑法中，对参与者的处罚要轻于对主要实行者的处罚。具体来说，因主要行为的性质之不同而不同。如果主要行为是重罪，对主要行为所规定的刑罚将按照刑法典第 80 条所规定的刑度减少一个等级。如果主要行为是轻罪，对参与者只能处以其在作为主要实行者时所应受刑罚的三分之二的刑罚。[②] 有的国家的刑法则只抽象地规定对从犯应减轻处罚，如日本、德国的刑法。德国刑法典第 27 条第 2 项规定，帮助犯的处罚参照正犯的处罚，并依第 49 条第 1 款减轻处罚。

三、正犯与共犯的区别

关于正犯与共犯的区分，理论上有种种不同的见解。

（一）主观说

主观说以因果关系论中的条件说为理论前提，认为正犯与共犯都是危害结果产生的条件，而且促使危害结果产生的诸条件都是等价的，所以，只有根据主观要件才能区别正犯与共犯。主观说可以分为目的说和故意说。目的说又称利益说，认为为了自己的目的或利益而实施行为的，构成正犯；为了他人的目的或利益而实施行为的，构成共犯。目的说因以下几点缺陷而受到了批判：第一，它无法一概确定对结果的利益，也很难明确区分是为自己的利益还是为他人的利益而作出行为。第二，利益说与刑法的态度并不一致。例如刑法中的嘱托杀人等，都是为了他人利益实施的行为，因而按照利益说只能构成共犯。只有共犯而没有正犯的结论是不合理的，这也表明了利益说与刑法的不一致性。第三，按照利益说，即使是独自实现全部构成要件主、客观要件的行为人，若是为了他人利益而为的，

① 在奥地利刑法中，第 12 条的规定是以功能一元的正犯（functional unitarian perpetratorship）为特征的，即采用的是统一的正犯概念。根据其第 12 条的规定，不仅实施犯罪的直接实行者，而且其他个人实施犯罪的唆使者，或者以其他任何方式有助于犯罪实施的人，皆为正犯。由此，在立法上，共犯形式的区分已不具有重要的意义。犯罪的每一参与者都要对其非法行为和罪过负责；对他们的惩罚独立于其他任何参与者的可责性。See Ernst Eugen Fabrizy，'Austria'，in The Criminal Justice System Facing the Challenge of Organized Crime，1997AIDP（1997），617.

② See Frank Verbruggen，Cyrille Fijnaut，'Belgium'，in The Criminal Justice System Facing the Challenge of Organized Crime，1997AIDP（1997），636.

也只能构成从犯。总之，目的或利益只不过是行为的主观要件，无法成为区分正犯与共犯的标准。[①] 故意说又称意思说，认为以正犯者的意思实施行为的人是正犯，以加担者的意思实施行为的人是共犯。[②] 故意说也有一定的不足之处：第一，条件说所主张的所有条件的等价性只不过是关于结果归属的理论，不适合将其用于区分正犯和共犯。第二，正犯意思和共犯意思的概念是以正犯和共犯概念的确定为前提的，因而以正犯意思和共犯意思为标准区分正犯和共犯，犯了循环论证的错误。因此，故意说无法为正犯和共犯的区分提供明确的标准。[③]

（二）客观说

形式的客观说严格以构成要件对行为的描述为准，不考虑行为人在整个犯罪过程中所发挥作用的重要性如何[④]，认为正犯是实施了符合基本的构成要件的实行行为的人，而共犯则是通过符合分别被修正的构成要件的教唆行为、帮助行为而加担正犯的实行行为的人。[⑤] 形式的客观说具有明显的缺陷：第一，杀人罪的构成要件行为是"杀人行为"，而构成要件事实是"为实现杀人的意思必须具备的一切行为"。这种学说无法对实现构成要件的行为与构成要件事实的行为加以区分，并且只把实现构成要件的行为当作正犯是错误的。第二，无法说明间接正犯以及背后操纵犯罪集团的人的正犯性。[⑥]

为克服形式的客观说之缺陷，实质的客观说应运而生。实质的客观说以因果关系理论中的原因说为立论基础，认为对结果的发生具有原因的人就是正犯，提供条件的人是共犯。[⑦] 立足于原因与条件的区别论，实质的客观说又有重要作用说、必要性说、优势说之分。此外，还有学者以实施行为在时间上的连贯性为标准，提出了同时说，认为行为时参与的是正犯，而在行为前后参与的是共犯。[⑧] 实质的客观说"在实行行为与犯罪结果之间特别强烈的因果关系中找寻特征，已被证明是不可行的，这不仅因为，必要的或者必需的原因与纯粹促进的原因不可能区别开来，而且原因与条件，或者物质上的因果关系与精神上的因果关系也无法区分"[⑨]。因此，在大陆法系国家的刑法理论和审判实务中，随着原因说被淘汰，实质的客观说已少有学者赞成。

（三）犯罪支配说

犯罪支配说又称犯罪事实支配说，是当今德国刑法理论的通说。从该说的历史发展看，何谓"犯罪支配"，其含义颇不一致。大致而言，主要有以下四种学说。

1. 结果的支配可能性说。该说为德国学者 Bruns 所主张。他认为，行为人的行为如果足以导致结果，才能对结果负责。依对客观现象普遍的观察，可以确定犯罪支配的可能性，才能认为行为人支配了结果，是正犯；而促使他人犯罪或者支援他人犯罪的行为对最终结果都欠缺犯罪支配，因此只能归类为共犯。[⑩]

---

① 参见［韩］李在祥：《韩国刑法总论》，［韩］韩相敦译，375页，北京，中国人民大学出版社，2005。

② 参见［日］大塚仁：《刑法概说》（总论），冯军译，238页，北京，中国人民大学出版社，2003。

③ 参见［韩］李在祥：《韩国刑法总论》，［韩］韩相敦译，374页，北京，中国人民大学出版社，2005。

④ 参见［德］耶赛克、魏根特：《德国刑法教科书》（总论），徐久生译，782页，北京，中国法制出版社，2001。

⑤ 参见［日］大塚仁：《刑法概说》（总论），冯军译，240页，北京，中国人民大学出版社，2003。

⑥ 参见［韩］李在祥：《韩国刑法总论》，［韩］韩相敦译，374页，北京，中国人民大学出版社，2005。

⑦ 参见［日］大谷实：《刑法讲义总论》，新版2版，黎宏译，362页，北京，中国人民大学出版社，2008。

⑧ 参见［韩］李在祥：《韩国刑法总论》，［韩］韩相敦译，373页，北京，中国人民大学出版社，2005。

⑨ ［德］施特拉腾韦特、库伦：《刑法总论Ⅰ》（犯罪论），杨萌译，287～288页，北京，法律出版社，2006。

⑩ 参见许玉秀：《当代刑法思潮》，574页，北京，中国民主法制出版社，2005。

2. 意思支配说。该说为德国学者 Lobe 和 Weber 所主张。该说认为，所谓正犯，重要的不只是出于正犯自己犯罪的意思，而是意思的实现必须在正犯的支配之下完成，也就是说意思实现的过程受意思的支配和操纵。反之，共犯则对企图惹起犯罪结果的实施行为无所支配，该实施行为系由第三者（即正犯）的意思所引起或操纵的。[①]

3. 目的支配说。该说为德国学者韦尔策尔所主张。他认为，正犯是有目的意识地制造犯罪现象，共犯虽对于自己的参与行为有犯罪支配，但对构成要件行为本身则并非如此。至于所谓"目的的犯罪支配"，是指"根据目的贯彻其意思决定"[②]。所谓正犯，应具备对于犯罪事实的目的性支配，也就是对于所发生及即将发生之事实，均具有目的性之认知；而共犯则仅对其参与具有支配，而非对于犯罪事实本身的目的性支配。综合韦尔策尔的见解，其认为正犯的成立应具备四个要件：目的的事实支配，客观的行为人条件，主观的行为人条件以及亲自实现犯罪事实；反之，则仅能成立共犯。[③]

4. 犯行支配说。德国学者罗克辛主张此说。依据此种见解，正犯作为具体的行为事项的核心体能够依据犯行支配的特征对其进行特定化。为进行这种特定化，在方法论上首先应该从构成要件的审查开始。即认为，包含正犯与共犯之区别的犯罪参加论并不是独立的犯罪成立要素，而在犯罪体系论中属于构成要件问题的领域。所以，首先应该探讨分则的法律构成要件，进而确认每个构成要件是否预设了正犯与共犯的区别。在这里，由于所谓义务犯与亲手犯没有预设这种区别，所以没有必要适用犯行支配的基准。相反，在所谓没有特别限定正犯范围的一般犯中，任何人均能够通过支配被禁止的行为与结果而成为正犯。因此，将这种一般犯与义务犯或亲手犯进行区别，进而称作支配犯。

作为判断正犯性的类型性基准，罗克辛提出了行为支配、意思支配与功能性犯行支配，即行为支配是直接正犯的正犯性特征，意思支配是间接正犯的正犯性特征，功能性犯行支配是共同正犯的正犯性特征。

罗克辛的犯行支配说也不是针对所有的构成要件都能够作为正犯与共犯的区别基准予以通用的。因为，仅在对犯罪主体没有特别限制的一般犯、支配犯中，才能够适用犯行支配说，而对于义务犯是不能够适用的。从这一点来看，犯行支配仅仅是正犯特征的必要条件，尚未成为充分条件。[④]

第五节　共犯的其他问题

一、共犯与身份

（一）概述

按照日本刑法理论和实务的通说，所谓身份，不限于男女的性别、本国人和外国人、

① 参见许玉秀：《当代刑法思潮》，575 页，北京，中国民主法制出版社，2005。

② 转引自许玉秀：《当代刑法思潮》，576 页，北京，中国民主法制出版社，2005。

③ 参见柯耀程：《变动中的刑法思想》，164 页，北京，中国政法大学出版社，2003。

④ 参见［韩］金日秀、韩辅鹤：《韩国刑法总论》，11 版，郑军男译，542 页，武汉，武汉大学出版社，2008。

家庭关系、公务员资格等，而是指与一定犯罪行为有关的人身关系的特殊地位或状态。[①] 例如，侵占罪中的“占有人”、渎职罪中的“处理事务的人”等，只有具备此等特定身份的行为者单独实施符合这些犯罪构成要件的违法行为时，才能成立这些犯罪。

一时性的心理要素是否属于身份，如营利诱拐罪中的“以营利为目的”？对此，在日本学界和审判实务界，见解并不一致。否定说认为，要构成身份，从其作为日常用语的含义来看，必须具有一定的继续性，不应包括目的这种一时性的主观要素。[②] 而通说认为，虽然从一般语义上看，身份必须以继续性为要件，但是身份之所以在刑法上成为问题，是由于人的要素与是否成立犯罪以及刑罚轻重有关，所以，虽说目的是暂时性的东西，但由于是与犯罪行为相关的人的关系的特殊状态，故应当说，不仅与是否成立犯罪相关的“目的”，而且与刑罚轻重有关的“营利目的”，均应包含在身份当中。[③]

通常认为，身份可以分为构成身份和加减身份、积极身份和消极身份。构成身份与加减身份是基于身份对定罪或量刑的影响而作的分类。具有一定身份成立犯罪的时候，身份具有可罚性要素的功能，这种身份就是构成身份。[④] 例如受贿罪，如果行为人不具有公务员、仲裁人的身份，就不能成立本罪。无身份者也能构成犯罪，但根据身份的有无而加重或减轻刑罚的，这种身份就是加减身份。[⑤] 例如日本刑法第 253 条规定的业务上侵占罪，正因为行为人具备业务者的身份，所以刑法为这种犯罪规定了较一般的侵占罪为重的法定刑。

行为者具有一定的身份而构成犯罪或者加减刑罚时，这种身份是积极身份。刑法上的身份一般属于这种身份。消极身份，是指行为者因具有一定的身份而不构成犯罪或者阻却刑罚的情况。例如，在日本和韩国的刑法中规定的亲属相盗的场合，如果亲属之间实施盗窃行为的，因亲属的身份而免除刑罚，亲属这种身份即属于消极身份。

身份犯，是指以行为者具有特定的身份为构成要件要素或者刑罚加减条件的犯罪。其中，以行为者具有特定的身份为构成要件要素的犯罪，是真正身份犯；而以行为者具有特定的身份为刑罚加减条件的犯罪，是不真正身份犯。

共犯与身份的理论主要涉及以下问题：（1）无身份者与有身份者共同加功真正身份犯时，二者是否成立共犯关系？（2）不真正身份犯中无身份者加功于有身份者时，对无身份者应如何处罚？（3）有身份者因消极身份而阻却犯罪或者刑罚，当无身份者加功于有身份者时，对于无身份者如何处理？下面分述之。

（二）真正身份犯与共犯

无身份者与有身份者共同加功真正身份犯时，二者是否成立共犯关系？对此，一些大陆法系国家的刑法有专门的规定。例如，日本刑法第 65 条第 1 款规定：“对于因犯人身份而构成的犯罪行为进行加功的人，虽不具有这种身份的，也是共犯。”德国刑法典第 28 条第 1 款规定：“正犯的刑罚取决于特定的个人特征（第 14 条第 1 款）。共犯（教唆犯或帮助

---

① 参见［日］大谷实：《刑法讲义总论》，新版 2 版，黎宏译，408 页，北京，中国人民大学出版社，2008；［日］西田典之：《日本刑法总论》，刘明祥、王昭武译，335 页，北京，中国人民大学出版社，2007；［日］野村稔：《刑法总论》，全理其、何力译，431 页，北京，法律出版社，2000。

② 参见［日］西田典之：《日本刑法总论》，刘明祥、王昭武译，340 页，北京，中国人民大学出版社，2007。

③ 参见［日］大谷实：《刑法讲义总论》，新版 2 版，黎宏译，408～409 页，北京，中国人民大学出版社，2008。

④ 参见［韩］李在祥：《韩国刑法总论》，［韩］韩相敦译，444 页，北京，中国人民大学出版社，2005。

⑤ 参见［韩］李在祥：《韩国刑法总论》，［韩］韩相敦译，443 页，北京，中国人民大学出版社，2005。

犯）缺少此等特征的，依第 49 条第 1 款减轻处罚。”此外，在奥地利、韩国、瑞士等国家的刑法中，也有关于共犯与身份问题的规定。

关于日本刑法第 65 条第 1 款规定的性质，在学说上有三种不同的见解。第一种观点认为，第 1 款的规定既包括构成违法身份，也包括加减身份。第二种观点认为，第 1 款的规定包括真正身份犯和不真正身份犯。日本的判例和通说认为，该款仅限于构成身份犯。[①] 后一种观点为日本学界和实务界的通说。关于该款规定中“共犯”的范围，日本判例的态度曾有一个变化的过程。最初判例认为应仅限于共同正犯，后来认为包括所有共犯形式，甚至共谋共同正犯也包括在内。[②] 日本学界的通说认为，由于无身份者也可以通过参与有身份者的实行行为来实现真正身份犯，所以无身份者和有身份者共同参与实施犯罪的话，就成立共同正犯。因此，在日本刑法第 65 条第 1 款中，没有理由将共同正犯除外。另外，也没有在该款中除去成立教唆犯和帮助犯的理由，因此，非公务人员教唆或帮助公务人员受贿的话，非公务人员就承担受贿罪的教唆犯或帮助犯的罪责。当然，同有身份的人相比，没有身份的人的处罚可能较轻。[③]

（三）不真正身份犯与共犯

不真正身份犯中无身份者加功于有身份者时，对无身份者应如何处罚？对此，在一些国家的刑法中也有专门的规定。例如，德国刑法典第 28 条第 2 款规定：“法定刑因行为人的特定的个人特征而加重、减轻或者免除的，其规定只适用于具有此等特征的行为人（正犯或共犯）。”日本刑法第 65 条第 2 款规定：“因身份而特别加重或者减轻刑罚时，对于没有这种身份的人，判处通常的刑罚。”

关于日本刑法第 65 条第 2 款规定的适用范围，在学界存在不同的学说：第一种学说认为，对参与了不真正身份犯的非身份者，仅限于科刑的个别化。第二种学说认为，该款以加减性身份犯为对象，但也准用于构成性身份犯。判例和通说认为应限于加减性身份犯。[④]

有身份者教唆、帮助无身份者实施不真正身份犯时，能否适用日本刑法第 65 条第 2 款的规定？例如，甲教唆乙杀害甲父，惯犯赌博人教唆、帮助非惯犯人进行赌博等。对此，日本判例的见解曾经有一个变化的过程：最初判例认为不能适用该款的规定。在赌博惯犯帮助非惯犯赌博的案件中，虽说认定成立赌博罪，但在之后同样的案件中，在惯犯性被看作为教唆或者帮助的体现的场合，就根据该款而适用第 186 条了。另外，日本大审院在教唆第三者杀害自己的父亲的子女的罪责问题上认为，由于符合刑法第 61 条第 1 款以及第 200 条的规定，所以根据刑法第 65 条第 2 款的规定，认定成立尊亲属杀人罪的教唆犯。但是，惯犯赌博罪的场合，在赌博惯犯的教唆、帮助行为没有被作为惯犯性的体现的时候，是不应当适用刑法第 65 条第 2 款规定的。[⑤] 日本学界对这一问题虽有不同的认识，但通说认为，在有身份者教唆、帮助无身份者实施不真正身份犯的场合，对于有身份者，成立身

① 参见［日］西田典之：《日本刑法总论》，刘明祥、王昭武译，341 页，北京，中国人民大学出版社，2007。

② 参见［日］西田典之：《日本刑法总论》，刘明祥、王昭武译，342 页，北京，中国人民大学出版社，2007。

③ 参见［日］大谷实：《刑法讲义总论》，新版 2 版，黎宏译，417 页，北京，中国人民大学出版社，2008。

④ 参见［日］西田典之：《日本刑法总论》，刘明祥、王昭武译，342 页，北京，中国人民大学出版社，2007。

⑤ 参见［日］大谷实：《刑法讲义总论》，新版 2 版，黎宏译，408～409 页，北京，中国人民大学出版社，2008。

份犯的教唆犯或从犯，对于教唆者、帮助者应该适用日本刑法第 65 条第 2 款。①

(四) 消极身份与共犯

从功能上分析，消极的身份一般被区分为违法阻却的身份、责任阻却的身份和刑罚阻却的身份三种类型。关于消极身份与共犯的理论，将区分以下三种情况进行介绍：

1. 违法阻却的身份与共犯

对于因不具有某种身份者而成立的犯罪而言，具有该种身份的人加功不具有此种身份者的行为时，如何处理？例如，医师加功于无身份者即非医师进行医疗行为。对此，日本的判例和一部分学说认为，二者成立共同正犯。但通说认为，因为身份者的行为不相当于实行行为，所以，不成立共同正犯，应该认为只是无许可医业之罪的教唆犯或者从犯。②

2. 责任阻却的身份与共犯

日本的审判实践和学说一般认为，利用不具有刑事责任能力的人当作工具而实施犯罪的，被利用者因欠缺责任能力而不构成犯罪，利用者则构成间接正犯。无身份者教唆、帮助因欠缺期待可能性而阻却责任的身份者湮灭后者的犯罪证据的，如何处理？对此，韩国刑法理论认为，非身份人教唆或帮助身份人犯罪的时候，身份人的责任将要受到阻却，但对非身份人将要按照该罪的教唆犯或从犯予以处罚。③

3. 刑罚阻却的身份与共犯

刑罚阻却的身份，是指尽管行为人的行为已构成犯罪，但由于其具备一定的身份而刑罚受到阻却的情况，例如，亲属间盗窃、亲属间窝藏赃物或者亲属间藏匿犯人等。共犯者中某人因身份而被阻却刑罚，由于人的处罚阻却事由只是一身性的事情，所以，应该认为对不具有该事由的共犯者不发生影响。④

二、共犯与错误

共犯与错误的理论解决的是，当共犯所认识到的犯罪事实和正犯所实施的犯罪事实之间不一致时如何处理的问题。共犯的错误虽有其特殊性，但也应该根据单独犯的错误理论加以解决。

(一) 同一共犯形式之内的错误

同一共犯形式之内的错误主要包括共同正犯的错误、教唆犯的错误、从犯的错误等方面。

1. 共同正犯的错误。所谓共同正犯的错误，是指共同行为人相互之间的认识不一致的情形。共同正犯的错误包括三种形态：

(1) 同一构成要件之内的错误，是指认识的事实与发生的事实在同一构成要件内的场合。例如，杀人罪的共同行为人之中，有人错认被害人而将其他人杀害的场合。按照法定符合说，这种错误不阻却共同正犯的故意，全体共同行为人成立杀人罪既遂的共同正犯。

(2) 不同构成要件之间的错误，是指认识的事实与发生的事实在不同构成要件间发生

---

① 参见［日］大塚仁：《刑法概说》（总论），冯军译，287 页，北京，中国人民大学出版社，2003。

② 参见［日］大塚仁：《刑法概说》（总论），冯军译，286 页，北京，中国人民大学出版社，2003。

③ 参见［韩］李在祥：《韩国刑法总论》，［韩］韩相敦译，450 页，北京，中国人民大学出版社，2005。

④ 参见［日］大塚仁：《刑法概说》（总论），冯军译，287 页，北京，中国人民大学出版社，2003。

的情形。对于这种错误，原则上否定共同正犯的故意。但是，在各个基本构成要件是同质的、相互重合的情形中，在互相重合的限度内可以承认有共同正犯的故意。例如，甲和乙共同砍丙，如果甲具有杀意，而乙却仅有伤害的意思，在杀人未遂罪与伤害罪互相重合的轻的伤害罪范围内，成立共同正犯，其过剩部分的杀人未遂罪的罪责只归于甲。①

（3）关于结果加重犯的错误。对此，日本学者大谷实认为，在结果加重犯的场合，只要在基本行为上具有共犯关系，就对重结果的发生具有共同的注意义务，所以，对于所发生的重结果成立共同正犯。如在共谋抢劫的场合，共同人中的某一人实施了抢劫致伤罪的时候，所有的共犯人都成立抢劫致伤罪的共同正犯。② 也有学者认为对重结果不成立共同正犯："有谓此项结果，系从共同责任之下之实行行为所发生，当然应由共犯全体负责……有谓龃龉部分，绝对不发生共犯关系，当然不能令其他共犯负此结果加重之责。"③

2. 教唆犯、从犯的错误。所谓教唆犯、从犯的错误，是指教唆人、帮助人的教唆或帮助故意中的认识内容，与被教唆人或被帮助人所引起的事实之间的不一致。

（1）同一构成要件内的错误。对此，理论上存在具体符合说和法定符合说的争议。通说的立场系法定符合说，认为共犯人的错误如果是同一构成要件内的错误，就不排除共犯的故意而成立教唆犯、从犯。例如，甲教唆乙杀害丙，乙误认为与丙相貌相似的丁为丙，将丁加以杀害。在这个案件中，法定符合说认为，甲应负教唆杀人的责任，成立杀人罪的教唆犯。④

（2）不同构成要件场合的错误。在共犯人所认识的实行行为的内容与正犯所实施的犯罪事实横跨不同构成要件的场合，如何处理？一般认为，对于这种情况，原则上阻却共犯的故意。例如，甲教唆乙去盗窃，但是乙却实施了放火，甲既不成立窃盗罪的教唆犯，也不成立放火罪的教唆犯。不过，在其构成要件是同质的、互相重合时，在其互相重合的限度内，成立关于轻的犯罪的教唆犯。也就是说，如果被教唆者实行的内容比教唆者认识的内容更少，在其实行的限度内成立教唆犯。如甲教唆乙去窃盗，而乙的行为止于窃盗的未遂，可以认定甲是窃盗未遂罪的教唆犯。相反，被教唆者所实行的比教唆者表象的内容更多时，可以认为在教唆者表象的范围内成立教唆犯。如，甲教唆乙侵入丙的住宅去盗窃，但是乙却侵入丁家实施了强盗，甲应该成立侵入住居窃盗罪的教唆犯。⑤

（3）关于结果加重犯的错误。如教唆伤害而正犯引起了伤害致死的结果的情形，对于这种正犯实行过剩的情况，日本判例所采取的立场是：共犯即使对结果加重犯的重结果没有认识，仅仅只是教唆、帮助基本犯罪，但如果由于正犯者的行为引起了重结果的发生，那么教唆者、帮助者就应负结果加重犯的罪责。⑥ 对于这一结论，学者们大多予以肯定，但同时一般都主张对结果加重犯的共犯成立的条件加以限制，即只有教唆者、帮助者对加重结果的发生有过失或预见可能性时，才承担结果加重犯的责任。例如，大谷实认为，只要教唆实施基本犯罪，教唆人对于所发生的重结果就具有特别的注意义务，因此，只要重结

① 参见［日］大塚仁：《刑法概说》（总论），冯军译，287页，北京，中国人民大学出版社，2003。

② 参见［日］大谷实：《刑法讲义总论》，新版2版，黎宏译，421页，北京，中国人民大学出版社，2008。

③ 转引自刘明祥：《错误论》，247页，北京，法律出版社；东京，成文堂，1996。

④ 参见［日］大谷实：《刑法讲义总论》，新版2版，黎宏译，422页，北京，中国人民大学出版社，2008。

⑤ 参见大塚仁：《刑法概说》（总论），冯军译，289～290页，北京，中国人民大学出版社，2003。

⑥ 参见刘明祥：《错误论》，284页，北京，法律出版社；东京，成文堂，1996。

果不是由不可抗力或者偶然情况而造成的，那么，教唆人对于重结果就具有责任。[①] 应当说，这一见解是妥当的。

（二）不同共犯形式间的错误

对此，有以下两种情形：（1）从犯与间接从犯间的错误。在以帮助正犯的意思发生了帮助从犯（间接从犯）的结果的场合，依据肯定间接从犯可罚性的立场，认为作为同一共犯形式的范围内的错误，不阻却从犯的故意。（2）教唆犯与从犯间的错误。在以教唆的意思发生了帮助的结果的场合，或者相反，以帮助的意思发生了教唆的结果的场合，根据共犯独立性说，在前者的场合，系教唆的未遂与过失帮助的竞合，成立重的教唆的未遂；在后者的场合，以同样的理由，可以说成立帮助的未遂。但根据共犯从属性说，站在否定“教唆、帮助的未遂”的可罚性立场，不论前者的场合还是后者的场合，都成立轻的共犯形式的从犯。[②]

（三）间接正犯和共犯之间的错误

根据日本的判例，误认为刑事未成年者为有责任能力者而诱致盗窃案件，虽然应当依盗窃的间接正犯判断，但根据（日本刑法）第38条第2款负盗窃教唆之责。这是在以教唆的意思犯间接正犯的构成下，依照轻的教唆的情形处罚。

学说上，这样的场合看作教唆是通说。从这样的立场来看，误认为不知情者为知情者而利用的场合，虽然认为教唆是通说，但这就成了承认对非故意行为的教唆。根据行为共同说，这虽然也是可能的，但根据犯罪共同说，需要更进一步说明。

与此相反，以间接正犯的意思犯教唆的场合，有间接正犯既遂说、间接正犯未遂与教唆的法条竞合说、在重合的范围内认定为教唆说的对立，而教唆说是通说。在这种场合，客观上是教唆犯，主观上是间接正犯。承认两者的重合，应当认为是教唆。[③]

对于间接正犯与从犯间的错误，也应采取上述教唆说的思路，一律认定为从犯。

三、共犯与未遂

按照大陆法系国家的立法和理论，未遂包括障碍未遂和中止未遂两种形态。在此处探讨的仅指共犯与障碍未遂的问题。

（一）共同正犯的未遂

共同正犯的未遂，是指实行行为的共同分担者已经着手实行犯罪的实行行为，由于意志以外的因素，而致未完成犯罪的情况。对共同正犯的障碍未遂比较容易处理，其在共同人开始实施实行行为但尚未完成犯罪时即可认定。如在A和B意图共同杀死甲而举刀砍人，但是都被警察制服而未能完成犯罪的场合，就是共同正犯的未遂。对于共同正犯的未遂，所有的正犯均按照所犯之罪的未遂处理，这一点与单独犯并无二致。但共同者中的一部分人的行为使得结果发生时，所有的共同正犯均为既遂。在上例中，如果甲被砍死，A、B就成立共同正犯的既遂。

（二）教唆犯、从犯的未遂

关于教唆犯、从犯之未遂的范围，立足于不同的学说立场，其判断结论会有明显的不

① 参见［日］大谷实：《刑法讲义总论》，新版2版，黎宏译，423页，北京，中国人民大学出版社，2008。

② 参见［日］大塚仁等：《大注释刑法》，2版，第5卷，587页，东京，青林书院，2003。

③ 参见［日］浅田和茂：《刑法总论》，459～460页，东京，成文堂，2005。

同。立足于共犯从属性说的立场，在正犯者着手实行而终于未遂，且刑法规定处罚未遂罪时，承认教唆犯和从犯的未遂。而立于共犯独立性的立场，在开始了共犯者自身的教唆行为、帮助行为却未奏效的所有情形都是未遂。也就是说，被教唆者、被帮助者着手实行而终于未遂的场合，当被教唆者作出实施犯罪行为的决意，或者被帮助者的决意得到强化而没有作出实行行为时，以及虽然进行了教唆行为、帮助行为，可是被教唆者没有作出实施犯罪行为的决意或者被帮助者的决意并未得到强化时，都是教唆犯和从犯的未遂。①

共犯独立性说由于允许独立处罚不具有定型性的教唆行为和帮助行为，因而有侵犯人权之虞，故现在日本的通说立场是借助于犯罪的实行行为的定型来处罚教唆行为和帮助行为。基于这一认识，立足于共犯从属性说的结论为学者们普遍接受。

四、共犯中止

根据共犯的类型，共犯中止分为共同正犯的中止和狭义共犯的中止。

（一）共同正犯的中止

共同正犯的中止，是指实行行为的共同分担者已经着手实行犯罪的实行行为，基于自己意志的因素，阻止其他共同正犯的犯罪实行或者避免危害结果的发生，从而未完成共同犯罪的情况。共同正犯的中止在以下两种情形下成立：一是全部的共同正犯自愿中止犯罪。二是共同正犯中的一部分正犯基于自己的意志停止犯罪，并阻止其他正犯实行犯罪或者防止结果的发生时，该部分正犯就属于中止犯；而其他正犯则成立障碍未遂。如果共同者中的一部分人任意地中止了犯罪，但是其他人的行为实现了犯罪，不能认为中止者是中止犯。②

（二）狭义共犯的中止

狭义的共犯任意中止教唆行为、帮助行为，而且阻止正犯的行为完成时，就成立狭义共犯的中止犯。在共同人实施了教唆和帮助，但是正犯没有实施实行行为的场合，由于教唆行为、帮助行为是不可罚的，所以便不成立中止犯的问题。在正犯的障碍未遂是由于教唆人、帮助人的中止行为引起时，成立共犯的中止犯。正犯的中止未遂不是由教唆人、帮助人的中止行为引起时，则成立共犯的障碍未遂。

中止的效果仅及于中止者自身，因此，正犯的中止效果不及于共犯。同样，共犯人的中止效果也不及于正犯。在由于共同正犯中的一部分人的中止而没有发生结果的场合，中止犯的效果不及于其他共同人。③

五、共犯关系脱离

所谓共犯关系脱离，是指共犯关系成立之后、犯罪完成之前，部分处于共犯关系的人切断与共犯的关系而从该共犯关系中解脱出来，其他共犯人基于共犯关系实施实行行为，引起了犯罪结果的场合。在这种情况下，对于其他共犯所实施的犯罪，脱离者应该在多大

① 参见［日］大塚仁：《刑法概说》（总论），冯军译，294页，北京，中国人民大学出版社，2003。

② 参见［日］大塚仁：《刑法概说》（总论），冯军译，294页，北京，中国人民大学出版社，2003。

③ 参见［日］大谷实：《刑法讲义总论》，新版2版，黎宏译，425页，北京，中国人民大学出版社，2008。

程度上承担罪责，是共犯关系脱离理论关注的核心问题。

在日本，学者们对共犯关系脱离理论的理解和阐释颇不一致。在此，仅就大塚仁教授的研究成果作一介绍。

共犯的脱离，可以分为从共同正犯关系中的脱离、从教唆犯关系中的脱离以及从从犯关系中的脱离。①

所谓从共同正犯关系中的脱离，是指在共同正犯的实行着手后，还未达于既遂的阶段，共同正犯者中的一部分切断与其他共同者的相互利用、补充的共同关系，从其共同正犯关系中离去。脱离者虽然不免除至脱离时的共同实行的责任，但是，其后其他共同者实行的内容和由此产生的犯罪结果不能归责于脱离者。

脱离了共同正犯关系的情形有：共同正犯者中的一部分人在共同实行的过程中放弃共同实行的意思，中止自己的实行行为，同时为了使其他共同者的实行行为中止，而进行了认真的即尽可能的努力，但是，其他共同者使其共同正犯达于既遂；在共同实行终了后，共同正犯还未达于既遂，而且能够阻止达于既遂的状况下，共同者中的一部分人为了阻止达于既遂而作出了认真的努力，但是，还是达于既遂。他们虽然都不能成为共同正犯的中止犯，但是可以对其为中止作出的认真努力予以评价，认为是脱离。除了中止犯未奏效的情形外，共同正犯者中的一部分人在共同实行的过程中，放弃自己的犯罪行为，同时其他共同者了解脱离的情况，因而对其他共同者实施犯罪行为的影响得以消除时，也可以认为是从共同正犯关系中的脱离。只是，这种意义的脱离，只限于脱离者在该共同关系中占据的地位是被动、消极的情形。对主动、积极地形成了共同正犯关系的人，即便其他共同者了解脱离的情况，从其一伙中退出，只要共同正犯关系继续存在，仍可以认为还残存着其影响，不能说存在脱离。

正犯者作出了实行行为后，在其终了前的阶段，教唆者为了阻止正犯者的实行而进行了认真的努力，但是，正犯达于既遂时，以及正犯者虽然终止了实行行为，但尚未既遂，而且能够阻止达于既遂时，教唆者虽然为了防止达于正犯的既遂尽了全力，但是，正犯达于既遂时，可以认为是从教唆犯关系中的脱离。鉴于教唆者认真阻止正犯行为所具有的意义，应该就至脱离时的正犯的未遂状态，对脱离了的教唆者追究其准教唆犯的障碍未遂的罪责。

在从犯者为阻止正犯者的实行行为进行了认真的努力，或者在正犯者的实行行为终了后尚能够阻止正犯达于既遂的状况下，虽然为阻止他尽了全力，但是正犯仍然达于既遂时，以及在正犯者的实行行为前或者实行行为中，从犯者放弃从犯的故意，完全地消除了由自己的帮助行为给正犯者的实行创造的有利状态时，可以认为是从从犯关系中的脱离。不过，对于无形的从犯，完全消除已经给正犯者的心理造成的影响是困难的，所以，实际上很难承认中止不奏效的情形以外的脱离。另外，对脱离者，应该以准从犯的障碍未遂来对待。

六、共犯竞合

所谓共犯竞合，是指对于一个基本的构成要件的实现，共同正犯、教唆犯、帮助犯三个共犯形态在观念上成立的情况。共犯竞合一般分为三种，即教唆犯同时为实施正犯（共

① 以下参见［日］大塚仁：《刑法概说》（总论），冯军译，295～297页，北京，中国人民大学出版社，2003。

同正犯）、教唆犯同时为帮助犯（从犯），以及帮助犯同时为实施正犯。

在共犯竞合的场合，刑法上应当如何处理？对此，学者们一般认为，对于共犯竞合，应合一观察，包括地予以评价，即轻之共犯形态，应为重之共犯形态所吸收；从属之共犯形态，应为独立之共犯形态所吸收。例如，大谷实认为："在共犯竞合的场合，上述共犯形式作为实现一个基本的构成要件而实施的行为，具有共同性，因此，较轻的共犯形式被较重的共犯形式所吸收，只成立较重的共犯形式。而且，教唆人、帮助人进而分担了实行行为的时候，就只负担共同正犯的罪责，教唆犯帮助正犯的时候，作为教唆犯，从重处罚。"[①] 李斯特主张，"在一人数次参与同一行为的情况下，参与的较轻形式（帮助犯）相对于较重形式（教唆犯），不独立的形式（共犯）相对于独立的形式（教唆犯）而言，起辅助作用。如果教唆犯事后又作为正犯或帮助犯参与犯罪行为的实施的，在第一种情况下刑法以正犯对之予以处罚，在第二种情况下则以教唆犯处罚之"[②]。德国学者施特拉腾韦特等也认为："如果某人以数种形式参与了某项犯罪，那么只依照其所起的较重要的作用进行处罚，因此，如果对其同伙先进行了教唆，然后以共同正犯的形式实施行为，那么只承担共同正犯的责任；教唆他人后提供了帮助，则承担教唆犯的责任。因为所有的共犯形式都指向一个不法结果，因而不能对其进行数次处罚。"[③]

【问题与思考】

1. 简述间接正犯的概念、成立范围。
2. 试述共犯的本质。
3. 简述共犯的处罚根据之争。
4. 简述共同正犯的概念、成立条件。
5. 论共谋共同正犯的概念、成立条件。
6. 简述关于共犯与正犯区别的学说。
7. 共犯与身份理论述评。

---

① ［日］大谷实：《刑法讲义总论》，新版2版，黎宏译，430页，北京，中国人民大学出版社，2008。

② ［德］李斯特：《德国刑法教科书》，徐久生译，381～382页，北京，法律出版社，2000。

③ ［德］施特拉腾韦特、库伦：《刑法总论Ⅰ》（犯罪论），杨萌译，355页，北京，法律出版社，2006。

第十章 罪数论

内容导读

一个人所犯之罪是一罪还是数罪的理论，就是罪数论。罪数的立法例包括区别制和单一制。区别制，即区别一罪和数罪而分别加以规定。单一制，即不区别一罪与数罪，在同一条文中规定处罚原则，均同样处以一个“单一的刑罚”。关于罪数的判断标准问题，存在着意思说、行为标准说、法益标准说、构成要件标准说、个别化说和可罚类型的不法评价说六种学说。对于罪数论的体系，在大陆法系刑法理论中有不同的设计方法。本章综合考虑各种学说，将罪数分为本来的一罪、科刑上的一罪和并合罪进行讨论。本来的一罪是以构成要件为标准划分出来的一个罪数种类，它有狭义和广义之分。狭义的本来的一罪仅指单纯一罪。广义的本来的一罪亦称实质的一罪，被称为犯罪成立上的一罪，是指被评价为一次符合构成要件的事实。广义的本来的一罪的类型包括单纯一罪、法条竞合和包括一罪。科刑上的一罪，亦称裁判上的一罪或处断上的一罪，是指行为在构成要件的评价上被认为构成数罪，但在科刑时仅作为一罪处理的情况。科刑上的一罪包括观念的竞合和牵连犯。并合罪，是指能够在同一审判程序中受审判并予以并合处罚的数个独立的犯罪。并合罪以外的独立数罪的情形属于单纯数罪。

第一节 罪数论概述

一、罪数论的概念和任务

罪数，是指犯罪的个数，或者说是犯罪的单数或复数。相应地，讨论一个人所犯之罪是一罪还是数罪、进而在数罪的场合再考虑如何适用刑罚的理论，就是罪数论。正如日本学者大谷实所指出的，作为犯罪论的最后课题是，在行为人引起了某种犯罪事实的场合，将这些事实是作为一罪处理还是作为数罪处理的问题。另外，在作为数罪处理的场合，一个行为人同时具有数个犯罪，产生犯罪的竞合，这时候必须解决对行为人处以什么样的刑罚的问题。解决这两个问题的理论就是罪数论。①

罪数论的任务主要包括四个方面：其一，讨论什么样的行为构成一罪，什么样的行为构成数罪的问题。因而研究罪数的判断标准就成为罪数论的首要问题。其二，讨论一罪的类型和处罚问题。其三，讨论在数罪的场合如何处理的问题，即研究如何确定应适用的刑法条文和如何确定处断刑、宣告刑。其四，讨论与罪数有关的刑事诉讼法上的一些问题。比如，如果具体犯罪被认定为科刑上的一罪，就涉及一事不再理原则的适用问题，对于余罪就不得再起诉；而如果认定为并合罪或单纯数罪，对于余罪就可以起诉。上述第一个问题实质上是犯罪的个数问题，第三个问题实际上是犯罪的竞合问题。有关探讨犯罪之个数及其如何处罚之理论，在日本刑法学界，一般称其为罪数论。如在日本学者大塚仁所著的刑法教科书中，在罪数论中除讨论一罪与数罪的区分标准外，还讨论本来的一罪、科刑的一罪和并合罪。本来的一罪中涉及法条竞合，科刑的一罪涉及想象竞合和牵连犯，并合罪就是指实质数罪。② 在德国刑法学界，则普遍称其为犯罪竞合论。如德国学者耶赛克等认为刑法竞合包括以下三种竞合：（1）想象竞合，指一行为数次违反同一刑法法规或者数次触犯同一刑法法规的情形；（2）实质竞合，指行为人实施了数个独立的将在同一诉讼程序中受审判的犯罪的情形；（3）法条竞合，指数个刑法法规只是表面上相竞合，但实际上是一个刑法法规排除了其他刑法法规的情形。③ 但就讨论的内容而言，罪数论与犯罪竞合论并无多大差别。“德国多数学者将所有涉及是适用一个法条还是适用数个法条的现象分别归入法条竞合、想象竞合与实质竞合之中，日本学者则将所有现象归入单纯的一罪、包括的一罪、科刑上的一罪与并合罪之中。”④

二、罪数论的地位

罪数论既涉及一罪与数罪的区分问题，也涉及在一罪与数罪得以区分的前提下如何处罚的问题。从严格意义而言，前者属于犯罪论的问题，后者则属于刑罚论的问题。由此引发了关于罪数论的地位之争，即罪数论的内容是应该放在犯罪论中进行研究，还是应该放在刑罚论中进行研究，抑或是将其内容拆解后分别放在犯罪论和刑罚论中进行研究。

大陆法系刑法理论并未将罪数论的内容予以拆分后分别放在犯罪论中和刑罚论中进行研究，而是将其作为一个整体进行讨论。至于对罪数论在刑法总论中的具体位置如何安排，则有不尽一致的做法：日本学者一般将罪数论放在犯罪论的最后部分而置于刑罚论之前。但泷川幸辰则认为，在刑法上罪数的数并没有多大的重要性，只是从适用刑罚上对一罪和数罪应当怎样给予不同对待和处理的观点来看才有意义。因而罪数论的固有领域并不是在

---

① 参见［日］大谷实：《刑法讲义总论》，新版2版，黎宏译，431页，北京，中国人民大学出版社，2008。

② 参见［日］大塚仁：《刑法概说》（总论），冯军译，414页，北京，中国人民大学出版社，2003。

③ 参见［德］耶赛克、魏根特：《德国刑法教科书》（总论），徐久生译，860页，北京，中国法制出版社，2001。

④ 张明楷：《罪数论与竞合论探究》，载《法商研究》，2016（1）。

犯罪理论里，而应当属于刑罚理论。[1] 德国学者的做法与日本大多数学者的做法相似，即在犯罪论的最后位置讨论罪数论的内容。如李斯特所著的《德国刑法教科书》把“犯罪的单数与复数”放在“正犯与共犯”之后，“刑罚及保安处分”之前；耶赛克等所著的《德国刑法教科书》把“犯罪的单数与复数”放在“正犯与共犯”之后，“犯罪的法律后果”之前。韩国学者李在祥所著的《韩国刑法总论》也将罪数论放在犯罪论的最末位置，即“共犯论”之后，“刑罚论”之前。而由金日秀等所著的《韩国刑法总论》（第11版）则把罪数论独立设编，并将其放在犯罪论这一编之后，刑罚论这一编之前。由意大利学者帕多瓦尼所著的《意大利刑法学原理》则将“一罪与数罪”即罪数论放在“犯罪的法律后果”之后，亦即全书的最后一章。比较而言，日本大多数学者和德国学者关于罪数论地位的做法具有较强的说服力。在本书中，我们也采纳这种做法。

三、关于罪数的立法例

根据大陆法系各国刑法关于罪数的规定，可以将罪数的立法例分为两种类型，即区别制和单一制。所谓区别制，即区别一罪和数罪而分别加以规定。区别制以德国刑法、日本刑法为代表。德国刑法在第三章“犯罪的法律后果”第三节“触犯数法规的量刑”中专门对“一罪”与“数罪”作了规定。其第52条（一罪）规定了想象竞合，其第53条（数罪）规定了并合罪。而对于牵连犯和连续犯，则未在刑法中加以规定。日本刑法第45条规定了属于数罪的并合罪，在第54条规定了科刑上的一罪，即想象竞合与牵连犯，其第55条是对连续犯的规定（但现在已删除）。韩国刑法也采纳了区别制。韩国刑法第54条规定了属于数罪的竞合犯，第40条规定了属于科刑上一罪的想象竞合。所谓单一制，即不区别一罪与数罪，在同一条文中规定处罚原则，均同样处以一个“单一的刑罚”。单一制以奥地利刑法和瑞士刑法为代表。奥地利刑法第28条第1款规定：“行为人单一行为或独立之多数行为，违反数个同种或异种之可罚行为，而同时接受裁判时，如其竞合之法律，仅规定自由刑或罚金刑者，仅处以一个自由刑或一个罚金刑。此一刑罚依科以最重刑罚之法律定之。除有特别减轻其刑之规定外，其处罚不得低于各竞合法规所规定最低刑罚之最高度。”瑞士刑法第68条第1款规定：“因一行为或数行为可能被科处数个自由刑的，法官可就其最严重行为科处自由刑，并适当提高该自由刑的期限，但所提高之期限不得长于应科处自由刑最高限之一半。判刑时法官应受刑种最高限的约束。”

四、罪数的判断标准

关于罪数的判断标准，在大陆法系刑法理论中存在着不同的学说。

（一）意思说

意思说（主观说、犯意标准说）认为，应以行为人的犯罪意思的个数作为区分一罪与数罪的标准，即具有一个犯罪意思的就成立一罪，具有数个犯罪意思的就成立数罪。这里的犯罪意思既包括故意，也包括过失。其理由是罪数是由行为人的社会危险性来决定的，行为人的反社会的危险性由于表现为其犯罪的意思，犯罪的行为和结果不外乎是犯罪人的

---

[1] 参见［日］泷川幸辰：《犯罪论序说》，王泰译，165页，北京，法律出版社，2005。

反社会性格的征表，当然应以行为人犯罪意思的个数来确定犯罪的单复。根据意思说，观念的竞合、牵连犯、连续犯被认为是限定在成文法上所认可的单一的犯罪意思的界限内，因而只成立一罪。

意思说是主观主义的刑法学者如牧野英一、木村龟二等提倡的学说。如木村龟二认为，行为、构成要件符合性、法益虽然是构成犯罪的重要要件，但以某一个要件为基准决定犯罪的单复，是一种不合适的片面的见解。与此相对，作为构成要件符合性、违法、有责评价对象的行为的主干，犯罪意思综合地包含了构成犯罪的所有要素。所以，以犯罪意思的单复作为区分犯罪单复的标准，才是妥当的。[①]

意思说受到了很多学者的批评：（1）罪数是客观的问题，仅以主观的犯意之数不可能决定。（2）根据意思说，只要是出于一个犯罪意思，即便犯罪行为和侵害法益有数个，也只能作为一罪处罚，这是不合理的。从客观主义这一面出发，就可以认为意思说过于轻视客观发生的结果，而且对犯罪意思顽固者的处理太宽大。如按照意思说，在出于一次杀死两个人的意思，同时杀死两个人的场合，就是一罪；相反地，杀死一个人之后，又决心杀死另一个人的场合，就成为两个罪。（3）根据意思说，在观念的竞合和牵连犯的场合，都限定为一个单一的犯罪意思，应完全作为一罪处理，这是不合理的。

（二）行为标准说

行为标准说（行为说）认为，应以实现犯罪意思的行为的数量为标准来区分一罪与数罪。其理由是，犯罪是行为，行为对成立犯罪具有最重要的意义，一个行为理所当然地成立一罪，数个行为理所当然地成立数罪。行为标准说以客观主义刑法理论为基础。根据行为标准说，由于行为原则上包含意思表现与结果，所以只要两者中的某一个是单一的话，就是一个行为，罪数也是一个。在观念的竞合的场合，既然行为是一个，就只能成立一罪。

基于对行为所持的观念不同，行为标准说又有自然行为说和法律行为说之分。前者主张对这里的行为应从自然意义上理解，据此，一行为成立一罪；后者认为，犯罪行为不同于自然意义上的行为，应当依照法律上的观念来认定行为。数个自然意义的行为组成一个法律行为，则仍为一罪。

行为标准说是德国的通说。在德国，行为单数包括自然的行为单数和符合构成要件的行为单数。认定行为单数的先决条件是，数个构成要件的反复对法益的破坏只是意味着数量的增加（单一的不法），此外，犯罪行为是立于单一的动机基础之上的（单一的罪责）。德国判例和主流理论在表述竞合理论的行为概念时，均是以自然的生活观念为基础的。如果不同的行为部分是基于同一的意志决定，且时间和空间又有如此紧密的联系，以至于它被一个与之无关的观察者认为是一个行为的，那么，一个事件过程的表面上可分离的数个组成部分应当被视为一个单一的行为。属于自然行为单数的，首先有短期内多次实现同一构成要件的行为。有些刑法规定在行为描述中就已经将不特定数量的具体的行为包括在内，如谍报行为、伪造货币、实施性行为、侵害狩猎权或互殴。但是，即使构成要件没有明文规定，在反复实现构成要件情况下同样应认定为行为单数，例如，制作和递送数个侮辱内容的文书、通过一次商谈教唆数个正犯者、以数个盗走行为实施盗窃、以数句骂人的言语辱骂他人。判例倾向于将自然的行为单数的概念予以扩展。根据判例，在同一场合对同一儿童所实施的数个或者在该儿童面前所为的数个性行为，属于一个行为。在逃避警方追捕

---

① 参见［日］木村龟二：《刑法总论》，增补版，429～430页，东京，有斐阁，1984。

的过程中实施的数个犯罪行为，应当视为一个行为。如果行为在警方的干扰结束以后继续进行，尽管暂时放弃盗窃故意，还是一个行为单数。行为单数还存在于针对同一被害人的数个杀人行为之中，即使间隔时间较长同样如此。在更换选择杀人手段的情况下，当行为决意在第一个杀人行为未成功后，如果行为人立即企图以其他方式来加以实现，仍应认为是行为单数。相反，在不同时刻对同一妇女实施的数个堕胎行为则不再是行为单数。教唆盗窃紧接着又教唆窝赃的，教唆伤害紧接着又教唆杀死被害人的，同样是行为复数。联邦法院甚至认为，在向警方使用暴力逃离交通肇事现场的情况下，即已构成行为人的单一的逃跑意志，以便在数个、事实上互不联系的犯罪中制造出一个自然的行为单数来。① 符合构成要件的行为单数，即单从外部看来即使存在数个行为，单在法定构成要件上只是一个行为的情形。例如，法定构成要件本身要求必须实施数个行为，如采用暴力并拿走他人动产（德国刑法第 249 条），才能实现该项犯罪。这些行为因而在法律上联结构成了行为单数。持续犯在构成要件上也只构成行为单数。所有的单独行为，比如，首先是关押受害人，然后阻碍其逃跑，这种状态一直持续到实行完毕，都只构成一项剥夺自由罪。过去，根据集合犯的数个单独行为之间的相互联系，法院也认为成立行为单数，但后来考虑到，在刑事政策上以及程序法上由此出现的错误结果，比连续犯中的还要严重，因而放弃了这种观点。② 此外，连续实现构成要件的情况也被认为是符合构成要件的行为单数。在此等情况下，行为人通过一系列的具体行为逐步实现构成要件该当的结果。属于这种情况的有，从未遂到既遂的过渡，分两个阶段实施入室盗窃，更换故意杀人的实施方式。在此，对于认定行为单数起决定作用的，是在单一行为情况下的相同的动机情况的继续存在。从伤害到杀人的改变故意的情况以及故意被扩展到第二个被害人的情况，均不属于行为单数。③

行为标准说曾是日本第二次世界大战前的有力主张，如日本学者山冈万之助、冈田庄作、岛田武夫、大竹武七郎等人均主张该说，但现在采用该说的人几乎没有。批评该说的学者指出：（1）行为即使只有一个，在观念的竞合场合下也可以成立复数的犯罪，并且即使实施的是复数的行为，在接续犯的场合下也可以作为一罪，所以只以行为为标准是不能说明犯罪单数复数全部问题的。④ （2）按照行为标准说，一个开枪行为即便打死两人也只成立一罪，在忽视作为犯罪的本质要素的侵害法益的一点上，会导致不当的结果。⑤

（三）法益标准说

法益标准说（结果标准说）主张，应以行为侵犯的法益的个数特别是所发生的结果的个数，作为区分一罪与数罪的标准。据此，行为侵犯一个法益或发生一个结果的，是一罪；行为侵犯数个法益或发生数个结果的，是数罪。其理由是，犯罪的本质是对法益的侵害，没有侵害法益的行为不是犯罪，因此，应以法益受侵害的个数作为判断罪数的唯一标准。法益标准说为法条竞合和观念的竞合的区分提出了明确的标准：在法条竞合的场合，行为

---

① 参见［德］耶赛克、魏根特：《德国刑法教科书》（总论），徐久生译，862～866 页，北京，中国法制出版社，2001。

② 参见［德］施特拉腾韦特、库伦：《刑法总论Ⅰ》（犯罪论），杨萌译，430～434 页，北京，法律出版社，2006。

③ 参见［德］耶赛克、魏根特：《德国刑法教科书》（总论），徐久生译，865～866 页，北京，中国法制出版社，2001。

④ 参见［日］野村稔：《刑法总论》，全理其、何力译，446 页，北京，法律出版社，2001。

⑤ 参见［日］大谷实：《刑法讲义总论》，新版 2 版，黎宏译，432 页，北京，中国人民大学出版社，2008。

只侵犯了一个法益，而在观念的竞合的场合，行为则侵犯了数个法益。根据该说，观念的竞合、牵连犯和连续犯均属于本来的数罪，只是以特例在处罚时作为一罪处理而已。

法益标准说将法益区分为生命、身体、名誉、自由等与人格相结合的法益即专属法益和除此以外的非专属法益。专属法益（人格法益）对每个人都有独立的价值，所以有按照人数的比例增加的倾向；相反，非专属法益（财产法益）只要被同一个管理所包括，即使财产增加，可罚价值也不会特别地增大，而只有殃及属于另一个管理的财产之后，可罚价值才增大起来。在这个意义上，对于专属法益，每侵害一个人的法益，就成立一罪；对于非专属法益，每侵害一个管理，就成立一罪。[①] 据此，开一枪射杀数人的，成立数罪，而对同一个人即使实施了数个诬告，也仍只成立一罪。放火烧毁数个建筑物，也只成立一个放火罪。在所盗之物内包含有数个所有者的财物的场合下，成立数个盗窃罪。

在日本，法益标准说为泉二新熊、宫本英脩、泷川幸辰、植田重正等人所提倡。如泷川幸辰认为，结果标准说较为合适。犯罪是符合构成要件的行为，每当有充分满足构成要件的法益侵害，并且发生了与其数目相应的具有可罚价值的事实，从而就应当解释为成立了数个犯罪。[②]

法国刑法理论的通说也支持法益标准说。法国学者认为，犯罪是“一罪”还是“数罪”，标准主要在于这样一个问题：行为，且须为单一的行为，是侵犯了法律保护的一个社会价值（社会法益），还是侵犯了法律保护的数个社会价值（数个法益）。[③] 除了对包括一罪，特别是连续犯的情况之外，韩国大法院原则上可说是采取法益标准说。大法院 2001 年 12 月 28 日的判决指出：“个别对数个被害者行使欺骗行为而骗取各个的财物时，虽然犯意一致而犯罪方法相同，但各被害者的被害法益是独立的，所以不得以包括一罪来看待，却是按被害者成立独立的诈骗罪。”[④]

法益标准说考虑到犯罪的本质是侵害法益，从而以侵害法益的个数来判断罪数，这是有其合理性的。但法益标准说同样受到了批判：(1) 并非只有法益侵害的结果影响罪数，法益侵害的形式同样也是影响罪数的。法益侵害说只着眼于法益侵害的结果，而不考虑其侵害的形式，因此失之全面。在不少情况下，即使针对相同的法益实施侵害行为，但行为方法不同，如侵害同一人的财产，分别采取秘密窃取的方法和暴力劫取的方法，就不能根据法益标准说认定为一罪。(2) 法益标准说无视犯罪的定型性，并且实际上把在不同时间、场所、形态下实施的数个行为，仅因为被害法益相同，就视为一罪，这是不妥当的。(3) 法益标准说不能合理解释数个法益侵害构成一个犯罪的情况。(4) 完全无视法益以外的影响犯罪成立的因素而决定罪数，在这一点上也是不妥当的。

(四) 构成要件标准说

构成要件标准说（构成要件说、构成要件充足说、构成要件该当次数说）主张，以刑法分则或其他刑罚法规中规定的构成要件的评价次数作为判断罪数的标准。其理由是：犯罪是以构成要件符合性为基准而成立的，所以应以行为符合构成要件之数来决定犯罪之数。据此，犯罪事实一次符合一个构成要件的，是一罪；犯罪事实数次符合一个构成要件或者

---

①② 参见［日］泷川幸辰：《犯罪论序说》，王泰译，166 页，北京，法律出版社，2005。

③ 参见［法］卡斯东·斯特法尼等：《法国刑法总论精义》，罗结珍译，574 页，北京，中国政法大学出版社，1998。

④ 转引自［韩］李在祥：《韩国刑法总论》，［韩］韩相敦译，454 页，北京，中国人民大学出版社，2005。

符合数个构成要件的，为数罪。在评价行为符合几个构成要件时，实质上也应考虑犯罪意思、犯罪行为和所侵害的法益，因而构成要件标准是一个综合的标准。根据构成要件标准说，在观念的竞合的场合，也可以对一个行为进行数个评价；在牵连犯的场合毕竟符合的是数个犯罪构成要件。因此，观念的竞合和牵连犯都应该被认为是数罪。

在日本，构成要件标准说为小野清一郎、团藤重光、佐伯千仞、福田平、大塚仁、大谷实、川端博、野村稔等众多学者所主张，由此成为刑法理论的通说，并基本上为判例所采纳。如小野清一郎指出："在罪数论中，我提倡以构成要件为标准，即有充分满足构成要件的事实就是一罪，有充分满足两次构成要件的事实即为二罪，以此类推。我想以此来矫正过去的或以意思、或以行为、或以结果为标准的学说最终都偏重犯罪事实的某一要素或某一局部的现象，想从刑法中法律评价方面综合地加以考虑。"① 野村稔认为，应该基本上以基于构成要件进行评价的次数为标准，同时要考虑到量刑上是否能够确保得出恰当的结论，以及作为诉讼法上的处理是否适当，判断基于刑法规范的违法评价的次数，以解决判断犯罪单数复数的问题。② 构成要件标准说也为德国学者所支持。由耶赛克等所著的《德国刑法教科书》指出："对于确定是行为单数还是行为复数起决定作用的，可能是各自被破坏的法定构成要件的意义。"③ 但在德国，构成要件标准说属于少数说。构成要件标准说也得到了韩国学者和韩国大法院的不少判决的认可。韩国学者李在祥指出："构成要件标准说是合理的。因为犯罪不是自然的、现实的存在，而是基于构成要件说的观点评价之故。"④

关于符合构成要件次数的判断问题，日本学者作出了解释。小野清一郎指出，从理论上讲，在各个构成要件里，有被类型地预想了的事实范围，应当根据这个范围来决定是否充分满足一次构成要件。在一个构成要件中哪些是被类型地预想了的事实范围，必须有待于分则相应条款的解释。它无论如何不能分割成只有意思、行为或结果（法益）当中的一个方面，而必须是考虑到构成要件事实全部的人伦意义和社会意义后才能决定。⑤ 大谷实认为，由于构成要件包含了行为、对象、行为状况、行为结果、法益、犯意等多个因素，在进行罪数判断时应该以哪个要素为中心，就成为问题。既然构成要件是为保护法益设计的，在决定是一罪还是数罪时，应以构成要件所预定的被害法益的单一性为中心，综合考虑指向侵害该法益的犯意的单一性或连续性、实行行为的单一性或连续性以及被害利益的同一性等，判断几次符合了构成要件。⑥

构成要件标准说虽然成为日本的通说，但其同样也受到了学者们的批评。由木村龟二主编的《刑法学词典》认为，究竟什么才是一次符合构成要件，这是不明确的，如连续数次进行殴打那样，从一个一个的行为分别看，都是符合构成要件的，但作为一罪来说明就有困难。⑦ 西原春夫指出："杀人罪与盗窃罪同是结果犯，结果产生数个的场合，认为前者是数罪，后者是一罪，用构成要件的单复，理论上不能指导。再者所谓接续犯的场合，只认定一罪的成立，不用构成要件充足的单复以外的标准也不可能。况且法条竞合与观念竞

① ［日］小野清一郎：《犯罪构成要件理论》，王泰译，190页，北京，中国人民公安大学出版社，2004。

② 参见［日］野村稔：《刑法总论》，全理其、何力译，447～448页，北京，法律出版社，2001。

③ ［德］耶赛克、魏根特：《德国刑法教科书》（总论），徐久生译，863页，北京，中国法制出版社，2001。

④ ［韩］李在祥：《韩国刑法总论》，［韩］韩相敦译，456页，北京，中国人民大学出版社，2005。

⑤ 参见［日］小野清一郎：《犯罪构成要件理论》，王泰译，191页，北京，中国人民公安大学出版社，2004。

⑥ 参见［日］大谷实：《刑法讲义总论》，新版2版，黎宏译，432页，北京，中国人民大学出版社，2008。

⑦ 参见［日］木村龟二：《刑法学词典》，顾肖荣等译，396页，上海，上海翻译出版公司，1991。

合的区别，仅仅根据构成要件的观点能否说是正确，也成问题。”①

（五）个别化说

个别化说（折中说）认为，应根据不同的犯罪情况采取不同的标准来解决罪数的判断问题。该说由日本学者平野龙一、西原春夫、前田雅英等人提倡。在该说看来，前述各种学说都是基于“一个标准”区分罪数的。但是，罪数也有不同种类，以一个标准对所有种类的罪数进行区分将是非常困难的。构成要件标准说虽然能够区分一部分犯罪的罪数，但是对于包括一罪、观念的竞合、牵连犯等犯罪形态的罪数问题，则不能根据此说得到合理的说明。因此，应当根据罪数的不同种类分别采取不同的标准。具体而言，在区分是否是单纯一罪时，应以构成要件为标准；在判断包括一罪的罪数时，应以“行为与结果”的“一个性”为标准；而在科刑上一罪的场合，应以“行为”的“一个性”为标准。

个别化说实际上是以多元化的标准来解决各种不同的罪数问题的。在多元化的标准之下，似乎各种情况下罪数判断的问题都可以据此迎刃而解。不过，确立适当的罪数判断标准是罪数论的首要问题。以多元化标准来解决罪数问题，不但使得罪数论面临统一的罪数判断标准缺乏的局面，还可能会使得罪数论的“地基”陷入不稳固的状态。

（六）可罚类型的不法评价说

可罚类型的不法评价说是由日本学者山中敬一提出的一种较为新颖的关于罪数判断标准的学说。该说主张以可罚类型的不法评价作为标准区别一罪与数罪。理由是，构成要件标准说只能解决一部分犯罪的罪数的区分，而各种犯罪的罪数的区分都可以可罚类型的不法评价为标准来解决。因为构成要件是被类型化的不法，而这个类型的中心内容就是统一的不法评价。根据该说，法区别一罪与数罪，不是依据形式的构成要件的次数，而是依据该构成要件所预定的实质的可罚类型的不法所作的统一评价次数。因此，构成要件的基本类型或派生类型等应统一评价为一个类型；在同一机会、同一决意下对同一被害人实施的复数行为，也应统一评价为一个类型。②

可罚类型的不法评价说试图弥补一些学者所指出的构成要件标准说的缺陷，并对不同类型的不法如何认定一罪性作了分析，值得参考。

五、罪数论的体系

关于罪数论的体系，在大陆法系刑法理论中有不同的设计方法。德国学者李斯特所著的《德国刑法教科书》在“犯罪之单数与复数”的明目下讨论罪数论的问题，其将罪数论体系划分为行为复数和犯罪单数、犯罪单数、犯罪复数三个部分，而“行为之单数和复数”则被作为这一罪数论体系的前提。德国学者耶赛克等所著的《德国刑法教科书》同样在“犯罪之单数与复数”的明目下讨论罪数论的问题，其将罪数论体系划分为想象竞合犯、实质竞合和法条单一这三个部分，而“行为之单数和复数”则同样被作为这一罪数论体系的前提。德国学者施特拉腾韦特等所著的《刑法总论Ⅰ——犯罪论》在“竞合”的明目下讨论罪数论的问题，其将罪数论体系划分为不纯正竞合（即法条竞合）和纯正竞合这两个部分，纯正竞合又被分为想象竞合和实质竞合，而“行为单数与行为复数”也被作为这一罪数论

① ［日］西原春夫：《刑法总论》（下卷），改订准备版，419～420页，东京，成文堂，1995。

② 参见［日］山中敬一：《刑法总论Ⅱ》，902～903页，东京，成文堂，1999。

体系的前提。由此可见，德国的罪数论是以竞合理论为核心而展开的，其出发点则是行为单数和行为复数。

意大利学者帕多瓦尼所著的《意大利刑法学原理》在“一罪与数罪”的明目下讨论罪数论的问题，其将罪数论体系划分为法条竞合和犯罪竞合两个部分，其中犯罪竞合又被分为形式的犯罪竞合（即想象竞合）和实质的犯罪竞合。由此可见，意大利的罪数论也是围绕着竞合理论而展开的。

韩国学者李在祥所著的《韩国刑法总论》在“罪数论”的明目下讨论罪数论的问题，其将罪数论体系划分为一罪和数罪两个部分，其中一罪又被分为法规竞合和包括一罪，数罪又被分为想象竞合和竞合犯。韩国学者金日秀等所著的《韩国刑法总论》（第 11 版）也在“罪数论”的明目下讨论罪数论的问题，其将罪数论体系划分为法条竞合、一罪、想象竞合和竞合犯四个部分。

相比之下，日本学者所设计的罪数论体系就比较复杂，在体系内容的安排上极不统一，一些称谓也不一致。日本有的学者将罪数分为五类：单纯一罪、包括一罪、科刑上的一罪、并合罪与单纯的数罪；也有的学者将罪数分为单纯一罪、法条竞合、包括一罪与数罪，其中数罪又包括科刑上的一罪、并合罪与单纯数罪；还有的学者将罪数分为单纯一罪、当然一罪（法条竞合）、包括一罪、科刑上的一罪、并合罪与单纯数罪。尽管这些关于罪数的类型的划分不尽一致，但还是可以看出，日本的罪数论是以一罪为核心而展开的，罪数分类的共同基础是行为符合构成要件的次数，而行为单数和行为复数并未被作为罪数论体系的前提，这是日本的罪数论体系与德国、意大利的罪数论体系相比最大的不同之处。

本书综合考虑各种学说，将罪数分为本来的一罪、科刑上的一罪和并合罪予以讨论。

第二节　本来的一罪

一、本来的一罪概述

本来的一罪是以构成要件为标准划分出来的一个罪数种类，它有狭义和广义之分。狭义的本来的一罪仅指单纯一罪，即行为人以一个符合犯罪构成要件的行为侵犯了一个法益所构成的犯罪形态。在单纯一罪中，无论是行为人的故意或过失、行为、侵犯的法益还是所符合的构成要件，都是一个。广义的本来的一罪，亦称实质的一罪、犯罪成立上的一罪，是指被评价为一次符合构成要件的事实。

关于广义的本来的一罪的类型，在日本学者中有不同的见解。大谷实将本来的一罪分为单纯一罪和包括一罪。野村稔将本来的一罪分为单纯一罪、法条竞合和包括一罪。山中敬一、前田雅英将本来的一罪分为认识上一罪和评价上一罪。认识上一罪即单纯一罪，而评价上一罪又包括法条竞合和包括一罪。

由此可见，分歧的焦点是应将法条竞合纳入单纯一罪之中还是应将其与后者并列。对此，大谷实指出：“有人认为，法条竞合，不是单纯一罪，而是评价一罪，但是，法条竞合是根据各个法条之间的理论关系，不用进行罪数判断而作为一罪的情况，不是犯罪的单复问题，所以，无非是单纯一罪。”① 我们认为，在单纯一罪的场合，不需要特别地进行构成要件的评价，而在法条竞合的情况下，则需要就一个行为所符合的数个法条所规定的构成要件是否存在重合或交叉关系进行特别的评价。因此，我们借鉴野村稔的观点，依次对单纯一罪、法条竞合和包括一罪加以论述。

二、单纯一罪

单纯一罪，也叫认识上一罪，是指在外形上一次符合一个构成要件，不需要特别地进行构成要件评价的犯罪。单纯一罪的特点是：主观上出于一个故意或过失，客观上实施了一个行为，侵害了一个法益，触犯了一个罪名。单纯的一罪无论是从形式上看还是从实质上看均符合一个构成要件，因而在罪数的评价上通常不会发生混淆。比如，甲以杀人的故意向乙打一枪，致乙死亡。甲的犯意、行为、被侵害的乙的法益都是一个，明显地只是一次符合杀人罪的构成要件，无疑只成立一罪。

在单纯一罪中需要特别予以提及的是继续犯（持续犯）。总的说来，继续犯在大陆法系刑法理论中得到的关注程度不高。我国翻译出版的由德国学者撰写的教科书在提到继续犯时，均只是寥寥数语。由耶赛克等所著的《德国刑法教科书》（总论）指出，构成狭义上的构成要件的行为单数还有继续犯。在继续犯情况下，犯罪行为造成一种违法状态，该违法状态由行为人所维持，并因其继续存在而不间断地继续实现犯罪构成要件。② 由金德霍伊泽尔所著的《刑法总论教科书》（总论）指出，倘若通过构成要件上的不法类型化，可以将数个个别的动作综合理解成为一个行为，那么，成立构成要件上的行为单数，这种行为单数包括了持续犯。③ 我国翻译出版的由日本学者所著的教科书甚至不曾谈及继续犯。由韩国学者金日秀等所著的《韩国刑法总论》对继续犯的论述也仅用了很小的篇幅。该书指出，继续犯是指不仅是引起违法状态的行为，对此在一定期间内进行维持的行为也是实现该当构成要件的典型行为方式的情况，即不仅违法状态引起行为，其维持行为也一同是其构成要件的存在方式的情况。例如，侵入住宅罪、监禁罪等即属于此。由于违法状态的引起行为与维持行为实现一个构成要件，所以两行为不是数罪而是一罪。④ 由此可见，韩国学者与德国学者关于继续犯性质的分歧在于，前者认为其是两行为的包括一罪，后者则认为其是构成要件的行为单数。我们认为，继续犯是一个行为及其所引起的违法状态持续性的问题，属于一行为触犯一罪名的单纯一罪，因此，应将继续犯置于单纯一罪的名目之下。

三、法条竞合

（一）法条竞合概述

法条竞合，也称法规竞合，是指一个行为在外观上符合数个法条的犯罪构成要件，但

① ［日］大谷实：《刑法讲义总论》，新版2版，黎宏译，432页，北京，中国人民大学出版社，2008。

② 参见［德］耶赛克、魏根特：《德国刑法教科书》（总论），徐久生译，864页，北京，中国法制出版社，2001。

③ 参见［德］乌尔斯·金德霍伊泽尔：《刑法总论教科书》，蔡桂生译，478页，北京，北京大学出版社，2015。

④ 参见［韩］金日秀、徐辅鹤：《韩国刑法总论》，11版，郑军男译，665页，武汉，武汉大学出版社，2008。

数个法条之间因为法条规定的错综复杂，以致有数个法条可以同时适用，而实际上在对行为进行处理的时候，实际上只适用其中一个构成要件，而排除其他构成要件适用的情况。由此可见，法条竞合具有如下特点：（1）行为人实施的一个行为在外观上符合数个法条的犯罪构成要件，从而似乎可能适用数个刑法条文。数个行为符合数个刑法条文规定的犯罪构成要件的，不能构成法条竞合。（2）一个行为在外观上所符合的数个构成要件之间存在重合交叉关系，即数个构成要件有重复的内容。（3）在对外观上符合数个构成要件的一行为进行处理的时候，只适用其中一个构成要件，排除其他构成要件的适用，从而只适用一个刑法条文，排除其他刑法条文的适用。

对于“法条竞合”这一称谓，在理论中还存在否定的意见。在法条竞合的场合，由于最终只适用一个刑法条文，且被排除的刑法条文并不出现在有罪判决中，所以，德国学者耶赛克认为，用“法条单一”（Gesetzeseinheit）来替代传统的、但误导性的表述“法规竞合”，看起来似乎是适当的。这一观点得到了联邦法院刑事判决的支持，认可这种替代性表述的有德国学者伯克曼、格尔茨等。① 德国学者迈耶、梅茨格尔、冯·希佩尔、赫希等认为，“法条竞合”这一表述虽已深入人心，但遗憾的是，它完全具有欺骗性，因为毫无疑问的是只能适用其中的一个法规。② 因此，在德国，人们也用不纯正的竞合或法规单数来替代法规竞合的提法。③ 韩国学者李在祥也认为，既然实际上法条未竞合，就不是法规竞合，而称为法条单一才是合适的。④

在法条竞合的情况下，数个刑法条文只是表面上相竞合，但实际上是一个刑法条文排除了其他刑法条文。“若违反某一法规，而该违反将使行为人遭受责难，同时，该法规中已经包含了被排除法规的不法内容，那么，便成立法规竞合。”⑤ 法条竞合属于非真正的竞合、外观上的竞合、不纯正的竞合、假性竞合。该非真正的竞合的共同基本思想在于，一个可罚行为的不法与责任内容已经被完全包含在最终所适用的刑法条文中。因此，法条竞合所欲解决的问题是在一个行为符合数个刑法条文所规定的构成要件的情况下如何选择合适的条文。对此，德国学者认为，法条竞合是与纯正竞合的想象竞合相区别的不纯正竞合。之所以不纯正，是因为法条竞合看似有数个构成要件可资适用，但只要适用其中一个，就足以包含该行为全部非价内容，基于禁止重复评价而排斥其他构成要件的适用；即实际上仅有一个构成要件该当，欠缺复数构成要件实现之（纯正）竞合论基础。⑥ 意大利学者指出，在确定了哪些法条可能具有竞合关系后，要解决的问题就是，在相互竞合的法条中应适用哪一个法条的问题。⑦

一般认为，在法条竞合的场合，在外观上似乎有犯罪竞合的现象，但从所符合的刑法

---

① 参见［德］耶赛克、魏根特：《德国刑法教科书》（总论），徐久生译，892～893页，北京，中国法制出版社，2001。也有的学者将Gesetzeseinheit译为“法律单数”或“法条一罪”。

② 参见［德］李斯特：《德国刑法教科书》，徐久生译，393页，北京，法律出版社，2000。

③ 参见［德］乌尔斯·金德霍伊泽尔：《刑法总论教科书》，蔡桂生译，480页，北京，北京大学出版社，2015。

④ 参见［韩］李在祥：《韩国刑法总论》，［韩］韩相敦译，459页，北京，中国人民大学出版社，2005。

⑤ ［德］乌尔斯·金德霍伊泽尔：《刑法总论教科书》，蔡桂生译，480页，北京，北京大学出版社，2015。

⑥ 参见［德］耶赛克、魏根特：《德国刑法教科书》（总论），徐久生译，873、892页，北京，中国法制出版社，2001；［德］韦塞尔斯：《德国刑法总论》，李昌珂译，472、477页，北京，法律出版社，2008。

⑦ 参见［意］杜里奥·帕多瓦尼：《意大利刑法学原理》，注评版，陈忠林译评，363页，北京，中国人民大学出版社，2004。

条文之间的论理关系来看，在犯罪评价上并不能以数罪论处，仍属于本来的一罪，而并非犯罪竞合。例如，对于杀害直系尊亲属的行为，虽然在外观上成立普通杀人罪与杀害尊亲属罪二罪，但在犯罪评价上，则仅成立杀害尊亲属罪一罪，因为杀害尊亲属的构成要件之不法内容已完全包摄所排斥的普通杀人罪的构成要件之不法内容。而同时适用普通杀人罪与杀害尊亲属罪，将会造成对同一行为的双重评价，而这是违反禁止双重评价原则的。实际上，杀害直系尊亲属的行为只侵犯一个生命法益，对于该法益只适用杀害尊亲属罪就可给予必要且充分的保护，普通杀人罪也就没有再予以适用的必要。在日本的学说上，也有见解认为，法条竞合属于在构成要件上能够认为成立数罪，将其作为评价上的一罪，而与作为认识上的一罪相区别。但此种见解也将法条竞合视为“当然一罪”而认为其不同于包括一罪。①

（二）法条竞合的类型

在大陆法系刑法理论中，法条竞合的类型是围绕相互竞合的法条之间的关系形态而进行划分的。对此，学者间尚未取得一致的认识。德国学者李斯特将法条竞合分为以下四种：(1) 特别性，即特别法优于普通法适用；(2) 吸收性，即被适用的法规吸收其他法规；(3) 补充性，即对保护法益只起辅助和补充作用的法规，只有在最初的不可能实现对法益保护的情况下始可适用；(4) 选择性，即给法益以保护的构成要件，彼此相互排斥。② 德国学者贝林认为法规竞合包括特别关系和补充关系。③ 德国学者雅各布斯的主张最为极端。他把所有的法条竞合案例通通称为特别关系。他认为，法条之间逻辑上的广义特别关系，并不仅是法条表面文字之间的关系，也包含了在个案适用上经过解释以后的条文之间的关系。所以，对于德国通说认为是补充关系和吸收关系的案例，他都认定为特别关系。④ 目前，德国刑法学界关于法条竞合类型的占支配地位的观点是将其划分为特别关系、补充关系和吸收关系三类。⑤ 意大利学者将法条竞合区分为单向的包容关系和双向的包容关系两种情况。对于前者，适用特别法优于普通法原则。对于后者，一部分人认为，仍然应当适用特别法优于普通法原则；另一部分人则认为，应当适用与特别法优于普通法不同的标准，即从属性标准和完全吸收标准。从属性标准的基础，是不同犯罪构成对法益的保护作用。根据这一标准，在多个犯罪构成保护的是同一法益时，它们是为了在不同的阶段和程度上维护该法益而设立的，其中在同一阶段或同一程度起主要保护作用的犯罪构成吸收次要的犯罪构成。完全吸收标准的基础，则是对犯罪构成所作的价值判断。根据这一标准，当多个法律规定都指向同一社会现象时，只能适用那个从整体上完全反映该现象无价值的法律规范。⑥ 根据上述后一种理解，在意大利刑法理论中对于法条竞合实际上存在特别关系、从属关系（相当于补充关系）和吸收关系的划分，这与目前德国刑法理论的通说是相类似的。当然，按

---

① 参见［日］山口厚：《刑法总论》，2版，付立庆译，368页，北京，中国人民大学出版社，2011。

② 参见［德］李斯特：《德国刑法教科书》，徐久生译，394～395页，北京，法律出版社，2000。

③ 参见［德］恩施特·贝林：《构成要件理论》，王安异译，197～198页，北京，中国人民公安大学出版社，2006。

④ 参见陈志辉：《刑法上的法条竞合》，44～45页，台北，1998。

⑤ 参见［德］耶赛克、魏根特：《德国刑法教科书》（总论），徐久生译，894页，北京，中国法制出版社，2001；［德］韦塞尔斯：《德国刑法总论》，李昌珂译，472、477～480页，北京，法律出版社，2008；［德］乌尔斯·金德霍伊泽尔：《刑法总论教科书》，蔡桂生译，480页，北京，北京大学出版社，2015。

⑥ 参见［意］杜里奥·帕多瓦尼：《意大利刑法学原理》，注评版，陈忠林译评，359～361页，北京，中国人民大学出版社，2004。

照上述前一种理解，法条竞合就只有特别关系这种情况。日本刑法理论通常将法条竞合分为四类，即特别关系、补充关系、吸收关系和择一关系。[①] 一些学者则采取了三分法。但三分法的具体内容并不一致。如山中敬一、野村稔将法条竞合分为特别关系、补充关系和吸收关系三种情况。[②] 大谷实将法条竞合分为特别关系、补充关系和择一关系三种情况，而认为吸收关系属于包括一罪，而非法条竞合。[③] 泷川幸辰则将法条竞合区分为特别关系、吸收关系和择一关系三种情况。他认为，补充关系不是法条竞合。法条竞合以单个行为为条件，在补充关系的场合却有数个行为，所以，不如把补充关系理解为不真正的实质竞合。对三种法条竞合进行观察时，可以认为第一种和第二种、第三种之间有着性质上的不同。[④] 此外，也有学者采取二分法。如西田典之将法条竞合仅仅区分为特别关系、吸收关系两种情况，而认为将补充关系和择一关系纳入法条竞合，并无必要。[⑤] 山口厚将法条竞合区分为包摄关系和交叉关系。所谓包摄关系，是指一方的罚条所规定的构成要件包摄了另一方的罚条所规定的构成要件的场合，一般所说的特别关系和补充关系均属此列。就特别关系来说这一点很容易理解，而即便就补充关系而言，由于从基本类型中拿掉一定的要素就成了补充类型，认为补充关系属于包摄关系同样是妥当的。所谓交叉关系，是指一方的罚条所规定的构成要件和另一方的罚条所规定的构成要件部分地重合的场合。就此重合的部分而言，既然只有一个法益侵害，则只能适用其中某一方的罚条。一般所说的择一关系的一部分即属此列。[⑥] 韩国刑法理论的通说认为法条竞合有特别关系、补充关系、吸收关系和择一关系四种。但有的学者不同意将择一关系也纳入法条竞合。[⑦] 为了尽可能全面地分析法条竞合的类型，本书以下按四分法进行论述，并在其中就具体类型所涉及的争论加以介绍。

1. 特别关系

特别关系，即特别法与普通法的关系。这是一种逻辑性的法条竞合，也是在认识上最为一致的法条竞合。特别关系亦可称为逻辑包含关系。对此，德国学者指出，特别性情况（即特别关系）的特点在于，适用一法规而不适用其他法规是由逻辑原因造成的，起决定作用的只是构成要件的逻辑关系。而在吸收性、补充性及选择性的情况下，则需要考虑“具体的案件情况”[⑧]。如果一个刑法规定具备了另一个刑法规定的所有要素，且它只能通过具有将案件事实以特殊的观点来理解的其他要素来与该刑法规定相区别的，即存在特别关系。在特别关系情况下，也就产生了从属的逻辑上的依赖关系，因为实现特有构成要件的每一个行为，还同时实现一般犯罪的构成要件，否则不构成特别关系。[⑨] 日本学者泷川幸辰指

---

① 参见［日］大塚仁：《刑法概说》（总论），冯军译，418～419 页，北京，中国人民大学出版社，2003。

② 参见［日］山中敬一：《刑法总论Ⅱ》，915 页，东京，成文堂，1999；［日］野村稔：《刑法总论》，全理其、何力译，448～449 页，北京，法律出版社，2001。

③ 参见［日］大谷实：《刑法讲义总论》，新版 2 版，黎宏译，433 页，北京，中国人民大学出版社，2008。

④ 参见［日］泷川幸辰：《犯罪论序说》，王泰译，169、176 页，北京，法律出版社，2005。

⑤ 参见［日］西田典之：《日本刑法总论》，刘明祥、王昭武译，344～345 页，北京，中国人民大学出版社，2007。

⑥ 参见［日］山口厚：《刑法总论》，2 版，付立庆译，370～371 页，北京，中国人民大学出版社，2011。

⑦ 参见［韩］李在祥：《韩国刑法总论》，［韩］韩相敦译，459 页，北京，中国人民大学出版社，2005；［韩］金日秀、徐辅鹤：《韩国刑法总论》，11 版，郑军男译，661 页，武汉，武汉大学出版社，2008。

⑧ ［德］李斯特：《德国刑法教科书》，徐久生译，394 页，北京，法律出版社，2000。

⑨ 参见［德］耶赛克、魏根特：《德国刑法教科书》（总论），徐久生译，894 页，北京，中国法制出版社，2001。

出，在特别关系的场合，特别规定要比一般规定优先适用的情况是从逻辑上决定的，是从事物的性质产生出来的当然逻辑，因而是逻辑性的法条竞合。在其他关系的法条竞合中，则要既把具体情况考虑进去，又要把价值判断的结果加以比较后再行确定，即怎样竞合的判断是属于评价性的，因而是评价性的法条竞合。① 日本学者山中敬一也指出，在特别关系的场合，相当于特别法的构成要件，逻辑上被相当于一般法的构成要件所包含。符合相当于特别法的构成要件的行为，逻辑上必然地也完全符合相当于一般法的构成要件。② 韩国学者李在祥认为，一个构成要件包含另一构成要件的所有要素并要具备其他要素才成立的情况称为特别关系。在特别关系的场合，实现特别法构成要件的行为满足一般法的构成要件。相反的，实现一般法构成要件的行为不能满足特别法的构成要件。③ 意大利学者帕多瓦尼认为，特别关系是指一个犯罪与另一个犯罪的构成要件间具有单向的包容关系的情况，这种关系有两种表现形式：一种是特殊规定的全部或部分构成要件是一般规定的特殊化（即因特殊化而形成的特殊规定），如侮辱公务员罪和侮辱罪之间的关系；另一种是特殊规范中包含一般规定所没有的构成要件（即因增添新要素而形成的特殊规定），如绑架勒赎罪与绑架罪之间的关系。在实践中，为了证明上述单向包容关系，可以先假设作为特殊规范的规定并不存在，如果该规范调整的内容自动归入一般规范调整的范围，这两个规范之间无疑存在单向包容关系。④

根据以上见解，在判断特别关系是否存在时，应就数个构成要件的要素加以比较分析。如果一个构成要件包含有另一个构成要件的全部要素，而其本身又包含了一个或数个特别的要素，则含有一个或数个特别要素的构成要件的规定即为特别规定，另一构成要件的规定便为一般规定。

从形式上看，特别关系的法条竞合既可以存在于普通法律与特别法律之间，也可以存在于同一部法律（通常是刑法典）中的普通条款与特别条款之间。前者如日本森林法中规定盗窃森林罪的第 197 条、第 198 条和日本刑法典中规定盗窃罪的第 235 条，后者如德国刑法典中规定故意杀人的第 212 条和规定受嘱托杀人的第 216 条。从实质上看，特别关系总是存在于加重构成要件或减轻构成要件与基本构成要件之间。例如，德国刑法典第 242 条规定的普通盗窃与第 244 条规定的携带武器盗窃、结伙盗窃以及家庭成员间的盗窃之间存在特别关系。被提升为独立犯罪的特别构成要件与其本来的构成要件之间，同样存在特别关系。例如，德国刑法典第 249 条规定的抢劫罪与第 242 条规定的盗窃罪以及第 240 条规定的强制罪之间就存在这种特别关系。

在基本构成要件由于不同的加重事由被加重时，便出现了加重构成要件之间存在何种关系的问题，例如，德国刑法典第 223 条 a 所规定的危险的身体伤害与第 225 条第 2 款规定的故意的重伤害和第 226 条规定的伤害致死的关系就属于这种情况。对此，德国联邦法院的判例认为，在第 223 条 a 和第 225 条、第 226 条之间存在特别关系。而德国学者耶赛克则认为这属于想象竞合犯情况，因为否则的话被排除的法律的不法内容将会失去。⑤

---

① 参见［日］泷川幸辰：《犯罪论序说》，王泰译，169 页，北京，法律出版社，2005。

② 参见［日］山中敬一：《刑法总论Ⅱ》，915 页，东京，成文堂，1999。

③ 参见［韩］李在祥：《韩国刑法总论》，［韩］韩相敦译，460 页，北京，中国人民大学出版社，2005。

④ 参见［意］杜里奥·帕多瓦尼：《意大利刑法学原理》，注评版，陈忠林译评，359～360 页，北京，中国人民大学出版社，2004。

⑤ 参见［德］耶赛克、魏根特：《德国刑法教科书》（总论），徐久生译，894～895 页，北京，中国法制出版社，2001。

此外，理论上有见解认为，在结合犯的结合构成要件与单一构成要件之间以及结果加重犯的构成要件与成为其内容的基本犯罪的构成要件、加重构成要件之间也存在特别关系。也有见解认为存在吸收关系。对此，韩国学者指出，视为各自独立的不同的构成要件是妥当的。[①]

在特别关系的场合，特别规定的构成要件既包括一般规定构成要件的全部要素，也包括一个或数个特别要素。如果不优先适用含有特别要素的特别规定，则特别规定的构成要件就没有存在的价值。因此，关于特别关系的处理，理论上一致认为应根据特别法优于一般法（特别法优于普通法、特别法拒绝一般法）的原则，只适用特别规定而不适用一般规定。例如，根据日本刑法，警察滥用职权逮捕他人的行为既符合特别公务员滥用职权罪的构成要件，也符合公务员滥用职权罪的构成要件，对此只能依据特别公务员滥用职权罪处理。在行为所符合的构成要件均为加重构成要件时，应适用法定刑最重的构成要件；在行为所符合的构成要件均为减轻构成要件时，应适用法定刑最轻的构成要件；在行为所符合的构成要件既包括加重构成要件又包括减轻构成要件时，则应适用减轻构成要件，而不是加重构成要件。

在大陆法系，特别法优于一般法这一处理特别关系的原则还得到了立法的确认。《意大利刑法典》第 15 条规定："当不同的法律或同一刑事法律中的不同条款调整同一问题时，特别法或法律中的特别条款优于普通法或法律中的一般条款，法律另有规定的除外。"这一规定除了明确特别法优于一般法原则以外，还考虑到了该原则的例外情形。据此，在法律有例外规定的情况下，允许普通法优于特别法。

2. 补充关系

在数个构成要件间不具有逻辑上必然包含之特别关系的情况下，就需要进一步判断是否具有补充关系，即基本法与补充法的关系。德国学者指出，补充关系意味着一个刑法规定只是辅助地适用于不适用其他刑法规定时的情况。补充关系的实质基础在于，不同的刑法规范以不同手段保护同一法益。补充关系的逻辑结构不是从属的结构，而是交叉的结构。例如，德国刑法第 239 条 a 规定的掳人勒赎罪与第 239 条 b 规定的绑架人质罪之间即存在补充关系。[②]"如果已经实施了真正的或者更严重的侵害并应受到处罚，则不再适用补充性的法条。"[③] 日本学者山中敬一认为，补充关系，是指某一构成要件，只要其他构成要件不被适用，就可能补充适用的情况。[④] 前述意大利学者所提出的从属性标准所针对的，实际上就是补充关系。

在判断补充关系是否存在时，同样应就数个构成要件的要素加以比较分析。如果侵害同一法益的数个构成要件所规定的行为均具有相同的侵害方向，而其侵害法益的程度有高低或强弱的差别，则此数个构成要件间便存在补充关系。其中，侵害法益程度较强的构成要件的规定属于基本规定，侵害法益程度较弱的构成要件的规定属于补充规定。

关于补充关系，德日刑法理论将其区分为形式（明示）的补充关系和实质（默示）的

---

① 参见［韩］金日秀、徐辅鹤：《韩国刑法总论》，11 版，郑军男译，656 页，武汉，武汉大学出版社，2008。

② 参见［德］耶赛克、魏根特：《德国刑法教科书》（总论），徐久生译，895 页，北京，中国法制出版社，2001。

③ ［德］施特拉腾韦特、库伦：《刑法总论Ⅰ》（犯罪论），杨萌译，437 页，北京，法律出版社，2006。

④ 参见［日］山中敬一：《刑法总论Ⅱ》，916 页，东京，成文堂，1999。

补充关系两种情况。形式的补充关系，即刑法条文中明确规定的一种补充关系。也就是说，法条本身即已明确表示，该法条只有在其他法条不适用时，才有适用的余地。如在日本刑法中，规定对现住建筑物等放火罪的第 108 条、规定对非现住建筑物等放火罪的第 109 条与规定对建筑物以外之物放火罪的第 110 条之间，就存在形式的补充关系，因为第 110 条明确指出对建筑物以外之物放火罪的行为对象是“前两条规定物以外之物”。德国刑法第 248 条 b 规定了擅自使用交通工具罪的构成要件和法定刑。该条还同时规定，只有当行为不符合法定刑更重的构成要件时，才构成本罪。德国学者将形式的补充关系又进一步分为绝对的补充关系和相对的补充关系。前者是指法条明确表示补充规定应当退到每一个其他刑法规定的后面，如旧德国刑法典第 143 条第 1 款第 2 项。后者是指法条表示只有一个规定最重刑罚的犯罪构成要件享有优先适用权，如德国刑法第 125 条、第 145 条 d、第 248 条 b、第 265 条 a 等。此外，德国联邦法院刑事判决认为，大多数情况下，补充性的刑法规定只是应当退到规定相同犯罪攻击方向的行为的法律之后，因为这是原本要适用的法律享有优先适用权的内在根据。这一限制部分产生于法条，部分产生于法律的意思。①

实质的补充关系，是指从解释构成要件之间的意义关联性的角度而得出的补充关系。德国学者赫尼希指出，如果数个法条以不同的侵害阶段来保护同一法益，则数法条之间存在实质的补充关系。对此，应适用主要规范，而不适用补充规范，因为主要法的实现必然会贯穿补充法，所以较低危险的侵害阶段被视为较不重要，不被考虑在内。②

一般认为，实质的补充关系包括两种类型：第一种类型是过渡性犯罪（经过犯罪、发展犯）。德国学者认为，在过渡性犯罪的场合，一旦在较后的阶段继续发生侵害被保护的法益的事实，处在实施犯罪的前期阶段的行为就失去其独立的意义，成为不受处罚的犯罪前行为。属于这种情况的有独立的应受处罚的预备行为、犯罪未遂和就其特征而言总是必须经过数个构成要件的犯罪行为，如联邦法院的刑事判决认为，故意杀人要经过伤害。③ 在不受处罚的犯罪前行为观点下，相对于侵害犯而言，只要危险结果没有超出已经发生的损害的范围，那么，具体的危险犯也是补充性质的，而抽象的危险犯则保留了其独立的意义，如果它是针对公众的法益的。④ 韩国学者指出，补充关系在经过犯罪的情况下被认定。为了实现犯罪的前一阶段的犯罪，对同一法益的下一阶段有侵害时失去单独的意义。由此，预备对未遂和既遂有着补充关系。以同样的理由如伤害罪和杀人罪、危险犯和侵害犯彼此不同的构成要件之间也可认定补充关系。例如，遗弃罪对杀人罪有补充关系。只是为了成立补充关系，要求许多阶段的犯罪实现要根据一个犯罪意思。而且，经过犯罪不可具有比下一阶段的行为更重大的不法内容。例如，强盗未遂与盗窃既遂不可能有补充关系。⑤ 日本学者认为，发展犯，即针对同一法益的犯罪，在阶段上的发展的情形，作为复数的犯罪类型被设立的犯罪。如日本刑法规定的杀人预备罪（第 201 条）、杀人未遂罪（第 203 条）和杀

---

① 参见［德］耶赛克、魏根特：《德国刑法教科书》（总论），徐久生译，896 页，北京，中国法制出版社，2001。

② 参见陈志辉：《刑法上的法条竞合》，57 页，台北，1998。

③ 日本学者野村稔、泷川幸辰将杀人罪成立时不适用伤害罪的规定的情形作为说明吸收关系的适例。参见［日］野村稔：《刑法总论》，全理其、何力译，449 页，北京，法律出版社，2001；［日］泷川幸辰：《犯罪论序说》，王泰译，169 页，北京，法律出版社，2005。

④ 参见［德］耶赛克、魏根特：《德国刑法教科书》（总论），徐久生译，896～897 页，北京，中国法制出版社，2001。

⑤ 参见［韩］李在祥：《韩国刑法总论》，［韩］韩相敦译，461 页，北京，中国人民大学出版社，2005。

人既遂罪（第 199 条）之间的关系就是如此，因为在该场合，前一阶段的犯罪在向后一阶段的犯罪发展时，失去了独立的意义，成为不可罚的事前行为。①

对于发展犯是否属于补充关系的问题，在日本学者中还存在着争论。西原春夫、松宫孝明主张这种情况属于法条竞合中的吸收关系，山口厚认为这种情况属于包括一罪，大谷实、川端博更明确地指出这种情况属于包括一罪中的吸收一罪。如山口厚认为，在虽实施了实行行为却停顿于未遂的场合，进一步又实施了新的实行行为并因该行为而成立既遂时，由于是因不同的行为而成立了未遂与既遂，就并非作为法条竞合而仅适用既遂犯的罚条，而不过是未遂犯被既遂犯作为包括一罪吸收而已。预备与未遂、既遂的场合也是一样，由于各自的事实是由不同的行为实现的，故而并非法条竞合的补充关系，预备不过是被未遂犯或既遂犯作为包括一罪吸收而已。② 此外，大谷实还认为，只要认可被害利益的统一性，就应当认可侵害犯与危险犯之间的补充关系。③

第二种类型是除过渡性犯罪（发展犯）以外的其他属于实质的补充关系的情况。日本学者指出，在同一人同一犯罪符合共犯与正犯或者共犯间的不同形态的复数的场合，例如，实施帮助者继而实施帮助行为时，仅仅作为共同正犯被处罚，从犯与共同正犯之间存在补充关系。④ 此外，还经常被日本学者用来说明这种类型的例子是，相对于伤害罪的规定（第 204 条）而言，暴行罪的规定（第 208 条）是一种补充规定。因为伤害罪以造成伤害结果为要件，而成立暴行罪，则要求不得发生伤害结果。如果因暴行而他人受伤害，则不成立暴行罪，而应认定为伤害罪。德国学者在论述这种类型时，除了提及上述共犯中的情况外，还认为在涉及同一行为客体时，相对于故意犯罪而言，过失犯罪同样是补充性质的，例如，如果汽车司机故意不救助被其撞伤的人，后者由于未得到立即的救助而死亡。不过，这一见解并未得到联邦法院刑事判决的支持。⑤ 韩国学者认为，在轻微侵害方法的场合，补充关系被认定。即对于相同法益的侵害，严重侵害方法和轻微侵害方法之间认定补充关系。从犯对教唆犯和正犯，教唆犯对正犯有补充关系。从而共犯以教唆行为帮助时只以教唆犯处罚，他成为共同正犯时只以共同正犯处罚。并且不作为犯对作为犯、过失犯对故意犯有补充关系。⑥

在补充关系的场合，基本规定描述的是法益侵害程度较严重的行为，而补充规定描述的是法益侵害程度较轻缓的行为。补充规定是在基本规定尚无法对法益提供充分保护的情况下基于补充的必要性而设立的。在能够适用基本规定时，便足以实现对法益的充分保护，补充规定也就没有适用的必要。而只有在不能适用基本规定的情况下，补充规定才能够加

---

① 参见［日］山中敬一：《刑法总论Ⅱ》，916～917 页，东京，成文堂，1999。在意大利刑法理论中，发展犯被纳入犯罪竞合中进行讨论，而没有被视为法条竞合的类型。意大利学者指出，发展犯，是指某种犯罪的实施过程中包含一些本身就可能构成独立犯罪的发展阶段，并且这些犯罪阶段与该犯罪所侵犯的是同一或同类犯罪客体的情况。例如，杀人罪一般都有先构成伤害罪的过程。发展犯构成单一的犯罪：从客观方面而言，它们是侵犯主要法益的一系列有内在联系的举动；从主观方面看，它们都共同指向同一违法的结果。参见［意］杜里奥·帕多瓦尼：《意大利刑法学原理》，注评版，陈忠林译评，374 页，北京，中国人民大学出版社，2004。

② 参见［日］山口厚：《刑法总论》，2 版，付立庆译，371 页，北京，中国人民大学出版社，2011。

③ 参见［日］大谷实：《刑法讲义总论》，新版 2 版，黎宏译，434 页，北京，中国人民大学出版社，2008。

④ 参见［日］山中敬一：《刑法总论Ⅱ》，916～917 页，东京，成文堂，1999。

⑤ 参见［德］耶赛克、魏根特：《德国刑法教科书》（总论），徐久生译，896 页，北京，中国法制出版社，2001。

⑥ 参见［韩］李在祥：《韩国刑法总论》，［韩］韩相敦译，462 页，北京，中国人民大学出版社，2005。

以适用。因此，关于补充关系的处理，理论上一致认为应采取基本法优于补充法（基本法拒绝补充法、原本法优于补充法、主要条款优于补充条款、主要规定排除补充规定、重法优于轻法）的原则。

就补充关系是否系独立于特别关系的一种法条竞合类型而言，理论上还存在着争议。日本学者山口厚就认为，补充关系可以说是特别关系之一种。这是因为，从基本类型中去掉一定要素的场合就能肯定为属于补充类型，就能够肯定两者间存在一般与特殊的关系（若加以进一步说明的话，从特别类型中拿掉一定的要素的场合则能肯定属于一般类型，在此也能看出特别关系与补充关系之间的同类性）。这样，特殊关系与补充关系都是指一方的构成要件（一般类型、补充类型）包摄了另一方的构成要件（特别类型、基本类型），在此意义上可以理解为处在包摄关系中。①

3. 吸收关系

吸收关系，即吸收法与被吸收法的关系。德国学者指出，吸收关系是指如果一个构成要件该当行为的不法内容和罪责内容包含了另一行为或另一构成要件，以至于一个法律观点下的判决已经完全表明了整体行为的非价，“吸收法优于被吸收法”。吸收关系与补充关系的区别在于，不同的犯罪构成要件不是处在特定逻辑的相邻关系之中，而是处在犯罪学的相邻关系之中，立法者在制定可能的构成要件的刑罚范围时已经考虑到这一点。② 吸收关系与特别关系的区别在于，在吸收关系的情况下，优先适用的法规在概念上并没有已经包含排除适用的法规，行为人通常（也就是说，按照“犯罪逻辑的基本情况”）也同时违反排除适用的法规。③ 日本学者认为，可以认为适用于一个行为的数个构成要件中，某个构成要件比其他构成要件具有完全性时，完全法拒绝不完全法。特别关系是构成要件相互的逻辑性包摄关系，而吸收关系是关于各个事态的价值关系。④

德国学者指出，在学术文献中，人们有时并不将吸收关系视为法条竞合的一种独立形式，而是仅仅考虑特别关系和吸收关系，因为不考虑吸收关系，也不会给结果带来什么不同。⑤

在法条竞合的判断问题上，应首先考虑是否存在特别关系；如果不存在特别关系，再判断是否存在补充关系；只有在既不存在特别关系，也不存在补充关系的情况下，才应进一步判断是否存在吸收关系。

在能否成立吸收关系的问题上，存在以下有争议的情形。

（1）伴随犯（附随犯）。德国学者认为，如果立法者在制定加重的刑法规定时已经考虑到，行为通常情况下会与另一具有明显较轻不法内容的行为相联系，后者相对于正犯行为而言是微不足道的，那么，就可认为构成伴随犯。德国法院所确认的伴随犯的情形很多，比如，非法侵入他人住宅和损害财物与入室盗窃之间的关系便是如此。但是，如果伴随犯

---

① 参见［日］山口厚：《刑法总论》，2版，付立庆译，369页，北京，中国人民大学出版社，2011。

② 参见［德］耶赛克、魏根特：《德国刑法教科书》（总论），徐久生译，897页，北京，中国法制出版社，2001。

③ 参见［德］乌尔斯·金德霍伊泽尔：《刑法总论教科书》，蔡桂生译，482页，北京，北京大学出版社，2015。

④ 参见［日］大塚仁：《刑法概说》（总论），冯军译，419页，北京，中国人民大学出版社，2003。

⑤ 参见［德］乌尔斯·金德霍伊泽尔：《刑法总论教科书》，蔡桂生译，482页，北京，北京大学出版社，2015。

从通常的过程中脱离，具有一个独立的不法内容，例如，入室盗窃者损坏了特别贵重之物（如教堂的窗户），以便使盗窃行为得以实施，伴随犯的吸收思想就不得被适用。[①] 日本学者认为，附随犯，是附随主犯罪成立的犯罪。附随的犯罪为主犯罪所吸收，不给予独立的评价。经常被用来说明附随犯的例子是，在成立杀人罪时，在其过程中因为损坏被害人衣服而成立的器物损坏罪就被吸收，因为损坏衣服的法益侵害与杀人的法益侵害相比，极为轻微，器物损坏罪没有独立评价的必要。不少学者认为，所谓附随犯因为不是以与基本犯同一法益侵害为内容的犯罪，不是一罪，不如认为是“包括一罪”。但山中敬一、大塚仁等则认为，在不是同一法益侵害的场合，也可承认吸收。[②] 我们认为，在伴随犯（附随犯）的场合，行为侵犯数个不同的法益；如果承认存在法条竞合，则会使法条竞合与想象竞合的界限模糊不清。而且，在这种场合，首先面临的是如何评价伴随行为的问题，而不是法条的选择适用问题。如果认为伴随行为因被包括地评价在主行为之中而没有独立评价的必要，其结果自然就是适用主行为的法条规定就已足够，而没有必要再考虑适用伴随行为的法条规定问题。因此，我们将伴随犯放在包括一罪中进行论述。

（2）不可罚的事后行为。德国刑法理论认为不可罚的事后行为也是一种吸收关系。这得到了德国联邦法院的支持。[③] 韩国学者指出，关于不可罚的事后行为与主要的先行行为之间的关系，虽然存在认为是法条竞合的补充关系的见解和认为是处于实体的竞合关系中的人的处罚事由的见解，但认为是法条竞合的吸收关系是正确的（韩国与德国的通说）。这是因为，不可罚的事后行为不仅符合维持、使用、废除基于具有可罚性的先行行为已经确保的状态，而且不能完全评价为侵害了新的法益。因此，能够认为包含主导的先行行为与不可罚的事后行为的所有事件通过基于先行行为的处罚进行了完全评价，而且此评价的一体性将吸收对事后行为的评价从而排除双重评价。[④] 日本学者团藤重光、大塚仁等也持这种见解。大谷实、平野龙一、前田雅英等人则认为不可罚的事后行为属于包括一罪中的吸收一罪。我们认为，在不可罚的事后行为的场合，首先面临的也是对行为的评价问题，而不是法条的选择适用问题。因此，本书将不可罚的事后行为也放在包括一罪中进行论述。

（3）不可罚的事前行为。韩国学者将不可罚的事前行为也作为吸收关系的类型予以论述。[⑤] 我们认为，不可罚的事前行为也同样应放在包括一罪中进行论述。

（4）一个构成要件作为必然的经过或手段包含在另一个构成要件中。例如，抢劫罪中的暴力、胁迫是抢劫罪的必然手段。对此，有见解认为，抢劫罪吸收暴行罪与胁迫罪，因而这属于法条竞合。但日本不少学者认为，这不是法条竞合，而是结合犯。在德国，这种情形属于构成要件的行为单数，而非法条竞合的吸收关系。[⑥]

在吸收关系的场合，符合某一构成要件的行为的不法与责任内容同时包含有其他行为

---

① 参见［德］耶赛克、魏根特：《德国刑法教科书》（总论），徐久生译，898～899页，北京，中国法制出版社，2001。

② 参见［日］山中敬一：《刑法总论Ⅱ》，918页，东京，成文堂，1999。

③ 参见［德］耶赛克、魏根特：《德国刑法教科书》（总论），徐久生译，897～898页，北京，中国法制出版社，2001。

④ 参见［韩］金日秀、徐辅鹤：《韩国刑法总论》，11版，郑军男译，659页，武汉，武汉大学出版社，2008。

⑤ 参见［韩］金日秀、徐辅鹤：《韩国刑法总论》，11版，郑军男译，661页，武汉，武汉大学出版社，2008。

⑥ 参见张明楷编著：《外国刑法纲要》，2版，350页，北京，清华大学出版社，2007。

的不法与责任内容；只要适用较重行为所符合的构成要件，就能够实现对法益的充分保护，而其他行为所符合的较轻的构成要件犹如被较重行为所符合的构成要件所吸收。因此，认为吸收关系属于法条竞合的学者都一致认为，对于吸收关系，应根据吸收法优于被吸收法（吸收条款优于被吸收条款、完全法优于不完全法、完全法拒绝不完全法）的原则，只适用吸收法，以一罪论处。

4. 择一关系

择一关系，是指一个行为符合的数个构成要件具有彼此排斥的关系。因此，只能适用其中一个构成要件，而排斥其他构成要件的适用。例如，盗窃罪的规定与侵占罪的规定之间便存在择一关系。

择一关系是由德国学者宾丁最早提出的。他认为，只要数个法条基于不同的法律观点对同一行为加以处罚，就有选择关系的存在。如果不同的法条规定了相同的刑罚，无论使用哪一条都可以，但是刑罚不同时，则适用在具体案例中对行为人最不利的法条。① 而德国学者贝林则认为，同一行为有可能会符合不同法定构成要件。只有相关构成要件处于对立（相冲突）关系中，这种情况才不会发生（如一个行为对一项财物不能同时构成盗窃和侵占）。② 现在德国刑法理论的通说则将择一关系排除在法条竞合之外。德国学者认为，特别关系的对立面是择一关系。如果两个犯罪构成要件对行为的描述彼此矛盾，因此必须被排除，即存在择一关系。法条单一——不受处罚的犯罪前行为和犯罪后行为除外——至少以构成要件行为的部分重叠为先决条件；出于逻辑的原因，择一关系作为法条单一的亚群被予以排除。③ 韩国学者指出，择一关系由于是在两个构成要件中只符合一个，所以与同一行为符合数个法条的法条竞合相区别。因此，没有必要将择一关系作为法条竞合的一种情况进而认定其独立性。④ 日本刑法理论的通说则将择一关系视为法条竞合的类型。如山口厚认为，日本刑法规定了拐取未成年人罪与营利目的的拐取罪，当行为人以营利目的拐取未成年人时，由于事实上只有一个法益侵害事实，只能适用一个法条，即以法定刑较重的营利目的的拐取罪论处。山中敬一则认为，拐取未成年人罪与营利目的的拐取罪是补充关系的一种表现形式。⑤ 但自 20 世纪 80 年代以来，上述通说受到很大挑战，持择一关系不属于法条竞合这一见解的学者日益增多。大塚仁、平野龙一、西田典之、井田良、铃木茂嗣、山火正则、山中敬一、野村稔等都是否定说的提倡者或支持者。如大塚仁认为，在发生所谓的择一关系时，对具体的事案应该适用哪一法条，实际上只不过是事实认定的问题，并非各法条本身的竞合。因此，将择一关系看作是法条竞合的类型，并不妥当。⑥ 野村稔虽在注释中提及法条竞合还有两者择一的关系，但并没有正式将其作为法条竞合类型加以确立⑦，这表明野村稔也是不承认择一关系属于法条竞合的。

---

① 参见陈志辉：《刑法上的法条竞合》，120～121 页，台北，1998。

② 参见［德］恩施特·贝林：《构成要件理论》，王安异译，197～198 页，北京，中国人民公安大学出版社，2006。

③ 参见［德］耶赛克、魏根特：《德国刑法教科书》（总论），徐久生译，895 页，北京，中国法制出版社，2001。

④ 参见［韩］金日秀、徐辅鹤：《韩国刑法总论》，11 版，郑军男译，661 页，武汉，武汉大学出版社，2008。

⑤ 参见张明楷：《外国刑法纲要》，2 版，351 页，北京，清华大学出版社，2007。

⑥ 参见［日］大塚仁：《刑法概说》（总论），冯军译，419 页，北京，中国人民大学出版社，2003。

⑦ 参见［日］野村稔：《刑法总论》，全理其、何力译，448～449 页，北京，法律出版社，2001。

在择一关系的场合，“只有适用带有较重刑罚的规定才能达到刑罚的目的”[①]。这虽然有点类似于想象竞合，但在这种场合，按最重的刑罚判处的结论并不是适用想象竞合处断原则的结果，而是根据刑事政策的立场从刑法的目的来看，应该这样做。因此，认为择一关系属于法条竞合的学者都一致认为，对于择一关系，应根据重法优于轻法的原则，适用重法。

（三）法条竞合的处理

在法条竞合的情况下，只有一个法条被适用，被排除的法条不会记载于判决主文甚至理由中。德国文献上早期通说主张毫无限制、毫无保留地适用绝对犯罪排除原则，亦即未规定在被适用的法条中，只规定在被排除的法条中的法律效果，不得作为判决的基础。甚至有判决表明，在法条竞合的案例中，只有未被排斥的法条受到侵害，这正是法条竞合有别于想象竞合之处。现在德国的通说允许对犯罪排除原则加以突破，并且承认被排斥的法条有某种剩余作用。关于法条竞合的法律效果，除了基本构成要件与减轻构成要件同时实现的情形（一律仅适用减轻构成要件，没有例外）以外，现在德国的通说认为：（1）刑罚裁量应该在被适用法条的量刑范围之内。（2）例外地也承认被排除的法条能够限制量刑范围。如果被排除法条的最低刑罚比被适用法条的高，则量刑范围被限缩，不能低于这一最低限，这也就是所谓的轻法的封锁作用。此时，法官的刑罚裁量权受到限制。（3）成立法条竞合时，被排除的法条如果有被适用的法条所未规定的从刑、附属效果（如剥夺公权）和保安处分时，刑罚裁量时也可以加以考虑。[②]

另外，在处理法条竞合的案件时，也不能忽略被排除的法条在定罪中的作用：（1）在中止未遂的情况下，如果在未遂中包含一个既遂的可罚行为，则这一附加的既遂行为在主行为的处罚被排除的情况下独立地受处罚；（2）如果法条竞合中未被排除的法条由于个人的刑罚阻却事由或由于缺乏告诉而无法适用，则允许适用被排除的法条。

四、包括一罪

（一）包括一罪概述

包括一罪并非成文法上的概念，而是通过判例逐渐形成的概念。日本改正刑法准备草案第 71 条曾经规定：“触犯同一罪名的数个行为，由于在时间、场所上接近，方法上类似，机会上同一，意思上连续以及各行为之间具有其他密切关系，整体上可以评价为一个行为，将其包括地作为一罪处断。”但由于这一规定被认为是不适当地扩大了包括一罪的范围，后被删除。

所谓包括一罪，也称包摄一罪，是指某种犯罪事实在外形上数次符合构成要件，但是，应当包括在一次构成要件评价中的犯罪。包括一罪与科刑上的一罪虽然在处理的时候都属于一罪，但二者有本质上的区别：前者实质上是犯罪成立上的一罪；而后者实质上也是数罪。

关于包括一罪的类型，在理论上存在不同的划分方法。日本学者大谷实认为，包括一罪有两种基本形态：（1）行为在外形上数次符合同一构成要件的场合。在这种场合，外形

① ［日］泷川幸辰：《犯罪论序说》，王泰译，169 页，北京，法律出版社，2005。

② 参见陈志辉：《刑法上的法条竞合》，123～126 页，台北，1998。

上符合同一构成要件的事实一次性地被评价为一罪，所以，这种场合被称为构成要件评价上的同质的包括性。（2）行为在外形上符合不同构成要件的场合。在这种场合，外形上符合不同构成要件的事实一次性地被评价为一罪，所以，这种场合被称为构成要件评价上的异质的包括性。相应地，大谷实将包括一罪分为同质的包括一罪和异质的包括一罪。① 日本学者野村稔认为，包括一罪可以分为类型的一罪和规范的一罪。在类型的一罪的场合，构成要件从类型上规定着或预定着复数的行为，所以由一个构成要件进行总括性评价，从而成为一罪。规范的一罪，是指对于一个或数个行为进行数次构成要件的评价，即使数罪成立的场合，不是从逻辑上和类型上，而是从规范上和价值上进行实质性判断，服从基于一次的刑法规范的违法评价，以一罪的成立为妥当的场合。规范的一罪不同于根据构成要件的类型上的内容而作形式上判断的类型的一罪。② 我国学者在介绍大陆法系刑法理论中包括一罪的具体内容时，将其类型分为吸收的包括一罪和反复的包括一罪。吸收的包括一罪是指行为人实施的数个符合犯罪构成要件的行为之间具有依附与被依附的关系，而由其中一罪概括地吸收其他犯罪的包括一罪。反复的包括一罪是指犯罪构成客观要件中要求具备数个反复进行的行为而构成的包括一罪。③ 我们认为，相比较而言，大谷实所采用的分类标准较为明确，因而其关于包括一罪类型的划分的可接受程度较高。以下以大谷实的观点为基础，并吸收其他分类法的合理因素，就包括一罪的具体内容予以简要介绍。

关于一行为侵犯数个法益因而发生数个结果的场合包括一罪与后述的观念的竞合如何区分的问题，根据法益是否是专属一身的法益而有不同处理。对于诸如生命、健康、自由、名誉、贞操等那样的专属一身的法益，由于刑法规范对于这样的法益是个别地进行保护着，因而应根据所侵害的法益的个数决定犯罪的个数。如在一个行为杀害或伤害了数人的场合，由于人的生命、健康属于专属法益，因而根据被害人人数的不同，分别成立数个杀人罪或数个伤害罪，按观念的竞合处理。当然，在一个人实施数个伤害的场合，由于被害人是同一个人，可以成立包括一罪。相反，在不是专属一身的法益的场合下，虽然有复数的法益受到侵害，也还是成立包括一罪。如从同一场所、同一机会窃取数人的所有物，只成立一个盗窃罪。在构成要件上被预定侵害数个法益的犯罪，即使同时侵害复数法益，也只成立一罪。如日本判例认为，由单一的放火行为烧损了数个建造物时，只不过成立一个放火罪。不过，在专属性法益作为次要的法益受到保护的场合，侵害专属性法益的个数也决定着犯罪的个数。如日本判例认为，以一封诬告信诬告数人的场合中，成立数个诬告罪的观念的竞合。其趣旨是在考虑作为主要法益的国家审判作用的适正进行的同时，也考虑作为次要法益的被诬告者私生活的平稳。另外，对于重大的法益，即使不是专属一身的，也要给予独立的评价。例如，日本判例认为，以一个行为向数个公务员赠贿的，是与公务员个数相应的赠贿罪的观念的竞合。

（二）同质的包括一罪

同质的包括一罪，是指行为在外观上数次符合同一构成要件，但在构成要件的评价上概括性地只认定一次构成要件符合性的犯罪。同质的包括一罪可分为以下情形。

---

① 参见［日］大谷实：《刑法讲义总论》，新版 2 版，黎宏译，435～440 页，北京，中国人民大学出版社，2008。

② 参见［日］野村稔：《刑法总论》，全理其、何力译，449～451 页，北京，法律出版社，2001。

③ 参见赵秉志：《外国刑法原理（大陆法系）》，232～233 页，北京，中国人民大学出版社，2000。

1. 集合犯

集合犯，是指构成要件本身预定有数个同种类的行为基于同一的意思倾向而反复实施的犯罪。日本学者指出："集合犯是构成要件本身预想有数个同种类的行为。例如，常习犯的场合，常习赌博者即使实施数次赌博行为，只能构成常习赌博一罪。又如营业犯的场合，即使反复实施未经准许的医业行为，仍不过成立未经准许医业罪一罪。"① "在集合犯的场合下，由于已经预定了数个同类行为反复实行，所以即使是数个行为也是一罪。"② 在韩国刑法理论中，集合犯也称为聚众犯。韩国学者指出，聚众犯"是指虽然多数的同种行为根据同一的意思反复，然而概括而构成一罪的情况"③。

在集合犯的场合，行为人在主观上具有反复多次实施某种特定犯罪的犯意倾向，在客观上通常实施了多次同种犯罪行为。刑法将多次行为集合起来予以评价，规定为一罪，有利于从整体上评价行为人的行为。

集合犯可以分为常习犯、营业犯和职业犯。（1）常习犯，亦称惯犯，是指在构成要件中被预定以出于实施某种犯罪行为的习性而反复实施该种行为的犯罪。如根据日本刑法第186条第1款的规定，赌博常习者即使实施了数十次赌博行为，也仍然只构成一个常习赌博罪。在日本，对于常习犯并未设立一般性的规定，而是在刑法分则以及特别法规中把基于特定犯罪的常习性作为加重刑罚的原因。一般认为，常习性是行为人属性和行为属性的统一。意大利刑法将惯犯分为法律推定的惯犯和法官认定的惯犯。意大利刑法第102条（法律所推定的惯常性）规定："在十年内因三次同样性质的非过失犯罪而被判处总共五年以上有期徒刑的人，如果又因另一同样性质的非过失犯罪受到处罚，并且该犯罪是在先前最后一次犯罪之后的十年内实施的，将被宣告为惯犯。""被判刑人服监禁性刑罚的时间和接受监禁性保安处分的时间，不计入前一款规定的十年期限之内。"该法第103条（法官认定的惯犯）规定："除前条列举的情况外，如果某人在因两次非过失犯罪而受到处罚后又因另一非过失犯罪被判处刑罚，当法官根据犯罪的种类、严重程度、实施犯罪的间隔时间、犯罪人的品行和生活特点以及第一百三十三条第一款列举的其他情形认为犯罪人沉湎于犯罪时，也可以宣告该人为惯犯。"该法第104条（违警罪惯犯）规定："如果某人在因三次性质相同的违警罪被判处拘役刑后又因另一同样性质的违警罪受到处罚，当法官根据犯罪的种类、严重程度、实施犯罪的间隔时间、犯罪人的品行和生活特点以及第一百三十三条第一款列举的其他情形认为犯罪人沉湎于犯罪时，宣告该人为违警罪惯犯。"（2）营业犯，亦称常业犯，是指在构成要件中被预定以营利为目的，以反复实施一定的犯罪行为为其业务的犯罪。如根据日本医师法第17条的规定，没有医师资格的人以营利为目的而对数人实施医疗行为，也只构成一个无许可行医罪。韩国大法院1984年2月28日的判决也认为，无证医疗行为，其犯罪的构成要件性质上因为是可预测到本犯罪行为的反复，所以反复的行为概括处理为一个犯罪。（3）职业犯，是指在构成要件中被预定在非法职业的范围内以反复实施同种性质的犯罪行为为其业务的犯罪。如根据日本刑法第175条的规定，即使对数人散布猥亵物，也只构成一个散布猥亵物罪。职业犯与营业犯的区别在于，前者主观上不要求以营利为目的，而后者则要求以营利为目的。对此，德国学者指出，职业犯与常业犯的不同

① ［日］前田雅英：《刑法总论讲义》，2版，537页，东京，东京大学出版会，1996。

② ［日］野村稔：《刑法总论》，全理其、何力译，450页，北京，法律出版社，2001。

③ ［韩］李在祥：《韩国刑法总论》，［韩］韩相敦译，472页，北京，中国人民大学出版社，2005。

之处在于获取财产利益的目的不同。职业犯的特点是，犯罪人的目的是将一而再再而三地实施犯罪行为作为其收入来源（有别于一次性地获取财产利益）。① 意大利刑法对职业犯作出了一般规定。该法第 105 条（职业犯）规定："符合宣告惯犯条件的人又因另一犯罪被处以刑罚，如果根据犯罪的性质、犯罪人的品行和生活特点以及第一百三十三条第一款列举的其他情形，应当认定他惯于依靠、包括只是部分地依靠犯罪的所得生活，则宣告该人为职业犯或者违警罪职业犯。"由此可见，意大利刑法将职业犯视为惯犯的一种特殊表现。构成职业犯，以构成惯犯为前提。职业犯区别于惯犯的主要特征是犯罪人以犯罪为维持生计的手段，至少必须以犯罪所得为固定的生活来源之一。如果犯罪人仅仅是多次出于营利挥霍的目的而实施犯罪，并不必然符合构成惯犯的要求。因此，法官必须根据案件的具体情况进行职业犯的认定，不存在职业犯由法律规定推定的情况。②

2. 狭义的包括的一罪

就狭义的包括的一罪这一概念而言，还没有形成统一的内涵和外延。有的学者认为，所谓狭义的包括的一罪，是指实施数个符合同一构成要件的行为，在这些行为之间具有密切联系，应当看作为指向同一法益的、在单一意思支配下的实行行为的场合，就是概括地服从于一次构成要件性评价的犯罪。③ 有的学者则认为，在能够将同样的数个罪包括地作为一个犯罪评价的场合，就是狭义的包括一罪。其包括以下几种场合：出于一个行为、针对一个被害人引起了复数的同样的法益侵害的场合；因连续地实施的数个行为、针对同一被害人引起了数个同样的法益侵害的场合；像常习犯、营业犯这样的，在构成要件上已经设想到会实施多个同样行为的场合。④ 有的学者则主张狭义的包括的一罪包括集合犯、法条上的一罪以及接续犯。⑤

本书采用第一种观点进行介绍。据此，狭义的包括的一罪，是指一个构成要件中规定了数个指向同一法益的可以独立构成犯罪的行为形态，它们之间具有手段与目的或原因与结果的关系，各个行为能够看作是行为人的一个实现犯意的行为时，就受到一次构成要件的评价，概括地成立一罪的情形。例如，日本刑法第 197 条第 1 款对受贿罪规定了要求、期约、收受三种行为方式。当行为人对同一人要求、约定贿赂进而收受贿赂时，就只成立一个受贿罪，而不是成立数个受贿罪。该法第 220 条对逮捕监禁罪规定了逮捕和监禁两种行为方式。当行为人逮捕他人继而将他人监禁起来时，只成立一个逮捕监禁罪。狭义的包括一罪与复行为犯具有相似之处，即二者的构成要件都包含两个以上的行为。但是，前者构成要件中所包含的存在手段与目的、原因与结果关系的数个行为须能够独立构成犯罪，而后者构成要件所包含的数个行为则不能够独立构成犯罪。

3. 接续犯

接续犯，是指出于同一的犯意，在时间、场所极其接近的条件下，数次实施指向同一法益的犯罪行为，被包括地评价为一罪的情形。持续犯是在时间、场所极为接近的情况下对同一法益的数次侵害，行为人主观上只有一个犯意，客观上所实施的行为又是同一性质

---

① 参见［德］李斯特：《德国刑法教科书》，徐久生译，392 页，北京，法律出版社，2000。

② 参见陈忠林：《意大利刑法纲要》，259 页，北京，中国人民大学出版社，1999。

③ 参见［日］大谷实：《刑法讲义总论》，新版 2 版，黎宏译，435 页，北京，中国人民大学出版社，2008。

④ 参见［日］山口厚：《刑法总论》，2 版，付立庆译，379～381 页，北京，中国人民大学出版社，2011。

⑤ 参见［日］松宫孝明：《刑法总论讲义》，4 版补正版，钱叶六译，251 页，北京，中国人民大学出版社，2013。

的，因而只作一罪处理。日本判例所认定的典型的接续犯是：在两个小时内分 3 次从同一仓库中偷米，每次偷得 3 袋，共计窃得 9 袋，只成立一个盗窃罪。还有判例认为，假装买东西，在 6 个月内从同一商店偷窃衣料达十多次，也认定为一个盗窃罪。显然，后一判例所认定的接续犯的范围更为宽泛。但这样的认定会使得接续犯与下述的连续犯无法区分。在实施同种行为但在具体的被害人、被害法益不同的场合，不能成立接续犯。如日本判例认为，在同一场所针对不同的观众实施的数次公然猥亵行为不成立包括一罪。① 韩国大法院 1990 年 6 月 26 日的判决认为，在单一且继续的犯意之下，在一定期间内反复实施同种犯行且其被害法益也是同一时，应该将各犯行总括为包括一罪。因此，公务员基于其他公务员所管辖的认定旅游宾馆事业之职务事项的斡旋，从同一人处以交际费的名义在 3 个月内经过 3 次共收受了 450 万元时，也符合受贿罪的包括一罪。根据韩国学者的见解，接续犯中数次被侵害的法益必须不是牺牲者的人格主体性成为问题的高度的人格性法益，或符合牺牲者是一人的情况。② 据此，在同一机会中数次强奸同一妇女的，或接连盗窃数人财物的，便属于接续犯，而如果接连强奸数个妇女，则不属于接续犯，而属于数罪。

4. 连续犯

（1）连续犯概述。早在中世纪，意大利法律实践家就已提出了连续犯的概念。由于当时对犯罪竞合实行极其严厉的并科制度，他们试图通过对各种犯罪实质竞合的研究，概括出一些不应该实行并罚的情况。意大利现行刑法典最初规定，只有多次“触犯同一法律规定”，即只有同种数罪的实质竞合，才能构成连续犯。1974 年第 99 号法令（第 220 号法律）第 8 条取消了上述限制。根据现行意大利刑法第 81 条第 2 款的规定，“基于同一犯罪意图的数个作为或不作为，即使在不同时间，实施多次触犯同一规定或不同规定的人”，是“连续犯”③。在德国，早在 19 世纪的特别刑法中就已经出现关于连续犯的规定，但 1871 年的帝国刑法典却没有采纳。现行德国刑法典也没有关于连续犯的规定。但德国司法界和理论界在一百多年前基本上就已经承认连续犯这一概念。如李斯特所著的《德国刑法教科书》就已指出，连续犯，即利用同一个机会或与同一个机会有关之机会不间断地、间歇地，一而再再而三地实现同一个构成要件。由于数个同质行为具有一系列相同的特点，如相同的罪责形式，针对同一个法益，相同的行为方式，共同利用同一个犯罪机会等，法律上将其视为一个行为。④ 现在，德国学者所说的连续犯，是指同一行为人实施了数个行为，虽然每一个都实现了同一种性质的不法，但因为这些行为之间紧密的内部和外部联系而被视为一个犯罪行为。其目的首先是想避免对单个行为单独处理时的不合理的重刑。⑤ 日本旧刑法原无连续犯的规定，1908 年刑法第 55 条将连续犯当作科刑上的一罪作出了规定（“连续的数个行为触犯同一罪名的时候，作为一罪处断”），这一规定于 1947 年被删除。因此，日本现行刑法已无连续犯的规定。但日本判例和学说仍然承认连续犯，只不过一般把它当作包括一罪。现在，日本学者所说的连续犯是指即便在时间、场所上不接近，但连续性地实施符

① 参见［日］山口厚：《刑法总论》，2 版，付立庆译，380 页，北京，中国人民大学出版社，2011。

② 参见［韩］金日秀、徐辅鹤：《韩国刑法总论》，11 版，郑军男译，665 页，武汉，武汉大学出版社，2008。

③ ［意］杜里奥·帕多瓦尼：《意大利刑法学原理》，注评版，陈忠林译评，370 页，北京，中国人民大学出版社，2004。

④ 参见［德］李斯特：《德国刑法教科书》，徐久生译，389～390 页，北京，法律出版社，2000。

⑤ 参见［德］施特拉腾韦特、库伦：《刑法总论 I》（犯罪论），杨萌译，432 页，北京，法律出版社，2006。

合同一构成要件的行为，指向同一利益侵害、基于单一犯意的场合。① 韩国旧刑法对连续犯作出了规定，但在现行刑法中则没有关于连续犯的规定。韩国判例将连续犯包摄在包括一罪这一概念中，进而视为实体的一罪。现在，韩国学者所说的连续犯是指连续实施的数个行为符合同一犯罪的情况。在学说上，就如何看待连续犯的罪数有不同的观点：有认为将利用同一个方法和同一个意思侵害同一法益的持续行为看作是包括一罪的观点，另外有认为连续犯因为与接续犯的概念有所不同，所以以数罪成为竞合犯的观点，以及认为不能视连续犯是根据单一行为的包括一罪但应在处决上待以一罪的观点。②

（2）连续犯的成立条件。成立连续犯，必须具备以下条件。

1）主观要件。对于主观要件的具体内容，大陆法系刑法理论有不同的认识。德国、韩国学者将连续犯的主观要件理解为“故意的单一性”。这是对界定连续行为起决定作用的因素。德国判例和学界通说认为，为了承认故意的单一性，需要具备整体故意。而对于整体故意具体内涵的认定，在判例上却相当不一致，基本上其实质内容经过三个阶段的变革：第一阶段视整体故意之成立，必须行为人于第一个行为实行之初，即对于全部行为重要部分之梗概有所掌握，也就是整体故意的确认，必须在第一个行为之初，行为人主观上业已有整体故意之存在；第二阶段则放宽整体故意的严格要求，认为于第一个行为实行终了前，行为人主观上对于整体行为之重要部分有所掌握，即可成立整体故意；第三阶段则更将认定界线，从第一行为实行终了往后移至原计划之最终行为终了前，如仍有附加之行为产生，亦可并入连续行为之中，而为整体故意所涵盖。③ 根据德国判例，如果行为人将决意理解为利用现有的有利条件从特定的工厂盗窃尽可能多的自行车，则就存在整体故意；如果行为人只是打算实施数个盗窃自行车的行为，盗窃行为的时间、地点和方式仍未确定，则不存在整体故意。不能因被告人实施了 36 起入室盗窃行为，就认为被告人“从开始起”就着眼于实施一系列本质上同种类的盗窃犯罪，易言之，这还不足以认定 36 起入室盗窃是连续行为。既然连续行为受整体故意的支配，过失犯罪便不可能存在连续犯。④ 整体故意观点的提出显然是为了限制连续犯的范围。不过，德国联邦法院在一个屡次虐待儿童的案件中承认有单纯的连续故意，也可以成立连续犯，而并不要求对行为有一个总的认识。在德国学理上，也有部分学者认为，连续关系的成立，主观上并不需要单一的整体故意，而仅需行为人具备“连续故意”即为已足。亦即连续关系所要求之单一犯意的内容，无须自始即涵盖所有行为及结果，只要可确认事后之决意，系前决意之延续，也就是此个别之决意，在判断上，形成一个延续的内在心理线即可。⑤

韩国学者和大法院的判例则认为，只有具备全体故意时才承认连续犯，不仅会导致对有计划而周密的犯罪人比瞬间犯予以优惠的不当结果，也与把连续犯待以包括一罪的基本宗旨不一致。因此，犯意的单一性应以继续的故意或犯意的继续性得以满足，即各个行为与前面的行为继续有心理的关联即可。行为人结束某种行为后具有决意再次反复的连锁故

① 参见［日］大谷实：《刑法讲义总论》，新版 2 版，黎宏译，436 页，北京，中国人民大学出版社，2008。

② 参见［韩］李在祥：《韩国刑法总论》，［韩］韩相敦译，468 页，北京，中国人民大学出版社，2005。

③ 参见柯耀程：《变动中的刑法思想》，343 页，北京，中国政法大学出版社，2003。

④ 参见［德］耶赛克、魏根特：《德国刑法教科书》（总论），徐久生译，871～872 页，北京，中国法制出版社，2001。

⑤ 参见柯耀程：《变动中的刑法思想》，344 页，北京，中国政法大学出版社，2003。

意的，也可认定连续犯。[①] 由此可见，韩国学者和大法院的判例对连续犯主观要件范围的理解与上述德国部分学者的观点如出一辙。按照这种理解，连续犯成立的范围就较为宽泛。

意大利学者将连续犯的主观要件表述为“同一犯罪意图”。对此，意大利学者指出，这一因素是将多次触犯法律规定的行为连续起来的关键；没有这个因素，多个犯罪行为就不可能构成连续犯，而属于实质的竞合。所谓“同一犯罪意图”具有认识因素的性质，是指犯罪人打算在不同时间分次实施的犯罪计划。这种计划应有相对具体的内容，即应包含计划实施的具体的犯罪行为，而不能只是简单地有打算以犯罪为生的动机（如果是这种情况，有可能符合惯犯或职业犯的特征）。犯罪意图中还必须包含一个意志因素，即将多个犯罪结合成一个整体的犯罪目的（如杀死仇人全家，出于报复的目的；盗枪出于实施抢劫的目的）。在此，分次实施的犯罪计划能够合理地解释连续行为最初的联系，而统一的犯罪目的则能够说明为什么连续犯应承担较轻的责任。此外，意大利学者还指出，刑法典第 81 条第 2 款规定的同一犯罪意图只涉及行为（即“数个作为与不作为”），并没有涵盖所有的犯罪构成要件。从这个角度讲，似乎不能排除过失行为也有构成连续犯的可能，因为在同一犯罪意图支配下的一系列行为，完全可能导致多个行为人不希望的结果发生（例如，一个建筑企业家为了降低成本，在建筑过程中采取一系列不注意安全生产的措施，结果造成一些工人的伤亡）。[②] 由此可见，意大利学者对于连续犯主观要件的范围限制得更严，其中的主要原因在于：在 1974 年以前，当连续犯还要求以触犯同一法律规范为前提时，行为的客观方面是界定连续犯的主要标准，主观方面则只要求有一个简单的犯罪打算就行；而在 1974 年以后，由于异种数罪的实质竞合也可能作为连续犯处理，行为的主观方面就成为决定行为是否构成连续犯的唯一标准，这样，要限制连续犯的成立范围，就唯有借助于对主观要件的严格限制。不过，认为过失行为也可构成连续犯，则又反映出扩大连续犯范围的倾向。

日本学者在界定连续犯的主观要件时，重视犯罪意思的继续性。如山中敬一将犯意的继续性明确地视为继续犯的主观要件。[③] 日本判例在判断是否构成连续犯时，也强调犯罪意思的继续性。如日本大审院 1932 年 6 月 30 日判决指出：“苟以连续之意思，遂行两个以上之同种犯罪行为，即构成连续犯。其各个行为当初是否均预见之，则非所问。先遂行一行为，后继续其同一之犯意，更决意为同种之犯罪行为而实行者，其前后行为，亦应以连续罪处断。”

2）客观要件。总的说来，连续犯的客观要件包括三个方面的内容，即行为方式的同种性（类似性）、行为间的连续性和侵害法益的同类性。其一，行为方式的同种性。即构成连续犯的数个行为具有相同的外在的和内在的特征。由此，故意犯和过失犯、作为犯和不作为犯之间不可能成立连续犯。盗窃罪和侵占罪、盗窃罪和强盗罪、伪造文书罪和文件损坏罪之间同样不可能成立连续犯。同种性并不意味着数个行为必定触犯同一具体罪名。在基本的构成要件和加重的构成要件、既遂和未遂之间，是可以成立连续犯的。例如，连续实施普通盗窃罪的行为和加重盗窃罪的行为的，同样成立连续犯。此外，不言而喻，数个行为在存在论上均能够成立独立的犯罪，才可以成立连续犯。其二，行为间的连续性。行为方式的同种性以行为在特定时空上的连续性为其前提条件。这种连续性自然不要求像接续

---

① 参见［韩］李在祥：《韩国刑法总论》，［韩］韩相敦译，471 页，北京，中国人民大学出版社，2005。

② 参见［意］杜里奥·帕多瓦尼：《意大利刑法学原理》，注评版，陈忠林译评，370 页，北京，中国人民大学出版社，2004。

③ 参见［日］山中敬一：《刑法总论Ⅱ》，912 页，东京，成文堂，1999。

犯那样在时间、空间上极为接近。行为是否具有连续性，在判断上很难有精确的标准。根据德国通说的见解，各行为间应具备时间和空间的相关性。据此，时空关系越紧密，确认连续性存在的可能性就越大。韩国大法院 1982 年 11 月 9 日的判决指出，犯罪之间的间隔有 9 个月以上的，不能成为连续犯。在日本，曾有判例将在单一或连续故意下在大约 4 个月中数次实行业务上贪污行为的案件认定为连续犯。其三，侵害法益的同类性。存在连续关系的数行为除在行为方式上具有同种性、在时空上具有连续性以外，还需要具有侵害法益的同类性。德国、韩国刑法理论的通说均认为，侵害的法益只要是同种法益即可，而无论其法益的归属体究竟同一还是不同一。但是，当数个行为所侵犯的法益是分属于数人的人格主体性明显的专属性法益（自由、名誉、身体、生命等）时，则不能按连续犯处理。例如，对数人的伤害或杀害、对数个妇女的强奸均不能成立连续犯。这主要是考虑到，侵犯人格主体性明显的专属性法益的犯罪行为一般都是重大犯罪。尤其是数行为分别针对属于数个主体的人格主体性明显的专属性法益实施时，往往会引起社会各界的关注。如果将此情况认定为连续犯，以一罪处理，则很难取得社会公众的认同。但对于侵犯财产性法益的情形以及数个行为所侵犯的人格主体性明显的专属性法益均归属于同一主体的情形，则并无上述限制。如连续 3 天每夜数次强奸同一妇女的，也可以成立连续犯。日本刑法理论的通说认为，连续犯的数个行为所侵犯的法益必须是同一法益。如西田典之认为，连续犯是指数个行为连续造成针对同一法益主体的同种法益侵害的情形。① 值得特别指出的是，根据意大利现行刑法的规定，数个行为所侵犯的法益是否相同，并不影响连续犯的成立。这实际上使得任何实质的犯罪竞合都有构成连续犯的可能，表明了连续犯的范围扩大的倾向。另外，荷兰刑法也认可数个侵犯不同法益的行为可以构成连续犯。《荷兰刑法典》第 56 条第 1 款规定："数行为相互连接以至于被认为是一个连续的行为，尽管每一个独立的行为本身也构成严重犯罪或较轻犯罪，仅适用一个刑法条文。刑罚轻重不同的，应当适用主刑最重的条文。"

（3）连续犯的存废

在德国，连续犯这一概念受到越来越多的批评，它被认为在法治国思想上值得怀疑，从刑事政策上看也存在问题：它似乎是一个为了规避法律、规避适用实质竞合规则而提出的假定；正是因为缺乏法律的规定，这种假定产生很多疑难问题，其结果是可能赋予特别危险的行为人以特权。当然，如果还想继续维护这个概念，其原因无非是因为它对于刑事追诉机关而言具有减轻负担的效果，这样，在严重的系列犯罪中，就不用像对这些行为进行独立评价时那样必须查清同一个行为人实施的每一个具体行为。② 考虑到反对承认"法行为单数"的连续行为的所有理由，德国联邦法院大刑事审判委员会在判例中不断压缩连续行为的适用范围，至少在诈骗和性滥用方面不再承认连续行为。同时，联邦法院还对逃税拒绝适用连续关系。现在，依赖连续关系的法形态只属于较少的例外情况。③ 而且，在联邦最高法院 1994 年的一个决议之后，虽然理论上不排除在最小的范围内承认连续关系的可能性，但是在理由的说明上是根本反对连续关系概念的存在的，并且在实务运作上，从 1994 年以后，已经没有再出现过任何被承认具有连续关系的个案。至于学说，越来越多的看法

① 参见［日］西田典之：《日本刑法总论》，刘明祥、王昭武译，344～346 页，北京，中国人民大学出版社，2007。

② 参见［德］施特拉腾韦特、库伦：《刑法总论Ⅰ》（犯罪论），杨萌译，432～433 页，北京，法律出版社，2006。

③ 参见［德］耶赛克、魏根特：《德国刑法教科书》（总论），徐久生译，869 页，北京，中国法制出版社，2001。

是根本不承认连续关系的意义。当然，德国学者也承认，在完全废除连续犯这一概念后，会出现相当多的司法界和理论界都还未予以充分澄清的问题。

在 1947 年删除连续犯以前，日本早期的判例曾经认为，为了认定连续犯，意思的继续和被害法益的单一是必要的，但后来又改变了这种看法，认为只要有单纯的意思继续就够了，并且对所谓“同一罪名”，解释为不仅包括同一名称的犯罪，也包括在刑法典同一章之下的、虽然名称不同但具有同一罪质的犯罪。由此，连续实施盗窃罪和强盗罪，也被认为是连续犯，只以一罪处断。但是，这一处理，在既判力的问题上就特别容易出现不适当的情况。例如，对较轻的数个盗窃罪确定了轻刑之后，即使以后又发现了重的强盗罪的事实，也不得不放任不管，因为对轻刑判决的效力必须予以维持，而不能更改。第二次世界大战后，日本修改了刑事诉讼法，强制搜查权受到限制，其结果是，难以待连续犯的所有行为都被发现之后再一次起诉。在此状况下，连续犯规定的存在，便经常会给犯人带来不当利益。由此，刑法第 55 条关于连续犯的规定就只好删除。按理说来，原来作为连续犯处理的犯罪事实在以后就应作为数罪按并合罪处理。其结果是就要将各个事实、时日、场所等明确记载于起诉书，并且在判决中必须逐一地进行认定。这样，对连续进行的同种类的行为，就产生了超出接续犯的范围、在一定的限度内扩张包括一罪的范围之必要性，学界由此重提连续犯的概念，判例也对连续犯在一定范围内予以认可。比如，在几个月之间连续几十回针对同一名毒品中毒患者施用了毒品的事案中，判例认为是基于单一的犯意从而成立包括一罪。不过，在究竟能够在多大范围内承认连续犯这一问题上，尚存在困难。

与德、日两国的情况不同，在意大利，1974 年的第 99 号法令使刑法中连续犯的范围扩大到任何实质的犯罪竞合（包括同种数罪的竞合和实质的异种数罪竞合），而且在司法实践中对连续犯的范围也存在扩张的倾向。对连续犯的范围在立法和司法上予以扩张，带来了不少问题。比如，在连续犯的范围扩展到实质的异种数罪竞合后，构成连续犯的各罪在法定刑性质和种类上的冲突，就成为经常出现的问题。

(三) 异质的包括一罪

异质的包括一罪，是指两个以上的行为，在外形上分别符合不同的构成要件，因为与被害法益的关联，将其整体包括地认为是一罪的情况。其中，轻罪被重罪的刑所吸收，根据重罪的构成要件概括性地评价为一罪的情况，称为吸收一罪。异质的包括一罪可分为以下几种情况。

1. 结合犯

关于结合犯属于何种性质的一罪的问题，在大陆法系刑法理论中有不同的认识。在日本学者中，野村稔认为其属于包括一罪，大谷实认为其属于单纯一罪，川端博认为其属于法条竞合。意大利学者帕多瓦尼认为，在规定结合犯的规范与规定作为构成要件或加重情节的犯罪的规范之间，显然存在单向包容关系。韩国学者李在祥将结合犯也视为包括一罪。考虑到结合犯是预定异质的复数行为为构成要件的犯罪，我们将结合犯放入异质的包括一罪中加以论述。

所谓结合犯，是指分别可能构成一个犯罪的数个不同种类的行为，依照法律的规定被结合，构成特别的法律上一罪的情况。例如，根据日本刑法第 241 条的规定，犯盗窃罪，而强奸妇女者，构成强盗强奸罪。这里的强盗强奸罪就是典型的结合犯。结合犯具有以下特征：(1) 结合犯所结合的数罪，原为刑法上数个性质各异的、独立的犯罪。这是结合犯成立的前提条件。所谓独立的犯罪，是指不依附于其他任何犯罪而符合独立的犯罪构成要件的行为。是否为独立的犯罪，应依据刑法的规定予以确定。数个独立的犯罪，必须是数个罪名不同的犯罪。如果罪名相同，在均为故意犯罪的情况下，可以构成连续犯或集合犯，但不构成结合犯。（2）数个原本独立的犯罪结合成为另一独立的犯罪。从内容上看，结合后的犯罪必须包含着彼此独立的原罪的构成要件成分，二者之间是整体与部分的关系。原本独立的犯罪一旦被结合，就已经丧失了其原本独立的意义，而成为结合后犯罪的有机组成部分。（3）数个原本独立的犯罪结合成为另一独立的新罪，是基于刑法的明文规定。如果刑法没有明文将独立的犯罪结合为新罪，则不成立结合犯。

根据日本学者的解释，结合犯在多数情况下，数个行为通常在同一机会实施，或者某个行为作为其他行为的手段实施，根据这种情况，能够发现犯人反社会性的严重程度，并且被害法益也是那么重大，所以法律将数个行为结合为一罪，比按照并合罪的处罚更重。①

德国刑法理论将结果加重犯亦视为结合犯，这主要是考虑到结果加重犯于主观面系故意—过失之结合关系。意大利学者将加重情况的犯罪也纳入结合犯的范围加以论述。意大利学者指出，刑法典第 84 条第 1 款规定："当本身就构成犯罪的不同事实被法律视为单一犯罪的构成要件或从重情节时，不适用上述各条（有关犯罪竞合）的规定。"这种情况就是狭义的复合犯，亦称结合犯。其特点是将不同的犯罪结合为一个新的犯罪，被结合的那些犯罪或者都成为新的犯罪的构成要件，或者一个成为构成要件，一个成为从重情节（如在刑法典第 625 条第 1 款第 1 项规定的因入室盗窃而构成的加重盗窃罪中，刑法典第 614 条第 1 款规定的侵犯居所罪就是构成加重情节的要件）。② 此外，法国刑法理论所使用的"法律竞合"的概念有别于大陆法系刑法理论中通常意义上的法条竞合。此处的法律竞合，即法律规定上的犯罪竞合，相当于通常的结合犯。法国学者指出："尽管法官（法院判例）有'将一个单一行为进行分解，使之表现为对法律有多项触犯，从而可以成立数个刑事罪名'的倾向，但是，法律有时却要求法官仅认定一个单一的罪名并将诸行为中的一行为作为另一犯罪的加重情节。"例如，"侵犯住所随之进行盗窃"的行为所实行的不是两个犯罪，而是"破门而入"在"有人居住的场所"实行的具有加重情节的盗窃罪；在实行盗窃时使用武器的行为并不构成携带受禁止的武器罪与盗窃罪，而是构成武装盗窃罪（抢劫罪）。这种处理称为"法律竞合"③。

2. 不可罚的事前行为

关于不可罚的事前行为的性质问题，也尚未取得一致的认识。日本有的学者认为其属于包括一罪，有的学者则认为其属于法条竞合中的吸收关系。德国学者亦认为其属于法条竞合中的吸收关系。意大利学者则认为其属于连续犯。我们认为，意大利学者之所以认为不可罚的事前行为属于连续犯，是由于其对连续犯范围的界定过宽所致。考虑到不可罚的事前行为实际上是某一行为包括在基本犯罪中一起评价的问题，我们将其放在包括一罪中加以论述。

关于不可罚的事前行为的含义，在理论上还未形成统一的认识，这主要是由对该行为的范围有不同理解而造成的。日本学者松宫孝明认为，各种预备犯罪是指向与未遂犯罪、

---

① 参见马克昌：《比较刑法原理——外国刑法学总论》，764 页，武汉，武汉大学出版社，2002。

② 参见［意］杜里奥·帕多瓦尼：《意大利刑法学原理》，陈忠林译，415 页，北京，中国人民大学出版社，1998。

③ ［法］卡斯东·斯特法尼等：《法国刑法总论精义》，罗结珍译，575～576 页，北京，中国政法大学出版社，1998。

既遂犯罪相同法益的行为，由于可以认为“已经纳入”到未遂犯罪、既遂犯罪的罚条之中，因而被未遂犯罪、既遂犯罪所吸收。在这种场合不成立预备犯罪，而称为“不可罚的事前行为”①。日本学者大塚仁、川端博也持这样的观点。根据这种观点，不可罚的事前行为只有一种形式，即被未遂犯罪、既遂犯罪所吸收的不具有独立评价意义的预备犯罪。日本学者野村稔认为，除了这种形式以外，还有按照不可罚的事前行为来考虑的场合，即实施某个犯罪之际，作为为了遂行该犯罪的条件和手段而实施的行为虽然构成了别的犯罪，但是有被本来的犯罪评价的场合。后者在不承认其牵连关系这一点上具有特色（不可罚的时宜行为）。② 而日本学者西田典之所理解的不可罚的事前行为则相当于上述野村稔所说的后一种情形。③ 日本学者木村龟二主编的《刑法学词典》认为，作为本身可以独立处罚的手段或准备行为，由于是主行为的手段或准备行为，所以在法律的适用上就不构成特别的问题，这就是所谓不可罚的事前行为。例如，结合犯，如强盗罪，作为其构成要件内容的数个行为具有手段与结果的关系，尽管关于这些手段行为有特别的构成要件，但由于已作为强盗罪处罚，所以，作为其手段的暴力、胁迫就不再作独立罪处罚了。④ 现在日本学者一般认为，不可罚的事前行为实际上不是不可罚的，而是被包括地评价在主要犯罪中受到处罚。据此，很多日本学者将“不可罚的事前行为”改称“共罚的事前行为”。

德国学者将不可罚的事前行为与前面提到的过渡性犯罪中所包含的实施犯罪的前期阶段的行为等而视之，这使得不可罚的事前行为的范围极为宽泛，即不仅包括独立的应受处罚的预备行为、犯罪未遂，还包括就其特征而言必须经过数个构成要件的犯罪的前期阶段的行为，如故意杀人要经过伤害。⑤ 意大利学者所说的不可罚的事前行为是指某些犯罪在一般情况下是另一犯罪的前提的情况（例如，非法携带武器往往是抢劫罪的前提）。⑥ 韩国学者所称的不可罚的事前行为，是指先于某种主要犯行，对其犯行的实行产生影响并意图危害同一法益的法益侵害行为。如在强奸前阶段所实施的强制猥亵、在放火前阶段所实施的使用他人住宅领域内的引火物、针对受贿后不正处理罪的受贿行为、针对准强盗的盗窃罪等即属于这种情况。⑦

3. 不可罚的事后行为

关于不可罚的事后行为的性质问题，在理论上有不同认识。对此，日本学者有以下四种见解：（1）法条竞合中的吸收关系；（2）本来就不可罚，所以，在外形上也不符合其他处罚规定；（3）行为的违法性被先前的行为所吸收；（4）事后行为成立犯罪，但被重罪的刑所吸收。大谷实认为，共罚的事后行为自身也是可罚的，应当适用罚条，但在违法状态下实施的行为通常包含在违法状态之中，应当说它已被状态犯的构成要件评价殆尽，所以，

---

① 转引自［日］松原芳博：《刑法总论重要问题》，王昭武译，375页，北京，中国政法大学出版社，2014。

② 参见［日］野村稔：《刑法总论》，全理其、何力译，452～453页，北京，法律出版社，2001。

③ 参见［日］西田典之：《日本刑法总论》，刘明祥、王昭武译，346页，北京，中国人民大学出版社，2007。

④ 参见［日］木村龟二：《刑法学词典》，顾肖荣等译，400页，上海，上海翻译出版公司，1991。

⑤ 参见［德］耶赛克、魏根特：《德国刑法教科书》（总论），徐久生译，896页，北京，中国法制出版社，2001。

⑥ 参见［意］杜里奥·帕多瓦尼：《意大利刑法学原理》，注评版，陈忠林译评，375页，北京，中国人民大学出版社，2004。

⑦ 参见［韩］金日秀、徐辅鹤：《韩国刑法总论》，11版，郑军男译，661页，武汉，武汉大学出版社，2008。

第（4）说是妥当的。[①] 德国学者认为不可罚的事后行为属于法条竞合中的吸收关系。意大利学者认为，不可罚的事后行为属于连续犯。[②] 我们认为，事后不可罚的行为并没有超出前行为的构成要件所预想的范围，可以包括在前行为的构成要件中加以评价，不具有独立的评价意义，因而可以将其纳入包括一罪中加以论述。

与不可罚的事前行为相比，关于不可罚的事后行为的内涵，在大陆法系刑法理论中有较为一致的理解（尽管具体的表述可能并不一致）。如日本学者大谷实认为，不可罚的事后行为，是指由于是完成犯罪之后，在与该犯罪相随而继续存在的违法状态中通常所包含的行为，所以，是被该犯罪的构成要件所评价完毕的行为。[③] 日本学者大塚仁认为，在状态犯中，预想着在犯罪完成后伴随其犯罪的违法状态继续，只要其违法状态中所包含的行为已经由状态犯的构成要件完全评价，即使在形式上可以认为相当于其他的构成要件，也不构成其他犯罪。这种行为成为不可罚的事后行为。[④] 由于不可罚的事后行为本身并非不可罚，而是包含在主行为中一起受处罚，因此，很多日本学者将不可罚的事后行为改称“共罚的事后行为”。德国学者认为，紧接着第一次犯罪行为实施的确保、使用和利用其违法所得利益的构成要件该当行为，如果未侵害新的法益，且损失在数量上没有超出已经产生的程度，这种行为就属于不受处罚的或更确切地讲属于共受处罚的犯罪行为。[⑤] 意大利学者认为，不可罚的事后行为是指某些犯罪在一般情况下是另一犯罪后果的情况（如为了便利销赃而毁坏被盗财产，常常在盗窃罪之后发生）。[⑥] 此外，法国刑法理论中虽然未明确提及不可罚的事后行为，但其判例则对此加以认可。判例指出，盗窃某一物品的人，在实行盗窃之后将该物品保留在身边，也仅能以盗窃罪论处，而不因窝藏赃物罪受到追诉。因为在这种情况下，后面的犯罪行为不过是前面犯罪行为的逻辑上的继续，并不因此说明行为人具有与已经得到认定的犯意所不同的犯意。[⑦]

不可罚的事后行为具有以下特征：（1）不可罚的事后行为本身是符合构成要件的行为。如果行为不符合构成要件，自然不具有可罚性，也就没有理由说它是事后不可罚的行为。例如，盗窃犯持有、使用、消费所盗窃的财物的行为是不符合构成要件的行为，故不能说它是事后不可罚的行为。据此，盗窃犯保管、搬运、有偿处分被盗物品的行为能否被视为事后不可罚的行为，尚有疑问。这通常被视为事后不可罚的行为的适例，但有人认为，赃物罪的主体是本犯以外的人，盗窃犯本人保管、搬运、有偿处分被盗物品的行为本身就不符合赃物罪的构成要件，故难以认为这属于事后不可罚的行为。（2）事后行为与居于主导地位的先行行为的保护法益相同或所造成的结果没有超出已经造成的结果。事后行为之所

① 参见［日］大谷实：《刑法讲义总论》，新版2版，黎宏译，438页，北京，中国人民大学出版社，2008。

② 参见［意］杜里奥·帕多瓦尼：《意大利刑法学原理》，注评版，陈忠林译评，375页，北京，中国人民大学出版社，2004。

③ 参见［日］大谷实：《刑法讲义总论》，新版2版，黎宏译，437～438页，北京，中国人民大学出版社，2008。

④ 参见［日］大塚仁：《刑法概说》（总论），冯军译，420页，北京，中国人民大学出版社，2003。

⑤ 参见［德］耶赛克、魏根特：《德国刑法教科书》（总论），徐久生译，897页，北京，中国法制出版社，2001。

⑥ 参见［意］杜里奥·帕多瓦尼：《意大利刑法学原理》，注评版，陈忠林译评，375页，北京，中国人民大学出版社，2004。

⑦ 参见［法］卡斯东·斯特法尼：《法国刑法总论精义》，罗结珍译，576页，北京，中国政法大学出版社，1998。

以不可罚，是因为先行行为的构成要件可以对之包括地进行评价。一旦事后行为侵害了新的法益，或者其造成的结果已超出原有的结果程度，就超出了先行行为构成要件的评价范围，而具有独立的评价意义。如日本判例认为，利用窃得或骗得的邮政存款单，欺骗邮政工作人员，使他们误信其是真实名义人来请求支付存款，从而骗取金钱的，由于这是一种侵害新的法益的行为，所以应当认为成立一个新的犯罪。再如，根据日本判例，无钱饮食的犯人，在两个半小时以后，对请求付账的被害人进行殴打，意图免除债务的时候，从手段方面来看，和诈骗罪中所保护的利益不同，所以，成立抢劫致伤罪。在盗窃犯将盗窃的财物卖给被害人的场合，被害人受到了额外损失，因此，对这种行为应单独加以处罚。(3) 事后行为在与第三者的关系上不成为事后不可罚的行为。据此，第三者帮助盗窃犯搬运被盗窃的物品的，成立赃物罪的正犯。

4. 附随犯

附随犯，是指附随主要的犯罪而成立的犯罪。在附随犯的场合，一个行为侵犯不可分且成为一体的数个不同的利益，在事实上成立数个犯罪，但由于对数个利益的侵害在性质上是不可分割的，没有必要评价为数罪，而只要在一个构成要件之内进行评价就已足够，所以，较轻的犯罪被较重的犯罪所吸收。日本学者大谷实将附随犯的情形称为"法益侵害的一体性"①。例如，在实施杀人罪之际发生了损坏被害者的衣服的结果的场合，虽然对于衣服的损坏可以成立器物损坏罪，但是那是实施杀人罪的时候通常伴随的事情，而且所发生的杀人的结果要严重得多，由此，较轻的器物损坏罪应当被较重的杀人罪所吸收，而只成立一个杀人罪。对此，日本学者平野龙一指出，在这种场合，从轻罪的被害法益的性质以及该种行为是在实施重罪时所常有的伴随状况的角度来看，可以将其看作重罪的一个情节。立法者对重罪规定较重的法定刑，也无非是考虑到这种情况。② 也就是说，附随于杀人行为的损坏器物行为，已经被包括地评价在杀人罪的法定刑之中。不过，在日本，也有观点认为，杀人罪与器物损坏罪侵犯的是不同性质的法益，因而应构成不同的犯罪，属于想象竞合。③

第三节　科刑上的一罪

一、科刑上的一罪概述

科刑上的一罪，亦称裁判上的一罪或处断上的一罪，是指行为在构成要件的评价上被认为构成数罪，但在科刑时仅作为一罪处理的情况。科刑上的一罪包括观念的竞合和牵连犯。

关于科刑上的一罪的性质，在日本刑法理论中存在本来的一罪与数罪的争论。对此，

① ［日］大谷实：《刑法讲义总论》，新版2版，黎宏译，438页，北京，中国人民大学出版社，2008。

② 参见［日］平野龙一：《刑法总论Ⅱ》，415页，东京，有斐阁，1987。

③ 参见［日］松原芳博：《刑法总论重要问题》，王昭武译，380页，北京，中国政法大学出版社，2014。

曾有学说从犯意标准说或行为标准说的立场出发，认为意思决定或行为既然是一个，犯罪也便仅仅是一个。但是，通说和判例则从构成要件标准说的立场出发，认为在观念的竞合的场合也可以对一个行为进行数个符合构成要件的评价，在牵连犯的场合毕竟符合的是数个犯罪构成要件，因而都应该被认为是数罪。这样，科刑上的一罪虽然在犯罪成立上是数罪，但在刑罚的适用上则看作一罪。由此，科刑上的一罪具有罪数论与刑罚论的双重性质。一方面，是否能够成为科刑上的一罪的问题是根据罪数论来解决的；另一方面，科刑上的一罪的法律效果是，无论在实体法上还是程序法上都按照一罪处理，即公诉事实单一，依数罪中最重的刑罚处断，比并合罪的处罚轻，关于某一部分的既判力也及于其他部分。

关于将数罪不作为并合罪而作为科刑上的一罪处理且比并合罪的处罚轻的理由，在理论中存在不同的学说：（1）认为其中的理由不能求之于犯罪论，而必须以刑罚论中“所谓‘一次性处罚’的刑罚适用上的目的性要求”为根据。根据“一次性处罚”的刑罚适用要求，数个成立的犯罪，在社会通念上如果能评价为一个类型的事实，即具有一体性，从观念上它可成为一个行为，而目的、手段、原因、结果等数个行为之间的关联性也可成为牵连犯的理由。（2）着眼于犯罪行为的形态，将观念的竞合作为刑罚减轻的事由，即观念竞合虽然在法的评价上是数罪，但它只有一个行为，如果对一个行为的数个法益进行评价，这是重复性的，必然导致刑罚的重复，为此，应当统一进行科刑。（3）主张将观念竞合的实体根据求之于违法性评价的重复性，由于违法性评价上存在某种程度的重复，所以违法性减轻，处罚相对较轻。（4）认为科刑上的一罪的根据是责任的减少，因为此时行为人只有一个突破规范的意识，其责任比数个独立的意思活动的场合的要轻。①

二、观念的竞合

（一）观念的竞合概述

1. 观念的竞合的概念和立法

观念的竞合是大陆法系刑法理论中最为普遍接受的罪数形态，也是大陆法系刑事立法中成文化程度最高的犯罪形态。如在日本刑法理论中，观念的竞合，亦称想象的竞合、想象的数罪、想象竞合犯、一行为数罪或一行为数法，是指一个行为触犯两个以上罪名的情况。德国刑法理论在对想象竞合犯的概念加以界定时，大多直接照搬其刑法典中关于想象竞合犯的规定。在意大利刑法理论中，观念的竞合被称为形式的犯罪竞合，指的是一个单独的作为或不作为同时触犯“不同的刑法规范”（形式的异种数罪竞合）或“多次触犯同一刑法规范（形式的同种数罪竞合）”②。在韩国刑法理论中，观念的竞合，也被称为想象竞合，是指一个行为属于数个犯罪的情况。法国刑法理论也承认观念的竞合的概念。法国学者指出：“应当注意的是，不能将‘实际的数罪’与‘想象的数罪’或‘想象的竞合犯’混为一谈。‘想象的数罪’是指，以一个‘单一的行为实现了违反数个法律规定’。”③ 大陆法系许多国家如德国、日本、意大利、瑞士、韩国等的刑法典也对观念的竞合作出了规定。

---

① 参见［日］阿不纯二等：《刑法基本讲座》（第4卷），289～290页，东京，法学书院，1992。

② ［意］杜里奥·帕多瓦尼：《意大利刑法学原理》，注评版，陈忠林译评，367页，北京，中国人民大学出版社，2004。

③ ［法］卡斯东·斯特法尼等：《法国刑法总论精义》，罗结珍译，572页，北京，中国政法大学出版社，1998。

2. 观念的竞合的成立范围

关于观念的竞合的成立范围，在日本刑法理论中存在着无限制说和限制说的对立。牧野英一、大谷实、川端博等人主张无限制说，认为一个行为触犯数个罪名的场合，通常应当认为是观念的竞合。泷川幸辰、宫本英脩、佐伯千仞等人则主张限制说，认为只有在数个犯罪之间相互有关联性的场合，才成立观念的竞合。如泷川幸辰认为，应当以数罪之间存在着足以认定为通常事例程度的关联为标准来认定想象竞合。例如，以一发子弹杀害某甲的同时又打伤了正在旁边的某乙，就应当认定为杀人罪和伤害罪的想象竞合，但是由于在公众面前辱骂别人以致被害人过分激动而休克时，就不成立名誉毁损罪和伤害罪的想象竞合关系。前一种情况属于通常人的预想范围，而后一种情况只是罕有的事例。[①] 无限制说在日本属于通说。从德国、意大利、法国、韩国等其他大陆法系国家的学者关于观念的竞合的论述来看，也没有提出过对想象竞合所构成的数个犯罪之间关系要加以限制的说法。

3. 观念的竞合的本质

关于观念竞合的本质，在大陆法系刑法理论和实务中大体上有以下三种观点。

（1）想象的犯罪竞合说。这种观点是由德国学者巴尔、贝林等提出的，这一学说主张观念的竞合从外观上看是数个犯罪行为，具有数罪的特征，而在本质上应属于一罪。如贝林认为，在不同犯罪类型的想象竞合的情况下，没有理由使构成要件的双重涵摄（即符合两个构成要件）都得不到执行，而一个行为只能形成一个罪案，只能产生一次刑罚威慑。为此，适用刑罚相应也就出现了困难，因为会出现重叠适用两个刑罚对一个行为进行评价，如同在两个罪案中一样。而刑法中从一重刑处断的规定就消除了这种刑罚的竞合。[②] 德国学者所主张的单数理论认为，在想象竞合犯的情况下，尽管适用数个构成要件，由于只存在一个行为，因而只能考虑构成一个犯罪。[③] 目前此说在大陆法系刑法理论中仍有一定影响。如法国学者斯特法尼等所著的《法国刑法总论精义》指出，在“想象的数罪”中，实际上并没有数个犯罪，而仅仅有一个“单一罪”。问题是应当找到这个“单一罪”的准确罪名，所以，这是一个“罪名冲突”的问题。对此问题的研究主要属于“刑法分则”的范畴。原则上，这种冲突应当按法定刑最重的罪名论处，并且仅宣告一个有罪判决。[④] 在日本，关于对观念竞合仅以一罪论处的理由，主要存在以下三种学说：一是“诉讼法说”，认为根据在于“处罚的一次性”；二是“违法减少说”，认为根据在于，因实行行为等违法要素的重合而形成了违法性上的重复评价；三是“责任减少说”，认为根据在于，由于是由一个意思发动而造成了对规范意识的一次突破，因而与由数个行为所引起的场合相比，责任非难的程度要低。对此，日本学者松原芳博认为，在由一个行为实施了数个犯罪的场合，各个犯罪之间存在很多相通的证据，以一次程序来处理，对国家以及被告人双方而言，都是合理的。然而，按照这种“处罚的一次性”的要求，对于处刑上的吸收主义，却无法予以说明；而且，在想象竞合的场合，由于存在数个法益侵害事实，可以说其违法性程度与并合罪并无

---

① 参见［日］泷川幸辰：《犯罪论序说》，王泰译，167～168页，北京，法律出版社，2005。

② 参见［德］恩施特·贝林：《构成要件理论》，王安异译，197～198页，北京，中国人民公安大学出版社，2006。

③ 参见［德］耶赛克、魏根特：《德国刑法教科书》（总论），徐久生译，874页，北京，中国法制出版社，2001。

④ 参见［法］卡斯东·斯特法尼等：《法国刑法总论精义》，罗结珍译，573页，北京，中国政法大学出版社，1998。

不同。为此，想象竞合的一罪性根据就应该是责任减少，“一个行为”属于将意思发动的一次性予以类型化的要件。①

（2）实质的数罪竞合说。这种观点与想象的犯罪竞合说相对立，认为观念的竞合不仅从形式上触犯数个罪名，而且实质上也应当认为是数罪。如德国学者宾丁所主张的复数理论强调，既然触犯数个刑法法规，就必须认为存在数个犯罪，尽管从外表看只有一个行为。② 日本学者泷川幸辰认为，一个构成要件包括不了一个事实时，理所当然地要求在刑法上承认符合该事实的数个构成要件，想象竞合正是这种情况。因而，想象竞合应当解释为实质上存在数罪的情形。但是把它当作数罪而参照并合罪的例子给予处罚时，恐怕多数情况下会招致过重的惩罚。所以刑法考虑到实际的要求，就把实质上的数罪在处罚时当作一罪来对待。③ 韩国大法院 1961 年 9 月 28 日判决认为，想象竞合虽然在外观上存在一个行为，但由于侵害了数个刑罚法规，所以是数罪。

（3）法规竞合说。这种观点认为观念的竞合不是犯罪竞合问题，而是法规竞合问题。如德国学者李斯特的早期观点认为，一个行为触犯数个罪名时，不是数罪的竞合，是数个刑法条文的竞合，是法规竞合，而不是犯罪竞合。刑法设立想象竞合犯的宗旨，不外乎以此解决适用哪一项法律条文的问题，所以，想象竞合犯应在法律适用论当中研究，而不属于犯罪论的范围。④

4. 观念的竞合与法条竞合的区别

观念的竞合与法条竞合在一行为触犯数个法条这一点上是一致的，因而二者极容易混淆。根据大陆法系国家刑法理论，二者的区别主要表现在：其一，前者普遍地被视为实质的数罪、科刑上的一罪，而后者则属于本来的一罪。因此，前者中的竞合属于纯正竞合，而后者中的竞合则属于假性竞合。其二，前者所要解决的是对数罪如何处罚的问题（犯罪竞合问题），而后者所要解决的是在一个行为触犯数个法条的情况下应适用哪一个法条的问题（法律适用问题）。⑤ 其三，前者的成立要求一个行为侵害数个法益或数次侵害同一法益；而在后者的场合，实际上只有一个法益遭受侵害。也就是说，在前者的场合，行为因为侵害了数个罪刑规范的保护法益，因而触犯了数个罪刑规范；而在后者的场合，虽然行为同时违反了数个罪刑规范，但仅侵害了其中一个罪刑规范的保护法益。其四，前者中行为所符合的构成要件均有其独立的不法内涵和罪责内涵；而在后者中，只需适用一个不法构成要件，即足以涵括这个行为之不法内涵与罪责内涵。其五，所触犯的法条之间的关系不同。前者所触犯的法条之间不存在重合或交叉的关系，而后者所触犯的数个法条之间则必然存

---

① 参见［日］松原芳博：《刑法总论重要问题》，王昭武译，381～382 页，北京，中国政法大学出版社，2014。

② 参见［德］耶赛克、魏根特：《德国刑法教科书》（总论），徐久生译，874 页，北京，中国法制出版社，2001。

③ 参见［日］泷川幸辰：《犯罪论序说》，王泰译，168 页，北京，法律出版社，2005。

④ 参见王觐：《中华刑法论》，302 页，北京，中国方正出版社，2005。李斯特在其晚年再版的《德国刑法教科书》中明确区分了条文的竞合与犯罪的竞合，并将其置于“犯罪单数”中研究。参见［德］弗兰茨·冯·李斯特：《德国刑法教科书》，徐久生译，393 页，北京，法律出版社，2000。

⑤ 《意大利刑法典》将法条竞合作为法律适用问题加以规定，而未将其规定在罪数中。根据意大利学者的解释，从抽象教条的角度讲，法条竞合的理论应属于更为广泛的刑法适用范围的问题，因为这实际上要解决的是某一法条的适用范围因其他法条的存在而受到限制的问题。参见［意］杜里奥·帕多瓦尼：《意大利刑法学原理》，注评版，陈忠林译评，359 页，北京，中国人民大学出版社，2004。

在重合或交叉关系。其六，规定不同罪名的法条发生关联的前提不同。前者中规定不同罪名的法条发生关联，是以行为人所实施的特定犯罪行为为前提的，而后者中规定不同罪名的法条之间所存在的重合或交叉关系，并不以犯罪行为的实际发生为转移。其七，处罚原则不同。对于前者，通常采取从一重罪处罚的原则；而对于后者，则根据不同的类型实行不同的处罚原则。其八，对于前者，法官须在判决主文中对行为所触犯的罪名逐一加以宣告，而不是仅论以重罪，舍弃轻罪，只作一罪宣告；对于后者，法官在判决主文中仅须载明所适用的法条，而无须提及被排除的法条。

根据以上区别，可以看出，观念的竞合与法条竞合是互斥的；只有在不会通过法条竞合而被排除的构成要件与其他构成要件之间才会出现观念的竞合。对此，德国学者指出："一行为违反了数条相互之间不能通过法条竞合排除的刑法规定，就构成想象竞合或者一罪。"①

（二）观念的竞合的成立条件

1. 一个行为

在数个构成要件由同一行为所实现时，才可以成立观念的竞合，否则，数个构成要件并非由同一行为实现，则无从成立观念的竞合。因此，这里的"一个行为"实际上是指同一行为。数个行为即使是在同一机会实施的，也不是一个行为。由此可见，观念的竞合是行为单数而不是行为复数，这是成立观念的竞合的前提。

关于一个行为的判断标准，在日本刑法理论中存在着不同观点的对立：自然的·社会的行为标准说采取事实的标准，着眼于自然或社会行为的单一性，主张根据自然的观察或社会的见解来认定一个行为；构成要件的行为标准说吸收规范性的评价要素，主张以构成要件为标准来认定一个行为；综合说以自然的、社会的行为标准说为基础，并加以从构成要件观点所作的规范判断的综合判断来认定一个行为。日本最高法院大法庭1974年5月29日的判决变更了之前的、关于行为个数的判决意见，认为所谓的一个行为是在抛开法律评价、不考虑构成要件的观点的基础上，在自然的观察下，将行为人的动态以社会上的常识来进行评价的场合。这一判例所确认的判断标准实际上是对自然标准说和社会标准说的折中。基于这一判断标准，该判决将醉酒驾驶罪与驾车途中所发生的业务过失致死罪的关系从观念的竞合变为并合罪。之所以进行这样的变更，是因为驾驶汽车的行为，伴随有时间的继续和场所的移动，而在其过程中导致人身事故发生的行为是在驾驶过程中的某一时间、某一地点上所发生的现象，以自然的观察看来，两者不管是否与醉酒驾驶行为引起事故的过失内容有关，也应该以社会上的常识来对其进行分别评价，不应该把其看作是一体。而与此相反，该判例将无照驾驶罪与醉酒驾驶罪、驾驶无车检车辆罪的关系从并合罪变为观念的竞合。这是因为，在这种场合下，在社会的一般观念上是无照驾驶与醉酒驾驶、驾驶无车检车辆作为社会性现象相互重合，一个驾驶汽车的行为同时违反了无照驾驶罪和醉酒驾驶罪或驾驶无车检车辆罪的两个规范。

在上述判例中，涉及构成要件的重合问题。构成要件的重合成为问题的是，继续犯、即成犯或状态犯中的行为与其他犯罪中的行为，在怎样的范围内可以说是"一个行为"的问题。在这种场合，分别构成犯罪的行为有两个以上，而在这些行为重合的限度内，可以说行为是一个。比如，对于行使伪造文书进行欺诈的行为，由于使用伪造文书的行为与欺

---

① ［德］施特拉腾韦特、库伦：《刑法总论Ⅰ》（犯罪论），杨萌译，442页，北京，法律出版社，2006。

诈的行为具有重合性，所以，日本学者大谷实指出，认为它是行使伪造公文书罪和诈骗罪的牵连犯的判决并不妥当，应看成是观念竞合。[①] 问题是，在具有什么样的重合的时候可以看成是一个行为呢？

对此，理论上有四种意见：主要部分重合说认为，符合数个构成要件的各自然行为至少要在其主要部分上重合；部分重合说认为，各个自然行为只要在某一点上有重合就够了；着手一体说认为，在实行着手阶段上，各自然行为必须重合；分割不能说认为，实施一种自然行为就必须实施另一种行为时，才是一个行为。日本学者大塚仁认为，部分重合说过于扩大观念竞合的范围，而着手一体说又有过于缩小其范围之嫌，主要部分重合说较为妥当。对于不法持有枪支的人使用枪支犯强盗罪的案件，如果行为人以前购买了手枪后保存在自己家里，其后产生了强盗的意思，使用该手枪作为强盗的手段，则其主要部分不是重合的。但是，如果行为人以强盗时使用的目的购买了手枪，然后实施了强盗行为，就可以认为各行为在主要部分上相互重合。大塚仁还就上述判决指出，并不能因为驾驶汽车的行为是伴随时间的继续和场所的移动的所谓“线”，在驾驶中致人身事故发生的行为是所谓“点”，就可以断定总是不能说是一个行为。在具体的事案中，完全可能存在继续犯的实行行为与即成犯乃至状态犯的实行行为在主要部分上相互重合而应该认为是观念竞合的事态。[②] 德国刑法理论以及实务的通说则均主张部分重合说。德国学者指出：“想象竞合犯不要求在相竞合的构成要件中作为前提的行为的完全一致，在相竞合的刑法法规的客观要件中的‘实行行为的部分一致性’即足以成立。”[③] 根据这一通说，想象竞合犯还可以在第一个构成要件行为既遂以后、终了以前，通过实现其他构成要件来构成。[④] 这种认识在一定程度上扩大了想象竞合犯的成立范围。例如，甲在持枪抢劫银行得手后，携款潜逃之际，遇到警察追捕，遂持刀刺伤前来追捕的警察乙。在本案例中，甲在强盗既遂、尚未终了以前，持刀刺伤追捕之警察乙，可认为具有行为同一性，成立强盗罪与伤害罪的想象竞合犯。再如，盗窃后酒后驾驶以藏匿赃物的，也成立想象竞合犯。

关于继续犯、结果加重犯情况下可否成立想象竞合犯的问题，德国学者区分不同情形进行了讨论：为了维持继续犯的既存的违法状态而实施犯罪，如非法侵入他人住宅时打伤阻拦的房主，应当认定为想象竞合犯。继续犯创造了实施其他犯罪行为的前提条件，如非法携带武器以用于实施抢劫，同样可认定为想象竞合犯。而在继续犯的违法状态持续的情况下偶尔所实施的行为，例如房主要求非法侵入者离去，后者对前者进行侮辱的行为，根据一般的观点，是与继续犯处于实质竞合的状态。不过，即使在继续犯的情况下，欲成立想象竞合犯，判例通常也会要求事实行为的部分重合。如果数个继续犯的实行行为至少部分重合，例如无照驾驶和酒后驾驶，则数个继续犯可能彼此处于行为单数关系。在结果加重犯的情况下，如果加重结果只能由过失造成，由故意造成时就是另外一个犯罪，结果加重犯与相关之过失构成要件之间就是法规竞合关系，因为这类结果加重犯构成总是将过失结果包括在内的。但是，如果加重结果既可以由过失造成，也可以由故意造成，则结果加重犯与相关之故意构成要件之间就存在想象竞合关系，因为只有这样才能解释清楚，严重

① 参见［日］大谷实：《刑法讲义总论》，新版2版，黎宏译，443页，北京，中国人民大学出版社，2008。

② 参见［日］大塚仁：《刑法概说》（总论），冯军译，421～422页，北京，中国人民大学出版社，2003。

③ ［德］耶赛克、魏根特：《德国刑法教科书》（总论），徐久生译，877页，北京，中国法制出版社，2001。

④ 参见［德］耶赛克、魏根特：《德国刑法教科书》（总论），徐久生译，877页，北京，中国法制出版社，2001。

的结果在具体情况下究竟是由故意还是由过失造成的。[①]

关于不作为能否成立观念的竞合的问题，在日本尚未形成通说。比如，对于发生交通事故后行为人逃走的案件，大谷实认为，一个逃走行为在违反救护义务的同时违背报告义务，一个不作为犯的实行行为由此同时成为其他不作为犯的实行行为，因而构成观念的竞合；平野龙一则认为，不作为犯与不作为犯构成观念的竞合，必须基于一个行为可能同时完成两个作为义务，从而发生交通事故后逃走，即使既不救护也不报告，违反救护义务与违反报告义务，也不构成观念的竞合，因为以一个行为进行救护同时进行报告是不可能的事。就此问题，在日本的判例中，有的采取并合罪说，有的采取观念的竞合说，还有的则认为是法条竞合或包括一罪。[②] 而德国、意大利、韩国的通说则都认为不作为本身能够成立观念的竞合。如德国学者认为，在不作为犯罪中是否存在想象竞合，取决于违反义务没有实施的是一个还是数个行为，这里，数个单独行为的部分重叠也可能产生应为之行为的同一性。[③] 意大利学者认为，在形式的异种数罪竞合中，从根本上说，一个单独的行为是指可同时作为多个犯罪构成的构成要件的行为，即能使不同犯罪构成相互重合的行为。这种行为表现为由主体实施的一系列有内在联系的举动（即作为），或主体没有履行自己承担的多重法律义务（即不作为）。[④] 而且，意大利刑法第 81 条第 1 款也明确肯定了单一的不作为可以构成形式竞合。韩国学者指出，在数个不作为犯之间，也能够成立想象竞合。例如，在交通肇事后逃逸的情况下，道路交通法上的救助义务违反罪与报告义务违反罪之间就存在想象竞合的关系。[⑤] 此外，作为与不作为是不可能构成观念的竞合的。尽管作为与不作为在时间上可能同时发生，但它们在行为方式上是互相排斥的，因而不可能在同一个行为中重合。

2. 触犯数个罪名

触犯数个罪名，是指符合数个构成要件，构成两个以上犯罪。只是在外观上触犯数个罪名，而罪名所符合的构成要件是重合的或具有重合的部分，则成立法条竞合。这里的“两个以上犯罪”，既包括均为故意犯罪的情况，也包括均为过失犯罪的情况，还包括既有故意犯罪又有过失犯罪的情况。在此，值得讨论的问题是，“两个以上犯罪”是否可以是同种犯罪。这涉及在一个行为数次符合相同构成要件的场合能否成立同种类的观念竞合的问题。对此，在大陆法系刑法理论中存在三种见解：否定说从主观主义刑法理论出发，认为行为人只有一个犯意，且触犯的罪名是同一性质的，是一罪名而不是数罪名，因此应成立本来的一罪，而不是观念的竞合；肯定说从客观主义刑法理论出发，认为构成要件是以保护一定的法益为目的的，由一个行为侵害数个由构成要件所预定的法益时，就必须按照其个数反复进行构成要件性评价；折中说认为，一个行为侵犯数个同种专属性法益的，成立观念的竞合，而一个行为侵犯数个同种非专属法益的，则不构成观念的竞合。

在上述问题上，德国、意大利的通说是肯定说。如德国学者指出，同种类的想象竞合

---

① 参见［德］耶赛克、魏根特：《德国刑法教科书》（总论），徐久生译，879～880 页，北京，中国法制出版社，2001。

② 参见马克昌：《比较刑法原理——外国刑法学总论》，795 页，武汉，武汉大学出版社，2002。

③ 参见［德］施特拉腾韦特、库伦：《刑法总论Ⅰ》（犯罪论），杨萌译，442 页，北京，法律出版社，2006。

④ 参见［意］杜里奥·帕多瓦尼：《意大利刑法学原理》，注评版，陈忠林译评，367 页，北京，中国人民大学出版社，2004。

⑤ 参见［韩］金日秀、徐辅鹤：《韩国刑法总论》，11 版，郑军男译，675 页，武汉，武汉大学出版社，2008。

犯已被明确规定在刑法第 52 条第 1 款中，且很久以前判例和主流理论就表示赞同。[①] 在日本，尽管对同种类的观念竞合的认识不如德国那样一致，但通说和判例都是承认肯定说的。比如，日本判例将使用数份伪造文书、以一份诉状诬告数人、以一个胁迫行为同时从数人处抢走财物、以一个欺骗的手段使数人交付财物等，都认定为观念的竞合。韩国学者则赞同折中说。韩国学者指出，虽然没有理由原则上否认同种想象竞合，但是这也不能离开与被害法益的关系而作一贯决定。对于如生命、身体、自由、名誉等的专属性法益，侵害数个法益主体的法益不单纯是构成要件在量上有所增加，还构成数个犯罪。因此，以一个行为杀害或伤害数人的时候，就构成与其主体的数量相应的杀人罪或伤害罪的想象竞合。对于在国家或社会的法益当中具有个别的固有价值的犯罪，其情况也是相同的。因此，不仅是一个诉状诬陷数人、妨害数人执行公务的情况，甚至在对数个公务员同时行贿、教唆数人伪证以及同时行使数个文件的情况下，也成立想象竞合。而一旦是以一个行为实施的财产犯罪，即使所有人为数人，也只不过是在量上增加或强化构成要件性不法，因而应该认为只能构成一个犯罪。但是，对于财产罪当中像抢劫罪或恐吓罪一样同时保护个人专属性法益的犯罪，还可能成立同种想象竞合。对属于非专属性法益的公共法益，也没有成立同种想象竞合的余地。例如，以一个行为对数个建筑物放火时，只能成立一个放火罪。[②]

（三）观念的竞合的处理

1. 关于观念的竞合的处罚的立法例

关于观念的竞合的处罚，存在三种类型的立法例：（1）从一重处断，即按照所触犯的数罪中最重的刑罚处断，这实际上体现了吸收原则。比如，日本刑法第 54 条规定：“一个行为触犯两个以上罪名……时，按照其最重的刑罚处断。”韩国刑法第 40 条规定：“一行为触犯数个罪名时，从一重罪处断。”《荷兰刑法典》第 55 条第 1 款规定：“数个刑法条文对同一行为作出可罚规定的，仅适用其中一个条文。规定不同的，适用主刑最重的条文。”（2）从一重处断并适当加重刑罚，即以所触犯的数个犯罪中最重的刑罚为基础，并适当加重刑罚，这实际上体现了限制加重原则。例如，意大利刑法第 81 条第 1 款规定：“对于以单一的作为或不作为触犯不同的法律条款或者实施违反同一法律的数项侵害行为的人，按照对最严重的侵害行为本应科处的刑罚处罚，并且可在 3 倍的幅度内增加刑罚。”该条第 4 款规定：“除第 3 款列举的限度外，如果形式竞合的犯罪或者连续犯罪涉及较为严重的犯罪，并且是由对其已适用了第 99 条第 4 款关于累犯的规定，刑罚数量的增加不得少于为最为严重犯罪规定之刑罚的三分之一。”（3）从一重处断但对可能判处的最低刑加以限制，即按照所触犯的数罪中最重的刑罚处断，但是就其最低刑则有最低限制。例如，德国刑法第 52 条第 1 款规定：“同一犯罪行为触犯数个刑法法规，或数个犯罪行为触犯同一刑法法规的，只判处一个刑罚。”该条第 2 款规定：“触犯数个刑法法规的，以规定刑罚最重的法规为准。所判刑罚不得轻于数法规中任何一个可适用法规的刑罚。”日本 1974 年改正刑法草案第 67 条也规定：“一个行为触犯数个犯罪的，按照对最重犯罪所规定的刑罚，统一进行处断，但不得轻于其他犯罪的最低刑进行处断。”

2. 实体法上的效果

（1）关于同种类的观念的竞合的处罚。在同种类的观念的竞合的场合，不存在刑罚轻

---

① 参见［德］耶赛克、魏根特：《德国刑法教科书》（总论），徐久生译，876 页，北京，中国法制出版社，2001。

② 参见［韩］李在祥：《韩国刑法总论》，［韩］韩相敦译，480 页，北京，中国人民大学出版社，2005。

重的比较问题，因而其在处罚上是比较简单的。德国学者指出，有罪判决必须表明被告人因数次触犯同一个刑法法规而被判刑，如“A 因谋杀三人被科处终身自由刑”。在法定刑上限的范围内，多次触犯同一刑法法规这一事实通常能在加重刑罚方面考虑。数次法律违反首先可认为是构成特别严重的情况。①

（2）关于异种类的观念的竞合的处罚。在这种场合，面临如何确定最重的刑罚的问题。在日本，关于最重的刑罚的意义，在判例中有两种不同的见解：大审院的判例认为“是指应该适用其数个罪名中规定最重之刑的法条来处断”；最高裁判所的判例则认为，其中“也包含着不能轻于其他法条的法定刑的最下限之刑来处断的趣旨”。按照前一种见解，只要在数罪中法定刑最高的犯罪的法定刑限度内对观念的竞合判处刑罚，就是合法的，而无须考虑所判处的刑罚是否低于其他犯罪的法定刑的下限。这显然可能导致不合理的刑罚。日本刑法理论的通说认为，最重的刑，应该是指上限最重、下限也是最重的刑；当重罪的法定刑的下限低于轻罪的法定刑的下限时，不允许在轻罪的法定刑的下限以下判处刑罚。韩国刑法理论的通说以及大法院的判例也都认为，对想象竞合以最重的刑罚予以处罚，是指按照数罪的法定刑当中上限和下限都重的刑罚处罚。韩国学者指出，对于刑罚轻重的比较，有重点对照主义和全体对照主义两种对立的观点。重点对照主义认为只要比较对照重罪即可，而全体对照主义则要求法定刑的比较要针对两个以上的主刑整体进行比较对照。既然必须将想象竞合的本质理解为实质上的数罪，全体对照主义在理论上便是比较合理的。②

由此看来，尽管从法律规定来看，对于观念的竞合，日本、韩国与德国采取了不同的处罚原则，但最终的处罚效果可能并无差异。

根据德国学者的见解，在不同种想象竞合的情况下，最终形成的共同的量刑范围的最高刑和最低刑并不是根据对应受处罚的行为划分为重罪和轻罪的原则这样一种抽象的考察方法来确定的，而是在考虑具体案件中存在的加重刑罚事由和减轻刑罚事由情况下，根据相竞合的法规所允许的最高刑和最低刑来确定。③

此外，在法国，对于异种类的观念的竞合在处理上出现了新的趋势，即在单一行为可以认定数个罪名的情况下，当代的法院判例都倾向于排除“想象的犯罪并合”理论。法国最高法院认为，如果单一行为触犯的数个罪名之间互斥而不可协调，那么，单一行为可以实现两个犯罪，并且是对不同利益（法益）的侵犯。因此，如果在所触犯的数个罪名中犯罪的心理构成要件并不严格一致，那么，法官有权认定数个罪名，并且有权作出数个有罪宣告。在此情况下，所谓的“想象的数罪”被作为实际的数罪处理。④

（3）罚金刑与自由刑的并罚。根据德国刑法第 52 条第 1 款的规定，对于想象竞合，除判处自由刑外，法院可依据第 41 条判处罚金。据此，只要行为人通过犯罪获利或企图获利，考虑到其人身和经济状况，处以罚金刑是适当的，即使所适用的法条都没有规定罚金刑或规定只能选处罚金刑，也仍然可以与自由刑并罚。日本刑法关于观念竞合的处罚的规

---

① 参见［德］耶赛克、魏根特：《德国刑法教科书》（总论），徐久生译，882 页，北京，中国法制出版社，2001。

② 参见［韩］李在祥：《韩国刑法总论》，［韩］韩相敦译，481 页，北京，中国人民大学出版社，2005。

③ 参见［德］耶赛克、魏根特：《德国刑法教科书》（总论），徐久生译，882 页，北京，中国法制出版社，2001。

④ 参见［法］卡斯东·斯特法尼等：《法国刑法总论精义》，罗结珍译，574 页，北京，中国政法大学出版社，1998。

定没有明确罚金与自由刑可以并罚，但日本相关的判例指出，甲罪与乙罪构成观念的竞合，即便甲罪的自由刑的上限更重，若作为轻罪的乙罪还有罚金刑的必要性或任意性并科规定，该罚金并科也包含在处断刑之内。[①] 此外，根据全体对照主义的观点，韩国刑法理论和判例都认为，在想象竞合的场合，在轻罪中存在并科刑的规定时，应适用该规定。这说明轻罪的罚金刑的并科也是包含在处断刑之内的。

（4）附加刑、附随后果或处分的并科。根据德国刑法第 52 条第 4 款的规定，在想象竞合的场合，即使只有其中一条规定了应当或可以判处附加刑、附随后果或处分，也可以或必须判处这些措施。德国刑法中的附加刑是禁止驾驶，附随后果是担任公职、选举及投票权的丧失，处分是各种矫正与保安处分、充公、没收和查封。日本相关的判例指出，观念的竞合中的“按最重之刑处断”只是就刑而言的，其趣旨不是说轻的犯罪被重的犯罪所吸收而丧失其独立性。因此，即使重的犯罪中没有规定没收，而其他犯罪中则规定了没收，根据刑法第 49 条第 1 款的规定，可以附加判处没收；在各罪中都规定了没收时，则依照刑法第 54 条第 2 款的规定，可以并科两个以上的没收。[②] 韩国刑法关于观念竞合的处罚的规定没有明确附加刑可以并罚，但根据全体对照主义的观点，韩国刑法理论和判例都认为，在想象竞合的场合，在轻罪中存在附加刑的规定时，应适用该规定。这说明轻罪的附加刑的并科也是包含在处断刑之内的。

3. 诉讼法上的效果

在观念的竞合的场合，必须在判决主文中载明处于想象竞合关系的一切犯罪事实和所有同时被触犯的条文。在观念的竞合所触犯的数罪分别为亲告罪、非亲告罪的情况下，应该就各罪分别进行告诉和公诉时效的探讨。对此，韩国大法院的相关判例指出，在以想象竞合犯为理由提起公诉的犯罪中，在一个是亲告罪、另一个不是亲告罪的情况下，被害人撤回告诉时，针对被撤回告诉的犯罪并不是在判决主文中另行进行驳回公诉的判决，而只要在判决理由中阐释其理由即可。从一重罪处断是指轻罪得依照重罪所规定之刑罚进行处断，并不意味着免除轻罪的刑罚。因此，即使重的强奸未遂罪作为亲告罪被撤销了告诉，对轻的监禁罪（违反关于暴力行为等处罚的法律）也不会产生任何影响。[③] 另外，一旦对某个或某部分罪行提起公诉，根据公诉不可分的原则，其效力将及于其余的犯罪。处于想象竞合关系的数个犯罪中，一部分被认定无罪时，没有必要在判决主文中宣告无罪。就处于想象竞合关系中的某个罪行有确定性判决时，既判力将及于全体犯罪。

三、牵连犯

（一）牵连犯概述

1. 牵连犯的渊源和立法

“牵连犯”这一法律术语源自德语。据考证，在刑法学发展史上，最早系统、完整地阐述牵连犯的概念并明确提出对其适用“从一重处断”原则的是德国学者费尔巴哈。费尔巴

① 参见［日］西田典之：《日本刑法总论》，刘明祥、王昭武译，344～348 页，北京，中国人民大学出版社，2007。

② 参见［日］大塚仁：《刑法概说》（总论），冯军译，425～426 页，北京，中国人民大学出版社，2003。

③ 参见［韩］金日秀、徐辅鹤：《韩国刑法总论》，11 版，郑军男译，681 页，武汉，武汉大学出版社，2008。

哈在他受命起草的1824年《巴伐利亚刑法典（草案）》中将牵连犯和想象竞合犯放在一起，作了如下规定："犯罪人（1）以同一行为违反不同的刑法规范，或者（2）确以不同的行为实行了不同的犯罪，但这一行为仅是重要犯罪的手段，或是同一主要犯罪的结果，应视为附带的情形，可考虑不作为加重情节，只适用所违反的最重罪名之刑。"这就是最早能够见到的有关牵连犯及其处断原则的立法规定。费尔巴哈的主张并未得到大陆法系刑法理论和刑事立法的普遍认同。在现行德国刑法中并没有关于牵连犯的规定，我国翻译出版的两种德国刑法教科书在犯罪的单数和复数部分也没有提及牵连犯的概念。① 其中，由李斯特所著的教科书将属于牵连犯的情形放在犯罪单数的明目下予以论述。② 在韩国刑法中也没有关于牵连犯的规定；韩国学者认为，所谓属于牵连犯的情况只是原则上成为竞合犯，但例外地，在认定行为同一性的范围内可成立想象竞合。③ 日本刑法"总则"第54条第1款将牵连犯和想象竞合犯放在一起，作了如下规定："一个行为同时触犯二个以上罪名，或者作为犯罪的手段或者结果的行为触犯其他罪名的，按照其最重的刑罚处断。"之所以作出上述规定，是因为据说可能是参照西班牙制定的当时的刑法第90条把"某罪属于实行他罪的必要手段的情况"与观念的竞合作同样的处理。④ 西班牙现行刑法第77条第1项也将牵连犯和想象竞合犯放在一起，作了如下规定："当同一行为构成两个或者两个以上罪行，或者某一犯罪是实施另一犯罪行为的必要时，不适用以上两条规定。"这里的"以上两条规定"系关于数罪并罚的规定。我国台湾地区现行"刑法"在规定想象竞合之同一法条（第55条）的后半段就牵连犯的概念作出如下规定："犯一罪而其方法或结果之行为犯他罪名者。"除此以外，在大陆法系刑法中，鲜见有对牵连犯的明文规定。由此可见，牵连犯与观念的竞合虽然同属于科刑上的一罪，但前者的成文化程度远低于后者的成文化程度。

2. 牵连犯的概念

牵连犯，是指数个行为中作为犯罪的手段或结果的行为触犯其他罪名的情形。在牵连犯的场合，数个行为虽然均符合构成要件而构成数罪，但所构成的数罪之间存在手段与目的、原因与结果的关系，因而牵连犯被认为有别于并合罪。比如，侵入住宅盗窃中，盗窃罪和侵入住宅罪之间就存在目的和手段的关系；伪造私文书罪与行使罪之间存在原因与结果的关系。

3. 牵连犯作为科刑上的一罪处理的根据

对于牵连犯在实质上是数罪而在科刑上作为一罪处理的理由，日本学者给出了自己的解释。野村稔认为，在牵连犯的场合，在实行某个犯罪之际，通常预想到把在客观类型上归属于其他犯罪的行为作为手段，或者作为所伴随的结果来加以实施，并且行为者也认识到这点，从刑法规范角度看来，与其说对于各个犯罪加以独立的非难，不如说对于整体进行评价，对其加以最重的非难更为合理。⑤ 泷川幸辰指出，牵连犯实质上是数罪。同想象竞合一样，牵连犯属于把一个事实进行法律上的双重评价的情况，而这个事实只要符合数罪的构成要件，就必须认定为成立刑法上的数罪。但是，在这种情况下，适用并合罪的规定

---

① 参见［德］李斯特：《德国刑法教科书》，徐久生译，386～400页，北京，法律出版社，2000；［德］耶赛克、魏根特：《德国刑法教科书》（总论），徐久生译，860～900页，北京，中国法制出版社，2001。

② 参见［德］李斯特：《德国刑法教科书》，徐久生译，391页，北京，法律出版社，2000。

③ 参见［韩］李在祥：《韩国刑法总论》，［韩］韩相敦译，459页，北京，中国人民大学出版社，2005。

④ 参见［日］福田平、大塚仁：《日本刑法总论讲义》，李乔等译，198页，沈阳，辽宁人民出版社，1986。

⑤ 参见［日］野村稔：《刑法总论》，全理其、何力译，459页，北京，法律出版社，2001。

只会毫无用处地加重刑罚，并不合乎实际的要求。因此，刑法决定，把实质上的数罪当作处分上的一罪，“按其中最高的刑罚判处”①。松原芳博认为，由于是密切联系在一起的一系列行为，因而可以准照于一个“意思发动”，认定存在责任的减少，进而以一罪处断。②

（二）牵连犯的成立条件

1. 数行为之间存在手段与目的、原因与结果的关系

具有数个行为是成立牵连犯的前提条件，这也是牵连犯与观念的竞合的重要区别。数行为之间还必须存在手段与目的、原因与结果的关系，也即存在牵连关系。那么，如何认定牵连关系的存在与否呢？这是牵连犯理论中最为复杂的问题。对此，在刑法理论中存在三种学说。

（1）主观说。该说立足于犯意标准说的新派的立场，认为数行为之间有无牵连关系应以行为人的主观意思为标准。即行为人在主观上有以手段或者结果之关系使其与本罪发生牵连的意思，就存在牵连关系；在主观上没有使数罪作为手段或结果而牵连的意思，就不存在牵连关系。日本学者牧野英一、木村龟二、西田典之持此说。如西田典之指出，在数个行为处于目的、手段或者原因、结果这种关系时，应着眼于其犯罪意思活动的单一性，作为准照于一个行为的犯罪，按照科刑上的一罪来处断。基于这一立法旨趣，似乎应根据行为人的意图、目的这种主观来决定数个犯罪之间的牵连性。而即便考虑客观牵连性，也还不能明确牵连犯与并合罪之间的区别。③ 按照该说，牵连关系必须产生于行为之前，因为牵连关系的成立并不取决于客观行为之间的联系，而是取决于行为人的牵连意思，而牵连意思则必定产生于数行为之前。比如，主张该说的日本学者指出，教唆窃盗和故买赃物时，如果从最初开始就打算收买赃物而教唆他人窃盗，就构成牵连犯；反之，即使在伪造文书、行使的场合，如果最初以伪造文书的意思而进行伪造，后来才加以行使时，就不能认为是牵连犯。④ 该说使得牵连犯的成立范围受行为人的偶然认识所左右，因而是不妥的。

（2）客观说。该说认为，在认定数行为之间有无牵连关系时，不应以行为人主观上有无使某一行为成为手段行为或者结果行为的牵连意思为标准，而应以行为人所实施的本罪与其手段行为或结果行为在客观上是否存在牵连关系为标准。根据对客观上牵连关系的根据的理解，在该说内部又有以下四种不同的认识：1）通常性质说。该说认为，数行为在通常情况下，一行为为某种犯罪之普通方法，或者一行为为某种犯罪之当然结果，即存在牵连关系。2）形成一部说。该说认为，数行为中，如果方法行为或结果行为与本罪行为在法律上包含在一个行为之中，即为有牵连关系。3）包容为一说。该说认为，仅仅在客观上与其所实施的犯罪具有方法或结果关系的，不一定都构成牵连犯，只有其方法行为与目的行为或原因行为与结果行为在法律上包含于一个犯罪构成事实之中，才能成立牵连犯。4）不可分离说。该说认为，对数行为之间有无牵连关系，应当依客观的事实而不能以犯罪构成事实上的包含关系为准来考察。如果犯罪的目的行为与方法行为或结果行为之间具有不可分离的直接关系，则成立牵连关系；否则，则无牵连关系。在日本，客观说受到小野清一郎、泷川幸辰、团藤重光、福田平、大塚仁、大谷实、植松正、川端博等众多学者的支持，

① ［日］泷川幸辰：《犯罪论序说》，王泰译，171～172页，北京，法律出版社，2005。

② 参见［日］松原芳博：《刑法总论重要问题》，王昭武译，384页，北京，中国政法大学出版社，2014。

③ 参见［日］西田典之：《日本刑法总论》，刘明祥、王昭武译，350页，北京，中国人民大学出版社，2007。

④ 参见［日］木村龟二：《刑法学词典》，顾肖荣等译，402页，上海，上海翻译出版公司，1991。

因而成为通说。通说在理解客观上牵连关系的根据时，一般采取通常性质说。如小野清一郎认为，犯人仅在主观上把数罪中的一方作为另一方的手段或结果关系来认识还是不够的，相反如果可以认定其间具有通常的手段、结果关系时，行为人主观上即使不具有将其作为犯罪手段或结果来认识的单一意思，也可以认定为牵连犯。① 泷川幸辰指出，成为牵连犯的作为手段或结果的各个行为之间，必须具有属于通常事例的手段或结果的关系。也就是说，从结果方面来讲，只有能被认为是普通一般手段的行为，才是“手段”；从手段方面来讲，只有能作为理所当然的结果的行为，才是“结果”②。由此可见，通常性质说可谓是经验说，即通常性质说意味着根据经验法则，牵连关系处在某犯罪通常可以看成是作为其他犯罪的手段或结果而进行的这种关系上。据此，如果某种犯罪通常并非另一种犯罪的手段，或者某种犯罪通常并非另一种犯罪的结果，即使行为人将其作为另一种犯罪的手段而实施时，或者将其作为另一种犯罪的结果而实施时，根据客观说，也不能认为是牵连犯。比如，为了骗取保险金而放火的，不属于牵连犯，而属于并合罪，因为根据经验法则，放火通常不是骗取保险金的手段。

（3）折中说。该说认为，认定数个行为之间是否具有牵连关系，必须从主客观两个方面进行考察。只有在客观性质上数行为通常一般处于手段行为与目的行为、原因行为与结果行为的关系上，在主观认识上行为人具有使其牵连的意思，才能认为具有牵连关系。该说的主张者为日本学者平野龙一、西原春夫等人。如平野龙一认为，牵连性的有无是应当在主观上、客观上予以判定的。③

在日本，一般认为，牵连犯是判例所认定的牵连犯。因此，考察判例对牵连关系的判断所体现的态度，是极为重要的。日本最高法院 1949 年 7 月 12 日的判例认为，所谓犯罪的手段是某种犯罪在性质上通常作为手段使用的行为，所谓犯罪的结果是指由某一犯罪所产生的当然的结果，因此，成为牵连犯，必须是某种犯罪与成为手段或结果的犯罪之间具有密切的因果关系的情况。从而，犯人现实犯的两罪只是偶然处在手段、结果的关系上时，不能说是牵连犯。另外，1917 年 2 月 26 日的一个判例认为，出于会情人的目的进入他人住宅，盗窃他人财物的场合，也成立侵入住宅罪与盗窃罪的牵连犯。1930 年 1 月 27 日的一个判例认为，在侵入住宅后产生杀意的场合，成立侵入住宅罪和杀人罪的牵连犯。这些判例显然采用了客观说。在上述后两个判例中，之所以认定为牵连犯，是由于侵入住宅通常是盗窃、杀人的手段行为。而根据主观说，则不能认定为牵连犯。但判例所持的客观说的立场并非是一贯的。日本最高法院大法庭 1969 年 6 月 18 日的判例认为：“牵连犯的数罪之间，在罪质上，通常其一方是另一方的手段或者结果，而且具体来说，犯人在有关关系上，实施了数罪的场合，在科刑上要作为一罪处理。”对此，日本学者大谷实指出，这也可以说是采取了折中说的立场。④ 由此可见，折中说在实务上也已经被接受了。

日本法院的判例在手段上认可牵连关系的主要情况有：侵入住宅罪和放火罪，侵入住宅罪和强奸罪，侵入住宅罪和盗窃罪、抢劫罪，逮捕罪和敲诈勒索罪等。没有认可牵连关系的情况主要有：放火罪和保险金诈骗罪，监禁罪和强奸致伤罪，监禁罪和伤害罪，非法

① 参见［日］木村龟二：《刑法学词典》，顾肖荣等译，401 页，上海，上海翻译出版公司，1991。

② ［日］泷川幸辰：《犯罪论序说》，王泰译，171 页，北京，法律出版社，2005。

③ 参见［日］平野龙一：《刑法总论Ⅱ》，427 页，东京，有斐阁，1987。

④ 参见［日］大谷实：《刑法讲义总论》，新版 2 版，黎宏译，446 页，北京，中国人民大学出版社，2008。

使用公印罪和受贿罪等。在结果上认可牵连关系的情况有：伪造公文罪和使用公文罪，公证书原本不实记载罪和使用该公证书罪，伪造公文罪和诈骗罪，伪造私文书罪和使用该私文书罪等。没有认可牵连关系的情况有：抢劫杀人罪和为毁灭罪迹的放火罪，抢劫杀人罪和遗弃尸体罪，杀人罪和损坏尸体罪，杀人罪和遗弃尸体罪等。① 另外，对于监禁罪和恐吓罪，判例长期以来认可存在牵连关系，但最高裁判所的最新判例则变更了长期以来的判例观点，判定二者属于并合罪。

2. 作为犯罪的手段或结果的行为触犯其他罪名

成立牵连犯，除了数行为之间要存在手段与目的、原因与结果的牵连关系以外，作为犯罪的手段或结果的行为还要单独符合另一犯罪的构成要件，成立另一犯罪。因此，犯罪的手段行为或结果行为是不可罚的事前行为或不可罚的事后行为，被主要的犯罪所吸收，不成立独立的犯罪时，当然不构成牵连犯。例如，盗窃财物后又搬运赃物的行为，通说认为是不可罚的事后行为，而不成立牵连犯。在日本，关于“其他罪名”是否限于同种罪名的问题，有的判例认为是指不同的犯罪，而有的判例则认为并不需要作出这样的限定。理论上对此也有争论：野村稔认为，“触犯其他罪名”即符合不同的罪名②；大塚仁、大谷实则认为，与观念竞合的场合一样，处于手段·结果的关系的各犯罪是异种类的场合可以称为异种类的牵连犯，是同种类的场合可以称为同种类的牵连犯。在同种类的牵连犯中，各犯罪都具有各自独立的意义，因而，区别于包括一罪。③ 大塚仁、大谷实的上述观点得到日本学者广泛的赞同。但是，将同种犯罪也包括在“其他罪名”之中，似与立法本意不相吻合。

（三）牵连犯的处罚

西班牙刑法第 77 条第 2 款规定：“在此一情况下，法院得就有关罪行判处最高等、最严重之刑，直到法律所允许之最高范围，并就其触犯之罪分别判刑。”该条第 3 款规定：“如果所判之刑按照此一方式计算超过最高限制，则就其所触犯之罪分别处罚之。”日本刑法第 54 条对牵连犯规定了与观念的竞合一样的处罚，即以最重的刑罚处断，在有两个以上没收的时候并罚处理。

（四）牵连犯的存废之争

在日本，早在 1940 年的改正刑法草案中，就有废除牵连犯的主张。1961 年的改正刑法准备草案亦以牵连犯属于实质上数罪为理由，而没有设立牵连犯的规定。1971 年的改正刑法草案和 1974 年的改正刑法草案均主张删除关于牵连犯的规定。1974 年的改正刑法草案的说明书就删除牵连犯规定的理由指出：“基于在成为牵连犯的数罪中，手段行为与结果行为之间有相当的时间间隔，对一方的既判力及于他方也有不适当的场合，判例虽以立于通常手段、结果的关系的数罪为牵连犯，但其具体的适用上未必一贯，在现行法之下，被认为牵连犯的情况中，可能解释为观念的竞合的不少，删除牵连犯的规定也不会对被告人那么

---

① 参见［日］大谷实：《刑法讲义总论》，新版 2 版，黎宏译，447～448 页，北京，中国人民大学出版社，2008。

② 参见［日］野村稔：《刑法总论》，全理其、何力译，460 页，北京，法律出版社，2001。大塚仁认为，在关于不构成牵连犯的判例中，其中不少从经验的观察上通常可以视为手段·结果的关系。参见［日］大塚仁：《刑法概说》（总论），冯军译，429 页，北京，中国人民大学出版社，2003。

③ 参见［日］大塚仁：《刑法概说》（总论），冯军译，418～427 页，北京，中国人民大学出版社，2003；［日］大谷实：《刑法讲义总论》，新版 2 版，黎宏译，448 页，北京，中国人民大学出版社，2008。

不利。”但是，日本现行刑法仍然保留了关于牵连犯的规定。这从一个侧面反映出理论界对于应否承认牵连犯是存有争议的。主张废除牵连犯的日本学者大谷实指出，难说牵连犯有合理的根据，其存在理由值得怀疑，因此，应当废除牵连犯，将认定为牵连犯的犯罪以包括一罪或并合罪处理。改正刑法草案中没有规定牵连犯，外国的立法中也没有看到这种规定。[①] 而主张保留牵连犯的学者则认为，牵连犯是数罪立于手段、目的或者原因、结果的关系，虽然立法例少，判例的认定与否是恣意的，废止的立法论也是有力的，但由此认为牵连犯是并合罪，则存在疑问。[②]

第四节 并合罪

一、并合罪概述

（一）并合罪的概念和特征

并合罪，是指能够在同一审判程序中受审判并予以并合处罚的数个独立的犯罪。根据这一定义，可以看出并合罪具有以下特征：（1）行为人实施了数个犯罪，至于是同时实施还是先后实施则并不影响并合罪的成立；（2）数个犯罪都未满追诉期间，对于已经超过追诉时效的犯罪，自然不发生并合问题；（3）数个犯罪中任何一个罪行都不是另外一个犯罪的要件；（4）数个犯罪能够同时受到审判并予以合并处罚，因而并合罪明显不同于包括一罪和科刑上的一罪。

对于并合罪，在大陆刑法理论中有多种称谓。日本学者将并合罪也称为数罪俱发、实在的竞合。德国学者将并合罪称为实在竞合。意大利学者将并合罪称为实质的犯罪竞合。韩国学者将并合罪称为竞合犯、实体竞合或实在竞合。

（二）并合罪的成立范围

并合罪的成立范围解决的是哪些犯罪可以在同一审判程序中受审判并予以并合处罚的问题。对此，在大陆法系刑法中大致存在以下四种立法例。

其一，并合罪必须发生在裁判宣告之前。采取这种立法例的国家主要是荷兰。《荷兰刑法典》第 63 条规定：“再次发现被定罪并判刑的人在定罪之前还犯有较重的罪或较轻的罪的，应当像犯罪被同时审判那样适用本章（指数罪并罚——引者注）的条文。”

其二，并合罪必须发生在裁判确定之前。这种立法例为大陆法系多数国家所采用。如《日本刑法典》第 45 条规定：“未经确定判决的二个以上的罪，是合并罪。如果某罪已经确定判决判处监禁以上刑罚时，则只是该罪与其判决确定前所犯的罪是合并罪。”《韩国刑法典》第 37 条规定：“判决确定前的数罪，或者判决确定的罪和其判决前所犯的罪，称为竞合犯。”《法国刑法典》第 132—2 条规定：“一人在因他罪未经最终确定之判决前又犯罪，为数罪。”对此，法国学者指出：“一人实行第一个犯罪（例如，盗窃罪），因此受到追诉，

① 参见［日］大谷实：《刑法讲义总论》，新版 2 版，黎宏译，446 页，北京，中国人民大学出版社，2008。

② 参见［日］刑法理论研究会：《现代刑法学原论（总论）》，279 页，东京，三省堂，1984。

并经‘立即出庭’受到判决，但在该判决作出几天之后尚未最终确定之时，该人又实行新的犯罪（例如，新的盗窃罪），前后两个盗窃罪即合成‘实际的数罪’”①。

根据日本《刑事诉讼法》第373、418、465条的规定，所谓“确定裁判”，是指确定了的裁判，即根据通常的诉讼程序达到没有提出不服这种状态的裁判。因此，并合罪发生在裁判确定之前，是指在裁判已经确定的时日以前已经实施数个犯罪。

其三，并合罪必须发生于刑罚执行完毕之前。这种立法例主要为德国所采用。《德国刑法典》第53条第1款规定：“因犯数罪同时受审判，因而被判处数个自由刑或罚金刑的，应宣告总和刑。”该法第55条第1款规定：“受审判人在宣告刑执行完毕前，或在时效中止或赦免前，因原判以前的其他犯罪而受审判的，可适用第53条、第54条的规定（即合并罪的规定——引者注）。原判是指在原诉讼程序中对基本事实的认定作最后审查以后的裁判而言。”由此可见，在德国刑法中，并合罪中的数罪原则上是裁判之前的数罪，但在刑罚执行完毕以前发现原判以前所犯之罪需要处刑的，也成立并合罪。

其四，并合罪必须发生在裁判宣告之前或之后。这种立法例为意大利所采用。《意大利刑法典》第80条（以数项判决或者处罚令分别科处的数项刑罚）规定：“如果在宣告一项判决或者处罚令之后，需要对同一人在受到该处罚以前或者以后实施的另一犯罪进行审判，或者对同一人需要执行数项判决或者处罚令，也适用以上各条的规定（指关于数罪的规定——引者注）。”

在理论上，并合罪以外的独立数罪的情形，被称为单纯数罪。如根据日本刑法，某人犯有甲、乙、丙、丁、戊五种独立的犯罪。当这些犯罪都未经确定裁判时，就全部属于并合罪。如果只有其中的甲罪已经确定有罪判决，乙、丙罪是在这一判决确定以前实施的，丁、戊罪是在这一判决确定后实施的，那么，甲罪与乙、丙罪之间就成立第一个并合罪，丁、戊二罪之间成立另外的第二个并合罪，而这两个并合罪之间就不是并合罪的关系，而是单纯数罪的关系。对于单纯数罪，不适用并合罪的处罚规定，而是对各个犯罪各自量定刑罚，判决主文各个分别宣告，对于各个犯罪所量定的刑罚单纯地合并执行，这实际上体系了刑罚并科主义的立场。

（三）并合罪的类型

关于并合罪的类型，在德国和日本刑法理论中有不同的划分方法。德国刑法理论将并合罪分为同种类的实在竞合与异种类的实在竞合。同种类的实在竞合是指在数个同种犯罪之间所存在的实在竞合；异种类的实在竞合，是指在数个异种犯罪之间所存在的实在竞合。

日本刑法理论依据其刑法关于并合罪的规定将并合罪分为同时的并合罪和事后的并合罪。同时的并合罪，是指作为数罪的犯罪事实都未经确定裁判的并合罪。事后的并合罪，是指在被判处监禁以上刑罚的犯罪和该罪的判决确定之前所犯的罪之间所成立的并合罪。前者和后者的法律根据分别存在于《日本刑法典》第45条规定的前段和后段。在后者的场合，尚未经裁判的犯罪被称为余罪。对于余罪应当再行处断（《日本刑法典》第50条）。在这种场合，并合罪虽有两个以上的裁判，但应当将各个裁判所宣告的各个刑罚合并执行。应当执行死刑时，除没收外，不执行其他刑罚。有期徒刑或有期监禁的执行，不能超过其最重的罪所规定的最高刑期再加上其二分之一后所形成的刑的总和（《日本刑法典》第51

① ［法］卡斯东·斯特法尼等：《法国刑法总论精义》，罗结珍译，574页，北京，中国政法大学出版社，1998。

条)。这些规定体现了日本刑法考虑到对事后并合罪的处罚尽量与这些并合罪被同时裁判时的处罚保持均衡而在刑罚执行上所作的调整。

(四) 对并合罪特别处理的根据

在一个行为人犯有独立的数罪的场合，本来需要对每一犯罪分别处理。但是，日本刑法对于并合罪的处理，实行以加重单一刑主义为原则，补充性地采用吸收主义和并科主义；德国刑法对于并合罪的处理，实行以加重综合刑主义为原则，补充性地采用并科主义。这体现了法律对并合罪予以特别处理的立场。关于对并合罪实行特别处理的根据，德、日学者进行了解释。

德国学者认为，如果能干脆地添加已触犯的具体刑罚，对实质竞合的处理就会简单。但这不仅可能导致极端的不公正，特别因为剥夺自由的时间越长，处罚就越严厉，而罚金刑的数额越高，则越难满足基本的生活需要；更确切地说，这也会不可避免地产生从刑事政策上看毫无意义的、非常不利于罪犯改造的结果。法律遵循的基本原则应该是，通过适当提高判处之刑罚中最重的刑罚，而处以总和刑（限制加重原则）。① 日本学者认为，一个行为人犯了数罪时，本来即使对各罪分别处分也无妨，但是，在它们处于能够同时审判的状况下，在刑的适用上，把这些罪一起处理更为合理。而且，实际上，对即使没能同时审判的数罪，在事后的判断中认为存在同时审判的可能性时，与被同时审判进行权衡，在某种程度上把它们一起处理也是适当的。另外，把具有同时裁判可能性的数罪一起作为并合罪来处理，除了裁判的便利外，更为根本的是，对表现共同的行为人人格的行为进行一体的评价是有意义的。特别以确定裁判为界限的旨趣在于，由于受到国家有罪的确定判决，就给行为人的人格形成以重要的影响，就期待其以后应该采取新的人格态度。②

二、并合罪的处理原则

综观大陆法系的刑事立法，可以将并合罪的处理原则概括为以下几种。

(一) 并科主义

并科主义，也称相加原则、累加原则或合并原则，是指对有并合关系的数个犯罪分别定罪量刑，然后将各罪所判的刑罚进行绝对相加，合并执行的处理原则。如《泰国刑法典》第 91 条规定：“同一被告犯各别之数罪者，并合处罚。其中有无期徒刑之规定者，依 50 年有期徒刑计算之。”根据《日本刑法典》的规定，罚金、拘留或者科料与其他刑罚并科，但是，对并合罪中的一个罪处以死刑时，不在此限，并且处以无期徒刑或者无期监禁的时候，不再并罚拘留（第 48 条第 1 款、第 53 条第 1 款）。两个以上的拘留或者科料，应当并科（第 53 条第 2 款）。虽然并合罪中的重罪没有判处没收，但其他犯罪具有没收的事由时，可以附加没收（第 49 条第 1 款）。两个以上的没收，应当并科（第 49 条第 2 款）。这些都是日本刑法中关于并科主义的规定。根据《德国刑法典》的规定，有期自由刑与罚金并科的，应并处两种刑罚（第 53 条第 1 款）。总和刑由自由刑和罚金刑构成的，在决定总和刑时，1 单位日额罚金相当于 1 日自由刑（第 54 条第 3 款）。根据《法国刑法典》第 132—7 条的规定，因数个违警罪所处之罚金刑相互合并，并且与因作为数罪之重罪或轻罪所受或所宣告

① 参见［德］施特拉腾韦特、库伦：《刑法总论 I》（犯罪论），杨萌译，447 页，北京，法律出版社，2006。

② 参见［日］大塚仁：《刑法概说》（总论），冯军译，430 页，北京，中国人民大学出版社，2003。

的罚金刑合并。根据《西班牙刑法典》第 73 条的规定，触犯两种以上犯罪，根据犯罪的性质及其产生的后果，在可能范围内就其所犯不同种类罪行各自判处相应刑罚，并同时服刑。根据该法第 75 条的规定，如果所有的或者部分的刑罚不能同时执行，在可能的情况下按照其所犯罪行严重性依次执行。根据《韩国刑法典》第 38 条（竞合犯与处罚标准）第 1 款第 2 项和第 3 项的规定，科料与科料、没收与没收，可以并科。各罪所定刑罚为无期劳役或者无期徒刑以外的不同刑种的，可以并科。

在具体的适用方法上，并科主义又可分为三种情况：一是将数罪的宣告刑绝对相加，合并执行，不加任何限制；二是在将数罪的宣告刑绝对相加的基础上，执行刑酌减；三是在并科的基础上，又规定了应适用的刑罚的上限。第三种情况的典型立法例是意大利刑法。《意大利刑法典》第 73 条（数项可能导致判处同种类有期监禁或财产刑的犯罪）第 1 款规定："如果数项犯罪可能导致判处同种类有期监禁刑，只适用一种刑罚，其刑期相当于对各项犯罪本应科处的总和刑期。"该条第 3 款规定："同种类财产刑应当全部予以适用。"该法第 74 条（数项可能导致判处不同种类监禁刑的犯罪）规定："如果数项犯罪可能导致判处不同种类的监禁刑，各种监禁刑分别地和全部地予以适用。拘役刑最后执行。"该法第 78 条（对增加主刑的限制）规定："在第 73 条规定的数罪的情况下，根据该条应适用的刑罚不得超过竞合刑罚中最重刑的 5 倍，也不得超过：1）有期徒刑 30 年；2）拘役 6 年；3）罚金 15 493 欧元，罚款 3 098 欧元；如果法官行使第 133 条—2 第 2 款规定的增刑权，罚金和罚款的最高数额分别不得超过 64 557 欧元和 12 911 欧元。在第 74 条规定的数罪的情况下，根据该条应科处的刑期不得超过 30 年。超过此限度的刑罚在任何情况下从拘役中扣除。"显然，第 73 条第 1 与 3 款、第 74 条采用了并科原则，但第 78 条又规定了数罪最终应适用的刑期的上限。荷兰刑法也采纳了上述第三种立法例。《荷兰刑法典》第 57 条规定："同时实施被认为是相互独立、无联系的数行为，并且构成一个可判处同等主刑的严重犯罪时，应当判处一个刑罚。最高刑为数行为规定的刑罚总和。但是，对于监禁或拘役，刑罚不得超过最严厉刑罚的最高刑的三分之一。"该法第 58 条规定："同时实施被认为是相互独立、无联系的数行为，并且构成一个可判处不同主刑的严重犯罪时，可以判处所有的刑罚。但是，对于监禁或拘役，刑罚不得超过最严厉刑罚的最高刑的三分之一。"

（二）吸收主义

吸收主义，是指以数罪所应判处的刑罚中最重的刑罚为宣告刑，以重刑吸收轻刑、轻刑不予处断的并合处理原则。如《法国刑法典》第 132—3 条规定："同一诉讼程序中，受到追诉的人经认定犯数罪的，得宣告当处的每一刑罚；但是，如当处之数个刑罚为同一性质，得在最高法定刑限度之内，仅宣告一个此种性质的刑罚。所宣告的每一刑罚，在每一个犯罪适用的法定最高刑限度内，视为对数罪的共同刑罚。"法国刑法理论将这种重刑吸收轻刑的处理原则称为"刑罚混同规则"或"刑罚不合并"。法国学者认为，"刑罚混同规则"还是有其道理的。因为，虽说一个人实行了数个犯罪，但比起在不同时间故意实行这些犯罪之情形，其责任总还是要轻一些；况且，在此情况下，当事人并未因受到追诉与判刑而事先得到警告，从这一意义上说，社会也可以受到"某种疏漏"之责难。① 根据《日本刑法典》的规定，在并合罪中的一个罪处以死刑的时候不再科以其他的刑罚，但是，没收不在

---

① 参见［法］卡斯东·斯特法尼等：《法国刑法总论精义》，罗结珍译，577 页，北京，中国政法大学出版社，1998。

此限（第 46 条第 1 款）。在并合罪中的一个罪处以无期徒刑或无期监禁的时候不再科以其他的刑罚，但是，罚金、科料以及没收不在此限（第 46 条第 2 款）。这些都是日本刑法中关于吸收主义的规定。《荷兰刑法典》第 59 条规定："判处终身监禁外，除了剥夺特定权利、没收扣押物品和公布判决外，不得与其他刑罚并用。"《韩国刑法典》第 38 条（竞合犯与处罚标准）第 1 款第 1 项规定："各罪中最重刑罚为死刑、无期劳役或者无期徒刑的，以最重的刑罚处罚。"

此外，在意大利刑法中还存在一种较为独特的关于吸收主义的规定。《意大利刑法典》第 72 条（数项可能导致判处无期徒刑和有期监禁刑的犯罪）规定："如果数罪中的每一项犯罪均可能导致判处无期徒刑，对罪犯适用无期徒刑，并且实行白天隔离 6 个月至 3 年。如果数罪中的一项犯罪可导致判处无期徒刑并且其他一项或数项犯罪可导致判处总合刑期超过 5 年的有期监禁刑，适用无期徒刑，并且实行白天隔离 2 个月至 18 个月。被判处无期徒刑并实行白天隔离的人应参加劳动。"这一规定在对数罪判处数个无期徒刑或最重罪为无期徒刑时的处罚上实行吸收原则的同时，还确认了对无期徒刑在执行方式上的加重。

（三）限制加重主义

限制加重主义，亦称加重主义，是指以数罪中最重的刑罚为基础，在一定限度内适当加重对犯罪人的处罚的原则。限制加重主义可以分为加重单一刑主义和加重综合刑主义。所谓加重单一刑主义，是指以数罪所规定的刑罚中的最重者为基准，再根据刑法规定的一定比例确定加重的幅度，在此范围内决定实际应执行的刑罚。在采取加重单一刑主义时，并不需要对每一个犯罪都分别量刑。例如，日本刑法第 47 条规定："并合罪中有两个以上判处有期惩役或者有期监禁的犯罪时，应将最重的罪所规定的刑罚的最高刑期加其二分之一作为最高刑期；但不得超过对各罪所规定的刑罚的最高刑期的总和。"该法第 48 条第 2 款规定："并合罪中有两个以上的罪判处罚金时，应当在各罪所规定罚金的最高数额的总和以下处断。"韩国刑法第 38 条（竞合犯与处罚标准）第 1 款第 2 项规定："各罪所定刑罚为死刑、无期劳役或者无期徒刑以外的同种刑罚的，得以其中最重刑罚或者将其期限、数额加重二分之一处罚，但不得超过各罪所定刑罚的总和刑……"

所谓加重综合刑主义，是指在数罪科处的总和刑期以下，数罪中最高刑期以上，确定实际应执行的刑期。《德国刑法典》第 54 条第 1 款规定："总和刑由提高所判处的最高刑构成，刑罚种类不同的，由提高其最重刑构成。审判时应综合考虑犯罪人人身和各罪的情况。"该条第 2 款规定："总和刑应在数罪刑罚的总和以下。判处自由刑的，不得超过 15 年；判处罚金刑的，不得超过 720 单位日额金。准用第 43 条 a 第 1 款第 3 句的规定（即财产之价值可予以评估——引者注）。"在采取加重综合刑主义时，需要对每一个犯罪都分别量刑。

此外，在意大利刑法中还存在一种较为独特的加重并合罪的处罚的方式。《意大利刑法典》第 73 条第 2 款规定："当对于数罪中的每一项犯罪均应科处 24 年以上有期徒刑时，适用无期徒刑。"这一规定实际上确认了数个有期徒刑可以升格为无期徒刑，突破了通常的同种有期自由刑不得升格为无期徒刑的限制。

【问题与思考】

1. 根据大陆法系刑法理论，罪数的判断标准有哪几种？
2. 法条竞合包括哪些类型？各种类型的适用原则是什么？

3. 包括一罪有哪些类型？
4. 如何看待连续犯的存废问题？
5. 成立观念的竞合，需要具备哪些条件？
6. 如何看待同种类的观念的竞合？
7. 如何理解牵连犯的牵连关系？
8. 如何看待牵连犯的存废问题？
9. 大陆法系刑法对并合罪的成立范围是如何规定的？
10. 并合罪有哪些处理原则？

第三编

刑罚和保安处分

第十一章 刑罚和刑罚权

内容导读

关于刑罚的本质，理论上有报应刑论、目的刑论和折中论三种学说：报应刑论认为刑罚是对犯罪这种恶行所给予的一种报应；目的刑论认为刑罚并非对犯罪的报应，而是预防将来犯罪、保护社会利益的手段；折中论承认刑罚是对犯罪的报应或破坏正义的报应，同时主张刑罚具有预防犯罪的目的。刑罚权是国家就犯罪对犯罪人进行处罚的权能。从刑罚权的实现过程来看，刑罚权包括刑罚创制权（制刑权）、刑罚裁量权（科刑权）和刑罚执行权（行刑权）。

第一节 刑罚概说

一、刑罚的概念

日本刑法学界一般从“法律效果”和“法益剥夺”的角度理解刑罚的概念。如，西原春夫说：“刑罚是国家对作为犯罪的法律效果科处私人的法益的剥夺。”① 大谷实也认为，“所谓刑罚，在形式上，就是犯罪的法律效果，是国家对犯人所科处的法益剥夺；在实质上，是对犯罪的报应，以痛苦、实害为内容”②。

德国学者则更多地着眼于国家对犯罪行为的否定来界定刑罚。如李斯特指出，“刑罚是刑事法官根据法律就犯罪人的犯罪行为而给予犯罪人的惩罚，以表达社会对行为及行为人的否定评价”③。耶赛克和魏根特在《德国刑法教科书》的绪论中写道：“刑罚是依据不法行

① ［日］西原春夫：《刑法总论》（下卷），改订准备版，483 页，东京，成文堂，1995。

② ［日］大谷实：《刑法讲义总论》，新版 2 版，黎宏译，457 页，北京，中国人民大学出版社，2008。

③ ［德］李斯特：《德国刑法教科书》，徐久生译，401 页，北京，法律出版社，2000。

为的严重程度和罪责来确定的一种痛苦，它表明了国家对不法行为的否定评价，是对严重违法行为的抵偿，从而达到维护法治的目的。”①

关于刑罚的概念，韩国学者金日秀、徐辅鹤在其所著的《韩国刑法总论》中指出：“刑罚是指当发生规范侵害行为时，国家通过在社会伦理上对其行为的不认可、强制性地减少行为人通常的自由或权利领域，进而谋求社会一般人的法益保护与犯人的社会复归的公的制裁手段。”②

上述关于刑罚概念的界定，从不同方面揭示了刑罚的特点，有助于我们对刑罚概念的了解。

二、刑罚的本质

刑罚的本质，即刑罚的根本性质或根本属性。对此，存在着绝对主义、相对主义之间的尖锐对立，并在此基础上形成了折中主义。现分别论述如下。

（一）绝对主义

绝对主义是前期古典学派的主张，以绝对的报应刑论为内容，认为刑罚的本质在于对犯罪的正当报应。因此，绝对主义与报应刑主义是意义等同的概念。绝对主义“不是在追求任何对社会有用的目的中考虑刑罚的意义，而是通过让罪犯承担痛苦的方法，使行为人由于自己的行为而加于自身的罪责，在正义的方式下得到报应”③。“因为有犯罪而科处刑罚”是对绝对主义的经典表述。

在绝对主义的内部，存在着康德的等量报应刑论、黑格尔的等价报应刑论以及宾丁的法律报应刑论等不同的学说。

1. 康德的等量报应刑论

基于人是目的而不是手段的原则，在惩罚的正当性根据问题上，康德坚决地反对功利主义的刑罚目的观，主张惩罚的根据不在于预防犯罪，而是报复犯罪者出于自由意志而实施的给他人或社会造成侵害的行为。他认为，人在任何时候都只应当作为目的，而不能作为实现其他目的的手段。刑罚只能是对犯罪行为所造成的危害进行报复的方法，此外不能有任何其他目的要求。对犯罪者进行惩罚只能是因为他的自由意志行为给他人的自由或社会利益造成了侵害。这种侵害违背了正义的要求，对他进行惩罚也就是恢复被损害的正义，此外别无其他重要的目的。他指出：“法院的惩罚绝对不能仅仅作为促进另一种善的手段，不论是对犯罪者本人还是对公民社会。”“惩罚在任何情况下，必须只是由于一个人已经犯了一个罪行才加刑于他。”④ 康德在刑罚的尺度问题上不仅追求刑罚与犯罪在严重性上的等同性，甚至追求同态报应——一种等量的报应。康德认为，在法律面前人人平等，那么在犯罪的惩罚上理应受到同样的公平的对待，也只有这样才能使刑罚的惩罚体现正义的要求。这种公平意味着罪与刑的同等，即根据犯罪的危害程度决定应处的刑罚。康德将这种等量报应称为支配公共法庭的唯一原则，根据此原则可以明确地决定在质和量两方面都公正的

---

① ［德］耶赛克、魏根特：《德国刑法教科书》（总论），徐久生译，17页，北京，中国法制出版社，2001。

② ［韩］金日秀、徐辅鹤：《韩国刑法总论》，11版，郑军男译，691页，武汉，武汉大学出版社，2008。

③ ［德］克劳斯·罗克辛：《德国刑法学总论》，第1卷，王世洲译，36页，北京，法律出版社，2005。

④ ［德］康德：《法的形而上学原理——权利的科学》，沈叔平译，164～165页，北京，商务印书馆，1991。

刑罚。由于康德对刑罚（报复）与犯罪（侵害）的平等的理解着重于两者在侵害方式特别是危害结果上的对等，故而其报应刑理论的特点是强调刑罚报复与犯罪侵害的等量。

康德所主张的等量报应对于实现罪刑的绝对均衡和刑法的平等具有重要意义。不过，由于犯罪行为与刑罚在“量”上很难找到更好的衡量是否相等的尺度，等量报应的结果难免会走上“同害报复”的道路，即“以血还血”“以牙还牙”“以眼还眼”。其中，他对死刑的看法便是对这种等量报应刑论的典型说明。

康德赞同死刑，认为死刑的存在符合等量报复的需要。他对贝卡里亚以公民在最早签订社会契约、组成国家时，并没有同意国家可以剥夺自己生命为由，反对死刑的观点给予了批判。

2. 黑格尔的等价报应刑论

黑格尔从法律自身为刑罚寻找立身的根据，认为犯罪与刑罚之间的关系是一种基于法律而生的否定之否定的关系。他指出：“犯罪行为不是最初的东西、肯定的东西，刑罚是作为否定加于它的。相反的，它是否定的东西，所以刑罚不过是否定的否定。现在现实的法就是对那种侵害的扬弃，正是通过这一扬弃，法显示出其有效性，并且证明了自己是一个必然的被中介的定在。”① 据此，在黑格尔看来，犯罪是对法律的侵害，依据刑罚而来的对犯罪人的法律侵害使犯罪人的侵害得以恢复，这便是刑罚的本质。

黑格尔的等价报应刑论是相对于康德的等量报应刑论而言的。等量报应刑论追求犯罪与刑罚在外在性状上的等同性和数量上的绝对等同。黑格尔不赞同犯罪与刑罚之间外在的特种性状上的等同，而主张犯罪与刑罚在价值上的等同。他指出：“犯罪的扬弃是报复，因为从概念上，报复是对侵害的侵害，又按定在说，犯罪具有在质和量上的一定范围，从而犯罪的否定，作为定在，也同样具有在质和量上的一定范围。但是这一基于概念的同一性，不是侵害行为特种性状的等同，而是侵害行为自在地存在的性状的等同，即价值的等同。”② 不论犯罪的外在表现形式如何不同，犯罪从其自在的“价值即侵害这种它们的普遍性质看来，彼此之间是可以比较的”③。也就是说，所有犯罪在对社会的危害性这一点上具有共性，只不过在危害量上有多少之分，这就构成了不同犯罪之间进行比较的价值基础。刑罚作为否定这一侵害的侵害，就是要寻求与犯罪这种价值上的等同。这正是有理智的人所应该追求实现的目标。不过，人的理智寻求犯罪与刑罚价值的等同，只是“接近于”，而不能要求绝对的等同。

3. 宾丁的法律报应刑论

在康德和黑格尔之后，德国学者宾丁通过对实体刑法的构造分析，主张法律报应刑论。宾丁区分刑法和作为其前提的规范，认为犯罪不是违反刑法而是违反了规范，刑罚法规对违反刑法规范的行为规定了刑罚。这就意味着，犯罪是对刑法规范的违反，而刑罚则是对否定规范的犯罪的否定，是为了让犯罪人服从法律的权威而予以犯罪人的报应。

绝对主义场合的报应思想建立在三个内在的先决条件之上。第一个先决条件是，国家拥有的对被告人科处其应得的刑罚的权力，完全是合理的；只有当社会对犯罪人在道德上的优势得到承认，该先决条件方成为可能。第二个先决条件是，存有能够衡量严重程度的

① ［德］黑格尔：《法哲学原理》，范扬、张企泰译，100页，北京，商务印书馆，1961。
② ［德］黑格尔：《法哲学原理》，范扬、张企泰译，104页，北京，商务印书馆，1961。
③ ［德］黑格尔：《法哲学原理》，范扬、张企泰译，108页，北京，商务印书馆，1961。

罪责。第三个先决条件是，将罪责程度与刑度协调起来，使得犯罪人与公众都对判决感到公正，原则上是可能的。① 这样，绝对主义就使刑罚与罪责之间建立了必然联系。“将刑罚权的行使依责任主义予以限制，这可以说是报应主义对刑法学的永远的贡献。”②

对作为绝对主义内容的报应刑主义，理论上有以下批判：（1）刑罚不是形而上学的思考产物。国家用刑罚惩罚犯罪并非为了实现形而上学的正义或伦理报应，而是为了维护法律秩序和法益而实施刑罚。（2）责任主义虽然是刑罚的必要条件，然而有责任不一定是予以刑罚的充分条件。报应刑主义对何种条件下的责任予以刑罚的问题无法作出回答。（3）对陷害报以陷害不过是野蛮的做法而已，这对个人或社会都不具有任何价值。③

（二）相对主义

认为刑罚的目的是预防将来的犯罪的观点，称为相对主义。相对主义是刑事实证学派所主张的观点，以预防刑论或目的刑论为内容，故相对主义与预防刑主义或目的刑主义是意义等同的概念。预防刑论的基础理论中，有人道的、合理的、功利的科学主义的观点。预防的目的有一般预防与特别预防。现在，即使没有实施犯罪，有性格的危险性，为了预防将来的犯罪谋求社会防卫也应处罚的这种极端的预防刑主义已经无影无踪。预防刑论也在责任主义限制的范围内提倡，在承认根据责任限制或比例性原则限制条件下主张的人较多。④

1. 一般预防

一般预防是指刑罚通过对一般人的威吓及强化一般人的法意识，发挥抑制犯罪的效果。一般预防包括消极的一般预防与积极的一般预防。（1）消极的一般预防。一般预防最原始的形态是威吓。刑罚通过对市民植入对处罚的恐惧心理，使其抑制犯行。国家可以通过在法律中规定刑罚体现这种威吓效果，甚至可以通过对犯法者科处、执行刑罚，进而告知一般人的方法加以体现。然而，这始终仅仅是一般预防的消极面。主张消极的一般预防的代表性学者是贝卡利亚和费尔巴哈。（2）积极的一般预防。“目前的一般预防理论中，比较具有重要意义的是积极的一般预防。所谓积极的一般预防是指维持和强化对法律秩序的树立和贯彻的信赖，由此刑罚向社会证实法律秩序的不可侵犯性并以强化国民对法律的服从为使命。”⑤ 主张积极的一般预防的代表性学者是罗克辛。

对一般预防，理论上有以下批评：（1）一般预防主义，特别是心理强制说以对实行犯罪时的快乐和受到刑罚的不愉快的合理计算比较的人的理性为前提。但是，大部分的犯罪并不能看作是对利益和不利的理性的计算结果，若犯罪人以为犯罪后可以回避处罚，刑罚则不具任何意义。积极的一般预防也无法以经验说明刑罚可以强化人的规范意识。积极的一般预防只有在所有的犯罪无遗漏地被侦查而且受到侦查的人都受到有罪判决时才能达成，否则对法律秩序的不可侵犯的信赖会动摇，而刑罚的法益保护功能就会丧失。（2）一般预防主义主张为了防止别人的犯罪而处罚罪犯。但是，把人降低为犯罪斗争的手段并当作是防止别人犯罪的手段，这不能不说是忽视了宪法根本规范上的人的尊严和价值。（3）依据一般

① 参见［德］耶赛克、魏根特：《德国刑法教科书》（总论），徐久生译，84页，北京，中国法制出版社，2001。

② ［韩］李在祥：《韩国刑法总论》，［韩］韩相敦译，43页，北京，中国人民大学出版社，2005。

③ 参见［韩］李在祥：《韩国刑法总论》，［韩］韩相敦译，44页，北京，中国人民大学出版社，2005。

④ 参见［日］山中敬一：《刑法总论》，2版，56～57页，东京，成文堂，2008。

⑤ ［韩］李在祥：《韩国刑法总论》，［韩］韩相敦译，45页，北京，中国人民大学出版社，2005。

预防主义威吓别人需要尽可能严峻的刑罚，这在逻辑上可以说是理所当然的。但这也意味着一般预防主义可能会导致产生依据国家暴力的危险。依据积极的一般预防理论时也不能提供正当的刑罚限制的明确标准。由于目的不能使所有的手段正当化，所以一般预防主义也不得不依责任主义受到限制。①

2. 特别预防

刑罚对行为人本人所具有的预防其再次犯罪的效果称作特别预防或个别预防。这并不像报应那样在对“过去罪责的惩戒中”，或者不像一般预防那样在“对一般国民行使影响力”中寻求刑罚的机能。这是通过对每个犯罪者尤其是受到有罪判决之人施加影响力，使犯罪者不再实施犯罪来寻求刑罚的机能。在特别预防中，将个别威吓与保安称作消极的特别预防，将再社会化称作积极的特别预防。(1) 消极的特别预防。1) 个别威吓，是指通过给犯罪者个人以刑罚体验，使其将来不再违反法律并能够自觉加以预防。2) 保安，是指基于自由刑之执行或剥夺自由的保安处分，切实地阻止犯罪者实施新的犯罪。(2) 积极的特别预防。积极的特别预防是指通过有罪判决之宣告或刑罚之执行，给予犯罪者以影响力，使其将来复归为正常的社会一员，进而能够健康地生活。针对犯罪者个人，国家的再社会化或社会复归努力即属于此。②

对特别预防，理论上有以下批评：(1) 如果刑事司法只考虑违法者的再社会化，则刑罚中所具有的伦理上的非难，就会与对疾病的非难一样，没有多少意义。(2) 特别预防可能导致对公众的法律意识而言非常难堪的结果。一方面，数年后其重罪被发现的犯罪人，比如被动地卷入共同犯罪的谋杀犯，或者为了挽救婚姻而为妻子作伪誓的丈夫，将不必受刑罚处罚，因为在这两个案例中，均不需要再社会化；另一方面，一个偶犯将会因轻微的但表明其倾向的犯罪行为，必须受到治疗或保安处分，而这与其实施的犯罪行为的严重程度是极不相称的。(3) 始终如一的特别预防必将导致采取先于犯罪的措施。(4) 最大的问题还在于，刑罚执行中的教育措施究竟能否对成年人起到积极的作用，或者，对于犯罪人的再社会化而言，如果国家干脆放弃对行为人的处罚，而只是提供社会帮助，在大多数情况下是否会更好些。③

(三) 折中论

折中论既承认刑罚的报应性，也承认刑罚的目的性，即一方面承认刑罚是对犯罪的报应或破坏正义的报应，另一方面主张刑罚具有预防犯罪的目的。明确提出刑罚本质折中论的，是后期古典学派的代表人物迈耶。

迈耶关于刑罚的理论被称为“分配理论”。他认为，在与立法者、法官和刑务官各个国家机关的关系中，可以把刑罚区分为刑罚的法定、刑量的量定和刑罚的执行三个阶段。各阶段刑罚的指导理念分别是报应、法的确证和目的刑，其间不存在一贯的刑罚目的。④ 具体来说，国家创制刑法时对轻重不同的犯罪规定轻重不同的刑罚，这是基于报应的思想，具有报应的意义；法官通过刑事审判对行为人的行为进行法律评价，确定行为是否构成犯罪

① 参见［韩］李在祥：《韩国刑法总论》，［韩］韩相敦译，46～47页，北京，中国人民大学出版社，2005。

② 参见［韩］金日秀、徐辅鹤：《韩国刑法总论》，11版，郑军男译，19～20页，武汉，武汉大学出版社，2008。

③ 参见［德］耶赛克、魏根特：《德国刑法教科书》（总论），徐久生译，95页，北京，中国法制出版社，2001。

④ 参见［日］大塚仁：《刑法概说》（总论），冯军译，53页，北京，中国人民大学出版社，2003。

和量定刑罚，这具有维持法律的规定和尊严的意义；国家行刑机关根据法律和政策对被判刑的犯罪人进行教育改造，使之回归社会，这具有预防的意义。

折中论在日本占据统治地位。著名学者团藤重光、草野豹一郎、小暮得雄、前田雅英、大塚仁、福田平、植松正、泉二新雄等都支持折中论。如植松正指出："刑罚的本质是报应还是改善（教育），虽然存在学说上的争论，但报应与改善绝不是二者择一的排他关系。报应是刑罚本质的核心，改善是刑罚的重要机能之一，两者不是互相排斥的观念，是出色的并存的思想。不，毋宁说只有使两者并存，刑罚的真正价值才能发挥。"① 当然，前述众学者中，有的从报应刑论出发，接受目的刑的观念；有的则从目的刑论出发，接受报应刑观念。前者如大塚仁，后者如前田雅英。限于篇幅，在此不再论述。

关于刑罚本质的论争，正如迈耶所说的那样，"这些争论的缘起是由于将刑罚的本质和目的混为一谈"。尽管对刑罚本质理解的不同，会影响对刑罚目的的认识，但从内涵上看，它们仍是两个有着根本区别的范畴。刑罚的本质指的是刑罚的根本属性，也即刑罚之所以区别于其他事物的最本质的属性，这是客观存在的问题。而刑罚的目的指的是国家对犯罪人制定刑罚、判处刑罚和执行刑罚所追求的效果。显然，刑罚的目的是权力机关主观追求的一种价值目标，是一个主观的概念。从这个角度来说，关于刑罚本质的论争，报应刑论更为可取。

三、刑罚的机能

所谓刑罚的机能，是指国家制定、裁量和执行刑罚对社会与社会成员可能产生的积极作用。

日本刑法学者对刑罚机能的论述主要有三分法、四分法。

1. 三分法。即把刑罚的机能分为对犯罪人的功能、对社会的功能和对被害人的功能。如牧野英一认为，刑罚的目的从如下三方面观察时，可将其作用作如下分类：（1）对犯人方面，刑罚首先对犯人发挥作用，称之为特别预防；（2）对社会方面，刑罚又以警戒社会的一般人以防后者的倾覆为目的，谓之一般预防，而同时又有满足一般社会报应思想的作用；（3）对被害者方面，刑罚对被害者其法益受不当的侵害不能忽视，而有给予满足的作用。② 日本学者吉川经夫也采取这种三分法对刑罚的机能展开论述。

2. 四分法。即把刑罚的机能分为报复感情绥靖机能、保安的机能、赎罪的机能以及预防的机能四个方面。日本著名学者西原春夫即持此主张。所谓报复感情绥靖机能，是指使被害者及其家属，进而包括社会一般的报复感情得以和缓并满足的机能；所谓保安的机能，是由于将犯人隔离于社会而保障社会安全的机能；所谓赎罪的机能，是指受刑者自己由于受到刑罚的痛苦而赎罪；预防的机能同样指的是针对一般人，利用威慑来防止犯罪的机能（一般预防），以及针对犯人本人，使其不再重新犯罪的机能（特别预防）。③

从两种分类法具体阐述的内容来看，分歧并不很大。比如四分法中的报复感情绥靖机能，实际与三分法中对被害人的抚慰机能基本相当；四分法中的保安的机能、赎罪的机能

---

① ［日］植松正：《刑法概论Ⅰ 总论》，32页，东京，劲草书房，1974。

② 参见［日］牧野英一：《日本刑法》，576～577页，东京，有斐阁，1939。

③ 参见［日］西原春夫：《刑法的根基与哲学》，顾肖荣等译，42～43页，北京，法律出版社，2004。

以及预防的机能在实际内容上，与对犯人的特别预防、对社会的一般预防大体相当。但从论述方法来看，似乎三分法的思路更具有条理性。

第二节　刑罚权

一、刑罚权的概念和种类

（一）刑罚权的概念

所谓刑罚权，是“能够针对犯罪处罚其犯人的国家权能”，也就是国家就犯罪对犯罪人进行处罚的权能。

从刑罚权的实现过程来看，刑罚权包括刑罚创制权（制刑权）、刑罚裁量权（科刑权）和刑罚执行权（行刑权）。所谓刑罚创制权，是指国家立法机关在刑事立法中创制刑罚的权力。刑罚创制权解决的是刑罚在法律上的存在问题。所谓刑罚裁量权，是指代表国家的法院在认定有罪的基础上对犯罪人是否判处刑罚和判处什么刑罚的权力。通过刑罚裁量，观念的法定刑变成对犯罪人实际的宣告刑，并由此产生现实的执行刑罚的权限。在这个意义上，可以说科刑权是刑罚权的核心。而所谓刑罚执行权，指的则是特定机构根据法院的判决将对犯罪人判处的刑罚付诸现实执行的权力。

（二）刑罚权的种类

1. 一般的刑罚权与个别的刑罚权。从抽象的角度来说，当犯罪发生时，国家就可以处罚犯罪人，这就是一般的刑罚权；从具体的角度来说，当发生具体的犯罪时，国家就可以处罚具体的犯罪人，这就是个别的刑罚权。个别的刑罚权也被称为刑罚请求权。个别的刑罚权强调的是个人与国家之间的权利义务关系。就国家而言，犯罪人具有忍受刑罚的义务。

2. 观念的刑罚权与现实的刑罚权。观念的刑罚权是指判决尚未确定阶段的刑罚权；现实的刑罚权则是指判决确定之后的刑罚权。观念的刑罚权产生于犯罪的成立，现实的刑罚权则产生于有罪判决的确定。有了观念的刑罚权，就可以对犯罪人判处刑罚；有了现实的刑罚权，就可以对犯罪人执行刑罚。

二、客观的处罚条件与处罚阻却事由

成立犯罪时，原则上就直接发生刑罚权。但是，作为例外，有时即使成立犯罪，对其发生刑罚权也需要以其他的事由为条件。这种事由，被称为客观的处罚条件。[①]如，日本刑法第 197 条第 2 款规定：“将要成为公务员或者仲裁员的人，就其将要担任的职务，接受请托，收受、要求或者约定贿赂，事后成为公务员或者仲裁人的，处 5 年以下惩役。”根据日本刑法理论的通说，行为人就其将要担任的职务收受、要求或者约定贿赂就成立犯罪，但仅此并不能发动刑罚权；要发动刑罚权，行为人必须后来确实担任了公务员或者仲裁员。

---

①② 参见［日］大塚仁：《刑法概说》（总论），冯军译，439 页，北京，中国人民大学出版社，2003。

行为人后来确实担任公务员或者仲裁员，就是一种客观的处罚条件。日本关于破产犯罪的规定中，关于破产宣告确定的规定也属此类。

日本刑法理论通说认为，客观的处罚条件是根据一定的政策理由设立的，与犯罪成立要件没有关系。因此，对相当于处罚条件的事实的表象，不是构成要件故意的要素，处罚条件的存在与否也不影响行为的违法性。当然，在日本刑法理论界也存在否定处罚条件的见解。佐伯千仞、泷川幸辰、平野龙一、内藤谦等认为，客观的处罚条件是实体上刑罚请求权发生的条件，应当还原为是犯罪成立条件的违法性或责任的要素。[②]

在日本刑法中，与客观的处罚条件相应的概念还有“处罚阻却事由”。所谓处罚阻却事由，指的是由于存在一定的事由而妨碍刑罚权发生的情况。它通常是由于行为人的一定身份关系而阻却处罚，因而也常常被称为人的处罚阻却事由。比如日本刑法第 244 条第 1 款规定的亲属相盗即属此类。该款规定，“配偶、直系血亲或者同居的亲属之间犯第 235 条之罪、第 235 条之二之罪或者这些罪的未遂罪的，免除刑罚”。这就是说，行为人如果具有“配偶、直系血亲或者同居的亲属”身份关系，则阻却盗窃罪刑罚权的发生。日本刑法第 257 条关于亲属收受赃物免除刑罚的规定也属此类。就像客观的处罚条件与犯罪成立要件没有关系一样，人的处罚阻却事由也与犯罪的成立要件之间没有关系，它只是基于行为人的一定身份关系而限定可罚性的范围。

三、刑罚执行权的发生与消灭

（一）刑罚执行权的发生

在判决确定阶段，个别的刑罚权对该犯罪人现实化。这也就是确定了的刑罚的执行问题。刑罚执行权的发生程序，由刑事诉讼法和监狱法予以具体规定。

（二）刑罚执行权的消灭

刑罚执行权随犯人的死亡、法人的消灭、行刑时效的完成、刑罚执行终了或者假释期间终了、赦免而消灭。关于刑罚执行权消灭的具体事由，本书第十四章将作详细阐述。

【问题与思考】

1. 大陆法系刑法学关于刑罚本质主要存在哪几种主张？
2. 刑罚的本质与刑罚的目的之间是什么关系？
3. 什么是客观的处罚条件？
4. 刑罚权包括哪几个有机组成部分？

第十二章 刑罚的体系

内容导读

大陆法系国家的刑法规定有生命刑、自由刑、财产刑和名誉刑四类刑罚，其中前三者为主刑，后者为附加刑。在主刑中，生命刑在大陆法系多数国家已被废除，在保留该刑种的国家，其适用也得到了日益严格的限制；自由刑在适用上正逐渐失去绝对刑罚体系中心的地位。自由刑中的短期自由刑因存在种种弊端，已成为刑罚改革的一个重要议题；在寻求克服短期自由刑弊端的过程中，财产刑中的罚金刑已成为事实上刑罚体系的中心。

第一节 刑罚体系概说

一、刑罚体系的概念

犯罪的多样化，决定了刑罚方法的多样化。为此，各国刑法规定了各种轻重不同的刑罚方法。刑罚的体系，就是由刑法所规定的并按照一定顺序排列的各种刑罚方法的总和。

二、刑罚的种类

从不同的角度，可以对刑罚的种类作不同的划分。

1. 主刑与附加刑。主刑是本身可以独立科处的刑罚；而附加刑则是在宣告主刑时，附随主刑适用的刑罚方法。主刑通常不能同时适用，但这也并不绝对。如罚金刑是德国刑罚体系中唯一的财产刑主刑，但在德国，它有时单独适用，有时在自由刑之外作为第二主刑适用，有时与自由刑一起适用。[①] 附加刑通常附随主刑适用，也可以独立适用。

德国刑法、日本刑法、意大利刑法、巴西刑法明确地将刑罚分为主刑和附加刑。如日本刑法第 9 条规定：“死刑、惩役、监禁、罚金、拘留和科料为主刑。没收为附加刑。”

2. 国事刑、普通刑。国事刑是指对政治犯（国事犯）科处的刑罚；普通刑则是对普通刑事犯科处的刑罚。有主张认为，就国事刑而言，考虑受刑人应受尊敬的动机，对国事犯宜科处名誉拘禁。通常认为，日本刑法中的监禁包含这种性质。

3. 重罪之刑、轻罪之刑与违警罪之刑。立法上作此分类的典型是法国刑法典。其刑罚编中在适用自然人之刑罚与适用法人之刑罚标题下均明确规定了“重罪之刑罚”、“轻罪之刑罚”和“违警罪之刑罚”。类似规定也见于土耳其刑法。

4. 生命刑、身体刑、自由刑、名誉刑、财产刑。这是按受刑人被剥夺法益内容不同所作的分类。生命刑也即死刑，是剥夺受刑人生命的刑罚。身体刑是伤害受刑人身体的刑罚，如笞刑、黥刑等。自由刑是剥夺受刑人自由的刑罚，如惩役、监禁、拘留等。名誉刑指的是剥夺受刑人一定能力的刑罚，如剥夺公权、停止公权等。财产刑则是剥夺受刑人一定数额财产的刑罚，如罚金、科料、没收等。

生命刑和身体刑曾是刑罚体系的中心。但目前，身体刑因其残酷性有违现代文明理念，几乎已经绝迹。而生命刑也正被越来越多的国家废止或限制适用。刑罚的中心已经转向自由刑和财产刑。

应注意的是，并非所有国家的刑法中都存在自由刑、财产刑和名誉刑。如，日本现行刑法中就不存在名誉刑。虽然日本也存在为了维持公法上特别监督关系而被科处的作为惩戒罚的免职、停职、减薪、告诫等处分，并且，伴随刑罚的宣告，在其他法令中还规定有各种资格限制的情况，如公职、其他一定的业务丧失资格，或者丧失选举权、被选举权、其他权利等，但这些在性质上都是行政处分，而非严格意义上的刑罚。

第二节　死刑

一、死刑概说

死刑是人类历史上最古老的一个刑种，伴随国家和法律的产生而产生。在相当长的时期（奴隶社会和封建社会），它甚至是一种主要的刑罚。在《汉穆拉比法典》中，死刑几乎适用于所有犯罪。在死刑作为刑罚中心的时代，死刑的执行方法仅受限于当时的既有工具和司法制度对恐怖的想象力，十分残酷。在中世纪的欧洲，被判处死刑的人可能被剥皮、钉在尖桩上、喂昆虫或野兽、沉水、石击、钉在十字架上、焚烧、肢解、勒死、活埋、压死、水煮、车裂、枪杀、饿死和做炮灰。[②] 这些残酷的执行方法目前已被摈弃。基于人道主义的立场，现代各国通常采用枪杀、电杀、绞首、注射等较为平和的方式执行死刑。

---

① 参见［德］李斯特：《德国刑法教科书》，徐久生译，433 页，北京，法律出版社，2000。

② 参见［加］西利亚·布朗奇菲尔德：《刑罚的故事》，郭建安译，4 页，北京，法律出版社，2006。

二、死刑存废论

一般认为，死刑存废之争源于启蒙时代。死刑废止论的先驱贝卡里亚最早从理论上较系统地、尖锐地论证死刑的残酷性、非人道性和不必要性，并提出了严格限制死刑的主张。他说："历史上任何最新的酷刑都从未使决心侵犯社会的人们回心转意……对人类心灵发生较大影响的，不是刑罚的强烈性，而是刑罚的延续性……一种正确的刑罚，它的强度只要足以阻止人们犯罪就够了……每次以死刑为国家树立鉴戒都需要一次犯罪，可是有了终身苦役刑，只一次犯罪就为国家提供无数常存的鉴戒……用死刑来向人们证明法律的严峻是没有益处的。如果说，欲望和战争的要求纵容人类流血的话，那么，法律作为人们行为的约束者，看来不应该去扩大这种残暴的事例……体现公共意志的法律憎恶公民去做杀人犯，却安排一个公共的杀人犯。我认为这是一种荒谬的现象。"① 自此，世界范围内开始了旷日持久的死刑存废论之争。

1. 死刑废止论

概括而言，死刑废止论的观点主要有：（1）人道主义的废除死刑论。人道主义者认为，天赋人权，人的生命只能自然结束，不可以剥夺。（2）教育刑论者认为，刑罚教育的目的在于阻止有罪者再度危害社会并制止他人实施同样的行为，从而改造罪犯，防卫社会。适用死刑与刑罚教育目的相悖。（3）死刑并不具有足够的威慑力。死刑对诸如激情杀人、政治犯罪、欲杀人后自杀者等无法形成内心恐惧。实际上，从废除死刑的国家和地区的犯罪率来看，死刑废除后并没有出现犯罪激增的状况。（4）死刑错用，将无法挽回。死刑一旦误判并被实际执行，犯人生命将无法恢复。这种不可能恢复的刑罚应当避免。（5）对罪犯适用死刑既不利于解决犯罪造成的损害赔偿，也无助于解决被害人及罪犯家属的生活困难。（6）社会契约论者认为，订立契约的人们各自交出微小的权利（不包括人的生命权）组成了国家最高权力。由于人们没有将生命权交给国家，因而国家无权剥夺其社会成员的生命。（7）各国宪法中均规定保护人的生命权利，却又在子法中规定可以剥夺人的生命，这违背了宪法精神，应予废止。（8）死刑能对公众产生恶的导向作用。死刑的执行将树立社会心理学上坏的例子，助长公众的残忍意识。（9）死刑无轻重差别，难以做到罪刑相适应。（10）如果死刑具有的刑事政策意义是使受刑人与社会永久隔离，那么，也可以考虑其他能够发挥同样效果的方法，比如终身自由刑以及保安监督。②

2. 死刑留存论

启蒙思想家格劳秀斯、孟德斯鸠、卢梭、康德、黑格尔等都是死刑留存论者。死刑留存论主要从以下几个方面阐述死刑存在的合理性：（1）对杀人犯等凶恶犯罪人，死刑的适用符合国民道义、法的确信和国民感情。"杀人者偿命"是人类社会长期以来承袭的法律观念，至今仍为广大民众所认同。（2）"趋利避害"是人们衡量利弊得失时的本能反应和选择，死刑对可能犯罪之人具有巨大的威慑作用。（3）死刑符合社会契约本意。犯罪行为是

---

① ［意］贝卡里亚：《论犯罪与刑罚》，黄风译，46～49页，北京，中国大百科全书出版社，1993。

② 参见［日］大塚仁：《刑法概说》（总论），冯军译，443页，北京，中国人民大学出版社，2003；马克昌：《比较刑法原理——外国刑法学总论》，841页，武汉，武汉大学出版社，2002；［德］耶赛克、魏根特：《德国刑法教科书》（总论），徐久生译，914页，北京，中国法制出版社，2001。

犯罪者对其所参与订立的社会契约的公然违反，犯重罪受死刑处罚是其对社会应尽的责任和义务。(4) 为了维持法秩序，必须期待死刑对重大犯罪的威慑力。(5) 终身监禁或终身奴役刑存在浪费资财和罪犯脱逃再度危害社会两个弊端，不能代替死刑。(6) 在国民性情躁动的国家，尤其是文化落后尚未开化的国家，死刑对遏制犯罪具有不可低估的作用。(7) 现代司法制度日臻完备，误用死刑可以避免。且误判问题并非为死刑所独有，自由刑同样存在错判难纠的问题。(8) 关于死刑因其不可分性有悖罪刑相适应原则的质问，死刑留存论者认为，死刑条文大多同时规定选择性法定刑，法律尚有减轻处罚的规定，因而死刑适用是有伸缩性的；并且，不可分性同样非死刑所独有。(9) 刑罚的教育作用只对那些虽犯有罪行却仍有挽救可能性者才有意义、有必要，对罪大恶极、不堪改造的凶恶之徒适用死刑，不违背刑罚的教育功能。(10) 没有死刑，可能导致“私人司法”的出现。①

诚如尾后贯庄太郎所言，“未必是死刑的问题，所有的刑罚问题都是世界观问题、哲学方面的立场问题”②。死刑废止论和死刑留存论在死刑是否具有节俭性、公正性、威慑性等问题上，分歧的产生更多地在于视角的不同。从各自的立场来看，双方的主张都并非毫无道理。而且，辩证地看，世界万物均具有两重性。死刑同样既非完美无瑕，也非一无是处。从这个意义来说，与其抽象地论证死刑存废，倒不如讨论以下两个问题：第一，死刑是否符合文明社会的发展方向？第二，在某个具体的国家或地区，死刑能否废除？关于前者，需要用历史的眼光，从刑罚发展的整体趋势来观察。刑罚发展的轨迹表明，随着人类文明的进步，刑罚正逐步走向轻缓化。就死刑本身而言，也经历了一个由滥用到慎用、由残酷到轻缓的过程。在有些国家或地区，它甚至已经退出了历史舞台。刑罚渐变轻缓，反映出人的生命、尊严被尊重、被推崇的程度，与社会经济、文化进步的程度呈总体正相关的关系。从这个角度来看，死刑的废除，与人类文明发展的方向一致。至于具体某国或地区死刑的存废，则不能脱离该国家或地区的历史文化、经济发展状况、严重犯罪的发案率、国民的法律感情、观念等因素来讨论；否则，难免陷入空谈的境地。

三、死刑的现状与发展趋势

（一）死刑存废的现状

自 1975 年以来，联合国秘书长向联合国经济及社会理事会提交了 9 次有关全球死刑状况的 5 年期报告。根据第 9 次秘书长报告，截至 2013 年年底，共有 159 个国家和地区废除了死刑。其中涉及完全废除死刑、仅废除对普通犯罪的死刑以及事实上废止死刑三种情况。完全废除死刑，是指对于无论是和平时期还是战争时期的一切罪行都废止了死刑，即法定刑罚中不包括死刑；仅废除对普通犯罪的死刑，是指对于在和平时期犯下的所有普通犯罪一律废除死刑，只保留特殊情况下的死刑，例如战争期间触犯军法的罪行，或是诸如叛国、恐怖袭击、武装叛乱等危害国家的犯罪；事实上废止死刑，是指在法律上保留死刑并可能作出死刑判决，但在统计时间之前的至少 10 年中未实际执行过死刑。在废除死刑的 159 个国家和地区中，有 101 个完全废除了死刑，有 7 个废除了对普通犯罪的死刑，有 51 个事实上废止了死刑。这样，截至 2013 年年底，只有 39 个国家和地区保留死刑，即不仅法律上

---

① 参见［日］大塚仁：《刑法概说》（总论），冯军译，500 页，北京，中国人民大学出版社，2003。

② 转引自［日］长井圆：《死刑存废论的抵达点——关于死刑的正当根据》，载《外国法译评》，1999 (1)。

规定了对普通犯罪的死刑，而且在 2004～2013 年间实际执行过死刑。[①] 2017 年 7 月，蒙古国新版刑法正式进入实施阶段，这意味着该国正式废除死刑，成为全球第 105 个在立法层面废除所有罪行死刑的国家或地区。这样，蒙古也正式成为继贝宁、刚果、斐济、拉脱维亚、马达加斯加、瑙鲁、苏里南之后，5 年内全球第 8 个废除死刑的国家或地区。[②]

（二）死刑存废的发展趋势

从发展趋势来看，死刑最终必将被废除。这从国际组织的促成、死刑废止国家和地区飞速增加的态势和死刑保留国家和地区对死刑执行的日益削减中可见端倪。

1. 国际合作领域废除死刑的立场日益强硬

1948 年 12 月 10 日联合国《世界人权宣言》仅在第 3 条原则性地规定“人人有权享有生命、自由与人身安全”，而没有进一步地涉及死刑问题。而 1966 年联合国大会通过的《公民权利和政治权利国际公约》寻求限制继续使用死刑的国家对死刑的适用，并鼓励最终废止死刑。该公约第 6 条第 2、4、5、6 款分别规定：“在未废除死刑的国家，判处死刑只能是作为对最严重的罪行的惩罚，判处应按照犯罪时有效并且不违反本公约规定和防止及惩治灭绝种族罪公约的法律。这种刑罚，非经合格法庭最后判决，不得执行。”“任何被判处死刑的人应有权要求赦免或减刑。对一切判处死刑的案件均得给予大赦、特赦或减刑。”“对十八岁以下的人所犯的罪，不得判处死刑；对孕妇不得执行死刑。”“本公约的任何缔约国不得援引本条的任何部分来推迟或阻止死刑的废除。”

1971 年，联合国大会第 16 届会议通过的决议首次宣称将废除死刑作为一个全球目标，重申“为了充分保证世界人权宣言第 3 条规定的生命权利，今后所应追求的主要目标便是逐渐减少可处死刑的罪行种类，以期所有国家都能废止死刑”。1977 年联合国大会第 32 届大会通过的第 32/61 号决议，再次重申“死刑问题方面所追求的主要目标是逐渐限制可处死刑罪行的数目，以期达到废止死刑”。

自进入 20 世纪 80 年代以来，联合国对于死刑的态度变得愈发强硬，不再是呼吁，而是直接敦促各国废除死刑。1984 年 12 月，联合国经济及社会理事会通过的决议的附件《关于保障面临死刑的人的权利的措施》规定了对适用死刑的限制以及对面临死刑的人的权利的保护。作为世界范围内第一个废除死刑的国际人权法律文件，1989 年 12 月 15 日联合国大会通过的《旨在废除死刑的〈公民权利和政治权利国际公约〉第二项任择议定书》明确要求各缔约国在其管辖范围内，对任何人不得判处死刑，每一缔约国应采取一切必要措施废除死刑；并宣称，废除死刑有助于提高人的尊严和促使人权的持续发展，“深信”废除死刑的所有措施应被视为人类在享受生命权方面的巨大进步。联合国安理会前南斯拉夫问题国际刑事法庭和卢旺达刑事法庭在决定刑罚时，其审判自然受到上述第二项议定书的影响，对被告排除了死刑的适用。不过，该议定书并非彻底地废除死刑。根据其第 2 条的规定，仍允许保留战争时期的死刑适用，即“在战时可对在战时犯下最严重军事性罪行被判罪的人适用死刑”，但此项保留只能在批准或者加入议定书时提出。该议定书的通过，显示出死刑废止已成为不可抗拒的世界潮流。

1997 年 4 月 3 日联合国人权委员会通过的《联合国关于死刑的决议》号召，所有未废

---

① 参见孙世彦：《从联合国报告和决议看废除死刑的国际现状和趋势》，载《环球法律评论》，2015（5）。

② 参见《蒙古国正式废除死刑 成全球第 105 个废死国家》，见 http：//news.haiwainet.cn/n/2017/0710/c3541093-31010473.html。

除死刑的国家应考虑延缓死刑的执行，未废除死刑的国家应进一步控制可适用死刑的犯罪数量，保留死刑的国家应及时公开死刑执行情况。

2005年联合国人权理事会通过有关死刑的第2005/59号决议，号召世界上所有保留死刑的国家彻底废止死刑，同时，暂停死刑的执行。为了进一步推广废除死刑的理念，至少促使那些还保留死刑的国家暂停执行死刑，联合国大会于2007年12月18日晚在纽约总部以104国赞同、54国反对、29国弃权通过了《关于死刑暂停使用的决议》（第62/149号）。尽管该决议只是一种“呼吁和号召”型的国际法律文件，但该决议的通过反映了联合国在废除死刑问题上已不再限于对理想目标的追求，而是同时注重更为务实的操作层面。此后，联合国大会又在2008年、2010年、2012年和2014年相继通过了4项标题相同的决议。这些决议的核心内容包括：吁请所有国家尊重《关于保障面临死刑的人的权利的措施》，并向秘书长提供这方面的资料；提供有关死刑使用情况的资料，特别是有关判处死刑人数、死囚人数和已处决人数的资料；逐步限制死刑的使用；减少可判处死刑的罪名；暂停执行处决，目的是废除死刑；已废除死刑的国家不再恢复死刑。[①] 2010年11月11日，联合国人权委员会第三次通过号召在世界范围内中止死刑的决议，有107个国家赞成、38个国家反对、36个国家弃权。这是继2007年之后联合国人权委员会第三次表决中止世界范围的死刑决议。与2008年的决议相比，该决议获得更多国家的支持，确认了终止死刑适用的世界趋势。

各区域性组织对敦促各成员国废除死刑也趋于积极。比如，早在1982年，欧洲理事会就通过了《欧洲人权公约关于废除死刑的第六议定书》，即《欧洲人权公约第六议定书》，要求当事国废除和平时期的死刑，成员国可以对“战期或受到战争积极威胁”的犯罪保留死刑。尽管希望加入议定书的成员国有可能作出对战争罪死刑的保留，但是，与其他国际公约相比，该议定书号召和平时全面废除死刑，这在世界上还属首次。1994年、1996年、1999年，欧洲理事会又通过和重申了“没有死刑的欧洲”的决议，并号召“世界上其他还没有废除死刑的国家，像大多数欧洲议会成员国一样，迅速废除死刑”。1994年，欧洲理事会宣称，“死刑在现代文明社会的刑罚体系中不能拥有合法的位置，死刑的适用应被视为欧洲人权公约第3条所指的酷刑和不人道、不体面的刑罚”，因此，“今后任何一个想加入欧洲理事会的国家，其前提必须同意立即停止死刑的执行，并在一定的年限之内签署和批准《欧洲人权公约第六议定书》”。这种死刑政策使渴望融入欧盟的国家不得不加快了废除死刑的步伐。截至2007年4月1日，已有45个欧洲国家批准、1个欧洲国家签署了该议定书，欧洲正积极地向没有死刑的欧洲迈进。2002年，欧洲理事会通过了《欧洲人权公约第十三议定书》，将废除死刑的范围由和平时期推广到包括战争时期，这是表明死刑在任何情况下都不可接受的一个政治信号。与欧洲理事会一样，欧盟也将废除死刑作为其成员资格的一个先决条件。在1998年通过的一项决议中，欧盟宣称：废除死刑有助于人的尊严和人权的进步发展，因此，作为所有成员国能同意的一项政策观，必须努力废除死刑。2001年，欧洲议会通过了一个关于在世界上废除死刑的决议，该决议重申：“死刑是不公正的、邪恶的、卑劣的、堕落的，是与正义的普遍原则背道而驰的。死刑必须废除，以确保人的尊严和人权的进步发展，而后者以生命权为第一要素。”它还呼吁欧洲委员会“把废除死刑和暂停执行一切死刑作为欧盟与第三国发展关系的必要要素，并在与第三国签订协定时对该问题加以考虑”。受此影响，欧盟对一些保有死刑的国家，如美国、日本、黎巴嫩、马来西

① 参见孙世彦：《从联合国报告和决议看废除死刑的国际现状和趋势》，载《环球法律评论》，2015（5）。

亚、斯里兰卡、巴勒斯坦和几内亚等，采取了外交手段。[①] 这些外交上的不友好已经并将继续对相关国家死刑的废除产生效果。美洲国家组织于1969年通过的《美洲人权公约》第44条第4款规定："不得对政治犯或相关的普通犯罪适用死刑。"该公约将死刑的适用限制于"最严重的罪行"。1990年美洲国家组织大会通过的《美洲人权公约废除死刑议定书》没有采纳在战争时及和平时同时废除死刑的建议规定全面废除死刑，而是仅允许成员国在战争时保留死刑，且仅限于极其严重的战争罪，但需成员国在批准或加入该议定书时作出保留。

2. 死刑废除飞速发展

根据联合国报告和决议，从1973年至2013年，保留死刑的国家和地区从108个下降到39个，废除死刑的国家和地区从27个增长到159个。[②] 由此可见，在世界范围内，废除死刑已成为不可逆转的趋势。

3. 在死刑保留的国家和地区，死刑执行日益减少

根据联合国报告和决议，截至2013年年底，世界上尽管有37个国家和2个地区仍然保留死刑，但在2009年至2013年，只有31个国家和2个地区执行了死刑，另有6个国家尽管在法律上保留死刑，但并没有实际执行死刑。在2009年至2013年，超过半数保留死刑的国家和地区平均每年处决的人数不到4人。[③]

四、死刑的适用

（一）适用死刑的限制

在保留死刑的国家或地区，对严格限制和逐步减少死刑的适用已达成共识。保留死刑的国家往往在法律中对死刑的适用设置限制。如现行蒙古国刑法典第53条第4款明确规定："60周岁以上的人和犯罪时未满16周岁的人不得适用死刑。"类似的限制性规定也见于现行越南刑法典第35条、日本少年法第51条。

在司法实践中，各国也纷纷采取措施以限制死刑的适用。如日本在死刑的审理程序上，最高法院在对上诉审中判处死刑的案件以及维持一审死刑判决结果的上诉审判决进行三审的场合，习惯上都会进行公开辩论，在判决书中详细地说明判处死刑的理由。这些措施不仅客观上对于死刑的适用有限制作用，在观念上也向社会传递了对死刑适用问题的慎重和克制态度。

（二）适用死刑的标准

1983年7月8日，日本最高法院在对所谓"永山事件"[④] 的第一次上诉审判决中，初次表明了对死刑适用标准的一般态度："尽管本院大法庭的判决认为，死刑不是所谓残酷刑，刑法中规定死刑并不违反宪法，但是，死刑是永久性地剥夺人的存在基础的生命的冷

---

① 在这些外交手段中，最典型的是，欧洲议会在2001年6月通过一项决议，警告美国和日本如果在2003年1月1日之前没有在废除死刑的执行问题上取得"重要进步"，将取消其观察员地位。

②③ 参见孙世彦：《从联合国报告和决议看废除死刑的国际现状和趋势》，载《环球法律评论》，2015 (5)。

④ "永山事件"的过程是：1968年10月至11月间，19岁的永山则夫因抢劫枪杀4人，一审判处其死刑。永山提起上诉。上诉审最大限度地考虑了一些对其有利的主观情节，改判无期徒刑。对此，东京高等检察院以违反先例和量刑不当为理由提出抗诉。最高法院第二小法庭受理该抗诉之后，经过激烈辩论，决定将原案发回重审。1990年，永山被判处死刑。

酷的极刑，是在迫不得已的场合下才适用的极端刑罚，鉴于这一点，我们也认为，对其适用，和原判决所认定的一样，应当慎重。因此，原判所显示的判决宗旨，即法院可以选择适用死刑的场合，只限于具有异口同声地同意选择死刑程度的情节的极为恶劣的场合的见解，是可以理解的。因此，在保留有死刑制度的现行刑法之下，在综合考虑了犯罪行为的性质、动机、形态，特别是杀害手段方法的执拗性、残酷性，结果的重大性，特别是被害人的人数，被害人家属的被害感情、社会影响、犯人的年龄、前科、犯罪后的情节等各种情况之后，认为该犯罪性质确实恶劣，无论是从罪刑均衡还是从一般预防的角度出发，都必须处以极刑的时候，可以选择死刑。”① 该解释首次提出了死刑量刑的一般标准和选择死刑时应当考虑的因素，即所谓的“永山基准”。其中，除了历来所主张的犯罪的动机、杀害方法、被害人家属的感情等因素之外，还新增加了“被害人的人数”这一因素。尽管该标准并没有说明各个情节的适用方法以及各个情节之间的相互关系，但该判决的出现，使得日本死刑适用标准变得更加明确，这是应当加以肯定的。其中涉及的九项量刑因素成为之后死刑选择的主要裁量指引。在此后的死刑审判中，地方法院往往根据最高法院所提示的上述量刑事实，将各个情节加以列举，并从罪刑均衡和一般预防的观点出发，进行综合判断。如，2008 年 5 月 26 日，日本长崎市地方法院判处暗杀长崎市前市长伊藤一长的暴力团体头目城尾哲弥死刑，即参考了该标准。② 此外，之后的裁判又对“永山事件”所列举的九项因素之外的也值考量的因素进行了补充，其中包括犯罪计划性的有无及其程度、共犯情形下被告人的作用。③

第三节　自由刑

一、概说

自由刑有广义与狭义之分。广义的自由刑包括剥夺自由刑和限制自由刑，而狭义的自由刑则仅指剥夺自由刑。④

在奴隶社会和封建社会，生命刑和身体刑是刑罚体系的中心，自由刑并不重要。到了资本主义社会，为了适应资本主义发展对大量廉价劳动力的需求，自由刑取代生命刑和身体刑成为刑罚体系的中心。当然，启蒙思想家们对残酷刑罚的猛烈抨击，也是促使自由刑取代生命刑和身体刑中心地位的一个重要原因。

---

① 转引自黎宏：《日本判例中的死刑裁量标准考察》，见日本法在线：http://www.japanlawinfo.com/news.asp?id=532。

② 参见《暗杀市长 日暴力团体头目被判死刑》，见人民网：http://ah.people.com.cn/GB/channel986/987/1069/200805/27/。

③ 参见［日］川出敏裕、金光旭：《刑事政策》（第 2 版），75 页，东京，成文堂，2018。

④ 理论上有的学者还将短期自由刑作为与有期自由刑和终身自由刑相并列的第三种自由刑。但在我们看来，短期自由刑仍属于有期自由刑的范畴。

二、自由刑的种类

根据各国刑法的规定，自由刑的种类主要有以下分类。

(一) 终身自由刑和有期自由刑

终身自由刑，又称无期自由刑，是指对犯罪人终身监禁的刑罚，是仅次于死刑的一种严厉的刑罚方法。有期自由刑，是有限度地剥夺犯罪人自由的刑罚，是刑罚体系中运用最为广泛的一种刑罚方法。

日本和意大利的刑法典明确界定了无期自由刑和有期自由刑。日本刑法分别在第 12 条、第 13 条规定，惩役与监禁均分为无期和有期两种；意大利刑法典除了在第 17 条对主刑种类的列举中明确将无期徒刑和有期徒刑并列规定为重罪的两种主刑外，还在刑法典第 22 条、第 23 条具体对无期徒刑、有期徒刑的期限、执行场所等问题作了详细规定。德国刑法典对于这一分类显得略微隐晦，其在第 38 条“自由刑的期限”中规定：“自由刑有其期间，但法律规定为终身的不在此限。”也就是说，德国自由刑以有期自由刑为原则，以终身自由刑为例外。

关于有期自由刑的期限，各国刑法的规定不尽一致。德国刑法典规定的有期自由刑最长为 15 年，最短为 1 个月；而意大利刑法典中的有期自由刑最长为 24 年，最短为 15 天；奥地利刑法典中的有期自由州最长可达 20 年，最短则仅 1 天。

(二) 剥夺自由刑、限制自由刑

法国刑法理论将自由刑分为剥夺自由和限制自由两大类。剥夺自由，是指剥夺被判刑人自由的刑罚。多数情况下自由刑指的都是剥夺自由：(1) 重罪徒刑，包括重罪有期徒刑和重罪无期徒刑；(2) 重罪拘押刑，包括重罪有期拘押和重罪无期拘押；(3) 轻罪监禁刑。限制自由，是指限制个人的行动自由，但仍然为判刑人留有在家庭、职业等方面过正常生活的可能。在这一类型的刑罚中包括“禁止居留”以及适用于毒品走私罪与淫媒谋利罪的“禁止离开法国领域”的刑罚。禁止居留是禁止被判刑人出现于特定地点与场所，被判刑人不得出现的地点与场所由法院确定，而执行法官有进行变更的权限。尽管法律将“禁止居留”规定在刑罚之内，但其实际上是一种保安处分措施。①

(三) 徒刑与监禁

有些国家的刑法从自由刑的内容着眼，将自由刑分为徒刑与监禁。如根据日本刑法第 12 条、第 13 条的规定，日本的自由刑包括无期惩役、有期惩役、无期监禁、有期监禁。其中，在惩役的场合要服劳役，在监禁的场合则不服劳役。在适用上，监禁一般适用于内乱罪等带有政治色彩的犯罪。此外，日本刑法中还存在另外一种有期自由刑——拘留。拘留是比惩役和监禁轻的自由刑，主要在轻犯罪法中被适用。拘留期限为 1 日以上不满 30 日。在拘留的场合，拘禁于拘留所内，不同时科以劳役。

法国刑法中的自由刑与日本的自由刑类似。有期自由刑（广义）根据适用于重罪还是轻罪，分为有期徒刑、有期拘押和监禁。其中有期徒刑和有期拘押适用于重罪，监禁则适用于轻罪。在重罪中，对普通重罪适用有期徒刑，政治犯则适用有期拘押。

---

① 参见［法］卡斯东·斯特法尼等：《法国刑法总论精义》，罗结珍译，485、489 页，北京，中国政法大学出版社，1998。

三、自由刑的单一化

如前所述，通常而言，徒刑与监禁最大的区别在于在前者的场合要强制犯罪人服劳役，而在后者的场合则不强制犯罪人服劳役。那么，能否取消这二者之间的区别，将其合二为一呢？这就是自由刑的单一化问题。在二者中，监禁是少量适用的，且监禁系仅单纯关押，有违反刑罚人道主义精神和刑罚目的之嫌，因此，自由刑单一化问题基本上就是能否取消监禁刑的问题。①

（一）二元论

二元论者认为，自由刑的这种区分是历史形成的。考虑犯人的名誉感情这种观念已经深深植根于西欧诸国、日本等国家的法传统和国民感情，对政治犯表示特别考虑的这种制度，与成为民主主义基础的政治上的相对主义有密切的关系。并且，政治犯和过失犯多数在性格上与一般的犯罪人颇不相同，在行刑中对他们予以特别的考虑也是必要的，将这一点完全委之于担任行刑的人裁量，在人权保障方面不会令人满意。在行刑分类不十分发达的背景下，保留徒刑与监禁的区分，以在立法及裁判的阶段上作第一次分类，是必要的。简单地说，徒刑与监禁并存，是刑罚个别化的要求。这种见解在日本很有市场。

在德国刑法学者中，李斯特是二元论的典型代表。他认为，单一化的思想基础是改善罪犯的理论，但现实中存在着不能改善的犯罪人，而且自由刑就是对自由的拘束，没有理由取消监禁刑。

（二）一元论

单一化论者认为，许多国家的刑法规定，被判处监禁的犯罪人如果申请，也可以服劳役。这种情况下，徒刑与监禁实际上就没有区别。并且，对确信犯、过失犯以及基于非破廉耻动机的犯罪人不应科处服劳役，而这是以蔑视劳动的思想为基础的。况且，长期单纯监禁，给受刑者造成了极大痛苦，不符合刑罚人道主义精神。

日本学者木村龟二、西原春夫是单一化论的有力主张者。木村龟二认为，以有无劳役为理由来区别惩役和监禁是有问题的。从日本来看，监禁所适用的也不一定是非无耻罪。另外，从受监禁刑者也可以请求劳动来看，认为使之劳动本身就表示了厚颜无耻性的意义未必妥当。② 西原春夫则认为，在犯罪中不知廉耻与非不知廉耻的大致区别确实是存在的，但这种区别与其说决定于犯罪的种类，毋宁说根据动机如何来决定的场合不少。然而这种区别是极为相对的，完全听凭法官的判断，对法官来说未免是过重的负担……劳役曾经是与剥夺自由一起作为刑罚的恶害，但现在这样的性质已经淡薄。劳役是给予刑务所生活以规律的手段，是集体作业疗法的一种。由于赋予技能促进出狱后的更生，劳役也可以称为预防再犯的手段。这样，是否科以劳役，不是根据犯罪的性质，而应当从受刑人改过迁善的观点加以决定。作为立法论，废止惩役与监禁的区别，不宜在使从事一样的刑务作业的场合，应另外在执行法中规定。并且，拘留应包含在单一刑中。③

---

① 只有少数人主张废除徒刑，实行监禁刑的单一化。

② 参见［日］木村龟二主编：《刑法学词典》，顾肖荣等译，426页，上海，上海翻译出版公司，1991。

③ 参见［日］西原春夫：《刑法总论》（下卷），改订准备版，494页，东京，成文堂，1995。

(三) 自由刑单一化的趋势

在1872年“国际刑法及刑务会议”第一次会议上，自由刑单一化问题首次作为国际会议议题被讨论。但真正在实定法上实现自由刑的单一化，除荷兰外，多数国家如德国(1975年)、匈牙利(1961年)、奥地利(1974年)、保加利亚(1951年)、英国(1948年)等，都是在第二次世界大战后实现的。

德国旧刑法按照严厉程度规定了重惩役、轻惩役、拘留与拘禁四种不同的自由刑。在制定新刑法前，1962年草案对于自由刑也设计为重惩役、关押刑和刑事拘役三种。该草案的基本立场在20世纪60年代中期受到了越来越多的公众以及学术界日益增多的激烈批评。1966年，鲍曼(Baumann)等14名著名的中青年教授发表了“选择性草案”，该草案放弃了各种自由刑的区别。立法者经过长期的犹豫，最终统一于选择性草案的观点。① 在德国刑法改革后，这种根据是否服劳役来规定多种自由刑的立法不再存在。德国现行刑法第38条规定的自由刑，仅有无期徒刑与有期自由刑之别。

在日本，尽管第二次世界大战后一元论与二元论长期争论不休，但由于官方支持二元论，自由刑单一化问题在刑法改革中没有取得丝毫突破。即使是日本改正刑法草案，也与现行刑法一样，对自由刑规定有惩役、监禁和拘留三种类型。

四、短期自由刑

(一)“短期”的概念

对于短期的理解，三个月说和六个月说是比较主要的见解。此外，还有一年说、一周说、二周说、六周说、四个月说、九个月说等主张。

第一，三个月说。将短期自由刑界定为三个月以下的自由刑，是较早的立场。1891年第二次国际刑事学协会德国分会及1894年德国监狱职员会议都将短期自由刑的期限界定为三个月以下。1946年国际刑法及监狱委员会的决议同样认为：“短期自由刑的概念完全是相对的，因各个人与犯罪而异。但是，可以肯定不超过三个月的自由刑都属于这个范围。”

第二，六个月说。自从1959年联合国欧洲咨询小组在斯特拉斯堡召开的会议上采纳六个月说以来，该说在国际社会就确定了其通说地位。日本刑法学界也一般都认为未满六个月的自由刑是短期自由刑。

(二) 短期自由刑的弊害

19世纪中后期，随着刑事实证学派的兴起、教育刑论的盛行，短期自由刑的实际社会效果受到了越来越多的质疑。关于短期自由刑的利弊、存废的争论自此开始。

在争论中，对于短期自由刑存在不少弊端已达成共识。一般认为，短期自由刑的弊端主要包括：第一，短期自由刑由于时间太短，一方面惩罚功能太弱，威慑力不强，一般预防效果差；另一方面，行刑机关没有足够的时间来了解各个罪犯的特点，制定个别处遇方案，并依此有针对性地对其进行矫正和教育，因而教育改善功能差。第二，被适用短期自由刑的人大多为初犯或实施轻微犯罪，这些人尚有一定的羞耻心，容易改过自新。然而一旦关押，就同其他罪犯一样被贴上犯罪分子的标签，降低了自尊心。这会导致其产生自暴

---

① 参见[德]克劳斯·罗克辛：《德国刑法学总论》，第1卷，王世洲译，63～69页，北京，法律出版社，2005。

自弃的心理，走上再犯道路。第三，短期自由刑执行中和执行后的“后遗症”多。如罪犯可能因受刑而失业、失学、婚姻家庭破裂，子女的教育培养、家庭的经济生活等也将受到不良影响。罪犯服刑期满后，无论是否得到改造，都会在升学、就业、婚恋等方面受到歧视和阻碍，从而对前途失去信心，复归社会出现困难。第四，执行短期自由刑的场所大多设施不善，房舍不足，往往将受刑人混杂关押，而且管理工作人员往往也不称职，难以履行矫正职责。这极易使罪犯间发生交叉感染，相互交流犯罪经验和技术，强化犯罪意识，从而增大人身危险性，制造出更加危险的累犯。

（三）短期自由刑改革

尽管短期自由刑存在诸多弊端，但其中部分并非其所特有，有些甚至是刑罚执行方式的不科学造成的。更重要的是，短期自由刑符合现代刑罚发展的轻缓化趋势。况且，迄今为止，理论和实务部门提出的种种短期自由刑替代措施也都存在这样或那样的问题。因此，目前而言，针对短期自由刑的诸多弊端，各国大多注重对其加以改革。以废除方式来解决短期自由刑问题的方案，从大陆法系各国刑法来看，目前还仅停留在立法建议层面上，如德国刑法的官方草案（第 36 条第 1 款）、瑞士舒尔茨的“预备草案”（第 32 条）①。

关于如何改革短期自由刑，理论界一直没有停止思考。1872 年在伦敦举行的第一届国际刑法及监狱会议，即讨论了用不剥夺自由的强制劳动代替短期监禁以及监禁易科罚金的可能性。而 1925 年第九届国际刑法及监狱会议和 1950 年在荷兰海牙召开的第十二届国际刑法及监狱会议，则建议采用保护观察和罚金代替短期自由刑。

从世界各国的短期自由刑改革来看，方式主要有以下两种。

1. 替代型改革方式。即对短期自由刑本身予以替代，易科为其他非监禁刑，如罚金、强制劳动、训诫、剥夺或限制一定资格，等等。

（1）易科罚金。采用这一替代手段的典型立法例是德国刑法、奥地利刑法、意大利刑法。如德国刑法典第 47 条第 2 款规定：“本法未规定罚金刑和 6 个月或 6 个月以上自由刑，又无前款必须判处自由刑情况的，法院可判处其罚金。本法规定的最低自由刑较高时，最低罚金以最低自由刑为准，30 单位日额金相当于 1 个月自由刑。”其意即为，对 6 个月以下的短期刑，如自由刑的执行不是绝对必要，则易科罚金。这种短期自由刑易科罚金的制度在德国从 20 世纪 70 年代开始即实施，大大减少了进入教育改造部门的人数。对于这种自由刑改革的意义，德国学者约阿希姆 • 赫尔曼予以高度评价：“这次改革的意义可以同废除属于肉刑的死刑媲美。”②

（2）易科劳役。易科劳役，是指不将受刑人拘禁于监狱或一定的场所，而仅仅强制其向国家机关或其他的公益团体提供一定时间的无报酬的劳务的刑罚替代手段。根据易科发生的时间，其易科方式又可分为两种：一是法院用强制劳动等工作罚直接替代短期自由刑的宣告；二是以强制劳动等工作罚作为已经宣判的短期自由刑的替代执行手段。易科劳役更多见于英美法系国家，在大陆法系国家则较为鲜见。

2. 改良型改革方式。这种模式强调采取一系列避免或减少弊端的完善措施，如避免或减少短期自由刑的宣告、实际执行，或者减少实际执行的刑期，或者采取变通的刑罚执行

---

① ［德］耶赛克、魏根特：《德国刑法教科书》（总论），徐久生译，921、925 页，北京，中国法制出版社，2001。

② ［德］约阿希姆 • 赫尔曼：《西德刑事制裁的法律与理论》，载《法学译丛》，1979（5）。

方式，等等。

(1) 限制适用。德国刑法典对短期自由刑的适用予以严格限制，其第 38 条第 2 款规定，“有期自由刑最高为 15 年，最低为 1 个月”。这也就是说，1 个月以下的短期自由刑被完全废除。第 47 条第 1 款则规定，“法院根据犯罪人和犯罪人人格具有的特殊情况，认为必须判处自由刑才能影响犯罪人和维护法律秩序时，可判处 6 个月以下的自由刑”。其意即为，1 个月以上 6 个月以下的短期自由刑的适用，仅限于矫正犯罪人人格和维护法律秩序所必需的这两种特殊情况。正因为这条法律指示法官，只有在例外的情况下（作为最后手段），才可以适用短期自由刑，该款被称为“最后手段条款”[①]。这种最后性在大陆法系其他某些国家的刑法中也同样被追求，如奥地利刑法典第 37 条即是如此。

(2) 变通执行。针对短期自由刑因执行不科学带来的问题，一些国家对传统的自由刑执行方式进行了改革，将某些情况下的短期自由刑改良为半自由性质的一种制裁。

1) 周末监禁。所谓周末监禁，是指利用受刑人每周的空暇时间，将其收容于监狱执行自由刑，而在工作日让其正常地工作、生活。

周末监禁这种变通执行方式源自德国。德国少年法院法第 16 条规定，少年拘禁分为假日拘禁、短期拘禁和长期拘禁。假日拘禁就是在每周休假日执行拘禁。这就是周末监禁的由来。后来，这一制度也适用于成人监狱。根据德国刑法典第 32 条，如果为了避免对受刑人在刑罚目的之外产生不良效果，监狱当局可依其职权或根据受刑人的申请而决定，对于判处两周以下监禁刑的犯罪人适用周末监禁。监禁时间原则上自星期六早晨 8 点起（如果星期六早晨需要工作者，则从下午 3 点起）至星期一早晨 7 点止，折算为 2 日的刑期。

由于周末监禁方式既可以达到惩罚、改造犯罪人的目的，又不影响犯罪人正常的工作和生活，在一定程度上避免了短期自由刑的弊端，比利时、荷兰、瑞士、葡萄牙等也先后引入这一制度。

2) 半监禁。所谓半监禁，是允许白天在设施外活动，只在夜间和休假日拘禁于刑事设施内的制度。在有些国家，半监禁特指夜监禁。在意大利，被判半监禁的人，每天必须在专为这种措施而设的机构或监狱内待 10 小时，同时允许他白天用部分时间在监外参加劳动、教育等有利于重归社会的活动。根据 1993 年的第 187 号法令第 5 条第 1 款，半监禁可以代替 1 年以下监禁刑。

半监禁在减少短期自由刑的副作用效果上与周末监禁类似。在大陆法系，采用这一执行方式的国家，有法国、意大利、瑞士、比利时、葡萄牙等。

3) 狱外服刑。狱外服刑大部分适用对象的刑期在 3 年以下。具体实施方法是，让犯罪人在狱外的设施（如保护观察旅馆、处遇中心等）中服刑。在大陆法系国家中，采用这一变通执行方式的国家主要是瑞士、德国等。与周末监禁和半监禁相比，这一方式对那些无家或无固定居所的罪犯更为适合。

此外，国外还存在业余服刑、家中服刑等变通执行方式。鉴于这些变通执行方式采取的国家十分稀少，在此从略。

作为大陆法系重要国家之一的日本，对于短期自由刑的改良目前没有显著举措。即使是改正刑法草案，也仅着眼于对拘留刑期的延长和增设矫正处遇。该设计既无代表性，亦无法律效力。

---

① ［德］克劳斯·罗克辛：《德国刑法学总论》，第 1 卷，王世洲译，32 页，北京，法律出版社，2005。

五、不定期刑

（一）不定期刑的概念和沿革

所谓不定期刑，是指裁判时不确定刑期，由裁判所或者行刑机关根据受刑者在服刑中的改善程度来决定释放的日期。不定期刑有绝对的不定期刑和相对的不定期刑。完全不确定刑期的，是绝对的不定期刑；确定刑期的上限与下限或者确定其中之一的，是相对的不定期刑。绝对不确定的不定期刑因有违罪刑法定原则，不利于人权保障，目前几乎没有市场。

19世纪下半叶，在实证学派目的刑、教育刑思想影响下，作为一种新的刑罚制度的不定期刑产生了。在刑事实证学派看来，定期刑是“向后看”的刑罚，对于犯罪人来说，并不能与改造罪犯所需要刑期之间达到完全一致。“如果刑罚的尺度是事先规定好的……‘法官就像这样一个医生，他在进行表面的诊断之后，就给病人开处方，并指定病人在哪一天出院，而不管病人当时健康状况如何’。如果病人在医生指定的日期之前就治好病，他也必须留在医院；当医生指定的日期到来时，不管病人的病是否治好了，他也必须出院。”① 为了使自由刑最大限度地具有矫正功能，实现刑罚个别预防目的，新派理论提出了“刑罚个别化”的原则，并提倡对自由刑的量处与执行采用不定期刑的方法来代替定期刑。按照该主张，对犯罪人进行刑罚裁量与执行时，应当以个案的形式对不同的犯罪人作出各自不同的人格危险判断，“对于有必要对犯罪人个性进行持续性研究和探讨的案件，法官应当首先科处不确定的刑罚，然后在法定最高刑和最低刑幅度内，根据事后对犯罪人个性的更确切的认证，再作出最终判决”②。

1877年美国纽约州埃尔米拉矫正所实施了新型的矫正模式，对16岁至30岁的囚犯采用不定期刑和假释。一般认为，此即作为制度的不定期刑的始端。此后，不定期刑逐渐步入急速发展的时期。到20世纪60年代时，美国除了9个州和联邦外，其他所有州都采用了不定期刑制度。其他许多国家刑事立法也都采取了不定期刑制度，如英国的犯罪预防法（1908年）、澳大利亚的少年法（1928年）、日本的少年法（1922年）均是如此。意大利、芬兰、瑞典、挪威、希腊及苏联也相继引入了不定期刑制度。由于测量矫正刑现实效果的指标——累犯现象，并未因不定期刑而得到改善，20世纪70年代初，不定期刑逐渐失去支持，走向衰落。

（二）不定期刑的贯彻模式

概括而言，不定期刑的具体贯彻有两种模式：其一，法院在法律规定的刑期范围内，确定刑期的上限和下限并进而宣告。这种主张依最后判决作出者的不同又分成两派：一派（范·哈默尔）主张最后的判决应留待刑事法官作出；另一派（冯·李斯特）则主张最后的判决应交给一个专门机构（刑罚执行当局）作出。其二，法院仅仅具有科处所谓“一般刑”的权限，即法院没有确定刑罚的终期或者期间的权限，法定刑或处断刑的最高刑期与最低刑期原样成为宣告刑的最高刑期与最低刑期。③

以上两种不同模式的核心区别在于，法院在多大程度上决定对受刑人的监禁期限。就

---

① ［意］菲利：《犯罪社会学》，郭建安译，274页，北京，中国人民公安大学出版社，2004。

② ［德］李斯特：《德国刑法教科书》，徐久生译，18～19页，北京，法律出版社，2000。

③ 参见马克昌：《比较刑法原理——外国刑法学总论》，862～863页，武汉，武汉大学出版社，2002；［德］李斯特：《德国刑法教科书》，徐久生译，18～19页，北京，法律出版社，2000。

前者而言，法院裁量权较大，刑罚执行机关或假释委员会等行政机关在决定释放受刑人时，为法院所规定的最低刑期与最高刑期所约束；而在后一种模式下，法院仅抽象地判决，实际刑罚执行的期间长短完全由刑罚执行机关决定。

（三）不定期刑的适用对象

在采用不定期刑的典型国家——美国、日本，不定期刑一般仅适用于少年犯和常习累犯。

1. 对少年犯的不定期刑。考虑到少年犯罪者的人格具有可塑性，对于少年犯罪者原则上采用保护处分优先主义。在被处以刑罚的场合，少年法也规定了少年犯罪者与成年犯罪者不同的处理办法。相对的不定期刑就是日本少年法在自由刑适用上采用的一种特殊处理。根据日本少年法第 52 条第 1 款，对审判时不满 20 岁的人，应以 3 年以上惩役、监禁处断时，在该刑罚幅度的范围内确定最高刑期与最低刑期而宣告之。根据该法第 52 条第 2 款，不定期刑的最高刑期不得超过 10 年，最低刑期不得超过 5 年。[①]

2. 对常习累犯的不定期刑。日本现行有效的法律并没有规定对常习累犯适用不定期刑，但日本改正刑法草案对此作出了设计。根据改正刑法草案第 58 条，被判处 6 个月以上惩役的累犯又犯罪，应作为累犯判处有期徒刑时，如果认定犯罪人是常习者，则为常习累犯。草案第 59 条则明确规定："对于常习累犯，可以宣告不定期刑。"

对常习累犯适用不定期刑的理由，通常认为是基于充分考虑其社会的危险性宣告比较长期的自由刑，一方面针对犯人的危险性保护社会的安全，另一方面，按照谋求犯人改善更生的见地，有必要在弹性的充实的刑事设施内处遇与假释后能够实施保护观察。

不定期刑制度在刑事实证学派对目的刑、教育刑的热情倡导中兴起，在不到一个世纪后被放弃，但这并不意味着不定期刑制度完全缺乏理论的合理性。从理论上说，不定期刑制度是符合目的刑、教育刑宗旨的，但不定期刑制度却难逃失败的命运。首先，从理论上看，它明显有悖于被公认的近代刑法的基本原则——罪刑法定原则和罪刑相适应原则。其次，从技术条件来讲，不定期刑制度的完美适用，必须以对具体犯罪人人格状况的客观评估为基础。而现代科学尚无法提供能够客观甄别出罪犯人格危险程度及人格改造程度的技术支持。在此前提下，不定期刑就有可能成为超出责任范围的长期拘禁工具。最后，在不定期刑制度中，刑罚执行机关对罪犯刑期的确定实际上具有相当的自由裁量权，这会导致行刑机关和受刑人之间形成不正常的关系，有碍于对服刑人人权的司法保障。也正是由于不定期刑制度存在这些难以克服的弊端，在短暂的兴起后，它又重新让位于定期刑。但值得注意的是，尽管作为一种刑罚模式，不定期刑已被证明难以实现初衷，但其所蕴含的观念如"刑罚个别化""个别预防""刑罚教育改造功能"等，仍值得受到高度评价。

第四节　财产刑

一、概说

财产刑是以剥夺犯罪人财产利益为内容的刑罚。大陆法系的财产刑大体可以分为以下

---

① 参见［日］野村稔：《刑法总论》，全理其、何力译，502 页，北京，法律出版社，2001。

四种类型：

1. 单一型。这指的是刑法对于财产刑仅规定了单一的某一种。通常认为德国刑法所规定的财产刑为典型的单一型财产刑。这主要是因为，德国刑法总则明确规定，刑种包括自由刑、罚金刑、从刑和附随效果。这表明，德国法定的财产刑仅罚金刑一种。但实际上，从德国刑法典关于财产刑所规定的内容来看，德国的财产刑并不限于罚金，还包括没收与追征，其中关于没收的规定体现在德国刑法典第74条："凡故意犯罪的，因犯罪所得之物，或用于犯罪、预备犯罪，或准备用于犯罪之物，应予没收。"

2. 多内涵的财产刑。多内涵的财产刑以日本刑法为典型代表。日本刑法中财产刑的多内涵体现在：其一，日本的财产刑包括几个种类——罚金、科料和没收；其二，在财产刑的归属上，既包括作为主刑的罚金和科料，也包括作为附加刑的没收。

3. 刑事与保安处分相结合的财产刑。典型代表是意大利刑法。意大利刑法将罚金和罚款规定为主刑，而将没收财产规定在对物的保安处分中。

4. 复杂的财产刑。典型代表是法国刑法。在法国刑法中，财产刑在性质上既有以主刑的形式适用的，也有以附加刑的形式适用的；在种类上，既有罚金，又有没收；在适用主体上，既可以是自然人，也可以是法人；在适用罪行上，既可以适用于重罪，也可以适用于轻罪，还可以适用于违警罪。

二、罚金刑

（一）罚金刑概述

罚金刑是判令犯罪人向国家缴纳一定数额金钱的刑罚。一般认为，罚金刑由希腊古代赔偿金制度或者日耳曼民族的赎罪制度演变而来。但在古代社会，刑罚的指导思想是报应、恐吓，罚金刑的适用面极为有限。17、18世纪后，资产阶级取得政权后，自由刑成为刑罚体系的中心，罚金刑亦备受冷落。

进入20世纪后，随着对短期自由刑弊端的批评，罚金刑被认为是代替短期自由刑的适当手段而日益受到重视。在世界许多国家，罚金刑逐渐成为适用最多的刑罚方法。如在德国，1991年被科处罚金刑的被判刑人占被判刑人总数的84%。1994年，根据全部刑法，一共有578 419件罚金刑作为最严厉的刑罚受到判处。[①] 在实际运用上，罚金刑逐渐成为刑罚体系的中心。

（二）罚金刑额度的确定

从大陆法系刑法的规定来看，罚金的确定有以下四种不同的方式。

1. 无限额罚金制。无限额罚金制即法律不规定罚金数额，由法官根据犯罪人的犯罪行为、个人表现、经济情况等具体斟酌裁量的制度。如1871年法国刑法典第86条规定："犯本章的犯罪（指内乱罪），处第80条至第84条规定之刑者，得并科以无最高限制的罚金。"

2. 限额罚金制。限额罚金制又称普通罚金制，是指在刑法中规定罚金的一定数额，在法定的数额幅度内，由法官根据具体案件情况作出裁量的罚金制度。如意大利刑法典第403条规定："通过对从教人员的侮辱公开侵犯国家信仰的，处以1 000至5 000欧元罚金。"这

① 参见［德］耶赛克、魏根特：《德国刑法教科书》（总论），徐久生译，927页，北京，中国法制出版社，2001；［德］克劳斯·罗克辛：《德国刑法学总论》，第1卷，王世洲译，72页，北京，法律出版社，2005。

种限额有时则体现在刑法总则的相关规定上。如瑞士刑法总则在第 48 条规定："法律未作其他特别规定的，罚金刑的最高限为 4 万瑞士法郎。"如抛开该规定，则容易将该国刑法分则中没有规定限额的适用罚金的情况误认为系无限额罚金制。

3. 倍比罚金制。倍比罚金制又称按比例罚金制，是指刑法规定以某个与犯罪有关的数额为基础，然后以其一定的倍数或比例来确定罚金数额的制度。如西班牙刑法典第 308 条第 1 款规定："通过虚构或隐瞒必要条件，获得公共管理部门十二万欧元或该等价值以上补贴或资助的，除非已依照本条第五款规定进行返还，处以一年至五年徒刑，并处骗得金额一至六倍的罚金。"

4. 日额罚金制。日额罚金制又称日付罚金制，是按照确定交纳罚金的天数和每天应当交付的罚金数额逐日交付罚金的制度。在日额罚金制下，罚金数额的确定为两个阶段：第一阶段，根据行为者的刑事责任大小和行为者的人身危险性程度确定交纳罚金的天数；第二阶段，根据行为者的财产状况确定每天应缴纳的罚金数额。如德国现行刑法典第 40 条规定："罚金刑以日额金为单位科处，最低为 5 单位日额金，最高为 360 单位日额金，法律另有规定的除外。""日额金的金额由法院考虑行为人的人身和经济情况来决定。原则上以行为人每日平均应有或可能有的纯收入为准。每一单位日额金最低不得少于 2 个德国马克，最高不得超过 1 万德国马克。"

从理论上看，日额罚金制不因财产状况的不同而出现罚金刑效果不平等的现象，体现了法律面前人人平等的思想。从对个犯的教育、改造方面来看，也有利于刑罚目的的实现。但由于其适用要求相应的保障机制（如健全的财产调查制度），此制目前只为西方某些国家采用，如瑞典、德国、丹麦、法国、西班牙等。有资料表明，在法国，"由于考虑到实施上的困难，法官很少采用日罚金刑，而更愿意宣告公共利益性质的劳动"①。

（三）罚金刑易科制度

罚金刑易科制度是指在犯罪人拒不缴纳或不能缴纳罚金的情况下，法院裁定用其他刑罚或处罚措施代替罚金刑执行的制度。

从世界范围来看，在众多解决罚金刑执行难的对策中，罚金刑易科是被广泛采用的方法。德国、日本、法国、意大利、俄罗斯、瑞士、澳大利亚、英国、美国等均在其刑法中规定有罚金刑易科制度。

概括而言，罚金刑易科主要有罚金刑易科自由刑和罚金易科劳役。

1. 易科自由刑。易科自由刑在罚金刑易科中最为常见。如德国刑法典第 43 条规定了罚金刑易科自由刑。类似的规定也见于意大利、瑞士、西班牙、瑞典、奥地利等国的刑法。

2. 易科劳役。所谓易科劳役，是指对未能缴纳罚金刑的人，易服不剥夺自由的劳动改造。刑法采取易科劳役的典型立法例是朝鲜刑法和俄罗斯刑法。如俄罗斯联邦刑法典第 46 条第 5 款规定：在被判刑人恶意逃避支付罚金时，可以用强制性工作、劳动改造或扣押与所处罚金数额相当的财产代替罚金。

值得注意的是，日本刑法第 18 条第 1 款规定："不能缴清罚金的人，应在一日以上二年以下的期间内，扣留于劳役场。"对于该规定，易误解为罚金刑易科劳役。根据日本监狱法第 6 条的规定，日本劳役场中的劳役者准用有关服自由刑的规定。因此，该罚金刑易科

---

① ［法］卡斯东·斯特法尼等：《法国刑法总论精义》，罗结珍译，467 页，北京，中国政法大学出版社，1998。

在性质上实际与罚金刑易科自由刑更为接近。类似的情况还有法国刑法典第 131—25 条规定的罚金刑易科。

此外，在部分国家或地区的刑法中，规定有罚金刑易科公益劳动。如瑞士联邦刑法典第 49 条规定："可以允许被判刑人以公益劳动，尤其是为国家或社区劳动替代罚金刑。"

三、没收

（一）概说

大陆法系刑法的没收经历了一个从扩张到收缩的过程。在奴隶社会时期，尽管在《汉穆拉比法典》《十二铜表法》中就设有没收财产这种刑罚，但当时没收财产的适用并不具有普遍性。进入封建社会后，由于生产力的发展，没收财产刑有了扩大适用的基础，刑事立法中该刑种也日渐普遍。中世纪时期，没收甚至成为宗教迫害的工具。18 世纪末，随着启蒙思想的勃兴，没收财产刑遭到了越来越多的抨击，许多国家纷纷开始废除或限制没收财产刑的适用。现在西方各国中，很少有没收财产这一刑种。

（二）没收的种类

1. 一般没收与特别没收。从没收的对象来看，没收可以分为一般没收与特别没收。所谓一般没收，是指剥夺犯罪人的全部财产所有权，也就是将犯罪人的所有财物收归国有。特别没收是指对与犯罪有关联的一定之物，剥夺所有权，使其归属国库，理论上也称为没收犯罪物品。

综合各国刑法规定来看，特别没收的对象主要包括：（1）组成犯罪行为之物。所谓组成犯罪行为之物，就是作为犯罪行为所必不可少的要素的物。如赌博罪中的赌资，贿赂犯罪中的贿赂等。（2）供犯罪行为所用之物。这指的是行为人实施犯罪行为时所使用的物。如杀人用的刀枪，走私犯罪用的交通工具等。供犯罪行为所用之物既包括已经供犯罪所用的物，也包括准备用于犯罪的物。（3）犯罪行为所生之物。此类物品又包括以下三种：1）由犯罪行为所产生的物。如伪造货币罪中所伪造出来的假币。2）由犯罪行为所得之物。行为人实施犯罪前原本存在，行为人通过实施犯罪行为取得了该物，如通过赌博所赢来的金钱。3）作为犯罪报酬所获得的物。如受雇杀人所收受的酬金。没收由犯罪行为所生之物，是为了使犯罪人不能保留基于犯罪所产生的不正当利益。[①]（4）对社会具有危险的物。如奥地利刑法典第 26 条第 1 项规定："……依该物之性质，为防止犯罪之发生，有予以没收之必要者，没收之。"

特别没收在有些国家被以刑罚的形式加以确定，如日本刑法、韩国刑法。但从实质上来说，特别没收的本质是预防反复犯罪的危险性，以使犯人不能由于犯罪而取得不当利益，实质上属于对物的保安处分，而不具有刑罚的性质。[②] 因此，在有些国家，特别没收被作为一种处分措施加以规定。如现行瑞士联邦刑法典第 58 条"保安没收"、第 59 条"没收财产价值"即置于"其他处分"条目之下；现行意大利刑法典将"没收财产"规定为"财产保安处分"的种类之一，其第 240 条第 1 款规定："法官可以决定没收为犯罪服务或者被用于实施犯罪的物品以及作为犯罪产物或收益的物品。"

---

① 参见［日］山中敬一：《刑法总论》，2 版，1032～1033 页，东京，成文堂，2008。

② 参见［韩］李在祥：《韩国刑法总论》，［韩］韩相敦译，504 页，北京，中国人民大学出版社，2005。

近代刑法理论认为，一般没收影响了犯罪人的家庭生活及继承人的利益，有违个人责任之嫌。而特别没收剥夺与犯罪有密切关系的财物，有利于达到预防犯罪的目的，故现代各国刑法中规定的没收，多为特别没收。

2. 任意性没收与必要性没收。这是从没收财产的适用法官是否可自由裁量的角度所作的划分。任意性没收指的是法官可以任意决定是否适用没收财产。如在日本刑法第 19 条及德国刑法典第 42 条 a 所规定的没收中，使用的措辞均为“可以”，即为任意性没收。所谓必要性没收，则指法官没有自由裁量权，必须适用没收财产。如日本刑法第 197 条之五的前段规定：“犯罪人或者知情的第三者所收受的贿赂，应当没收。”

(三) 没收财产的适用范围

没收财产因其严厉性，往往适用于严重的犯罪：(1) 危害国家安全的犯罪。根据保加利亚刑法典第 114 条第 2 款的规定，对第 95 条至第 107 条规定的危害共和国犯罪，法院可以判处部分或全部没收财产。(2) 贪利性犯罪。贪利性犯罪是指以贪财图利为目的的犯罪。对于贪利性犯罪适用剥夺财产刑，有利于抑制其贪欲。俄罗斯联邦刑法典第 52 条第 2 款规定：“对出于贪利的动机而实施的严重犯罪和特别严重的犯罪判处没收财产……”

四、追征

所谓追征，是指没收不可能时，命令行为人代之以缴纳一定金钱给国库的处分。如日本刑法第 19 条之二规定：“前条第一项第三款和第四款所列之物的全部或者一部不能没收时，可以追征其价款。”追征不是一种刑罚，而是一种换刑处分，理论上也称其为准没收处分。

所谓不能没收，是指在判决的当时，在事实上或法律上不能没收。事实上不能没收，一般是指原物因被犯罪行为人消费、毁坏、丢失等，客观上已经不存在。法律上不能没收，则是指原物虽然客观上存在，但由于法定的原因不能没收，如该物被善意第三人取得。

在有些国家的刑法中，虽没有追征的概念，但存在类似的措施。如瑞士联邦刑法典第 59 条第 2 款规定：“被没收之财产价值不复存在的，法官可判决予以同等数额之国家赔偿。”这里的国家赔偿，也是变通没收的一种措施，相当于日本刑法中的追征。

第五节　名誉刑

一、概说

名誉刑是剥夺特定的由法律规定的“公民的名誉权”，或者使被判刑人遭受羞辱的刑罚。

名誉刑的概念一般认为源自古罗马法。在古罗马，一个人名誉的好坏，能影响到其是否享有全部公权与私权。犯罪行为人的名誉缺陷，不仅影响其精神层面的社会评价，还将导致人的权利被剥夺或限制。因此，在古罗马社会，剥夺名誉也就涵盖了对资格的剥夺。

目前，这种理解在有些国家仍然得以保持。如韩国刑法理论界认为，“名誉刑是指，以剥夺犯人的名誉或者资格为其内容的刑罚……”①

二、资格刑

资格刑是指剥夺犯罪分子享有或者行使的一定权利、资格的刑罚的总称。

（一）资格刑的立法例与地位

在大陆法系刑法中，关于资格刑，有以下两种立法例。

一种做法是直接将资格刑作为附加刑规定在刑法之中，如法国、意大利、韩国的刑法典等。韩国刑法典第 41 条明确规定，刑罚的种类包括：死刑、劳役、徒刑、丧失资格、停止资格、罚金、拘留、科料和没收。德国刑法中的资格刑既包括作为“唯一的附加刑”的禁止驾驶，也包括作为“附随后果”的其他一些剥夺资格的措施。

另外一种做法则是在附属刑法规范中规定资格刑的内容。典型代表是日本刑法。在日本刑法第 9 条对刑种的规定中根本没有资格刑，但在律师法、会计师法等单行法规中规定了停止、限制或剥夺有关犯罪分子相关资格的措施。

至于资格刑在刑罚体系中的地位，概括来说，有以下三种不同的做法：其一，将资格刑定位为附加刑，如意大利刑法典；其二，既可作为主刑，也可作为附加刑，朝鲜刑法即为适例；其三，作为附随后果，如在德国刑法中，对剥夺犯罪人的公权力并不是作为刑罚而是作为有罪判决的“附随后果”加以规定的。在此，虽然剥夺犯罪人的公权力不是严格意义上的资格刑，但也具有资格刑的内容。

（二）资格刑的具体内容

1. 剥夺一定的公权力。剥夺政治权利是剥夺犯罪人公权力的主要内容，一般是剥夺选举权、被选举权以及其他政治权利等。

从立法来看，各国对剥夺公权力的规定通常限于剥夺选举权、被选举权和担任公职的权利。如法国刑法典第 131—10 条规定：“在法律有规定时，重罪或轻罪得处一种或几种附加刑；自然人被判附加刑即意味着禁止权利、丧失权利或资格……”第 131—26 条规定：“禁止公权……指：1. 投票表决权；2. 被选举权；3. 履行裁判职务或在法院担任专家的权利以及出庭代理或协助当事人之权利；4. 出庭作证之权利，但出庭仅作简单声明除外……依本条之规定宣告禁止投票表决权或被选举权，即告禁止或无能力履行公职。”

但意大利刑法典第 28 条“褫夺公职”对剥夺的权利规定得十分广泛，涉及内容颇多。该条规定：“除法律另有规定外，终身褫夺公职使被判刑人丧失：1）在任何选举会议中的选举权和被选举权，以及一切其他政治权利；2）一切公共职务，一切非义务性的公共服务委托，以及与之有关的公务员身份或受委托从事公共服务人员的身份；3）对监护人或保佐人职务，包括临时职务，一切与监护或保佐有关的其他职务；4）学术级别或职位、称号，勋章或其他公共荣誉标志；5）由国家或其他公共机构负担的薪金、抚恤金和补贴；6）一切与以上各项列举的职务、服务、级别、称号、身份、地位和勋章有关的荣誉性权利；7）担任或者取得以上各项所列举的任何权利、职务、服务、身份、级别、称号、地位、勋章和荣誉标志的权能。”

---

① ［韩］李在祥：《韩国刑法总论》，［韩］韩相敦译，508 页，北京，中国人民大学出版社，2005。

2. 剥夺从事特定行为的权利。禁止犯罪人从事某种行为，是资格刑的另一项重要内容。这主要是出于防止再犯的考虑。从大陆法系国家立法来看，“剥夺从事特定行为的权利”常见的有禁止驾驶，禁止从事某种商业、营业活动，禁止从事某种职业以及其他禁止从事的行为。

（1）禁止驾驶。这里说的禁止驾驶，是从宽泛的意义上讲的，既包括禁止驾驶，也包括吊销驾驶执照。如根据法国刑法典第131—6条的规定，可以剥夺的与驾驶机动车辆有关的权利包括：暂时吊销驾驶执照、禁止驾驶特定车辆和吊销驾驶执照。德国刑法中的禁止驾驶，既包括作为附加刑的禁止驾驶，也包括作为保安处分的吊销驾驶执照。

（2）禁止从事某种商业、营业活动或某种职业。典型适例是瑞士联邦刑法典第54条规定的“禁止执业或禁止经商”。该条规定：“在从事经官方许可的职业、行业或商贸活动中实施应被科处3个月以上自由刑的重罪或轻罪，且仍存在继续滥用职业、行业或商贸活动危险的，法官可禁止行为人在6个月至5年的期限内禁止从事职业、行业或商贸活动。”

法国刑法关于禁止担任某一职务、禁止从事某种技艺或某项职业的规定，首先针对的是公职与医疗职业，后来经由经济性立法以及税收方面的立法扩大适用于工商业职业。法国新刑法典保留了这些立法成果，从而使这一措施在作为附加刑得到规定之外还成为传统刑罚的一种替代。具体来说，法国刑法中的丧失从事权利的职业有：新刑法典第225—22条规定的收回零售酒店经营执照，1984年1月24日法律规定的不得从事银行职业与保险职业，1985年1月25日法律规定的不得担任公司董事或经理管理人或会计监察人，以及1939年7月29日的法律规定不得在“产房”任职等。①

（3）剥夺一定的民事权利。随着社会的发展，资格刑的内容逐步扩大，一些民事权利也被纳入资格刑剥夺的范围。其中，剥夺亲权是剥夺犯罪人民事权利中较为常见的一种。如瑞士联邦刑法典第53条规定：“因犯重罪或轻罪被科处自由刑，其教养权或其作为监护人、保护人的义务因而被破坏的，法官可剥夺其教养权或监护人职务、保护人职务，并宣告其无力行使教养权或担任监护人、保护人。在其他情况下，即法官认为被判刑人因犯重罪或轻罪而不配履行教养权或监护人、保护人职务的，法官应告知监护机关。”类似的规定也见于法国刑法典第131—26条、意大利刑法典第34条。

（4）其他禁止从事的行为。从理论上说，只要从事该行为的机会可被利用于犯罪，则该行为即可能被作为资格刑所禁止从事行为的范围。除前三项之外，各国刑法还规定了一些禁止从事的行为，如法国刑法典第131—6条中规定的禁止持有或携带须经批准的武器、收回打猎执照、禁止签发支票以及使用信用卡付款。

3. 剥夺纯名誉上的某些权利。如意大利刑法典中规定的剥夺公共荣誉标志以及一切与职务、地位、身份有关的荣誉性权利。意大利刑法典第28条规定，除法律另有规定外，褫夺公职使被判刑人丧失“……4）学术级别或职位、称号，勋章或其他公共荣誉标志；5）由国家或其他公共机构负担的薪金、抚恤金和补贴；6）一切与以上各项列举的职务、服务、级别、称号、身份、地位和勋章有关的荣誉性权利”。

4. 适用于法人犯罪人的资格刑。法国刑法典特别规定了对法人适用的资格刑。具体来说，有解散法人，禁止直接或间接从事一种或几种职业性活动和社会性的活动，禁止公开

---

① 参见［法］卡斯东·斯特法尼等：《法国刑法总论精义》，罗结珍译，499～500页，北京，中国政法大学出版社，1998。

募集资金，排除参与公共工程，禁止签发支票以及使用信用卡付款等。

（三）资格刑的复权

复权即恢复罪犯作为一个正常人所有的权利和资格。各国刑法中规定的资格刑一般都分为暂时性地剥夺资格和永久性地剥夺资格两种。对于永久性的资格刑，一旦判处，除非法律另有规定，被判刑人永久性地丧失享有某种权利的资格；而对于暂时性的资格刑，则存在资格的恢复问题。复权有法律上的复权和裁判上的复权之分。

三、耻辱刑

耻辱刑是以对受刑人施以羞辱，损其名誉，使其精神上遭受痛苦的刑罚。历史上的耻辱刑可分为具有独立性质的耻辱刑和具有附属性质的耻辱刑。所谓具有独立性质的耻辱刑，是指那些作为一种独立的刑罚而存在的耻辱刑，如《汉穆拉比法典》中的髡刑，摩奴法典中的剃头、浇驴尿等。具有附属性质的耻辱刑则是指那些附属于肉刑、死刑、徒刑等其他刑罚而存在的不具有独立性质的耻辱刑，如广泛存在于外国古代刑法中的烙印刺字的刑罚。耻辱刑在近代文明国家的刑法中已经不复存在，但具有耻辱刑内容的刑罚在少数国家的刑法中仍有所体现。意大利刑法典第 36 条规定的公布刑事处罚判决即为适例。该条第 1、2 款规定："科处无期徒刑的判决，以在判决宣告地市镇、犯罪实施地市镇和被判刑人最后居住地市镇张贴的方式，加以公布。上述处罚判决还在法官指定的一张或者数张报纸上公布一次。对判决实行摘要公布，除非法官决定公布其全文；公布自动执行，并全由被判刑人承担费用。"类似的规定也见于巴西刑法典第 67 条、法国新刑法典第 131—35 条。

德国刑法、西班牙刑法在分则有关特定犯罪中规定了类似的法律效果。根据德国刑法典第 103 条（"对外国机关及其代表的侮辱"）第 2 款、第 200 条、第 165 条，公然在集会中侮辱外国机关及其代表的，或者以散发文书的方式犯侮辱罪的，或者公然散发文书犯诬告罪的，被害人或其他有告诉权之人有权要求公布对侮辱罪的判决。德国著作权法、专利法、有限责任公司法、商标法等法律中的附属刑法规范对于侵犯著作权等侵犯知识产权的情形也有类似的规定。

类似的法律效果在俄罗斯则体现于刑事诉讼法中。俄罗斯联邦刑事诉讼法典第 359 条规定："为了提高判决的教育作用，必要时，作出判决的法院应将发生效力的刑事判决书副本分送被判刑人的工作、学习或居住地点。宣告谴责的刑事判决发生法律效力后，在必要时，通过报刊或用其他方式向社会公开报道。"

耻辱刑在现代各国获得了新的体现，这主要是基于对犯罪预防和控制作用的考虑。但如德国学者耶赛克等所言，"一方面，有罪判决的公告的目的应该有助于被害人名誉的恢复和损害赔偿……另一方面，有罪判决的公告对于被判刑人而言将受到公众的指责，因此，公告本身含有额外处罚的因素。此等'耻辱刑'与以再社会化为目标的现代刑法是不相适应的，更何况它被限制在相对较轻的犯罪上"①。因此，尽管耻辱刑具有安抚被害人、预防再犯等积极功能，还是不应给予其过高评价并夸大适用。否则，犯罪人的复归将愈加难以实现。

---

① ［德］耶赛克、魏根特：《德国刑法教科书》（总论），徐久生译，951 页，北京，中国法制出版社，2001。

【问题与思考】

1. 生命刑的现状和发展趋势如何？
2. 如何看待短期自由刑的出路？
3. 大陆法系国家在解决罚金执行难问题上有哪些举措？
4. 资格刑剥夺的权利包括哪些？

第十三章 刑罚的适用

内容导读

刑罚的适用是刑事司法的核心问题之一，其内容涉及法定刑及其轻重，刑罚的量定、宣告及免除等。相对确定的法定刑是现代各国刑法普遍采用的法定刑模式。累犯和自首分别作为法定的刑罚加重事由和刑罚减轻事由，通常在各国刑法中被明确规定。在刑罚的量定上，责任原则得到普遍认同和强调；在此基础上，量刑还要考虑预防的需要。经过刑罚的宣告，国家对犯罪的刑罚权就由观念的变为现实的，为刑罚的执行准备了前提和依据。

第一节 法定刑与刑罚的加重、减轻

一、法定刑及其轻重

（一）法定刑的概念

“法定刑指在刑罚法规各本条对应各个犯罪所规定的刑罚。例如，盗窃罪的‘10 年以下惩役’即为法定刑。法定刑规定的方式有绝对的法定刑主义与相对的法定刑主义。前者是严格揭示刑罚的种类、程度，不允许法官裁量的主张。后者是相对地规定刑罚的种类、程度，在一定范围内使法官宣告应当裁量的刑罚的主张。”①

绝对确定的法定刑，又称为“绝对的法定刑主义”，其含义是：法官只能根据行为人的具体犯罪对其适用法定种类的刑罚及刑罚量，而没有任何自由裁量权。1791 年法国刑法典（草案）采取了绝对确定的法定刑模式，但该刑法典实际上并未实施。在绝对确定的法定刑的场合，法官不能够根据案件的不同情况而合理地适用刑罚，因此，现代各国刑事立法中

① ［日］大塚仁、福田平编：《刑法总论Ⅱ》，83 页，东京，有斐阁，1982。

对其鲜有采用，而一般采用相对的法定刑主义。

相对的法定刑主义，学理上又称为“相对确定的法定刑”，允许法官根据案件的具体情况在刑法所规定的刑罚种类或量刑幅度范围内自由裁量，决定对犯罪人适用的具体的刑罚种类或刑罚量。其主要有以下两种表现形式：一是对某一犯罪规定两种以上的刑罚种类，在刑罚适用过程中，由法官根据案件的具体情况选择适用。如 1998 年德国刑法典第 223 条规定：“处 5 年以下自由刑或罚金。”二是规定犯罪的最低刑和最高刑，由法官根据案件的具体情况在最低刑以上、最高刑以下裁量确定行为人的刑罚量。具体又包括两种规定方式：一种是在刑法分则条文中对该罪的最低刑和最高刑作出明确规定，如 1998 年德国刑法典第 225 条第 1 款规定：“处 6 个月以上 10 年以下自由刑。”另一种是在分则法条中只明确规定某一犯罪的最低刑（或者最高刑），而该刑种的最高刑（或者最低刑）由刑法总则的条文作出规定。

（二）法定刑的轻重

在刑罚适用过程中，经常会涉及两个以上法定刑孰轻孰重的比较问题。关于法定刑的轻重，从刑罚体系中各个刑种比较来看，生命刑应重于自由刑，自由刑重于财产刑；自由刑以刑期长短为衡量刑罚轻重的标准；财产刑则依数额大小来衡量刑罚的轻重。基于以上通识，绝大多数国家的刑法中没有就此问题作出专门的规定。不过，也有例外，如 1907 年日本刑法第 10 条就明确规定了刑罚轻重的标准。根据该条规定，主刑的轻重，依照刑法第 9 条规定的顺序决定，但无期监禁与有期惩役之间以监禁为重刑，有期监禁的最高刑期超过有期惩役的最高刑期 2 倍时，以监禁为重刑。同种刑罚，以最高刑期较长或者最高数额较多的为重；最高刑期或者最高数额相同时，则以最低刑期较长或者最低数额较多的为重。对于两个以上的死刑或者最高刑期、最高数额及最低刑期、最低数额相同的同种类的刑罚，根据犯罪情节决定其轻重。对于这一规定，日本也有学者提出批评，指出“虽然适当的合理性被承认，但从应当废止区别监禁与惩役的本书的立场看，惩役相当于监禁两倍的基准则存在疑问”①。

二、刑罚的加重、减轻

“法定刑虽然是在各个犯罪类型的后面与其相应的刑罚，但法定刑存在刑罚的加重、减轻事由时，对它可以进行修正。将法定刑进行一定的加重、减轻后得到的刑罚，称为处断刑。”② 刑罚的加重、减轻事由可以分为法律上的事由与裁判上的事由。

（一）法定的刑罚加重、减轻事由

法定的刑罚加重、减轻事由是指由刑法明文规定的刑罚加重与减轻的事由。

关于刑罚的加重，各国刑法中的规定不一。德国刑法典总则只规定了提高累犯的最低刑期。日本刑法总则只规定了并合罪加重与累犯加重两种情况。瑞士联邦刑法典（2003 年修订）规定了累犯加重处罚和犯罪行为竞合时的加重处罚。

关于刑罚的减轻，在各国刑法中均有明确规定。如 1998 年德国刑法典总则中所规定的刑罚减轻的事由包括限制责任能力、法律上的认识错误、未遂犯、帮助犯、不作为犯罪、

---

① ［日］浅田和茂：《刑法总论》，507 页，东京，成文堂，2005。

② ［日］山中敬一：《刑法总论》，2 版，1040 页，东京，成文堂，2008。

犯罪人与被害人和解或者对被害人的损害予以补偿，等等。1907 年日本刑法第 42 条规定，犯罪人在搜查机关发觉前自首的，可以减轻处罚；第 43 条规定，已经着手实行犯罪而未遂的，可以减轻处罚，但基于自己的意志中止犯罪的，应当减轻或者免除处罚。此外，不知法律、防卫过当、避难过当、心神耗弱人的行为、从犯等，也是日本刑法中减轻刑罚的事由。

（二）裁判上的刑罚加重、减轻事由

裁判上的（或称酌定的）刑罚加重、减轻事由，是指在案件审理过程中，由法官认定的加重、减轻事由。

各国刑法中关于酌定事由的规定大多为酌定减轻情节。如 1907 年日本刑法第 66 条规定，犯罪的情状中存在应当酌量的事由时，可以减轻其刑。韩国 1953 年刑法典第 53 条规定，具有可宽恕的犯罪情节的，可以酌量减轻处罚。

三、累犯与常习犯

（一）累犯

关于累犯的概念，在日本理论界有广义的累犯与狭义的累犯之分。在广义（实质的意义）上，累犯是指以前犯了罪并受到有罪宣告，其后又实施犯罪的情形。在狭义（形式的意义）上，累犯是指广义的累犯中由于具备一定的要件而加重其刑的犯罪。[①] 刑法中的累犯是狭义的累犯。

累犯可以分为一般累犯与特别累犯。前罪的罪质与后罪的罪质不同的情形为一般累犯；前罪与后罪的罪质相同的情形为特别累犯。从大陆法系刑法关于累犯的规定来看，大多数对累犯同一之罪和累犯不同之罪者，在累犯的构成条件或处罚上并不作特别区分，即犯罪人前后所犯之罪无论是否属于同一或同一性质之罪，均可构成累犯。1975 年联邦德国刑法典第 48 条规定，“行为人以前至少两次在本法效力范围内因故意犯罪受刑罚处罚的，且因一次或者数次犯罪被判处三个月以上自由刑，现在又故意犯罪……”，属于累犯。但 1998 年德国刑法典中则取消了累犯的规定，其理由主要是：以行为人以前曾有犯行作为对其当前罪行加重处罚的事由，是有悖于行为责任的原则的。

关于累犯成立的具体要件，各国刑法的规定不尽相同，但也有一些具有共性的要件。

1. 罪刑条件。多数国家的刑法中对累犯要求前罪与后罪须为较严重之罪。如瑞士联邦刑法典（2003 年修订）规定，累犯的前、后罪的刑度条件均为重惩役或监禁刑（第 67 条）。1907 年日本刑法要求前罪被判处惩役，后罪应被判处有期惩役（第 56 条）。但是，也有国家对于累犯的前、后罪的严重程度均不作要求。如意大利 1930 年刑法典（2006 年 3 月修订）第 99 条规定，在因某一非过失犯罪受到处罚后又实施犯罪者，即成立累犯。至于对前、后罪的犯罪性质、严重程度、所处的刑罚等，并无要求。这种立法例会导致累犯的范围非常广泛，因而采用此例的国家很少。关于累犯的前、后罪的主观方面，除了 1996 年俄罗斯联邦刑法典第 18 条和 1930 年意大利刑法典（2006 年 3 月修订）第 99 条要求前、后罪均为故意犯罪以外，大多数国家的刑法没有对此作出特别限定。

---

① 参见［日］大塚仁：《刑法概说》（总论），冯军译，461 页，北京，中国人民大学出版社，2003；［日］大谷实：《刑法讲义总论》，新版 2 版，黎宏译，469 页，北京，中国人民大学出版社，2008。

2. 时间条件。此即后罪发生在前罪被判处刑罚后的一定期限内。首先，关于该期限以何时为起点起算，各国刑法的规定不一，有的规定只要后罪发生在前罪判决确定后，即可构成累犯（判决确定主义），如法国、俄罗斯、意大利；有的规定在前罪刑罚执行过程中再犯新罪，即可构成累犯（执行开始主义），如瑞士；还有的规定，在前罪刑罚执行完毕或者免除后，再行犯罪的，方可成立累犯（执行完毕主义），如日本、韩国。其次，关于该期限的长短，各国刑法的规定也不完全相同。有的不予限制，如意大利 1930 年刑法典（2006 年 3 月修订）第 99 条规定，在因某一非过失犯罪受到处罚后又实施犯罪者，即成立累犯，刑罚可增加三分之一；后罪发生在受到前一处罚后 5 年内的，刑罚可增加二分之一。有的是规定统一的期限，如韩国规定为 3 年，瑞士、日本等规定为 5 年。有的国家以前罪的前科消灭期限作为前后之罪的时间距离，即在前罪的前科消灭前犯新罪的，才能构成累犯，如俄罗斯。有的国家则区别不同情况予以分别对待。如 1994 年法国刑法典根据前后所犯之罪是重罪、轻罪或违警罪，将前后之罪的时间距离分别规定为 10 年、5 年、1 年期限内。

累犯的行为人已因犯罪受到惩罚而仍不思悔改、再次犯罪，其较强的主观恶性及人身危险性使得有必要在刑事政策上对其予以从严惩处和加强预防，因此，累犯被作为加重处罚的事由，成为各国刑法的通例。就具体的加重方法而言，并不相同。概括起来，主要有两种情况：一种是采取倍比法，将法定刑提高一定的倍数或比例予以适用。如 1907 年日本刑法第 57 条规定："累犯的刑罚是对其犯罪所规定的惩役的最高刑期二倍以下。"另一种是明确规定适用较重的刑罚。如 1994 年法国刑法典第 132—8 条规定："自然人因重罪或因法律规定当处 10 年监禁刑之轻罪已经最终确定判决，再犯重罪者，如法律对该重罪所定最高刑为 20 年或 30 年，应受之最高刑为无期徒刑或终身拘押；如该重罪最高刑为 15 年，应受之最高刑加至 30 年徒刑或 30 年拘押。"

（二）常习犯

学理上将行为人反复实施一定犯罪作为习惯的情形称为常习犯。常习犯的特点在于，行为人表现出反复实施一定种类的犯罪的习癖。

由于累犯可以称为常习犯的表征，故亦有见解把累犯分为普通累犯和常习累犯，但是，从严格意义上来说，常习犯与累犯是不同的概念。累犯并不一定就是常习犯，常习犯也不一定就是累犯。累犯以前科为其要件，常习犯并不要求一定要有前科；一般的累犯只要有前科即可，而常习犯以同一罪名或者同一罪质的反复为其要件。就行为责任而言，累犯把重点放在比初犯加重责任方面；而常习犯则是以行为人的常习性这一行为人责任的思想为基础的。[①]在罪数问题上，常习犯通常被作为包括的一罪，只有在其具备了累犯的成立要件时，才按累犯来处理。

由于行为人所具有的反社会的危险性，常习犯在各国刑法上亦被作为加重处罚的事由。在日本刑法中没有对常习犯作一般性的规定，只是在刑法分则以及相关法律中个别地设置了若干规定，如 1907 年日本刑法第 186 条第 1 款规定了常习赌博罪，其刑罚较之单纯赌博罪要重得多，《关于防止及处分盗犯等的法律》第 2 条至第 4 条规定了常习窃盗·强盗罪，《关于处罚暴力行为等的法律》第 1 条之 3 规定了常习伤害、暴行、胁迫、器物损坏罪等。[②]

---

① 参见［韩］李在祥：《韩国刑法总论》，［韩］韩相敦译，520 页，北京，中国人民大学出版社，2005。

② 参见［日］大塚仁：《刑法概说》（总论），冯军译，462 页，北京，中国人民大学出版社，2003。

四、自首、首服与自白

（一）自首

自首是指犯罪人在被侦查机关发现之前自发地申告自己的犯罪事实的行为。日本、韩国、俄罗斯等少数国家的刑法中对自首作了专门规定。从其规定来看，自首通常应具备以下两个条件。

其一，在被侦查机关发现之前自动投案。所谓“发现之前”，是指侦查机关对于犯罪事实一无所知的场合，以及尽管知道有犯罪事实但是对犯罪人一无所知的场合。如果侦查机关已经发现了犯罪事实并查清了犯罪人是谁，只是不知道犯罪人身在何地，应认定为已经发现，此时犯罪人自发申告犯罪行为的，不成立自首。

其二，必须自发地申告自己的犯罪事实，即行为人将自己实施的犯罪事实向侦查机关进行报告。至于申告的方法，没有限制，有第三人介入（如通过他人报告）的申告也是自首。但在书面申告或者有第三人介入的申告的场合，必须使侦查机关能够确定犯罪人是谁。隐匿姓名报告自己的犯罪事实的，不成立自首。在向侦查机关申告时，犯罪人应当对自己的犯罪事实作基本的交代。

自首通常被作为一种任意减轻处罚的事由加以规定。如 1907 年日本刑法第 42 条第 1 款规定：“犯罪人在搜查机关发觉以前自首的，可以减轻刑罚。”韩国 1953 年刑法典第 52 条第 1 款规定：“犯罪后向搜查机关自首的，可以减轻或者免除处罚。”

日本学者认为，关于自首减轻刑罚的根据，系基于以下两个方面：一是自首使得对犯罪的侦查和处罚变得容易这种政策的意图；二是考虑到改悛了的行为人的责任的事后减轻。不过，犯人的改悛并非自首的要件。①

（二）首服

首服，是指亲告罪的犯罪人自发地向有告诉权的人承认自己的犯罪事实。1907 年日本刑法第 42 条第 2 款对此作了规定。

与自首不同的是，首服在适用范围上仅限于亲告罪，即非亲告罪的犯罪人自发地向被害人承认犯罪事实的，不是首服；另外，其告知对象是有告诉权的人。

关于首服成立的时间，日本刑法上虽然没有明文规定，但学理上一般认为，首服应以犯罪在被害人发觉前进行为必要。② 但也有学者对此持反对意见，认为首服是基于和自首同样的宗旨而建立的，因此，只要在侦查机关发现之前告知的，都可以认定为首服。③

（三）自白

所谓自白，是指犯罪人在接受侦查机关的调查时如实供述自己犯罪事实的一部或者全部。虽然自白并非自首，但是，自首当然包含自白。自白在认罪的自觉性和主动性上比自首和首服都要差一些。

关于自白，日本刑法总则中没有特别的规定，但是，在刑法分则和其他一些特别刑罚

---

① 参见［日］大塚仁：《刑法概说》（总论），冯军译，466 页，北京，中国人民大学出版社，2003；［日］大谷实：《刑法讲义总论》，新版 2 版，黎宏译，470 页，北京，中国人民大学出版社，2008。

② 参见［日］大塚仁：《刑法概说》（总论），冯军译，467 页，北京，中国人民大学出版社，2003。

③ 参见［日］大谷实：《刑法讲义总论》，新版 2 版，黎宏译，471 页，北京，中国人民大学出版社，2008。

法规中，有些场合将自白规定为刑罚的任意减免事由。如 1907 年日本刑法第 170 条规定，犯伪证罪的，在其提供证言的案件判决确定前或者实行惩戒处分前自行坦白的，可以减轻或者免除刑罚。

第二节　刑罚的量定、宣告和免除

一、刑罚的量定（量刑）

（一）量刑概说

将法定刑予以加重、减轻的刑罚是处断刑。法官在处断刑的范围内对被告人具体宣告的刑罚，叫宣告刑。在处断刑为死刑或无期惩役以外的场合，处断刑有幅度，在其范围内宣告具体期间的自由刑或具体数额的财产刑。这样，决定具体宣告刑罚的种类与数量，称为量刑（Strafzumessung）。量刑在处断刑的范围内听凭法官的自由裁量。

然而，即使称为自由裁量，也并不是要法官恣意地决定刑罚，刑罚的量定也要求合理的、客观的基准。刑罚之量必须与责任成比例，根据一般预防、特别预防或犯罪的事后处理的观点才可能说明。按照客观的观点，认为不妥当的量刑成为量刑不当这一上诉理由。[①]

（二）量刑基准

在日本现行刑法中，没有关于刑罚量定标准的规定。为此，在谈及量刑基准时，学者们通常援引检察官作出“暂缓起诉”的决定时作为指针的刑事诉讼法的规定。日本 1948 年刑事诉讼法第 248 条规定，在决定是否暂缓起诉时应加以考虑的事项有“犯人的性格、年龄和境遇，犯罪的轻重和情节，以及犯罪后的情况”。一般认为，在刑罚量定时也应考虑同样的事项。上述规定虽然是间接的，但也给予了裁判官量定刑罚的一种指针。[②] 日本 1974 年改正刑法草案第 48 条展示了关于刑罚量定的一般基准：“刑罚应当根据犯罪人的责任量定。适用刑罚时，应当考虑犯罪人的年龄、性格、经历与环境、犯罪的动机、方法、结果与社会影响、犯罪人在犯罪后的态度以及其他情节，并应当以有利于抑制犯罪和促进犯罪人的改善更生为目的。”该条规定明确表示将犯罪人的责任作为量刑基准而给予最大的重视，并提出了刑罚适用应加进关于一般预防、特殊预防的刑事政策的目的的考虑。虽然该规定没有生效，但理论界通常认为，在现行刑法之下，该条规定值得充分参酌。[③]

从各个国家的刑法有关量刑基准的规定可以看出，在刑罚的量定上，责任原则（责任主义）是首先被强调的，量刑首先要以犯罪人的责任为基础，刑罚的度应当与罪责的度相适应。决定责任大小的是违法性的大小与有责性的大小。就违法性的大小而言，应考虑被害法益的大小、被害人的数量、犯罪方法的残酷性、犯罪结果的轻重、社会影响等。就有

---

① 参见［日］山中敬一：《刑法总论》，2 版，1049 页，东京，成文堂，2008。

② 参见［日］曾根威彦：《量刑基准》，载《日本刑事法的形成与特色》，141 页，北京，法律出版社；东京，成文堂，1997。

③ 参见［日］大塚仁：《刑法概说》（总论），冯军译，470 页，北京，中国人民大学出版社，2003。

责性的大小而言，除了应当考虑责任能力的程度、故意或过失的程度、期待可能性等以外，还应考虑行为人的年龄、性格、经历等因素。其次，在责任的基础上，量刑还要考虑预防的需要。作为符合现代文明潮流的刑事政策，刑罚的“社会再适应”目的（即刑罚应追求使犯罪人重新适应社会的目的）① 在现代刑法中得以强调，特殊预防的观点鲜明地体现在各国刑法的规定之中。同时，在量定刑罚时还必须考虑刑罚所具有的一般预防意义，因为不公正量定的刑罚是与法共同体的期望相矛盾的，以至于影响到社会秩序的长期稳定。在与罪责相适应的刑罚界限内，根据流行的观点，威慑目的仍应当被顾及。②但是，不应当超越有责的不法的度谋求过多的一般预防效果。

二、刑罚的宣告

量刑的结果是在处断刑的范围内决定具体的刑罚并按照法定程序作出宣告。根据宣告刑的确定阶段和确定主体的不同，有确定宣告主义与不确定宣告主义。法院在判决时就确定宣告刑的，称为确定宣告主义。确定宣告主义所宣告的自由刑，称为定期刑。法院在判决时不确定宣告刑的全部或一部，而在执行过程中由执行机关确定的，称为不确定宣告主义。根据这一立场所宣告的自由刑，称为不定期刑。不定期刑又分为绝对的不定期刑和相对的不定期刑。绝对的不定期刑是指法院完全不确定刑期。相对的不定期刑是指法院仅确定自由刑的最高刑期和最低刑期。绝对的不定期刑因违反罪刑法定原则而不被采用。③

在当今各国刑法中，都是以确定宣告主义为原则的，自由刑一般是定期刑。少数国家例外地对少年犯采用不定期刑，如日本少年法第 52 条。

经过刑罚的宣告，国家对犯罪的刑罚权就由观念的变为现实的，为刑罚的执行准备了前提和依据。

三、刑罚的免除

刑罚的免除是指行为人的行为虽然成立犯罪，但因其具备法定的免刑事由而不对其处以刑罚。“刑罚的免除的判决，在有刑罚的免除事由时被宣告。刑罚的免除是有罪判决。刑罚的免除事由有必要的免除事由与任意的免除事由。”④

所谓必要的免除事由，是指法律规定“应当”免除刑罚的场合。如 1998 年德国刑法典第 24 条规定，行为人自动中止犯罪的，应免除其刑罚。对于法官来说，必要的免除事由意味着一种强制性的规定。有的国家的刑法中对于必要的免除事由又规定了选择的与非选择的两种不同的方式。如 1907 年日本刑法第 24 条规定，对于中止犯，应当减轻或者免除刑罚。此种情况下的免除刑罚与减轻刑罚就是选择适用的关系。而该法第 80 条规定的内乱罪中的自首、第 93 条规定的私战预备和阴谋罪中的自首等，则属于非选择的免除事由。

---

① 参见［法］卡斯东·斯特法尼等：《法国刑法总论精义》，罗结珍译，421～423 页，北京，中国政法大学出版社，1998。

② 参见［德］耶赛克、魏根特：《德国刑法教科书》（总论），徐久生译，1048、1053 页，北京，中国法制出版社，2001。

③ 参见［日］大塚仁：《刑法概说》（总论），冯军译，473 页，北京，中国人民大学出版社，2003。

④ ［日］山中敬一：《刑法总论》，2 版，1051 页，东京，成文堂，2008。

所谓任意的免除事由，是指法律规定“可以”免除刑罚，是否对行为人免除刑罚，则由法官根据具体情况来决定的场合。如 1998 年德国刑法典第 23 条第 3 款规定，行为人由于对犯罪对象和手段的认识错误，在性质上其犯罪行为不能实行终了的，法院可免除其刑罚或减轻其刑罚。1996 年俄罗斯联邦刑法典第 81 条规定，在实施犯罪之后产生精神性障碍，致使不能辨认或控制自己行为的人，或者在犯罪之后罹患使之难以服刑的严重疾病的人，法院可以免其刑罚。但这并不意味着免除所有的刑罚。不能因疾病而免除的刑罚有：剥夺担任一定职务或从事某种活动的权利；剥夺专门称号、军衔或荣誉称号、职衔和国家奖励。①

各国刑法关于免除刑罚的具体情节的规定虽存在差异，但从中仍然可以发现某些共同的免刑情节，如犯罪中止、防卫过当、避险（避难）过当等。并且，各国刑法中关于免除刑罚的规定大多为可以免刑或相对免刑，绝对免刑的规定较少。可见，在各国刑法上对于绝对免除刑罚所持的态度还是较为慎重的。

【问题与思考】

1. 简析绝对法定刑与相对法定刑。
2. 试述大陆法系国家刑法中累犯的成立要件。
3. 试述自首减轻处罚的根据及成立要件。
4. 刑罚的量定应当考虑哪些因素？

① 参见［俄］Н. Ф. 库兹涅佐娃、И. М. 佳日科娃主编：《俄罗斯刑法教程》（总论）（下卷·刑罚论），黄道秀译，786 页，北京，中国法制出版社，2002。

第十四章 刑罚的执行

内容导读

刑罚的执行使所裁量的刑罚最终得以实现。现代各国的刑罚执行中，行刑人道主义原则与行刑个别化原则受到普遍的重视和贯彻。刑罚种类不同，其执行的具体内容和方式亦多种多样。作为体现和反映现代行刑理念和价值取向的行刑制度，缓刑和假释被各国刑法广泛采用。犯罪主体消灭、赦免、时效经过等事由会导致已经发生的刑罚权消灭。基于刑罚目的和刑事政策的需要，在许多国家的刑事立法中还确立了前科消灭制度。

第一节 各种刑罚的执行

一、刑罚执行的原则

在刑罚执行时，应遵循如下原则：（1）人道主义原则。联合国《公民权利和政治权利国际公约》第 7 条规定："任何人均不得加以酷刑或施以残忍的、不人道的或侮辱性的待遇和刑罚。特别是对任何人均不得未经其自由同意而施以医药或科学试验。"第 10 条第 1 款规定："所有被剥夺自由的人应给予人道及尊重其固有的人格尊严的待遇。"由此，刑罚执行中的人道主义原则得以明确宣示。（2）法律主义原则。因为刑罚的执行通常涉及限制自由、行动等伴有对对象者的人权剥夺，所以，依照（日本）宪法第 31 条，程序上必须根据适当的法律，并且作为法律主义的当然要求，立足于宪法第 14 条第 1 款的平等主义，在相同情况下，对犯罪人必须给予同样处遇的原则，这叫作法律主义原则。联合国《公民权利和政治权利国际公约》第 26 条中规定："所有的人在法律前平等，并有权受法律的平等保护，无所歧视。"（3）个别化原则。为了犯罪人的改善、社会复归，必须清楚犯罪人至于犯罪的环境背景，考虑各个犯罪人的素质、人格的特性，选择适合其改善、社会复归的执行方法而实施。[①]

二、死刑的执行

大陆法系大部分国家的刑法典中已经废除了死刑的规定，仅有极少数国家在立法上仍保留死刑，如日本、韩国。从目前规定死刑的国家的刑法典的内容上看，死刑的执行方法主要包括两种：一种是枪决，另一种是绞刑。如 1907 年日本刑法第 11 条规定，死刑用绞首的方法执行。韩国 1953 年刑法典第 66 条规定，死刑采用绞首刑的方法执行，而在军事刑法中则采用枪决的方法（军事刑法第 3 条）。

关于死刑的执行场所，1907 年日本刑法规定，死刑在监狱中执行。韩国 1953 年刑法典规定，死刑由劳改所执行。关于死刑执行的时间、具体的程序、所使用的器械等，有关法律作出了详细的规定。如日本刑事诉讼法、监狱法等规定，死刑的执行必须有法务大臣的命令。该命令自死刑判决确定之日起，原则上在 6 个月内必须发出。一旦收到法务大臣的命令，必须在 5 日内执行死刑。但是，在大的庆典日期、1 月 1 日、1 月 2 日以及 12 月 31 日不执行死刑。执行时，检察官、检察事务官和监狱长或其代理人必须到场，在执行之后，必须验尸。另外，不经过 5 分钟，不得解开绞绳。死刑的执行是非公开的，采取秘密行刑原则。

此外，在日本还有关于死刑执行中止的规定。根据日本 1948 年刑事诉讼法第 479 条的规定，在死刑执行过程中，如果被宣判死刑的人心神丧失或妇女在怀孕期间，得根据法务大臣的命令停止执行，经过医治康复或分娩后，再根据法务大臣的命令执行死刑。

三、自由刑的执行

在人道主义思潮的影响下，在监禁制度上，西方国家陆续创立了独居制、沉默制、点数制、累进制等。

独居制因最早实行于美国宾夕法尼亚州的费城监狱，所以又称宾夕法尼亚制（宾州制）。独居制的理论认为，罪犯的改恶从善必须在严格独居下才能成功。独居制分为严格独居制与缓和独居制两种类型。严格独居制要求罪犯不许出监房，罪犯之间不许随意互进监房，也不许参加劳动。缓和独居制则要求罪犯在日间劳动时仍独居，但在运动、娱乐、教诲时可与其他罪犯在一起。西方监狱学理论认为，独居制的优点在于使罪犯在独居的环境中，认识到刑罚的严厉，促其悔过改善，同时可避免罪犯相互之间的犯罪感染。独居制在运行过程中出现了很多弊病，其中主要是违背了教育刑的行刑目的。于是，作为对独居制的改良，沉默制应运而生。

沉默制首先实行于美国纽约州的奥本监狱，所以又称奥本制。沉默制要求罪犯夜间分房监禁，白天杂居劳动作业，但在白天杂居时要保持绝对沉默，严禁罪犯之间交谈，以避免发生相互争斗、预谋犯罪等。西方监狱学理论认为，沉默制的优点在于，禁止罪犯任意交谈，可避免罪犯相互之间的犯罪感染，同时，罪犯共同劳动作业可以使罪犯的社会适应能力增强。

---

① 参见［日］川端博：《刑法总论讲义》，681～682 页，东京，成文堂，1995。

点数制是1842年由英国殖民岛诺夫科岛（Norfolk）的典狱长麦科诺基（Maconochie）发明的。点数制考察和记录犯人的劳动及其他方面的表现，把勤奋劳动、良好行为、生活节俭、思想改善等都用一定的点数表达出来，犯人由此可挣得进步分数，获得狱内待遇的改善，以此增强犯人的自我改善与自律。

累进制是由早期的点数制经改进演变而来的，其主要内容是将罪犯的自由刑执行分为若干阶段，并确定相应的处遇，按照罪犯的服刑成绩，逐渐改进其处遇，达到促使罪犯改过迁善的目的，因而又被称为阶级制。就累进制的适用过程而言，各国对服刑阶段的规定不完全相同，但其顺序大致如下：(1) 独居监禁（第一级或最低级）。累进制中的独居监禁的目的是使罪犯在独居过程中感受到与世隔绝的痛苦，进而使罪犯产生悔悟并争取进入杂居级。(2) 杂居监禁（第二级）。杂居监禁是将罪犯依一定标准进行分类，将同类罪犯监禁在一起，其目的是避免杂居后罪犯之间的交叉感染。(3) 半自由监禁（第三级或最高级）。半自由监禁是对即将释放的罪犯在监狱内给予可能范围内的自由，使其逐渐适应社会，为假释做准备。在半自由监禁阶段，罪犯白天可以在社会上工作，傍晚回监。(4) 假释。假释是累进制的最后阶段。罪犯在半自由监禁阶段如果表现良好，假释后不致再危害社会的，提前将其释放出狱。西方监狱学理论认为，累进制有利于鼓励罪犯积极向上，并且，罪犯随着处遇的上升，其生活环境渐渐接近正常的社会生活，可避免其回归社会后因不适应而引发的各种问题。

累进制集各种监狱制度之长，并适应矫正罪犯的需要，因而为许多国家所采用。如在日本，将自由刑的受刑者分为四级，从第四级起依次升级，随着级别的提升，监护也变得宽缓，第四级和第三级的受刑人原则上交付杂居拘禁；第二级以上的受刑人原则上使其昼间杂居，夜间交付独居拘禁；第一级的受刑人待遇进一步改善，如收容于特别的场所，在该场所内可以不对居房上锁，原则上不对其进行身体搜查和居房搜检，在休息时间可以在指定场所自由散步等。就受刑者在行刑过程中能否得到升级而言，应根据以下四个条件进行考察：一是劳役中是否勤恳、成绩如何；二是操行是否良好；三是责任感的有无及意志的强弱；四是对少年犯还应考察其学习是否勤奋以及取得的成绩。[①] 俄罗斯联邦刑事执行法典中也规定有服刑递进制度，即被判刑人表现良好的，在服完刑期的三分之一后，可以从普通管束制度的和严格管束制度的劳改营被移送到劳动改造村服刑。在劳动改造村，被判刑人住在公共宿舍，无人看守，甚至可以与家属一起在租赁房屋中居住，等等。[②]

不过，累进制也存在不足，它并非可以适用于所有的监狱服刑罪犯，如对短刑犯、老年犯、不适合参加劳动的残疾罪犯、病犯等，就不适合采用累进制。所以，有的国家对累进制的适用对象作出限定。如日本1933年行刑累进处遇令第2条将刑期不满6个月的人、65岁以上不堪劳作的人、孕妇等排除在累进制的适用对象范围之外。

自由刑的执行期限一般从判决确定之日起计算。判决确定前羁押的期限，一般要从执行的刑期中减除。

---

① 参见［日］福田平、大塚仁编：《日本刑法总论讲义》，李乔等译，240页，沈阳，辽宁人民出版社，1986。

② 参见［俄］Н. Ф. 库兹涅佐娃、И. М. 佳日科娃主编：《俄罗斯刑法教程》（总论）（下卷·刑罚论），黄道秀译，814～816页，北京，中国法制出版社，2002。

四、财产刑的执行

财产刑（包括罚金、罚款与没收）的执行在德、日等大陆法系国家原则上得依据检察官的命令执行，且此项命令具有等同于民事法律执行的效力。就各种财产刑的执行而言，没收针对的是客观存在的实物，因而其在执行方式上与罚金或罚款有所不同。进入 20 世纪以来，西方各国在立法上日益重视罚金刑，在司法中也逐渐扩大罚金刑的适用。在一些国家的刑罚体系中，罚金刑已经跃居与自由刑同等重要的地位，罚金刑成为适用最多、最主要的财产刑，罚款等其他种类的财产刑的执行大多以罚金刑为参照。

罚金刑的执行方式，除了立即缴纳和一次性缴纳以外，还有以下几种方式：

一是分期缴纳，即规定受罚人在一定期限内分若干次缴纳罚金。如 1998 年德国刑法典第 42 条规定："根据被告人的人身和经济情况，不可期待其立即缴清罚金的，由法院规定缴纳期限，或允许其分期缴纳，每期缴纳一定数额。同时法院应要求被告人如期缴纳每一期金额，否则，即丧失分期缴纳的待遇。"

二是延期缴纳。当受罚人在规定的期限内不能缴纳罚金时，法院准其延长一定的时间缴纳。如巴西 1940 年刑法典第 36 条规定："罚金应在判决后 10 天内缴纳。但根据犯罪人请求和他的情况，法官可以把期限延长 3 个月。"

三是强制缴纳，即在规定的缴纳期限届满，受罚人有缴纳能力而拒不缴纳的，采取强制措施使之缴纳。如瑞士联邦刑法典（2003 年修订）第 49 条第 3 款规定："被判刑人在规定的期间内未缴纳罚金且未以劳动替代罚金刑，如主管机关认为有此必要并可能有结果时，得命令强制征收。"

此外，对于执行罚金刑确有困难的，许多国家还规定了罚金易科制度。具体来说，主要有两种做法：一种是易科自由刑。如 1998 年德国刑法典第 43 条规定："不能缴纳罚金的，以自由刑代替之。1 单位日额金相当于 1 日自由刑。以自由刑替代的，最低为 1 日。"奥地利刑法典（2002 年修订）第 19 条第 3 款规定："不能缴纳罚金的，以自由刑替代之。1 日之替代自由刑相当于 2 单位日额金。"德国刑法学者耶赛克对该国刑法典上述规定提出批评说："该规定对剥夺财产和剥夺自由刑作出了不正当的评价；因此，奥地利的有关规定倒是合理的。"[①] 另一种是易科劳役。如瑞士联邦刑法典（2003 年修订）第 49 条第 2 款规定："允许被判刑人以公益劳动，尤其是为国家或社区劳动替代罚金刑。"通过规定罚金刑易科制度，可以对有支付能力而拒绝缴纳的犯罪人形成威慑，同时，易科执行，对于确实无力缴纳的犯罪人来说也是一种解脱措施。

五、资格刑的执行

资格刑所具有的既可附加适用又可独立适用的特点，使得其在执行的起始时间上有所区别。资格刑独立适用时，其期限自判决确定之日起计算。当资格刑附加于主刑适用时，其期限一般是从自由刑执行完毕之日或假释之日起算。如 1998 年德国刑法典第 45 条 a 第 2 款规定："丧失资格或权利的期间，从自由刑执行完毕，或因时效届满失效或免除刑罚之日起算。"

---

① ［德］耶赛克、魏根特：《德国刑法教科书》（总论），徐久生译，936 页，北京，法律出版社，2001。

资格刑的生效一般自判决生效时开始，但在资格刑附加于主刑适用时，资格刑的效力及于主刑执行期间。如1998年德国刑法典第45条a第1款规定："资格、法律地位及权利的丧失，自判决生效时开始。"再如1994年法国刑法典第131—29条规定："如禁止行使第131—26条（该条规定的是剥夺公民权、民事权与亲权的内容——引者注）所列举之全部权利或部分权利或者禁止担任公职或从事职业性、社会性活动并科无缓期之自由刑，该禁止事项自自由刑开始，即予实施；自自由刑终止之日起，禁止事项在判决规定的时间内仍继续执行。"

第二节　缓刑

一、概说

缓刑制度在广义上可以区分为缓宣告和缓执行（即狭义的缓刑）两种制度。前者是确定有罪，但缓宣告有罪判决或者缓宣告刑罚，又称宣告犹豫；后者又称执行犹豫，具体又包括两种方式：一种是附条件的有罪判决主义，即经过缓刑期间没有发生应撤销缓刑的事由的，原有罪判决本身就失去效力；另一种是附条件的特赦主义，是指经过缓刑期间没有发生应撤销缓刑的事由的，就免除刑罚的执行。目前，德国、意大利采用的是附条件的特赦主义，日本采用的是附条件的有罪判决主义。

缓刑制度的价值在于：首先，缓刑可以避免短期自由刑的弊端。短期自由刑因其威慑不足且易导致犯罪人之间交叉感染，一向被认为弊大于利。缓刑制度正是为避免短期自由刑的弊端而走向世界刑罚舞台的。其次，缓刑有利于促进犯罪人改恶从善。判处缓刑的犯罪人大多是犯罪行为的危害较为轻微、恶性较小的罪犯，此类罪犯对刑罚的感受比较敏锐，缓刑足以使他们受到震动，容易形成悔过心理。同时，由于缓刑是附条件地不执行刑罚，因而可以使犯罪人受到一种持续的、潜在的精神约束。这种精神约束有利于促使犯罪人对其实施的行为进行反省并纠正其行为及心理上的偏差，从而得以改过自新。再次，缓刑是促进罪犯再社会化的一条重要而有效的途径。缓刑制度为被缓刑者再社会化提供了较好的环境条件，缓刑的手段与其目的之间具有内在统一性，被判缓刑者虽然被追究刑事责任，但并没有与社会相隔离，因此，被判缓刑者基本上不存在再社会化环境方面的障碍。最后，缓刑以实际的"不执行"达到执行的效果，这符合刑罚谦抑主义原则。① 总而言之，缓刑制度所具有的上述诸多优点，使其成为最基本的监禁刑替代措施和最能体现刑罚社会化的刑罚制度之一，不仅体现了刑罚人道化、缓和化等新的刑罚思想，而且产生了巨大的实际效益，在遏制犯罪、社区重新整合方面发挥着重要作用。

二、缓刑的要件

大陆法系刑法中关于缓刑适用条件的规定虽然不完全相同，但总体来看，其基本条件

---

① 参见［日］大塚仁、福田平：《刑法总论Ⅱ》，231页，东京，有斐阁，1982。

大同小异：

首先，缓刑适用于较轻的犯罪。关于缓刑所适用的罪行，德国、法国、意大利、瑞士、俄罗斯、日本等国家的现行刑法均没有对具体的罪种作出特别的限制，而是从宣告刑上作出限定，通常适用于被判处短期自由刑、罚金或附加刑的犯罪人。如1998年德国刑法典第56条第1款规定，判处1年以下自由刑的，可以适用缓刑。1907年日本刑法第25条规定，对于被宣告3年以下惩役、监禁或者50万日元以下罚金的人，可适用缓刑。

其次，缓刑适用的实质条件是可期待行为人不再实施犯罪或不危及法律秩序。如1998年德国刑法典第56条第1款规定，在能够期待“所判处的刑罚已起警告作用，且不执行刑罚也不致再犯罪”时，可对被判刑人适用缓刑。同时，该条第3款规定，在判处至少6个月的自由刑时，如果实际执行刑罚为维护法秩序所必需，则不得适用缓刑。1996年俄罗斯联邦刑法典第73条第1款也规定，法院认为被判刑人不服刑亦可能得到改造时，法院可以判处缓刑。

最后，行为人没有前科，或者虽有前科但已经过一定期限。各国刑法通常规定，对有犯罪前科的人，特别是累犯、常习犯、职业犯等，不适用缓刑。如根据1996年修订的瑞士联邦刑法典第41条第2款的规定，如果被判刑人在犯罪前5年中因故意犯重罪或轻罪而被科处重惩役或3个月以上监禁刑，不得推迟执行。

三、缓刑的考验期间

缓刑是刑罚的暂缓执行，刑罚最终是否实际执行取决于罪犯的表现，因此，各国刑法在规定缓刑适用条件的同时规定了一定的考验期限。有的规定为绝对期限，如1994年法国刑法典第132—35条、第132—37条规定，重罪或轻罪的缓刑考验期间为5年，违警罪的缓刑考验期间为2年；有的规定为相对期限，如瑞士联邦刑法典（2003年修订）规定为2年以上5年以下（第41条第3款）。在刑法规定的考验期间为相对期限的情况下，由法官在该法定幅度内根据案件和被告人的情况进行具体裁量。缓刑考验期的起始时间一般是判决确定之日。

有的国家的刑法规定，对于被宣告缓刑的人，在缓刑考验期间内要交付保护观察。如1907年日本刑法第25条之二规定，对依据本法第25条第1款宣告缓刑的人（初次缓刑的人——引者注），在缓刑期间，可以任意地交付保护观察。对依据第25条第2款宣告缓刑的人（再次缓刑的人——引者注）在缓刑期间内，必须交付保护观察。

四、缓刑的撤销

被宣告缓刑的人在缓刑考验期间，如果不遵守有关规定或者出现其他特殊情况，会导致缓刑的撤销。

在大陆法系国家，缓刑的撤销主要包括以下两种情况。

（一）必要的撤销

所谓必要的撤销，即在缓刑考验期间出现某些情况时，必须撤销缓刑。必要的撤销事由一般包括：

1. 发现被缓刑人在缓刑以前曾犯他罪的。对于所发现的“漏罪”，各国刑法一般都予以限定，即该“漏罪”为被判处一定刑罚之罪。如1907年日本刑法第26条规定，在缓刑宣告以前所犯其他罪被判处监禁以上刑罚，而对其刑罚没有宣告缓刑的，或发觉在缓刑宣告以前曾犯其他罪，被判处监禁以上刑罚的，应当撤销缓刑的宣告。

2. 行为人在缓刑考验期间又犯新罪的。对于“新罪”是否有所限定，各个国家刑法的规定不尽一致。有的国家不予限定，如瑞士联邦刑法典（2003年修订）第41条规定，被判刑人在考验期间实施重罪或轻罪，法官命令执行刑罚。而瑞士联邦刑法典中所规定的犯罪只有重罪和轻罪两种，因此，这就意味着只要行为人在缓刑考验期间又犯新罪，无论是何种罪行，均应撤销缓刑。有的国家则对“新罪”的轻重作出限定，如意大利1930年刑法典（2006年3月修订）第168条第1款规定，行为人在缓刑考验期间实施某一应处以监禁刑的重罪或者同样性质的违警罪的，当然撤销缓刑。1998年德国刑法典第56条f第1款规定，如果被判刑人在缓刑考验期间重新犯罪，并且因此表明成为暂缓执行刑罚的基础的期待没有被满足，法院取消暂缓执行刑罚。这一规定不仅注意到行为人再犯新罪这一形式条件，而且要求结合缓刑适用的实质条件来综合判断，无疑更具有合理性。

3. 考验期间严重违反有关缓刑的规定或者不履行规定义务的。如意大利刑法典（2006年3月修订）第168条第1款规定，行为人在缓刑考验期间未履行为其规定的义务的，当然撤销缓刑。

（二）任意的撤销

任意的撤销，即在缓刑考验期间出现某些情况时，法官可以考虑撤销缓刑，但非必须撤销缓刑。如1907年日本刑法第26条之二规定，任意的撤销事由包括：缓刑考验期间又犯罪被判处罚金的；交付保护观察的人不遵守有关规定，情节严重的；发觉在缓刑宣告前有其他罪，已被判处监禁以上的刑罚并经宣告缓刑的。在行为人具备任意的撤销事由的情况下，就是否撤销缓刑而言，法官具有一定的自由裁量权。

五、缓刑的效力

从各国刑法的规定来看，关于缓刑的法律后果，有两种立法例：

一种是消灭前科，即缓刑考验期满后，如未发生缓刑撤销事由，则原判决所宣告的罪与刑均丧失效力。如1907年日本刑法第27条规定：“缓刑的宣告未被撤销并经过缓刑期间的，刑罚的宣告丧失效力。”据此规定，缓刑的法律后果是被判刑人被视为未曾犯罪之人。

另一种是不再执行原判刑罚，即缓刑考验期满后，如未发生缓刑撤销事由，原判的刑罚就不再执行，但有罪宣告仍然存在。意大利刑法典（2006年3月修订）第167条规定：“如果在规定的期限内被判刑人没有实施重罪或者同样性质的违警罪，并且履行了为其规定的义务，犯罪消灭。在这种情况下，刑罚不再执行。”杜里奥·帕多瓦尼教授对此解释道：“犯罪的消除产生阻却执行主刑和附加刑的法律后果……但不消除有罪判决的其他刑事法律后果。”①

上述两种立法例各有其合理性和弊端。第一种立法例虽然更有利于被缓刑人复归社会，但有过于宽纵之嫌。刑罚虽应着眼于将来，但亦不可抹杀对行为人已实施的犯罪的评价，并且，前科记录的存在还可警示行为人谨慎行事，避免重蹈覆辙。第二种立法例兼顾了刑

---

① ［意］杜里奥·帕多瓦尼：《意大利刑法学原理》，陈忠林译，361～362页，北京，法律出版社，1998。

罚的公正性与特殊预防，但有时对被缓刑人重新融入社会生活会产生消极影响。

第三节　假释

一、概说

在日本，所谓的假释是狭义的假释（日本刑法第 28 条）与假出所（第 30 条）的总称，是指刑期未满前附条件地释放的情况。前者是根据刑罚执行的情况认为没有必要再继续执行时，将服刑人暂时释放；后者是经过一定期间没有发生事故时免除其刑罚执行的制度。其旨趣是避免无用的拘禁，并且给予受刑人走向将来的希望而促进改善，谋求其复归社会。①

假释制度有利于调动罪犯改造的积极性，是激励罪犯改造的一种有效手段。假释制度可以避免长期监禁刑的弊端，它为长期监禁的罪犯在监狱和社会之间设置了一种缓冲和过渡，使其为适应较为复杂的社会生活做好准备，从而顺利地复归社会。同时，由于假释是附条件地提前释放，罪犯回归社会以后，如果不继续改造自己，巩固改造成果，有可能导致撤销假释，重新失去自由。这就对假释者形成一种精神压力，有利于促使犯罪人彻底改造自己的犯罪思想，矫正自己的不良行为，成为遵纪守法的公民。此外，假释的适用还可以节省监狱行刑成本，并且有利于解决监狱拥挤问题。

二、假释的要件

从各国刑法的规定来看，假释的适用主要应具备以下几个方面的要件。

（一）刑种条件

鉴于假释是为了救济长期自由刑的弊端而设立的，大陆法系国家刑法通常规定，被判处徒刑或监禁刑的受刑人才能适用假释。如意大利刑法典（2006 年 3 月修订）第 176 条规定，假释的对象是被判处有期自由刑和无期徒刑的人。1907 年日本刑法第 28 条规定，被判处惩役或监禁的人，才能适用假释。有个别国家将假释适用的刑种扩展到短期自由刑。如 1907 年日本刑法第 30 条规定："被判处拘留的人，根据情节，任何时候都可以根据行政机关的决定，准许假出所。"

（二）刑期条件

由于假释是在考察受刑人人身危险性的基础上给予其的一种优待，而对受刑人人身危险性的考察必须以一定期限的刑罚执行为基础和依据。这一期限在各国刑法中就表现为假释最低服刑期限。关于假释最低服刑期限，通常区分有期自由刑和无期自由刑两种情况，作出不同的规定。

1. 被判处有期自由刑的，其假释最低服刑期限在立法上主要有两种模式：一是比例

① 参见［日］山中敬一：《刑法总论》，2 版，1063 页，东京，成文堂，2008。

制，即规定在执行刑期的一定比例后，方可获得假释资格。如 1907 年日本刑法第 28 条规定，有期徒刑的执行刑期经过三分之一，方可适用假释。二是混合制，即在规定刑期比例的同时还规定有明确的最低服刑期限。采用这种立法例的国家相对较多。如 1998 年德国刑法典第 57 条规定，罪犯假释应满足所判刑罚已执行三分之一，至少已满 6 个月。意大利刑法典（2006 年 3 月修订）第 176 条规定，被判处监禁刑的罪犯，如果至少已服刑 30 个月或者至少已服满所判刑期的一半并且剩余的刑期不超过 5 年，可以获准假释。

2. 被判处无期自由刑的，对假释最低服刑期限的规定，多数采用的是明确规定年限的立法模式。有的规定为 10 年，如日本、韩国；有的规定为 15 年，如德国、瑞士、奥地利；有的规定为 18 年，如法国；也有的规定为 20 年，如希腊、土耳其；还有的规定为 20 年以上，如俄罗斯规定为 25 年，意大利规定为 26 年。

（三）实质条件

受刑人须有悔改表现是假释适用的实质条件。关于“悔改表现”，各国刑法的具体表述虽有差异，但其核心都强调受刑人的人身危险性的降低或减弱，出狱后不至于危害社会。如 1998 年德国刑法典第 57 条规定，受刑人不执行刑罚也不致再犯罪。1907 年日本刑法第 28 条规定，可适用假释之人应有“悔改表现”。所谓悔改表现，是指根据良好的行状能够证明悔改的情况，具体地说，应认为指：（1）有悔悟之情；（2）有更生意欲；（3）没有再犯之虞；（4）社会感情认为假释妥当。[①] 对于假释适用的实质条件，各国在立法上一般只作概括性和原则性的规定。罪犯是否符合这一条件，取决于假释决定机关的审查和判断。

此外，有的国家的刑法还规定了其他一些限制条件。如对于累犯，有的国家绝对禁止适用假释，有的国家对此没有一律否决，但对累犯适用假释规定了更加严格的条件。如意大利刑法典（2006 年 3 月修订）第 176 条规定：“如果属于本法第 99 条后几款规定的累犯情况，为获准假释，被判刑人应当至少服刑四年并且至少服满所判刑期的四分之三。”

三、假释的考验期间

假释是附条件的提前释放，对于受刑人被假释后是否会再次犯罪、危害社会，需要时间来加以考察，因此，各国刑法都规定了假释的考验期。关于假释考验期间的长短，各国刑法通常区分有期自由刑与终身自由刑分别作出不同的规定。

有期自由刑的假释考验期间的确定有两种情形：一种是将剩余刑期作为假释考验期间。如 1953 年韩国刑法典第 76 条第 1 款规定，有期徒刑的假释考验期间为剩余的刑期。日本现行刑法没有规定假释考验期间，但按照学界的通说和实务界的见解，假释考验期“为假释的期间，即从假释之日至刑期满了之日”[②]。另一种是另行规定考验期间。如根据 2002 年修订的奥地利刑法典第 48 条的规定，自由刑附条件释放的考验期为 1 年以上 3 年以下。

对于无期自由刑的假释考验期间，各国刑法通常都作出了明确的限定，但具体时间长短不完全一致。有的规定为 10 年，如奥地利刑法、韩国刑法；有的规定为 5 年，如瑞士刑法。

---

① 参见［日］大塚仁：《刑法概说》（总论），冯军译，495 页，北京，中国人民大学出版社，2003。

② ［日］山中敬一：《刑法总论》，2 版，1064 页，东京，成文堂，2008。

四、假释的撤销

被假释者在假释考验期内必须遵守一定的条件，否则会被撤销假释并重新收监执行。

从各国刑法的规定来看，假释的撤销事由主要包括以下三种情形：

一是发现被假释者在宣告假释之前犯有其他应受刑罚处罚的行为的。如 1907 年日本刑法第 29 条第 1 款规定，在假释前犯有其他罪，被判处罚金刑以上刑罚的，或者对假释前因其他罪被判处的罚金以上刑罚应当执行的，可以撤销假释。

二是被假释者在假释考验期内又犯新罪的。如根据 1998 年德国刑法典第 56 条 f 的规定，被宣告假释者在考验期间实施犯罪，并且因此表明作为假释基础的期待没有被满足时，撤销假释。有的国家的刑法更具体地对所犯的新罪在罪行轻重或种类上作出限定。如 1907 年日本刑法第 29 条第 1 款规定，在假释期间又犯罪，被判处罚金以上刑罚的，可以撤销假释。1996 年俄罗斯联邦刑法典第 79 条也规定只有在假释考验期内实施故意犯罪的，才是撤销假释的无条件的和强制性的根据；如果实施的是过失犯罪，则法院根据情况可以保留，也可以撤销假释。应当说，这种根据被假释者所犯罪行的不同情况区分强制性撤销和酌定撤销的做法，体现了区别对待的原则，是值得肯定的。

三是被假释者在假释考验期内恶意不遵守有关规定或者不履行规定的义务的。如 1998 年德国刑法典第 56 条 f 规定，严重地或持续地违反指示，或者持续地脱离考验帮助者的监督和管理，并且因此使人们有理由担心其将重新实施犯罪的，或者严重或屡次违背义务的，法院得撤销假释。1907 年日本刑法第 29 条第 1 款规定，被假释者在假释期内不遵守应当遵守的事项时，可以撤销假释。

五、假释的效力

被假释者在假释考验期内没有出现假释撤销事由的，则假释期满，视为其刑罚执行完毕。日本现行刑法对此虽没有明文规定，但学界通说认为，“假释后没有被撤销，经过残余刑期，认为刑罚执行终了，免除刑罚的执行”①。假释并不等于刑罚的消灭，而只是刑罚继续执行的免除，其罪刑宣告并不丧失效力，即有罪判决并不因此而消失。

第四节　刑罚的消灭

一、概说

所谓刑罚的消灭，是指因某种事由导致基于具体犯罪而发生的个别的刑罚权消灭。这种使已经发生的刑罚权消灭的事由，称为刑罚消灭事由。

① ［日］山中敬一：《刑法总论》，2 版，1065 页，东京，成文堂，2008。

刑罚消灭事由不同于刑罚阻却事由：前者是在已经发生了刑罚权的前提下，使刑罚权归于消灭的事由；后者则是使刑罚权不发生的事由。

刑罚消灭事由主要包括以下几种情况：(1) 犯罪人的死亡或者法人的消灭；(2) 赦免；(3) 超过时效期限；(4) 刑罚执行完毕；(5) 假释期限届满；(6) 缓刑考验期满；(7) 复权。其中，对 (4) ～ (6) 项情况，前已论及，本节不再赘述。

二、犯罪主体消灭

现代刑法基于刑事责任的一身专属原则，认为犯罪主体消灭，刑罚即归于消灭。犯罪主体的消灭包括自然人死亡和法人消灭两种情形。

犯罪主体消灭发生的场合不同，其后果也有所不同。在判决确定之前，犯罪主体消灭的，则刑罚适用权消灭，不发生刑罚适用的问题；如果是在判决确定以后，犯罪主体消灭，自由刑、资格刑的刑罚权也随之消亡，但罚金、科料、没收、追缴等财产刑是否会随之归于消灭？对此，大陆法系各国立法所采取的态度不同，多数国家立法上都明确规定犯罪主体消灭，其刑罚免除或者消灭。如意大利刑法典（2006 年 3 月修订）第 171 条规定："受刑人于判决后死亡者，其刑消灭。"意大利学者解释道，根据个人责任原则，除归还或赔偿等（因犯罪而产生的）民事义务外，不容许以任何方式将刑事责任转移给其他不是犯罪人的主体。[①] 可见，该条中所消灭的"其刑"当然包括财产刑在内。但是，也有少数国家的刑法例外地规定犯罪主体在判决确定后消灭的，其所判处的罚金、没收等财产刑仍须执行。如 1948 年日本刑事诉讼法第 491 条规定："依据关于没收或租税以及其他捐税或专卖的法令的规定所宣判的罚金或追征，受刑罚宣判人在判决确定后死亡的，可以就继承财产执行。"犯罪的法人如果是在判决确定后发生合并，使得原法人归于消灭，对于原法人所判处的罚金、科料、没收等刑罚，继承的法人仍应负纳付责任。日本刑事诉讼法第 492 条对此也作了规定。上述两种规定所涉及的情形在日本刑法理论上被称为"刑罚一身专属性的例外"[②]。

三、赦免

各国赦免制度的具体内容不完全相同，如日本的恩赦制度中包括大赦、特赦、减刑、刑罚执行的免除、复权等内容，且由恩赦法和刑事诉讼法加以规定；俄罗斯则在其刑法典中规定了大赦、特赦；德国现行的赦免制度分为一般赦免和特别赦免两种，一般赦免由议会以法律形式来执行，总统只具有特别赦免权；法国宪法、刑法、刑事诉讼法都对赦免作了规定，赦免制度包括大赦、特赦、复权等不同形式。在各国的赦免制度中，较具有普遍性和典型性的主要是大赦与特赦。

(一) 大赦

大赦通常是指国家对于一定时期内的全体罪犯或某一类罪犯免予追诉或免予刑罚执行的制度。大赦通常在国家的重大庆典时，由国家最高权力机关或国家元首以命令的形式颁布实施。

---

① 参见［意］杜里奥·帕多瓦尼：《意大利刑法学原理》，陈忠林译，393 页，北京，法律出版社，1998。

② ［日］山中敬一：《刑法总论》，2 版，1067 页，东京，成文堂，2008。

大赦具有最高的赦免效力。首先，大赦的适用对象范围最为广泛。赦免的具体范围由大赦令确定，既可以对全国范围内一般人的一般犯罪适用，也可以对全国范围内的特定犯罪适用。由于大赦的适用范围较广，故大赦令中不具体一一公布被赦免人的姓名，而是由司法机关根据大赦令查明后具体执行。如俄罗斯联邦刑法典第 84 条规定："大赦由俄罗斯联邦会议国家杜马对非个别确定的范围的人宣布。"其次，大赦具有最大的赦免效力。大赦不仅可以免除刑罚的执行，而且可以使罪和刑都归于消灭。具体而言，大赦令一经颁布，已受到罪刑宣告的，其宣告归于无效；尚未受罪刑宣告的，其追诉权归于无效。受大赦赦免的人，其已犯之罪在法律上也归于消灭，原判之罪不再被视为前科或成立累犯的理由。

（二）特赦

特赦是指国家对于一定时期内犯特定罪行的犯罪人免除其全部或部分刑罚执行的制度。特赦通常也由国家最高权力机关或国家元首以政令的形式颁布实施，在有的国家也由最高行政机关宣告实施。

与大赦不同，特赦针对特定范围的犯罪人适用，而不是针对全国范围内的一般犯罪人。关于受特赦的犯罪人所犯罪行的种类，一般没有限制，而由决定特赦的机关根据需要加以确定。

关于特赦的效力，各国刑法的规定并不一致，主要有两种情形：一种是特赦的效力可以使已宣告的罪与刑均归于无效，即既赦刑也赦罪，已受罪刑宣告的人在获得特赦后，其罪与刑都归于消灭；如果特赦后再犯罪，该已被特赦的罪行不能成为累犯的条件。如日本 1947 年恩赦法第 5 条规定，特赦使有罪宣告丧失效力。另一种是特赦的效力只是对所宣告的刑罚免除执行，可以是免除全部，也可以是只免除尚未执行的那部分刑罚的执行，即只赦刑不赦罪。如果该人被特赦后再犯罪，被特赦的罪行一般要成为累犯的条件。在一些国家，特赦的类型并不固定。其效力如何，往往取决于特赦令的具体规定。

四、时效

时效分为追诉时效与行刑时效。追诉时效消灭的是观念的刑罚权，行刑时效消灭的则是现实的刑罚权。

关于时效制度的根据，见解不一。有所谓改善推测说，认为既然犯罪后长时间没有再犯罪，可预想犯罪人已经得到改善，没有对其予以刑罚处罚的必要；有的采用证据湮灭说，认为犯罪证据因时间的流逝而散失，从而使得案件难以得到正确处理；有所谓准受刑说，认为犯罪人在逃亡过程中，战战兢兢，惶惶不可终日，其所受的痛苦与执行刑罚没有多大的差异，因此可以视为已经执行了刑罚；也有的主张尊重事实现状说，认为犯罪后在长时间内没有受到追诉或者宣告的刑罚在长时间内没有执行，事实上就形成了一定的社会秩序，如果再行追诉或者执行刑罚，反而有损于现存秩序的稳定，设立时效制度就是为了尊重现实已经形成的这种事实状态；还有的主张规范感情缓和说，认为随着时间的经过，对犯罪的规范感情得以缓和，因而不一定还要对犯罪人给予现实的处罚；等等。①

（一）追诉时效

追诉时效是法律规定的对犯罪人行使追诉权的有效期限。超过追诉时效，追诉权即告消灭。

---

① 参见［日］山中敬一：《刑法总论》，2 版，1068 页，东京，成文堂，2008。

1. 追诉时效的适用范围。追诉时效的适用范围在不同国家国内法上的规定存在差异：在有的国家，追诉时效制度适用于一切犯罪，如意大利对适用追诉时效的犯罪在类型上不加限制。有些国家的刑法则将某些严重犯罪排除在追诉时效的适用范围之外。如德国刑法典第78条规定，灭绝种族罪和谋杀罪不受追诉时效的限制。2002年修订的奥地利刑法典第57条规定，法定刑为终身自由刑的应受刑罚处罚的行为的可罚性，或者法定刑为10年以上20年以下自由刑或终身自由刑的应受刑罚处罚的行为的可罚性，不受时效规定影响。追诉时效适用范围的宽窄，从一个侧面反映了不同国家对各种犯罪的宽严态度不同。①

2. 追诉时效的期限与计算。关于追诉时效的期限，有的国家以罪种为标准加以确定。如俄罗斯联邦刑法典第78条规定："实施犯罪的人，自实施犯罪之时起经过下列期限的，免除刑事责任：（1）实施轻罪的，经过2年；（2）实施中等严重犯罪的，经过6年；（3）实施严重犯罪的，经过10年；（4）实施特别严重犯罪的，经过15年。"有的国家的刑法则根据犯罪的法定刑来加以确定，即法定刑重，追诉时效期限就长；法定刑轻，追诉时效期限就短。如瑞士联邦刑法典（2003年修订）第70条规定："下列行为的追诉时效分别为：犯罪行为应科处终身重惩役的，经过30年；犯罪行为应科处3年以上监禁刑或重惩役的，经过15年；犯罪行为应科处其他刑罚的，经过7年。"就上述两种方式而言，犯罪现象的复杂性使得即使同属重罪或者轻罪，其罪质、危害程度、法定刑等也会有所不同，因此，仅以重罪、轻罪等标准来确定追诉时效，有时未必合理；相比之下，以法定刑为标准确定追诉时效期间的方式能够更好地实现追诉期限与犯罪行为的社会危害性程度和刑罚轻重相适应，是比较合理的。

关于追诉时效的起算标准，各国刑法的规定不尽一致。有的国家的刑法规定从犯罪行为实施之时起算，如瑞士联邦刑法典（2003年修订）第71条。有的国家的刑法规定从犯罪行为终了之时起算，如德国刑法典第78条a。也有的国家的刑法规定，时效从犯罪行为成立之时起算，如奥地利刑法典（2002年修订）第57条。还有的国家的刑法根据犯罪的不同情况，分别确定时效的起算时间。如意大利刑法典（2006年3月修订）第158条规定："对于既遂犯罪，时效的期限自既遂之日起计算；对于未遂犯罪，自犯罪人终止行为之日起计算；对于持续的（或连续的）犯罪，自持续（或连续）状态终止之日起计算。法律规定的可罚性依赖于某一条件的出现时，时效的期限自该条件出现之日起计算。但告诉或请求乃论之罪，时效的期限自犯罪实施之日起计算。"

3. 追诉时效的中止与中断。追诉时效的中止，是指法定追诉时效期间因某些事由的发生而暂停进行，一旦停止进行的事由消灭，时效期间继续进行。如意大利1930年刑法典（2006年3月修订）第159条规定，"在刑事诉讼程序或者预防性羁押因法律的特别规定而停缓的情况下"，以及"在等待对诉讼的批准、将问题推至另一审判、由于当事人或辩护人受阻的原因或者根据被告人或其辩护人的请求而暂时停缓刑事诉讼程序"等情况下，时效处于停缓状态。"时效自有关的停缓原因终止之日起继续计算。"从各国立法来看，追诉时效的中止并未为各国所普遍采用。但对于追诉时效的中断，大多数国家的刑法均予以明确规定。

追诉时效的中断，是指法定追诉时效期间因某些事由的出现而停止继续进行，已经经过的时效期间归于无效，时效期间重新起算。各国关于追诉时效中断事由的规定并不完全

① 参见赵秉志主编：《外国刑法原理（大陆法系）》，334页，北京，中国人民大学出版社，2000。

一致，大致包括如下两种类型：（1）犯罪人在追诉期限内再犯新罪的，追诉时效中断。如1999年越南刑法典第23条第3款规定："行为人在本条第二款规定的期间（即追诉时效期间——引者注）又犯新罪而法律规定该新罪的最高刑为一年有期徒刑以上时，追究旧罪的时效从实施新罪之日起计算。"苏联刑法典、朝鲜刑法典亦采此例。（2）犯罪人在追诉期限内被司法机关采取刑事措施的，追诉时效中断。如德国刑法典第78条c十分详尽地规定了开始审讯被告人、法院命令扣押或搜查、提起公诉、主审程序已经开始、指定审判日期、法院委托在国外进行调查等12项追诉时效中断的事由。值得注意的是，在第二种情况下，案件诉讼程序进行的结果应当是法院判定行为人有罪或者无罪。无论判决如何，该案的追诉权都不再继续行使，即追诉时效完全终止。但是，如果是因行为人的其他行为而引发上述刑事措施，则对前一犯罪行为的追诉权并不因后一案件的审理终结而终止。

（二）行刑时效

行刑时效是法律规定的刑罚执行的有效期限。行刑时效届满而仍未执行的案件，原判刑罚不再执行。

1. 行刑时效的适用范围。与追诉时效相类似，对行刑时效的适用范围，各国刑法的规定也不一致：有的国家的刑法规定，行刑时效制度适用于一切犯罪和刑罚，如日本刑法第32条的规定；有的国家的刑法则规定行刑时效不适用于某些严重犯罪，至于严重犯罪的范围，通常是通过罪种、犯罪方法或者刑罚的轻重等予以限定的。如德国刑法典第79条规定，灭绝种族罪不受行刑时效的限制。奥地利刑法典（2002年修订）第59条规定，如果犯罪人被判处终身自由刑、10年以上有期自由刑，不适用行刑时效。

2. 行刑时效的期限与计算。关于行刑时效的期限，有的国家的刑法根据犯罪的轻重加以确定。如法国刑法典第133—2条至第133—4条规定，因重罪宣告之刑，时效为20年；因轻罪宣告之刑，时效为5年；因违警罪宣告之刑，时效为2年。有的国家则是根据所宣告的刑罚来确定的。如德国刑法典第79条规定，法定刑为10年以上自由刑的，经过25年；法定刑为5年以上10年以下自由刑的，经过20年；法定刑为1年以上5年以下自由刑的，经过10年；法定刑为1年以下自由刑、罚金刑为30单位以上日额金的，经过5年。

同为犯重罪或者轻罪者，其犯罪的具体危害程度、人身危险性大小等也各有不同，如不加区分地规定同一时效期限，难以体现刑罚的个别化。因此，比较而言，第二种立法例即根据具体案件中所宣告的刑罚确定长短不同的行刑时效期限，更为合理。

关于行刑时效的起算标准，从各国刑法的规定来看，主要有以下四种情形：一是从有罪判决确定之日起计算，如日本刑法第32条的规定；二是从有罪判决生效之日起计算，如德国刑法典第79条的规定；三是从依法执行判决之日起计算，如瑞士联邦刑法典（2003年修订）第74条的规定；四是从有罪判决确定之日或受刑人逃避刑之执行之日起算，如意大利刑法典（2006年3月修订）第172条的规定。通常而言，判决确定即生效，判决生效即应依法执行刑罚，因此，上述几种规定表述虽有不同，但起算标准基本上是一致的。不过，在个别情况下如附条件执行，刑罚执行时间与判决生效时间会有所不同。

3. 行刑时效的中止与中断。行刑时效的中止，是指在行刑时效期限内，因出现某些情况而导致行刑权不能开始或者不能继续，行刑时效中止计算，待这些情况消失后，时效继续计算。

导致刑罚执行不能开始或者不能继续的原因在实践中是多种多样的，既可能基于受刑人的原因，也有可能是行刑机关的原因，还可能是自然原因。对此，有的国家的刑法规定得较为明确，有的国家的刑法则规定得较为笼统。

行刑时效的中断，是指行刑时效期限内，因发生法定事由而时效期间中断进行，待中断事由消灭后，时效期间重新起算。

关于行刑时效中断的事由，各国刑法的规定不尽一致，主要有以下两类：(1) 刑罚执行或者行刑机关为执行刑罚而采取有关行动。如日本刑法第 34 条规定："死刑、惩役、监禁和拘留的时效，因为了执行刑罚而拘捕受刑罚宣告的人而中断。罚金、科料和没收的时效，因实施执行行为而中断。"(2) 受刑人逃避服刑或又犯新罪。但是，关于这种行刑时效中断事由，各国刑法的立场并不一致，大陆法系中只有很少数国家的刑法对此持肯定态度。

4. 行刑时效的延长。行刑时效的延长，是指行刑时效期限基于某种原因而予以适当延长。规定行刑时效延长目的在于保障行刑权的充分行使，维护判决的严肃性。

从各国的立法来看，明确规定行刑时效延长的只有极少数国家的刑法。如德国刑法第 79 条 b 规定："受审判人逗留于某一地区不能引渡或遣返的，经刑罚执行机关申请，法院可以在时效期限届满前，延长法定时效期间的二分之一，但延长以一次为限。"该规定体现了在处理受审判人处于本国刑事管辖范围之外的问题上的灵活性（由法院决定是否延长），同时明确规定了延长的界限，防止刑罚权的滥用和无效益。意大利刑法典（2006 年 3 月修订）第 173 条规定，拘役和罚款的行刑时效期限为 5 年。如果犯罪人属于累犯情况或者属于惯犯、职业犯或倾向犯，则其行刑时效的期限延长 1 倍。这一针对人身危险性较大的犯罪人的特别规定，体现了刑事政策上的"重重"精神。

5. 行刑时效的效果。"受刑罚宣告的人，因时效可以免除刑罚的执行（日本刑法第 31 条）。不是刑罚宣告本身丧失效力，是刑罚执行权消灭的旨趣。"①

五、复权

复权，是指将因有罪宣告丧失的资格或权利予以恢复。复权制度的适用须具备一定的条件。概括而言，主要包括以下几个方面。

1. 对象条件。复权制度的对象具有特定性，即只适用于因受刑罚宣告而丧失一定资格或权利的犯罪人。资格或权利的丧失主要有两种情况：(1) 因犯罪受主刑与作为主刑的附加刑的宣告而丧失，如瑞士联邦刑法典第 51 条的规定；(2) 因受自由刑宣告作为自由刑的附随后果而丧失，如德国刑法典第 45 条的规定。

2. 时间条件。复权发生在主刑执行完毕的一定期间。日本恩赦法第 9 条规定："对刑罚未执行终了的人或者未获执行免除的人，不准复权。"资格刑执行完毕后，刑罚自然消灭，也就不存在复权问题。关于复权的时间条件，从各国的刑事立法来看，主要有两种立法例：(1) 比例制，即犯罪人实际丧失权利、资格的时间必须达到原期限的一定比例，才能适用复权制度。如德国刑法第 45 条 b 规定，资格或权利丧失的期间已经经过一半时，法院可恢复犯罪人依法丧失之资格或权利。(2) 定期制，即犯罪人实际丧失权利、资格的时间必须达到法定的期限，方可适用复权制度。如意大利刑法典（2006 年 3 月修订）第 179 条规定，复权的时间条件是自主刑执行完毕或以其他方式消灭之日起经过至少 3 年，如果被判刑人属累犯、惯犯、职业犯或者倾向犯，则上述期限为 10 年。

---

① ［日］山中敬一：《刑法总论》，2 版，1070 页，东京，成文堂，2008。

3. 实质性条件。复权是对受资格刑之刑罚制裁的犯罪人有条件地提前恢复其被剥夺的权利或资格的一种制度，旨在激励犯罪人尽快悔过和积极改造。因此，各国刑法通常都要求其适用对象具备一定的悔改表现。如德国刑法典第 45 条 b 规定复权的条件是“可望受审判人将来不再故意犯罪”。意大利刑法典（2006 年 3 月修订）第 179 条规定复权的条件是“有实际的和持续的证据表明被判刑人行为端正”，而且被判刑人已履行因犯罪而承担的民事责任，“除非他证明自己处于不能履行该责任的状态”。

4. 程序性条件。关于复权的程序，各国立法规定有两种模式：一是受刑人或检察官提出申请，而后由法院裁决。如依据瑞士联邦刑法典规定的复权程序，均要由受刑人提出申请，经法官同意，即可恢复被剥夺的资格。二是无须申请而由法院直接依职权裁决。如德国刑法第 45 条 b 规定，具备法定条件时，法院可恢复受刑人所丧失的资格或者权利。

此外，有的国家的刑法中还有关于复权的撤销的规定。如意大利刑法典（2006 年 3 月修订）第 180 条规定：“如果被复权的人在 7 年内实施某一非过失犯罪，并且对该犯罪应处以 2 年以上有期徒刑或者其他更重的刑罚，复权判决当然地撤销。”

第五节 前科消灭

一、概说

“前科——这是因一个人实施犯罪而被处以某种刑罚对他所造成的并对他发生一定不利法律后果的法律地位。依照刑法典第 6 条第 1 款的规定，这些法律后果具有刑法性质：在认定累犯和处刑时应当予以考虑。所以，实施故意犯罪而有前科的人员又实施犯罪时应当考虑前科。”① 由此可见，在有些情况下，前科还会对行为人所实施的后罪产生影响，成为重处刑罚的一项事由。鉴于保留前科会导致犯罪人今后生活的诸多困难和障碍，并且在是否有违“一事不二罚”原则的问题上也引起了一些质疑和争议，从刑罚目的和刑事政策的角度考虑，前科消灭制度在许多国家的刑事立法中得以确立。

所谓前科消灭，是指对曾经受过有罪宣告或者被判处刑罚的人，注销其有罪宣告或处刑记录的制度。换言之，就是将行为人曾被依法宣告有罪或判处刑罚的法律事实视为不再存在，即该人在法律意义上被视为未实施过犯罪。

二、前科消灭的要件

综合各国的立法来看，主要根据不同的刑种以两种方法规定前科消灭的要件。

(一) 规定时间条件

即前科的消灭必须在刑罚执行完毕或者被赦免以后经过一定的时间方能进行。这一期

① ［俄］Н. Ф. 库兹涅佐娃、И. М. 佳日科娃主编：《俄罗斯刑法教程》（总论）（下卷·刑罚论），黄道秀译，833 页，北京，中国法制出版社，2002。

间的长短通常与刑罚的轻重或者刑期的长短相对应。如瑞士联邦刑法典（2003 年修订）第 80 条规定的前科消灭期间为："在重惩役和第 42 条规定的保安监禁情况下，经过 20 年；在监禁刑、其他保安处分和第 100 条 a 规定之处分情况下，经过 15 年；在拘役和依第 37 条 a 第 1 款执行 3 个月以下监禁刑情况下，经过 10 年；在罚金刑为主刑情况下，其记载自判决之日起 10 年后注销之。"1907 年日本刑法第 34 条之二规定的前科消灭期间为："监禁以上的刑罚已经执行完毕或者被免除执行的人，经过 10 年……罚金以下的刑罚已经执行完毕或者被免除执行的人，经过 5 年……被宣告免除刑罚的人，在宣告确定后，经过 2 年……"1996 年俄罗斯联邦刑法典第 86 条也针对判处刑罚的各种情形分别规定了长短不一的前科消灭期间。

（二）规定时间条件和行为表现

即刑罚执行完毕或者被赦免以后经过一定时间，没有犯法律规定的某种罪行的，前科消灭。如日本刑法第 34 条之二规定："监禁以上的刑罚已经执行完毕或者被免除执行的人，经过 10 年，未被判处罚金以上刑罚的，刑罚宣告丧失效力。罚金以下的刑罚已经执行完毕或者被免除执行的人，经过 5 年，未被判处罚金以上刑罚的，亦同。被宣告免除刑罚的人，在宣告确定后，经过 2 年，未被判处罚金以上刑罚的，免除刑罚的宣告丧失效力。""所谓'刑罚宣告丧失效力'，指刑罚宣告的效力对将来归于消灭。对已经发生的效果没有影响，并且受过刑罚宣告的事实当然没有消灭。"①

为了鼓励犯罪人积极改过，许多国家的刑法典还规定，如果具有前科者表现良好，符合法定的条件，并经法院认可，则可能导致前科提前消灭。如 1996 年俄罗斯联邦刑法典第 86 条第 5 款规定："如果被判刑人在服刑期满之后表现良好，则法院可以根据他本人的请求在消灭前科的期限届满之前撤销前科。"

三、前科消灭的效果

曾受过有罪宣告或被判处一定刑罚的人，在前科消灭之后，将不再被认为曾经犯过罪和受过刑罚处罚，其在司法机关的有关刑事档案会被注销。这是前科消灭产生的直接结果。

前科消灭之后，将对当事人产生一系列积极的法律后果：

其一，合法权益的恢复。消灭前科后，应当立即恢复当事人因有前科而丧失的资格或权利。"各种资格限制，例如'判处监禁以下刑罚的人'这一法官任命不合格事由［（日本）法官法第 46 条第 1 款］即免予适用。"②

其二，行为人以后再次犯罪时，已消灭的前科对定罪没有影响，也不得认为是加重情节，法院在解决累犯问题时不得予以考虑。③ 德国法律甚至认为，被判刑人有权在任何人面前，在法院，在经宣誓的讯问时，称自己未受过处罚，有权不公开作为判决基础的事实真相。④ 也就是说，刑罚污点被永远消除了。

---

① ［日］山中敬一：《刑法总论》，2 版，1078 页，东京，成文堂，2008。

② ［日］浅田和茂：《刑法总论》，525 页，东京，成文堂，2005。

③ 参见俄罗斯联邦总检察院编：《俄罗斯联邦刑法典释义》（上册），黄道秀译，221 页，北京，中国政法大学出版社，2000。

④ 参见［德］耶赛克、魏根特：《德国刑法教科书》（总论），徐久生译，1102 页，北京，法律出版社，2001。

【问题与思考】

1. 简述刑罚执行的原则。
2. 试述大陆法系国家刑法中缓刑的适用条件。
3. 简述假释的意义及适用条件。
4. 刑罚消灭制度有哪些法定事由？

第十五章 保安处分

内容导读

基于对人身危险性的抑制，新派所主张的保安处分制度在一元抑或二元的论争中取得了长足的进展，并一跃成为新、旧派刑法思想交锋的主要阵地。传统的旧派刑法理论基于行为主义、法治主义，就保安处分制度在人权保障方面的不足提出过质疑。但是，在保安处分制度的新近发展中，不仅考虑到社会防卫以及人身危险性预防的需要，而且顾及法治主义和人权保障。保安处分在现代刑法中得到广泛的认可。关于保安处分的种类和适用，很多国家的刑事立法都作了具体的规定。

第一节 保安处分概述

一、保安处分的概念

保安处分（英文为 measure of security 或 security measure，德文为 sichernde Manahmen）有狭义、广义和最广义之分。狭义的保安处分，是指将被处分者收容于一定的设施，在对其进行治疗、改善的同时谋求社会防卫，是伴随着剥夺被处分者自由的保安处分。相对于此，广义的保安处分也包括不带有剥夺被处分者自由的处分，如职业禁止、居住的限制或禁止、把外国人驱逐到国外、保护观察、行状监督、善行保证、禁止进入饮酒店、取消驾驶执照。狭义的保安处分和广义的保安处分都是对人的处分，所以，合称为对人的保安处分。在最广义上，保安处分也可以包括没收、关闭营业所、法人的解散或停止业务等对物的保安处分。①

① 参见［日］大塚仁：《刑法概说》（总论），冯军译，508～509页，北京，中国人民大学出版社，2003。

刑罚与保安处分，都是由刑事裁判庭所作的司法处分，在这一点上有共同性。但是，刑罚是对犯罪的法律上的制裁，保安处分是以社会防卫与本人的矫正、改善为目的的处分，因而两者的法律内容存在以下差异：（1）刑罚以实施了犯罪为前提，是作为对犯罪的非难所加的法律的制裁；保安处分是着眼于行为人的危险性科处的处分，只要其存在危险性，是否实施某种犯罪并不一定是必要的。（2）刑罚以剥夺法益为其概念的要素，而保安处分不以剥夺法益为其概念的要素。（3）刑罚是对过去的犯罪的规范的报应；保安处分是以除去危险性为目的的措施，从而行为人的现在与将来的危险性成为处分的条件。① 上述论述，揭示了保安处分不同于刑罚的特点。

二、保安处分与刑罚的关系

保安处分产生于19世纪末，系近代刑法思想的产物。其一经产生，就成为20世纪以来最有特色的刑法制度，至今仍属新、旧派刑法思想交锋的主要阵地，保安处分与刑罚的关系即为两派学者争论的焦点。

保安处分与刑罚的关系，主要就是保安处分的性质问题，这涉及保安处分在本质上与刑罚是相同的处分（一元主义）还是不同的处分（二元主义）的争论。

（一）二元主义

刑罚与保安处分的二元主义，也称保安处分与刑罚的二元论，是指将刑罚与保安处分认定为不同性质的处分措施的理论。二元论为刑事古典学派（旧派）所主张。根据旧派的基本观点，从犯罪论来讲，客观的犯罪事实是适用刑罚的前提，严格的罪刑法定主义主张无犯罪无刑罚，这些都是保安处分无法逾越的界限。责任论上，刑罚是对犯罪的道义非难与报应，在本质上是害恶，而保安处分不具有非难内容，是针对行为人的危险性格为防卫社会而进行的功利追求。

首先提出二元论主张的是德国学者克莱因（E. F. Klein）。他认为，保安处分是一种与刑罚性质完全不同的处分措施。但是，系统区分保安处分与刑罚者首推德国刑法学家比克迈尔。比克迈尔关于保安处分与刑罚的区分集中体现于其1906年在慕尼黑大学校长就任仪式上发表的题为《刑罚及保安处分》的演说之中，他认为，刑罚与保安处分在内容上必须明确区分，不得混同。保安处分，毫无疑问，也是一种剥夺自由的措施，是国家施加的痛苦。但是，这种剥夺自由或痛苦，并非以实行犯罪行为为前提。保安处分可以对完全没有犯罪能力的人，如精神病人、未成年人适用，但也不妨碍其对犯罪人适用。但是，在这种场合，处罚犯罪人的原因不是他的犯罪行为，而是他的人身危险性，他的犯罪行为只不过是施加保安处分的一个契机而已。保安处分是对犯罪行为人将来再犯的危险所实施的预防措施。②

1893年瑞士刑法预备草案即斯托斯（C. Stooss）草案系二元论立法的首创。除刑罚以外，该草案还规定了6种基本的保安处分和8种附随的保安处分，具有刑罚与保安处分的双重体系，系典型的二元主义刑事立法草案。其后，保安处分为德国、奥地利、意大利、法国等国家的刑法典所继承，1930年意大利刑法典、1932年波兰刑法典、1933年改正德国

---

① 参见［日］大塚仁、福田平：《刑法总论Ⅱ》，263～264页，东京，有斐阁，1982。

② 参见马克昌主编：《近代西方刑法学说史略》，220～221页，北京，中国检察出版社，1996。

刑法典、1937年瑞士联邦刑法典均规定了保安处分。此外，比利时在1930年《社会防卫法》这一单行法律中设有保安处分。这些草案与立法例均采用二元主义。① 因此，斯托斯草案对保安处分的立法化具有划时代的意义。

（二）一元主义

刑罚与保安处分的一元主义，也称刑罚与保安处分的一元论，是指将刑罚与保安处分认定为相同性质的处分措施的理论。一元主义为刑事实证学派（新派）所主张。根据新派的观点，刑罚的本质在于改善、预防，其目的是防卫社会；而保安处分正是基于行为人的危险性，通过施加处分，教育、改善行为人。因此，一元论认为，刑罚与保安处分很难说有什么差异，即便"在保全国家、防卫社会、维持法秩序等各方面，刑罚与保安处分同样重要，无甚差别，即或有差别也是相对的，不含绝对的意义"②。具体说来：第一，从终极目的看，刑罚和保安处分都是为了预防犯罪、保卫社会、维护社会的法秩序，应将二者统一于社会防卫的目的，并统称为"刑事制裁"或者"社会防卫处分"。第二，从法律属性上说，刑罚和保安处分都属于刑事处分，二者在本质上没有差异。第三，从执行方式上看，刑罚和保安处分都普遍采取剥夺或限制自由的方式，以强制性为特征，都使被强制者遭受痛苦。尤其对于某些犯罪行为，既可以运用刑罚，也可以适用保安处分，这本身也说明二者在手段和功能上的同一。

菲利、李斯特和牧野英一等都是一元论的代表。1882年，李斯特在"马尔布赫大学提纲"中提出了著名的"刑法中的目的思想"：作为对习惯犯人改善的处遇，对本来的犯罪的刑罚宣告暂且停止，而对之实行改善收容所的宣告制。这一主张在保安处分发达史上有重要的意义。③ 不久，一元论就得以应用于1921年的菲利草案。但是，较之菲利草案以新型的"制裁"体系融合刑罚和保安处分的实践，李斯特的一元论保安处分思想显然要温和得多，也更多地考虑到了人权保障的要求，更具可行性。

牧野英一是日本刑法学新派最突出的代表，在新、旧刑法学派关于保安处分的论战中发挥了重要作用。他在《日本刑法》一书中说："采目的刑论时，保安处分与刑罚，其目的是同一的，不可认为其性质上有差异……对限制责任者应适用之，并应建立特别的设施，如对之科处普通的刑罚，实属没有意义……刑罚与保安处分之间承认选择与代替是恰当的。盖保安处分其实质上也对一定的行为人剥夺法益。从其法益剥夺的结果看，没有理由在它与刑罚之间加以区别。另外，刑罚也不仅仅以剥夺法益本身为目的，毕竟在以社会防卫为目的观察时，没有理由说两者性质上的差别。"④

一元主义立法的先驱是由1921年菲利拟定、史称"菲利草案"的意大利刑法草案。在该草案中，菲利主张将刑罚与保安处分融合为一个保安处分的概念——制裁，由此，刑罚这一概念被取消。1926年苏俄刑法典也采用保安处分一元主义，以社会防卫处分的概念代替刑罚。然而，"这两个立法文献却证明了废除刑罚的时机还未成熟：它们消灭了'刑罚'的字眼，以制裁名义实施的仍是刑罚性质的处分。'挂羊头卖狗肉'的指责可谓正中要害"⑤。

---

① 参见［日］川端博：《刑法总论讲义》，707页，东京，成文堂，1995。

② ［日］濑川晃：《少年犯罪的现状对策》，载《日本刑事法的重要问题》，第3卷，194页，北京，法律出版社；东京，成文堂，2000。

③ 参见［日］安平政吉：《保安处分法的理论》，复刻版，75～76页，东京，酒井书店，1970。

④ 转引自［日］大塚仁：《刑法中的新旧两派的理论》，200页，东京，日本评论社，1983。

⑤ ［德］拉德布鲁赫：《法学导论》，米健、朱林译，95页，北京，中国大百科全书出版社，1997。

第二节　保安处分的分类

各国刑法规定的保安处分制度存在很大差异，即便就同一类型的保安处分制度而言，其称谓抑或内容也未必统一。保安处分的分类更是五花八门。根据处分性质和目的的不同，可以分为改善教育处分和隔离排害处分；根据处分内容的不同，可以分为剥夺自由的处分和非剥夺自由的处分；日本学者大谷实、大塚仁等将保安处分分为狭义的保安处分、广义的保安处分和最广义的保安处分；安平政吉、藤本哲也等按照处分对象的不同，将保安处分分为对人的保安处分和对物的保安处分。我们认为，按照处分对象进行分类，能较好地反映各国保安处分立法的实际情况，因而本书采用按照处分的对象进行分类的方法，并参考上述学者的著作和有关国家刑法典的规定对保安处分的分类加以论述。

一、对人的保安处分

对人的保安处分，是指对于具有一定犯罪危险性、可能危害社会的人实施的具有刑法强制力的预防性措施。可见，危险人格的存在是适用对人的保安处分的前提：根据违法行为的表征，判断行为人的危险性是否存在，具有人身危险性的，才可能成为保安处分的对象。

根据处分内容的不同，一般将对人的保安处分分为剥夺自由的保安处分和限制自由的保安处分。“首先，剥夺自由的保安处分内，剥夺自由的隔离处分有：对危险的常习犯罪人的1. 保安拘禁，2. 预防拘禁；剥夺自由的改善处分有：1. 对犯罪性精神障碍者的治疗、看护处分，2. 对酒精中毒者或麻药中毒者的戒除处分，3. 对厌恶劳动者的劳动所收容处分，4. 对性格偏执者的社会治疗处分等。其次，限制自由的保安处分内，限制自由的隔离处分有：1. 禁止职业（从业），2. 限制居住、逗留，3. 禁止出入饮酒店，4. 对外国人的驱逐出境，5. 剥夺亲权，6. 取消运输执照，7. 断种、去势等；限制自由的改善处分有：1. 善行保证，2. 行状监督，3. 保护观察。”① 以下分别扼要论述：

（一）剥夺自由的保安处分

剥夺自由的保安处分，是指将被处分人收容于一定设施内进行治疗、教育、隔离的处分。基于剥夺自由的严重性，非具有一定的必要性，不得适用该类保安处分。一般以为，以下三点的满足对于判断该类处分的相当性是很重要的：第一，预测到被判刑人有实施严重犯罪行为的危险；第二，此等处分对于预防上述危险行为是适宜的；第三，剥夺自由是保护受到犯罪威胁的、相对于被处分人的自由更高的公共利益所必需的。

各国关于剥夺自由的保安处分的规定不尽一致，但基本类型如下。

1. 保安拘禁。又称保安监置和保安监禁，是指收容有犯罪习性或具有特殊危险性的犯罪行为人于隔离场所的处分。该处分是一种隔离犯罪人的保安措施，一般为不定期，是最

---

① ［日］藤本哲也：《刑事政策概论》，全订6版，196～197页，东京，青林书院，2008。

严厉的保安处分，主要适用于累犯、有再犯某种严重罪行重大嫌疑的人、危险性常习犯人或者其他危险性犯人。

保安拘禁只有在刑罚对行为人已难奏效的条件下方可适用。如瑞士联邦刑法典第 42 条（“习惯犯的监禁）”规定，此类处分的要件包括：第一，行为人故意犯轻罪或重罪，因而至少受两年以上自由刑或强制工作处分的执行的；第二，行为人在被释放后 5 年内，再犯故意的轻罪或重罪的；第三，行为人明显具有犯罪的倾向的。

2. 监护处分。又称强制治疗、治疗监护处分、医院限居、收容（安置）于精神病院，是指为保护公众免受精神病人的侵害并治疗其疾病，而将限制责任能力或无责任能力的精神病人收容于精神病院或治疗监护所的措施。

监护处分是适用最为普遍、最为经常的一种保安处分措施，德国、意大利、奥地利、瑞士等国家的刑法典都规定了典型的监护处分制度。如德国刑法典第 63 条规定：“犯罪时无责任能力（第 20 条）或限制责任能力（第 21 条），法院在考虑犯罪行为和行为人后，如认为该人还可能违法犯罪而危害公共安全的，可命令将其收容于精神病院。”据统计，在德国，每年适用刑法典第 63 条的处分命令为 400～450 个，在调查日共有 2 500 名犯罪人被安置于精神病院。①

3. 矫正处分。又称收容矫正处分、禁戒处分、禁绝处分，是对病癖性违法犯罪者采取的一种强制性改善措施。

矫正处分主要执行于酒癖矫正所、戒毒所等，所使用的方法主要是治疗和强制禁绝。

矫正处分的执行比较灵活，而且与法院的积极确认密切相关。该处分与刑罚并科时，通常先执行矫正，后执行刑罚；执行矫正处分之后，法院认为没有必要再执行刑罚的，也可以免除刑罚的执行。如德国刑法典第 64 条第 2 款规定：“戒除瘾癖的治疗自始即无收效希望的，则中止此等处分。”矫正处分的期限一般为 2 年，但是，法院认为有必要时，也可以延长。

4. 劳作处分。也称强制工作、管训处分、收容于农园惩治所或劳动所，是指对于一切由于怠惰与游荡成性、嫌恶从事正当工作而导致犯罪的人适用的一种劳动训练处分。

劳作处分主要适用于常习犯人、职业犯人或因游荡、懒惰成习而犯罪者，部分国家也将其适用于对职业乞丐、性工作者的处分。该处分的主要宗旨是改善，使犯人通过劳动养成习惯，成为能以自己劳动谋生、能适应社会生活纪律的人。当今各国均把该处分看作是矫正与改善刑事政策的重要体现。如巴西刑法典第 93 条规定，对于职业行乞这类游手好闲、流浪或卖淫而被剥夺自由者，可拘禁在农场、劳役场、改造所或习艺所。

5. 司法感化院之收容。也称感化教育处分，是指将违法少年收容在感化教育设施内进行感化、教育、保护、医疗、监视、改善等的处分。

由于司法感化院之收容系对未成年人适用的保安处分，所以对执行场所、方法和内容等方面都要求突出地考虑到违法少年的特点，强调以比较缓和的方式实施教育矫正，促使违法少年思想感情的接受和转变，并由此认识到社会生活的温暖而增强复归社会的信念。另外，为了使违法少年获得复归社会的能力，还应当实施品质教育和职业训练。该处分多规定在各国的少年犯法中，个别国家也在刑法中进行规定，如意大利刑法典第 223 条（“将

---

① 参见［德］耶赛克、魏根特：《德国刑法教科书》（总论），徐久生译，971 页，北京，中国法制出版社，2001。

未成年人收容于司法教养院”）第 1 款规定：“收容于司法教养院是专门针对未成年人的保安处分，它的最短持续期不得少于 1 年。”

（二）限制自由的保安处分

限制自由的保安处分，是指不将被处分人收容于设施内，而只是限制其自由或剥夺某类资格，预防其实施不法行为的处分。各国的规定不尽相同，但是，主要有以下几种。

1. 保护观察。又称保护管束、行为监督、监视自由，是指延缓将被处分人收容于一定设施之内，放在社会上加以监督，只在其违反监督条件时再收容于设施之内，防止实施不法行为的措施。

一般以为，保护观察适用于三种情况：一是对某些危险行为人应适用保安处分，没有适用其他保安处分的法律依据时，得单独适用保护观察；二是对缓刑、假释者等可以附加保护观察处分；三是对未成年人单独或附加适用保护观察处分。保护观察具有突出的宽缓性和社会参与性。对被处分的人不予拘禁，并且广泛地依靠一些社会力量对其实施教育、训练，这对于被处分人的个别化处遇和再社会化能力的培养极为有利。有学者称其为改造犯罪行为人的最好方法。[①] 德国刑法典第 68 条至第 68 条 g 系关于行为监督的典型规定。该法第 68 条明确规定，因实施法律特别规定了行为监督的犯罪行为，而被判处 6 个月以上有期自由刑，如果行为人仍存在继续犯罪危险，法院除判处自由刑外还可命令行为监督。第 68 条 c 进一步规定了行为监督的期限：行为监督的期间不得低于 2 年、高于 5 年，法院可缩短最高期限。

2. 禁止出入特定场所，即被处分人不得涉足有碍于戒除不良癖性或者诱发其再犯的场所或区域的处分。该处分主要适用于习惯性酗酒或某些与特定地域相联系的再犯危险者。涉及该种处分的如意大利刑法典第 234 条关于禁止出入酒店和出售酒精饮料的公共商店的规定，泰国刑法典第 44、45 条关于进入特定地区的禁令等的规定，例如泰国刑法典第 45 条规定：“法院在有罪判决中，认为对公共安全有必要时，可以依职权或者请求，命令被告在刑罚执行完毕后五年以下期间内禁止进入特定地区。”

3. 限制居住。也称限制居住自由，是指限制被处分人一定期限内不得擅自离开被指定的居所或住入被禁止区域的处分措施。该处分的目的在于防止受处分者在特定区域内又犯类似的罪，主要适用于政治类犯罪和具有一定地域特性的犯罪。

意大利刑法典第 233 条中的“逗留禁令”即属于限制居住处分。该条第 1 款规定：“对于犯有国事罪、危害公共秩序罪、出于政治原因而实施的犯罪或者起因于某一特定地点的特殊社会或伦理条件的罪行的人，可以禁止其在由法官指定的一个或数个市镇或者一省或数省逗留。”

限制居住处分的期限一般为 1 年以上，如有违反，期间中断，重新计算；并且可以附加善行保证或交付保护管束。

4. 禁止执业。也称禁止从业、剥夺营业权，即对于滥用其职业或营业上的专有知识或特有关系而实施故意犯罪或违背职业义务的，禁止在一定期限内或永久从事该项职业、营业的处分。禁止一定的职业或营业的出发点是剥夺有关职业或营业条件，以预防犯人再犯。处分本身属于剥夺职业再犯能力的预防性处分，不过，也具有改善、教育意义。

禁止执业广泛地规定于各国刑法中。根据德国刑法典第 70 条至第 70 条 b 的规定，禁

---

① 参见［日］菊田幸一：《犯罪学》，261 页，北京，群众出版社，1989。

止执业的条件有两个：一是行为人滥用其职业或违背职业义务实施了犯罪行为，至于行为人有无责任能力是不影响本处分的科处的；二是对行为人有不利的再犯预测。在德国，如果护士从医院盗窃吗啡，律师向他的处在待审拘留期间的当事人提供武器，或者教师对学校儿童实施性行为，都属于滥用职业或违背职业义务的行为。相反，如果业主没有缴纳到期应当缴纳的税款或社会保险金，则不属于侵害职业义务的情况，因为相应的义务均可能涉及任何人。①

5. 驱逐出境。又称对外国人的追放、国外追放，是对在本国犯罪的外国人适用的，除科处刑罚以外，强制离境或遣送回国的一种处分。

驱逐出境的适用对象一般而言仅限于外国人和无国籍人，适用的目的在于防止他们在行为地国家或地区重新犯罪。驱逐出境的适用既可以是限期的，也可以是无限期的。瑞士联邦刑法典第55条规定的驱逐出境既可以限期适用，也可以无限期适用，限期适用的期限为3年到15年。

二、对物的保安处分

对物的保安处分，也称以物为对象的保安处分，是指以预防犯罪为目的，对与犯罪有关联的特定物采取的保安处分。所谓关联的特定物，既可以是被用于犯罪的物、犯罪所得之财产利益，也可以是被处分人提供的财物。日本学者川端博认为，“对物的保安处分有1. 没收，2. 关闭事务所，3. 法人解散，4. 禁止、停止营业，5. 禁止贩卖等”②。但意大利刑法典规定的对财产的保安处分有交纳善行保证金和没收财产两种。现参考意大利刑法典的规定予以论述。

1. 没收。又称没收财产，是指为了消除犯罪的条件，预防再犯而收缴与犯罪有关物品的处分措施。一般说来，没收的对象限于与犯罪有关联的物品，包括被用于犯罪的物品和犯罪所得之物。

将没收规定为保安处分的国家有意大利、奥地利等，有些国家的刑法将没收规定为刑罚的一种，如泰国。可见，关于没收的性质，仍属于争议问题。一般以为，由于没收指向反复犯罪或再次犯罪的危险性，乃至犯罪条件的消除，其目的主要在于预防将来之罪，所以，国家收缴与犯罪有关联或有诱发犯罪危险的物品的没收处分，更应该归属于保安处分的范畴。

2. 善行保证。也称交纳善行保证金、良好行为担保，是指责令行为人提供一定数额的金钱、有价证券或实物，作为将来不再犯罪的保证的处分。行为人违反善行保证，有关的财物便被收归国有。

善行保证普遍规定于意大利、泰国和喀麦隆的刑法典中。但是，关于善行保证的内容，如保证金额、保证期限等，不尽相同。根据现行意大利刑法典第237条的规定，善行保证金为一笔不少于20万里拉并且不超过400万里拉的款额。善行保证的期限，有短期和长期两种规定，短期不少于1年，长期不得超过5年。

---

① 参见［德］耶赛克、魏根特：《德国刑法教科书》（总论），徐久生译，996～997页，北京，中国法制出版社，2001。

② 转引自［日］藤本哲也：《刑事政策概论》，全订6版，196页，东京，青林书院，2008。

第三节　保安处分的适用

保安处分的适用有广义和狭义两种情况。狭义的保安处分的适用仅指有权机关对有关的人和物处以保安处分的决定。广义的保安处分的适用，还包括保安处分的执行。

一、保安处分的决定

保安处分的决定取决于保安处分的适用条件。保安处分的适用条件，也称适用保安处分的前提，是指决定保安处分的依据。综合各国的情形，可以将保安处分的适用条件分为适用的一般条件和特别条件。

（一）保安处分适用的一般条件

保安处分适用的一般条件，也称保安处分适用的共同条件，是指任何保安处分的适用都必须具备的条件，包括客观条件和主观条件。

1. 客观条件：以违法行为的存在为前提。作为科处保安处分的前提，原则上以某种违法行为的存在为必要，这在今日已为各国保安处分法所承认。科处保安处分之所以以违法行为的存在为前提，主要是基于以下两个理由：第一是“政策的意义”。行为作为可以推断行为人的危险性的征表，具有最适合性。保安处分其实质虽然是多方面的，但由于惹起个人法益的重大侵害，所以其结果有充分保护个人的必要，从而应以关于犯人危险性推断的一定确实客观的原因为条件。如果随便肯定出于法官的主观独断所作的处分，那就不能允许。这是基于违法行为给这一推断提供大致确实的征表资料的见地。第二是“组织的意义”。之所以以一定的违法行为为条件，是因为人有着手行为的事实才与刑事案件相关联，由此才可能成为刑事保安处分干涉的对象。不管人有无违法行为，仅仅根据存在危险性一事，没有保安处分，不能成为刑事法官宣告的对象。[①] 但对此也有不同意见。如社会防卫论者认为：人身危险性的判断未必需要违法行为的存在。实际上有的国家也规定了不以违法行为的存在为前提的保安处分。根据日本少年法第 3 条和第 24 条的规定，对于按照其性格或环境将来有犯罪或触犯刑罚法令之虞的少年，家庭裁判所在一定条件下可以将他交付审判，给予一定的保护处分。此即这方面的实例。

2. 主观条件：人身危险性依据。保安处分适用的主观条件，也称保安处分的基本条件，指的是适用保安处分必须以行为人人身危险性的认定为依据，仅有违法事实而没有人身危险的，不能科处保安处分。保安处分的目的不在于惩罚过去的行为，而在于预防犯罪，因此，行为人的人身危险性是适用保安处分最基本的条件。

“所谓危险性是什么呢？这里所谓危险性，指一定的有害现象发生的可能性或盖然性由客观的各种条件可以作为依据的状态。那是关于一定的‘预想’（Auaasge）的事情，指出一定的‘征候’（Prognose）。从而，这些有害现象的实现意味着被预想的人、物或行为的

---

① 参见［日］安平政吉：《保安处分法的理论》，368～369 页，东京，酒井书店，1970。

性质和状态，而所谓‘危险性犯人’，指一定的犯人，有能够预想他将来的再次犯罪行为的征候的人。”①

危险性与行为不同，感觉上虽然不能认识，但仍然属于外界的现象。它不是现实的东西，属于对一定人格的将来的判断。然而，立于如何的基础进行判断呢？对此，有三种立法主义：一是自由裁量主义，即保安处分法律不具体规定人身危险性的表征，仅由司法官员根据案件的具体情况，自由裁量人身危险性的有无及大小。二是法定主义，指立法者预先规定了人身危险性的判定依据，裁判官员只需要对照行为人的人身及不法行为，对行为人人身危险性的有无及严重程度作出认定即可。三是折中主义，指法律对人身危险性的征表有所规定，具体适用保安处分时，司法裁判官员还需要结合有关人身和行为来判断行为人人身危险性的有无及程度。②

一般以为，人身危险性的判断是个既复杂又灵活的问题，相当的裁量权限对人身危险性的判断是极有必要的。自由裁量主义将决定权限完全委诸法官，过于宽泛；法定主义则对复杂的社会情形考量不足，过于绝对。因此，折中主义既规范，又不失活络，较好地结合了人权保障和适用性的要求，较为妥当，为各国保安处分制度所采用。

（二）保安处分适用的特别条件

保安处分的适用，除违法行为和人身危险性条件外，各国法律往往还会根据不同保安处分的特殊性规定其他一些条件。对此，日本学者安平政吉称之为保安处分适用的特别条件。

以德国刑法典的“收容于戒除瘾癖机构”处分为例，该法典第 64 条第 2 款规定：“戒除瘾癖的治疗自始即无收效希望的，则中止此等处分。”此处所要求的行为人被矫正的能力和可能性就是一种保安处分适用的特别条件。保安处分适用的特别条件体现了具体保安处分的特殊性，对保安处分的有效适用具有重要意义。

二、保安处分的宣告

（一）保安处分的宣告机关

保安处分的宣告机关，也称保安处分的裁决机关，是指由什么机关来裁决、宣告保安处分的适用。关于保安处分的宣告机关是刑事司法机关还是行政机关抑或是另外的一种特设机构，理论上一直有争论。一种观点认为，鉴于保安处分的刑事司法性质，应该由刑事裁判机关进行宣告；另一种观点认为，鉴于保安处分的行政处罚性质，保安处分的宣告机关应该是行政官厅。各国的保安处分宣告一般由刑事裁判机关来实施，但也有例外情形，如日本保安处分的宣告机关原则上是刑事裁判所，而对少年的保安处分的确定权归少年裁判所掌握，维护治安法的保安处分的确定权归检察官掌握。

（二）保安处分的宣告时间

保安处分的宣告时间，即什么时间宣告保安处分的适用。对此，有以下两种模式：（1）同时宣告保安处分。多数情形下，保安处分的裁决、宣告和刑罚的判处同时进行。（2）单独宣告保安处分，即法律另有规定时，不在判处刑罚的同时宣告保安处分，而在刑罚判处之前、之后宣告保安处分。允许在刑罚判处之前宣告保安处分的，如意大利刑法典第 206 条第 1

① ［日］安平政吉：《保安处分法的理论》，368～369 页，东京，酒井书店，1970。

② 参见［日］安平政吉：《保安处分法的理论》，376 页，东京，酒井书店，1970。

款的规定；允许在刑罚判处之后宣告保安处分的，如意大利刑法典第 205 条第 2 款的规定。

三、保安处分的执行

（一）保安处分的执行机关

一般说来，鉴于保安处分对象的特殊需要，各有专门的执行机关负责相应的保安处分的执行，例如专门的精神病院负责收容于精神病院的处分，专门的戒除瘾癖的机构负责收容于戒除瘾癖机构的处分等。但是，保安监禁的执行往往是在普通的刑罚执行机关（例如监狱）。

（二）保安处分的执行方式

在保安处分与刑罚的一元主义模式下，保安处分与刑罚的性质相同，其执行方式亦可归结为单一的刑罚制度的执行，相对比较简单。但在刑罚与保安处分竞合的场合，如何执行则成为问题。对此，有三种解决方式：

第一，并科主义，即在刑罚与保安处分竞合的场合对此二者予以并科。在并科主义的情况下，有先执行保安处分与先执行刑罚两种模式。前者是指先于刑罚执行保安处分的模式。这以德国的保安处分执行制度最为典型，因此也被称为“德国模式”。后者是指后于刑罚执行保安处分的模式。这以意大利的保安处分执行制度最为典型，因此也被称为“意大利模式”。日本改正刑法草案采用并科主义，并规定先执行刑罚，刑罚执行终了再执行保安处分，即以先执行刑罚为原则，作为例外，裁判所在宣告时可以命令先执行保安处分，并可以在刑罚执行中命令停止刑罚的执行而执行保安处分（草案第 108、109 条）。

第二，代替主义，即在刑罚与保安处分竞合的场合，先执行刑罚与保安处分的一方，在因此而失去必要的限度内免予执行另一方。代替主义有任意的代替主义与必要的代替主义两种模式。日本改正刑法草案采用任意的代替主义（草案第 110 条）。

第三，择一主义，即在刑罚与保安处分竞合的场合，在宣告阶段，选择科处刑罚或交付保安处分，以其代替另一方。实际上一般是以替换刑罚而宣告保安处分，使保安处分代替刑罚。

在并科主义的场合，执行一方也能达到另一方的目的，并且必须执行另一方，这不仅欠缺刑事政策上的妥当性，而且有不必要地牺牲人权的缺陷。代替主义或择一主义，一方面形式上维持二元主义，另一方面追求刑罚与保安处分的一元化。这样，如果刑罚与保安处分的机能的一元化方向是今日世界的倾向，那么，以先执行刑罚为原则，只承认任意的代替主义的日本改正刑法草案的态度，不能不说有落后于时代之感。[①] 对此，山中敬一教授明确提出：“不是任意的代替主义，而是应当采取必要的代替主义。”[②]

【问题与思考】

1. 什么是保安处分？
2. 如何理解保安处分与刑罚的关系？
3. 为什么保安处分要以法定为原则？
4. 保安处分有哪些适用条件？
5. 保安处分的宣告和执行有哪些主要内容？

---

① 参见［日］大塚仁、福田平：《刑法总论Ⅱ》，266～267 页，东京，有斐阁，1982。

② ［日］山中敬一：《刑法总论》，2 版，1075 页，东京，成文堂，2008。

推荐参考论著

1. 马克昌．比较刑法原理——外国刑法学总论．武汉：武汉大学出版社，2002

2. 张明楷．外国刑法纲要．3 版．北京：法律出版社，2020

3. 赵秉志主编．外国刑法原理（大陆法系）．北京：中国人民大学出版社，2000

4. ［德］耶赛克，魏根特．德国刑法教科书（总论）．徐久生译．北京：中国法制出版社，2017

5. ［意］杜里奥·帕多瓦尼．意大利刑法学原理．注评版．陈忠林译．北京：中国人民大学出版社，2004

6. ［法］卡·斯特法尼等．法国刑法总论精义．罗结珍译．北京：中国政法大学出版社，1998

7. ［日］大塚仁．刑法概说（总论）．冯军译．北京：中国人民大学出版社，2003

8. ［俄］Н. Ф. 库兹涅佐娃，И. М. 佳日科娃主编．俄罗斯刑法教程（总论）：下卷·刑罚论．黄道秀译．北京：中国法制出版社，2002

9. ［日］大谷实．刑法总论：新版 2 版．黎宏译．北京：中国人民大学出版社，2008

10. ［日］西田典之．日本刑法总论：2 版．刘明祥，王昭武译．北京：中国人民大学出版社，2013

11. ［日］山口厚．刑法总论：2 版．付立庆译．北京：中国人民大学出版社，2011

12. ［日］松宫孝明．刑法总论讲义：4 版补正版．钱叶六译．北京：中国人民大学出版社，2013

13. ［日］松原芳博．刑法总论重要问题．王昭武译．北京：中国政法大学出版社，2014

14. ［德］克劳斯·罗克辛．德国刑法学总论：第 1 卷·犯罪原理的基础构造．王世洲译．北京：法律出版社，2005

15. ［德］克劳斯·罗克辛．德国刑法学总论：第 2 卷·犯罪行为的特别表现形式．王世洲译．北京：法律出版社，2013

16. ［德］乌尔斯·金德霍伊泽尔．刑法总论教科书．蔡桂生译．北京：北京大学出版社，2015

17. 陈家林．外国刑法通论．北京：中国人民公安大学出版社，2009

18. 陈家林．外国刑法：基础理论与研究动向．武汉：华中科技大学出版社，2013

19. 陈家林．外国刑法理论的思潮与流变．北京：中国人民公安大学出版社，2017

20. 贾济东．外国刑法学原理（大陆法系）．北京：科学出版社，2013

21. ［德］克劳斯·罗克辛．德国最高法院判例：刑法总论．何庆仁，蔡桂生译．北京：中国人民大学出版社，2012

22. ［日］平野龙一．刑法总论．黎宏译．北京：中国政法大学出版社，2016

23. ［日］前田雅英．刑法总论讲义：第6版．曾文科译．北京：北京大学出版社，2017

主要参考法典

1. 德国刑法典．徐久生译．北京：北京大学出版社，2019
2. 奥地利联邦共和国刑法典．徐久生译．北京：中国方正出版社，2004
3. 日本刑法典．张明楷译．北京：法律出版社，2006
4. 最新意大利刑法典．黄风译．北京：法律出版社，2007
5. 瑞士联邦刑法典．徐久生，庄敬华译．北京：中国方正出版社，2004
6. 俄罗斯联邦刑法典．黄道秀译．北京：中国民主法制出版社，2020
7. 最新法国刑法典．朱琳译．北京：法律出版社，2016

图书在版编目（CIP）数据

外国刑法学总论：大陆法系/马克昌，卢建平主编
. -- 3 版. -- 北京：中国人民大学出版社，2021.2
现代刑事法学系列教材/赵秉志总主编
ISBN 978-7-300-28946-5

Ⅰ. ①外… Ⅱ. ①马… ②卢… Ⅲ. ①刑法－国外－高等学校－教材 Ⅳ. ①D914

中国版本图书馆 CIP 数据核字（2021）第 001223 号

中国刑法学研究会推荐教材
现代刑事法学系列教材
总主编　赵秉志
外国刑法学总论（大陆法系）（第三版）
主　编　马克昌　卢建平
副主编　王志祥
Waiguo Xingfaxue Zonglun（Dalu Faxi）

出版发行	中国人民大学出版社		
社　址	北京中关村大街 31 号	邮政编码	100080
电　话	010－62511242（总编室）		010－62511770（质管部）
	010－82501766（邮购部）		010－62514148（门市部）
	010－62515195（发行公司）		010－62515275（盗版举报）
网　址	http：//www. crup. com. cn		
经　销	新华书店		
印　刷	北京玺诚印务有限公司	版　次	2009 年 4 月第 1 版
规　格	185 mm×260 mm　16 开本		2021 年 2 月第 3 版
印　张	26. 5 插页 2	印　次	2021 年 2 月第 1 次印刷
字　数	658 000	定　价	58. 00 元

《　　　　　　　》※任课教师调查问卷

为了能更好地为您提供优秀的教材及良好的服务，也为了进一步提高我社法学教材出版的质量，希望您能协助我们完成本次小问卷，完成后您可以在我社网站中选择与您教学相关的1本教材作为今后的备选教材，我们会及时为您邮寄送达！如果您不方便邮寄，也可以申请加入我社的**法学教师QQ群：83961183（申请时请注明法学教师）**，然后下载本问卷填写，并发往我们指定的邮箱（cruplaw@163.com）。

邮寄地址：北京市海淀区中关村大街31号中国人民大学出版社806室收

邮　　编：100080

再次感谢您在百忙中抽出时间为我们填写这份调查问卷，您的举手之劳，将使我们获益匪浅！

基本信息及联系方式：※

姓名：＿＿＿＿＿＿　性别：＿＿＿＿＿＿　课程：＿＿＿＿＿＿＿＿＿＿＿＿

任教学校：＿＿＿＿＿＿＿＿＿＿＿＿＿＿　院系（所）：＿＿＿＿＿＿＿＿＿＿

邮寄地址：＿＿＿＿＿＿＿＿＿＿＿＿＿＿　邮编：＿＿＿＿＿＿＿＿＿＿＿＿＿

电话（办公）：＿＿＿＿＿＿　手机：＿＿＿＿＿＿　电子邮件：＿＿＿＿＿＿＿

调查问卷：※

1. 您认为图书的哪类特性对您使用教材最有影响力？（　　）（可多选，按重要性排序）

   A. 各级规划教材、获奖教材　　B. 知名作者教材

   C. 完善的配套资源　　D. 自编教材

   E. 行政命令

2. 在教材配套资源中，您最需要哪些？（　　）（可多选，按重要性排序）

   A. 电子教案　　B. 教学案例

   C. 教学视频　　D. 配套习题、模拟试卷

3. 您对于本书的评价如何？（　　）

   A. 该书目前仍符合教学要求，表现不错将继续采用。

   B. 该书的配套资源需要改进，才会继续使用。

   C. 该书需要在内容或实例更新再版后才能满足我的教学，才会继续使用。

   D. 该书与同类教材差距很大，不准备继续采用了。

4. 从您的教学出发，谈谈对本书的改进建议：＿＿＿＿＿＿＿＿＿＿＿＿＿＿＿＿

＿＿＿＿＿＿＿＿＿＿＿＿＿＿＿＿＿＿＿＿＿＿＿＿＿＿＿＿＿＿＿＿＿＿＿＿＿＿

＿＿＿＿＿＿＿＿＿＿＿＿＿＿＿＿＿＿＿＿＿＿＿＿＿＿＿＿＿＿＿＿＿＿＿＿＿＿

选题征集：如果您有好的选题或出版需求，欢迎您联系我们：

联系人：黄　强/宁丹丽　联系电话：010-62515955/5536

索取样书：书名：＿＿＿＿＿＿＿＿＿＿＿＿＿＿＿＿＿＿＿＿＿＿＿＿＿＿＿＿

书号：＿＿＿＿＿＿＿＿＿＿＿＿＿＿＿＿＿＿＿＿＿＿＿＿＿＿＿＿＿＿＿＿＿

备注：※ 为必填项。